H. Niemann

Klassifikation
von Mustern

Mit 77 Abbildungen

Springer-Verlag
Berlin Heidelberg New York Tokyo 1983

Professor Dr.-Ing. Heinrich Niemann
Lehrstuhl für Informatik 5 (Mustererkennung)
der Universität Erlangen–Nürnberg
Martensstraße 3, 8520 Erlangen

ISBN-13:978-3-540-12642-3   e-ISBN-13:978-3-642-47517-7
DOI: 10.1007/978-3-642-47517-7

CIP-Kurztitelaufnahme der Deutschen Bibliothek. Klassifikation von Mustern/
H. Niemann. – Berlin; Heidelberg; New York; Tokyo: Springer 1983. (Infomatik-
Lehrbuchreihe)

Vorwort

Dieses Buch beschäftigt sich mit einem Teilbereich der Mustererkennung, nämlich der Klassifikation von Mustern. Darunter wird verstanden, daß ein relativ einfaches Muster - zum Beispiel ein gedrucktes Schriftzeichen oder ein isoliert gesprochenes Wort - als Ganzes und unabhängig von anderen Mustern genau einer von mehreren möglichen Klassen zugeordnet wird. Jede Klasse entspricht dabei einer bestimmten Bedeutung. Zwar hat in den letzten Jahren die automatische Auswertung immer komplizierterer Muster, wie zum Beispiel kontinuierlich gesprochener Sprache, Grauwertbilder und Bildfolgen, ein rasch zunehmendes Interesse gefunden, jedoch gehört die Klassifikation nach wie vor zu den grundlegenden Techniken. Diese Tatsache wird auch dadurch unterstrichen, daß es seit mehreren Jahren eine Reihe kommerzieller Geräte gibt, die auf Methoden aus dem Bereich der Klassifikation von Mustern basieren.

Für die Lektüre des Buches werden Grundkenntnisse der Höheren Mathematik und Wahrscheinlichkeitsrechnung vorausgesetzt. Es wendet sich an Wissenschaftler, die diese Techniken als Hilfsmittel bei ihrer Arbeit einsetzen möchten, und an Studenten, die sich intensiver mit diesem Problem der automatischen Informationsverarbeitung beschäftigen möchten. Der Inhalt des Buches kann etwa im Rahmen einer einsemestrigen Vorlesung behandelt werden. Das einführende erste Kapitel enthält die wichtigsten Begriffe und gibt eine Abgrenzung des behandelten Stoffs. Im nächsten Kapitel wird auf die wichtigsten Verfahren der Vorverarbeitung von Mustern eingegangen. Im Prinzip geht es dabei um eine Vereinfachung der nachfolgenden Verarbeitung. Das zentrale Problem bei der Klassifikation, nämlich die Ermittlung von Merkmalen, welche die für die Klassenzugehörigkeit wesentliche Information enthalten, wird im dritten Kapitel behandelt. Die Kapitel vier und fünf beschäftigen sich mit der eigentlichen Klassifikation der extrahierten Merkmale; wegen der beiden Möglichkeiten, als Werte von Merkmalen entweder reelle Zahlen oder Symbole zu verwenden, erfolgt hier eine Aufspaltung in zwei Kapitel. Der gesamte Inhalt ist nach Verarbeitungsmethoden gegliedert und nicht nach speziellen Anwendungen oder Problemen. Nur im sechsten Kapitel wird ganz kurz skizziert, wie bestimmte Methoden zur Lösung einer konkreten Aufgabe eingesetzt wurden.

Dem Springer Verlag, vertreten durch Herrn G. Rossbach, sei an dieser Stelle für die Herausgabe des Buches und die Unterstützung bei der Reinschrift eines Teils des Manuskripts gedankt. Der größte Teil des Manuskripts wurde von Frau S. Zett geschrieben, die Zeichnungen von Herrn A. Cieslik angefertigt; beiden danke ich für ihre sorgfältige Arbeit.

Erlangen, Mai 1983   H. Niemann

Inhalt

1. Einführung

In der Einführung wird zunächst der Begriff "Mustererkennung" im weiten Sinne
definiert und die allgemein zugrunde liegenden Prinzipien erläutert. Dann folgt
eine Konzentrierung auf das Teilgebiet der Klassifikation von Mustern, das im vorliegenden Buch ausschließlich behandelt wird.

1.1 Allgemeines

Mit der Entwicklung von Digitalrechnern, deren Leistungsfähigkeit in den letzten Jahrzehnten ständig erhöht wurde und auch in den nächsten Jahrzehnten weiter
gesteigert werden wird, ist die Möglichkeit gegeben, äußerst komplizierte Prozesse
der Informationsverarbeitung zu untersuchen, zu modellieren und zu simulieren. Eine
interessante und wichtige Form der Informationsverarbeitung sind die perzeptiven
Fähigkeiten von Lebewesen, insbesondere von Wirbeltieren. Zur Perzeption wird hier
das Bemerken, Auswerten und Interpretieren von Sinneseindrücken gerechnet, wobei
für den Menschen optische und akustische Eindrücke besonders wichtig sind. Jede
zielgerichtete menschliche Aktivität erfordert Perzeption, und jeder ist in der
Lage, ungeheure Mengen von Sinneseindrücken zu verarbeiten. Trotzdem läuft diese
Verarbeitung weitgehend unbewußt ab, und die dabei erforderlichen Operationen und
Algorithmen sind weitgehend unbekannt. Das wird spätestens dann deutlich, wenn man
versucht, einige perzeptive Leistungen beispielsweise durch ein Rechnerprogramm zu
simulieren. Die Untersuchung der mathematisch-technischen Aspekte der Perzeption
ist nicht nur von wissenschaftlichem Interesse, vielmehr verspricht ein gründli-
cheres Verständnis derselben zahlreiche Anwendungsmöglichkeiten, von denen einige
im Abschnitt 1.5 genannt werden.

Forschungs- und Entwicklungsaktivitäten, welche die mathematisch-technischen
Aspekte der Perzeption betreffen, sind das Gebiet der MUSTERERKENNUNG im weiten
Sinne. Einige damit zusammenhängende Begriffe werden im nächsten Abschnitt genauer
definiert. Dagegen werden mathematisch-biologische Aspekte hier nicht betrachtet,
da sie in den Bereich der Biokybernetik, Physiologie und Psychologie gehören [1.1-4].
Die Frage, ob Maschinen überhaupt zur Perzeption fähig sind, ist hier belanglos.
Es steht außer Frage, daß Perzeption möglich ist, wie von den Organismen demonstriert
wird. Bisher ist kein Naturgesetz bekannt, welches die Simulation von perzeptiven
Leistungen durch Maschinen ausschließt. Es sei betont, daß es in der Mustererkennung
vorrangig um die Simulation einer perzeptiven Leistung geht und weniger um die Mo-

dellierung der dafür in Organismen eingesetzten Algorithmen. Beispielsweise kommt es also darauf an, gesprochene Sprache mit einer Maschine ähnlich zuverlässig zu erkennen wie ein Mensch - was leider bisher nicht möglich ist; aber es kommt nicht darauf an, es genauso wie der Mensch zu machen, also Ohr und Sprachzentrum des Gehirns mit Maschinen möglichst genau zu modellieren. Ein Standardbeispiel in diesem Zusammenhang sind Vögel und Flugzeuge: Erstere demonstrieren, daß Fliegen möglich ist, beide nutzen das physikalische Prinzip des Auftriebs, aber das Antriebsverfahren ist bei beiden völlig verschieden.

1.2 Definitionen

Nachdem im vorigen Abschnitt eine allgemeine Darstellung des Ziels der Mustererkennung gegeben wurde, werden nun einige wichtige Begriffe genauer definiert und durch Beispiele erläutert [1.5]. Gegenstand der Perzeption sind Eindrücke aus der Umwelt.

Umwelt: Für die Zwecke der Perzeption genügt es, die Umwelt als die Gesamtheit der physikalisch meßbaren Größen aufzufassen, die formal durch die Menge

$$U = \{{}^{\rho}\underline{b}(\underline{x}) \,|\, \rho = 1, 2, \ldots\} \tag{1.1}$$

der meßbaren Größen oder Funktionen ${}^{\rho}\underline{b}(\underline{x})$ dargestellt wird.

Offensichtlich läßt sich jedes Objekt und jedes Ereignis durch genügend viele geeignet gewählte Funktionen beschreiben. Der Funktionswert gibt für jeden Punkt des Raumes und/oder der Zeit eine charakteristische Größe an. Beispielsweise können einige Eigenschaften eines festen Körpers durch Angabe seiner Dichte in jedem Punkt des Raumes charakterisiert werden, und falls erforderlich kann man diese Angaben durch Daten über die chemische Zusammensetzung, das Lichtreflektionsvermögen der Oberfläche und andere mehr erweitern. Ein anderes Beispiel ist die Angabe des zeitlich und örtlich veränderlichen elektrischen Feldstärkevektors einer elektromagnetischen Welle. Da U alle Funktionen enthalten soll, muß die Zahl der Komponenten von $\underline{b}$ und $\underline{x}$ offen bleiben. Sie kann für jeden Wert von ρ unterschiedlich sein. Es gibt kein biologisches oder technisches System, das die ganze Umwelt erfassen kann. Sinnesorgane und Meßinstrumente reagieren stets nur auf Ausschnitte. Zum Beispiel erfaßt das menschliche Auge trotz seiner enormen Leistungsfähigkeit nur einen kleinen Teil aus dem Spektrum der elektromagnetischen Wellen. Ein universelles technisches System für die Mustererkennung, das die ganze Umwelt oder auch nur einen großen Teil davon aufnehmen und verarbeiten könnte, ist zur Zeit nicht denkbar und ist in jedem Falle unwirtschaftlich und uneffektiv. Daher ist es zweckmäßig, sich auf einen bestimmten Problemkreis zu beschränken.

__Problemkreis:__ Ein Problemkreis Ω enthält nur Objekte (Funktionen) eines bestimmten und begrenzten Anwendungsgebietes. Er ist gegeben durch eine Menge

$$\Omega = \{{}^{\rho}\underline{f}(\underline{x}) \mid \rho = 1,2,\ldots\} \subset U \tag{1.2}$$

von Funktionen ${}^{\rho}\underline{f}(\underline{x})$ und ist eine Untermenge der Umwelt U.

Im Unterschied zu (1.1) ist die Zahl der Komponenten die gleiche für alle ${}^{\rho}\underline{f}(\underline{x}) \in \Omega$, aber natürlich wird diese Zahl im allgemeinen verschieden sein für verschiedene Problemkreise. Beispiele für Problemkreise sind die Klassifikation handgedruckter alphanumerischer Zeichen, die Prüfung der Echtheit (Verifikation) von Unterschriften, die automatische Ermittlung der Schaltelemente und Verbindungen in einem elektrischen Schaltplan oder das Verstehen von gesprochenen Sätzen in deutscher Sprache. Jeder Problemkreis Ω erfordert entsprechende Geräte zur Messung der darin vorkommenden Funktionen, und umgekehrt wird durch die Wahl des Aufnahmegerätes eine Menge meßbarer Größen, die ein Ausschnitt aus der Umwelt sind, bestimmt. Der Wahl der Aufnahmegeräte kommt also eine ganz wesentliche Bedeutung für die weitere Verarbeitung zu. Damit läßt sich nun definieren, was unter einem Muster zu verstehen ist.

__Muster:__ Die Elemente der Menge Ω, also die zu einem Problemkreis gehörigen Funktionen, heißen Muster. Ein Muster ist eine Funktion

$$\underline{f}(\underline{x}) = \begin{bmatrix} f_1(x_1,\ldots, x_n) \\ f_2(x_1,\ldots, x_n) \\ \cdot \\ \cdot \\ \cdot \\ f_m(x_1,\ldots, x_n) \end{bmatrix} \tag{1.3}$$

Die Frage, ob die Terminologie, die von "Muster", "Mustererkennung" und dergleichen mehr spricht, glücklich gewählt ist, sei hier zwar aufgeworfen, aber ihre Beantwortung, die eine vorherige lange und vermutlich langweilende Diskussion unterschiedlicher Definitionen erfordern würde, dem Leser anheimgestellt. Es ist aber zu erwähnen, daß Bezeichnungen wie Muster und Mustererkennung (englisch "pattern" und "pattern recognition") inzwischen international eingeführt und in der einschlägigen Fachliteratur üblich sind. Es ist auch zu erwähnen, daß leider immer noch die in [1.6] gemachte Feststellung zutrifft, wonach es bisher keine Definition des Begriffs Muster gibt, die ähnlich präzise und mathematisch verwertbar ist wie die Definition der Information durch SHANNON. Ist das ein Hinweis darauf, daß es keine gibt?

Für einen bestimmten Problemkreis ist, wie erwähnt, die Zahl der Komponenten von $\underline{f}$ und $\underline{x}$ konstant, das heißt die Indizes m und n sind für alle $^{p}\underline{f}(\underline{x}) \in \Omega$ unveränderlich. Zum Beispiel besteht ein Vektorkardiogramm im allgemeinen aus drei Zeitfunktionen $f_i(t)$, es ist also m = 3 und n = 1. Ein Farbfernsehbild besteht aus zeitveränderlichen Bildern $f_r(x,y,t)$, $f_g(x,y,t)$, $f_b(x,y,t)$ in den drei Spektralbereichen rot, grün und blau, wobei es hier weniger wichtig ist, daß für die Fernsehübertragung im allgemeinen noch eine andere Codierung vorgenommen wird; es ist hier also m = 3, n = 3. Sprache und Geräusche, die von einem Mikrofon in einen elektrischen Spannungsverlauf umgewandelt wurden, bestehen nur aus einer Zeitfunktion f(t) mit m = n = 1. Solche Muster werden auch als wellenförmige Muster bezeichnet. Ein übliches Schwarzweiß-Foto läßt sich als Funktion f(x,y) darstellen, wobei der Funktionswert den Grauwert des Bildes an der Stelle (x,y) angibt; hier ist also m = 1 und n = 2. Diese Beispiele verdeutlichen, daß es kein Problem bereitet, die üblichen auditiven und visuellen Umwelteindrücke durch geeignete Funktionen darzustellen. Mit entsprechenden Aufnahmegeräten, sogenannten Multispektralabtastern, ist es auch möglich, Bilder in solchen Spektralbereichen aufzunehmen, in denen das Auge nicht empfindlich ist, zum Beispiel im Infrarotbereich. Es ist nun zweckmäßig, nochmals auf den Begriff Mustererkennung einzugehen.

Mustererkennung: Die Mustererkennung beschäftigt sich mit den mathematisch-technischen Aspekten der automatischen Verarbeitung und Auswertung von Mustern. Dazu gehört sowohl die Klassifikation einfacher Muster als auch die Analyse komplexer Muster.

Da der Begriff Muster sehr umfassend definiert wurde und auch die Begriffe Verarbeitung und Auswertung nicht weiter festgelegt wurden, ist damit Mustererkennung in einem weiten Sinne definiert. Eine Präzisierung erfolgt durch die Einführung der Teilbereiche Klassifikation und Analyse, die unten noch genauer erläutert werden. Mit der Unterscheidung zwischen einfachen und komplexen Mustern soll hier lediglich an die intuitiv einleuchtende Tatsache angeknüpft werden, daß beispielsweise ein einzelnes gedrucktes Schriftzeichen ein wesentlich einfacheres Muster ist als ein Farbfoto, oder ein isoliert gesprochenes Wort ein wesentlich einfacheres Muster als ein zusammenhängend gesprochener Satz. Dagegen ist nicht an eine quantitative Charakterisierung und die Festlegung einer scharf definierten Schwelle zwischen beiden gedacht. Ebenso soll die oben eingeführte Trennung zwischen Klassifikation und Analyse nicht implizieren, daß beide Operationen nichts miteinander zu tun haben; die

Gemeinsamkeiten werden noch verdeutlicht werden. Zur weiteren Klärung wird zunächst der Begriff Klassifikation genauer betrachtet.

<u>Klassifikation:</u> Bei der Klassifikation von (einfachen) Mustern wird jedes Muster als ein Ganzes betrachtet und unabhängig von anderen Mustern genau einer Klasse Ω_κ von k möglichen Klassen Ω_λ, $\lambda = 1,\ldots, k$ zugeordnet. Die Rückweisung eines Musters, also die Zuordnung zu einer (k + 1)-ten Klasse Ω_0, ist zulässig.

Beispiele für typische Klassifikationsaufgaben sind die Klassifikation von gedruckten Schriftzeichen einer oder weniger Schrifttypen, von isoliert gesprochenen Worten oder von Unternehmen auf der Basis von Kennzahlen-Mustern zum Zwecke der Erfolgsprognose. In den obigen Fällen sind die vorliegenden Muster relativ einfach und die Zahl der Klassen ist gering - typisch $k \leq 300$, bei Beleglesern reicht oft $k \simeq 14$. Es gibt jedoch auch Klassifikationsaufgaben, die wesentlich umfangreicher sind. Ein Beispiel wäre die Klassifikation von Fingerabdrücken, das heißt die automatische Ermittlung der Identität eines unbekannten Abdrucks. Das Muster (der Fingerabdruck) hat eine viel kompliziertere Struktur als zum Beispiel eine gedruckte Ziffer, die Zahl der Klassen, die der Zahl der in Frage kommenden Personen entspricht, ist um Größenordnungen gesteigert, da in Karteien im allgemeinen die Abdrücke von mehreren Millionen Personen vorliegen. Hier liegt eine Aufgabe vor, die zwar auch auf eine Klassifikation hinausläuft, bei der aber zumindest der Übergang auch zur Analyse von Mustern vorhanden ist. Im Falle der Klassifikation einfacher Muster kommt es zum Beispiel bei den Schriftzeichen darauf an, alle möglichen Realisierungen eines Zeichens mit bestimmter Bedeutung, beispielsweise der Ziffer 3, der gleichen Klasse zuzuordnen. Es kann passieren, daß eine solche Zuordnung nicht oder nicht genügend verläßlich möglich ist, wie es zum Beispiel bei der Unterscheidung zwischen dem Buchstaben o und der Ziffer 0 oft der Fall sein kann; dann sollte das fragliche Muster der Rückweisungsklasse Ω_0 zugeordnet werden. An die Klassen werden die folgenden Anforderungen gestellt.

<u>Klasse (oder Musterklasse):</u> Klassen oder Musterklassen Ω_κ ergeben sich durch eine Zerlegung der Menge Ω in k oder k + 1 Untermengen Ω_κ, $\kappa = 1,\ldots, k$ oder $\kappa = 0,1,\ldots, k$, so daß gilt

$$
\begin{aligned}
&\Omega_\kappa \neq \emptyset && \kappa = 1,\ldots, k & , \\
&\Omega_\kappa \cap \Omega_\lambda = \emptyset && \lambda \neq \kappa & , \\
&\bigcup_{\kappa=1}^{k} \Omega_\kappa = \Omega \quad \text{oder} && \bigcup_{\kappa=0}^{k} \Omega_\kappa = \Omega & .
\end{aligned}
\qquad (1.4)
$$

Für die Menge Ω gibt es viele Zerlegungen, die den obigen Anforderungen genü-

gen, jedoch werden für den Anwender nur wenige, vielfach sogar nur eine praktisch
interessant sein. Eine solche praktisch interessante Zerlegung ist dadurch gekennzeichnet, daß die Muster einer Klasse einander ähnlich und/oder die Muster verschiedener Klassen einander unähnlich sind. Eine geeignete, das heißt den Intentionen
des Anwenders gerecht werdende Definition der Ähnlichkeit wird dabei vorausgesetzt.

Eine Klasse enthält eine Teilmenge der Muster eines Problemkreises. Wenn zum
Beispiel im Zusammenhang mit der Klassifikation isoliert gesprochener Worte die
Klasse Ω_K die Bedeutung "Haus" hat, so gehören zu Ω_K alle Muster - in diesem Falle
alle Zeitfunktionen f(t) - die entstehen, wenn verschiedene Sprecher zu verschiedenen Zeiten mit unterschiedlicher Lautstärke, Tonhöhe, Geschwindigkeit usw. das
Wort Haus sprechen. In (1.4) wird gefordert, daß Klassen disjunkt sind. Das ist
für viele Anwendungen angemessen, da zum Beispiel eine Ziffer nicht gleichzeitig
eine 7 und eine 1 sein kann. Wenn beide Interpretationen der Ziffer möglich sind,
so sollte man sie zurückweisen. Bei soziologischen oder psychologischen Untersuchungen ist es dagegen möglich, daß Testpersonen Kennzeichen verschiedener Typen auf-
weisen. In diesen Fällen kann man entweder die Forderung nach Disjunktheit fallen
lassen oder neben reinen Klassen Mischklassen einführen, die Muster mit den Kennzeichen mehrerer Klassen enthalten. Damit läßt sich auch in diesen Fällen die Forderung nach Disjunktheit der Klassen erfüllen.

Eine spezielle Form der Zerlegung von Ω ist die hierarchische Zerlegung, die
in (1.4) mit enthalten ist. Man kann nämlich (1.4) als eine Zerlegung der Stufe 1
auffassen, bei der Teilmengen Ω_K gebildet werden. In der Stufe 2 wird jede Teilmenge
Ω_K selbst wieder gemäß (1.4) in Teilmengen $\Omega_{K\lambda}$ zerlegt. Dieser Prozeß kann bei Bedarf noch über weitere Stufen fortgeführt werden. Ein Beispiel ist die Zerlegung
der Schriftzeichen auf der Stufe 1 in Ziffern, Buchstaben und Sonderzeichen. Auf
der Stufe 2 wird die Klasse der Ziffern zerlegt in zehn weitere Klassen, die den
Ziffern 0 bis 9 entsprechen, und ähnlich werden die Klassen der Buchstaben und Sonderzeichen weiter zerlegt. Es wird nun noch kurz auf den Begriff des einfachen Musters eingegangen.

<u>Einfaches Muster:</u> Ein Muster wird als einfach betrachtet, wenn den Anwender
nur der Klassenname interessiert und wenn es möglich ist, es als Ganzes zu klassifizieren.

Sicherlich kann die obige Definition nur als ein Anhaltspunkt und nicht als
strenges Unterscheidungskriterium betrachtet werden. Bild 1.1 zeigt drei Beispiele
für Muster, die im obigen Sinne als einfach zu bezeichnen sind. Obwohl gemäß dem
Titel des Buches hier die Klassifikation von Mustern behandelt wird, ist es zweckmäßig, zur besseren Eingrenzung auch kurz zu definieren, was unter Analyse von
Mustern zu verstehen ist.

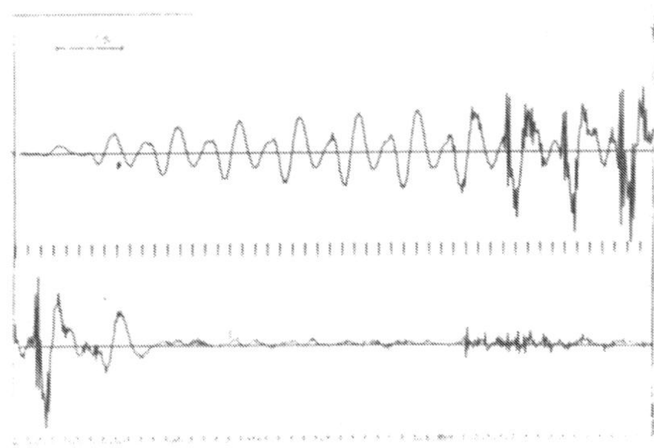

Bild 1.1 Drei Beispiele für einfache Muster. Oben links handgeschriebene Ziffern, oben rechts standardisierte Ziffern und unten Spannungsverlauf am Mikrofonausgang für das Wort "mit"

Analyse: Bei der Analyse von (komplexen) Mustern wird jedem Muster ${}^{\rho}\underline{f}(\underline{x}) \in \Omega$ eine individuelle symbolische Beschreibung zugeordnet.

Beispiele für Analyseaufgaben sind das automatische Verstehen zusammenhängend gesprochener Sprache, die Auswertung von Multispektralbildern in der Erdfernerkundung oder die Ermittlung von Schaltelementen und Verbindungen in elektrischen Schaltplänen. In den obigen Fällen ist im allgemeinen ein Klassenname nicht ausreichend,

da er für den Anwender zu wenig aussagt. Bei den Schaltplänen kann eine Klassenbe-
zeichnung zum Beispiel sein, daß es die Schaltung eines "Farbfernsehgerätes vom Typ
ABC der Firma XYZ" ist. Für Zwecke der Fertigung wird man dagegen alle Schaltelemente mit ihren genauen Bezeichnungen (beispielsweise "Widerstand R 10 mit 2,7 kΩ"),
alle Verbindungen zwischen Schaltelementen und, falls vorhanden, deren Bezeichnung
(beispielsweise "Widerstand R 10 ist über Verbindungsleitung V 7 mit Basis von T 3
verbunden") sowie Endpunkte von Leitungen (beispielsweise Verbindungsleitung V 4
endet am Punkt P 5) ermitteln und in einer entsprechenden Datenstruktur speichern
müssen. Natürlich ist nicht ausgeschlossen, daß man eine solche symbolische Beschreibung unter einem Klassennamen zusammenfaßt.

Die Anwendung bestimmt, welche Information in einer Beschreibung enthalten
sein soll. Daher kann das Ziel der Analyse sehr unterschiedlich sein. Eine symbolische Beschreibung kann unter anderem folgende Information enthalten:
1. Eine ausführliche symbolische Beschreibung eines vorgelegten Musters. - Ein Beispiel sind die erwähnten Schaltpläne.
2. Eine Liste einiger interessanter Objekte oder Ereignisse, die in dem Muster enthalten sind. - Ein Beispiel ist die Ermittlung von Flugplätzen in einem Luftbild.
3. Eine Beschreibung von Veränderungen, die zwischen zeitlich aufeinanderfolgenden
Aufnahmen eines Musters auftreten. - Ein Beispiel ist die Veränderung des Waldbe-
standes auf zwei in zeitlichem Abstand aufgenommenen Multispektralbildern der gleichen Landschaft.
4. Die Klassifikation eines komplexen Musters. - Ein Beispiel ist die Zuordnung einer
der Diagnosen gesund, krank oder fraglich zu einem Röntgenbild des Thorax.
Wegen der Vielfalt der Muster und der unterschiedlichen Ziele, die bei der Analyse
verfolgt werden, ist es nahezu zwangsläufig, daß eine große Anzahl von Auswertemethoden entwickelt wurde und noch entwickelt wird. Als nächstes wird auf die Beschreibung eines Musters eingegangen.

Beschreibung: Unter der Beschreibung eines Musters wird die Zerlegung des Musters in einfachere Bestandteile und die Analyse von deren Beziehungen untereinander verstanden.

Im Falle der Schaltpläne sind einfachere Bestandteile zum Beispiel Widerstände
und Transistoren, und ihre Beziehungen bestehen in elektrischen Verbindungen. Allgemein ist die Beschreibung eine andere Darstellung des Musters oder wichtiger
Teile desselben, so daß bei der Analyse lediglich eine Transformation zwischen
verschiedenen Repräsentationen der Information vorgenommen wird. Zwei wichtige
Gründe für die Durchführung einer solchen Transformation sind:
1. Eine andere Repräsentation ist für die weitere Verarbeitung geeigneter.
2. In der neuen Repräsentation ist nur die für den Anwender wichtige Information
enthalten.

Eine symbolische Beschreibung enthält die meiste Information, während die Zusammenfassung unter einem Klassennamen die komprimierteste Form ist. Als letztes wird
noch der Begriff des komplexen Musters erläutert.

<u>Komplexes Muster:</u> Ein Muster wird als komplex betrachtet, wenn dem Anwender
die Angabe eines Klassennamens nicht genügt oder wenn die Klassifikation als Ganzes
nicht möglich ist.

In Bild 1.2 sind zwei Beispiele für komplexe Muster angegeben. Ein Vergleich
mit Bild 1.1 zeigt, daß diese - zumindest intuitiv - wesentlich komplizierter strukturiert sind. Natürlich sind einfache und komplexe Muster keine "reinen Typen",
vielmehr gibt es fließende Übergänge zwischen beiden. Es kann auch von der speziellen Anwendung, den benutzten Methoden und der Ansicht des Anwenders abhängen, ob
ein bestimmtes Muster als einfach oder komplex bezeichnet wird. Trotz dieser Einschränkungen und Unschärfen scheint es nützlich, die Unterscheidung zwischen beiden
als eine Möglichkeit der Strukturierung des sehr umfassenden Begriffs Muster zu
verwenden.

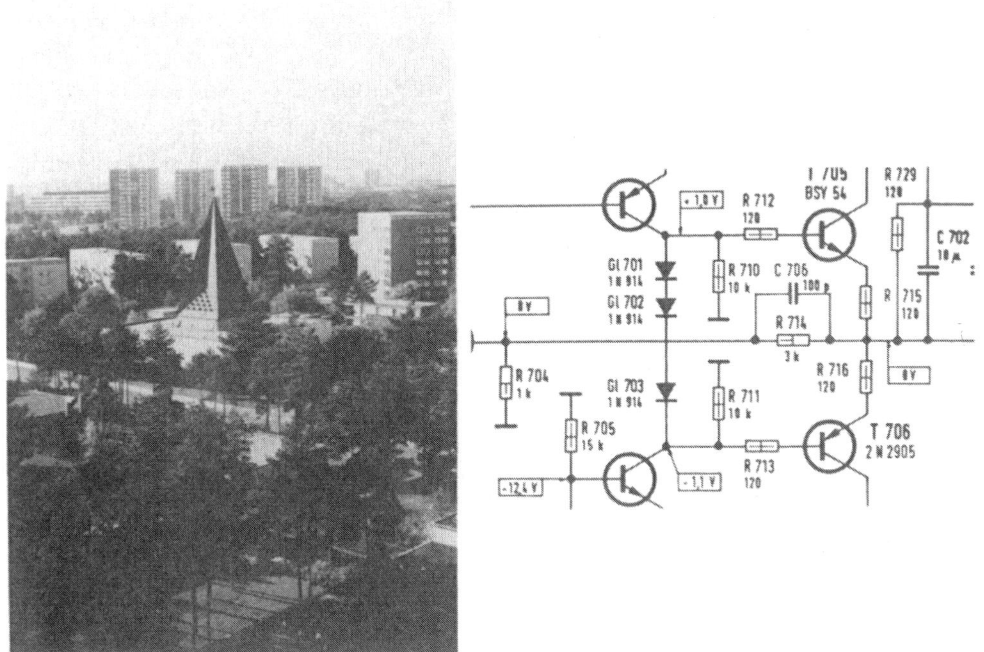

Bild 1.2   Zwei Beispiele für komplexe Muster, links ein Teil eines Stadtgebietes,
rechts ein Ausschnitt aus einem Schaltplan

1.3 Grundsätzliche Vorgehensweise

Bei aller Verschiedenheit der Ansätze und Methoden der Mustererkennung liegen doch allen Systemen zur Klassifikation und Analyse von Mustern einige wenige gemeinsame Prinzipien zugrunde, die im folgenden in sechs Postulaten zusammengefaßt sind.

Postulat 1: Zur Sammlung von Information über einen Problemkreis Ω steht eine repräsentative Stichprobe

$$\omega = \{{}^1\underline{f}(\underline{x}),\ldots,\, {}^N\underline{f}(\underline{x})\} \subset \Omega \tag{1.5}$$

zur Verfügung.

Diese Forderung beruht auf der offensichtlichen Tatsache, daß man nicht ein konkretes System entwickeln kann, ohne gründliche Kenntnisse über die von dem System zu verarbeitenden Objekte zu haben. Es ist wichtig, daß die Stichprobe nur Muster aus dem interessierenden Problemkreis enthält, da man das System sonst für Fälle auslegt, die im konkreten Einsatz nie auftreten. Muster ${}^\rho\underline{f}(\underline{x}) \notin \Omega$ bereiten natürlich dann kein Problem, wenn sie als solche gekennzeichnet sind. Weiterhin ist es wichtig, daß die Stichprobe repräsentativ ist, da die Schlüsse, die man aus ω zieht, nicht nur für alle ${}^\rho\underline{f}(\underline{x}) \in \omega$ sondern auch für alle (oder doch zumindest möglichst viele) ${}^\rho\underline{f}(\underline{x}) \in \Omega$ zutreffen sollen. Ob eine Stichprobe repräsentativ ist, ist im allgemeinen schwierig zu entscheiden. Hinweise darauf geben jedoch die Untersuchung der Konfidenzintervalle von geschätzten Parametern und der Test der Systemleistung mit Mustern, die nicht in der Stichprobe ω enthalten sind. Wenn eine repräsentative Stichprobe zur Entwicklung eines Systems verwendet wurde, so ist bei einem Test die Systemleistung nahezu unabhängig davon, ob die verarbeiteten Muster in der Stichprobe enthalten waren oder nicht.

Allgemein läßt sich sagen, daß der erforderliche Umfang N der Stichprobe ω nur von den statistischen Eigenschaften der Muster und der Art der zu schätzenden Parameter abhängt. Er ist dagegen völlig unabhängig von den Kosten, die die Aufnahme eines Musters verursacht. Allerdings hat der zum Teil erhebliche Aufwand an Geld und Zeit, den die Sammlung einer großen Stichprobe verursacht, meistens zur Folge, daß der Stichprobenumfang eher zu klein als zu groß gewählt wird. Für Systeme zur Klassifikation von Mustern sind außer dem obigen Postulat noch die beiden folgenden wichtig.

Postulat 2: Ein (einfaches) Muster besitzt Merkmale, die für seine Zugehörigkeit zu einer Klasse charakteristisch sind.

<u>Postulat 3:</u> Die Merkmale bilden für Muster einer Klasse einen einigermaßen kompakten Bereich im Merkmalsraum. Die von Merkmalen verschiedener Klassen eingenommenen Bereiche sind getrennt.

Das zentrale und allgemein noch ungelöste Problem der Klassifikation besteht darin, solche Merkmale systematisch zu finden, die Postulat 3 genügen. Damit ist hier ein Algorithmus gemeint, der nach Vorgabe einer Stichprobe und eines Maßes für die Leistungsfähigkeit des Systems Merkmale erzeugt, die dieses Maß maximieren (oder minimieren). Trotzdem konnte empirisch nachgewiesen werden, daß es zumindest für bestimmte Problemkreise geeignete Merkmale gibt.

Das eigentliche Klassifikationsproblem, das heißt die Abgrenzung der zu den Klassen gehörenden Bereiche und die Zuordnung eines neuen Musters zu einem dieser Bereiche, ist dagegen weitgehend gelöst. Da die Merkmale im allgemeinen als Komponenten c_ν eines Merkmalvektors $\underline{c}$ aufgefaßt werden, bedeutet Klassifikation eines neuen Musters $^\rho\underline{f}(\underline{x})$ also eine Abbildung

$$^\rho\underline{c} \rightarrow \kappa \in \{1,\ldots,k\} \text{ oder } ^\rho\underline{c} \rightarrow \kappa \in \{0,1,\ldots,k\} \tag{1.6}$$

des aus $^\rho\underline{f}(\underline{x})$ extrahierten Merkmalvektors $^\rho\underline{c}$. Offene Probleme gibt es zum Beispiel noch beim Entwurf hierarchischer Klassifikatoren. Im Prinzip hat ein System zur Klassifikation von Mustern die in Bild 1.3 gezeigte hierarchische Struktur. Es besteht aus einigen Systemkomponenten oder Moduln, die bestimmte Verarbeitungsschritte oder Transformationen ausführen. Die Ausgangsgröße des Moduls i wird dabei die Eingangsgröße des nachfolgenden Moduls (i + 1). Eine derartige Struktur ist relativ leicht überschaubar, es ist naheliegend, jeden einzelnen Modul für sich zu realisieren und zu optimieren, und es gibt erfahrungsgemäß wichtige praktische Probleme, bei denen diese Systemstruktur zu befriedigenden Lösungen führt. Ein System zur Analyse von Mustern basiert neben Postulat 1 noch auf den Postulaten 4 und 5.

<u>Postulat 4:</u> Ein (komplexes) Muster besitzt einfachere Bestandteile, die untereinander bestimmte Beziehungen haben. Das Muster läßt sich in diese Bestandteile zerlegen.

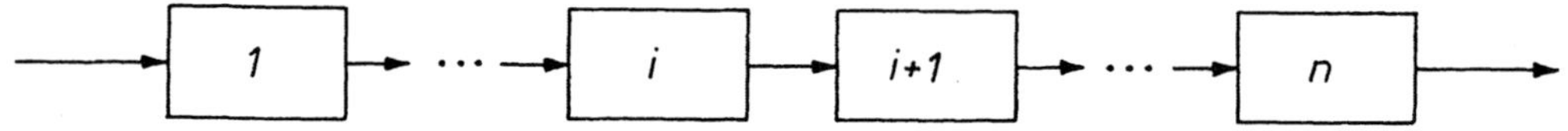

Bild 1.3   Ein hierarchisch strukturiertes System

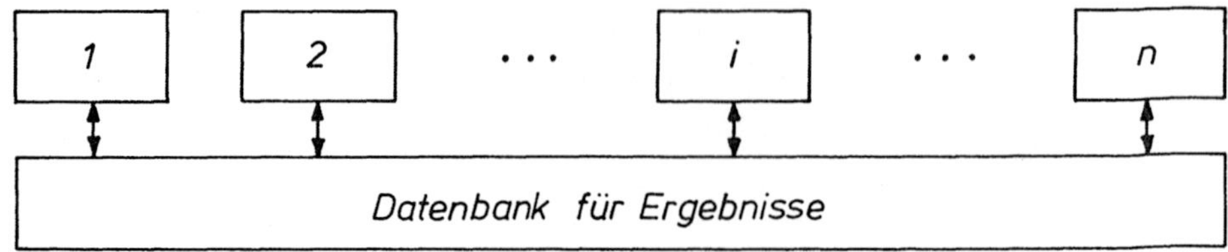

Bild 1.4   Ein datenbankorientiertes System

<u>Postulat 5</u>: Ein (komplexes) Muster aus einem Problemkreis Ω hat eine bestimmte Struktur. Das bedeutet, daß nicht jede beliebige Anordnung einfacherer Bestandteile ein Muster $^P\underline{f}(\underline{x})\in\Omega$ ergibt und daß weiter sich viele Muster mit relativ wenigen einfacheren Bestandteilen darstellen lassen.

Das Problem, geeignete einfachere Bestandteile zu finden, ist ebenfalls in allgemeiner Form ungelöst. Jedoch liegen auch hier experimentelle Ergebnisse und Erfahrungen vor, die zeigen, daß es solche einfacheren Bestandteile zumindest für bestimmte Problemkreise gibt. Ein Beispiel dafür sind die Laute oder Phoneme als einfachere Bestandteile der Sprache. Für Formalismen zur Erfassung struktureller Eigenschaften und zur Analyse von Mustern liegen eine Reihe vielversprechender Ansätze und Ergebnisse vor. Allerdings bedarf dieses Gebiet noch weiterer gründlicher Untersuchungen.

Für ein System zur Analyse von Mustern ist es vielfach unzweckmäßig, wenn Transformationen in der festen und unveränderlichen Reihenfolge des hierarchischen Systems ausgeführt werden. Eine flexiblere Struktur zeigt Bild 1.4, die zwar auch eine Reihe von Moduln zur Ausführung von Transformationen enthält, jedoch keine Reihenfolge der Aktivierung dieser Moduln angibt. Die Moduln sind über eine gemeinsame Datenbank, die Zwischenergebnisse der bisherigen Verarbeitung enthält, gekoppelt. Ein spezieller Modul, der Kontrollmodul, entscheidet für jedes zu verarbeitende Muster, welche Transformation jeweils auszuführen ist. Damit ist im allgemeinen die Reihenfolge der Verarbeitungsschritte abhängig von dem zu verarbeitenden Muster. Diese als datenbankorientiertes System bezeichnete Struktur enthält das hierarchische System als Spezialfall. Wenn nämlich der Kontrollmodul für alle (oder fast alle) Muster die gleiche Folge von Verarbeitungsschritten auswählt, dann kann man auf ihn verzichten und diese Schritte explizit in einer Struktur gemäß Bild 1.3 festhalten.

Auch aus der obigen Diskussion wird klar, daß Klassifikation und Analyse keine disjunkten Bereiche sind, sondern vielmehr Gemeinsamkeiten und Überschneidungen bestehen. Hier gilt analog das bereits oben Gesagte, daß nämlich die Unterscheidung beider Begriffe eine gewisse Strukturierung der methodischen Vorgehensweise im relativ weiten Felde der Mustererkennung ermöglicht. Zu den Gemeinsamkeiten gehört zum Beispiel, daß bestimmte Merkmale auch als einfache Bestandteile aufgefaßt werden können. Wenn man beispielsweise in einem Schriftzeichen Linienanfänge, Kreuzungen, senkrechte Striche und ähnliches ermittelt, so lassen sich diese ohne weiteres als einfachere Bestandteile des Schriftzeichens auffassen, andererseits aber auch ohne weiteres den Komponenten eines Merkmalvektors zuordnen, indem man eine bestimmte Komponente Eins setzt, wenn eine Kreuzung vorhanden ist, und sonst Null setzt. Im allgemeinen werden Merkmale meistens durch Zahlenwerte gekennzeichnet und einfachere Bestandteile durch Symbole, wobei das obige Beispiel deutlich macht, daß es durchaus Überschneidungen gibt. Ähnlich werden bei Klassifikationssystemen überwiegend - und bei den zur Zeit kommerziell erhältlichen Geräten sogar ausschließlich - numerische Rechnungen ausgeführt, während bei Analysesystemen die Manipulation von Symbolen eine große Bedeutung hat. Auch hier gibt es Überschneidungen im Bereich der syntaktischen Klassifikatoren.

Im Zusammenhang mit der Definition der Musterklassen war unter anderem gesagt worden, daß Muster einer Klasse einander ähnlich sein sollen. Das nächste und letzte Postulat gibt die Grundlage für die Beurteilung von Ähnlichkeiten.

Postulat 6: Zwei Muster sind ähnlich, wenn ihre Merkmale oder ihre einfacheren Bestandteile sich nur wenig unterscheiden.

Zwar mag Postulat 6 in dieser Form selbstverständlich sein, aber es ist die Basis aller Ansätze zur automatischen Bildung von Klassen einfacher Muster und auch von Mengen komplexer Muster mit ähnlichen Eigenschaften. Bei numerischen Merkmalen lassen sich Unterschiede durch Metriken und andere Abstandsmaße definieren. "Wenig unterscheiden" heißt dann, daß der Wert des Abstandsmaßes unterhalb einer Schwelle bleibt. Ähnlich läßt sich bei Beschreibungen verfahren. Ein Beispiel sind die beiden Beschreibungen "das Objekt ist 4,8 m lang, hat die Farbe gelb, und hat 4 Räder" und "das Objekt ist 4,8 m lang, hat die Farbe grün, und hat 4 Räder". Sie unterscheiden sich nur in einem einfacheren Bestandteil, nämlich der Farbe, und können daher durchaus als ähnlich bezeichnet werden. Allerdings unterscheidet sich die Beschreibung "das Objekt ist 4,8 m lang, hat die Farbe gelb, und hat 4 Ruder" von der ersteren auch nur in einem Punkt. Trotzdem wird man das letzte Objekt intuitiv als weniger ähnlich betrachten. Dieses läßt sich durch verschiedene Bewichtung der Unterschiede in den einfacheren Bestandteilen der Beschreibung berücksichtigen. Eine solche Bewichtung ist im allgemeinen auch bei numerischen Merkmalen nützlich. Postulat 6 ist auch eine Ergänzung der Postulate 2 und 4: Merkmale oder einfachere Bestand-

teile müssen, wenn sie nützlich sein sollen, so gewählt werden, daß den Anwender
interessierende Ähnlichkeiten in ihnen zum Ausdruck kommen.

Einige Bücher, deren Schwerpunkt die Klassifikation von Mustern ist, sind
[1.7-23]. Die Analyse wird in den Büchern [1.24-27] behandelt, und Übersichtsar-
tikel zur Sprach- und Bildanalyse sind [1.28,29].

1.4 Thematik des Buches

In diesem Buch wird, wie auch der Titel festlegt, ausschließlich das Teilgebiet
der Klassifikation von Mustern behandelt. Weiterhin werden ausschließlich digitale
Verarbeitungsverfahren berücksichtigt. Dabei wird von der hierarchischen Systemstruktur ausgegangen, deren Prinzip Bild 1.3 zeigt und die in Bild 1.5 unter Angabe der
wesentlichen Moduln nochmals wiederholt wird. Die Zahlenangaben bei den Moduln verweisen auf die Kapitel des Buches, in denen diese behandelt werden.

Gemäß Bild 1.5 wird ein zu klassifizierendes Muster $^{\rho}\underline{f}(\underline{x}) \in \Omega \subset U$ zunächst aufgenommen, das heißt für Zwecke der weiteren Verarbeitung mit einem Rechner digita-
lisiert. Aufnahmegeräte werden hier nicht behandelt, da es dabei um Meßprobleme
geht, die nicht im Vordergrund dieses Buches stehen. Wie bereits erwähnt, sind Bilder, Sprache und Geräusche praktisch besonders wichtige Beispiele für Muster. Bei
Bildern muß das Aufnahmegerät die Lichtintensität, unter Umständen in verschiedenen
Spektralkanälen, in eine elektrische Spannung umwandeln und bei Sprache oder Geräuschen den Schalldruck. Dafür eignen sich unter anderem Fotodioden, Fernsehkameras
und Mikrofone. Das Problem, ein Muster $\underline{f}(\underline{x})$ mit kontinuierlichem Wertebereich für $\underline{f}$

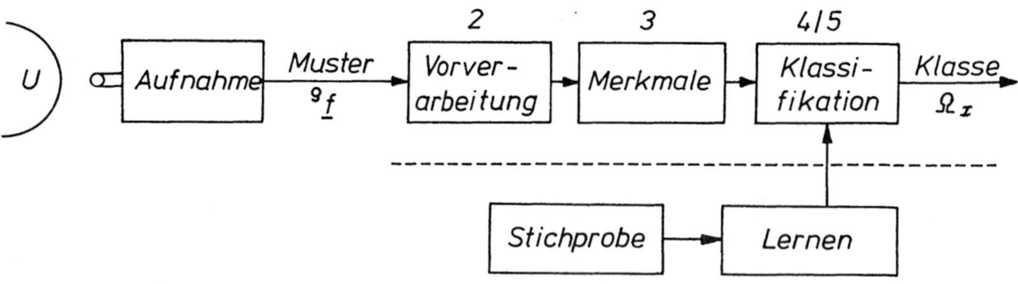

Bild 1.5   Die wesentlichen Moduln eines Systems zur Klassifikation von Mustern

und $\underline{x}$ digital - also mit einem diskreten Wertebereich für $\underline{f}$ und $\underline{x}$ - darzustellen, wird kurz in Abschnitt 2.1 behandelt.

Nach der Aufnahme wird das Muster vorverarbeitet. Dabei soll vor allem die Qualität des Musters in der Hinsicht verbessert werden, daß die nachfolgende Verarbeitung erleichtert (Reduzierung des Aufwandes) und/oder die Klassifikationsleistung erhöht wird (Verbesserung der Leistung). Anschließend werden Merkmale extrahiert, deren Existenz und Eigenschaften mit den Postulaten 2 und 3 vorausgesetzt wurde. Wie im vorigen Abschnitt angedeutet wurde, können die Merkmale Zahlenwerte oder Symbole sein. Im ersten Falle werden die Zahlen den Komponenten eines Merkmalvektors zugeordnet, im letzteren wird eine Kette von Symbolen gebildet. Die Merkmale werden dann klassifiziert, das heißt die in (1.6) angedeutete Abbildung ausgeführt. Je nach Typ der Merkmale kommen dafür numerische oder syntaktische Klassifikatoren in Frage.

Um Muster zu klassifizieren, müssen dem Klassifikator die Bereiche der Klassen bekannt sein. Diese werden in einer Lern- oder Trainingsphase mit Hilfe der Stichprobe ω ermittelt. In Bild 1.5 ist die Lernphase mit angedeutet. Auf Lernalgorithmen wird in den Kapiteln 4 und 5, in denen die entsprechenden Klassifikatoren behandelt werden, eingegangen. Die Leistungsfähigkeit eines Klassifikationssystems wird in der Regel zunächst durch Simulation des Systems am Digitalrechner ermittelt. Es wird hier angenommen, daß die Programmierung der verwendeten Algorithmen keine Probleme bereitet und daher übergangen werden kann. Bei zufriedenstellender Leistung des Systems und entsprechendem Bedarf kann dann eine Realisierung des Gesamtsystems durch spezielle Hardwarekomponenten erfolgen. Auch darauf wird im Rahmen dieses Buches nicht eingegangen. Kapitel 6 schließlich gibt ein Beispiel für ein Klassifikationssystem, das als kommerzielles Gerät realisiert wurde.

1.5 Anwendungen

In den Kapiteln 2 bis 5 dieses Buches stehen allgemeine Verfahren zur Klassifikation von Mustern im Vordergrund. Daher wird in diesem Abschnitt eine kurze Darstellung einiger wichtiger Anwendungen von Klassifikationssystemen gegeben. Weitere Einzelheiten dazu sind in [1.30] enthalten. Die Anwendungen werden in fünf Bereiche sowie einige Sonderbereiche unterteilt.

<u>Schriftzeichen:</u> Das automatische Lesen von Schriftzeichen findet zum Beispiel Anwendung bei der Verarbeitung von Rechnungs- und Zahlungsbelegen und der Sortierung

von Post. Auf diesem Gebiet, das zu den "klassischen" Anwendungen der Mustererkennung gehört, sind seit mehreren Jahren kommerzielle Geräte auf dem Markt. Für Massenanwendungen werden im allgemeinen maschinell gedruckte Zeichen, vielfach mit standardisierter Form wie OCR-A und OCR-B, verlangt. Bei solchen Zeichen erreichen moderne Maschinen Lesegeschwindigkeiten und -zuverlässigkeiten, welche die von Menschen weit übertreffen. Es gibt auch Maschinen für das Lesen von handgedruckten Zeichen, jedoch hängt deren Leistung stark von der Art der Auflagen an den Schreiber und dessen Disziplin beim Schreiben ab. Der Mensch ist beim Lesen nicht eingeschränkter Druckschrift immer noch überlegen, ganz zu schweigen vom Lesen normaler zusammenhängender Handschrift.

Medizinische Versorgung: In der Medizin treten sowohl wellenförmige Muster, wie Elektrokardiogramme (EKG), Phonokardiogramme (PKG) und Elektroenzephalogramme (EEG), als auch bildhafte Muster, wie Röntgenbilder, cytologische Bilder und nuklearmedizinische Aufnahmen, auf. Die auszuwertende Datenmenge ist enorm, die Fehlerhäufigkeit beträchtlich. Nach in den USA veröffentlichten Zahlen werden dort jedes Jahr etwa 650 Millionen medizinische Röntgenaufnahmen gemacht, und es wird geschätzt, daß etwa 30 % der Anomalien bei der Routinediagnose unentdeckt bleiben. Mit Zelluntersuchungen sind 20 000 - 40 000 Personen beschäftigt, und ein Test einiger Labors ergab, daß etwa 40 % "nicht zufriedenstellend" arbeiten. Diese Zahlen deuten an, daß eine Entlastung des Personals von Routineaufgaben wünschenswert wäre, um mehr Zeit für die kritischen Fälle zu geben. Für die Auswertung von EKG gibt es bereits leistungsfähige Programme, und für die Ermittlung von Zellhäufigkeiten im Blut werden Geräte angeboten, die sowohl hinsichtlich der Zuverlässigkeit als auch des Preises mit herkömmlichen Auswertemethoden konkurrenzfähig sind. Auf vielen anderen Gebieten, wie beispielsweise der Auswertung von Röntgenbildern, ist dagegen noch viel Forschungsarbeit zu leisten.

Industrielle Anwendungen: Industrielle Anwendungen ergeben sich im Bereich der Qualitätskontrolle und der Fertigungsautomatisierung. Im ersteren Falle werden Fertigungs- und Montagefehler zum Beispiel aus Laufgeräuschen von Motoren und Getrieben oder durch optische Kontrolle von Schaltungen, Kontakten oder sonstigen Bauteilen ermittelt. Der letztere Fall betrifft die Automatisierung von Fertigungsprozessen mit Hilfe von sensorgesteuerten Robotern, die in begrenztem Umfang ihre Umgebung und Werkstücke "sehen" können. Zur Zeit wird der Einfluß solcher Roboter auf die Produktion noch gering eingeschätzt, allerdings längerfristig eine revolutionäre Umgestaltung für möglich gehalten.

Erdfernerkundung: Mit Aufnahmegeräten an Bord von Flugzeugen oder Satelliten können in kurzer Zeit Daten von großen Teilen der Erdoberfläche gesammelt werden, die außer den militärischen auch wichtige zivile Anwendungen erlauben. Dazu gehören zum Beispiel geologische Untersuchungen, Land- und Forstwirtschaft (Ernteerträge, Schädlingsbefall), Geographie (Stadtplanung, automatisierte Kartenerstellung), Umweltschutz (Luft- und Wasserverschmutzung), Ozeanographie und Meteorologie. Für diese Zwecke wurden zahlreiche interaktive Systeme entwickelt, in denen versucht wird, Hintergrundwissen und Oberblick eines menschlichen Experten mit der Datenverarbeitungs- und -speicherkapazität eines Rechners zu einem möglichst leistungsfähigen Gesamtsystem zu kombinieren.

<u>Spracherkennung</u>: Die Spracherkennung gliedert sich in die Teilgebiete der Klassifikation isoliert gesprochener Worte, des Erkennens und Verstehens zusammenhängender Sprache, der Identifikation unbekannter Sprecher mit einem gesprochenen Text und der Verifikation (Bestätigung der Identität) von Sprechern. Für die Klassifikation isolierter Worte werden seit mehreren Jahren kommerzielle Geräte in verschiedenen Bereichen, zum Beispiel bei der Gepäcksortierung oder der Ausmessung von Gegenständen mit sprachlicher Eingabe der Meßwerte, eingesetzt. Die Identifikation und Verifikation von Sprechern hat mögliche Anwendungen in der Kriminalistik und bei der Zugangskontrolle zu Räumen und Gebäuden oder auch der Zugriffskontrolle zu Information. Das Problem der Erkennung zusammenhängender Sprache hat in den letzten Jahren erhebliche Fortschritte gemacht, bedarf aber noch weiterer intensiver Arbeit.

<u>Sonderbereiche</u>: Spezielle Anwendungen ergeben sich unter anderem im Bereich der Archäologie, der Hochenergiephysik, der Kriminalistik, des Militärs, der Seismologie, der Werkstoffwissenschaften und der Wirtschaftswissenschaften. Ihre Erörterung würde hier jedoch zu weit führen.

Typische Klassifikationsaufgaben sind bei den obigen Anwendungen zum Beispiel die Klassifikation von Schriftzeichen (die Klassen sind hier die Bedeutungen der Zeichen wie "A" oder "3"), die Auswertung von EKG (die Klassen sind hier die Diagnosen), die Klassifikation von Laufgeräuschen (mögliche Klassen sind hier "einwandfrei", "fehlerhaft", "unklar"), die Klassifikation von Bildpunkten in Multispektralaufnahmen (die Klassen sind hier Bodentypen wie Wald, Wiese, Wasser, Acker) und die Klassifikation isolierter Worte (die Klassen sind hier die Bedeutungen der Worte wie "Haus" oder "fünf").

1.6 Zusammenfassung

Forschungs- und Entwicklungsaktivitäten, die sich mit den mathematischen und technischen Aspekten der Perzeption befassen, gehören zum Bereich der Mustererkennung.

Der Gegenstand der Perzeption ist die Umwelt, zu der alle meßbaren Größen gerechnet werden. Ein technisches System für die Mustererkennung ist stets für eine begrenzte Anwendung, die hier als Problemkreis bezeichnet wird, ausgelegt und erfaßt daher nur einen kleinen Ausschnitt aus der Umwelt. Die Objekte eines Problemkreises werden durch Funktionen dargestellt, und diese Funktionen heißen Muster. Ein Beispiel ist die Darstellung eines Bildes von einem Objekt durch eine Funktion, deren Wert in jedem Bildpunkt ein Maß für den Grauwert des Bildes ist. Zur Mustererkennung gehört sowohl die Klassifikation einfacher als auch die Analyse komplexer Muster. Bei der Klassifikation wird jedes Muster als Ganzes genau einer Klasse zugeordnet. Musterklassen erhält man durch eine Zerlegung der Menge der zu einem Problemkreis gehörigen Muster in Teilmengen, so daß Muster einer Teilmenge oder Klasse einander ähnlich und/oder Muster verschiedener Klassen einander unähnlich sind. Ein Beispiel ist die Klassifikation von Schriftzeichen. Bei der Analyse wird jedem Muster eine individuelle Beschreibung zugeordnet, wobei die in der Beschreibung enthaltene Information vom Anwendungsfall abhängt. Eine Beschreibung enthält einfachere Bestandteile eines Musters und deren Beziehungen untereinander. Ein Beispiel ist die Beschreibung eines Schaltplanes durch Angabe der Schaltelemente und deren Verbindungen.

Systeme zur Klassifikation und Analyse von Mustern beruhen auf sechs Voraussetzungen. Von einem Problemkreis muß eine repräsentative Stichprobe von Mustern bekannt sein. Für die Klassifikation wird weiter vorausgesetzt, daß ein Muster für die Klassenzugehörigkeit typische Merkmale hat und daß die Merkmale einer Klasse im Merkmalsraum einen einigermaßen kompakten Bereich einnehmen. Für die Analyse wird vorausgesetzt, daß ein Muster einfachere Bestandteile enthält und daß das Muster eine gewisse Struktur hat, also daß nicht jede Anordnung einfacherer Bestandteile ein gültiges Muster ergibt. Schließlich wird vorausgesetzt, daß sich Ähnlichkeit von Mustern durch Untersuchung der Unterschiede in den Merkmalen oder den einfacheren Bestandteilen beurteilen läßt.

In diesem Buch wird ausschließlich das Gebiet der Klassifikation von Mustern behandelt, wobei allerdings Überschneidungen zwischen Klassifikation und Analyse möglich sind. Außerdem wird nur auf die digitale Verarbeitung von Mustern eingegangen. Systeme zur Klassifikation sind hierarchisch strukturiert, das heißt sie enthalten eine Menge von Moduln, die so angeordnet sind, daß die Ausgangsgröße des Moduls i die Eingangsgröße des Moduls (i + 1) wird. Von den Moduln werden die Verarbeitungsschritte Vorverarbeitung, Merkmalgewinnung und Klassifikation ausgeführt.

Wichtige Anwendungsgebiete der Mustererkennung sind das Lesen von Schriftzeichen, die medizinische Versorgung, der industrielle Bereich, die Erdfernerkundung, die Sprachverarbeitung sowie einige Sonderbereiche, von denen insbesondere der militärische Bereich bedeutend ist. Typische Klassifikationsaufgaben sind zum Beispiel die Klassifikation von Schriftzeichen, EKG, isoliert gesprochenen Worten und Bildpunkten in Multispektralaufnahmen.

2. Vorverarbeitung

Mit Vorverarbeitung werden hier solche Transformationen bezeichnet, die ein
vorgegebenes Muster in ein anderes überführen - also zum Beispiel eine Ziffer 3 in
eine andere Ziffer 3 - wobei jedoch das transformierte Muster für die weitere Verarbeitung geeigneter sein soll. Das führt sofort auf das Problem, den Erfolg oder
den Nutzen von Vorverarbeitungsmaßnahmen konkret zu bewerten. Dieses ist im allgemeinen ein äußerst schwieriges Problem, da der Erfolg nicht nur von der eigentlichen
Vorverarbeitung sondern auch von den nachfolgenden Operationen abhängt. Man muß also
ein vollständiges Klassifikationssystem gemäß Bild 1.5 realisieren und dessen Leistungsfähigkeit in Abhängigkeit von verschiedenen Vorverarbeitungsoperationen messen.
Der Aufwand dafür ist erheblich, er wurde aber durchaus für verschiedene Klassifikationsaufgaben betrieben. Um diesen Aufwand zu vermeiden oder auch um mögliche sinnvolle Transformationen von weniger sinnvollen zu trennen, werden vielfach heuristische Beurteilungskriterien herangezogen. Ein wichtiges Kriterium ist die subjektive
Beurteilung der "Qualität" eines Musters vor und nach der Vorverarbeitung durch
Ansehen oder Anhören. Ein weiteres Kriterium ergibt sich aus der intuitiv einleuchtenden Überlegung, daß die Klassifikation von Mustern umso einfacher sein sollte je
weniger sich Muster einer Klasse voneinander unterscheiden. Man sollte also versuchen, die Variabilität zwischen den Mustern zu reduzieren. Obwohl die Überlegung
einleuchten mag, ist die Reduzierung der Variabilität natürlich nur dann lohnend,
wenn der dafür erforderliche Aufwand entweder zu einem entsprechend reduzierten
Aufwand bei der nachfolgenden Verarbeitung oder zu einer Erhöhung der Leistungsfähigkeit des Systems führt. Damit ist man wieder beim Test des Gesamtsystems. Es
wäre ohne Zweifel ein wichtiger Fortschritt, wenn es gelänge, Vorverarbeitungsmaßnahmen unabhängig vom Gesamtsystem zu bewerten. Zur Zeit ist nicht bekannt, wie das
zu tun ist, und es ist nicht einmal bekannt, ob es überhaupt möglich ist. Die Grenze
zwischen Vorverarbeitung und der im nächsten Kapitel zu behandelnden Merkmalgewinnung
ist oft nicht völlig eindeutig zu ziehen, und in manchen Veröffentlichungen wird
auch die Merkmalgewinnung als Teil der Vorverarbeitung betrachtet.

In diesem Kapitel werden vier Gruppen von Operationen für die Vorverarbeitung
behandelt.
1. Codierung - die effektive Darstellung von Mustern in einer für den Digitalrechner
geeigneten Form.
2. Schwellwertoperationen - die Auswahl einiger und Unterdrückung der restlichen
Funktionswerte.
3. Verbesserung von Mustern - die Beseitigung oder Verbesserung fehlerhafter oder
einfach unnötiger Funktionswerte des Musters.
4. Normierung - die Angleichung der Werte einiger Parameter an Normalwerte oder
-wertebereiche.

Als Ergänzung kommt noch ein weiterer Abschnitt hinzu.
5. Operationen auf diskreten Mustern - einige grundsätzliche Ergebnisse zur Verarbeitung diskreter Muster.

2.1 Codierung

2.1.1 Allgemeine Bemerkungen

Da ein Muster als Funktion $\underline{f}(\underline{x})$ definiert wurde, kann zunächst der Eindruck entstehen, daß man diese Funktion in geschlossener Form, zum Beispiel von der Art $f(x) = ax^2 + bx + c$ oder $f(x,y) = \exp(-x^2 - y^2)$ angeben könnte. Das ist natürlich nicht der Fall, da Muster - man betrachte nochmals die Bilder 1.1 und 1.2 - im allgemeinen keine solche Darstellung erlauben. Der einzig gangbare Weg ist die Definition von $\underline{f}(\underline{x})$ durch eine Wertetabelle, das heißt man ermittelt und speichert die Funktionswerte $\underline{f}$ für eine endliche Zahl M von Koordinatenwerten $\underline{x}_i$, i = 1,...M; dieser Vorgang wird als Abtastung von $\underline{f}(\underline{x})$ bezeichnet. Die Verarbeitung der Funktionswerte $\underline{f}$ erfolgt vielfach digital, und in diesem Buch sollen nur digitale Verfahren behandelt werden. Das bedeutet, daß auch die Funktionswerte nur mit endlich vielen diskreten Quantisierungsstufen ermittelt, gespeichert und verarbeitet werden; der Vorgang der Zuordnung diskreter Funktionswerte wird als Codierung bezeichnet.

Damit ergibt sich die in Bild 2.1 gezeigte Folge von Schritten. Ein Muster wird zunächst aufgenommen, also eine physikalische Größe wie Schalldruck oder Lichtintensität in eine elektrische Spannung umgewandelt. Es folgt eine Vorfilterung,

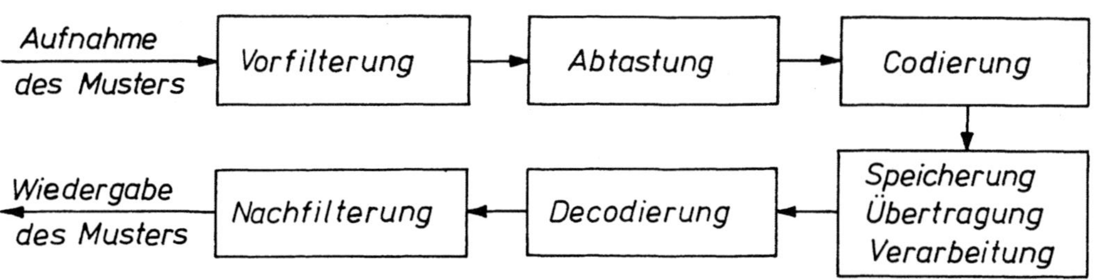

Bild 2.1   Aufnahme und Wiedergabe von Mustern mit dazwischenliegender digitaler Verarbeitung

um die noch zu erörternde Bedingung (2.5) sicherzustellen, und die Abtastung des
Musters. Die an diskreten Koordinatenwerten gemessenen Funktionswerte werden co-
diert. Die Funktion $\underline{f}(\underline{x})$ ist damit durch endlich viele diskrete Werte dargestellt
und kann in einem Digitalrechner gespeichert und verarbeitet werden. Soll das ge-
speicherte Muster wieder dargestellt werden, müssen die codierten Funktionswerte
decodiert und die abgetasteten Koordinatenwerte durch Interpolation ergänzt werden;
letzteres kann zum Beispiel durch ein Filter erfolgen. Für die digitale Verarbeitung von Mustern sind also zwei grundsätzliche Fragen zu klären.
1. Wieviele Abtastwerte braucht man zur angemessenen Darstellung einer Funktion?
2. Wieviele Quantisierungsstufen braucht man zur angemessenen Darstellung der Funktionswerte und wie sind die Stufen zu wählen?
Diese Fragen werden in den nächsten beiden Abschnitten erörtert. Ohne auf Einzelheiten einzugehen sei noch erwähnt, daß je nach Art des Aufnahme- oder Wiedergabe-
gerätes einige der Schritte Vorfilterung, Abtastung, Nachfilterung in diesen Geräten direkt durchgeführt werden können. Es kann auch sein, daß physiologische Eigen-
heiten der menschlichen Sinnesorgane ausgenutzt werden, wie es zum Beispiel bei der
Darstellung bewegter Bilder durch eine genügend schnelle Folge statischer Bilder
üblich ist.

2.1.2 Abtastung

Im folgenden wird stets vorausgesetzt, daß eine Funktion an äquidistanten
Stützstellen abgetastet wird. Beispielsweise bedeutet das für ein Grauwertbild
$f(x,y)$, daß es durch eine Bildmatrix $\underline{f}$ (Wertetabelle) ersetzt wird gemäß

$$f(x,y) \rightarrow f_{jk} \quad ,$$
$$\underline{f} = [f_{jk}] \quad ,$$
$$f_{jk} = f(x_0 + j\Delta x, \, y_0 + k\Delta y) \qquad j = 0,1\ldots, \, M_x - 1; \; k = 0,1,\ldots M_y - 1. \qquad (2.1)$$

Dabei sind x_0, y_0 beliebige Anfangskoordinaten, Δx und Δy sind die Abstände der
Stützstellen, und die Endkoordinaten sind

$$x_1 = x_0 + (M_x - 1)\, \Delta x \quad ,$$
$$y_1 = y_0 + (M_y - 1)\, \Delta y \quad . \qquad\qquad\qquad (2.2)$$

Im weiteren Text wird mit f_{jk} stets ein einzelner Abtastwert bezeichnet, mit $[f_{jk}]$
eine Folge von Abtastwerten einer zweidimensionalen Funktion, wobei aus dem Kontext

hervorgeht, ob diese Folge endlich oder unendlich ist, und mit $\underline{f}$ ganz allgemein eine diskrete Darstellung einer ein- oder mehrdimensionalen Funktion durch Abtastwerte. Offensichtlich reicht bei bekannten x_0, y_0, Δx, Δy die Angabe von f_{jk} zur eindeutigen Kennzeichnung eines Abtastwertes aus. Man kann zur Vereinfachung ohne Beschränkung der Allgemeinheit $x_0 = y_0 = 0$ und $\Delta x = 1$ Längeneinheit in x-Richtung, $\Delta y = 1$ Längeneinheit in y-Richtung setzen. In diesem Falle ist einfach

$$f_{jk} = f(j,k) \quad , \quad j = 0,1,\ldots, M_x - 1; \; k = 0,1,\ldots, M_y - 1 \; . \qquad (2.3)$$

Die mit (2.1-2.3) definierte Abtastung läßt sich in offensichtlicher Weise auf Funktionen gemäß (1.3) mit beliebigen Werten von m und n ausdehnen. Wie aus Bild 2.2 hervorgeht, ergibt sich bei rechtwinkligen Koordinaten ein rechteckiges Raster von Abtastpunkten in der Ebene, bei geeignet gewählten schiefwinkligen ein sechseckiges oder hexagonales Raster. Hier werden, falls nichts anderes ausdrücklich erwähnt wird, stets rechteckige Koordinaten verwendet; schiefwinklige werden zum Beispiel in [2.1] betrachtet.

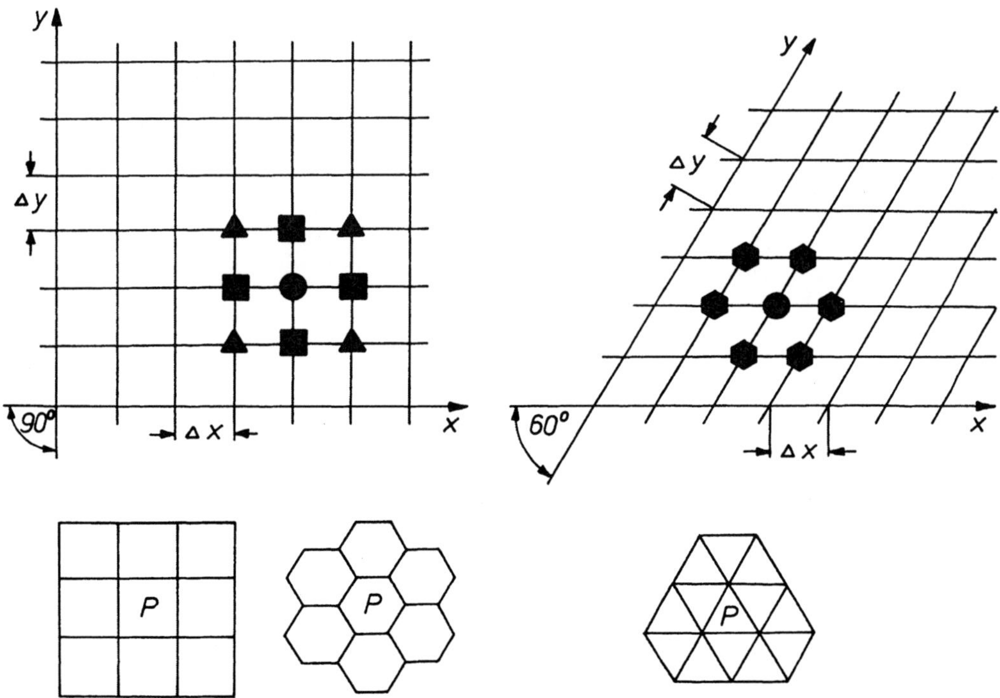

Bild 2.2   Rechteckiges und hexagonales Abtastraster. In ersterem hat ein Punkt entweder vier Nachbarn in gleichem Abstand oder acht in unterschiedlichem Abstand, je nach Definition der Nachbarschaft. In letzterem hat ein Punkt sechs Nachbarn in gleichem Abstand. Darunter die drei regelmäßigen Zerlegungen der Ebene

Der Vollständigkeit halber sind in Bild 2.2 unten auch die drei möglichen Aufteilungen einer Ebene mit regelmäßigen Vielecken dargestellt. Es sind dies die Aufteilung mit Quadraten (quadratisches Raster), mit gleichseitigen Sechsecken (hexagonales Raster) und mit gleichseitigen Dreiecken, wobei letztere Aufteilung jedoch in der Mustererkennung keine praktische Bedeutung hat. Für einen Rasterpunkt P sind jeweils die möglichen Nachbarn gezeigt, wobei man unter Nachbarn entweder solche Punkte versteht, die mit P eine gemeinsame Seite haben, oder solche, die mit P eine gemeinsame Seite oder eine gemeinsame Ecke haben. Der Vorteil des hexagonalen Rasters besteht darin, daß es nur einen Typ von Nachbarn gibt, der des quadratischen, daß übliche Abtastgeräte im quadratischen Raster arbeiten. Die im quadratischen Raster üblichen 4- und 8-Nachbarschaften sind in Abschnitt 2.5.1 definiert.

Das Abtasttheorem ermöglicht eine Aussage über den erforderlichen Abstand Δx, Δy der Abtastpunkte. Zusammen mit (2.2) ergibt sich bei bekannten Anfangs- und Endkoordinaten daraus die erforderliche Anzahl der Abtastpunkte. Der Einfachheit halber wird es hier nur für eine Funktion $f(x)$ von einer Variablen angegeben, jedoch läßt es sich ohne weiteres verallgemeinern.

<u>Satz 2.1 (Abtasttheorem)</u>: Die Funktion $f(x)$ habe die Fourier Transformierte

$$F(\xi) = \int_{-\infty}^{\infty} f(x)\exp(-i\xi x)dx \quad ,$$

$$= FT\{f(x)\} \tag{2.4}$$

und es gelte

$$F(\xi) = 0 \text{ für } |\xi| > \xi_0 = 2\pi B_x \quad , \tag{2.5}$$

das heißt $f(x)$ sei bandbegrenzt im Frequenzbereich $(-B_x, B_x)$. Dann ist $f(x)$ vollständig bestimmt durch die Abtastwerte

$$f_j = f(j\Delta x) \quad , \tag{2.6}$$

wenn man als Abstand der Abtastwerte

$$\Delta x \leq 1 / (2B_x) = \pi / \xi_0 \tag{2.7}$$

wählt. Man kann $f(x)$ aus der Interpolationsformel

$$f(x) = \sum_{j=-\infty}^{\infty} f_j \sin[2\pi B_x(x - j\Delta x)] / [2\pi B_x(x - j\Delta x)] \tag{2.8}$$

rekonstruieren.

Beweis: Man findet Beweise dieses Satzes unter anderem in [2.2,3]. Aus der Fourier Transformierten $F(\xi)$ erhält man wegen (2.5) die Funktion $f(x)$ aus dem Umkehrintegral

$$f(x) = 1 / (2\pi) \int_{-\infty}^{\infty} F(\xi)\exp(i\xi x)d\xi$$

$$= FT^{-1}\{F(\xi)\}$$

$$= (2\pi)^{-1} \int_{-\xi_0}^{\xi_0} F(\xi)\exp(i\xi x)d\xi \ . \tag{2.9}$$

Der kleine Buchstabe i im Exponenten einer e-Funktion ist stets die komplexe Zahl $(0,1)$ mit $i^2 = (-1,0)$, während zum Beispiel j ein ganzzahliger Index ist. Da $F(\xi)$ bandbegrenzt im Intervall $(-\xi_0,\xi_0)$ ist, kann man es in diesem Intervall gemäß

$$F(\xi) = \sum_{j=-\infty}^{\infty} a_j \exp(ij2\pi\xi / (2\xi_0)) \tag{2.10}$$

in eine Fourier Reihe entwickeln, wobei man gedanklich $F(\xi)$ über das Intervall $(-\xi_0,\xi_0)$ hinaus periodisch fortsetzt. Unter Beachtung von (2.9) und (2.7) erhält man für die Entwicklungskoeffizienten

$$a_j = (2\xi_0)^{-1} \int_{-\xi_0}^{\xi_0} F(\xi)\exp(-ij2\pi\xi / (2\xi_0))d\xi \quad ,$$

$$= (2\pi)^{-1}(\pi / \xi_0) \int_{-\xi_0}^{\xi_0} F(\xi)\exp(i\xi(-j\pi / \xi_0))d\xi \ ,$$

$$= f(-j\pi / \xi_0) \ (\pi / \xi_0) \quad ,$$

$$= f(-j\Delta x)\Delta x \quad . \tag{2.11}$$

Setzt man (2.11) in (2.10) ein, so ergibt sich für $F(\xi)$ die Gleichung

$$F(\xi) = \sum_{j=-\infty}^{\infty} f(-j\Delta x)\exp(ij\Delta x\xi)\Delta x \quad ,$$

$$= \sum_{j=-\infty}^{\infty} f(j\Delta x)\exp(-ij\Delta x\xi)\Delta x \quad .$$

Dieser Ausdruck für $F(\xi)$ in (2.9) eingesetzt ergibt schließlich (2.8) gemäß

$$f(x) = (2\pi)^{-1} \sum_{j=-\infty}^{\infty} f(j\Delta x) \int_{-\xi_0}^{\xi_0} \exp(i\xi(x - j\Delta x))\Delta x d\xi$$

$$= \sum_{j=-\infty}^{\infty} f(j\Delta x)(\Delta x / (2\pi))[\exp(i\xi(x - j\Delta x)) / (i(x - j\Delta x))]\Big|_{-\xi_0}^{\xi_0}$$

$$= \sum_{j=-\infty}^{\infty} f_j \sin[2\pi B_x(x - j\Delta x)] / [2\pi B_x(x - j\Delta x)].$$

Damit ist Satz 2.1 bewiesen.

Der obige Satz ist die theoretische Grundlage für die digitale Verarbeitung von Mustern, da er sicherstellt, daß man ein Muster unter bestimmten Voraussetzungen durch seine Abtastwerte nicht nur approximieren, sondern sogar exakt darstellen kann. Ein Beispiel der Approximation zeigt Bild 2.3. Allerdings ist bei Mustern, die praktisch immer auf ein endliches Intervall ($x_0 \leq x \leq x_1$) beschränkt sind, die Bandbegrenzung gemäß (2.5) nie genau eingehalten. Man muß dann, wie in Bild 2.1 angedeutet, vor der Abtastung die Einhaltung von (2.5) durch eine Vorfilterung, bei der Frequenzen $|\xi| > \xi_0$ möglichst gut unterdrückt werden, sicherstellen. Tatsächlich wird man also im allgemeinen Muster f(x) durch Abtastung umso genauer approximieren je größer der vom Filter durchgelassene Frequenzbereich ist, das heißt aber wegen (2.7) auch je größer die Zahl der Abtastpunkte ist. Da man diese Zahl zur Beschränkung des Verarbeitungs- und Speicheraufwandes klein halten möchte, muß hier ein Kompromiß zwischen Aufwand und Genauigkeit geschlossen werden. Zu den Ungenauigkeiten, die durch die Bandbegrenzung und Abtastung verursacht werden, kommen die im nächsten Abschnitt diskutierten, durch die Quantisierung verursachten, hinzu. Bei mehrdimensionalen Mustern, zum Beispiel f(x,y), sind (2.5,7) in der naheliegenden Weise zu verallgemeinern, daß man

$$F(\xi,\eta) = 0 \qquad \text{für} \qquad \begin{aligned} |\xi| &> \xi_0 = 2\pi B_x \quad, \\ |\eta| &> \eta_0 = 2\pi B_y \end{aligned} \qquad (2.5a)$$

$$\Delta x \leq 1 / (2\pi B_x) \qquad \text{und} \qquad \Delta y \leq 1 / (2\pi B_y) \qquad (2.7a)$$

fordert.

Bezeichnet man mit $1 / \Delta x$ die Zahl der Abtastpunkte je Längen- oder Zeiteinheit, die auch als Abtastfrequenz bezeichnet wird, so ist (2.7) gleichwertig der Aussage, daß die Abtastfrequenz mindestens gleich der doppelten Grenzfrequenz B_x sein muß.

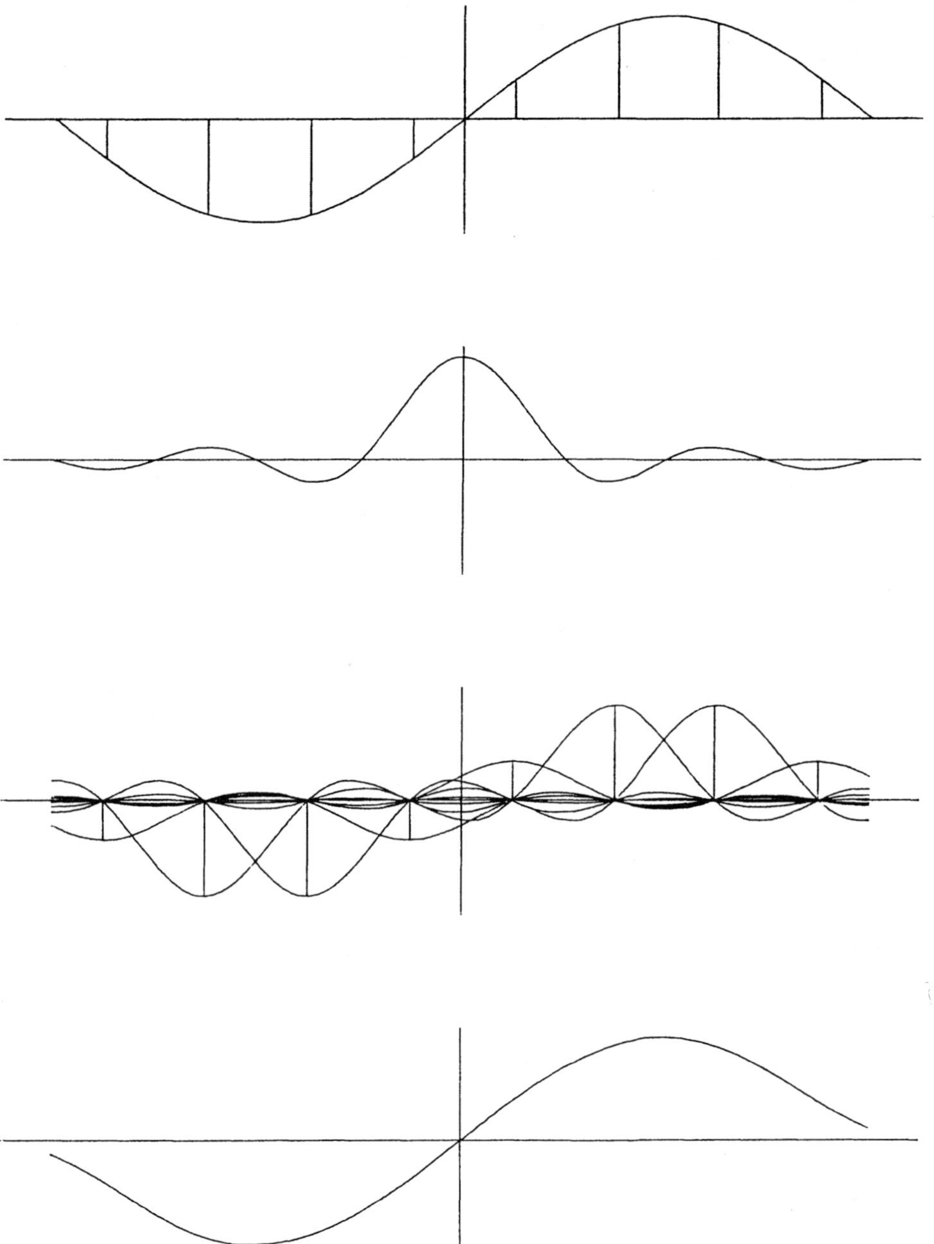

Bild 2.3   Zur Veranschaulichung von Satz 2.1 ist von oben nach unten folgendes dargestellt: a) Eine Funktion f(x) mit Abtastwerten f_j, letztere angedeutet durch senkrechte Striche. b) Die in Gl.(2.8) auftretende Funktion (sin x)/x. c) Die zu den Abtastwerten von a) gehörigen Summanden in Gl. (2.8). d) Die mit Gl. (2.8) rekonstruierte Funktion, die aus den oben diskutierten Gründen nicht exakt mit der in a) gegebenen Funktion übereinstimmt.

2.1.3 Puls Code Modulation

Im allgemeinen können die Abtastwerte f_j irgendeinen Wert aus dem kontinuierlichen Wertebereich $f_{min} \leq f_j \leq f_{max}$ annehmen. Für die digitale Verarbeitung muß auch der Wertebereich quantisiert werden, wobei es zweckmäßig ist, $L = 2^B$ Stufen zu wählen, die durch die ganzen Zahlen $0,1,\ldots 2^B-1$ codiert und in B bit eines Rechners gespeichert werden. Wenn $\underline{f}(\underline{x})$ eine vektorwertige Funktion ist, wird dieses Verfahren auf jede Komponente angewendet. Das Prinzip der Abbildung von Abtastwerten f_j in diskrete Werte f_j' zeigt Bild 2.4. Abtastung des Musters an diskreten Koordinatenwerten und Quantisierung der Abtastwerte in diskrete Amplitudenstufen ergeben die Puls Code Modulation (PCM), die ein einfaches und grundlegendes Codierverfahren ist.

Da die Wahl des Abtastintervalls im vorigen Abschnitt erörtert wurde, bleiben hier noch zwei Fragen zu klären, nämlich wieviele Quantisierungsstufen zu wählen sind und wie die Quantisierungscharakteristik aussehen sollte - die in Bild 2.4 gezeigte lineare Charakteristik ist ja keineswegs die einzig mögliche. Die Zahl der Quantisierungsstufen bestimmt die Genauigkeit, mit der f_j durch f_j' approximiert wird. Definiert man den Quantisierungsfehler oder das Quantisierungsrauschen mit

$$n_j = f_j - f_j' \quad , \tag{2.12}$$

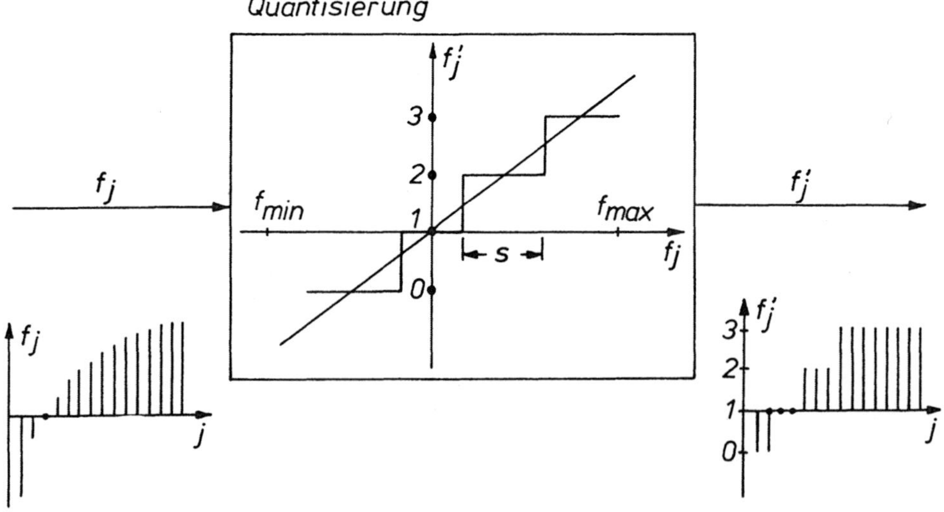

Bild 2.4   Quantisierung der Abtastwerte f_j

so ist das Verhältnis von Signalenergie zu Rauschenergie

$$r' = E\{f_j^2\} \ / \ E\{n_j^2\} \tag{2.13}$$

ein mögliches Maß für die Genauigkeit der PCM. In (2.13) ist $E\{ \cdot \}$ der Erwartungs-wert der in Klammern stehenden Größe. Damit gilt

<u>Satz 2.2:</u> Unter den im Beweis genannten Voraussetzungen und mit

$$r = 10\log_{10}r' \tag{2.14}$$

gilt die Beziehung

$$r = 6B - 7,2 \ \ . \tag{2.15}$$

<u>Beweis:</u> Einen Beweis findet man beispielsweise in [2.4]. Es wird angenommen, daß $E\{f\} = E\{n\} = 0$ ist. Wenn die Zahl der Quantisierungsstufen genügend groß ist, etwa $B > 6$, ist die Annahme eines gleichverteilten Quantisierungsfehlers n berech-tigt. Wenn s die in Bild 2.4 gezeigte Schrittweite des Quantisierers ist, so ist die Verteilungsdichte des Fehlers

$$p(n) = 1 \ / \ s \quad \text{für} \quad -s \ / \ 2 \leq n \leq s \ / \ 2 \ \ . \tag{2.16}$$

Dabei ist vorausgesetzt, daß der Quantisierer nicht übersteuert wird. Damit erhält man für die Varianz des Fehlers

$$E\{n_j^2\} = \int\limits_{-s/2}^{s/2} (1 \ / \ s)n^2 dn = s^2 \ / \ 12 \ \ . \tag{2.17}$$

Mit der Bezeichnung

$$\sigma_f = (E\{f_j^2\})^{1/2} \tag{2.18}$$

und der Annahme

$$f_{min} = -4\sigma_f \ , \quad f_{max} = 4\sigma_f \tag{2.19}$$

erhät man als Schrittweite

$$s = 8\sigma_f \ / \ 2^B \ \ . \tag{2.20}$$

Die Annahme (2.19) ist problematisch, da es Signale geben kann, die ihr nicht ge-nügen. Setzt man (2.17,18,20) in (2.13) ein, erhält man

$$r' = 12 \cdot 2^{2B-6} \ \ . \tag{2.21}$$

30

Zusammen mit (2.14) ergibt sich daraus (2.15), so daß der Beweis von Satz 2.2 vollständig ist.

Aus (2.15) folgt, daß ein bit mehr oder weniger eine Erniedrigung oder Erhöhung des Quantisierungsfehlers um 6dB bedeutet. Diese Aussage gibt zwar einen ersten quantitativen Eindruck vom Einfluß der Quantisierungsstufen auf die Genauigkeit der Darstellung. Sie sagt aber wenig darüber aus, wie viele Stufen oder bit man tatsächlich nehmen sollte. Dafür ist eine genaue Untersuchung der Verarbeitungskette gemäß Bild 1.5 oder 2.1 - je nach Anwendungsfall - erforderlich. In Bild 2.1 ist am Schluß ausdrücklich die Wiedergabe der Muster erwähnt, also die Darstellung für einen menschlichen Beobachter. In diesem Falle wird die Zahl der Quantisierungsstufen so gewählt, daß der subjektive Eindruck des Beobachters, zum Beispiel beim Anhören von Sprache oder Ansehen eines Bildes, zufriedenstellend ist. Letzterer Begriff ist sehr dehnbar, da "zufriedenstellend" bei Sprache die Verständlichkeit sein kann oder auch die subjektiv als verzerrungsfrei empfundene Wiedergabe. Grundsätzlich ist die Quantisierung der Amplitudenstufen deshalb möglich, weil ein Mensch zwei Sinneseindrücke - gleichgültig ob Druck, Helligkeit, Lautstärke usw. - nur dann subjektiv unterscheiden kann, wenn ihre Intensitäten sich um einen bestimmten Mindestwert unterscheiden (Weber-Fechnersches Gesetz). Erfahrungsgemäß gelten bei Sprache 11 bit, bei Grauwertbildern 8 bit und bei Farbbildern 8 bit je Farbkanal als ausreichend für gute subjektive Qualität bei der Wiedergabe. Zum Beispiel gilt dann bei den quantisierten Grauwertbildern $f'_{jk} \in \{0,1,...255\}$. In Bild 1.5 kommt es nicht auf die Wiedergabe, sondern die Klassifikation eines Musters an. Es fehlen systematische Untersuchungen über den Einfluß der Zahl der Quantisierungsstufen auf die Klassifikatorleistung. Meistens orientiert man sich daher bei der Wahl der Stufenzahl ebenfalls am subjektiven Eindruck eines Beobachters.

Es ist naheliegend, eine Quantisierungskennlinie zu suchen, die ein definiertes Gütekriterium optimiert. Ein mögliches Kriterium ist der mittlere quadratische Fehler

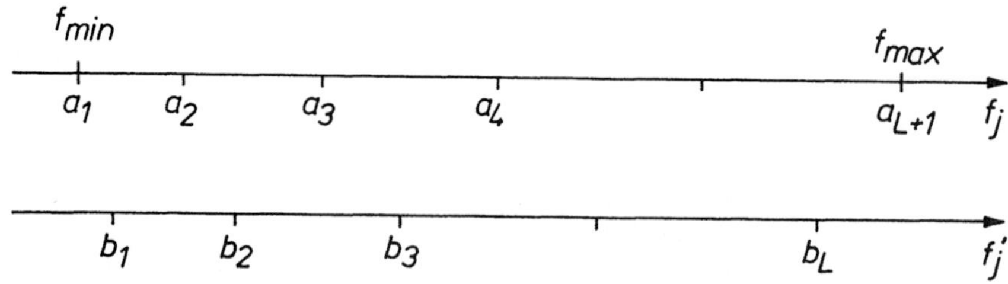

Bild 2.5   Zur Bestimmung einer optimalen Quantisierungskennlinie

$$\varepsilon = \sum_{\nu=1}^{L} \int_{a_\nu}^{a_{\nu+1}} (f - b_\nu)^2 p(f) df \quad , \tag{2.22}$$

wobei sich die Bezeichnungen aus Bild 2.5 ergeben. Alle Werte $a_\nu \leq f_j < a_{\nu+1}$ werden also durch den quantisierten Wert b_ν dargestellt. Nach der obigen Diskussion wäre zwar für die Wiedergabe ein Kriterium, das den subjektiven Fehlereindruck des Beobachters oder die Leistung eines Klassifikationssystems bewertet, vorzuziehen. Wegen der einfacheren mathematischen Behandlung wird hier aber nur (2.22) verwendet. Die optimale Quantisierungskennlinie ist durch die Werte a_ν, b_ν gekennzeichnet, für die der Fehler ε in (2.22) minimiert wird.

<u>Satz 2.3</u>: Die optimalen Werte a_ν, b_ν, welche (2.22) minimieren, sind durch die Gleichungen

$$a_\nu = (b_{\nu-1} + b_\nu) / 2 \qquad \nu = 2,3,\ldots, L = 2^B \quad , \tag{2.23}$$

$$b_\nu = \int_{a_\nu}^{a_{\nu+1}} fp(f) df \Big/ \int_{a_\nu}^{a_{\nu+1}} p(f) df \qquad \nu = 1,\ldots,L \quad . \tag{2.24}$$

gegeben. Dabei ist vorausgesetzt, daß $p(f = a_\nu) \neq 0$ ist.

<u>Beweis</u>: Beweise dieses Satzes sind zum Beispiel in [2.1,5] angegeben. Die Bildung der partiellen Ableitung von (2.22) nach b_ν und Nullsetzen derselben ergibt

$$\partial\varepsilon \,/\, \partial b_\nu = \sum_{\nu=1}^{L} \int_{a_\nu}^{a_{\nu+1}} -2(f - b_\nu) p(f) df = 0 \quad .$$

Daraus folgt unmittelbar (2.24). Diese Vorgehensweise ergibt für a_ν

$$\partial\varepsilon \,/\, \partial a_\nu = \sum_{\nu=2}^{L} (a_\nu - b_{\nu-1})^2 p(a_\nu) - (a_\nu - b_\nu)^2 p(a_\nu) = 0.$$

Die Werte a_1 und a_{L+1} sind gemäß Bild 2.5 festgelegt. Wenn $p(a_\nu) \neq 0$ ist, ist obige Gleichung erfüllt, wenn

$$(a_\nu - b_{\nu-1})^2 = (a_\nu - b_\nu)^2$$

gilt. Daraus folgt sofort (2.23), und damit ist Satz 2.3 bewiesen.

Der obige Satz zeigt, daß im allgemeinen die Lage der a_ν, b_ν und damit die Quantisierungskennlinie von der Verteilungsdichte $p(f)$ der Funktionswerte abhängt. Man erkennt sofort, daß sich eine lineare Quantisierungscharakteristik - gekennzeichnet durch äquidistante b_ν und a_ν - nur für gleichverteilte Funktionswerte ergibt. In diesem Falle geht nämlich (2.24) über in

$$b_\nu = (a_{\nu+1} + a_\nu) / 2 \quad . \tag{2.25}$$

Die Quantisierungsstufen haben dann die konstante Größe

$$a_{\nu+1} - a_\nu = (a_{L+1} - a_1) / L = (f_{max} - f_{min}) / L \quad . \tag{2.26}$$

Bei nicht gleichförmiger Verteilung der Funktionswerte ergibt sich im allgemeinen eine nichtlineare Quantisierungskennlinie. Aus (2.22) entnimmt man, daß die Stufen eng liegen sollten, wo häufig Funktionswerte auftreten, damit der Fehler ε klein bleibt. Eine nichtlineare Quantisierungskennlinie läßt sich einfach dadurch erreichen, daß man die Funktionswerte zunächst an einer nichtlinearen Kennlinie verzerrt und die verzerrten Funktionswerte dann linear quantisiert. Natürlich muß nun nach der Decodierung eine entsprechende Entzerrung vorgenommen werden. In der Sprach- und Bildverarbeitung wird häufig eine logarithmische Verzerrung durchgeführt, das heißt man codiert nicht $f(x,y)$ sondern $\log[f(x,y)]$; solche nichtlinearen Kennlinien werden auch in [2.1,5] diskutiert.

Meistens ist eine PCM Darstellung Grundlage der digitalen Verarbeitung von Mustern, unter Umständen auch Ausgangspunkt einer anderen Art der Codierung. Die PCM Darstellung erhält man nämlich relativ leicht durch geeignete Wandler, wie Mikrofon zur akustisch-elektrischen oder Fernsehkamera zur optisch-elektrischen Wandlung, in Verbindung mit nichtlinearer Signalverstärkung zur Verzerrung, sample-and-hold Verstärkern zur Abtastung und Analog-Digital Wandlern zur Amplitudenquantisierung. Für verschiedene Zwecke werden dafür vollständige Geräte angeboten. Im folgenden wird stets angenommen, daß $f_j \simeq f'_j$ ist; es wird also nicht zwischen analogen Funktionswerten und ihrer digitalen Darstellung unterschieden.

2.1.4 Codierung der Lauflänge

Eine spezielle Klasse von Bildern sind Schwarz-Weiß Bilder oder binäre Muster, bei denen nur die zwei Grauwerte Schwarz oder Weiß auftreten. Jeder Bildpunkt läßt sich also mit 1 bit codieren, so daß für ein Bild $M_x \cdot M_y$ bit benötigt werden. In einem Bild werden in einer Bildzeile meistens mehrere aufeinander folgende Bildpunkte den gleichen Grauwert haben. In solchen Fällen läßt sich das Bild durch die sogenannte Lauflängen-Codierung noch kompakter darstellen [2.6,7]. Das Prinzip besteht darin, in einer Zeile nicht Punkt für Punkt die Grauwerte anzugeben, sondern die Zeile darzustellen durch Wertepaare (b_ν, l_k), wobei b_ν den Grauwert angibt und l_k die Lauflänge, das heißt die Zahl der aufeinander folgenden Punkte mit dem Grauwert b_ν. Grundsätzlich läßt sich also diese Codierung auch auf Bilder mit mehr als zwei Grauwerten anwenden, jedoch wird bei mehr Grauwerten im allgemeinen die Lauflänge kürzer und die Zahl der Paare (b_ν, l_k) je Zeile größer werden, so daß die Darstellung weniger effektiv ist. Das Problem der geeigneten Zuordnung von Codeworten zu Paaren wird in der zitierten Literatur behandelt. Eine Alternative ist die Angabe des Grauwertsprungs (schwarz-weiß oder weiß-schwarz) und der Koordinaten seines Auftretens.

2.1.5 Kettencodierung

Eine spezielle Klasse von Schwarz-Weiß Bildern sind Linienbilder, die nur dünne schwarze Linien auf weißem Untergrund oder umgekehrt enthalten. Solche Muster lassen sich mit der in Bild 2.6 gezeigten Kettencodierung darstellen [2.8,9]. Von einem Startpunkt P beginnend wird jeweils die Richtung zum nächsten Punkt der Linie angegeben. Dabei werden nur acht Richtungen unterschieden, so daß 3 bit zur Codierung einer Richtung ausreichen. Diese acht Richtungen ergeben die in (2.124) von Abschnitt 2.5.1 definierte 8-Nachbarschaft. Je nach Art der Linienmuster kann es erforderlich sein, die Zahl der bit zu erhöhen, um zum Beispiel auch Verzweigungen von Linien

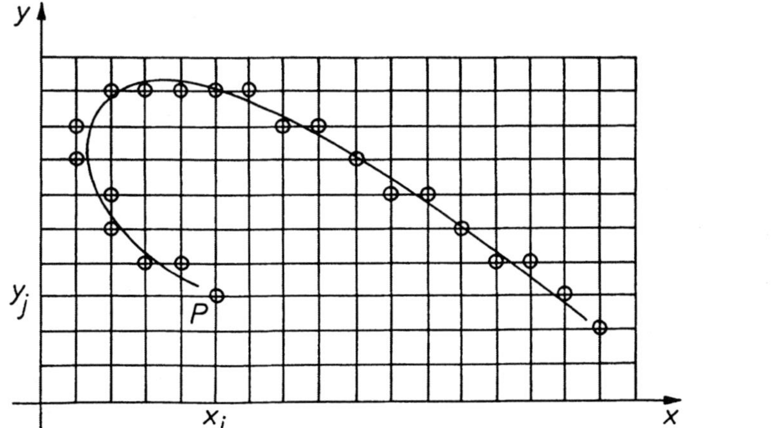
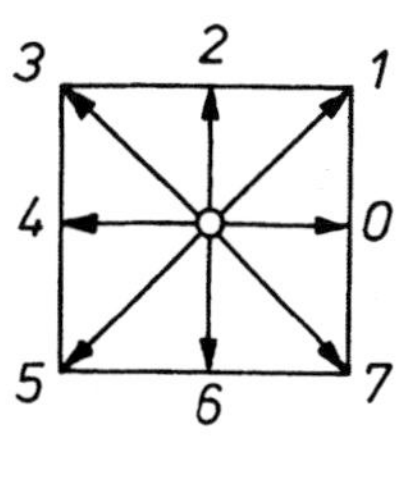

Bild 2.6   Kettencodierung eines Linienmusters. Der Code für die gezeigte Linie ist $P(x_i, y_j)$ 34323210000707707707

darzustellen. Einige Parameter der Linie, wie Linienlänge und Fläche zwischen Linie und x-Achse lassen sich direkt aus dem Kettencode berechnen. Für einige regelmäßige Linienmuster kann man den Kettencode aus der erzeugenden Funktion ableiten und auch einige Transformationen, wie Vergrößerung um den Faktor j, über diese ausführen. Aus Bild 2.6 geht hervor, daß die Darstellung von Linien in einem Raster im allgemeinen nur näherungsweise möglich ist, wobei die erreichte Genauigkeit von der Feinheit des Rasters abhängt. Ebenso ist in dem gezeigten rechteckigen Raster eine Drehung des Musters im allgemeinen mit Verzerrungen verbunden.

Teilweise wird der Kettencode in der Weise vereinfacht, daß nur die vier Richtungen 0,2,4 und 6 in Bild 2.6 verwendet werden, für deren Codierung zwei bit ausreichen. Der Quantisierungsfehler wird damit natürlich größer. Außer Linienbildern lassen sich mit dem Kettencode beispielsweise auch die Umrißlinien von Objekten codieren [2.10].

2.1.6 Ergänzende Bemerkungen

Das Gebiet der Codierung konnte hier nur kurz behandelt werden. Dabei wurden die für die digitale Verarbeitung von Mustern grundlegenden Verfahren berücksichtigt, dagegen fast alle Verfeinerungen, die eine Reduzierung der erforderlichen Zahl der bit - zum Beispiel durch Verwendung optimaler Codes - zum Ziele haben, ausgelassen. In dem Buch [2.11] sind etwa 70 Artikel zusammengestellt, die praktisch alle Aspekte der Codierung von Sprache und Bildern behandeln. Das für die Speicherung und Übertragung von Signalen wichtige Gebiet der fehlererkennenden und fehlerkorrigierenden Codes [2.12] wurde ausgelassen, da diese für die digitale Verarbeitung von Mustern nicht von unmittelbarer Bedeutung sind.

2.2 Schwellwertoperationen

Bei Bildern von einfachen Objekten ist vielfach die Verwendung von Grauwerten nicht erforderlich, da die interessierende Information auch aus einer Schwarz-Weiß Darstellung (oder binären Darstellung) hervorgeht. Ein Standardbeispiel sind die in Bild 1.1 gezeigten Schriftzeichen, bei denen Grauwerte, zumindest für den Betrachter, auch nur störend wären; natürlich schließt das nicht aus, daß bei der Aufnahme zunächst Grauwerte gemessen werden. Aber auch bei anderen Mustern, wie

zum Beispiel Chromosomen oder Werkstücken, wird vielfach nur eine binäre Darstellung
verwendet. Neben der Reduzierung des Speicheraufwandes wird auch die Verarbeitung
der Muster vereinfacht.

Übliche Aufnahmegeräte, wie Fernsehkameras oder Zeilen von Fotodioden, liefern
ein Signal, das monoton von der Bildhelligkeit abhängt, also eine Folge von Grauwerten. Eine binäre Darstellung sollte so gewählt sein, daß (fast) alle zum Objekt
gehörenden Bildpunkte den Wert 1 erhalten und (fast) alle zum Hintergrund gehörenden
den Wert 0, oder auch umgekehrt. Wenn der Kontrast des Objekts gut ist, das heißt
wenn sich die Grauwerte von Objekt und Hintergrund genügend unterscheiden, läßt sich
die Binärisierung oder die Trennung von Objekt und Hintergrund im Prinzip durch die
Schwellwertoperation

$$h_{jk} = \begin{cases} 1 & \text{wenn } f_{jk} > \Theta \\ 0 & \text{sonst} \end{cases} \tag{2.27}$$

durchführen, die aus einer Bildmatrix $\underline{f}$ mit zum Beispiel $f_{jk} \in \{0,1,\ldots 255\}$ eine
Bildmatrix $\underline{h}$ mit $h_{jk} \in \{0,1\}$ ergibt. Allerdings führt ein fester Schwellwert Θ im
allgemeinen nicht zu befriedigenden Ergebnissen, da Inhomogenitäten in der Beleuch-
tung und den Reflektionseigenschaften von Objekt und Hintergrund sowie Rauschen
des Aufnahmegerätes erhebliche Schwankungen der gemessenen Helligkeit zur Folge
haben. Eine Übersicht über Schwellwertoperationen gibt [2.13].

In Bild 2.7 ist ein häufig verwendetes Verfahren zur Anpassung der Schwelle Θ
an das beobachtete Muster gezeigt. Man ermittelt für die gemessenen Grauwerte deren

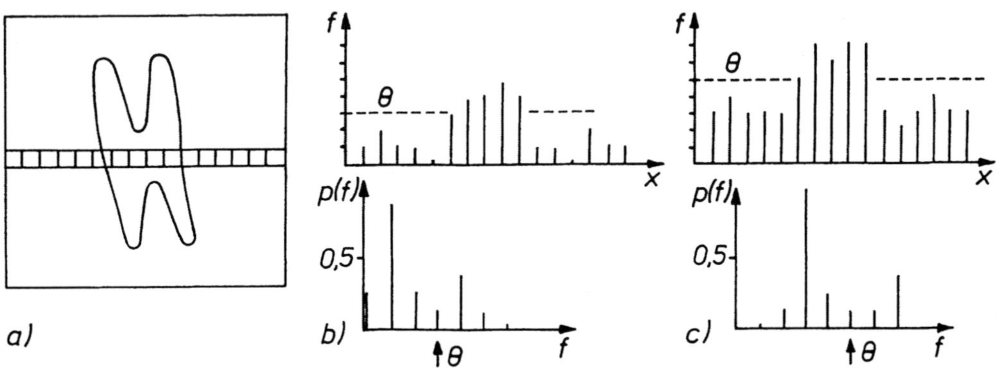

Bild 2.7   a)Ein Objekt, angedeutet durch seine Kontur, vor einem Hintergrund und
eine Zeile von Abtastpunkten. b)Gemessene Grauwerte längs der Zeile und relative
Häufigkeiten p(f) der Grauwerte. c)Dasselbe wie in b), jedoch bei anderer Beleuch-
tung

relative Häufigkeit p(f), das sogenannte Grauwerthistogramm. Dieses hat bei Objekten
mit einigermaßen homogener Oberfläche vor einem einigermaßen homogenen Hintergrund
zwei relative Maxima. Als Schwelle Θ wählt man das relative Minimum zwischen diesen
Maxima. Wenn die Lage des Minimums nicht eindeutig ist, wie in Bild 2.7c, so kann
man zum Beispiel den diskreten Grauwert wählen, der der mittleren Lage des Minimums
am nächsten liegt und der dem Mittelwert zwischen den beiden Maxima am nächsten
liegt. Modifikationen des Verfahrens ergeben sich insbesondere durch die Wahl des
Bildausschnittes, in dem das Histogramm berechnet wird. Wenn man das Histogramm
über das ganze Bild berechnet, so ist der Schwellwert vom Muster abhängig, aber
für alle Bildpunkte der gleiche. Wenn man nur in einem begrenzten Bildbereich von
zum Beispiel 11 x 11 Punkten das Histogramm berechnet, erhält man einen von lokalen
Bildeigenschaften abhängigen Schwellwert. Vielfach werden Schwellwerte interaktiv
festgelegt, indem man verschiedene Werte ausprobiert und das Ergebnis subjektiv
beurteilt.

Eine Optimierung der Schwellwertbestimmung wird in [2.14] durchgeführt. Es
gebe L Grauwertstufen $b_1,\ldots,b_L$, und die Wahrscheinlichkeit, daß ein Bildpunkt den
Grauwert b_ν hat, sei

$$p(f = b_\nu) = p_\nu, \qquad \nu = 1,\ldots,L \quad . \tag{2.28}$$

Sie wird mit dem Grauwerthistogramm geschätzt. Mit einem Schwellwert $\Theta = b_1$ wird
die Menge der Bildpunkte durch (2.27) in zwei Klassen

$$\Omega_1^1 = \{f_{jk} \mid f_{jk} \leq b_1\} \quad ; \quad \Omega_2^1 = \{f_{jk} \mid f_{jk} > b_1\} \tag{2.29}$$

zerlegt. Die Wahrscheinlichkeit, daß ein Punkt zu Ω_1^1 bzw. Ω_2^1 gehört, ist

$$p(\Omega_1^1) = \sum_{\nu=1}^{1} p_\nu \quad \text{bzw.} \quad p(\Omega_2^1) = 1 - p(\Omega_1^1) \quad . \tag{2.30}$$

Der mittlere Grauwert des Bildes und die bedingten mittleren Grauwerte der Punkte
in Ω_1^1 und Ω_2^1 sind

$$\mu = \sum_{\nu=1}^{L} b_\nu p_\nu \quad ,$$

$$\mu_1 = \sum_{\nu=1}^{1} b_\nu p(f = b_\nu \mid \Omega_1^1) = \sum_{\nu=1}^{1} b_\nu p_\nu / p(\Omega_1^1) \quad , \tag{2.31}$$

$$\mu_2 = \sum_{\nu=1+1}^{L} b_\nu p(f = b_\nu \mid \Omega_2^1) = \sum_{\nu=1+1}^{L} b_\nu p_\nu / p(\Omega_2^1) \quad .$$

Aus der Diskriminanzanalyse, die in Abschnitt 3.3 oder auch in Sect. 9.2 von [1.14] erläutert ist, ergibt sich als ein sinnvolles Kriterium für die Güte der Klassen

$$J_1 = p(\Omega_1^1)(\mu_1 - \mu)^2 + p(\Omega_2^1)(\mu_2 - \mu)^2$$

$$= p(\Omega_1^1)p(\Omega_2^1)(\mu_2 - \mu_1)^2 \qquad . \qquad (2.32)$$

Wird die Schwelle $\Theta = b_1$ zu weit gesenkt, so wird $p(\Omega_1^1) \approx 0$, und bei zu hoher Schwelle wird $p(\Omega_2^1) \approx 0$. In beiden Fällen ist $J_1 \approx 0$, und dazwischen liegt ein Maximum von J_1. Als Schwellwert wird der Wert $\Theta = b_1*$ bestimmt, für den J_1 maximiert wird, also

$$J_1* = \max_{1 \in \{1,\ldots,L\}} J_1 \rightarrow \Theta = b_1* \qquad . \qquad (2.33)$$

Führt man noch eine Größe

$$\mu(1) = \sum_{\nu=1}^{1} b_\nu p_\nu \qquad (2.34)$$

ein, so gilt auch

$$J_1 = (p(\Omega_1^1)\mu - \mu(1))^2 / (p(\Omega_1^1)(1 - p(\Omega_1^1))) \qquad . \qquad (2.35)$$

Damit läßt sich J_1 für $1 = 1,\ldots,L$ einfach berechnen und der Wert $1 = 1^*$ bestimmen, für den J_1 maximiert wird. Es genügt, J_1 für die Werte von 1 zu berechnen, für die $p(\Omega_1^1)p(\Omega_2^1) > 0$ ist. Wie in [2.14] gezeigt wird, ist die Wahl von Θ gemäß (2.33) auch in dem Sinne optimal, daß man das Muster mit zwei Grauwerten mit minimalem mittleren quadratischen Fehler approximiert. Weitere Hinweise zur optimalen Schwellwertbestimmung enthält auch Chap.8 von [2.1] oder [2.15].

Wenn man mehrere verschiedene Objekte oder Objektteile mit unterschiedlichen Grauwerten vom Hintergrund trennen will, so ist die Einführung mehrerer Schwellwerte eine naheliegende Verallgemeinerung von (2.27). Das Ergebnis ist dann eine Bildmatrix $\underline{h}$ mit mehr als zwei Grauwerten. Die Quantisierung erfolgt gemäß

$$h_{jk} = \nu - 1 \quad \text{wenn} \quad b_{1(\nu - 1)} < f_{jk} \leq b_{1(\nu)} \qquad ,$$

$$\nu = 1,2,\ldots,M \; ; \; b_{1(0)} = b_1 - 1 \; ; \; b_{1(M)} = b_L \qquad . \qquad (2.36)$$

Mit $M = 2$ und $\Theta = b_{1(1)}$ geht (2.36) offensichtlich in (2.27) über. Man kann auch hier versuchen, die $b_{1(j)}$, $j = 1,\ldots,M - 1$ aus den Minima des Grauwerthistogramms zu bestimmen, vorausgesetzt es gibt $M - 1$ Minima. Im Prinzip läßt sich auch die Vorgehensweise von (2.28-33) anwenden, da (2.29-31) sich sofort auf mehr als zwei Klassen verallgemeinern lassen. Aus (2.32) wird

$$J_{1(1),\ldots,1(M-1)} = \sum_{j=1}^{M} p(\Omega_j^{1(j)})(\mu_j - \mu)^2 \quad , \tag{2.37}$$

und die Schwellwerte ergeben sich analog zu (2.33) aus den Werten $1^*(1),\ldots,1^*(M)$ für die J in (2.37) maximiert wird. Allerdings wird die erforderliche Suche mit wachsendem M immer aufwendiger, so daß das Verfahren auf M = 2 oder M = 3 beschränkt sein dürfte.

Beispiele für die Anwendung von Schwellwertoperationen zur Isolierung von Schriftzeichen, Werkstücken, Zellen, Chromosomen und Linien in Schaltplänen sind in [2.16-20] enthalten. In der Regel werden dabei nur ein oder zwei Schwellwerte verwendet, das heißt M ≤ 3 in (2.36). Es sei noch erwähnt, daß Schwellwertoperationen nicht nur für relativ einfache Muster nützlich sind. In [2.21] wird ein Segmentierungsverfahren für Farbbilder beschrieben, das auf der wiederholten Anwendung von Schwellwertoperationen auf ausgewählte Bildbereiche beruht.

Es gibt zahlreiche Modifikationen von Schwellwertoperationen. Zum Beispiel wird in [2.22] das sogenannte "gefilterte" Histogramm verwendet. Dieses wird nur unter Verwendung der Grauwerte von Punkten, in denen der Wert des Laplace Operators (2.72) einen Schwellwert übersteigt, berechnet. Der Laplace Operator nimmt etwa gleich große Beträge zu beiden Seiten einer Grauwertkante an und ist sonst fast Null. Damit werden im Histogramm etwa gleich viele Punkte mit großem und kleinem Grauwert berücksichtigt, so daß die beiden Maxima etwa gleich groß und daher gut trennbar sind. In [2.23] wird der Punkt (u_0, v_0) mit

$$u_0 = f_{ij} - (f_{i-1,j} + f_{i,j+1}) / 2 \quad ; \quad v_0 = f_{ij}$$

betrachtet. Liegt er unter der Geraden $v = mu + b$, so wird der Bildpunkt f_{ij} als "weiß" betrachtet und sonst als "schwarz". Dabei wurde empirisch $m = -1$ und $b = (f_{jk} + f_{j,k+1}) / 2$ ermittelt. Der Schwellwert wird hier also durch die lokale Grauwertänderung und den lokalen Grauwert bestimmt.

Nach einer Schwellwertoperation, mit der Objektpunkte den Wert Eins und Hintergrundpunkte den Wert Null erhalten, läßt sich die Konturlinie eines Objekts relativ einfach bestimmen. Beispielsweise kann man das Bild zeilenweise von oben nach unten absuchen, bis der erste Objektpunkt gefunden ist. Die Kontur wird nach der Regel verfolgt, daß man in einem Objektpunkt im rechten Winkel nach links abbiegt und in einem Hintergrundpunkt nach rechts.

2.3 Verbesserung von Mustern

2.3.1 Anliegen

Muster können durch das Aufnahmeverfahren, die Übertragung oder auch bereits bei ihrer Entstehung in einer Weise beeinflußt werden, die für den menschlichen Betrachter störend ist. Beispiele sind die Zuordnung falscher Grau- oder Farbwerte zu einzelnen Bildpunkten oder die Überlagerung von Sprache mit einem Fremdgeräusch. Es ist naheliegend, die Reduzierung störender Einflüsse auf das Muster anzustreben, beziehungsweise zu versuchen, ein möglichst "ideales" Muster zu gewinnen. Die in Bild 2.8 gezeigte grundsätzliche Vorgehensweise besteht darin, ein Muster $f(x,y)$ oder dessen PCM Darstellung $\underline{f} = [f_{jk}]$ mit einer geeigneten Transformation T in ein neues Muster

$$[h_{jk}] = T\{[f_{jk}]\} \tag{2.38}$$

umzuwandeln, wobei T so gewählt wird, daß $\underline{h}$ für die weitere Verarbeitung besser geeignet ist als $\underline{f}$. Natürlich sind auch (2.27,36) spezielle Transformationen T, jedoch stand hier die Reduzierung von Störungen oder die Verbesserung der Qualität der Muster nicht im Vordergrund.

2.3.2 Lineare Systeme

Eine wichtige Klasse von Transformationen sind die linearen Transformationen, die durch ein lineares System realisiert werden. Wenn für zwei Funktionen $^1\underline{f}, ^2\underline{f}$ und für zwei reelle Konstanten a_1, a_2 die Beziehung

$$T\{a_1{}^1\underline{f} + a_2{}^2\underline{f}\} = a_1 T\{^1\underline{f}\} + a_2 T\{^2\underline{f}\} \tag{2.39}$$

gilt, heißt die Transformation T linear. Da in diesem Buch nur die digitale Ver-

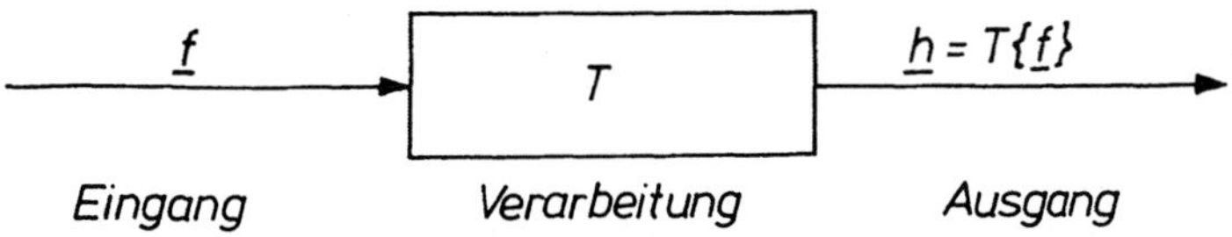

Bild 2.8   Vorverarbeitung eines Musters durch ein System, das eine Transformation T realisiert

arbeitung von Mustern erörtert wird, wird die folgende Diskussion auf die digitale Darstellung gemäß (2.1) beschränkt. Allerdings gelten entsprechende Beziehungen auch für den kontinuierlichen Fall [2.3,24,25]. Die Eigenschaften eines linearen Systems sind vollständig bekannt, wenn die Impulsantwort $\underline{g}$ des Systems bekannt ist. Definiert man einen Einheitsimpuls mit

$$\delta_{jk} = \{ \begin{matrix} 1 & \text{wenn} & j = k = 0 \\ 0 & \text{sonst} \end{matrix} \quad , \tag{2.40}$$

so ist die Impulsantwort definitionsgemäß die Reaktion des Systems auf einen Einheitsimpuls am Eingang. Es ist also

$$g_{jk,\mu\nu} = T\{\delta_{j-\mu,k-\nu}\} \quad . \tag{2.41}$$

In (2.41) kommt zum Ausdruck, daß die Impulsantwort im allgemeinen davon abhängt, an welchem Ort (oder zu welcher Zeit) der Impuls aufgebracht wird. Die Bedeutung der Impulsantwort liegt darin, daß man mit ihr die Ausgangsgröße $\underline{h}$ für jede Eingangsgröße $\underline{f}$ berechnen kann. Das ist die Aussage von

<u>Satz 2.4:</u> Für ein Eingangssignal $\underline{f} = [f_{jk}]$ ergibt sich das Ausgangssignal $\underline{h} = [h_{jk}]$ aus der Gleichung

$$h_{jk} = \sum_{\mu=-\infty}^{\infty} \sum_{\nu=-\infty}^{\infty} f_{\mu\nu} \, g_{jk,\mu\nu} \tag{2.42}$$

<u>Beweis:</u> Beweise dieses Satzes findet man beispielsweise in [2.26,27]. Die Gleichung folgt unmittelbar aus (2.38-41). Man kann nämlich eine unendliche Folge von Abtastwerten

$$\underline{f} = [f_{jk} \mid j,k = 0, \pm 1, \pm 2,...] \tag{2.43}$$

mit dem Einheitsimpuls auch als Summe

$$\underline{f} = \sum_{\mu=-\infty}^{\infty} \sum_{\nu=-\infty}^{\infty} f_{\mu\nu} \, \delta_{j-\mu,k-\nu} \quad , \quad j,k = 0, \pm 1,... \tag{2.44}$$

schreiben. Für die Stelle (j,k) der Ausgangsgröße $\underline{h}$ gilt dann mit (2.38,39)

$$h_{jk} = T\{[f_{jk}]\}$$
$$= \sum_{\mu} \sum_{\nu} f_{\mu\nu} \, T\{\delta_{j-\mu,k-\nu}\} \quad , \tag{2.45}$$

und daraus ergibt sich mit (2.41) sofort (2.42). Damit ist Satz 2.4 bewiesen.

Die Verwendung einer Impulsantwort gemäß (2.41) ist recht unhandlich, da die

Speicherung von $\underline{g}$ für alle Indizes $(j,k;\mu,\nu)$ erforderlich ist. Bei der speziellen Klasse der verschiebungsinvarianten Systeme bewirkt jedoch eine Verschiebung des Einheitsimpulses lediglich eine entsprechende Verschiebung der Impulsantwort, es ist also

$$T\{\delta_{j-\mu,k-\nu}\} = g_{j-\mu,k-\nu} \qquad . \qquad (2.46)$$

In diesem Fall kann man ohne Einschränkung der Allgemeinheit den Impuls stets an der Stelle $\mu = \nu = 0$ ansetzen und erhält die Impulsantwort des verschiebungsinvarianten Systems zu

$$g_{jk} = T\{\delta_{jk}\} \qquad . \qquad (2.47)$$

Die Systemreaktion ergibt sich nun aus

Satz 2.5: Wenn man auf den Eingang eines linearen verschiebungsinvarianten Systems mit der Impulsantwort $[g_{jk}]$ ein Muster $[f_{jk}]$ gibt, so erhält man die Ausgangsgröße $[h_{jk}]$ aus der diskreten Faltung von $[f_{jk}]$ und $[g_{jk}]$. Es gilt

$$\begin{aligned}
h_{jk} &= \sum_{\mu=-\infty}^{\infty} \sum_{\nu=-\infty}^{\infty} f_{\mu\nu}\, g_{j-\mu,k-\nu} \\
&= \sum_{\mu=-\infty}^{\infty} \sum_{\nu=-\infty}^{\infty} f_{j-\mu,k-\nu}\, g_{\mu\nu}
\end{aligned} \qquad j,k = 0, \pm 1, \pm 2,\ldots \qquad (2.48)$$

Zur Abkürzung wird die Faltung auch symbolisch durch

$$\begin{aligned}
\underline{h} &= \underline{f} * \underline{g} \qquad , \\
[h_{jk}] &= [f_{jk}] * [g_{jk}]
\end{aligned} \qquad (2.49)$$

dargestellt, wobei die Elemente h_{jk} der Folge $[h_{jk}]$ durch (2.48) gegeben sind.

Beweis: Der Beweis des ersten Teils von (2.48) folgt in offensichtlicher Weise aus dem Beweis von Satz 2.4, insbesondere aus (2.45). Der zweite Teil ergibt sich, wenn man $j - \mu = 1$, $k - \nu = m$ setzt.

Für konkrete Rechnungen ist zu berücksichtigen, daß Muster im allgemeinen nur in einem endlichen Intervall definiert sind oder auf ein solches mit genügender Genauigkeit beschränkt werden können; das gleiche gilt für die Impulsantwort. Damit reduzieren sich die unendlichen Summen in (2.48) auf endliche. Das Muster $f(x,y)$ werde wie in (2.1) mit $M_x M_y$ Abtastwerten dargestellt, die Impulsantwort mit $m_x m_y$. Man kann sich vorstellen, daß außerhalb des in (2.2) gegebenen Bereiches $(x_0,x_1;y_0,y_1)$ das Muster identisch Null ist. Damit ergibt sich für (2.48)

$$h_{jk} = \sum_{\mu=0}^{M_x-1} \sum_{\nu=0}^{M_y-1} f_{\mu\nu} \, g_{j-\mu,k-\nu} \quad ,$$

$$j = 0,1,\ldots, M_x + m_x - 2; \quad k = 0,1,\ldots, M_y + m_y - 2 \quad , \tag{2.50}$$

$$h_{jk} = \sum_{\mu=0}^{m_x-1} \sum_{\nu=0}^{m_y-1} f_{j-\mu,k-\nu} \, g_{\mu\nu} \quad ,$$

$$j = 0,1,\ldots, M_x + m_x - 2; \quad k = 0,1,\ldots, M_y + m_y - 2 \quad . \tag{2.51}$$

Wenn man also zwei Funktionen $\underline{f}$ und $\underline{g}$ mit $M_x M_y$ und $m_x m_y$ Abtastwerten faltet, so hat das Ergebnis $\underline{h}$ genau $(M_x + m_x - 1)(M_y + m_y - 1)$ Abtastwerte. Die in (2.50,51) angegebenen Beziehungen lassen sich ohne weiteres auf Funktionen mit beliebiger Zahl von Variablen verallgemeinern. Ebenso bereitet es kein Problem, die Gleichungen so zu modifizieren, daß sie zum Beispiel für Funktionen $[g_{jk}]$ oder $[f_{jk}]$ gelten, die in einem Bereich von Null verschiedene Werte annehmen, der symmetrisch um $j = k = 0$ liegt. Hierbei ist jedoch zu beachten, daß ein verschiebungsinvariantes System nur dann kausal ist, wenn

$$g_j = 0 \quad \text{für} \quad j < 0 \tag{2.52}$$

ist. Andernfalls würde wegen (2.47) die Systemreaktion bereits beginnen, ehe das Eingangssignal beginnt. Die Forderung nach Kausalität spielt nur bei Zeitfunktionen eine Rolle, aber nicht bei Ortsfunktionen, da die Ortskoordinaten in beiden Richtungen durchlaufen werden können. Es sei noch erwähnt, daß ein System, dessen Impulsantwort der Bedingung

$$\sum_{j=-\infty}^{\infty} \sum_{k=-\infty}^{\infty} |g_{jk}| < \infty \tag{2.53}$$

genügt, als stabil bezeichnet wird. Ist $[f_{jk}]$ eine Funktion, deren Elemente $f_{jk} < A$ für irgendein endliches A und alle j,k sind, so heißt diese Funktion beschränkt. Ist eine beschränkte Funktion die Eingangsgröße eines stabilen Systems, dann ist auch die Ausgangsgröße beschränkt.

Ein schematisiertes Beispiel für die Faltung ist in Bild 2.9 gezeigt. Wie oben diskutiert wurde, ist die Ausgangsgröße "breiter" als die Eingangsgröße. Die erste Faltung bewirkt eine Verschleifung der Änderungen von $[f_\mu]$, die zweite eine Unterdrückung der konstanten Bereiche beziehungsweise eine Hervorhebung der Änderungen. Ähnliche Ergebnisse werden auch mit anderen ähnlichen Impulsantworten erreicht.

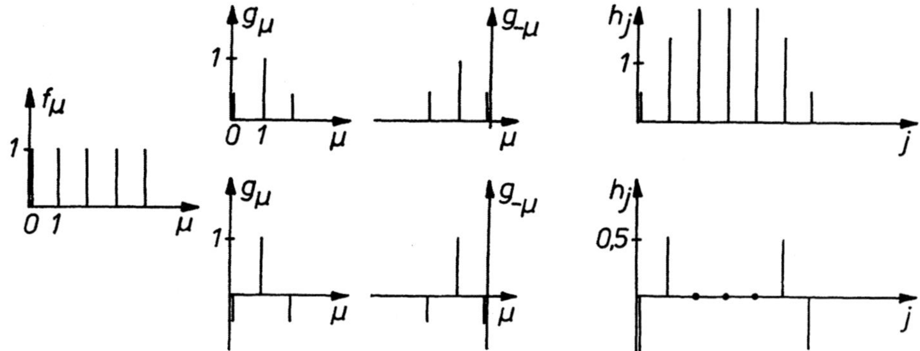

Bild 2.9   Beispiel für die Faltung einer Funktion [f_μ] mit zwei verschiedenen Impulsantworten [g_μ]

2.3.3 Diskrete Fourier Transformation

Sowohl für diskrete als auch kontinuierliche Funktionen ist die Fourier Transformation ein wichtiges Hilfsmittel bei der Behandlung linearer verschiebungsinvarianter Systeme. Beziehungen zwischen kontinuierlicher und diskreter Transformation werden unter anderem in Abschnitt 2.3.2 von [1.27] und in [2.28] diskutiert, jedoch wird hier nur der diskrete Fall behandelt. Ausgangspunkt ist eine kontinuierliche Funktion $\underline{f}(\underline{x})$, die mit Satz 2.1 in eine Folge von Abtastwerten $\underline{f}$ transformiert wird. Für die weitere Diskussion wird stets von einer zweidimensionalen Funktion $f(x,y)$ und deren Abtastwerten [f_{jk}] ausgegangen, in Bild 2.10a ist der Einfachheit halber nur eine eindimensionale Funktion $f(x)$ dargestellt. Die Folge der Abtastwerte [f_{jk}] ist vollständig bekannt, wenn man die in (2.3) angegebenen $M_x M_y$ Werte f_{jk} kennt. Man kann nun gedanklich die Folge der Abtastwerte in x- und y-Richtung periodisch fortsetzen, indem man

$$f(j + \mu M_x, \; k + \nu M_y) = f(j,k) = f_{jk} \tag{2.54}$$

definiert. Damit erhält man eine Folge von Abtastwerten, die sich periodisch nach M_x Werten in x-Richtung und nach M_y Werten in y-Richtung wiederholt. Somit kann eine endliche Folge von Abtastwerten [f_{jk}] als eine Periode einer gemäß (2.54) periodischen Folge aufgefaßt werden. Diese periodische Folge wird mit [$\tilde{f}_{jk}$] bezeichnet. Der Übergang zwischen beiden Folgen ergibt sich aus

$$\tilde{f}_{jk} = \sum_{\mu=-\infty} \; \sum_{\nu=-\infty} \; f_{j + \mu M_x, \; k + \nu M_y} \qquad ,$$

$$f_{jk} = \tilde{f}_{jk} \qquad 0 \le j \le M_x - 1, \qquad 0 \le k \le M_y - 1 \quad . \tag{2.55}$$

Für eine periodische Folge $[\tilde{f}_{jk}]$ von Abtastwerten wird die diskrete Fourier Transformation (DFT) definiert, die ebenfalls eine periodische Folge $[\tilde{F}_{\mu\nu}]$ von Werten ist. Es gilt

<u>Satz 2.6:</u> Definiert man die DFT mit

$$\tilde{F}_{\mu\nu} = \sum_{j=0}^{M_x-1} \sum_{k=0}^{M_y-1} \tilde{f}_{jk} \exp(- i2\pi(\mu j / M_x + \nu k / M_y)) \qquad ,$$

$$= DFT\{[\tilde{f}_{jk}]\} \qquad \mu,\nu = 0, \pm 1, \pm 2,... \tag{2.56}$$

so erhält man die $\tilde{f}_{jk}$ aus der inversen Beziehung

$$\tilde{f}_{jk} = (M_x M_y)^{-1} \sum_{\mu=0}^{M_x-1} \sum_{\nu=0}^{M_y-1} \tilde{F}_{\mu\nu} \exp(i2\pi(\mu j / M_x + \nu k / M_y)) \quad .$$

$$= DFT^{-1}\{[\tilde{F}_{\mu\nu}]\} \qquad j,k = 0, \pm 1, \pm 2,... \tag{2.57}$$

<u>Beweis:</u> Zunächst ist festzustellen, daß zur Berechnung der periodischen Folge $[\tilde{F}_{\mu\nu}]$ eine Periode von $[\tilde{f}_{jk}]$ ausreicht; das ist einleuchtend, da weitere Perioden keine zusätzliche Information enthalten. Daß $[\tilde{F}_{\mu\nu}]$ periodisch ist, folgt aus (2.56) und der Periodizität der darin auftretenden Exponentialfunktion. Eine analoge Bemerkung trifft für die mit (2.57) berechnete Folge $[\tilde{f}_{jk}]$ zu. Beweise des Satzes findet man zum Beispiel in [2.28] oder in Chap.3 von [2.26]. Der Beweis des Satzes erfolgt durch Einsetzen von (2.56) in (2.57). Er wird hier zur Vereinfachung der Notation nur für den eindimensionalen Fall geführt, also für die Gleichungen

$$\tilde{F}_{\mu} = \sum_{j=0}^{M-1} \tilde{f}_j \exp(- i2\pi\mu j / M) \qquad ,$$

$$\tilde{f}_k = (1 / M) \sum_{\mu=0}^{M-1} \tilde{F}_{\mu} \exp(i2\pi\mu k / M) \qquad .$$

$$\tilde{f}_k = (1 / M) \sum_{\mu=0}^{M-1} [\sum_{j=0}^{M-1} \tilde{f}_j \exp(- i2\pi\mu j / M)]\exp(i2\pi\mu k / M) \quad ,$$

$$= \sum_{j=0}^{M-1} \tilde{f}_j \sum_{\mu=0}^{M-1} (1 / M)\exp(i2\pi\mu(k - j) / M) \quad . \tag{2.58}$$

Zunächst wird die Summe

$$S = (1 / M) \sum_{\mu=0}^{M-1} \exp(i2\pi\mu(k - j) / M)$$

für sich betrachtet. Man sieht sofort, daß

$$S = 1 \quad \text{für} \quad j = k \bmod M \tag{2.59}$$

gilt. Für $j \neq k$ läßt sich die Summe in der Form

$$S = (1 / M) \sum_{l=1}^{M} s_l$$

$$s_l = \exp(i2\pi(k - j) / M)^{l-1} = q^{l-1}$$

schreiben. Die Summanden bilden also eine geometrische Progression, deren Summe über M Terme bekanntlich

$$S = (1 - q^M) / (1 - q)$$

$$= (1 - \exp(i2\pi(k - j))) / (1 - \exp(i2\pi(k - j) / M))$$

ist. Für diese Summe gilt

$$S = 0 \quad \text{für} \quad k \neq j \quad , \tag{2.60}$$

da dann $k - j = \nu \neq 0$, $\exp(i2\pi\nu) = 1$ und $\exp(i2\pi\nu / M) \neq 1$ ist. Damit wird in (2.58) die Summe über j auf einen von Null verschiedenen Summanden für j = k reduziert, und man erhält

$$\tilde{f}_k = \tilde{f}_k$$

Damit ist gezeigt, daß $\tilde{f}_k = \mathrm{DFT}^{-1}\{\mathrm{DFT}\{\tilde{f}_k\}\}$ ist. Es sei noch angemerkt, daß man die Konstante $(M_x M_y)^{-1}$ in (2.57) einbeziehen kann, wie es außer in diesem Buch zum Beispiel auch in [2.26,29] getan wird. Diese Form wird hier im Hinblick auf Satz 2.7 bevorzugt. Natürlich kann man die Konstante auch in (2.56) einbeziehen, wie es beispielsweise in [2.28,30] gemacht wird. Dann ergäbe sich in Satz 2.7 die Beziehung $H_\nu = MF_\nu G_\nu$. Der Beweis von Satz 2.6 ist damit abgeschlossen.

Satz 2.6 enthält die wichtige Aussage, daß sich einer periodischen Folge von Abtastwerten $[\tilde{f}_{jk}]$ eine periodische Folge von Fourier Koeffizienten $[\tilde{F}_{\mu\nu}]$ eindeutig umkehrbar zuordnen läßt. Man kann auch sagen, daß eine periodische diskrete Funktion ein periodisches diskretes Spektrum hat. Diese Tatsache wird ausführlich in [2.28,30] begründet, was jedoch hier aus Platzgründen nicht möglich ist. Bei allen Anwendungen der DFT auf endliche Folgen $[f_{jk}]$ gemäß (2.1) ist es äußerst wichtig, stets daran zu denken, daß zumindest gedanklich $[f_{jk}]$ periodisch wiederholt wird.

Tatsächlich hat man es also nicht mit endlichen Folgen $[f_{jk}]$ und $[F_{\mu\nu}]$ zu tun, sondern mit unendlich periodischen Folgen $[\tilde{f}_{jk}]$ und $[\tilde{F}_{\mu\nu}]$, obwohl man natürlich praktisch immer nur eine Periode betrachten wird. Daraus folgt auch sofort, daß man mit der DFT nur Abtastwerte von Funktionen $f(x,y)$ verarbeiten darf, die gemäß (2.5) beziehungsweise (2.5a) bandbegrenzt sind, da nur dann das Spektrum auf eine Periode begrenzt werden kann. Dieses wird in Bild 2.10 verdeutlicht. Es wird noch darauf hingewiesen, daß man (2.56) auch in der Form

$$\tilde{F}_{\mu\nu} = \sum_{j=0}^{M_x-1} \left[\sum_{k=0}^{M_y-1} \tilde{f}_{jk} \exp(-i2\pi\nu k / M_y) \right] \exp(-i2\pi\mu j / M_x)$$

schreiben kann. Das bedeutet, daß man eine mehrdimensionale DFT stets auf mehrere eindimensionale DFT zurückführen kann.

Die Bedeutung der DFT liegt in zwei Punkten. Zum einen ist es wegen Satz 3.3 in Abschnitt 3.2.1 mit der schnellen Fourier Transformation möglich, die DFT sehr effektiv zu berechnen, wie auch zum Beispiel in Chap.6 von [2.26]oder in [2.29-31] gezeigt wird. Zum anderen bietet die DFT eine weitere Möglichkeit, die Ausgangsgröße eines linearen verschiebungsinvarianten Systems zu berechnen. Die Grundlage dafür bildet

<u>Satz 2.7</u>: Es seien $[\tilde{f}_{jk}]$ und $[\tilde{g}_{jk}]$ zwei periodische Folgen mit der gemeinsamen Periodenlänge M_x', M_y'. Für diese werden mit der DFT die periodischen Folgen $[\tilde{F}_{\mu\nu}]$ und $[\tilde{G}_{\mu\nu}]$ gemäß (2.56) berechnet. Die periodische Folge $[\tilde{H}_{\mu\nu}]$ wird definiert durch

$$[\tilde{H}_{\mu\nu}] = [\tilde{F}_{\mu\nu}][\tilde{G}_{\mu\nu}] \qquad\qquad ,$$

$$\tilde{H}_{\mu\nu} = \tilde{F}_{\mu\nu}\,\tilde{G}_{\mu\nu} \qquad\qquad \mu,\nu = 0, \pm 1, \pm 2,\ldots \qquad . \qquad\qquad (2.61)$$

Dann gilt für die periodische Folge

$$\tilde{h}_{jk} = \mathrm{DFT}^{-1}\{[\tilde{H}_{\mu\nu}]\} \qquad\qquad , \qquad\qquad (2.62)$$

daß man die $\tilde{h}_{jk}$ aus $\tilde{f}_{jk}$ und $\tilde{g}_{jk}$ über die zyklische Faltung

$$\tilde{h}_{jk} = \sum_{\mu=0}^{M_x'-1} \sum_{\nu=0}^{M_y'-1} \tilde{f}_{\mu\nu}\,\tilde{g}_{j-\mu,k-\nu} \qquad\qquad j,k = 0, \pm 1,\ldots \qquad\qquad (2.63)$$

berechnen kann. In einer Gleichung zusammengefaßt erhält man also die gemäß (2.62) definierte periodische Folge aus

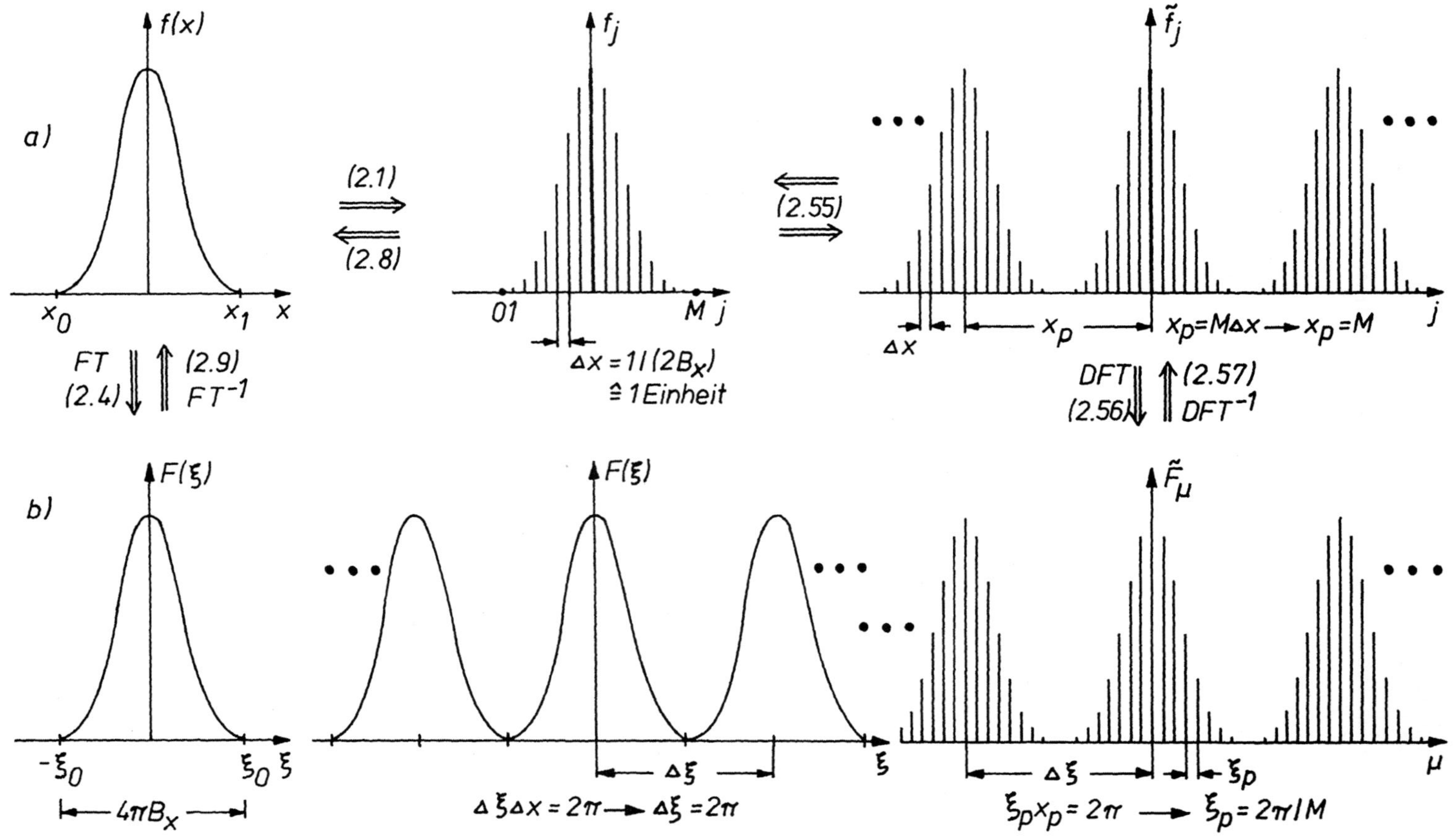

Bild 2.10   Eine kontinuierliche Funktion $f(x)$ hat ein kontinuierliches Spektrum $F(\xi)$, eine periodische diskrete Funktion $[\tilde{f}_j]$ hat ein periodisches diskretes Spektrum $[\tilde{F}_\mu]$. Im Bild wird mit drei Punkten die periodische Fortsetzung angedeutet; die Zahlen in Klammern sind Gleichungsnummern im Text.

48

$$\tilde{h}_{jk} = DFT^{-1}\{DFT\{[\tilde{f}_{jk}]\} \cdot DFT\{[\tilde{g}_{jk}]\}\} \quad . \tag{2.64}$$

<u>Beweis:</u> Man findet Beweise dieses Satzes zum Beispiel in Chap.3 von [2.26] und in [2.29,30]. Der Beweis wird hier der Einfachheit halber nur für Folgen $[\tilde{f}_j]$, $[\tilde{g}_j]$, $[\tilde{h}_j]$ geführt. Mit (2.56) ist

$$\tilde{F}_\mu = \sum_{j=0}^{M'_x-1} \tilde{f}_j \exp(- i2\pi\mu j \,/\, M'_x) \quad ,$$

$$\mu = 0, \pm 1, \pm 2,...$$

$$\tilde{G}_\mu = \sum_{k=0}^{M'_x-1} \tilde{g}_k \exp(- i2\pi\mu k \,/\, M'_x) \quad ,$$

$$\tilde{F}_\mu\tilde{G}_\mu = \sum_j \sum_k \tilde{f}_j \, \tilde{g}_k \exp(- i2\pi\mu(j + k) \,/\, M'_x) \quad .$$

Aus (2.62) und (2.57) folgt

$$\tilde{h}_1 = (1 \,/\, M'_x) \sum_{\mu=0}^{M'_x-1} \sum_j \sum_k \tilde{f}_j \, \tilde{g}_k \exp(i2\pi\mu(1 - j - k) \,/\, M'_x) \quad ,$$

$$= \sum_j \tilde{f}_j \sum_k \tilde{g}_k \, (1 \,/\, M'_x) \sum_\mu \exp(i2\pi\mu(1 - j - k) \,/\, M'_x) \quad .$$

Ein Vergleich mit (2.59,60) ergibt, daß der Term

$$(1 \,/\, M'_x)\sum_\mu \exp(i2\pi\mu(1 - j - k) \,/\, M'_x) = 1 \text{ für } k = 1 - j$$

ergibt und sonst Null ist, so daß

$$\tilde{h}_1 = \sum_{j=0}^{M'_x-1} \tilde{f}_j \, \tilde{g}_{1-j} \quad , \qquad 1 = 0, \pm 1, \pm 2,... \quad .$$

Damit ist Satz 2.7 bewiesen.

Aus Bild 2.11 und (2.50) wird klar, daß Satz 2.7 dann zur Berechnung der Ausgangsgröße eines linearen verschiebungsinvarianten Systems herangezogen werden kann, wenn

$$M'_x \geq M_x + m_x - 1 \qquad , \qquad M'_y \geq M_y + m_y - 1 \tag{2.65}$$

ist. Man erhält dann die Folge $[h_{jk}]$ aus einer Periode von $[\tilde{h}_{jk}]$. Wenn M_xM_y und m_xm_y wie in (2.50) die Zahl der von Null verschiedenen Werte f_{jk} und g_{jk} ist, so läßt sich (2.65) stets dadurch sicherstellen, daß man f_{jk} und g_{jk} durch Nullen auffüllt. Offensichtlich ist die Anwendung von (2.64) auf Funktionen $\underline{f},\underline{g}$ von endlicher

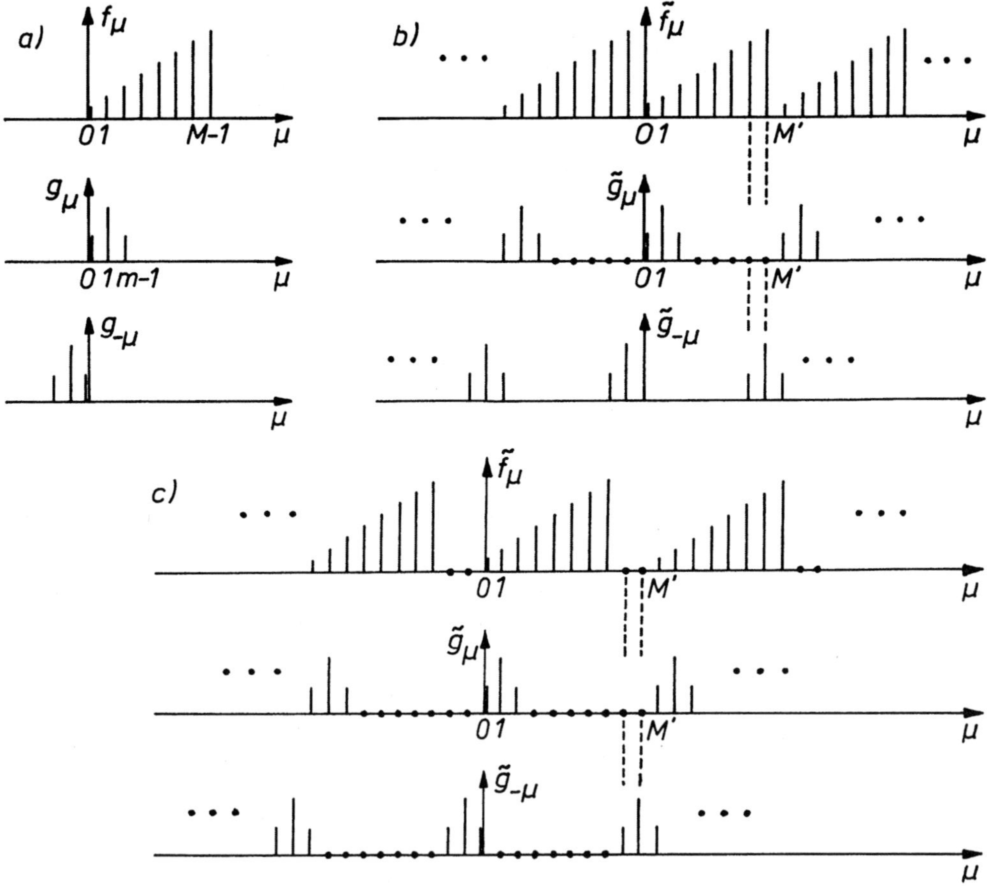

Bild 2.11   In a) ist die diskrete Faltung gemäß (2.50) angedeutet, in b) die zyklische Faltung gemäß (2.63), wobei f_μ und g_μ mit (2.55) periodisch fortgesetzt wurden. Man erkennt, daß bei diesem Wert von M' eine Periode des Ergebnisses der zyklischen Faltung nicht mit dem Ergebnis der diskreten Faltung übereinstimmt. In c) wurde gemäß (2.65) M' = M + m - 1 gewählt, und nun ist das Ergebnis der diskreten Faltung identisch mit einer Periode des Ergebnisses der zyklischen Faltung. Die Ergebnisse der Faltungen wurden jedoch nicht dargestellt.

Ausdehnung beschränkt, da nur dann (2.65) eingehalten werden kann. Systeme mit Impulsantworten von unendlicher Ausdehnung werden beispielsweise in Chap.5 von [2.26] untersucht, jedoch würde deren Behandlung hier zu weit führen. Die Verwendung von (2.64) hat nur dann Vorteile gegenüber (2.50,51), wenn die Ausdehnung von $[g_{jk}]$

genügend groß ist. Eine genaue Aussage ist nur bei Kenntnis des Verhältnisses von
Additions- und Multiplikationszeiten möglich; als Anhaltspunkt kann gelten, daß
(2.50) etwa bis $m_x m_y$ = 7 · 7 oder 9 · 9 vorzuziehen ist. Insbesondere wenn man nur
relativ einfache Muster betrachtet, wie es bei Klassifikationsaufgaben meistens
der Fall ist, wird man vielfach mit Impulsantworten recht kleiner Ausdehnung auskommen.

Die Beeinflussung eines Signals durch ein lineares System wird als lineare
Filterung - oder wenn keine Verwechslung möglich ist auch kurz als Filterung -
bezeichnet, das lineare System heißt auch lineares Filter oder kurz Filter. Die
Synthese von Filtern mit vorgegebenen Eigenschaften ist ein aus der Nachrichten-
technik wohlbekanntes Problem [2.32-34]. Es ist zu betonen, daß für Zwecke der Mustererkennung die Synthese eines Filters, zum Beispiel mit vorgegebener Dämpfung
und Phase, nicht im Vordergrund steht, da bisher keine Ergebnisse vorliegen, welche
darauf hindeuten, daß dieses für die Leistung eines Klassifikationssystems wichtig
ist. In diesem Zusammenhang wird an die Ausführungen zu Beginn von Kapitel 2 erinnert, in denen die Problematik der Beurteilung von Vorverarbeitungsoperationen
erörtert wurde.

2.3.4 Gesichtspunkte zur Auswahl eines linearen Systems

Nachdem geklärt ist, wie man die Ausgangsgröße eines linearen verschiebungsinvarianten Systems berechnet, bleibt nun noch das Problem, die Impulsantwort eines
Systems für die Vorverarbeitung von Mustern festzulegen. Dafür gibt es leider nur
wenige allgemeine Gesichtspunkte, aber viele spezielle Einzelergebnisse. Ein allgemeines Modell für das aufgenommene Muster $\underline{f}$ ist

$$\underline{f} = \underline{s} * \underline{g} + \underline{n} \tag{2.66}$$

Es geht davon aus, daß ein "ideales" Muster $\underline{s}$ durch die Einwirkung eines linearen
Systems $\underline{g}$ verzerrt und das Ergebnis dieser Faltung noch durch einen additiven Stör-
prozeß $\underline{n}$ beeinträchtigt wird. Gesucht ist ein System $\underline{\gamma}$, welches gemäß

$$\underline{h} = \underline{f} * \underline{\gamma} = \underline{\hat{s}} \simeq \underline{s} \tag{2.67}$$

als Ausgangsgröße $\underline{h}$ eine möglichst gute Approximation $\underline{\hat{s}}$ an das ideale Muster $\underline{s}$ ergibt. Der allgemeine Fall von (2.66) wird beispielsweise in [1.27,2.35] erörtert.
Hier werden nur zwei einfache Spezialfälle erwähnt.

1. Störungen im Muster sind zu reduzieren.
2. Wichtige Anteile im Muster sind hervorzuheben.

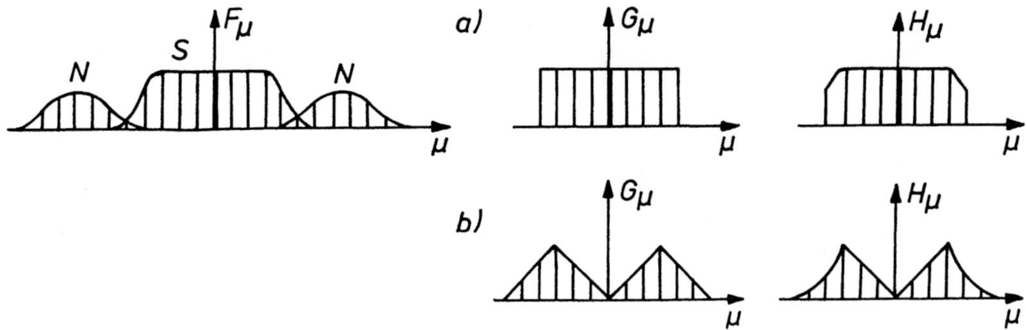

Bild 2.12   a)Prinzip der Störungsreduktion durch Filterung. b)Hervorhebung bestimmter Frequenzbereiche

Meistens wird subjektiv beurteilt ob $\underline{h}$, und damit $\underline{\gamma}$, "genügend gut" ist. In beiden Fällen geht man davon aus, daß der Einfluß von $\underline{g}$ in (2.66) vernachlässigbar ist, daß also $g_{jk} \simeq \delta_{jk}$ ist.

Die Reduzierung einer additiven Störung ist im Prinzip einfach, vorausgesetzt daß die in Bild 2.12a gezeigten Verhältnisse zumindest näherungsweise zutreffen. Die Spektren von Signal $\underline{s}$ und Störung $\underline{n}$ sind hier einigermaßen getrennt. Man sieht sofort, daß ein Filter $\underline{\gamma}$, welches hauptsächlich die Frequenzanteile des Signals passieren läßt, eine Reduzierung der Störung bewirkt. Je mehr sich die Spektren von Signal und Störung überlappen, umso geringer ist der Erfolg bei der Störungsreduktion, da man dann mit einem Filter nicht nur Frequenzanteile der Störung sondern auch des Signals beeinflußt.

Als wichtige Anteile in einem Muster gelten oft solche, deren Frequenzanteile im Spektrum relativ hoch liegen. Typische Beispiele sind Ecken und Kanten in einem Bild sowie bei Sprache die Formanten, die im Vergleich zur Sprachgrundfrequenz ebenfalls relativ hochfrequent sind. In solchen Fällen wird ein System mit einem Frequenzgang G_μ gemäß Bild 2.12b verwendet, welches höhere Frequenzanteile bevorzugt.

Natürlich kann der genauere Verlauf des Frequenzganges nur bei Kenntnis der ungefähren Spektren von Signal und Störung festgelegt werden. Die in Chap.5 von [2.26] als "einfach aber ziemlich naiv" bezeichnete Vorgehensweise besteht darin, die Koeffizienten G_μ anhand des erwünschten Frequenzgangs zu bestimmen, wie es auch in Bild 2.12 angedeutet ist, und als Impulsantwort h_j eine Periode der inversen DFT der Koeffizienten G_μ zu verwenden, wobei zur Vereinfachung der Faltung (2.50) vielfach auch nur die ersten wenigen Werte von h_j verwendet und alle anderen Null gesetzt

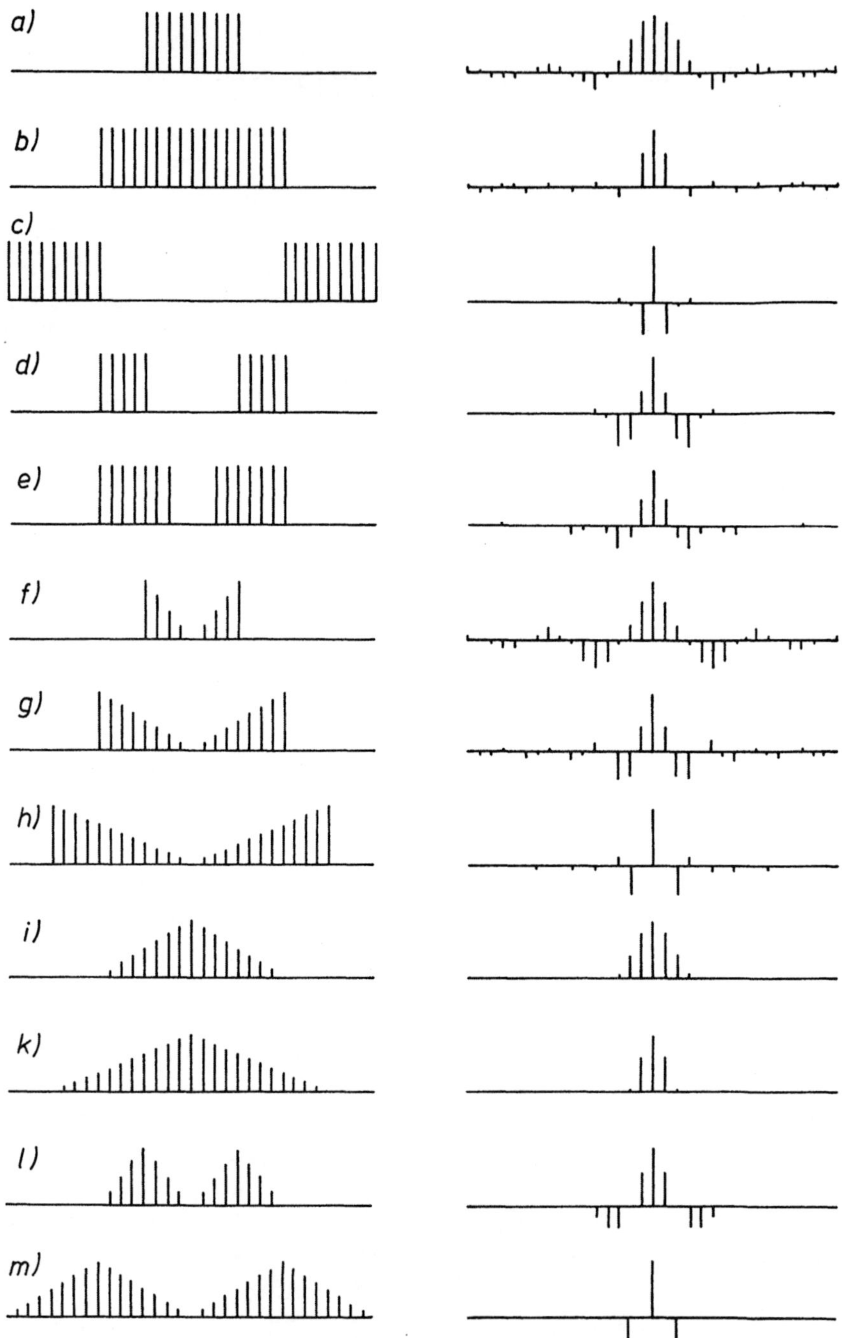

Bild 2.13 Einige Beispiele für Folgen, die über die DFT zusammenhängen. Es wurde mit M = 33 gerechnet, Funktionswerte identisch Null wurden nicht dargestellt. Die Fourierkoeffizienten sind jeweils links dargestellt

werden. Diese einfache Vorgehensweise erlaubt eine erste Näherung an einen gewünschten Frequenzgang und muß hier aus Platzgründen genügen. Aufwendigere und leistungs-
fähigere Verfahren der Filtersynthese sind in der zitierten Literatur zu finden.
Bild 2.9 gibt ein schematisiertes Beispiel für die Wirkung einfacher Filter. Mit
dem ersten werden Änderungen im Muster $\underline{f}$ reduziert, mit dem zweiten werden sie her-
vorgehoben. In Bild 2.13 sind einige Beispiele für Folgen und deren diskrete Fourier
Transformierte gezeigt; die Funktion in Bild 2.13b oder k rechts entspricht etwa g_μ
in Bild 2.9 oben, und die in Bild 2.13c rechts in etwa g_μ in Bild 2.9 unten. Für
die Anwendung sei nochmals an (2.65) erinnert. Eine Operation, die im wesentlichen
einen Mittelwert zwischen dem Bildpunkt und einer kleinen Nachbarschaft berechnet
(eindimensionaler Fall s. Bild 2.13b,k), betont die tiefen Frequenzen und führt zu
einer Reduzierung kleiner Störstellen im Bild und zur Verschleifung von Grauwertänderungen. Eine Operation, die im wesentlichen die Differenz zwischen dem Bildpunkt und einer kleinen Nachbarschaft von zum Beispiel 3 x 3 Bildpunkten bildet
(eindimensionaler Fall s. Bild 2.13c), betont demnach die hohen Frequenzen und führt
zu einer Hervorhebung von Grauwertänderungen bzw. zu einer Kontrastverbesserung im
Bild.

Eine einfache Operation zur Störungsreduktion ist demnach die Mittelung

$$h_{jk} = \alpha \sum_{\mu=-m}^{m} \sum_{\nu=-n}^{n} f_{j+\mu,k+\nu} \quad , \tag{2.68}$$

wobei meistens m = n = 1, also eine 3 x 3 Nachbarschaft, und $\alpha = 1$ oder
$\alpha = 1 / ((2m + 1)(2n + 1))$ gewählt wird. Wenn man das beobachtete Muster $^\rho\underline{f}$ darstellen kann durch

$$^\rho\underline{f} = \underline{s} + ^\rho\underline{n} \tag{2.69}$$

und wenn es möglich ist, mehrere Realisationen von $^\rho\underline{f}$, $\rho = 1,\ldots,N$ zu beobachten,
welche das gleiche Signal $\underline{s}$ und verschiedene Repräsentanten $^\rho\underline{n}$ des gleichen Stör-
prozesses enthalten, dann ist es möglich, die Störung durch eine Mittelung

$$\underline{h} = (1 / N) \sum_{\rho=1}^{N} {}^\rho\underline{f} \tag{2.70}$$

über die beobachteten Muster zu reduzieren. Dieser Fall tritt vor allem bei periodisch sich wiederholenden Vorgängen auf, wie zum Beispiel im Geräusch einer rotierenden Maschine oder im Strahlungsbild des schlagenden Herzens bei nuklearmedizi-
nischen Aufnahmen. Natürlich muß die Aufnahme von $^\rho\underline{f}$ genau mit dem periodischen
Vorgang synchronisiert werden.

Zur Hervorhebung von Änderungen eignet sich eine Differenzbildung oder näherungsweise Differentiation gemäß

$$h_{jk} = (f_x^2 + f_y^2)^{1/2} \quad \text{oder} \quad h_{jk} = |f_x| + |f_y| \quad ,$$

$$f_x = f_{jk} - f_{j+1,k+1} \quad \text{und} \quad f_y = f_{j,k+1} - f_{j+1,k} \quad . \tag{2.71}$$

Ebenso läßt sich die Operation

$$h_{jk} = (f_{j,k-1} + f_{j,k+1} + f_{j+1,k} + f_{j-1,k}) - 4f_{jk} \tag{2.72}$$

verwenden, die eine diskrete Version des Laplace-Operators

$$h(x,y) = \partial^2 f(x,y) / \partial x^2 + \partial^2 f(x,y) / \partial y^2$$

$$= \nabla^2 f(x,y) \tag{2.73}$$

ist. Konstante Bereiche im Muster werden durch (2.71,72) völlig unterdrückt. Eine Modifikation ist die Operation

$$h_{jk} = (1 + 4\alpha)f_{jk} - \alpha(f_{j,k-1} + f_{j,k+1} + f_{j+1,k} + f_{j-1,k}) \quad , \tag{2.74}$$

welche ebenfalls eine Kontrastverbesserung liefert und im kontinuierlichen Fall der Operation

$$h(x,y) = f(x,y) - \alpha\nabla^2 f(x,y) \tag{2.75}$$

entspricht [1.19].

2.3.5 Nichtlineare Operationen

Bei der Klassifikation einfacher Objekte, wie Schriftzeichen oder Werkstücke, werden oft nur Binärbilder verarbeitet, deren Grauwerte nur 0 oder 1 sein können. Die obigen Operationen (2.68-74) liefern jedoch auch bei Anwendung auf binäre Muster im allgemeinen keine Ergebnisse [h_{jk}], deren Werte ebenfalls wieder binär sind. Dieses muß dann in einer nachfolgenden Schwellwertoperation (2.27), durch die eine Nichtlinearität eingeführt wird, sichergestellt werden. Eine andere Möglichkeit besteht darin, für binäre Muster spezialisierte Operationen zur Verbesserung der Qualität zu entwickeln; dafür liegen zahlreiche Beispiele vor. Schließlich haben die linearen Operationen für bestimmte Zwecke Nachteile; zum Beispiel werden bei der Glättung mit (2.68) nicht nur hochfrequente Störungen beseitigt sondern auch

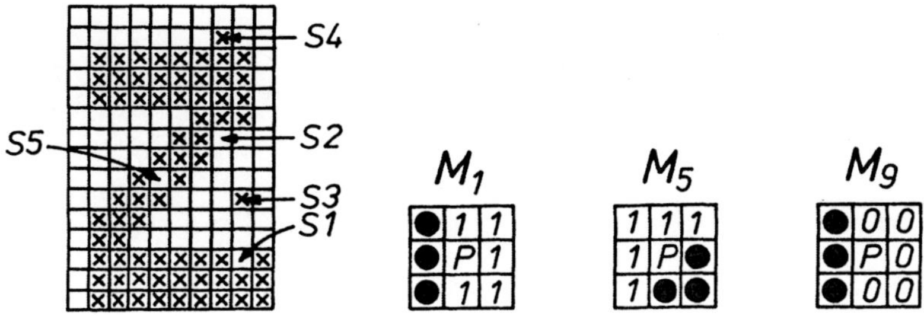

Bild 2.14 Zur Beseitigung von Störungen in binären Mustern durch Masken. Die Masken $M_{i+\nu}$, $\nu = 1,2,3$ erhält man, wenn man die Masken M_i, $i = 1,5,9$ um 90°, 180° und 270° dreht

Bildkonturen verschliffen. Aus diesen Gründen wurden nichtlineare Operationen entwickelt, von denen im folgenden einige diskutiert werden.

Bei der Glättung von binären Mustern werden vielfach durch Anwendung von Masken kleine Störstellen, die beispielsweise nur einen Rasterpunkt groß sind, beseitigt. Das Prinzip geht aus Bild 2.14 hervor. Der Punkt P der Masken M_i, $i=1,\ldots,12$ wird auf jeden der Bildpunkte f_{jk} gelegt. Mit $H(M_i)$ werde eine logische Funktion bezeichnet, die den Wert 1 oder "wahr" annimmt, wenn die Bildpunkte in der 8-Nachbarschaft von f_{jk} die in der Maske angegebenen Werte haben, wobei ein Wert ● in der Maske beliebig ist. Einzelne Fehlstellen mit dem Wert 0, wie die Punkte S1 und S2 in Bild 2.14, werden durch die Operation

wenn $H(M_i) = 1$ für einen Wert $i\in\{1,2,\ldots,8\}$,
dann setze $h_{jk} = 1$ und sonst $h_{jk} = f_{jk}$ $\qquad$ (2.76)

beseitigt. Einzelne Störpunkte mit dem Wert 1, wie die Punkte S3 und S4, werden durch die Operation

wenn $H(M_i) = 1$ für einen Wert $i\in\{9,10,\ldots,12\}$,
dann setze $h_{jk} = 0$ und sonst $h_{jk} = f_{jk}$ $\qquad$ (2.77)

beseitigt. Mit (2.76) werden also "Löcher" aufgefüllt, mit (2.77) wird das Muster von "Schmutz" gereinigt. Dagegen bleibt S5 mit diesen Masken unverändert. Ähnliche Operationen werden zum Beispiel in [2.36] zur Glättung der Linien in Fingerabdrücken angewendet. Für spezielle Zwecke kann es erforderlich sein, die Größe der Nachbarschaft oder die Art der Masken zu verändern. Bezeichnet man die acht Nachbarn des Punktes P der Masken in Bild 2.14 mit $f_0^{(P)}, f_1^{(P)},\ldots,f_7^{(P)}$, zum Beispiel in der durch

Bild 2.6 gegebenen Reihenfolge, so hat die Operation

$$\text{wenn } \sum_{j=0}^{7} f_j^{(P)} \geq \Theta, \quad \text{dann setze } h_{jk} = 1$$
$$\text{sonst } h_{jk} = f_{jk} \tag{2.78}$$

eine ähnliche Wirkung wie (2.76,77). Dabei ist Θ ein Schwellwert.

Der Funktionsverlauf $f(x)$ eines eindimensionalen Musters oder die Kontur eines zweidimensionalen Musters $f(x,y)$ vor einem Hintergrund lassen sich als Linienmuster mit einer Breite von einem Rasterpunkt auffassen. Der Funktionsverlauf wird wie üblich durch die Folge der diskreten Werte f_j, $j = 1,\ldots,M$ dargestellt und die Kontur durch die Folge der Koordinatenpaare (x_j, y_j), $j = 1,\ldots,M$ von den Punkten, die auf der Kontur liegen, wobei die Kontur vom Startpunkt (x_1,y_1) ausgehend zum Beispiel so umlaufen wird, daß das Muster rechts liegt. Zur Glättung derartiger Linienmuster wurde in [2.37] eine nichtlineare Operation angegeben. Für eine Wertefolge $[f_j]$ ergibt sich die geglättete Folge $[h_j]$ aus der Vorschrift

$$\text{setze } h_1 = f_1, \quad \text{und für } j = 2,3,\ldots,M \text{ setze}$$
$$h_j = h_{j-1} \quad \text{wenn } f_j - \Theta \leq h_{j-1} \leq f_j + \Theta,$$
$$h_j = f_j - \Theta \quad \text{wenn } h_{j-1} < f_j - \Theta \quad ,$$
$$h_j = f_j + \Theta \quad \text{wenn } h_{j-1} > f_j + \Theta \quad . \tag{2.79}$$

Eine Konturlinie wird geglättet, indem man (2.79) sowohl auf die Folge $[x_j]$ als auch auf $[y_j]$ anwendet, wobei f_j durch x_j bzw. y_j zu ersetzen ist. Ein Beispiel für eine Folge $[f_j]$ zeigt Bild 2.15, ein zweidimensionales Beispiel ist in Abschnitt 2.2.3 von [1.19] enthalten. Das Beispiel zeigt, daß nur solche Änderungen von f_j, die

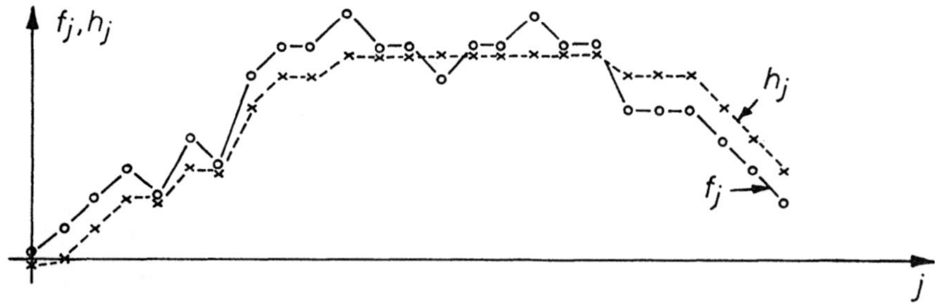

Bild 2.15   Ein Beispiel für die Wirkung der nichtlinearen Glättungsoperation (2.79). Die Eingangsgröße ist die Folge $[f_j]$ (durchgezogene Linie), das Ergebnis die Folge $[h_j]$ (gestrichelte Linie). Der Schwellwert ist $\Theta = 1$.

größer sind als $\pm \Theta$, zu einer Änderung von h_j führen und daß h_j gegen f_j verschoben ist. Letzteres wird durch die in [2.38] beschriebene symmetrische Operation vermieden. Ähnliche Operationen wie in (2.79) werden auch in [2.39] zur Verbesserung von Schriftzeichen angewendet. Es sei schließlich noch erwähnt, daß die lineare Operation [1.19,2.40]

$$h_j = (1 - \alpha)h_{j-1} + \alpha f_j \quad , \qquad j = 2,3,\ldots,M$$
$$h_1 = f_1 \qquad \qquad , \qquad 0 < \alpha \leq 1 \tag{2.80}$$

eine ähnliche Wirkung wie (2.78) hat. Wenn Linienmuster im Kettencode dargestellt werden, ist es möglich, Glättungsoperationen direkt auf diesem Code anzuwenden [2.41,42].

Der Median der Funktionswerte einer kleinen Nachbarschaft eines Punktes f_j oder f_{jk} ist die Grundlage einer nichtlinearen Glättung, die gegenüber (2.68) den Vorteil hat, daß kleine Änderungen völlig beseitigt werden und größere Sprünge im Funktionswert nicht verschliffen werden [2.43-45]. Für eine Wahrscheinlichkeitsverteilungsfunktion $P(x)$ ist der Median x_m durch die Gleichung

$$P(x_m) = 0,5 \tag{2.81}$$

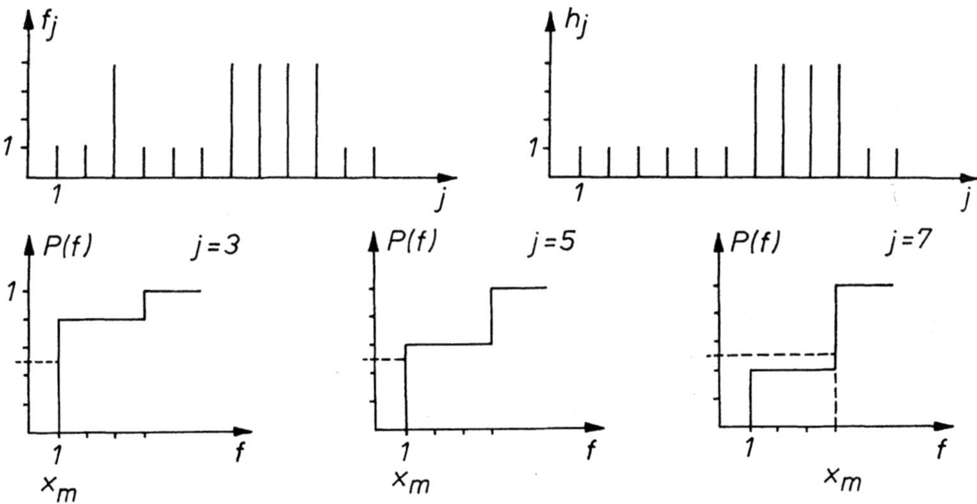

Bild 2.16   Eine Folge $[f_j]$ und das Ergebnis $[h_j]$ der Medianfilterung. Die empirische Verteilung $P(f)$ ist dargestellt, wenn die Mitte eines Filters der Breite 5 an den Stellen $j = 3,5$ und 7 liegt. Der Einfluß des Randes wurde vernachlässigt.

definiert. Entsprechend wird für ein Medianfilter der Breite $(2m + 1)$ die empirische
Verteilungsfunktion $P(f)$ im Punkte j der Folge $[f_j]$ über die Funktionswerte $f_{j+\nu}$,
$\nu = 0, \pm 1, \ldots, \pm m$ berechnet. Bild 2.16 zeigt ein Beispiel für $m = 2$. Wird der
Funktionswert $f_{j+\nu} = G$ an p Punkten gemessen, so springt die Funktion $P(f)$ an der
Stelle $f = G$ um den Wert $p / (2m + 1)$. Man bestimmt den Wert $f = x_m$, der (2.81) ge-
nügt und setzt

$$h_j = x_m \quad , \tag{2.82}$$

wobei h_j ein Wert der geglätteten Folge $[h_j]$ ist. Das Beispiel zeigt, daß schmale
Sprünge im Funktionsverlauf ganz unterdrückt werden und breite Sprünge unverändert
bleiben. Die Breite des Medianfilters bestimmt, bis zu welcher Breite ein Sprung
noch beseitigt wird. Für zweidimensionale Folgen $[f_{jk}]$ wird genauso verfahren.

Ein einfaches nichtlineares Verfahren zur Kontrastverschärfung wurde in [2.46]
angegeben. Dafür wird eine Menge Q von benachbarten Funktionswerten definiert, zum
Beispiel wird in [2.46]

$$Q = \{f_{jk}, f_{j+1,k}, f_{j-1,k}, f_{j,k+1}, f_{j,k-1}\} \tag{2.83}$$

vorgeschlagen. Man bestimmt zwei Zahlen α und β aus

$$\alpha = \min\{f_{\mu\nu} \in Q\} \quad \text{und} \quad \beta = \max\{f_{\mu\nu} \in Q\} \tag{2.84}$$

und definiert die Werte der verbesserten Folge mit

$$\begin{aligned} h_{jk} &= \alpha \quad \text{wenn} \quad f_{jk} - \alpha < \beta - f_{jk} \quad , \\ h_{jk} &= \beta \quad \text{sonst} \quad . \end{aligned} \tag{2.85}$$

Die Operationen (2.84,85) werden einige Male iteriert bis ein genügend verbessertes
Muster vorliegt.

Die Operationen (2.82-85) beruhen auf der Ordnung der Funktionswerte einer
kleinen Nachbarschaft. Dieses ist auch das Prinzip allgemeiner Rangordnungsoperationen. Wir betrachten einen Funktionswert f_{jk} in der Folge $[f_{jk}]$ und bezeichnen
mit N_M eine Nachbarschaft von f_{jk}, die M Werte enthält, zum Beispiel

$$N_M = \{f_{j+\mu,k+\nu} \mid \mu = 0, \pm 1, \ldots \pm m; \quad \nu = 0, \pm 1, \ldots, \pm n\} \quad , \tag{2.86}$$
$$M = (2m + 1)(2n + 1) \quad .$$

Die Elemente von N_M werden der Größe nach geordnet, wobei der kleinste Wert aus N_M
mit r_1 bezeichnet wird, der nächstgrößere mit r_2 und so weiter. Dieses ergibt die
Rangordnung der um f_{jk} liegenden Funktionswerte

$$R_{jk} = \{r_1, r_2, \ldots, r_M \mid r_\nu \in N_M, \; r_\nu \le r_{\nu+1}, \; \nu = 1, \ldots, M\}. \tag{2.87}$$

Eine Rangordnungsoperation ist definiert durch

$$h_{jk} = \varphi(R_{jk}) \quad . \tag{2.88}$$

Drei spezielle Operationen sind

$$
\begin{aligned}
h_{jk} &= r_1 && \text{(Erosion)} && , \\
h_{jk} &= r_{(M + 1)/2} && \text{(Median)} && , \\
h_{jk} &= r_M && \text{(Dilatation)} && .
\end{aligned}
\tag{2.89}
$$

Offensichtlich ist die hier angegebene mit Median bezeichnete Operation mit (2.82) identisch, außer daß dort eine eindimensionale Folge $[f_j]$ betrachtet wurde. Durch die Erosion wird ein Muster "verkleinert", durch die Dilatation "vergrößert". Mit der Operation

$$h_{jk} = r_M - r_1 \tag{2.90}$$

werden die Konturen eines Objekts herausgehoben [2.47,48]. Ein einfaches Beispiel zeigt Bild 2.17.

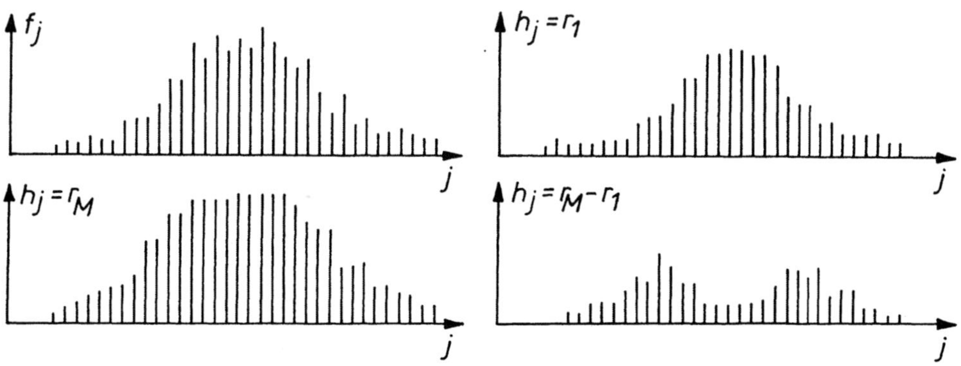

Bild 2.17   Zur Wirkung der Rangordnungsoperationen

2.4 Normierungsmaßnahmen

2.4.1 Anliegen

Wie in Kapitel 1 dargelegt, kommt es bei der Klassifikation von Mustern darauf
an, alle Muster mit gleicher Bedeutung der gleichen Klasse zuzuordnen. Die Muster
können sich dabei in vielfältiger Form unterscheiden, wobei die Unterschiede durch
geeignete Parameter beschrieben werden. Zum Beispiel kann die Größe von Buchstaben,
die Lautstärke von Geräuschen oder die Dauer eines gesprochenen Wortes in weiten
Grenzen schwanken, ohne daß dieses Einfluß auf die Bedeutung hat. Prinzipiell kann
man anstreben, Merkmale zu finden, die invariant gegenüber derartigen Schwankungen
von bestimmten Parametern sind, oder man kann versuchen, einen Klassifikator zu
entwickeln, der unabhängig von auftretenden Schwankungen Muster mit gleicher Bedeutung immer der gleichen Klasse zuordnet. Erfahrungsgemäß ist es aber bei verschiedenen Parametern möglich, auftretende Schwankungen mit relativ geringem Aufwand bereits im Rahmen der Vorverarbeitung auszugleichen oder zu normieren. Ist
$\beta_\nu({}^\rho\underline{f})$ der ν-te Parameter von Mustern ${}^\rho\underline{f} \in \Omega$, zum Beispiel die Höhe handgeschriebener
Ziffern, so werden die Werte von β_ν zwischen einem kleinsten Wert $\beta_{\nu 0}$ und einem
größten Wert $\beta_{\nu 1}$ liegen, das heißt es ist

$$\beta_{\nu 0} \leq \beta_\nu({}^\rho\underline{f}) \leq \beta_{\nu 1} \quad , \qquad \forall {}^\rho\underline{f} \in \Omega \quad . \tag{2.91}$$

Eine Normierungsmaßnahme ist eine Transformation T_N, die ein vorverarbeitetes Muster

$$\qquad {}^\rho\underline{h} = T_N\{{}^\rho\underline{f}\} \tag{2.92}$$

liefert, wobei für den Wertebereich

$$\qquad \beta'_{\nu 0} \leq \beta_\nu({}^\rho\underline{h}) \leq \beta'_{\nu 1} \tag{2.93}$$

der transformierten Muster ${}^\rho\underline{h}$ die Bedingung

$$\qquad \beta'_{\nu 1} - \beta'_{\nu 0} \ll \beta_{\nu 1} - \beta_{\nu 0} \tag{2.94}$$

gilt. Der Idealfall ist $\beta'_{\nu 1} - \beta'_{\nu 0} = 0$, da dann alle Muster ${}^\rho\underline{h}$ den gleichen Parameterwert, zum Beispiel die gleiche Größe, haben. Offensichtlich darf man nur solche
Parameter normieren, deren Werte keinen Einfluß auf die Bedeutung haben.

Durch die Normierung soll erreicht werden, daß die Merkmale im Merkmalsraum
einen kompakteren Bereich bilden und damit die Klassifikation erleichtert wird, wie
es in Bild 2.18 angedeutet ist. Bei einem vorgegebenen Aufwand für den Klassifikator

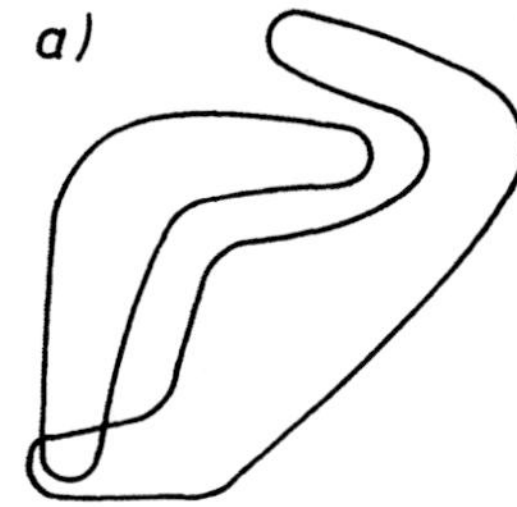
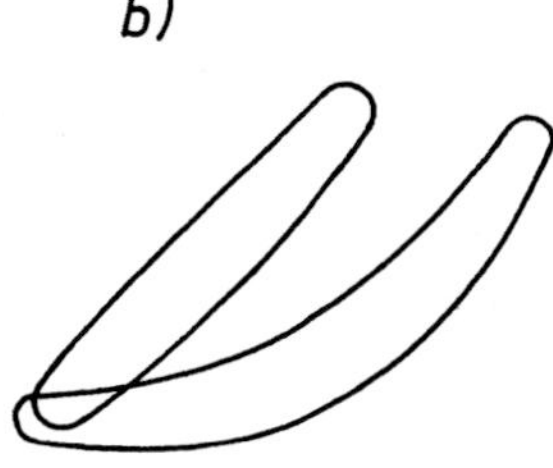

Bild 2.18   Merkmale können vor der Normierung komplizierte Bereiche im Merkmalsraum einnehmen a). Nach der Normierung sind die Bereiche "kompakter" geworden, wie
zum Beispiel in b).

wird man also mit normierten Mustern eine kleinere Fehlerwahrscheinlichkeit erwarten können als mit nicht normierten.

2.4.2 Größe

Unabhängig davon, ob ein Muster $\underline{f}(\underline{x})$ eine Funktion der Zeit, des Ortes oder
sonstiger Variabler ist, wird hier unter der "Größe" des Musters seine Ausdehnung
in den n Koordinatenrichtungen verstanden. Bei einem Buchstaben $^\rho f(x,y)$, der im
Intervall $^\rho x_0 \leq x \leq {}^\rho x_1$ und $^\rho y_0 \leq y \leq {}^\rho y_1$ liegt, ist zum Beispiel die Größe gegeben
durch die Breite $^\rho X = {}^\rho x_1 - {}^\rho x_0$ und die Höhe $^\rho Y = {}^\rho y_1 - {}^\rho y_0$; bei einem gesprochenen
Wort $^\rho f(t)$, das zur Zeit $^\rho t_0$ beginnt und zur Zeit $^\rho t_1$ endet, ist die Größe durch die
Dauer $^\rho T = {}^\rho t_1 - {}^\rho t_0$ gegeben. Für eine Menge Ω von Mustern $^\rho \underline{f}(\underline{x})$ gemäß (1.3) bedeutet Normierung der Größe, daß das Intervall $^\rho x_{\nu 0} \leq x_\nu \leq {}^\rho x_{\nu 1}$ der ν-ten Koordi-
nate aller Muster $^\rho \underline{f}(\underline{x}) \in \Omega$ auf ein festes Intervall $x'_{\nu 0} \leq x'_\nu \leq x'_{\nu 1}$ abgebildet wird.
Die Ausdehnung

$$^\rho X_\nu = {}^\rho x_{\nu 1} - {}^\rho x_{\nu 0} \tag{2.95}$$

aller Muster hat dann nach der Normierung den festen Wert

$$X'_\nu = x'_{\nu 1} - x'_{\nu 0} \tag{2.96}$$

für alle $^\rho \underline{f}(\underline{x}) \in \Omega$. Diese Normierung wird für x_ν, $\nu = 1,\ldots,n$ durchgeführt.

Wenn eine lineare Abbildung ausreicht, ist die Normierung der Größe relativ
einfach. Unter Verwendung der obigen Bezeichnungen gilt, wie aus Bild 2.19a her-

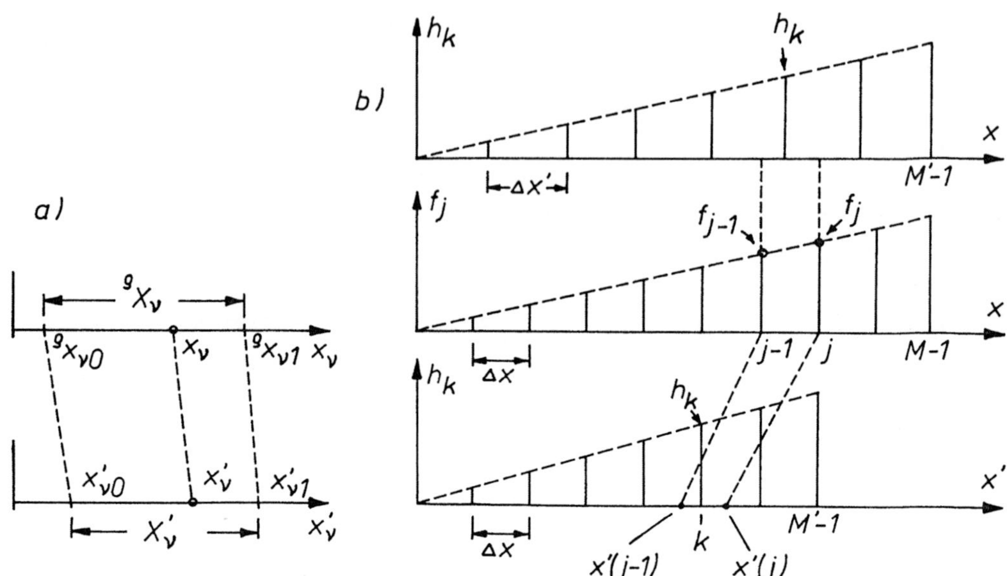

Bild 2.19   In a) ist die lineare Abbildung eines Intervalls der Länge ${}^\rho X_\nu'$ auf ein Normintervall der Länge X_ν' angedeutet. In b) ist die Normierung einer Folge von Abtastwerten gezeigt

vorgeht, für einen Punkt x_ν und seine Abbildung x_ν'

$$({}^\rho x_{\nu 1} - {}^\rho x_{\nu 0}) \,/\, (x_{\nu 1}' - x_{\nu 0}') = (x_\nu - {}^\rho x_{\nu 0}) \,/\, (x_\nu' - x_{\nu 0}') \;, \qquad (2.97)$$

Löst man diese Gleichung nach x_ν' auf, so erhält man

$$x_\nu' = x_\nu X_\nu' \,/\, {}^\rho X_\nu + (x_{\nu 0}' {}^\rho x_{\nu 1} - {}^\rho x_{\nu 0} x_{\nu 1}') \,/\, {}^\rho X_\nu \qquad . \qquad (2.98)$$

Ohne Beschränkung der Allgemeinheit kann man jedes Muster so verschieben, daß ${}^\rho x_{\nu 0} = 0$ ist, und das Normintervall so festlegen, daß $x_{\nu 0}' = 0$ ist. Die etwas umständliche Form (2.98) reduziert sich dann auf die einfache Gleichung

$$x_\nu' = x_\nu X_\nu' \,/\, {}^\rho X_\nu \qquad . \qquad (2.99)$$

Bei ihrer Anwendung auf eine Folge $[f_j]$ von Abtastwerten ergibt sich das Problem, daß das Bild eines Rasterpunktes auf der x_ν-Achse im allgemeinen zwischen zwei Rasterpunkten auf der x_ν'-Achse liegt. Daher wird dieser Fall noch kurz erörtert.

Zur Vereinfachung der Notation werden die Abtastwerte $[f_j]$, $j = 0,1,\ldots,M - 1$ einer Funktion $f(x)$ betrachtet, die im Intervall $x_0 = 0 \leq x \leq M - 1 = (M - 1)\Delta x = x_1$ liegen, wie es auch in (2.2) bereits eingeführt wurde. Dabei ist zu beachten, daß für eine andere Funktion die Werte M und x_1 im allgemeinen anders sein werden und für eine mehrdimensionale Funktion auch die weiteren Variablen zu berücksichtigen sind. Die Folge $[f_j]$ soll in eine Folge $[h_k]$ transformiert werden, welche die Abtastwerte derjenigen Funktion $h(x')$ sind, die man durch lineare Abbildung von $f(x)$ in das Intervall $x'_0 = 0 \leq x' \leq M' - 1 = (M' - 1)\Delta x = x'_1$ erhält. Mit $\Delta x = 1$ und (2.99) erhält man

$$x' = j(M' - 1) / (M - 1) = x'(j) \qquad\qquad (2.100)$$

als Koordinaten der Abtastwerte von $f(x)$ im x'-System. Dieses ist in Bild 2.19b gezeigt. Nun sind aber die h_k, $k = 0,1,\ldots, M' - 1$ Abtastwerte von $h(x')$ an den Stellen $x' = k\Delta x = k$. Aus Bild 2.19b wird klar, daß im allgemeinen der Wert h_k durch eine Interpolation der Werte f_j berechnet werden muß. Wenn die Voraussetzungen von Satz 2.1 erfüllt sind, ist dieses sogar exakt mit (2.8) möglich. Um den Aufwand für die Interpolation zu verringern, begnügt man sich oft mit einer linearen Interpolation. Es sei $x'(j - 1)$ der größte Wert mit der Eigenschaft $x'(j - 1) \leq k$ und $x'(j)$ der kleinste Wert mit der Eigenschaft $k \leq x'(j)$. Dann erhält man den Abtastwert h_k aus der linearen Interpolationsgleichung

$$h_k = (f_j - f_{j-1})(k - x'(j - 1)) / (x'(j) - x'(j - 1)) + f_{j-1} \; , \qquad (2.101)$$

wobei $x'(j) - x'(j - 1) = (M' - 1) / (M - 1) = \text{const}$ ist. Damit lassen sich Folgen mit variabler Anzahl von Abtastwerten in Folgen mit genau M' Werten transformieren.

Aus dem oberen Teil von Bild 2.19b geht hervor, daß man die Normierung auch als erneute Abtastung von $f(x)$ auffassen kann. Aus $[f_j]$ gewinnt man durch Interpolation zunächst $f(x)$ und tastet diese mit der Schrittweite $\Delta x' = x_1 / (M' - 1)$ ab. Ist $M' < M$, so ist $\Delta x' > \Delta x$, und aus Satz 2.1 folgt, daß gegebenenfalls die interpolierte Funktion $f(x)$ erneut tiefpaßgefiltert werden muß, um die richtige Bandbegrenzung zu erreichen. Auch hier kann man sich auf lineare Interpolation beschränken und entnimmt dafür Bild 2.19b

$$h_k = (f_j - f_{j-1})(k(M - 1) / (M' - 1) - j + 1) + f_{j-1} \qquad . \qquad (2.102)$$

Man überzeugt sich leicht, daß (2.101) und (2.102) identisch sind.

Bei mehrdimensionalen Funktionen kann man durch mehrfache Anwendung von (2.100) auf die n Koordinaten ebenfalls die Rasterpunkte im $\underline{x}$-Koordinatensystem in das $\underline{x}'$-System abbilden. Auch hier werden im allgemeinen die Bilder der Rasterpunkte im $\underline{x}$-System zwischen denen im $\underline{x}'$-System liegen. Die lineare Interpolation erfolgt nun mit einer Hyperebene, jedoch ist schon für zweidimensionale Funktionen $f(x,y)$ der Aufwand zur Berechnung der erforderlichen Ebene so groß, daß er meistens vermieden wird. Folgende vereinfachte Methoden finden Anwendung. Als Funktionswert eines Rasterpunktes im $\underline{x}'$-System wird der des nächstliegenden Punktes im $\underline{x}$-System verwendet. So würde zum Beispiel nach dieser Methode in Bild 2.19b $h_k = f_{j-1}$ gesetzt werden, da der Punkt $x' = x'(j - 1)$ dem Punkt $x' = k$ am nächsten liegt. Eine andere Möglichkeit besteht in der Verwendung des Mittelwertes der umliegenden Rasterpunkte. Danach würde man $h_k = (f_{j-1} + f_j) / 2$ setzen. Schließlich kann man jede Koordinate x_ν unabhängig von den anderen normieren und die Funktionswerte durch eindimensionale lineare Interpolation gemäß (2.101,102) bestimmen.

Die Größennormierung von Mustern ist eine wirkungsvolle Operation, um die Klassifikationsergebnisse zu verbessern. Sie wird zum Beispiel bei der Klassifikation von Schriftzeichen und gesprochenen Worten angewendet [2.49,50]. Bei Schriftzeichen bestimmt man das kleinste umschreibende Rechteck und bildet dieses auf ein Normrechteck ab; bei Worten kann die Bestimmung des Anfangs- und Endpunktes Probleme bereiten. Nach den Untersuchungen in [2.51] ist die Größennormierung von Schriftzeichen sogar zahlreichen anderen Operationen eindeutig überlegen. Außer den linearen Abbildungen (2.98,99) sind auch nichtlineare Normierungen möglich. Solche wurden insbesondere im Zusammenhang mit der Worterkennung entwickelt. Sie erfordern jedoch die Kenntnis von Referenzworten (Prototypen), und deshalb wird die Diskussion dieser Verfahren auf Kapitel 4 verschoben. Auch (2.105) bewirkt eine Größennormierung, jedoch nicht auf ein Normintervall sondern auf normierte Momente.

2.4.3 Lage

Die Bedeutung von Mustern ist in vielen Fällen auch unabhängig von einer Translation, manchmal auch unabhängig von einer Rotation. Die Translation ist mit (2.98) ebenfalls erfaßt, da dadurch ein Intervall der x-Achse sowohl skaliert als auch verschoben wird. Damit wird, wie erwähnt, der Anfangs- und Endpunkt des Musters auf definierte Punkte verschoben. Eine Alternative ist die Verschiebung des Musterschwerpunktes in einen definierten Punkt. Durch die Verwendung von Momenten ist auch eine Rotation des Musters in eine Normorientierung möglich. Für die Chromosomenanalyse wurde in [2.52] eine Folge von Normierungsschritten angegeben. Um die Zahl der Symbole zu reduzieren, wird in jedem Schritt das anfängliche Muster mit $f(x,y)$ bezeichnet, das transformierte mit $h(x',y')$. Das anfängliche Muster im Schritt j ist das transformierte Muster des Schrittes (j - 1). Zur Vereinfachung wird mit den kontinuierlichen Formen $f(x,y)$, $h(x',y')$ gearbeitet, da die im vorigen

Abschnitt diskutierten Interpolationsprobleme bei Folgen von Abtastwerten nicht
nochmals erörtert werden sollen.

Das gegebene Muster wird in folgenden Schritten normiert, wobei die Momente
m_{pq} und μ_{pq} der Muster $f(x,y) \geq 0$ und $h(x',y') \geq 0$ definiert sind durch

$$m_{pq} = \int\limits_{-\infty}^{\infty} \int\limits_{-\infty}^{\infty} x^p y^q f(x,y)\,dx\,dy \qquad ,$$

$$\mu_{pq} = \int\limits_{-\infty}^{\infty} \int\limits_{-\infty}^{\infty} x'^p y'^q h(x',y')\,dx'\,dy' \quad . \tag{2.103}$$

Schritt 1: Mit $x_s = m_{10} / m_{00}$ und $y_s = m_{01} / m_{00}$ setze man

$$x' = x - x_s \text{ und } y' = y - y_s$$
$$h(x',y') = f(x,y) / m_{00} \qquad . \tag{2.104}$$

Dann ist $\mu_{00} = 1$, $\mu_{10} = \mu_{01} = 0$. Auf den Schwerpunkt (x_s,y_s) bezogene Momente werden
auch als Zentralmomente bezeichnet.
Schritt 2: Ersetze $f(x,y)$ durch $h(x',y')$, das heißt im folgenden ist $f(x,y)$ ein Muster
mit $m_{00} = 1$, $m_{10} = m_{01} = 0$. Mit $r = (m_{02} + m_{20})^{1/2}$ setze

$$x' = x / r \text{ und } y' = y / r$$
$$h(x',y') = r^2 f(x,y) \qquad . \tag{2.105}$$

Dann ist $\mu_{20} + \mu_{02} = 1$.
Schritt 3: Ersetze $f(x,y)$ durch $h(x',y')$, das heißt im folgenden gilt für die Momente
von $f(x,y)$ zusätzlich $m_{20} + m_{02} = 1$. Bestimme die Lösungen der Gleichung

$$\tan(2\alpha) = 2m_{11} / (m_{20} - m_{02}) \qquad . \tag{2.106}$$

Führe die Koordinatentransformation (Rotation um den Winkel α)

$$\begin{bmatrix} x' \\ y' \end{bmatrix} = \begin{bmatrix} \cos\alpha & \sin\alpha \\ -\sin\alpha & \cos\alpha \end{bmatrix} \begin{bmatrix} x \\ y \end{bmatrix} \tag{2.107}$$

aus, die eine Transformation auf Hauptträgheitsachsen ist, und setze

$$h(x',y') = f(x,y)$$

Dann ist $\mu_{11} = 0$ [2.53]. Von den vier Lösungen von (2.106) wähle diejenige, für die
$\mu_{20} < \mu_{02}$ und $\mu_{21} > 0$ ist.
Schritt 4: Ersetze $f(x,y)$ durch $h(x',y')$, das heißt für $f(x,y)$ ist zusätzlich
$m_{11} = 0$, $m_{20} < m_{02}$, $m_{21} > 0$. Wähle $\beta \in \{+1, -1\}$ so, daß für

$$x' = \beta x \quad \text{und} \quad y' = y$$

$$h(x',y') = f(x,y) \tag{2.108}$$

das Moment $\mu_{12} > 0$ ist. Das mit dem letzten Schritt in (2.108) erhaltene Muster $h(x',y')$ ist so normiert, daß für seine Momente

$$\mu_{00} = 1$$
$$\mu_{10} = \mu_{01} = \mu_{11} = 0$$
$$\mu_{20} + \mu_{02} = 1 \; ; \; \mu_{20} < \mu_{02}$$
$$\mu_{21} > 0 \; ; \; \mu_{12} > 0 \tag{2.109}$$

gilt. Damit ist die Normierung abgeschlossen. Sie umfaßt eine Translation des Musters und Veränderung der Funktionswerte (2.104), eine Skalierung der Koordinaten (2.105), eine Rotation (2.107) und eine Spiegelung (2.108). Bei Bedarf können einige der Normierungsschritte ausgelassen werden. Ein Beispiel für die Wirkung der Normierung gibt Bild 2.20. Auf die Verwendung von Momenten als Merkmale wird noch in Abschnitt 3.2 eingegangen. Etwas andere Normierungsoperationen mit Momenten sind in [2.54] angegeben.

Eine speziell für die Klassifikation handgedruckter Schriftzeichen entwickelte Lagenormierung hat den Ausgleich der Neigung von Buchstaben zum Ziel [2.54,55], dagegen ist die Rotation von Buchstaben nicht zweckmäßig. Der Einfachheit halber sei angenommen, daß um das geneigte Schriftzeichen ein Parallelogramm gelegt wird. Mit den Bezeichnungen von Bild 2.21 wird dieses mit den Gleichungen

$$x' = x - y\cot\alpha \qquad y' = y \tag{2.110}$$

in ein Rechteck abgebildet und damit die Schrift aufgerichtet.

2.4.4 Energie

Da die Bedeutung von Mustern häufig auch unabhängig von der im Muster enthaltenen "Energie" - zum Beispiel der Schallenergie oder der Helligkeit - ist, empfiehlt es sich, auch die Amplitude oder die Funktionswerte $f(x,y)$ bzw. f_{jk} zu normieren. Zunächst wird daran erinnert, daß auch die Schwellwertoperation (2.27) eine Normierung der Funktionswerte bewirkt und daß mit (2.104) das Integral über das Muster auf den Wert 1 normiert wird.

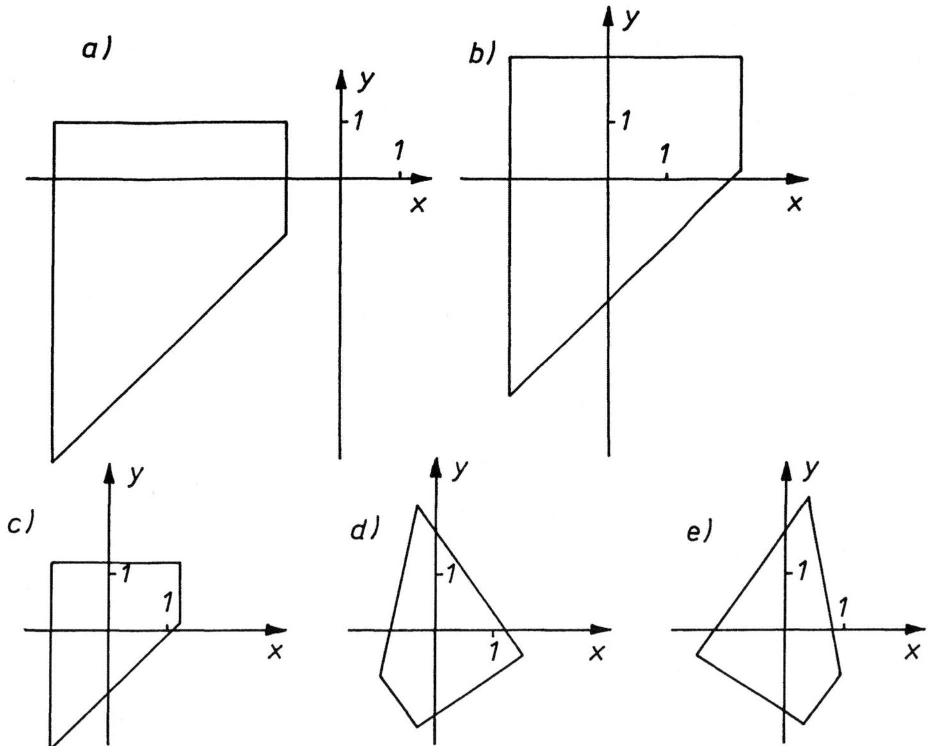

Bild 2.20 Normierung eines Musters mit den Gleichungen (2.99-103). a)Anfänglich gegebenes Muster, b)Verschiebung des Koordinatensystems in den Schwerpunkt, c)Skalierung der Koordinaten auf r = 1, d)Rotation des Musters auf Hauptträgheitsachsen, e)Spiegelung des Musters an der y-Achse

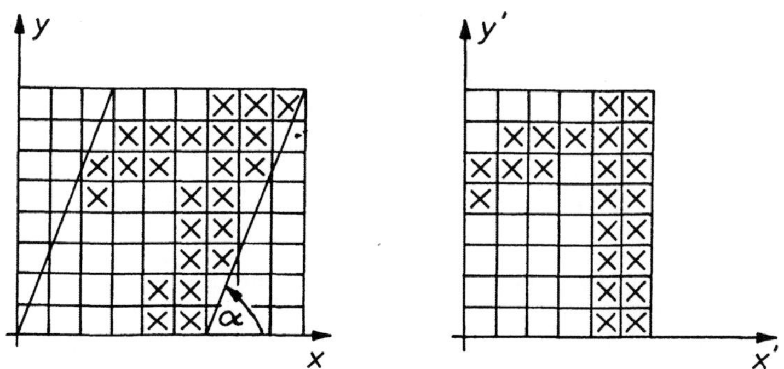

Bild 2.21 Aufrichtung einer schrägen Ziffer

68

Die Energie von M zurückliegenden Abtastwerten eines Sprachsignals zum Abtast-
zeitpunkt $t = j\Delta t = j$ wird mit

$$A_j = \sum_{\nu=0}^{M-1} |\alpha_\nu f_{j-\nu}| \qquad (2.111)$$

oder auch mit

$$A_j = \sum_{\nu=0}^{M-1} \alpha_\nu f_{j-\nu}^2 \qquad (2.112)$$

definiert [2.56]. Dabei ist α_ν, $\nu = 0,1,\ldots,M - 1$ ein "Fenster" zur Ausblendung
und Bewichtung der Funktionswerte, zum Beispiel (s. auch Sect. 5.5 von [2.26])

$$\begin{aligned}
\alpha_\nu &= 1 & \nu = 0,1,\ldots,M - 1 & \quad \text{(Rechteckfenster)} \quad , \\
\alpha_\nu &= 0{,}54 - 0{,}46 \cos(2\pi\nu / (M - 1)) & & \quad \text{(Hammingfenster)} \quad , \\
\alpha_\nu &= 0{,}5(1 - \cos(2\pi\nu / (M - 1))) & & \quad \text{(Hanningfenster)} \quad .
\end{aligned} \qquad (2.113)$$

Mit der Normierung

$$h_k = f_k / A_j \quad , \quad k = j - M + 1, j - M + 2,\ldots,j \qquad (2.114)$$

erreicht man, daß die Energie der Folge $[h_k]$, $k = j - M + 1,\ldots,j$ wegen (2.111) den
Wert 1 hat. Diese Vorgehensweise läßt sich unmittelbar auf die Abtastwerte mehr-
dimensionaler Folgen verallgemeinern. Bei (2.112) ist (2.114) zu modifizieren in

$$h_k = f_k / (A_j)^{1/2} \qquad (2.115)$$

Da man in der Regel mit den Folgen $[f_j]$ oder $[h_k]$ weitere Parameter, insbesondere
Merkmale c_ν, berechnen wird, ist es unter Umständen zweckmäßig, die Merkmale mit
den nichtnormierten f_j zu berechnen und nachträglich zu normieren. Damit spart man
die vielen Divisionen in (2.114,115).

Definiert man wie üblich Mittelwert und Streuung der M Abtastwerte einer Folge
$[f_j]$ mit

$$m = (1 / M) \sum_{j=0}^{M-1} f_j \qquad ,$$

$$\sigma^2 = (1 / M)(\sum_{j=0}^{M-1} f_j^2) - m^2 \qquad , \qquad (2.116)$$

so erhält man auf Mittelwert 0 und Streuung 1 normierte Werte aus

$$h_j = (f_j - m) / \sigma \qquad . \qquad (2.117)$$

Die Werte h_j sind invariant gegenüber einer linearen Transformation der f_j gemäß

$af_j + b$, $a \neq 0$. Es sei daran erinnert, daß man eine Normierung der Funktionswerte bereits über die Quantisierungskennlinie eines PCM-Verfahrens erreichen kann, wenn man das Intervall (f_{min}, f_{max}) in Bild 2.5 stets auf die Werte $\{b_1, \ldots, b_2\}$ abbildet. Dabei wird allerdings nicht (2.111) realisiert. Mit der Gleichung

$$h_j = \alpha(f_j - f_{min}) / (f_{max} - f_{min}) \quad , \tag{2.118}$$

$$f_{min} = \min_j\{f_j\} \quad \text{und} \quad f_{max} = \max_j\{f_j\} \tag{2.119}$$

schließlich werden die Werte einer Folge $[f_j]$ auf das Intervall $0 \leq h_j \leq \alpha$ normiert.

Zur Normierung der Energie von Sprachsignalen wurden in [2.57,58] spezialisierte Verfahren entwickelt, die auf (2.111,112) basieren. Grundsätzlich wird mit den obigen Verfahren der Wertebereich einer Variablen normiert, und dieses ist nicht nur für Abtastwerte $[f_j]$ sondern auch für daraus abgeleitete Werte, wie zum Beispiel Merkmale c_ν, von Interesse. Die Normierungskriterien, also die Parameter, deren Werte kontrolliert werden, können dabei recht unterschiedlich sein.

2.4.5 Strichstärke

Die Bedeutung von Linienmustern ist in weiten Grenzen unabhängig von der Strichstärke , so daß es naheliegt, diese zunächst auf einen einheitlichen Wert, im allgemeinen einen Rasterpunkt, zu normieren. Auch bei Schriftzeichen werden solche Verfahren immer wieder angewendet [2.59-61], jedoch wird in [2.51] darauf hingewiesen, daß bei bestimmten Klassifikationsverfahren die Linienverdünnung auch nachteilig sein kann. Dieses ist ein experimentell untermauertes Beispiel für das schon am Anfang von Kapitel 2 aufgezeigte Problem, daß der Erfolg einer Vorverarbeitungsoperation in der Regel im Zusammenhang mit den nachfolgenden Operationen beurteilt werden muß. Eine Linienverdünnung ist auch für die Kettencodierung zweckmäßig sowie für die Klassifikation von Fingerabdrücken [2.36] und sonstige Linienmuster [2.62]. Ein allgemeines Ergebnis ist in [2.63] und zusammenfassende Darstellungen sind beispielsweise in [2.64,65] gegeben. Das Prinzip der Verfahren beruht darauf, in mehreren Durchgängen Randpunkte einer Linie abzuschälen, bis eine Linie, die nur einen Rasterpunkt dick ist, übrigbleibt. In den meisten Fällen werden einige oder alle der folgenden Forderungen gestellt:
1. Linien werden nicht unterbrochen und nicht verkürzt.
2. Die verdünnte Linie sollte etwa in der Mitte der ursprünglichen Linie liegen, auch wenn Bildstörungen vorliegen.
3. Das Verfahren muß schnell arbeiten.

Als Beispiele werden die in [2.62,65] angegebenen Algorithmen erörtert.

Die Bedingungen für die Entfernung eines Punktes werden in [2.63] durch die Masken $M_1,\ldots,M_{19}$ in Bild 2.22 festgelegt. Die Matrix $[f_{jk}]$ der Bildpunkte wird in vier disjunkte Teilmengen zerlegt, die bei der Linienverdünnung nacheinander spaltenweise bearbeitet werden. Zunächst werden nur die Masken $M_1,\ldots,M_{11}$ verwendet und ein Punkt P mit dem Wert 1 entfernt, wenn seine Nachbarn die durch die Masken festgelegten Werte haben. Dann wird mit allen Masken weitergearbeitet. Stets werden auch die Konfigurationen geprüft, die aus den angegebenen Masken durch Spiegelung an der x- oder y-Achse oder durch Rotation um 90, 180 und 270 Grad entstehen. In Bild 2.23 ist ein Beispiel für die Wirkung dieser Operationen angegeben.

Das Verfahren von [2.65] beruht ebenfalls auf der Untersuchung von 3 x 3 Nachbarschaften. Wie in (2.78) werden die acht Nachbarn des Punktes P mit $f_j^{(P)}$, $j = 0,1,\ldots,7$ bezeichnet. Ein Punkt P wird entfernt, wenn alle der folgenden Bedingungen zutreffen.

1. $\displaystyle\sum_{j=0}^{7} \mid f_{j+1}^{(P)} - f_j^{(P)} \mid = \alpha$, mit $\alpha = 0,2$ oder 4; $\quad f_8^{(P)} = f_0^{(P)}$

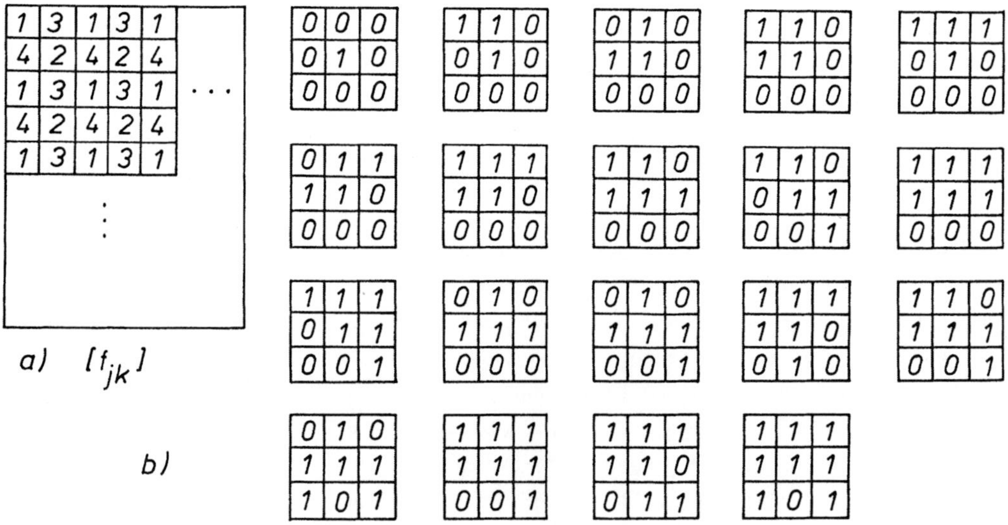

Bild 2.22   In a) ist die Zerlegung der Bildpunkte von $[f_{jk}]$ in vier disjunkte Teilmengen gezeigt, in b) die verwendeten Masken M_1 bis M_{19} von links nach rechts geordnet

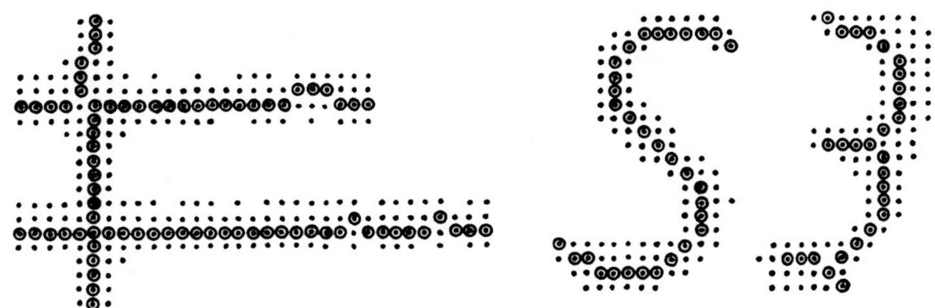

Bild 2.23   Ein Beispiel für die Verdünnung von Linien mit dem in Bild 2.22 skizzier-
ten Verfahren

2. $\displaystyle\sum_{j=0}^{7} f_j^{(P)} \neq 1$ (2.120)

3. $f_0^{(P)} \wedge f_2^{(P)} \wedge f_4^{(P)} = 0$ und $f_0^{(P)} \wedge f_2^{(P)} \wedge f_6^{(P)} = 0$

4. Wenn $\alpha = 4$, dann muß zusätzlich entweder 4.1 oder 4.2 erfüllt sein.

4.1 $f_0^{(P)} \wedge f_6^{(P)} = 1$ und $f_1^{(P)} \vee f_5^{(P)} = 1$ und

$f_2^{(P)}, f_3^{(P)}, f_4^{(P)}$ und $f_7^{(P)} = 0$

4.2 $f_0^{(P)} \wedge f_2^{(P)} = 1$ und $f_3^{(P)} \vee f_7^{(P)} = 1$ und $f_1^{(P)}, f_4^{(P)}, f_5^{(P)}$ und

$f_6^{(P)} = 0$

Für gleichmäßiges Arbeiten folgt auf einen Durchgang mit den Bedingungen 1-4 ein
Durchgang mit den Bedingungen 1, 2, 5, 6.

5. $f_2^{(P)} \wedge f_4^{(P)} \wedge f_6^{(P)} = 0$ und $f_4^{(P)} \wedge f_6^{(P)} \wedge f_0^{(P)} = 0$ (2.121)

6. Wenn $\alpha = 4$, dann muß zusätzlich entweder 6.1 oder 6.2 erfüllt sein.

6.1 $f_4^{(P)} \wedge f_2^{(P)} = 1$ und $f_5^{(P)} \vee f_1^{(P)} = 1$ und $f_0^{(P)}, f_3^{(P)}, f_6^{(P)}$ und

$f_7^{(P)} = 0$

6.2 $f_6^{(P)} \wedge f_4^{(P)} = 1$ und $f_7^{(P)} \vee f_3^{(P)} = 1$ und $f_4^{(P)}, f_5^{(P)}, f_6^{(P)}$ und

$f_1^{(P)} = 0$

Die Verfahren haben Probleme an Einmündungen und Kreuzungen von Linien wie
aus Bild 2.23 ersichtlich ist. Das liegt an der kleinen verwendeten Nachbarschaft

und läßt sich mit größeren Nachbarschaften verbessern [2.61,66] Es ist zu beachten, daß bei dem obigen Algorithmus für die Objekte eine 8-Nachbarschaft, für den Hintergrund eine 4-Nachbarschaft angenommen wurde (s. dazu auch Abschnitt 2.5.1) und daß die Bedingungen 1-3 bzw. 1, 2, 5 auch bei 4-Nachbarschaften für die Objekte gelten. Alle Algorithmen, die mit 3x3 Nachbarschaften arbeiten, lassen sich auf die Abfrage von Masken zurückführen. Es gibt nämlich für die acht Nachbarn eines Punktes P genau 2^8 = 256 verschiedene Konfigurationen, die sich in geeigneten Masken definieren lassen. Unterschiede liegen lediglich in der Art der verwendeten Masken und der Reihenfolge ihrer Anwendung. Der erste Algorithmus läßt sich effektiv realisieren, wenn man die Nachbarn $(f_7^{(P)}, f_6^{(P)}, \ldots, f_0^{(P)})$ als Ziffern einer Binärzahl auffaßt, deren Wert die Bedingung für das Löschen des Punktes P über eine Tabelle definiert.

2.4.6 Sprecher

Durch individuelle Unterschiede im menschlichen Stimmtrakt werden Änderungen in der Aussprache von Worten und Lauten verursacht, die keinen Einfluß auf die Bedeutung haben. Solche sprecherbedingten Schwankungen sollten daher möglichst eliminiert werden. Die dabei angewendeten Verfahren beruhen auf einer Normierung von Eigenschaften des Frequenzspektrums der Laute.

Standardparameter zur Klassifikation von Vokalen sind die ersten zwei bis vier Formanten, die man zum Beispiel aus den Maxima des Modellspektrums eines Lautes bestimmen kann, wie auch in Abschnitt 3.2.8 kurz erläutert wird. In [2.67] werden nur die ersten beiden Formanten verwendet und normiert. Dafür werden für jeden Formanten die größte und die kleinste Frequenz aus einer Menge von Äußerungen verschiedener Vokale bestimmt. Alle Formantfrequenzen werden linear abgebildet, so daß die größte und kleinste Frequenz auf Normwerte fallen. Um die Eigenschaften eines Sprechers zu normieren, reichen bereits zwei bis drei Vokale, deren Formantfrequenzen die größten bzw. kleinsten Werte annehmen (in dem zitierten englischen Artikel waren dies die Vokale in den Worten heed, hod, who'd). Durch diese einfache Normierung wird eine wesentliche Reduktion der Streuungen der Formantfrequenzen erreicht.

Weitere Normierungsverfahren beruhen auf der Normierung der Formantfrequenzen mit Hilfe der Länge des Stimmtrakts [2.68,69] und auf der Normierung des Spektrums mit einem zweipoligen inversen Filter [2.70].

2.4.7 Ergänzende Bemerkungen

Die obige Diskussion beschränkte sich auf Normierungsmaßnahmen, die vor allem bei einfachen Mustern gebräuchlich sind. In der Bildverarbeitung sind zusätzliche Operationen entwickelt worden, die zum Beispiel geometrische Korrekturen, Histogrammlinearisierung und die Normierung von Reflektionseigenschaften betreffen [1.27]. Die lineare Abbildung (2.98) ist ein Spezialfall der projektiven Transformation, welche die allgemeine Form einer Abbildung ist, mit der Geraden wieder in Geraden abgebildet werden, aber im allgemeinen die Winkel nicht erhalten bleiben. Eine weitere Verallgemeinerung ist eine Transformation, die Geraden in gekrümmte Linien abbildet.

2.5 Operationen auf diskreten Mustern

In diesem Abschnitt wird kurz auf zwei allgemeine Ergebnisse über die Verarbeitung diskreter Muster eingegangen. Es handelt sich um die Definition eines zusammenhängenden Gebietes und um sequentielle und parallele Operationen.

2.5.1 Zusammenhang in diskreten Mustern

In Bild 2.24a ist ein Objekt auf einem Hintergrund gezeigt. Man sieht, daß das Objekt S, aber nicht der Hintergrund $\bar{S} = \bar{S}_1 \cup \bar{S}_2$ zusammenhängend ist. Wenn das Objekt abgetastet wird, ergibt sich bei einer bestimmten Schrittweite zum Beispiel das in Bild 2.24b gezeigte Ergebnis. Um festzustellen, ob das diskrete Objekt zusammenhängend ist, muß dieser Begriff zunächst für den diskreten Fall definiert werden. Es seien f_{jk} und $f_{\mu\nu}$ zwei Bildpunkte, für die die beiden Abstände

$$d_1(f_{jk}, f_{\mu\nu}) = |\, j - \mu \,| + |\, k - \nu \,|$$
$$d_\infty(f_{jk}, f_{\mu\nu}) = \max\{\, |\, j - \mu \,| \,, \, |\, k - \nu \,| \,\} \qquad (2.122)$$

definiert werden. Eine 4-Nachbarschaft $N_4(f_{jk})$ des Punktes f_{jk} ist die Menge der Bildpunkte $f_{\mu\nu}$ mit der Eigenschaft

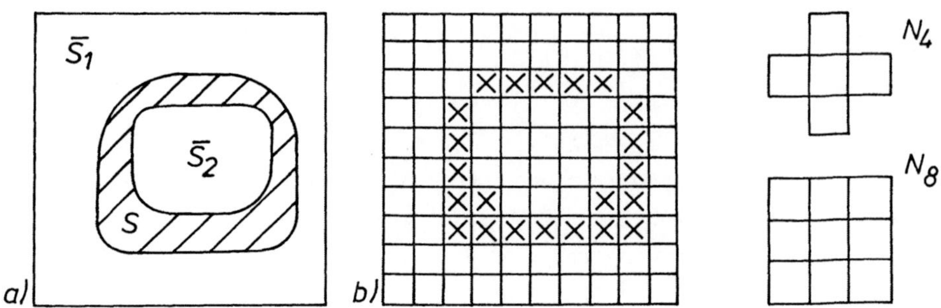

Bild 2.24   Ein Objekt S vor einem Hintergrund $\bar{S} = \bar{S}_1 \cup \bar{S}_2$, a)kontinuierlich und b)diskret

$$N_4(f_{jk}) = \{f_{\mu\nu} \mid d_1(f_{jk},f_{\mu\nu}) \leq 1\} \ . \tag{2.123}$$

Entsprechend ist die 8-Nachbarschaft definiert mit

$$N_8(f_{jk}) = \{f_{\mu\nu} \mid d_\infty(f_{jk},f_{\mu\nu}) \leq 1\} \ . \tag{2.124}$$

Mit S wird eine beliebige Untermenge $S \subset [f_{jk}]$ der Bildmatrix bezeichnet. Die Menge S der Bildpunkte ist zusammenhängend, wenn es für jedes beliebige Paar $f_{jk} \in S$, $f_{lm} \in S$ eine Folge $P_0, P_1, \ldots, P_n$ von Bildpunkten gibt, so daß

1. $P_i \in S$, $i = 0,1,\ldots,n$,

2. $P_0 = f_{jk}$ und $P_n = f_{lm}$,

3. P_{i-1} und P_i, $i = 1,\ldots,n$ benachbart sind.   (2.125)

Man kann zwei Punkte als benachbart bezeichnen, wenn sie entweder 4-Nachbarn gemäß (2.123) oder 8-Nachbarn gemäß (2.124) sind. Im ersten Falle wird S als 4-zusammenhängend, im zweiten als 8-zusammenhängend bezeichnet.

Legt man in Bild 2.24 eine 8-Nachbarschaft zugrunde, so ist das quantisierte Objekt zusammenhängend, genauer 8-zusammenhängend. Das ist auch intuitiv befriedigend, da das kontinuierliche Objekt ebenfalls zusammenhängend ist. Allerdings ist in diesem Sinne auch der Hintergrund zusammenhängend, und das widerspricht ganz krass der Anschauung. Im nichtquantisierten Bild ist nämlich der Hintergrund eindeutig nichtzusammenhängend, und auch im quantisierten Bild ist es ein Widerspruch, daß das von der geschlossenen Kurve S umgebene Gebiet $\bar{S}_1$ mit $\bar{S}_2$ zusammenhängen soll. Legt man eine 4-Nachbarschaft zugrunde, so wird zwar der Hintergrund nichtzusammenhängend, aber auch das Objekt S hängt nicht mehr zusammen. Man sieht an diesem Beispiel, daß die Übertragung von Begriffen aus dem kontinuierlichen in den diskreten Bereich mit Vorsicht zu geschehen hat.

Der obige Widerspruch läßt sich beseitigen, wenn man für das Objekt oder die Punktmenge S eine 8-Nachbarschaft verwendet und für den Hintergrund oder das Komplement $\bar{S}$ eine 4-Nachbarschaft. Ebenso ist es möglich, für S eine 4-Nachbarschaft und für $\bar{S}$ eine 8-Nachbarschaft zu verwenden [2.71,72]

2.5.2 Parallele und sequentielle Operationen

Operationen auf Folgen $[f_j]$ oder $[f_{jk}]$ von Abtastwerten können parallel oder sequentiell ausgeführt werden. Bei einer parallelen Operation werden für jeden Punkt als Operanden nur die ursprünglich gegebenen Werte von $[f_{jk}]$ verwendet. Ist T_P eine lokale parallele Operation, die zum Beispiel als Operanden nur eine 8-Nachbarschaft jedes Punktes f_{jk} verwendet, so gilt

$$h_{jk} = T_P\{f_{j-1,k-1},\ f_{j-1,k},\ f_{j-1,k+1},\ f_{j,k-1},\ f_{jk},$$
$$f_{j,k+1},\ f_{j+1,k-1},\ f_{j+1,k},\ f_{j+1,k+1}\}\ . \tag{2.126}$$

Man kann sich dieses so vorstellen, daß T_P gleichzeitig oder parallel auf alle Elemente von $[f_{jk}]$ angewendet wird. Da es entsprechende Rechner zur Zeit nicht gibt, wird T_P jeweils nur auf ein Element f_{jk} angewendet und das Ergebnis h_{jk} in einem getrennten Speicherbereich aufgehoben, um auch in allen folgenden Schritten stets die Ausgangsfolge $[f_{jk}]$ zur Verfügung zu haben.

Bei einer sequentiellen Operation T_S werden die Elemente von $[f_{jk}]$ in einer definierten Reihenfolge nacheinander abgearbeitet, wobei in jedem Schritt die Ergebnisse der vorigen Schritte verwendet werden. Wird als Reihenfolge vereinbart, daß zunächst der Index j, dann der Index k anwächst, also $[f_{jk}]$ zeilenweise bearbeitet wird, so ist

$$h_{jk} = T_S\{h_{j-1,k-1},\ h_{j-1,k},\ h_{j-1,k+1},\ h_{j,k-1},\ f_{jk},$$
$$f_{j,k+1},\ f_{j+1,k-1},\ f_{j+1,k},\ f_{j+1,k+1}\}\ . \tag{2.127}$$

In diesem Falle kann also das Ergebnis h_{jk} in $[f_{jk}]$ selbst gespeichert werden und der getrennte Speicherbereich für $[h_{jk}]$ entfällt. Allerdings steht $[f_{jk}]$ am Ende nicht mehr zur Verfügung.

Für parallele und sequentielle lokale Operationen gilt

$\underline{\text{Satz 2.8:}}$ Jede Transformation einer Folge $[f_{jk}]$, die durch eine Reihe paralleler lokaler Operationen bewirkt wird, kann auch durch eine Reihe sequentieller lokaler Operationen bewirkt werden, und umgekehrt.

$\underline{\text{Beweis:}}$ Ein konstruktiver Beweis dieses Satzes ist in Appendix A von [2.73] gegeben und wird wegen seiner Länge hier nicht wiederholt. Es gilt allgemein:
1. Jede parallele lokale Operation ist äquivalent zu zwei sequentiellen lokalen Operationen.
2. Eine sequentielle lokale Operation kann viele parallele lokale Operationen erfordern.

Im Verlauf dieses Kapitels wurden Operationen ausschließlich in der parallelen Version angegeben. Wie erwähnt, heißt das nicht, daß man zu ihrer Realisierung einen Parallelrechner haben muß, er wäre jedoch vorteilhaft.

2.6 Zusammenfassung

Bei der Vorverarbeitung wird ein Muster in ein anderes transformiert, das für die weitere Verarbeitung geeigneter ist, das heißt der Aufwand zur Realisierung des Systems wird reduziert und/oder die Systemleistung verbessert.

Zur digitalen Verarbeitung wird ein Muster in Form einer Wertetabelle dargestellt. Die Funktionswerte werden dafür an endlich vielen diskreten Koordinatenwerten gemessen oder abgetastet. Das Abtasttheorem besagt, daß sich aus diesen Abtastwerten die ursprüngliche Funktion exakt rekonstruieren läßt, wenn die Funktion bandbegrenzt ist und die Abtastfrequenz mindestens gleich der doppelten Grenzfrequenz ist. Die Bandbegrenzung läßt sich durch eine Vorfilterung approximieren. Der Wertebereich der abgetasteten Funktionswerte wird quantisiert und mit endlich vielen Stufen codiert. Bei Sprache werden beispielsweise 11 bit, entsprechend 2048 Stufen, bei Bildern 8 bit je Spektralkanal, entsprechend 256 Stufen verwendet. Dabei werden vielfach die Funktionswerte logarithmisch vorverzerrt, um eine bessere Anpassung der Quantisierungscharakteristik an die Amplitudenverteilungsdichte zu erhalten. Diese Darstellung eines Musters $\underline{f}(\underline{x})$ mit der sogenannten Puls Code Modulation ist der Ausgangspunkt der weiteren Verarbeitung. Bei binären Mustern ist die Lauflängen-Codierung im allgemeinen effektiver, und bei Linienmustern wird häufig die Kettencodierung angewendet, bei der jeweils die Richtung von einem auf der Linie liegenden Rasterpunkt zum nächsten angegeben wird.

Für die Verarbeitung einfacher Muster genügt oft eine Schwarz-Weiß Darstellung,
die man aus den Abtastwerten durch eine Schwellwertoperation erhält. Dabei werden
alle Werte, die größer als der Schwellwert sind, gleich Eins gesetzt, alle anderen
gleich Null. Der Schwellwert kann zum Beispiel aus dem Grauwerthistogramm, also
der relativen Häufigkeit der Funktionswerte, bestimmt werden. Man geht dabei von
der Annahme aus, daß die Punkte des Objekts und des Hintergrundes je ein Maximum
im Histogramm ergeben. Wird als Schwellwert das relative Minimum dazwischen gewählt, so erhalten alle Objektpunkte den Wert Eins. Je nach der Größe des Bildbe-
reichs, über den das Histogramm berechnet wird, erhält man Schwellwerte, die mehr
oder weniger stark von lokalen Bildeigenschaften abhängen. Die Bestimmung der
Schwellwerte läßt sich auch als Optimierungsproblem auffassen, bei dem zwei möglichst gut getrennte Klassen, nämlich Objekt und Hintergrund, zu bilden sind.

Muster können bei ihrer Entstehung, Aufnahme und Übertragung in vielfältiger
Weise gestört werden, und es liegt nahe, zunächst diese Störungen zu reduzieren
oder die Qualität der Muster zu verbessern. Im allgemeinen geschieht das dadurch,
daß man das Muster mit einem geeigneten System in ein anderes verbessertes transformiert. Eine wichtige Klasse von Transformationen sind die linearen, da diese
mathematisch besonders leicht zu behandeln sind. Wenn die Impulsantwort eines solchen Systems bekannt ist, läßt sich für jede Eingangsgröße seine Ausgangsgröße
berechnen. Für die spezielle Klasse der linearen verschiebungsinvarianten Systeme
erfolgt diese Berechnung über die Faltungssumme. Die diskrete Fourier Transformation bietet eine weitere Möglichkeit, die Ausgangsgröße zu berechnen. Bei der Auswahl eines linearen Systems für die Vorverarbeitung geht man von der Modellvor-
stellung aus, daß das beobachtete Muster aus der additiven Überlagerung eines idealen Musters und einer Störung entsteht. Wenn die Spektren von Signal und Störung
sich nicht zu stark überlappen, läßt sich letztere durch ein lineares System reduzieren. Auch bestimmte Frequenzanteile im Spektrum des Musters können hervor-
gehoben werden. Da die linearen Operationen für manche Zwecke Nachteile haben,
wurden zur Reduzierung von Störungen und zur Hervorhebung bestimmter Teile eines
Musters auch verschiedene nichtlineare Operationen entwickelt. Dazu gehören für
binäre Muster Masken und für nichtbinäre Muster Rangordnungsoperatoren.

Das Ziel von Normierungsmaßnahmen ist, den Wertebereich einiger Parameter auf
einen vorgegebenen Wert oder Wertebereich zu bringen. Der Grund dafür ist, daß die
Bedeutung von Mustern, also ihre Klassenzugehörigkeit, oft in weiten Grenzen unabhängig von den Schwankungen gewisser Parameter ist. Zum Beispiel ist die Bedeutung
von Schriftzeichen unabhängig von ihrer Lage und Größe, aber im allgemeinen nicht
unabhängig von einer Rotation. Daher wurden Normierungsverfahren für die Größe
oder Dauer, die Lage und die Energie von Mustern sowie die Strichstärke linien-
hafter Muster entwickelt. Die Normierung von Größe und Lage erfolgt mit linearen

Abbildungen, mit denen der Definitionsbereich des Musters auf ein Normintervall abgebildet wird, oder mit Transformationen, welche bestimmte Momente des Musters normieren. Die Normierung der Strichstärke erfolgt durch Operationen, die schrittweise Randpunkte der Linien abschälen, bis die Linienbreite einen Rasterpunkt beträgt.

Beim Übergang von kontinuierlichen zweidimensionalen Mustern auf diskrete Abtastwerte muß man den Begriff des Zusammenhangs einer Punktmenge neu definieren. Um Widersprüche zu vermeiden, ist für ein Objekt eine 8-Nachbarschaft, für den Hintergrund eine 4-Nachbarschaft zu verwenden, oder umgekehrt. Operationen auf Folgen von Abtastwerten können parallel oder sequentiell ausgeführt werden. Es ist bei lokalen Operationen stets möglich, die eine durch die andere zu ersetzen.

3. Merkmale

Man kann die Klassifikation von Mustern allgemein als eine Abbildung auffassen, die einem Muster $\underline{f}(\underline{x})$ eine ganze Zahl $\kappa \in \{0,1,\ldots,k\}$, nämlich die Nummer der Klasse, zuordnet. Erfahrungsgemäß ist es aber für praktisch interessante Fälle (bisher ?) nicht möglich, eine derartige Abbildung "in einem Schritt" zu finden. Daher wird das Ziel der Klassifikation in mehrere Unterziele oder Teilschritte zerlegt, wobei man jeden Teilschritt so wählen sollte, daß er zum einen ein lösbares Teilproblem enthält und zum anderen für die Erreichung des Gesamtzieles förderlich ist. Leider ist man bei der Zerlegung des Problems der Klassifikation in Teilprobleme weitgehend auf heuristische, intuitive und empirische Gesichtspunkte angewiesen, das heißt es gibt keinen Algorithmus, der für einen vorgegebenen Problemkreis und eine vorgegebene Definition der Leistungsfähigkeit eines Klassifikationssystems eine gute oder gar optimale Zerlegung liefert. Es hat sich aber immer wieder gezeigt, daß die in Bild 1.5 gezeigte Zerlegung in die Teilschritte der Vorverarbeitung, Merkmalgewinnung und Klassifikation praktisch brauchbar und erfolgreich ist. Natürlich gibt es von dieser Standardzerlegung Abweichungen, Modifikationen und Verfeinerungen, aber die Grundstruktur bleibt stets erkennbar.

Wenn man sich für ein Vorgehen gemäß dieser Grundstruktur entschieden hat, so gibt es zur Durchführung jedes Teilschrittes oder zur Lösung jedes Teilproblems wiederum zahlreiche Ansätze, wofür das vorige Kapitel ein Beispiel ist. In diesem Kapitel werden Ansätze zur Gewinnung von Merkmalen erörtert, und zwar werden die folgenden fünf Punkte unterschieden:
1. Anliegen und allgemeine Ansätze - eine Verdeutlichung des Problems und der prinzipiellen Lösungsmöglichkeiten.
2. Heuristische Methoden - weitgehend intuitive und auf Erfahrung beruhende Ansätze zur Merkmalgewinnung.
3. Analytische Verfahren - Methoden zur Gewinnung von Merkmalvektoren, die ein vorgegebenes Kriterium optimieren.
4. Merkmalsbewertung und -auswahl - Verfahren zur Ermittlung einer möglichst guten Untermenge von Merkmalen aus einer Menge vorgegebener Merkmale.
5. Symbole - Gewinnung von Merkmalen, die durch Symbole gekennzeichnet werden.
6. Beispiele für Merkmale - nach Anwendungen geordnet eine kurze Übersicht über konkret verwendete Merkmale.
Es wird noch an die Bemerkung in Kapitel 2 erinnert, daß unter Umständen die Grenze zwischen Vorverarbeitung und Merkmalgewinnung unscharf ist.

3.1 Anliegen und allgemeine Ansätze

Die Einführung der Stufe 'Merkmale' zwischen Vorverarbeitung und Klassifikation
in Bild 1.5 beruht darauf, daß eine direkte Klassifikation der Abtastwerte $\underline{f}$ eines
Musters $\underline{f}(\underline{x})$ vielfach unmöglich oder unzweckmäßig erscheint. Sie erscheint vielfach
unmöglich wegen der großen Zahl von Abtastwerten, die dann vom Klassifikator verarbeitet werden müßten. So werden zum Beispiel Schriftzeichen mit einer anfänglichen Auflösung bis zu 40 · 30 = 1200 Abtastwerten dargestellt; ein isoliert gesprochenes Wort von 1 s Dauer ergibt bei einer Abtastfrequenz von 10 kHz 10.000
Abtastwerte; und ein mit Fernsehqualität aufgenommener Fingerabdruck liefert etwa
512 · 512 ≈ 260.000 Abtastwerte. Ein Zweck der Merkmalgewinnung ist also die Reduktion der Datenmenge. Die direkte Klassifikation der Abtastwerte erscheint vielfach unzweckmäßig, da die vollständige Darstellung des Musters (im Sinne von Satz
2.1) für die Klassifikation weniger wichtig ist als die Herausarbeitung der 'trenn-
scharfen' Information, welche die Unterscheidung von Mustern verschiedener Klassen
erlaubt. Zum Beispiel ist für die Unterscheidung der großen Druckbuchstaben O und
Q vor allem der rechte untere Teil wichtig. Merkmale sollten also möglichst die
für die Klassifikation charakteristischen Eigenschaften der Muster enthalten, aber
auch nicht mehr. Ein weiterer Zweck der Merkmalgewinnung ist also die Konzentration
auf die für die Klassifikation wichtige Information.

Man wird bestrebt sein, solche Merkmale zu finden, welche die 'Güte' des Gesamtsystems maximieren. Bei der Beurteilung der Güte sollten unter anderem die
Kosten des Systems, die Verarbeitungsgeschwindigkeit und die Fehlerwahrscheinlichkeit bei der Klassifikation von Mustern berücksichtigt werden. Bisher gibt es keine
Algorithmen, mit denen solche Merkmale systematisch erzeugt werden können. Daher
werden die an sich wünschenswerten Anforderungen an Merkmale reduziert, wobei vor
allem zwei Einschränkungen vorgenommen werden:
1. Als Gütekriterium werden nur die Fehlerwahrscheinlichkeit und die Zahl der Merkmale betrachtet. Statt der Fehlerwahrscheinlichkeit wird zudem meistens ein mathematisch einfacher zu behandelndes Kriterium gewählt.
2. Es wird nicht das Gesamtsystem betrachtet, sondern nur der Modul Merkmalgewinnung, das heißt die Merkmale werden weitgehend unabhängig von den Vorverarbeitungsoperationen und dem Klassifikator ermittelt.
Mit diesen beiden Vereinfachungen wird in praktisch allen Ansätzen zur Merkmalgewinnung gearbeitet; eine Ausnahme enthält Abschnitt 3.3.3.

Es lassen sich zwei grundsätzliche Typen von Merkmalen unterscheiden, nämlich
die durch reelle Zahlen und die durch Symbole gekennzeichneten. Im ersten Falle
wird jedem Muster $^{\rho}\underline{f}(\underline{x})$ oder dessen Abtastwerten $^{\rho}\underline{f}$ mit einer Transformation T_r

ein Merkmalvektor

$$^\rho\underline{c} = T_r\{^\rho\underline{f}\} \quad , \qquad \rho = 1,2,\ldots \tag{3.1}$$

zugeordnet. Im folgenden wird stets angenommen, daß der Merkmalvektor ein Spaltenvektor

$$^\rho\underline{c} = (^\rho c_1, ^\rho c_2, \ldots, ^\rho c_\nu, \ldots, ^\rho c_n)_t \quad , \qquad ^\rho c_\nu \in R \tag{3.2}$$

mit n reellwertigen Komponenten $^\rho c_\nu$ ist. Der tiefgestellte Index t in (3.2) kennzeichnet die Transponierung des Vektors. Falls die Bezeichnung individueller Muster
und Merkmalvektoren unnötig ist, wird auch der links oben stehende Index ρ fortgelassen. Merkmalvektoren gemäß (3.1,2) sind geeignet als Eingangsgrößen für die im
Kapitel 4 zu behandelnden numerischen Klassifikatoren. Ein Beispiel für derartige
Merkmale ist die Verwendung des Betrages der ersten n Koeffizienten der DFT gemäß
(2.56). Im zweiten Falle wird jedem Muster $^\rho\underline{f}(\underline{x})$ oder dessen Abtastwerten $^\rho\underline{f}$ mit
einer Transformation T_s eine Symbolkette

$$^\rho v = T_s\{^\rho\underline{f}\} \tag{3.3}$$

zugeordnet. Die Symbolkette

$$^\rho v = {}^\rho v_1 {}^\rho v_2 \ldots {}^\rho v_{n(\rho)} \quad , \qquad ^\rho v_j \in V_T \tag{3.4}$$

hat die Länge n(ρ), und jede Komponente $^\rho v_j$ ist ein Element aus einer endlichen
Menge V_T von einfacheren Bestandteilen des Musters. Diese Menge wird auch terminales
Alphabet genannt; sie kann bei Bedarf außer den einfacheren Bestandteilen auch Re-
lationen zwischen diesen enthalten. Symbolketten gemäß (3.3,4) sind als Eingangs-
größen für die in Kapitel 5 zu behandelnden syntaktischen Klassifikatoren geeignet.
Ein Beispiel für derartige Merkmale ist die Beschreibung einer Konturlinie durch
Linienelemente wie 'stark konvex', 'schwach konvex', 'stark konkav' oder 'gerade'.
Die Relation zwischen den Merkmalen ist hier einfach die Aneinanderreihung und
braucht daher nicht ausdrücklich angegeben zu werden. Allgemeinere Relationen sind
zum Beispiel 'enthalten in', 'unter', 'links', 'rechts über'.

Eine Symbolkette $^\rho v$ läßt sich stets in einen Merkmalvektor $^\rho\underline{c}$ umformen, indem
man die Elemente von V_T in irgendeiner Weise durch Zahlen codiert. Trotzdem sind
beide Ansätze nicht ohne weiteres als identisch zu betrachten, da diese Umformung
zu einer Verletzung von Postulat 3 führen kann, das heißt man muß dann nach besseren
Merkmalen suchen.

Zur Gewinnung von Merkmalen werden hier zwei grundlegende Ansätze unterschieden:

1. Die heuristische Methode, bei der man versucht, Merkmale aufgrund von Intuition, Phantasie und Erfahrung zu finden.

2. Die analytische Methode, bei der man versucht, in bestimmtem Sinne optimale Merkmale systematisch abzuleiten.

Zur Lösung praktisch interessanter Probleme wird im allgemeinen eine - ebenfalls heuristisch gefundene - Kombination beider Ansätze verwendet. Bei der heuristischen Vorgehensweise erhält man eine Menge von Merkmalen, deren Eignung für das jeweilige Klassifikationsproblem recht unterschiedlich sein kann. Da der Aufwand zur Durchführung einer Klassifikation mit der Zahl der Merkmale anwächst, wird man bestrebt sein, die weniger geeigneten Merkmale zu eliminieren. Als weiterer wichtiger Ansatz kommt daher als Ergänzung hinzu:

3. Die Bewertung einer vorgegebenen Menge von Merkmalen und die Auswahl einer möglichst guten Untermenge.

Die Merkmalgewinnung mit der analytischen Methode liefert die n besten Merkmale (im Sinne des vorgegebenen Gütekriteriums) in einem Schritt. Die heuristische Methode gibt zunächst einmal eine Menge von Merkmalen, über deren Qualität nur Mutmaßungen möglich sind. Durch den zusätzlichen Schritt der Bewertung und Auswahl von Merkmalen ist es möglich, aus der heuristisch gefundenen Merkmalsmenge eine geeignete Untermenge zu ermitteln.

Sowohl die heuristische als auch die analytische Methode werden zur Gewinnung von Transformationen T_r gemäß (3.1) eingesetzt; dazu kommt gegebenenfalls eine Bewertung und Auswahl von Merkmalen. Zur Gewinnung von Transformationen T_s gemäß (3.3) wird bisher nur die heuristische Methode verwendet, da analytische Ansätze und Bewertungs- und Auswahlverfahren für diese Merkmale zur Zeit fehlen.

3.2 Heuristische Methoden

3.2.1 Entwicklung nach einer Orthogonalbasis

Eine naheliegende Methode zur Merkmalsgewinnung besteht in der Entwicklung des Musters $\underline{f}(\underline{x})$ nach einem orthonormalen Funktionensystem $\varphi_\nu(\underline{x})$ oder des Vektors $\underline{f}$ von Abtastwerten nach orthonormalen Basisvektoren $\underline{\varphi}_\nu$. In diesem Falle ist

$$c_\nu = \underline{\varphi}_{\nu t}\underline{f} \quad \text{oder} \quad \underline{c} = \underline{\Phi}\underline{f} \quad , \tag{3.5}$$

wenn man die orthonormalen Basisvektoren $\underline{\varphi}_{\nu t}$ den Zeilen der Matrix $\underline{\Phi}$ zuordnet. Bei dieser Vorgehensweise ist die Transformation T_r in (3.1) also linear im Sinne von (2.39). Die Vektoren $\underline{f}$ und $\underline{c}$ haben M und n Komponenten, $M \geq n$, so daß die Matrix $\underline{\Phi}$

die Größe nM hat. Die Umkehrung von (3.5) ist

$$\hat{\underline{f}} = \underline{\Phi}_t \underline{c} = \sum_{\nu=1}^{n} c_\nu \underline{\varphi}_\nu \quad . \tag{3.6}$$

Dabei ist $\hat{\underline{f}}$ eine Approximation für $\underline{f}$, und für n = M ist $\hat{\underline{f}} = \underline{f}$, wenn die Basisvektoren vollständig sind. Wählt man für $\underline{f}$ eine Approximation gemäß (3.6), so gilt

Satz 3.1: Der mittlere quadratische Fehler

$$\varepsilon = (\underline{f} - \hat{\underline{f}})_t (\underline{f} - \hat{\underline{f}}) \tag{3.7}$$

der Approximation von $\underline{f}$ durch $\hat{\underline{f}}$ gemäß (3.6) wird minimiert, wenn man den Vektor $\underline{c}$ gemäß (3.5) wählt. Für n = M ist $\varepsilon = 0$.

Beweis: Man findet einen Beweis dieses Satzes zum Beispiel in [3.1]. Er läßt sich unmittelbar anschaulich führen, wenn man nur einen Vektor $\underline{\varphi}_1$ wie in Bild 3.1 betrachtet. Die Forderung (3.7) besagt dann, daß der Abstand zwischen $\underline{f}$ und $c_1\underline{\varphi}_1$ minimal sein soll. Das ist dann der Fall, wenn der Vektor

$$\underline{a} = \underline{f} - c_1\underline{\varphi}_1$$

senkrecht auf $\underline{\varphi}_1$ steht, also wenn

$$\underline{\varphi}_{1t}(\underline{f} - c_1\underline{\varphi}_1) = 0$$

ist. Verallgemeinert läßt sich sagen, daß mit n < M Vektoren $\underline{\varphi}_\nu, \nu = 1, \ldots, n$ der Fehler dann am kleinsten ist, wenn $\underline{a}$ senkrecht auf dem durch die $\underline{\varphi}_\nu$ aufgespannten Raum steht, das heißt es gilt das Orthogonalitätsprinzip

$$\underline{\Phi}(\underline{f} - \underline{\Phi}_t\underline{c}) = 0$$
$$\underline{\Phi}\underline{\Phi}_t\underline{c} = \underline{\Phi}\underline{f}$$
$$\underline{c} = \underline{\Phi}\underline{f} \quad .$$

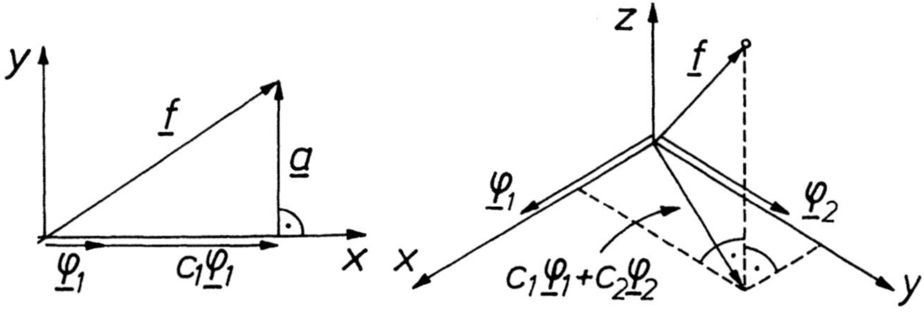

Bild 3.1   Zum Beweis von Satz 3.1

Die letzte Gleichung folgt aus der Orthonormalität der Basisvektoren, da

$$\underline{\varphi}_\nu t \underline{\varphi}_\mu = \begin{cases} 1 & \text{für } \nu = \mu \\ 0 & \text{sonst} \end{cases} \tag{3.8}$$

ist, so daß $\underline{\underline{\Phi}}\,\underline{\underline{\Phi}}_t$ die nn Einheitsmatrix ergibt. Der letzte Teil von Satz 3.1 enthält nur die bekannte Aussage, daß sich ein Vektor $\underline{f} \in R_M$ nach einer Orthonormalbasis entwickeln läßt [3.2]. Damit ist Satz 3.1 bewiesen.

Die Vektoren eines Basissystems sind meistens in bestimmter Weise geordnet, zum Beispiel die $\underline{\varphi}_\nu$ in (3.11) nach steigenden Frequenzen. Natürlich bedeutet das im allgemeinen nicht, daß die n ersten Entwicklungskoeffizienten in (3.5) deswegen die für die Klassifikation am besten - oder am schlechtesten - geeigneten sind. Eine Merkmalsbewertung und -auswahl mit den in Abschnitt 3.4 beschriebenen Verfahren wird also trotzdem zweckmäßig sein.

Man kann eine Entwicklung entweder auf ein Objekt oder auf die Konturlinie dieses Objekts anwenden. Im ersten Falle haben die globalen Objekteigenschaften einen starken Einfluß, im zweiten werden kleinere Einzelheiten stärker bewichtet. Beide Vorgehensweisen finden Anwendung. Beispiele für Orthogonaltransformationen folgen in Abschnitt 3.2.2 und 3.2.3; daneben sind aus der mathematischen Literatur verschiedene orthogonale Polynome bekannt.

3.2.2 Anwendung der diskreten Fourier Transformation

Die diskrete Fourier Transformation (DFT), die in Satz 2.6 von Abschnitt 2.3.3 eingeführt wurde, läßt sich als eine spezielle Entwicklung auffassen. Betrachtet man der Einfachheit halber nur den eindimensionalen Fall, so ergibt sich aus (2.56) mit

$$W_M = \exp (- i2\pi / M) \tag{3.9}$$

eine Periode $[F_\nu]$ der periodischen Folge $[\tilde{F}_\nu]$ von Entwicklungskoeffizienten zu

$$F_\nu = \sum_{j=0}^{M-1} f_j W_M^{j\nu} \quad , \quad \nu = 0,1,\ldots,M-1 \quad . \tag{3.10}$$

Mit dem Vektor

$$\underline{\varphi}_\nu = (W_M^0, W_M^\nu, W_M^{2\nu}, \ldots, W_M^{(M-1)\nu})_t \tag{3.11}$$

gilt also analog zu (3.5)

$$F_\nu = \varphi_{\nu t}\underline{f} \quad . \tag{3.12}$$

Die Vektoren φ_ν mit komplexen Komponenten sind orthogonal, wenn man in diesem Fall (3.8) zu $\varphi_{\nu t}\varphi_\mu^*$ modifiziert und unter φ_μ^* den zu φ_μ konjugiert komplexen Vektor versteht. Die Orthogonalität folgt dann unmittelbar aus (2.59,60), jedoch ist $\varphi_{\nu t}\varphi_\nu^*$ nicht auf den Wert Eins normiert.

Betrachtet man statt der periodischen Folge $[\tilde{f}_j]$ die um m Abtastwerte verschobene Folge $[\tilde{f}_j']$, deren Werte definiert sind durch

$$\tilde{f}_j' = \tilde{f}_{j+m} \tag{3.13}$$

so gilt

Satz 3.2: Gegeben sei

$$[\tilde{F}_\nu] = DFT\{[\tilde{f}_j]\} \quad . \tag{3.14}$$

Dann gilt für die verschobene Folge in (3.13)

$$[\tilde{F}_\nu'] = DFT\{[\tilde{f}_j']\} = [\tilde{F}_\nu W_M^{-\nu m}] \tag{3.15}$$

Beweis: Der Beweis erfolgt über die Definition der DFT und ist zum Beispiel auch in Chap.3 von [2.26] enthalten. Für ein Element $\tilde{F}_\mu'$ der Folge $[\tilde{F}_\mu']$ gilt

$$\tilde{F}_\nu' = \sum_{j=0}^{M-1} \tilde{f}_j' W_M^{\nu j}$$

$$= \sum_{j=0}^{M-1} \tilde{f}_{j+m} W_M^{\nu j} \quad .$$

Die Substitution $j + m = 1$ ergibt

$$\tilde{F}_\nu' = \sum_{1=m}^{m+M-1} \tilde{f}_1 W_M^{\nu(1-m)}$$

$$= W_M^{-\nu m} \sum_{1} \tilde{f}_1 W_M^{\nu 1} \quad . \tag{3.16}$$

Der wesentliche Punkt ist nun, daß $[\tilde{f}_1]$ eine periodische Folge und

$$W_M^{\nu j} = W_M^{\nu(j+kM)} \quad , \quad k = 0, \pm 1, \pm 2,\ldots \tag{3.17}$$

ist. Daher gilt auch

$$\tilde{F}_\nu' = W_M^{-\nu m} \sum_{1=0}^{M-1} \tilde{f}_1 W_M^{\nu 1} = W_M^{-\nu m} DFT\{[\tilde{f}_\nu]\} \quad . \tag{3.18}$$

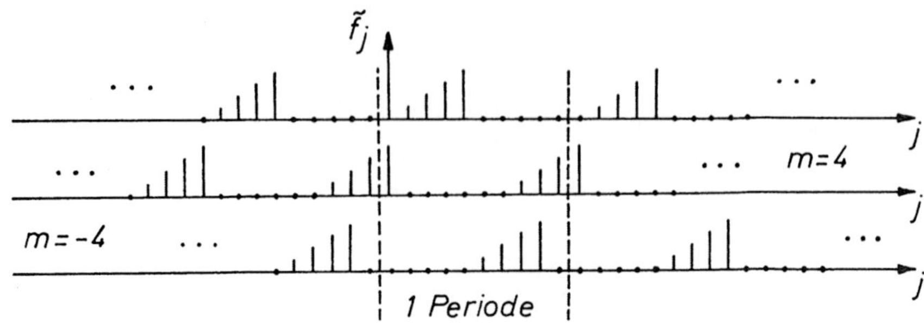

Bild 3.2   Verschiebung einer periodischen Folge

Dieses geht auch anschaulich aus Bild 3.2 hervor. Damit ist Satz 3.2 bewiesen.

Ordnet man die Abtastwerte $[f_j]$ eines Musters mit (2.55) einer Periode von $[\tilde{f}_j]$ zu, so entspricht (3.13) einer Translation des Musters, die allerdings nur sinnvoll ist, wenn die Werte von $[f'_j]$ in der gleichen Periode von $[\tilde{f}_j]$ liegen wie die von $[f_j]$. Ein solcher Fall ist in Bild 3.2 unten gezeigt. Die Bedeutung eines Musters ist aber im allgemeinen unabhängig von einer Translation. Daher werden als Merkmale c_ν oft nicht die Koeffizienten F_ν verwendet sondern

$$c_\nu = |\, F_\nu\, |^{\,2} = F_\nu F_\nu^* \quad . \tag{3.19}$$

Bei einer Verschiebung hat man Merkmale

$$c'_\nu = |\, F'_\nu\, |^{\,2} = |\, F_\nu W_M^{-\nu m}\, |^{\,2} = |\, F_\nu\, |^{\,2} = c_\nu \quad , \tag{3.20}$$

die translationsinvariant sind. Mit (3.19) wird alle Phaseninformation eliminiert, nicht nur die durch die Translation verursachte zusätzliche Phasendrehung. Nun ist aber das Auge phasenempfindlich (anders als das Ohr). Das bedeutet, daß die in mit (3.19) gewonnenen Merkmalen enthaltene Information nicht ausreicht, ein optisches Muster zu rekonstruieren. Hier ist an die Bemerkungen von Abschnitt 3.1 zu erinnern. Danach kommt es darauf an, Merkmale zu finden, die eine Klassifikation ermöglichen, und das ist mit Merkmalen gemäß (3.19) erfahrungsgemäß in vielen Fällen möglich; die Rekonstruktion ist dagegen nicht von primärem Interesse.

Wenn sich ein Muster $\underline{f}$ gemäß

$$\underline{f} = \underline{s} * \underline{n} \tag{3.21}$$

aus der Faltung eines gewünschten Signals $\underline{s}$ mit einem Störanteil $\underline{n}$ zusammensetzt, werden Merkmale statt aus der DFT auch aus dem Cepstrum gewonnen. Für dieses sind

verschiedene Definitionen in Gebrauch [2.26,3.3]. Zunächst gilt für die additive
Überlagerung

$$\underline{f} = \underline{s} + \underline{n} \tag{3.22}$$

von Signal und Störung, daß auch die Koeffizienten F_ν der DFT sich additiv überlagern

$$F_\nu = DFT\{\underline{f}\} = DFT\{\underline{s}\} + DFT\{\underline{n}\} = S_\nu + N_\nu \quad . \tag{3.23}$$

Dieses war die Grundlage für die Trennung von $\underline{s}$ und $\underline{n}$ mit einem linearen System
in Abschnitt 2.3.4. Bei einer Überlagerung gemäß (3.21) wird man daher zunächst
bestrebt sein, Signale $\underline{f}^+$, $\underline{s}^+$, $\underline{n}^+$ zu finden, die sich ebenfalls additiv überlagern.
Dieses wird mit dem komplexen Cepstrum

$$\underline{f}^+ = DFT^{-1}\{\log\{DFT\{\underline{f}\}\}\} \tag{3.24}$$

erreicht. Wegen Satz 2.7 in Abschnitt 2.3.3 gilt nämlich für $\underline{f}$ in (3.21)

$$DFT\{\underline{f}\} = DFT\{\underline{s}\}DFT\{\underline{n}\}$$
$$\log\{DFT\{\underline{f}\}\} = \log\{DFT\{\underline{s}\}\} + \log\{DFT\{\underline{n}\}\} \quad .$$

Definiert man $\underline{s}^+$ und $\underline{n}^+$ analog zu $\underline{f}^+$ in (3.24), so gilt

$$\underline{f}^+ = \underline{s}^+ + \underline{n}^+ \quad . \tag{3.25}$$

Grundsätzlich gelten auch hier die Bemerkungen von Abschnitt 2.3.4, wonach die
DFT für periodische Folgen eingeführt wurde. Eine genauere Diskussion dieser Fragen
im Zusammenhang mit dem komplexen Cepstrum, erfolgt beispielsweise in [2.26]. Als
Anhaltspunkt kann dienen, daß die Verwendung endlicher Folgen in (3.24) mit genügender Genauigkeit zulässig ist, wenn M in (3.10) genügend groß ist, das heißt
man muß gegebenenfalls eine endliche Folge $[f_j]$ durch Anhängen von Nullen ver-
längern. Es sei noch angemerkt, daß man die mit (3.21,24,25) angegebene Vorgehensweise auch zur Vorverarbeitung von Mustern anwendet. Die zugehörigen Systeme werden
als homomorphe Systeme bezeichnet und sind zum Beispiel in [1.27,2.26] genauer dargestellt.

Da die DFT in (3.24) im allgemeinen komplexe Koeffizienten ergibt, ist auch
der komplexe Logarithmus zu verwenden. Um diesen zu vermeiden und aus den im An-
schluß an (3.19) diskutierten Gründen wird daher statt des komplexen Cepstrums $\underline{f}^+$
auch das Cepstrum $\underline{f}^0$ verwendet, das definiert ist durch

$$\underline{f}^0 = DFT^{-1}\{\log\{\,|\,DFT\{\underline{f}\}\,|^2\}\} \quad . \tag{3.26}$$

Ist F_ν ein Koeffizient der DFT von $[\underline{f}]$ gemäß (3.10), so wird also als Merkmal

$$c_\nu = DFT^{-1}\{\log\{\ |\ F_\nu\ |^2\}\} \tag{3.27}$$

verwendet. Gebräuchlich sind auch [3.3]

$$c_\nu = \log\{\ |\ F_\nu\ |^2\} \qquad , \tag{3.28}$$

$$c_\nu = |\ \log\{\ |\ F_\nu\ |^2\}\ |^2 \qquad . \tag{3.29}$$

Die Folge [$|\ F_\nu\ |^2$] wird auch als Leistungsspektrum von $\underline{f}$ bezeichnet. Es ist die DFT der Autokorrelationsfunktion von $\underline{f}$, so daß man letztere mit der DFT berechnen kann, wenn ähnliche Bedingungen, wie sie im Zusammenhang mit (2.65) diskutiert wurden, beachtet werden (vgl. Chap. 11 von [2.26]).

Es wurde bereits im Abschnitt 2.3.3 erwähnt, daß es schnelle Algorithmen zur Berechnung der DFT gibt. Zwar würde deren ausführliche Erörterung hier zu weit führen, jedoch läßt sich das Prinzip kurz darstellen. Faßt man die Koeffizienten F_ν der DFT in (3.10,12) im Vektor $\underline{F}$ zusammen, so gilt

$$\underline{F} = \underline{W}_M \underline{f} \qquad , \tag{3.30}$$

$$\underline{W}_M = [W_M^{\nu j}] \ , \quad \nu,j = 0,1,\ldots,M - 1 \quad . \tag{3.31}$$

Wegen (3.17) lassen sich alle Elemente von $\underline{W}_M$ so modulo M reduzieren, daß nur noch Elemente W_M^k, $0 \le k \le M - 1$ auftreten. Diese Matrix wird $\underline{\tilde{W}}_M$ genannt. Wir setzen nun voraus, daß $M = 2^q$, $q = 1,2,\ldots$, ist. Die Zeilen von $\underline{\tilde{W}}_M$ werden nach der Methode des 'bit revearsal' umgeordnet [3.6], Abschnitt 4.2.3, und ergeben eine Matrix $\underline{\tilde{W}}_M'$. Ist beispielsweise M = 8, so werden die acht Zeilen von $\underline{\tilde{W}}_M$ dezimal von 0 bis 7, binär von 000 bis 111 durchnumeriert. Die Zeile 3 mit der binären Darstellung 011 ergibt nach dem 'bit revearsal' binär 110 oder dezimal 6. Also wird Zeile 3 von $\underline{\tilde{W}}_M$ die Zeile 6 von $\underline{\tilde{W}}_M'$. Das Prinzip der schnellen Fourier Transformation (FFT, Fast Fourier Transform) beruht darauf, daß sich $\underline{\tilde{W}}_M'$ faktorisieren läßt, und dieses ist die Aussage von

<u>Satz 3.3</u>: Die Matrix $\underline{\tilde{W}}_M'$, die man durch Umordnung der Zeilen von $\underline{\tilde{W}}_M$ nach der Methode des 'bit revearsal' erhält, läßt sich faktorisieren in

$$\underline{\tilde{W}}_M' = \begin{bmatrix} \underline{\tilde{W}}_{M/2}' & \underline{0}_{M/2} \\ \underline{0}_{M/2} & \underline{\tilde{W}}_{M/2}' \end{bmatrix} \begin{bmatrix} \underline{I}_{M/2} & \underline{0}_{M/2} \\ \underline{0}_{M/2} & \underline{K}_{M/2} \end{bmatrix} \begin{bmatrix} \underline{I}_{M/2} & \underline{I}_{M/2} \\ \underline{I}_{M/2} & -\underline{I}_{M/2} \end{bmatrix} \quad . \tag{3.32}$$

Dabei sind $\underline{0}_{M/2}$ und $\underline{I}_{M/2}$ Null- und Einheitsmatrizen der Größe (M/2)(M/2). Die Matrix $\underline{\tilde{W}}_{M/2}'$ erhält man aus

$$\underline{W}_{M/2} = [W_{M/2}^{\nu j}] = [W_M^{2\nu j}]; \ \nu,j = 0,1,\ldots,(M/2) - 1 \tag{3.33}$$

nach dem oben für $\underline{W}_M$, $\underline{\tilde{W}}_M$ und $\underline{\tilde{W}}'_M$ beschriebenen Verfahren. Die Diagonalmatrix $\underline{K}_{M/2}$ ist definiert durch

$$\underline{K}_{M/2} = \text{diag}(W_M^\nu, \quad \nu = 0,1,\ldots,(M/2) - 1) \quad . \tag{3.34}$$

$\underline{\text{Beweis:}}$ Man findet diesen Satz zum Beispiel in [2.31]. Man überzeugt sich leicht von der Richtigkeit, indem man einen Signalflußgraphen (s.Bild 3.4) zu Gl.(3.37) für M = 8 zeichnet und diesen mit dem in [3.8] auf S.60 oder in [3.6] auf S.88 angegebenen vergleicht. Beide sind, bis auf Bezeichnungen, identisch.

Nach einmaliger Anwendung von (3.32) wird diese Gleichung erneut auf $\underline{\tilde{W}}'_{M/2}$ angewendet. Das ergibt

$$\underline{\tilde{W}}'_{M/2} = \begin{bmatrix} \underline{\tilde{W}}'_{M/4} & \underline{0}_{M/4} \\ \underline{0}_{M/4} & \underline{\tilde{W}}'_{M/4} \end{bmatrix} \begin{bmatrix} \underline{I}_{M/4} & \underline{0}_{M/4} \\ \underline{0}_{M/4} & \underline{K}_{M/4} \end{bmatrix} \begin{bmatrix} \underline{I}_{M/4} & \underline{I}_{M/4} \\ \underline{I}_{M/4} & -\underline{I}_{M/4} \end{bmatrix} \quad , \tag{3.35}$$

wobei zu beachten ist, daß gemäß (3.33)

$$\underline{K}_{M/4} = \text{diag}(W_{M/2}^\nu , \quad \nu = 0,1,\ldots(M/4) - 1) \tag{3.36}$$

ist. Setzt man (3.35) in (3.32) ein, so erhält man

$$\underline{\tilde{W}}'_M = \begin{bmatrix} \underline{\tilde{W}}'_{M/4} & \underline{0}_{M/4} & & \underline{0}_{M/2} \\ \underline{0}_{M/4} & \underline{\tilde{W}}'_{M/4} & & \\ & & \underline{\tilde{W}}'_{M/4} & \underline{0}_{M/4} \\ \underline{0}_{M/2} & & \underline{0}_{M/4} & \underline{\tilde{W}}'_{M/4} \end{bmatrix} \begin{bmatrix} \underline{I}_{M/4} & \underline{0}_{M/4} & & \underline{0}_{M/2} \\ \underline{0}_{M/4} & \underline{K}_{M/4} & & \\ & & \underline{I}_{M/4} & \underline{0}_{M/4} \\ \underline{0}_{M/2} & & \underline{0}_{M/4} & \underline{K}_{M/4} \end{bmatrix} \begin{bmatrix} \underline{I}_{M/4} & \underline{I}_{M/4} & & \underline{0}_{M/2} \\ \underline{I}_{M/4} & -\underline{I}_{M/4} & & \\ & & \underline{I}_{M/4} & \underline{I}_{M/4} \\ \underline{0}_{M/2} & & \underline{I}_{M/4} & -\underline{I}_{M/4} \end{bmatrix}$$

$$\cdot \begin{bmatrix} \underline{I}_{M/2} & \underline{0}_{M/2} \\ \underline{0}_{M/2} & \underline{K}_{M/2} \end{bmatrix} \begin{bmatrix} \underline{I}_{M/2} & \underline{I}_{M/2} \\ \underline{I}_{M/2} & -\underline{I}_{M/2} \end{bmatrix} \tag{3.37}$$

Dieser Prozeß wird fortgesetzt, bis er nach (q - 1) Schritten mit einer Matrix

$$\underline{\tilde{W}}'_2 = \begin{bmatrix} 1 & 1 \\ 1 & -1 \end{bmatrix} = \underline{\tilde{W}}'_{M/(M/2)} = [W_M^{M\nu j/2}], \quad \nu,j = 0,1 \tag{3.38}$$

endet. Eine Berechnung von $\underline{F}$ nach (3.30) erfordert M^2 komplexe Multiplikationen. Bei einer vollständigen Faktorisierung von $\underline{\tilde{W}}'_M$ mit (3.32) treten komplexe Multiplikationen nur noch in den Diagonalmatrizen $\underline{K}_{M/2}$, $\underline{K}_{M/4}$,$\ldots$,$\underline{K}_2$ auf. Sonst sind nur noch Additionen und Subtraktionen erforderlich. Die Zahl der komplexen Multiplikationen wird also auf $M((ldM) - 1) \simeq MldM$ reduziert.Im übrigen wird auf die bereits in Abschnitt 2.3.3 zitierte Literatur sowie auf [3.4] verwiesen. Mit (3.32) hat man daher eine sehr effektive Möglichkeit, Merkmale wie in (3.19,27) zu berechnen.

Man kann auf der Basis der Fourier Transformation nicht nur translationsinvariante, sondern auch skalen- (größen-) und rotationsinvariante Merkmale gewinnen [3.5]. Die Skaleninvarianz erreicht man über eine Mellin-Transformation, die Rotationsinvarianz durch Übergang auf Polarkoordinaten, da in diesen eine Rotation des Objekts und damit des Spektrums einer Translation im Winkel entspricht. Für die Merkmalgewinnung hat diese Möglichkeit bisher keine Bedeutung erlangt, da die erforderlichen Operationen aufwendig sind und die Normierungsmaßnahmen von Abschnitt 2.4 eine echte Alternative bieten. Schließlich nimmt man insbesondere bei zweidimensionalen Folgen $[f_{jk}]$ vielfach nicht die Koeffizienten $[F_{\mu\nu}]$ der DFT oder deren Beträge selbst (3.19), sondern bildet die Summe über solche Werte (μ,ν), welche angenähert keil-, ring- oder balkenförmige Bereiche im rechtwinkligen Gitter der Koeffizienten $[F_{\mu\nu}]$, $\mu,\nu = 0, \pm 1, \pm 2,...$ ergeben.

In Absatz 3.2.1 wurde bereits erwähnt, daß man eine Reihenentwicklung entweder auf das Objekt oder seine (geschlossene) Konturlinie anwenden kann. Für die DFT der Konturlinie lassen sich die Punkte (x_j,y_k) auf der Kontur als Muster $\underline{f}$ auffassen und in (3.10) verwenden, jedoch wurden in [3.6,7] dafür auch zwei andere Verfahren entwickelt. Danach faßt man entweder die Kontur als Funktion u(t) in der komplexen Ebene auf oder stellt die Winkeländerung der Tangente an die Kontur als Funktion α(1) der Bogenlänge 1 dar, wie es in Bild 3.3a,b angedeutet ist. Im ersteren Falle entwickelt man u(t) in eine Fourierreihe, deren Koeffizienten a_ν allerdings vom Startpunkt, sowie von Translation, Rotation und Skalierung abhängen. Dagegen sind die Koeffizienten

$$b_{\mu\nu} = a_{1+\mu}^{\nu/\kappa}\, a_{1-\nu}^{\mu/\kappa}\, /\, a_1^{(\mu+\nu)/\kappa} \tag{3.39}$$

von diesen Transformationen unabhängig, wenn κ der gemeinsame Faktor von μ und ν ist [3.6]. Im letzteren Falle geht man von α(1) zunächst auf eine normierte Funktion

$$\alpha^*(t) = \alpha(tL\,/\,(2\pi)) + t \quad , \qquad 0 \leq t \leq 2\,\pi \tag{3.40}$$

über, wobei L die Bogenlänge der geschlossenen Konturlinie ist. Damit sind alle ebenen, einfach geschlossenen Kurven mit Startpunkt in die Klasse der in $(0,2\pi)$ periodischen, gegen Translation, Rotation und Skalierung der Kontur invarianten Funktionen abgebildet. Die Entwicklung von α^* in eine Fourierreihe ergibt

$$\begin{aligned}
\alpha^*(t) &= \alpha_0 + \sum_{n=1}^{\infty} (a_n\cos(nt) + b_n\sin(nt)) \\
&= \alpha_0 + \sum_{n=1}^{\infty} A_n\cos(nt - \beta_n) \quad .
\end{aligned} \tag{3.41}$$

Wenn man die Kontur mit einem Polygon approximiert, zum Beispiel mit dem in Abschnitt 3.5 beschriebenen Verfahren, so erhält man mit den Bezeichnungen von Bild 3.3c

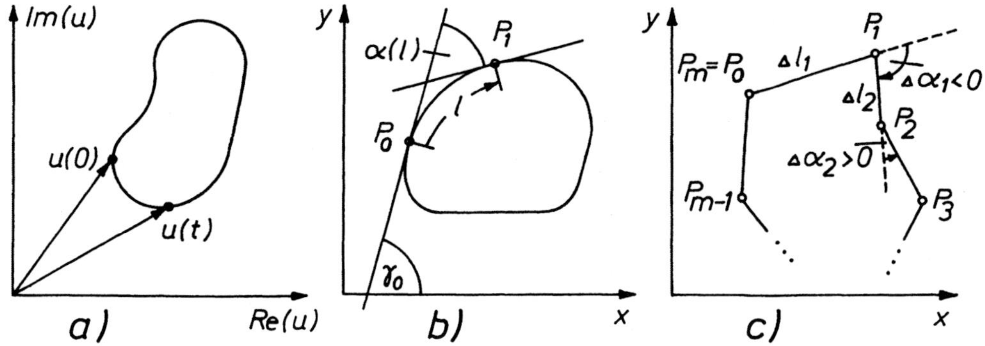

Bild 3.3   Zur DFT der Konturlinie

$$\alpha_0 = -\pi - L^{-1} \sum_{j=1}^{m} 1_j \, \Delta\alpha_j \qquad \text{mit} \qquad 1_j = \sum_{i=1}^{j} \Delta 1_i \quad ,$$

$$a_n = -(n\pi)^{-1} \sum_{j=1}^{m} \Delta\alpha_j \, \sin(2\pi n 1_j L^{-1}) \qquad ,$$

$$b_n = -(n\pi)^{-1} \sum_{j=1}^{m} \Delta\alpha_j \, \cos(2\pi n 1_j L^{-1}) \qquad . \tag{3.42}$$

In [3.7] wird gezeigt, daß man mit α_0, a_n, b_n oder mit den als Fourier Deskriptoren
bezeichneten Größen α_0, A_n, B_n die Kontur rekonstruieren kann, wenn noch L, γ_0, P_0
bekannt sind.

3.2.3 Anwendung der Walsh Transformation

Die Basisvektoren φ_ν der DFT in (3.11) lassen sich wegen der bekannten Beziehung

$$\exp(i\alpha) = \cos\alpha + i\sin\alpha \tag{3.43}$$

in einen Real- und Imaginärteil mit der geraden Funktion $\cos\alpha$ und der ungeraden
Funktion $\sin\alpha$ zerlegen. Eine ähnliche Entwicklung erlauben die Walsh Funktionen,
die aber wegen ihrer auf ± 1 beschränkten Werte weniger Rechenaufwand erfordern.
Im kontinuierlichen Falle sind die Walsh Funktionen rekursiv definiert durch [3.8,9]

$$\text{wal}(x; 2j + p) = (-1)^{[j/2]+p}\{\text{wal}(2(x + 1/4); j)$$
$$+ (-1)^{j+p}\,\text{wal}(2(x - 1/4); j)\} \quad , \tag{3.44}$$

$$\text{wal}(x; 0) = \begin{cases} 1 & \text{für } -1/2 \le x \le 1/2 \\ 0 & \text{sonst} \end{cases} \quad . \tag{3.45}$$

In (3.44) ist $j = 0,1,2,\ldots$, $p = 0,1$ und $[\nu/2]$ die größte ganze Zahl, die nicht größer als $\nu/2$ ist. Die Funktionen sind auf das Intervall $-1/2 \le x \le 1/2$ beschränkt. Setzt man

$$\varphi_\nu(x) = \text{wal}(x/x_0; \nu) \quad , \tag{3.46}$$

so sind die $\varphi_\nu(x)$ auf das Intervall $-x_0/2 \le x \le x_0/2$ beschränkt. Einige Funktionen sind in Bild 3.4 dargestellt. Ohne Beweis wird angemerkt, daß die Walsh Funktionen orthonormal sind, das heißt es gilt

$$\int_{-1/2}^{1/2} \text{wal}(x;j)\,\text{wal}(x;k) = \begin{cases} 1 & \text{für } j = k \\ 0 & \text{sonst} \end{cases} \quad . \tag{3.47}$$

Für die digitale Verarbeitung wurden verschiedene diskrete Versionen vorgeschlagen, die sich teilweise nur in der Reihenfolge der Funktionen unterscheiden. Hier wird lediglich die sogenannte Hadamard geordnete Walsh-Hadamard Transformation erläutert [3.8]. Die Vektoren φ_ν erhält man aus den Walsh Funktionen von Bild 3.4, indem man das Intervall $(-1/2, 1/2)$ mit $M = 2^q$ Werten abtastet, wobei es nur Abtastwerte ± 1 gibt. Die Transformationsmatrix der Größe M^2 läßt sich rekursiv aus der Hadamard Matrix

$$\underline{H}_2 = \begin{bmatrix} 1 & 1 \\ 1 & -1 \end{bmatrix} \tag{3.48}$$

berechnen, die übrigens gleich $\underline{\tilde{W}}_2'$ in (3.38) ist. Es gilt

$$\underline{H}_M = \underline{H}_2 \otimes \underline{H}_{M/2} \quad , \quad M = 2^q \quad ,$$
$$= \underline{H}_2 \otimes \underline{H}_2 \otimes \ldots \otimes \underline{H}_2 \quad , \quad q \text{ Faktoren} \quad . \tag{3.49}$$

Dabei kennzeichnet $\otimes$ das Kronecker Produkt zweier Matrizen. Für die M^2 Matrix $\underline{A}$ und die m^2 Matrix $\underline{B}$ ist das Ergebnis eine $(Mm)^2$ Matrix

$$\underline{D} = \underline{A} \otimes \underline{B} = \begin{bmatrix} a_{11}\underline{B} & a_{12}\underline{B} & \cdots & a_{1M}\underline{B} \\ a_{21}\underline{B} & a_{22}\underline{B} & \cdots & a_{2M}\underline{B} \\ \cdot & & & \\ \cdot & & & \\ \cdot & & & \\ a_{M1}\underline{B} & a_{M2}\underline{B} & \cdots & a_{MM}\underline{B} \end{bmatrix} \tag{3.50}$$

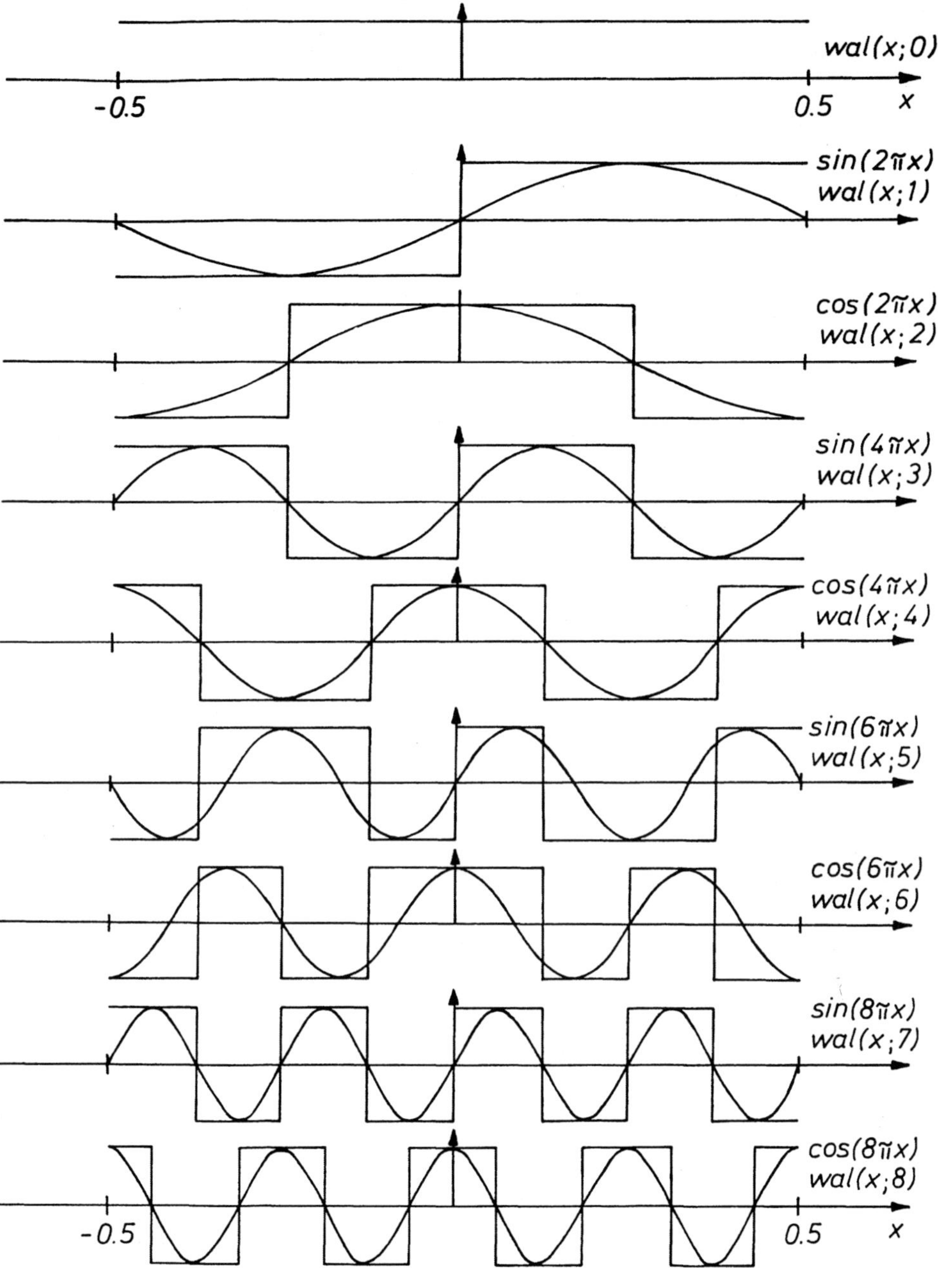

Bild 3.4   Einige Walsh Funktionen und zum Vergleich entsprechende harmonische Funktionen

Zum Beispiel ist die Hadamard Matrix

$$\underline{H}_8 = \underline{H}_2 \otimes \underline{H}_2 \otimes \underline{H}_2 = (\underline{H}_2 \otimes \underline{H}_2) \otimes \underline{H}_2 = \underline{H}_2 \otimes (\underline{H}_2 \otimes \underline{H}_2)$$

$$= \begin{bmatrix} 1 & 1 & 1 & 1 \\ 1 & -1 & 1 & -1 \\ 1 & 1 & -1 & -1 \\ 1 & -1 & -1 & 1 \end{bmatrix} \otimes \underline{H}_2$$

$$= \begin{bmatrix} 1 & 1 & 1 & 1 & 1 & 1 & 1 & 1 \\ 1 & -1 & 1 & -1 & 1 & -1 & 1 & -1 \\ 1 & 1 & -1 & -1 & 1 & 1 & -1 & -1 \\ 1 & -1 & -1 & 1 & 1 & -1 & -1 & 1 \\ 1 & 1 & 1 & 1 & -1 & -1 & -1 & -1 \\ 1 & -1 & 1 & -1 & -1 & 1 & -1 & 1 \\ 1 & 1 & -1 & -1 & -1 & -1 & 1 & 1 \\ 1 & -1 & -1 & 1 & -1 & 1 & 1 & -1 \end{bmatrix} \quad . \tag{3.51}$$

Sie enthält die Abtastwerte der ersten acht Walsh Funktionen, aber wie erwähnt, in anderer Anordnung. Zudem ist bei einigen das Vorzeichen umgekehrt. Die Hadamard geordnete Walsh-Hadamard Transformation (HWH) eines Mustervektors $\underline{f}$ mit M Komponenten erfolgt dann gemäß

$$\underline{c} = \underline{H}_M \underline{f} = \text{HWH}\{\underline{f}\} \tag{3.52}$$

und erfordert nur Additionen und Subtraktionen. Die inverse Walsh-Hadamard Transformation lautet

$$\underline{f} = (1 / M)\underline{H}_M \underline{c} = \text{HWH}^{-1}\{\underline{c}\} \tag{3.53}$$

Auch für die HWH gibt es einen schnellen Transformationsalgorithmus, der sich ähnlich wie in (3.32) durch Faktorisierung der Transformationsmatrix $\underline{H}_M$ gewinnen läßt. Zur Abwechslung wird die Faktorisierung hier anschaulich über den Signalflußgraphen angegeben. Als Beispiel betrachten wir die HWH für M = 8, für die man mit (3.51,52) die Beziehung (3.54) erhält. Zur Unterscheidung der Zwischenergebnisse werden die Abtastwerte f_j mit einem weiteren Index 1 als f_j^1 geschrieben. Mit 1 = 0 werden die Anfangswerte gekennzeichnet, also $f_j^0 = f_j$, j = 0,1,..., M - 1, und mit 1 = 1,2,...,q die Ergebnisse nach 1 Iterationen, wobei $f_j^q = c_j$, j = 0,1,...,M - 1 das Endergebnis ist. Zerlegt man $\underline{c}$ und $\underline{f}$ entlang der gestrichelten Linie in (3.54), so gilt für die obere Hälfte die Beziehung (3.55).

$$\begin{bmatrix} c_0 \\ c_1 \\ c_2 \\ c_3 \\ \_ \\ c_4 \\ c_5 \\ c_6 \\ c_7 \end{bmatrix} = \left[\begin{array}{c|c} \underline{H}_4 & \underline{H}_4 \\ \hline \underline{H}_4 & -\underline{H}_4 \end{array}\right] \begin{bmatrix} f_0^0 \\ f_1^0 \\ f_2^0 \\ f_3^0 \\ \_ \\ f_4^0 \\ f_5^0 \\ f_6^0 \\ f_7^0 \end{bmatrix} \tag{3.54}$$

$$\begin{bmatrix} c_0 \\ c_1 \\ c_2 \\ c_3 \end{bmatrix} = \underline{H}_4 \begin{bmatrix} f_0^0 \\ f_1^0 \\ f_2^0 \\ f_3^0 \end{bmatrix} + \underline{H}_4 \begin{bmatrix} f_4^0 \\ f_5^0 \\ f_6^0 \\ f_7^0 \end{bmatrix} = \underline{H}_4 \begin{bmatrix} f_0^1 \\ f_1^1 \\ f_2^1 \\ f_3^1 \end{bmatrix} \quad , \tag{3.55}$$

$$f_j^1 = f_j^0 + f_{j+4}^0 \quad , \quad j = 0,1,2,3 \quad .$$

Entsprechend erhält man für die untere Hälfte

$$\begin{bmatrix} c_4 \\ c_5 \\ c_6 \\ c_7 \end{bmatrix} = \underline{H}_4 \begin{bmatrix} f_0^0 \\ f_1^0 \\ f_2^0 \\ f_3^0 \end{bmatrix} - \underline{H}_4 \begin{bmatrix} f_4^0 \\ f_5^0 \\ f_6^0 \\ f_7^0 \end{bmatrix} = \underline{H}_4 \begin{bmatrix} f_4^1 \\ f_5^1 \\ f_6^1 \\ f_7^1 \end{bmatrix} \quad , \tag{3.56}$$

$$f_j^1 = f_{j-4}^0 - f_j^0 \quad , \quad j = 4,5,6,7 \quad .$$

Nun hat aber wegen (3.51) $\underline{H}_4$ die Form

$$\underline{H}_4 = \underline{H}_2 \otimes \underline{H}_2 = \begin{bmatrix} \underline{H}_2 & \underline{H}_2 \\ \underline{H}_2 & -\underline{H}_2 \end{bmatrix} \quad , \tag{3.57}$$

so daß sich die auf (3.54) angewendete Zerlegung auch auf (3.55,56) anwenden läßt.

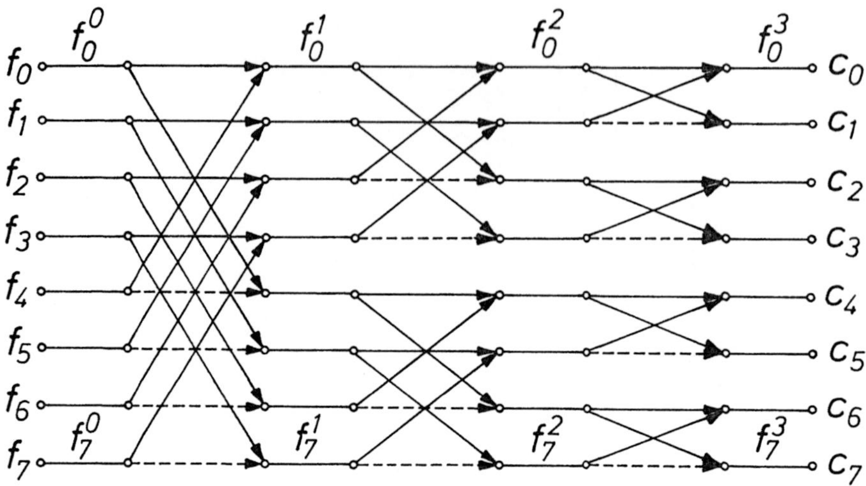

Bild 3.5   Der Signalflußgraph der schnellen Hadamard geordneten Walsh-Hadamard
Transformation für M = 8. Ein durchgezogener Pfeil bedeutet Addition, ein gestrichelter Subtraktion

Diese Zerlegung ist für M = 8 im Signalflußgraphen von Bild 3.5 dargestellt. Sie
endet mit

$$
\begin{bmatrix} c_j \\ c_{j+1} \end{bmatrix} = \begin{bmatrix} f_j^q \\ f_{j+1}^q \end{bmatrix} = \underline{H}_2 \begin{bmatrix} f_j^{q-1} \\ f_{j+1}^{q-1} \end{bmatrix} = \begin{bmatrix} f_j^{q-1} + f_{j+1}^{q-1} \\ f_j^{q-1} - f_{j+1}^{q-1} \end{bmatrix} \quad . \tag{3.58}
$$

$$
j = 0,2,4,\ldots,M - 2 \quad ; \quad M = 2^q
$$

Die HWH gemäß (3.52) erfordert M^2 Additionen und Subtraktionen, die HWH gemäß Bild
3.5 nur MldM. Die Verallgemeinerung auf die Zerlegung einer Matrix $\underline{H}_M$, M > 8, M = 2^q
dürfte offensichtlich sein und ist auch in (3.59) angegeben. Mehrdimensionale Transformationen lassen sich, wie schon in Abschnitt 2.3.3 für die DFT ausgeführt wurde,
auf mehrere eindimensionale zurückführen. Weitere ähnliche Transformationen sind
in der zitierten Literatur enthalten.

3.2.4 Die R-Transformation

Mit Satz 3.2 war es möglich, Koeffizienten c_ν gemäß (3.19) zu bestimmen, die translationsinvariant sind. Eine Modifikation der HWH Transformation wurde unter der Bezeichnung R-Transformation oder RAPID Transformation in [3.10] angegeben. Sie ist definiert durch

$$f_{2j}^r = |\ f_j^{r-1} + f_{j+M/2}^{r-1}\ | \qquad M = 2^q$$
$$r = 1,2,\ldots,q$$
$$f_{2j+1}^r = |\ f_j^{r-1} - f_{j+M/2}^{r-1}\ | \qquad j = 0,1,\ldots,(M\ /\ 2) - 1 \qquad (3.59)$$
$$f_k^0 = f_k \quad \text{und} \quad f_k^q = c_k \qquad k = 0,1,\ldots M - 1\ .$$

Es handelt sich hier um eine nichtlineare Transformation. Der Signalflußgraph dieser Transformation ist übrigens identisch dem der schnellen HWH in Bild 3.5, jedoch fehlt bei der HWH die Betragsbildung. Mit (3.59) ist also auch eine einheitliche Darstellung der schnellen HWH gegeben, wenn die Betragsbildung unterbleibt. Für die R-Transformation gilt

<u>Satz 3.4:</u> Die mit der R-Transformation gemäß (3.59) berechneten Merkmale c_k sind invariant gegenüber einer zyklischen Verschiebung wie in Bild 3.2

$$[f_0, f_1,\ldots,f_{M-1}] \ \rightarrow\ [f_{0+m}, f_{1+m},\ldots,f_{M-1+m}] \ ,$$

wenn man $M + \nu = \nu$ setzt, und gegenüber einer Spiegelung

$$[f_0, f_1,\ldots,f_{M-1}] \ \rightarrow\ [f_{M-1},\ldots f_1, f_0]$$

des Musters $\underline{f}$.

<u>Beweis:</u> Ein Beweis des Satzes ist in [3.10] angegeben.

3.2.5 Lineare Vorhersage

Die Methode der linearen Vorhersage beruht auf dem Ansatz, einen Schätzwert $\hat{f}_n$ des n-ten Wertes einer Folge $[f_j]$ von Abtastwerten mit einer linearen Gleichung zu berechnen. In die Schätzgleichung von der Form

$$\hat{f}_n = - \sum_{\mu=1}^{m} a_\mu f_{n-\mu} \qquad\qquad (3.60)$$

gehen m Werte $f_{n-1}, \ldots, f_{n-m}$ ein sowie die noch zu bestimmenden Vorhersagekoeffizienten a_μ. Ist $[f_j]$ eine Folge von Abtastwerten $f(j\Delta t)$ einer Zeitfunktion $f(t)$, so kann man f_n als den gerade beobachteten Wert auffassen und $f_{n-\mu}$, $\mu = 1, \ldots, m$ sind m früher bereits beobachtete Werte, mit denen der zu erwartende Wert f_n vorhergesagt wird. Der Ansatz in (3.60) läßt sich im Zusammenhang mit der Spracherkennung als Modellierung des menschlichen Stimmtraktes auffassen [3.11-13], er ist jedoch auch für andere Zeitfunktionen $f(t)$ oder zur Modellierung von Bildtexturen gebräuchlich [3.14-16] und wird auch als autoregressives Modell bezeichnet. Die Vorhersagekoeffizienten oder Parameter a_μ bilden die Grundlage zur Gewinnung von Merkmalen. Die Vorstellung ist, daß für Muster einer Klasse Ω_κ Funktionswerte f_j nach einem bestimmten Mechanismus, der durch charakteristische Parameter a_μ gekennzeichnet ist, erzeugt werden. Für eine andere Klasse hat man andere Parameter a_μ.

Die Bestimmung der Parameter a_μ erfolgt so, daß der durch

$$\varepsilon = \sum_{n=n_0}^{n_1} (f_n - \hat{f}_n)^2 \qquad\qquad (3.61)$$

definierte Vorhersagefehler minimiert wird. Mit (3.60) erhält man als Bedingung

$$\partial\varepsilon \,/\, \partial a_\nu = \sum_n (f_n + \sum_\mu a_\mu f_{n-\mu})\, 2f_{n-\nu} = 0 \qquad , \qquad\qquad (3.62)$$

$$\sum_\mu a_\mu \sum_n f_{n-\mu} f_{n-\nu} = - \sum_n f_n f_{n-\nu} \qquad\qquad , \quad \nu = 1, \ldots, m \quad . \qquad (3.63)$$

Mit (3.63) liegen m lineare Gleichungen zur Bestimmung der m Parameter a_μ vor. Die Art der Lösung hängt von den Annahmen über n_0, n_1 ab. Eine besonders effektive Lösung des Gleichungssystems ist mit der Autokorrelationsmethode möglich. Dabei setzt man $n_0 = -\infty$, $n_1 = \infty$, $f_n = 0$ für $n < 0$ und $n \geq M$. Als Kurzzeit-Autokorrelationsfunktion der Folge $[f_j]$ definiert man

$$r_{|\nu-\mu|} = \sum_{n=0}^{M-1-|\nu-\mu|} f_n f_{n+|\nu-\mu|} \qquad\qquad . \qquad\qquad (3.64)$$

Damit läßt sich (3.63) auch in der Form

$$\sum_{\mu=1}^{m} a_\mu r_{|\nu-\mu|} = - r_\nu \qquad\qquad , \qquad \nu = 1, \ldots, m \qquad (3.65)$$

angeben. Das Gleichungssystem läßt sich rekursiv lösen, wie in Einzelheiten zum Beispiel in Sect. 3.3 von [3.13] gezeigt wird. Der als Levinson-Rekursion bekannte Algorithmus verläuft in folgenden Schritten:

1. Man berechne r_j, $j = 0,1,\ldots,m$ gemäß (3.64)

2. Man initialisiere

$$\alpha_0 = r_0 \quad , \quad k_1 = -r_1 / r_0 \quad , \quad a_{10} = 1, \quad a_{11} = k_1 \quad , \quad \alpha_1 = \alpha_0(1 - k_1^2) \quad ,$$

3. Für $j = 1,\ldots,m - 1$ führe man folgende Operationen aus:

$$3.1 \quad b_{ji} = a_{j,j+1-i} \qquad i = 1,2,\ldots,j+1 \tag{3.66}$$

$$3.2 \quad k_{j+1} = -(1/\alpha_j) \sum_{i=0}^{j} r_{|j+1-i|} a_{ji} \tag{3.67}$$

$$3.3 \quad a_{j+1,0} = 1$$

$$a_{j+1,i} = a_{ji} + k_{j+1}b_{ji} \quad , \quad i = 1,\ldots,j \tag{3.68}$$

$$a_{j+1,j+1} = k_{j+1}$$

$$3.4 \quad \alpha_{j+1} = \alpha_j(1 - k_{j+1}^2) \tag{3.69}$$

4. Für $j = m - 1$ erhält man aus Schritt 3.3 Koeffizienten a_{mi}, $i = 1,\ldots,m$, die gleich den linearen Vorhersagekoeffizienten a_μ in (3.60) sind, also Lösungen des Gleichungssystems (3.65). Die Koeffizienten k_j werden als Reflektionskoeffizienten bezeichnet.

Der Fehler ε in (3.61) läßt sich in geschlossener Form angeben. Mit einem $(m + 1)$ten Koeffizienten $a_0 = 1$ folgt aus (3.60,61) mit (3.64) durch einfache Rechnung

$$\varepsilon = \sum_{\mu=0}^{m} \sum_{\nu=0}^{m} a_\mu a_\nu r_{|\mu - \nu|} \quad ; \tag{3.70}$$

und mit (3.65)

$$\varepsilon = \sum_{\mu=0}^{m} a_\mu r_\mu \quad . \tag{3.71}$$

Bei Anwendung der obigen Rekursionsgleichungen erhält man diesen Fehler direkt aus Schritt 3.4 zu

$$\varepsilon = \alpha_m \quad . \tag{3.72}$$

Damit ist die Berechnung der linearen Vorhersagekoeffizienten nach der Autokorrelationsmethode abgeschlossen. Für ein Muster $f(t)$ wird die Rechnung meistens über kleine, sich etwas überlappende Zeitabschnitte ausgeführt.

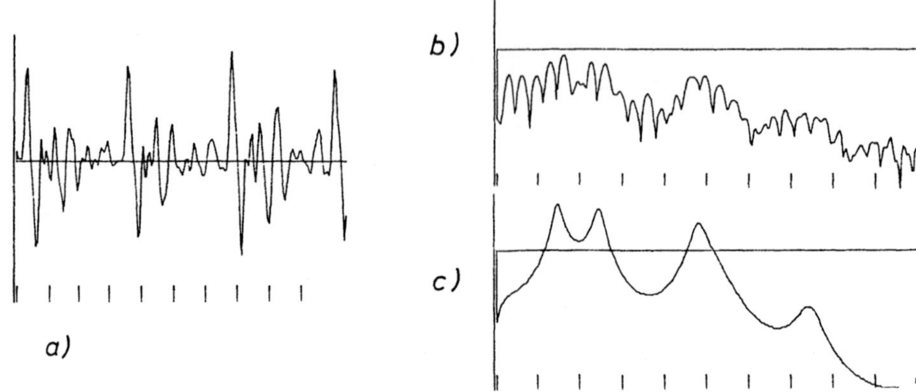

Bild 3.6   a)Eine Zeitfunktion; es handelt sich um einen Ausschnitt von 20 ms Dauer
aus dem Vokal 'a' in dem Wort 'Faß'. b)Das mit der DFT berechnete Spektrum, Abtastfrequenz 10kHz. c)Das aus den Koeffizienten der linearen Vorhersage mit m = 13
gewonnene Modellspektrum. Bei den Spektren ist jeweils der Betrag in logarithmi-
schem Maßstab für den Bereich 0-5kHz dargestellt

Eine Möglichkeit besteht darin, die Vorhersagekoeffizienten direkt als Merkmale
zu verwenden, wobei manchmal der Vorhersagefehler noch als weiteres Merkmal hinzugefügt wird, das heißt man setzt

$$c_\nu = a_\nu \quad , \qquad \nu = 1,\ldots,m \quad , \tag{3.73}$$
$$c_{m+1} = \epsilon \qquad \qquad .$$

Man kann auch die Vorhersagekoeffizienten verwenden, um ein geglättetes Modellspektrum der Daten zu berechnen [3.13]. Wenn die Abtastfrequenz für die Werte in
der Folge $[f_j]$ mit f_s bezeichnet wird und die gewünschte Frequenzauflösung im Modellspektrum mit f_r, so wählt man

$$M' > f_s / f_r \tag{3.74}$$

und definiert einen Vektor $\underline{a}$ mit M' Elementen gemäß

$$\underline{a}_t = (1,a_1,a_2,\ldots,a_m,0,0,\ldots,0) \quad . \tag{3.75}$$

Einige oder alle Koeffizienten der DFT von $\underline{a}$ werden als Merkmale verwendet. Bei
Anwendung der FFT nach Satz 3.3 muß zudem $M' = 2^q$ sein. Die Zahl m der Vorhersagekoeffizienten ist problemabhängig, bei Sprache sind zum Beispiel Werte m = 10 bis
15 üblich, oder in Abhängigkeit von der Abtastfrequenz f_s [kHz] m = f_s + 4 bis
m = f_s + 5. Bild 3.6 zeigt ein Beispiel für ein FFT Spektrum und ein Modellspektrum.
Ein allgemeiner Ansatz zur Ermittlung von m wird in [3.17] eingeführt.

3.2.6 Momente

Momente eines Musters $f(x,y)$ wurden bereits in (2.103) definiert. Hier wird von Zentralmomenten

$$\mu_{pq} = \sum_{j=0}^{M-1} \sum_{k=0}^{M-1} (x_j - x_s)^p (y_k - y_s)^q f_{jk} \Delta x \Delta y \qquad (3.76)$$

ausgegangen. Der Schwerpunkt (x_s, y_s) wurde im Zusammenhang mit (2.104) definiert. Die Koordinaten x_j, y_k ergeben sich aus (2.1); ist $x_0 = 0$ und $\Delta x = 1$, so ist $x_j = j$. Die diskrete Version (3.76) der in (2.103) eingeführten Momente eignet sich unmittelbar für die Verarbeitung von Abtastwerten, hat aber natürlich einen Verlust an Genauigkeit bei der Berechnung der Momente zur Folge. Die Zentralmomente sind translationsinvariant. Eine Menge von sieben Merkmalen $c_\nu, \nu = 1,\ldots,7$, die aus Zentralmomenten bis zur Ordnung $p + q = 3$ berechnet werden und rotationsinvariant sind, wurde in [3.18-20] verwendet. Es sind

$$
\begin{aligned}
c_1 &= \mu_{20} + \mu_{02} &,\\
c_2 &= (\mu_{20} - \mu_{02})^2 + 4\mu_{11}^2 &,\\
c_3 &= (\mu_{30} - 3\mu_{12})^2 + (3\mu_{21} - \mu_{03})^2 &,\\
c_4 &= (\mu_{30} + \mu_{12})^2 + (\mu_{21} + \mu_{03})^2 &,\\
c_5 &= (\mu_{30} - 3\mu_{12})(\mu_{30} + \mu_{12})((\mu_{30} + \mu_{12})^2 - 3(\mu_{21} + \mu_{03})^2) &,\\
&\quad + (3\mu_{21} - \mu_{03})(\mu_{21} + \mu_{03})(3(\mu_{30} + \mu_{12})^2 - (\mu_{21} + \mu_{03})^2) &,\\
c_6 &= (\mu_{20} - \mu_{02})((\mu_{30} + \mu_{12})^2 - (\mu_{21} + \mu_{03})^2) &,\\
&\quad + 4\mu_{11}(\mu_{30} + \mu_{12})(\mu_{21} + \mu_{03}) &,\\
c_7 &= (3\mu_{21} - \mu_{03})(\mu_{30} + \mu_{12})((\mu_{30} + \mu_{12})^2 - 3(\mu_{21} + \mu_{03})^2) &,\\
&\quad + (3\mu_{12} - \mu_{30})(\mu_{21} + \mu_{03})(3(\mu_{30} + \mu_{12})^2 - (\mu_{21} + \mu_{03})^2) &.
\end{aligned}
\qquad (3.77)
$$

Die Invarianz gilt für die Berechnung der Momente mit (2.103); bedingt durch Ungenauigkeiten der diskreten Form sind gewisse Abweichungen möglich. Eine Größeninvarianz, das heißt Invarianz gegenüber der Koordinatentransformation

$$x' = ax \quad \text{und} \quad y' = ay \qquad (3.78)$$

wird in [3.18] durch Verwendung der Momente

$$\mu'_{pq} = \mu_{pq} / \mu_{00}^{(p+q)/2} \qquad (3.79)$$

zur Berechnung der c_ν erreicht, in [3.19] durch Verwendung von

$$c_2' = c_2 / r^4 \qquad ,$$
$$c_3' = c_3 / r^6 \qquad c_4' = c_4 / r^6 \qquad ,$$
$$c_6' = c_6 / r^8 \qquad ,$$
$$c_5' = c_5 / r^{12} \qquad c_7' = c_7 / r^{12} \qquad , \qquad\qquad (3.80)$$

wobei r die in (2.105) eingeführte Größe

$$r = (\mu_{20} + \mu_{02})^{1/2}$$

ist. Die Verwendung derartiger invarianter Momente als Merkmale basiert auf der Tatsache, daß unter bestimmten Voraussetzungen ein Muster eindeutig durch seine Momente μ_{pq}, p,q = 0,1,2... gekennzeichnet wird. Invariante Momente wurden auch für die Erkennung von dreidimensionalen Objekten abgeleitet und untersucht [3.21].

3.2.7 Merkmalsfilter

Wie in (2.66) werden mit $\underline{s}$ ein ideales Muster und mit $\underline{n}$ eine Störung sowie mit $\underline{f}_0,\underline{f}_1$ zwei beobachtete Muster bezeichnet, die durch

$$\underline{f}_0 = \underline{n} \qquad , \qquad E\{\underline{n}\} = \underline{0}$$
$$\underline{f}_1 = \underline{s} + \underline{n} \qquad\qquad (3.81)$$

definiert sind. Gesucht ist ein lineares System $[g_j]$, dessen Ausgangsgröße h_j für einen bestimmten Index $j = \hat{j}$ = const eine möglichst gute Unterscheidung zwischen $\underline{f}_0$ und $\underline{f}_1$ erlaubt. Mit (2.50) gilt für ein beobachtetes Muster $\underline{f}$

$$h_{\hat{j}} = \sum_{\mu=0}^{M-1} f_\mu g_{\hat{j}-\mu} \qquad \hat{j} = \text{const} \qquad ,$$
$$= \bar{\underline{g}}_t \underline{f} \qquad , \qquad\qquad (3.82)$$

wobei $\bar{\underline{g}}$ ein Vektor mit den Komponenten $g_{\hat{j}}$, $g_{\hat{j}-1},..., g_{\hat{j}-M+1}$ ist. Ist $\underline{f} = \underline{f}_0$, so wird die Energie der Ausgangsgröße für $j = \hat{j}$ als 'Rauschenergie' bezeichnet und mit

$$P_n = E\{(\bar{\underline{g}}_t\underline{n})(\bar{\underline{g}}_t\underline{n})_t\} = \bar{\underline{g}}_t \underline{K}_n \bar{\underline{g}} \qquad\qquad (3.83)$$

definiert, wobei $\underline{K}_n$ die Kovarianzmatrix der Störung $\underline{n}$ ist. Ist $\underline{f} = \underline{s}$, so wird die 'Signalenergie' mit

$$P_s = (\bar{g}_t \underline{s})^2 \qquad (3.84)$$

definiert. Gesucht ist der Vektor $\bar{g}$ für den das Signal-zu-Rausch Verhältnis

$$P_s / P_n = (\bar{g}_t \underline{s})^2 / (\bar{g}_t \underline{K}_n \bar{g}) \qquad (3.85)$$

maximiert wird. Es gilt

Satz 3.5: Der Vektor $\bar{g}$, der (3.85) maximiert, ist gegeben durch

$$\bar{g} = ((\bar{g}_t \underline{K}_n \bar{g}) / (\bar{g}_t \underline{s})) \underline{K}_n^{-1} \underline{s} = \alpha \underline{K}_n^{-1} \underline{s} \quad . \qquad (3.86)$$

Dabei ist α eine reelle Zahl, die man beispielsweise auf $\alpha = 1$ normieren kann, da
(3.85) unabhängig vom Wert von α ist. Dann ergibt sich

$$\bar{g} = \underline{K}_n^{-1} \underline{s} \quad . \qquad (3.87)$$

Beweis: Man findet dieses Ergebnis beispielsweise in [3.22] oder in Chap.19
von [2.27]. Zunächst wird daran erinnert, daß für einen Vektor $\underline{x}$ und eine symmetrische Matrix $\underline{A}$ die Beziehung

$$\partial(\underline{x}_t \underline{A}\underline{x}) / \partial \underline{x} = 2\underline{A}\underline{x} \qquad (3.88)$$

gilt. Leitet man (3.85) nach $\bar{g}$ ab und setzt das Ergebnis Null, so erhält man

$$0 = \partial(P_s / P_n) / \partial \bar{g}$$
$$0 = (\bar{g}_t \underline{K}_n \bar{g}) \underline{s} (\underline{s}_t \bar{g}) - (\bar{g}_t \underline{s})(\underline{s}_t \bar{g}) \underline{K}_n \bar{g} \quad . \qquad (3.89)$$

Beachtet man noch, daß $(\underline{s}_t \bar{g})$ ein Skalar ist, so folgt daraus sofort (3.86). Damit
ist gezeigt, daß Satz 3.5 eine notwendige Bedingung ist.

Man bezeichnet das durch $\bar{g}$ definierte lineare System auch als 'angepaßtes Fil-
ter'. Ist die Störung ein weißes Rauschen, so ist $\underline{K}_n = \underline{I}$ und $\bar{g} = \underline{s}$. Eine Verallgemeinerung auf den mehrdimensionalen Fall ist ohne weiteres möglich; man braucht
nur $\bar{g}$ und $\underline{s}$ als mehrdimensionale Folge aufzufassen. Die Berechnung des angepaßten
Filters im kontinuierlichen Fall erfolgt zum Beispiel in Abschnitt 5.5 von [2.3]
oder in Sect. 16.3 von [2.2].

Die Operation (3.82) läßt sich als Korrelation zwischen dem Vektor $\bar{g}$ und dem
beobachteten Muster $\underline{f} = \underline{f}_0$ oder $\underline{f} = \underline{f}_1$ auffassen. Das Ausgangssignal $h_{\hat{j}}$ an der Stelle
$j = \hat{j}$ weist dann eine Korrelationsspitze auf, wenn in $\underline{f}$ das ideale Signal $\underline{s}$ enthalten ist, da dann (3.85) maximiert wird. Da man im allgemeinen die Stelle $j = \hat{j}$

nicht im Voraus kennt, ist (3.82) für verschiedene Werte von j auszuwerten. Wenn h_j für einen Wert von j über einer Schwelle liegt, so wird angenommen, daß $\underline{f} = \underline{f}_1$ ist. Das Signal $\underline{s}$ wurde hier als deterministisch angenommen, jedoch ist auch eine Formulierung für ein stochastisches Signal $\underline{s}$ mit Mittelwert $\underline{m}_s$ und Kovarianzmatrix $\underline{K}_s$ möglich, auf die hier aber verzichtet wird.

Die Ausgangsgleichung (3.81) läßt verschiedene Interpretationen zu. Im Kontext der Merkmalsgewinnung wird man $\underline{f}$ als ein Muster auffassen, das daraufhin zu untersuchen ist, ob es ein bestimmtes Merkmal $\underline{s}$ - zum Beispiel eine Linienkreuzung, ein gerades Linienelement oder irgend ein anderes einfacheres Bestandteil - enthält oder nicht. Der Ort, an dem das Merkmal zu erwarten ist, ist dabei unbekannt. Die Suche nach dem Merkmal kann dann durch die Suche nach einer genügend großen Korrelationsspitze realisiert werden. Man bezeichnet das jeweilige Filter auch als Merkmalsfilter. Die beschriebene Vorgehensweise hat einige Nachteile. Die Korrelation (3.82) und insbesondere die Suche nach der Korrelationsspitze erfordert erheblichen Rechenaufwand. Das Modell, auf dem (3.81) beruht, ist nur eingeschränkt brauchbar, da man als Störung $\underline{n}$ das gesamte Muster, ausgenommen das Merkmal, auffaßt und diese zudem zur Vereinfachung meist als weißes Rauschen betrachtet. Noch gravierender ist, daß jede Schwankung in der Form des Merkmals gegenüber der in $\bar{g}$ angenommenen Form sich auf die Korrelationsspitze auswirkt. Aus diesen Gründen ist die Anwendbarkeit von (3.82) im Einzelfall genau zu prüfen.

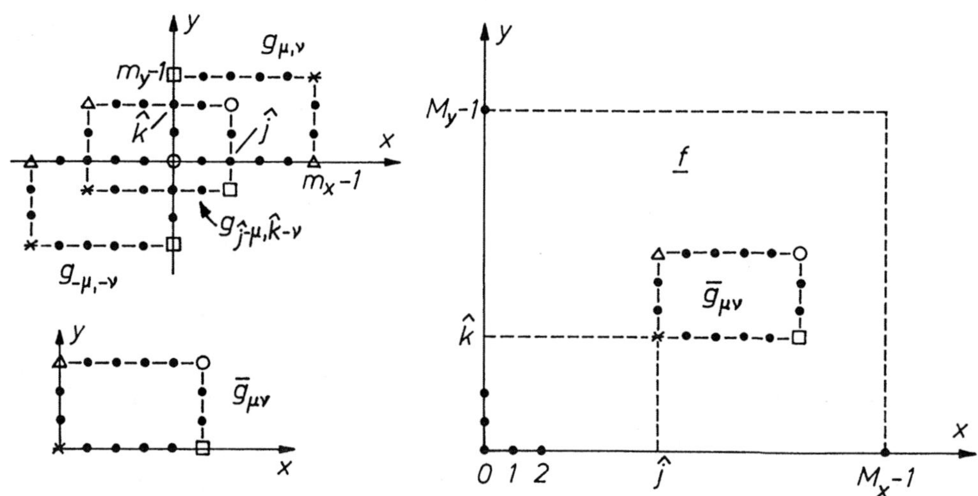

Bild 3.7 Zur Berechnung der Antwort eines angepaßten Filters im zweidimensionalen Fall

Die Anwendung dieser Technik auf zweidimensionale Folgen zeigt Bild 3.7. Zunächst entnimmt man dem Bild eine schematisierte Darstellung der Gewichtsfunktion $[g_{\mu\nu}]$ $\mu = 0,1,\ldots,m_x - 1, \nu = 0,1,\ldots,m_y - 1$ des linearen Systems sowie $[g_{\hat{j}-\mu,\hat{k}-\nu}]$. Für die Auswertung von (3.82) ist es offensichtlich zweckmäßig, eine Folge

$$\bar{g} = [\bar{g}_{\mu\nu}] = [g_{m_x - 1 - \mu,\, m_y - 1 - \nu}] \tag{3.90}$$

zu definieren und neue Werte $\hat{j},\hat{k}$ wie in Bild 3.7 zu wählen. Dann erhält man

$$h_{\hat{j}\hat{k}} = \sum_{\mu=0}^{m_x-1} \sum_{\nu=0}^{m_y-1} f_{\hat{j} + \mu,\hat{k} + \nu}\, \bar{g}_{\mu\nu} \quad . \tag{3.91}$$

Die Folge $\bar{g}$, die auch als Maske oder Schablone bezeichnet wird, ergibt sich aus Satz 3.5. Ist beispielsweise $\underline{f}$ das Bild eines integrierten Schaltkreises und $\underline{s}$ eine Teilstruktur, so kann man erwarten, daß diese Teilstruktur nur geringfügigen fertigungsbedingten Toleranzen und Fehlern unterworfen ist. In diesem Fall ist es möglich, die Teilstruktur mit (3.91) zu suchen. Dagegen sind bei handgedruckten Schriftzeichen erhebliche Schwankungen in Formeigenschaften zu erwarten, so daß diese Vorgehensweise problematischer ist. Die Indizes $\hat{j},\hat{k}$ können auch so festgelegt werden, daß sie nicht wie in (3.91) und Bild 3.7 am linken unteren Rand von $\bar{g}$ liegen, sondern beispielsweise in der Mitte. Die offensichtliche Modifikation von (3.91) wird nicht extra angegeben.

3.2.8 Kennzahlen

Die obigen Verfahren basieren auf bekannten und gegebenenfalls modifizierten Verfahren, die eine mathematische Grundlage haben. Die Heuristik liegt darin, diese Verfahren für die Merkmalsgewinnung heranzuziehen, obwohl sie dafür ursprünglich nicht entwickelt wurden - man vergleiche Postulat 2 und 3 in Abschnitt 1.3. Daneben gibt es weitere heuristische Verfahren zur Merkmalsgewinnung, die hier unter der Bezeichnung 'Kennzahlen' zusammengefaßt werden. Es handelt sich um Meßwerte, Rechengrößen und Parameter, die weitgehend intuitiv und experimentell festgelegt werden. Ohne Anspruch auf Vollständigkeit werden dafür einige Beispiele gegeben.

Durch Schnittpunkte mit geeignet gewählten Testlinien lassen sich eine Reihe von Merkmalen gewinnen, die für eine Klassifikation oder zumindest für die Auswahl einiger weniger möglicher Klassen ausreichen. Bild 3.8a zeigt zwei Beispiele dafür. Wenn das Objekt sich in definierter Winkellage in einem Intervall $x_0 \leq x \leq x_1$, $y_0 \leq y \leq y_1$ befindet, sind horizontale und vertikale Testlinien geeignet. Als

Kennzahlen oder Merkmale verwendet man beispielsweise die Zahl der Schnittpunkte des Objekts mit der Linie, die Länge des im Objekt liegenden Teils der Linie oder die Koordinaten der Schnittpunkte. Wenn die Winkellage nicht bekannt ist, kann man den Ursprung eines Polarkoordinatensystems in den Schwerpunkt des Objekts legen. Als Testlinien verwendet man Radien in konstantem Winkelabstand. Neben den oben erwähnten Merkmalen eignet sich zur Charakterisierung des Objektumrisses insbesondere der Abstand zwischen Koordinatenursprung und dem am weitesten entfernten Schnittpunkt zwischen Objekt und Testlinie. Trägt man diese Abstände über dem Winkel auf, so verursacht eine Rotation des Objekts eine Translation dieser Kurve. Ein Vergleich mit Referenzobjekten (Klassen) kann beispielsweise auch mit der im vorigen Abschnitt beschriebenen Korrelationsoperation (3.82) erfolgen. Aus dem Index $\hat{j}$ ergibt sich dann die Drehlage des Objekts.

Aus der Projektion des Musters auf bestimmte Geraden - vielfach werden hier die beiden Koordinatenachsen eines rechtwinkligen Systems gewählt - ergeben sich ebenfalls Kennzahlen für das Muster. Neben Merkmalen wie Zahl und Lage der Maxima und Minima kann man wiederum die Projektionskurve direkt mit Referenzkurven vergleichen. Ein Beispiel zeigt Bild 3.8b. Für ein Muster $f(x,y)$ ist die Projektion auf die x-Achse definiert durch

$$f(x) = \int_{-\infty}^{\infty} f(x,y)dy \quad , \qquad\qquad (3.92)$$

und im diskreten Falle für eine Bildmatrix $[f_{jk}]$ gilt

$$f_j = \sum_{k=0}^{M-1} f_{jk} \qquad , \qquad j = 0,1,\ldots,M - 1 \; . \qquad (3.93)$$

Entsprechendes gilt für die Projektion auf die y-Achse. Schließlich werden auch globale Parameter wie die Fläche A und die Länge der Umrißlinie L des Objekts sowie das als Formfaktor bezeichnete Verhältnis

$$c \doteq L^2 / A \qquad\qquad\qquad (3.94)$$

verwendet. Beispiele zeigt Bild 3.8c.

Auch wenn die in diesem Abschnitt erwähnten Merkmale nicht zu einer genügend zuverlässigen Entscheidung für genau eine Klasse ausreichen, sind sie oft hinreichend, um eine Vorauswahl von Klassen zu treffen, die dann mit zusätzlicher Information weiter bearbeitet werden.

Kennzahlen werden auch bei der Verarbeitung von Zeitfunktionen verwendet. Man gewinnt sie entweder direkt aus der Zeitfunktion $f(t)$ bzw. deren Abtastwerten f_j oder aber aus dem Spektrum von $f(t)$. Beispiele für den ersteren Fall sind die Häufigkeit von Nulldurchgängen, die Zeitabstände und Funktionsdifferenzen von

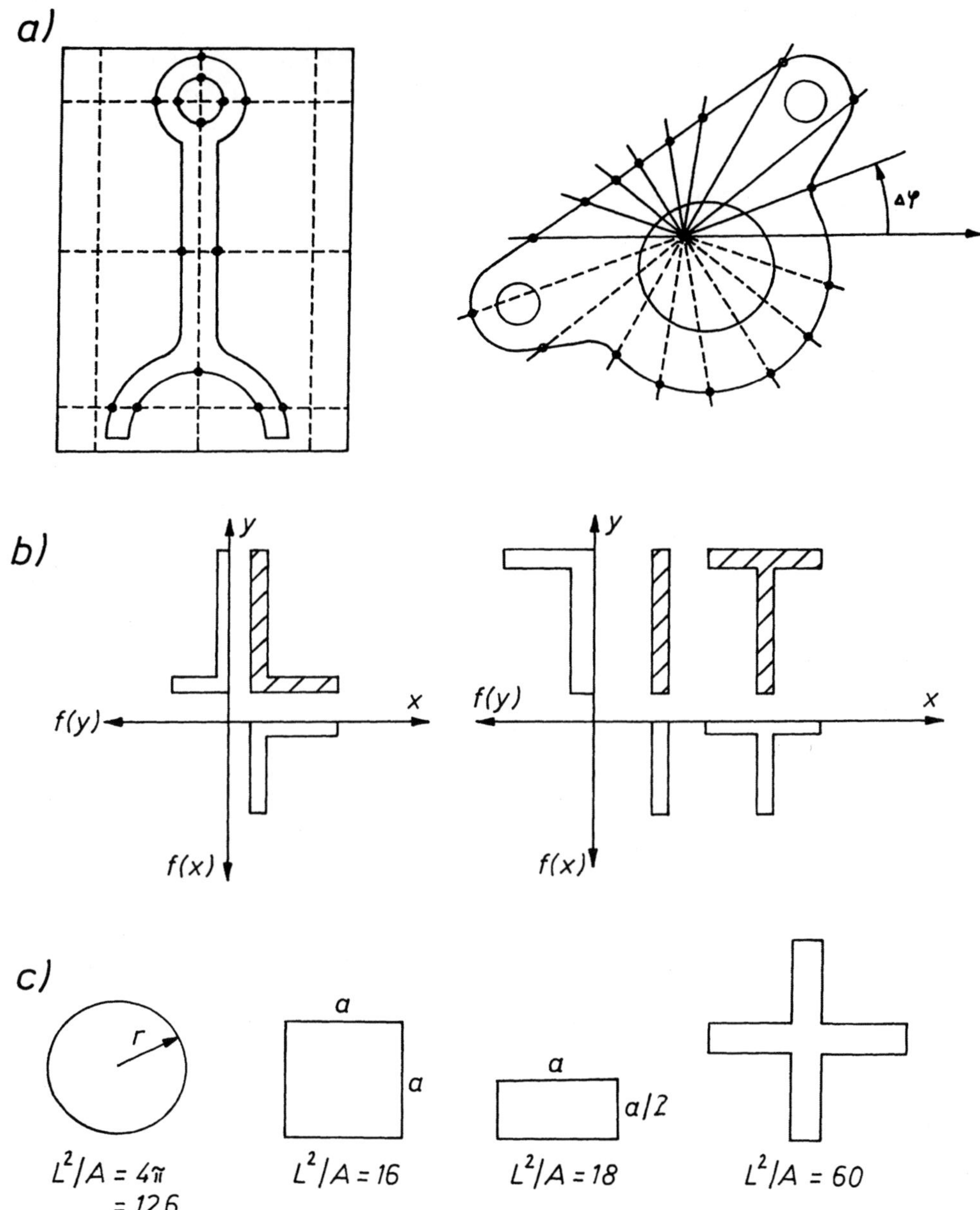

Bild 3.8   a)Verwendung von Testlinien, b)Projektion der Muster auf die Koordinaten-achsen, c)Formfaktor

relativen Extremwerten sowie Parameter von statistischen Eigenschaften der Funktionswerte wie Streuung, Schiefe oder Verteilungsdichte. Im zweiten Falle, also bei Verwendung des Spektrums, kommen abgesehen von der Häufigkeit der Nulldurchgänge im Prinzip die gleichen Kennzahlen zur Anwendung. Insbesondere bei Sprache wird oft das Modellspektrum verwendet, da es gegenüber dem FFT-Spektrum stark geglättet ist. Die relativen Extrema des Modellspektrums werden als Formanten bezeichnet und sind wichtig für die Unterscheidung von Vokalen. Dazu kommen Verhältnisse der Signalenergie in je zwei verschiedenen Frequenzbereichen und die Bestimmung der Sprachgrundfrequenz.

3.3 Analytische Methoden

3.3.1 Kriterien

Als analytische Methoden zur Gewinnung von Merkmalen werden hier solche bezeichnet, mit denen man nach Vorgabe eines Kriteriums zur Bewertung der Güte der Merkmale systematisch genau die n Merkmale c_ν, $\nu = 1,\ldots,n$ extrahieren kann, die das Kriterium maximieren (oder minimieren). Die Realisierung dieser Idee ist jedoch nur unter einschränkenden Annahmen möglich.

In Abschnitt 3.1 wurde der allgemeine Ansatz gemacht, daß Merkmale sich mit (3.1) aus einer Transformation

$$\underline{c} = T_r\{\underline{f}\}$$

ergeben. Nach Vorgabe eines Kriteriums ist die das Kriterium optimierende Transformation T zu bestimmen. Das ist aber (bisher?) nicht möglich, ohne die Klasse der zulässigen Transformationen einzuschränken. Mathematisch ist zur Zeit praktisch nur gemäß (3.5) die Klasse der linearen Transformationen

$$\underline{c} = \underline{\Phi} \cdot \underline{f}$$

untersucht worden, und auch hier werden ausschließlich diese behandelt. Die letzte Gleichung wurde bereits in Abschnitt 3.2.1 eingeführt, jedoch soll $\underline{\Phi}$ hier nicht notwendig eine Orthogonaltransformation kennzeichnen; allerdings werden nichtorthogonale Transformationen erst in Abschnitt 3.3.3 erörtert.

Eine analytische Methode zur Merkmalgewinnung erfordert demnach die Berechnung einer Matrix $\underline{\Phi}$, so daß die Merkmale $\underline{c} = \underline{\Phi}\underline{f}$ ein Gütekriterium optimieren. Es sind zwei Arten von Kriterien gebräuchlich:
1. Kriterien, welche auf Postulat 3 basieren, das heißt es werden quantitative

Ausdrücke zur Bewertung der Konzentration von Merkmalen einer Klasse und der Trennung von Merkmalen verschiedener Klassen angegeben.

2. Kriterien, welche auf der Fehlerwahrscheinlichkeit des Klassifikators oder einer Abschätzung derselben basieren.

Beispiele für diese Kriterien werden in den folgenden Abschnitten gegeben. Insbesondere für Kriterien der ersten Art lassen sich mit Hilfe orthonormaler Basisvektoren mathematisch geschlossene Lösungen zur Berechnung der Transformationsmatrix Φ angeben. Kriterien der zweiten Art sind dem Zweck des Klassifikationssystems direkt angepaßt und daher an sich eindeutig den ersteren vorzuziehen. Die tatsächliche Berechnung der Transformationsmatrix ist jedoch erheblich schwieriger und erfordert vielfach weitere einschränkende Annahmen.

3.3.2 Problemabhängige Reihenentwicklung

Wie in Abschnitt 3.2.1 beschränken wir uns in diesem Abschnitt auf lineare orthogonale Transformationen, das heißt das Muster wird nach einem orthonormalen Basisvektorsystem entwickelt. Im Unterschied zu Abschnitt 3.2.1 soll hier jedoch dasjenige System φ_ν, $\nu = 1,\ldots,n$ bestimmt werden, das ein geeignet gewähltes Kriterium optimiert. Es wird sich zeigen, daß in diesem Falle die Vektoren φ_ν von den Mustern selbst, genauer von einer Stichprobe ω von Mustern abhängen, also je nach Problem verschieden sind. Daher wird eine solche Entwicklung auch als problemabhängige Reihenentwicklung bezeichnet. Die im Abschnitt 3.2 vorgestellten Entwicklungen sind dagegen von den Mustern unabhängig, sie werden daher auch als problemunabhängige Entwicklungen bezeichnet.

Zunächst sind also geeignete Kriterien anzugeben, um ein 'optimales' Vektorsystem zu berechnen. Wenn man Muster ^jf entwickelt, so mag auf den ersten Blick der Erwartungswert des quadratischen Approximationsfehlers als geeignetes Kriterium erscheinen. Es wurde aber bereits darauf hingewiesen, daß es weniger auf gute Approximation als auf sichere Klassifikation ankommt. Daher wird dieses Kriterium hier nicht weiter betrachtet. Statt dessen werden, wie schon im vorigen Abschnitt erwähnt, Kriterien verwendet, die auf Postulat 3 von Abschnitt 1.3 beruhen. Da man den aus einem Muster extrahierten Merkmalvektor als Punkt im Merkmalsraum auffassen kann, ergibt eine Stichprobe ω von Mustern eine Punktmenge in diesem Raum. Postulat 3 besagt, daß die Punkte (Muster) der gleichen Klasse dicht beisammen liegen sollen, die verschiedener Klassen weit auseinander. Es ist intuitiv einleuchtend, daß die Klassifikation dann besonders einfach ist. Wenn man ein Abstandsmaß definiert, so lassen sich verschiedene Punktmengen quantitativ vergleichen und die beste - im Sinne von Postulat 3 - ermitteln.

Als Maß für den Abstand zweier Merkmalvektoren wird das Quadrat des Euklidischen Abstands gewählt. Damit werden die folgenden vier Kriterien zur Beurteilung einer Menge von Merkmalen $\{^j\underline{c} \mid j = 1,\ldots,N\}$ angegeben [3.23]:

1. Mittlerer quadratischer Abstand aller Merkmale von allen anderen, definiert durch

$$s_1 = N^{-2} \sum_{i=1}^{N} \sum_{j=1}^{N} (^i\underline{c} - {}^j\underline{c})_t (^i\underline{c} - {}^j\underline{c}) \quad . \tag{3.95}$$

2. Mittlerer quadratischer Abstand aller Merkmale $\{^j\underline{c}_\kappa \mid j = 1,\ldots,N_\kappa\}$ aus einer Klasse Ω_κ von den Merkmalen einer anderen Klasse Ω_λ (Interklassenabstand), definiert durch

$$s_2 = 2((k(k - 1))^{-1} \sum_{\kappa=2}^{k} \sum_{\lambda=1}^{\kappa-1} (N_\kappa N_\lambda)^{-1} \sum_{i=1}^{N_\kappa} \sum_{j=1}^{N_\lambda} (^i\underline{c}_\kappa - {}^j\underline{c}_\lambda)_t (^i\underline{c}_\kappa - {}^j\underline{c}_\lambda). \tag{3.96}$$

Mit der ersten Doppelsumme werden alle verschiedenen Paare von Klassen erfaßt, mit der zweiten alle Abstände zwischen je einem Merkmalvektor aus je einer Klasse des betreffenden Klassenpaares. Dabei ist k, wie üblich, die Zahl der Klassen.

3. Mittlerer quadratischer Abstand von Merkmalen der gleichen Klasse (Intraklassenabstand), definiert durch

$$s_3 = k^{-1} \sum_{\kappa=1}^{k} N_\kappa^{-2} \sum_{i=1}^{N_\kappa} \sum_{j=1}^{N_\kappa} (^i\underline{c}_\kappa - {}^j\underline{c}_\kappa)_t (^i\underline{c}_\kappa - {}^j\underline{c}_\kappa) \quad . \tag{3.97}$$

4. Als Kombination von s_2 und s_3 das Kriterium

$$s_4 = s_2 + \theta s_3 \quad , \tag{3.98}$$

wobei θ ein Lagrange Multiplikator ist.

Für die Klassifikation ist es günstig, wenn s_1 bzw. s_2 groß sind, wenn s_3 klein ist und wenn s_4 groß wird. Da $\underline{c}$ mit (3.5) von Φ abhängt, ist

$$s_1 = s_1(\Phi) \quad , \qquad 1 = 1,\ldots,4 \quad . \tag{3.99}$$

Gesucht wird die Transformationsmatrix $\underline{\Phi}^{(1)}$, die für eine vorgegebene Merkmalszahl, das heißt für ein bestimmtes n, s_1 optimiert. Zum Beispiel muß gelten, daß s_1 bezüglich Φ maximiert wird. Für die Berechnung der Transformationsmatrizen gilt:

<u>Satz 3.6:</u> Die Transformationsmatrix, die das Kriterium s_1, $1 = 1,2,3$ optimiert, werde mit $\underline{\Phi}^{(1)}$ bezeichnet. Man erhält $\underline{\Phi}^{(1)}$ indem man die Eigenvektoren $\underline{\varphi}_\nu^{(1)}$ einer geeigneten symmetrischen Kernmatrix $\underline{Q}^{(1)}$ berechnet, das heißt die Gleichung

$$\underline{Q}^{(1)} \underline{\varphi}_\nu^{(1)} = \lambda_\nu^{(1)} \underline{\varphi}_\nu^{(1)} \tag{3.100}$$

löst, wobei die $\lambda_\nu^{(1)}$ die Eigenwerte von $Q^{(1)}$ sind. Zur Maximierung von s_1 bzw. s_2 sind die n Eigenvektoren $\varphi_\nu^{(1)}$ bzw. $\varphi_\nu^{(2)}$ zu berechnen, die zu den n größten Eigenwerten $\lambda_\nu^{(1)}$ bzw. $\lambda_\nu^{(2)}$, $\nu = 1,\ldots,n$ der Kerne $Q^{(1)}$ bzw. $Q^{(2)}$ gehören. Zur Minimierung von s_3 sind entsprechend die zu den kleinsten Eigenwerten von $Q^{(3)}$ gehörigen Eigenvektoren zu bestimmen. Die so ermittelten n Eigenvektoren $\varphi_\nu^{(1)}$ werden den n Zeilen von $\underline{\Phi}^{(1)}$ zugeordnet, so daß

$$\underline{\Phi}^{(1)} = \begin{bmatrix} \varphi_{1t}^{(1)} \\ \varphi_{2t}^{(1)} \\ \vdots \\ \varphi_{nt}^{(1)} \end{bmatrix} \tag{3.101}$$

ist. Mit (3.5) ergeben sich dann aus einem Muster $^j\underline{f}$ n Merkmale $^jc_\nu$, $\nu = 1,\ldots,n$. Die Kerne sind definiert durch

$$Q^{(1)} = \underline{R} - \underline{m}\,\underline{m}_t \quad ,$$

$$\underline{R} = N^{-1} \sum_{j=1}^{N} {}^j\underline{f}\,{}^j\underline{f}_t \quad ,$$

$$\underline{m} = N^{-1} \sum_{j=1}^{N} {}^j\underline{f} \quad , \quad {}^j\underline{f}\in\omega \quad , \tag{3.102}$$

$$Q^{(2)} = k^{-1} \sum_{\kappa=1}^{k} \underline{R}_\kappa - (k(k-1))^{-1} \sum_{\kappa=2}^{k} \sum_{\lambda=1}^{\kappa-1} (\underline{m}_\kappa\underline{m}_{\lambda t} + \underline{m}_\lambda\underline{m}_{\kappa t})$$

$$\underline{R}_\kappa = N_\kappa^{-1} \sum_{j=1}^{N_\kappa} {}^j\underline{f}_\kappa\,{}^j\underline{f}_{\kappa t}$$

$$\underline{m}_\kappa = N_\kappa^{-1} \sum_{j=1}^{N_\kappa} {}^j\underline{f}_\kappa \quad , \quad {}^j\underline{f}_\kappa\in\omega_\kappa \quad , \tag{3.103}$$

$$Q^{(3)} = k^{-1} \sum_{\kappa=1}^{k} (\underline{R}_\kappa - \underline{m}_\kappa\underline{m}_{\kappa t}) \quad . \tag{3.104}$$

<u>Beweis:</u> Grundlage des Beweises ist die bekannte Tatsache, daß eine quadratische Form $\underline{x}_t Q\underline{x}$, in der $\underline{x}$ ein beliebiger Vektor und Q eine positiv definite symmetrische Matrix ist, dann ihren Maximalwert (bzw. Minimalwert) annimmt, wenn $\underline{x}$ der Eigenvektor ist, der zum größten (bzw. kleinsten) Eigenwert von Q gehört [3.2,S.291-299]. Der zweitgrößte (bzw. zweitkleinste) Wert wird angenommen, wenn man den zum zweitgrößten (bzw. zweitkleinsten) Eigenwert gehörigen Eigenvektor wählt. Wie in (3.8)

eingeführt, betrachten wir nur normierte Vektoren. Es bleibt also zu zeigen, daß s_1, s_2, s_3 die Ausnutzung dieser Eigenschaft gestatten. Dieses wird hier am Beispiel von s_2 gezeigt. Man kann das in Satz 3.6 enthaltene Ergebnis auch für kontinuierliche Funktionen $f(x)$ ableiten, wie es zum Beispiel auf S.101-109 von [1.19] gezeigt wird. Für einen Vektor $\underline{f}$ von Abtastwerten erhält man durch Einsetzen von (3.5) in (3.96).

$$s_2 = 2(k(k-1))^{-1} \sum_{\kappa=2}^{k} \sum_{\lambda=1}^{\kappa-1} (N_\kappa N_\lambda)^{-1} \sum_{i=1}^{N_\kappa} \sum_{j=1}^{N_\lambda}$$

$$({}^i\underline{f}_{\kappa t}\underline{\Phi}_t\underline{\Phi}\,{}^i\underline{f}_\kappa + {}^j\underline{f}_{\lambda t}\underline{\Phi}_t\underline{\Phi}\,{}^j\underline{f}_\lambda - {}^j\underline{f}_{\lambda t}\underline{\Phi}_t\underline{\Phi}\,{}^i\underline{f}_\kappa - {}^i\underline{f}_{\kappa t}\underline{\Phi}_t\underline{\Phi}\,{}^j\underline{f}_\lambda) \quad .$$

Mit der für symmetrische Matrizen $\underline{Q}$ gültigen Beziehung

$$\underline{x}_t\underline{Q}\underline{x} = Sp(\underline{Q}\underline{x}\underline{x}_t) \quad , \qquad (3.105)$$

wobei $Sp(\underline{A})$ die Spur der Matrix $\underline{A}$ ist, gilt

$$s_2 = 2(k(k-1))^{-1} \sum \sum (N_\kappa N_\lambda)^{-1} \sum \sum Sp$$

$$(\underline{\Phi}_t\underline{\Phi}({}^i\underline{f}_\kappa\,{}^i\underline{f}_{\kappa t} + {}^j\underline{f}_\lambda\,{}^j\underline{f}_{\lambda t} - {}^j\underline{f}_\lambda\,{}^i\underline{f}_{\kappa t} - {}^i\underline{f}_\kappa\,{}^j\underline{f}_{\lambda t})) \quad .$$

Berücksichtigt man, daß mit (3.103)

$$(N_\kappa N_\lambda)^{-1} \sum_{i=1}^{N_\kappa} \sum_{j=1}^{N_\lambda} {}^i\underline{f}_\kappa\,{}^i\underline{f}_{\kappa t} = N_\lambda^{-1} \sum_{j=1}^{N_\lambda} \underline{R}_\kappa = \underline{R}_\kappa \quad ,$$

$$(N_\kappa N_\lambda)^{-1} \sum_{i=1}^{N_\kappa} \sum_{j=1}^{N_\lambda} {}^i\underline{f}_\kappa\,{}^j\underline{f}_{\lambda t} = \underline{m}_\kappa\underline{m}_{\lambda t} \qquad (3.106)$$

ist, so vereinfacht sich s_2 zu

$$s_2 = 2(k(k-1))^{-1} \sum \sum Sp(\underline{\Phi}_t\underline{\Phi}(\underline{R}_\kappa + \underline{R}_\lambda - \underline{m}_\kappa\underline{m}_{\lambda t} - \underline{m}_\lambda\underline{m}_{\kappa t})) \quad .$$

Für die Matrix $\underline{\Phi}$ in (3.101) mit n Zeilen und M Spalten sowie für eine M · M Matrix $\underline{Q}$ gilt

$$Sp(\underline{\Phi}_t\underline{\Phi}\underline{Q}) = \sum_{\nu=1}^{n} \underline{\varphi}_{\nu t}\underline{Q}\underline{\varphi}_\nu \quad , \qquad (3.107)$$

was beispielsweise durch Vergleich der Summen auf der linken und rechten Seite dieser Beziehung leicht zu zeigen ist. Damit vereinfacht sich s_2 weiter zu

$$s_2 = \sum_{\nu=1}^{n} \underline{\varphi}_{\nu t}(2(k(k-1))^{-1} \sum_\kappa \sum_\lambda (\underline{R}_\kappa + \underline{R}_\lambda - \underline{m}_\kappa\underline{m}_{\lambda t} - \underline{m}_\lambda\underline{m}_{\kappa t}))\underline{\varphi}_\nu$$

Eine weitere Vereinfachung erhält man mit der Beziehung

$$\sum_{\kappa=2}^{k} \sum_{\lambda=1}^{\kappa-1} (\underline{R}_\lambda + \underline{R}_\kappa) = (k - 1) \sum_{\kappa=1}^{k} \underline{R}_\kappa \qquad . \tag{3.108}$$

Damit und mit der in (3.103) definierten Matrix $\underline{Q}^{(2)}$ ist

$$s_2 = 2 \sum_{\nu=1}^{n} \underline{\varphi}_{\nu t} \underline{Q}^{(2)} \underline{\varphi}_\nu \qquad . \tag{3.109}$$

Man sieht, daß $\underline{Q}^{(2)}$ symmetrisch ist und wegen der Definition von s_2 als Abstandsquadrat auch positiv definit ist. Damit ist gezeigt, daß s_2 aus n Summanden besteht, von denen jeder eine quadratische Form mit positiv definitem symmetrischen Kern ist. Aufgrund der erwähnten Eigenschaften solcher Formen wird s_2 dann maximiert, wenn man als Vektoren $\underline{\varphi}_\nu$, $\nu = 1,\ldots,n$ die n Eigenvektoren von $\underline{Q}^{(2)}$ wählt, die zu den n größten Eigenwerten gehören. Das ist aber gerade die Aussage von Satz 3.6. Eine ganz analoge Rechnung läßt sich für s_1 und s_3 durchführen. Damit ist der Satz 3.6 bewiesen.

Für einen Vektor $\underline{f}$ mit M Abtastwerten, wie in Abschnitt 2.1.1 ausgeführt, wird bei der Merkmalsgewinnung gemäß (3.5) stets $n \le M$ sein, das heißt man hat weniger Merkmale c_ν als Abtastwerte f_i. Ist die Zahl N der Stichprobenelemente $^j\underline{f}$ größer als die Zahl M der Abtastwerte und sind die Muster $^j\underline{f}$, $j = 1,\ldots,N$ linear unabhängig, so hat die M^2 Matrix $\underline{Q}^{(2)}$ den Rang M. Es ist bekannt, daß $\underline{Q}^{(2)}$ dann genau M verschiedene orthogonale Eigenvektoren $\underline{\varphi}_\nu$, $\nu = 1,\ldots,M$ hat, die auch problemlos numerisch zu berechnen sind [3.24]. Von diesen werden $n < M$ Eigenvektoren gemäß Satz 3.6 zur Merkmalgewinnung verwendet. Die Eigenvektoren seien wie in (3.8) normiert und die Eigenwerte so geordnet, daß $\lambda_1 \ge \lambda_2 \ge \ldots \ge \lambda_M$ ist. Der größte Wert von s_2 ist mit (3.109, 3.100)

$$s_{2max} = 2 \sum_{\nu=1}^{n} \lambda_\nu^{(2)} \qquad . \tag{3.110}$$

Eine entsprechende Gleichung erhält man für s_1, während der kleinste Wert für s_3 sich zu

$$s_{3min} = 2 \sum_{\nu=M-n+1}^{M} \lambda_\nu^{(3)} \tag{3.111}$$

ergibt. Zur Berechnung der Matrizen $\underline{Q}^{(1)}$ ist eine Stichprobe ω von Mustern erforderlich, deren Klassenzugehörigkeit für $\underline{Q}^{(2)}$ und $\underline{Q}^{(3)}$ bekannt sein muß, für $\underline{Q}^{(1)}$ dagegen nicht. Wegen der Abhängigkeit von $\underline{Q}^{(1)}$ und damit auch $\underline{\varphi}_\nu^{(1)}$ von ω werden diese orthonormalen Entwicklungen, wie anfangs erwähnt, auch als problemabhängig bezeichnet.

Man bezeichnet die durch $s_1, Q^{(1)}$ definierte lineare Transformation auch als diskrete Karhunen-Loeve Transformation oder Hauptachsentransformation. Außer der Maximierung von s_1 hat sie noch die Eigenschaften, daß die Entwicklungskoeffizienten c_ν unkorreliert sind und daß der mittlere quadratische Approximationsfehler minimiert wird [2.2,Sect.8.2-2, 3.25]. Oft wird, abweichend von (3.5), diese Transformation auch durch

$$^j\underline{c}' = \underline{\Phi}(^j\underline{f} - \underline{m}) = {}^j\underline{c} - \underline{\mu} \qquad (3.112)$$

definiert, wobei $\underline{m}$ der in (3.102) definierte Mittelwertsvektor der Stichprobe ist. Offensichtlich wird mit (3.112) die Punktmenge $\{^j\underline{c} \mid j = 1,\ldots,N\}$ lediglich um $\underline{\mu}$ verschoben, aber die relative Lage der Punkte zueinander bleibt unverändert. Zumindest für die Klassifikation sind (3.5) und (3.112) also äquivalent. Eine anschauliche Vorstellung von der Wirkung der Hauptachsentransformation gibt Bild 3.9.

Das Kriterium s_4 in (3.98) läßt sich so interpretieren, daß eine Transformationsmatrix $\underline{\Phi}$ gesucht wird, welche s_2 maximiert unter der Nebenbedingung s_3 = const. Dieses ist intuitiv eine vernünftige Forderung, da ein großer Wert von s_2, also ein großer Interklassenabstand, dann sinnlos ist, wenn gleichzeitig s_3, also der Intraklassenabstand, groß wird. Es sei angemerkt, daß bei Fehlen dieser Nebenbedingung

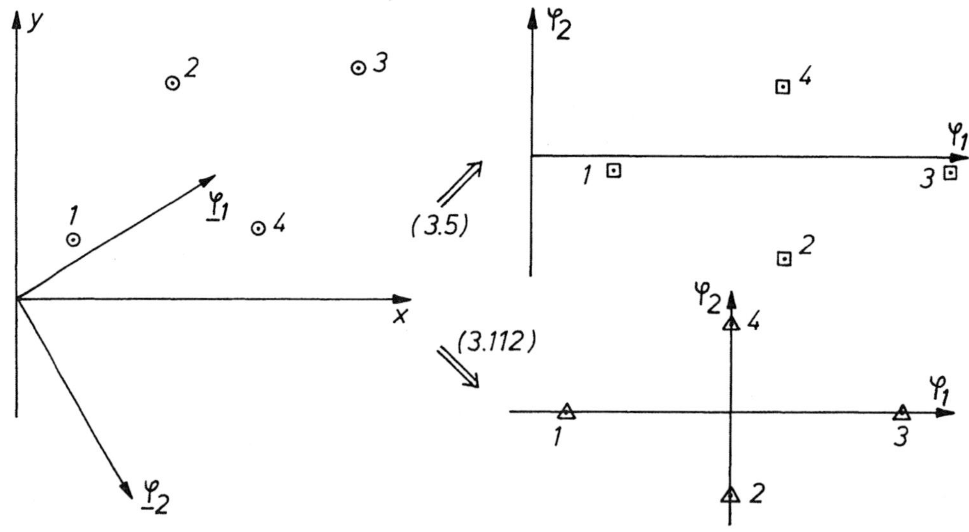

Bild 3.9   Hauptachsentransformation einer Punktmenge. Die Zahlen in Klammern verweisen auf Gleichungen im Text.

trotzdem die Triviallösung $s_2 \to \infty$ ausgeschlossen ist, da die φ_ν als normiert vorausgesetzt werden. Mit der Nebenbedingung $s_3 = $ const läßt sich zwar ohne weiteres
eine Beziehung wie in (3.109) mit dem Kern

$$Q^{(4)} = Q^{(2)} + \theta Q^{(3)} \tag{3.113}$$

ableiten, jedoch ist es nicht möglich, den Wert des Lagrange Multiplikators θ geschlossen zu berechnen. Man kann ihn jedoch näherungsweise ermitteln, indem man für
verschiedene Werte von θ die zugehörige Transformationsmatrix $\Phi^{(4)}$ gemäß Satz 3.6
bestimmt, ein Klassifikationssystem realisiert und die damit erreichbare Fehlerrate schätzt. Derjenige Wert von θ, der die kleinste Fehlerrate ergibt, wird für
die Merkmalsgewinnung verwendet. An einem Beispiel wurde in [3.26] gezeigt, daß
die Fehlerrate in Abhängigkeit von θ tatsächlich ein relatives Minimum aufweist,
das in Übereinstimmung mit der Anschauung bei negativen Werten von θ liegt.

Problemabhängige Entwicklungen in verschiedenen Modifikationen wurden für die
Mustererkennung schon relativ früh vorgeschlagen [3.25] und werden seitdem sowohl
theoretisch als auch experimentell immer wieder aufgegriffen, zum Beispiel in
[3.27-30]. Ein immer wieder bestätigtes Ergebnis ist, daß bei mehr als $n = 20$ bis
30 Merkmalen die Fehlerrate bei der Klassifikation kaum noch abnimmt und daß die
problemabhängigen Entwicklungen bei gleicher Merkmalszahl kleinere Fehlerraten
ergeben als die problemunabhängigen. Die verschiedenen Formen der problemabhängigen
Entwicklungen bieten Vorteile vor allem bei kleiner Anzahl von Merkmalen. Ein wichtiger Vorteil der genannten Entwicklungen ist - neben der Extraktion von nur wenigen aber wichtigen Merkmalen - daß die Merkmale gemäß (3.5) zumindest näherungsweise normalverteilt sind [3.23]. Wie in Kapitel 4 ausgeführt wird, sind Kenntnisse über die statistischen Eigenschaften der Merkmale Voraussetzung für den Einsatz statistischer Klassifikatoren.

Die obige Vorgehensweise hat engen Zusammenhang zur Diskriminanzanalyse, die
zum Beispiel in Sect.9.2 von [1.14] dargestellt wird. Neben anderen wird dort ein
Kriterium

$$s_5' = \mathrm{Sp}(Q_1^{-1} Q_5)$$
$$Q_1 = E\{(\underline{f} - E\{\underline{f}\})(\underline{f} - E\{\underline{f}\})_t\}$$
$$Q_5 = \sum_{\kappa=1}^{k} p_\kappa (E_\kappa\{\underline{f}\} - E\{\underline{f}\})(E_\kappa\{\underline{f}\} - E\{\underline{f}\})_t \tag{3.114}$$

verwendet. Dabei ist $E_\kappa\{\,\cdot\,\}$ der durch Ω_κ bedingte Erwartungswert. Offensichtlich
ist $Q^{(1)}$ in (3.102) ein Schätzwert für Q_1 und Q_5 ein ungefähres Maß für die Abstände der Klassen voneinander. Mit einer weiteren Matrix

$$Q_3 = \sum_{\kappa=1}^{k} p_\kappa E_\kappa \{(\underline{f} - E_\kappa\{\underline{f}\})(\underline{f} - E_\kappa\{\underline{f}\})_t\} \, , \tag{3.115}$$

für die $Q^{(3)}$ in (3.104) ein Schätzwert mit $p_\kappa = 1 \, / \, k$ ist, gilt

$$Q_1 = Q_3 + Q_5 \tag{3.116}$$

Damit läßt sich das Kriterium s_5' ähnlich deuten wie s_4. Ein großer Wert von s_5 wird erreicht, wenn Muster dicht beisammen liegen - dann ist $Sp(Q_1)$ klein - und die Klassen gut getrennt sind - dann ist $Sp(Q_5)$ groß und auch $Sp(Q_1^{-1}Q_5)$ groß. Mit einer linearen Transformation der Muster gemäß (3.5) erhält man Merkmale $\underline{c}$, für die sich entsprechend ein Kriterium s_5 angeben läßt, dessen Interpretation wie die von s_5' ist. Gesucht wird wieder die Transformationsmatrix, die s_5 maximiert. In [1.14] wird gezeigt, daß die Zeilen der Transformationsmatrix Φ die zu den n größten Eigenwerten gehörigen Eigenvektoren von $Q^{-1}Q_5$ sind. Vernachlässigt man Q_1^{-1}, setzt k = 2 und betrachtet nur skalare 'Muster' f, so geht (3.114) in (2.32) über.

3.3.3 Optimale lineare Transformationen

Unter dieser Überschrift fassen wir lineare Transformationen zusammen, die nicht notwendig auch orthogonal sind und die ein auf dem Klassifikationsrisiko basierendes Gütekriterium optimieren. Die bisherige Vorgehensweise, die Merkmalsgewinnung unabhängig vom Klassifikator betrachtete, ist nun nicht mehr möglich. Dafür ergibt sich der Vorteil, daß man Merkmale erhält, die speziell auf einen Klassifikatortyp zugeschnitten sind. Daher wird in [3.31] auch von 'klassifikatorbezogener Merkmalsauswahl' gesprochen. Da Klassifikatoren erst im nächsten Kapitel behandelt werden, ist hier ein Vorgriff auf dort abgeleitete Ergebnisse erforderlich. Danach ist der sogenannte Bayes-Klassifikator ein sehr allgemeines Konzept, das die Minimierung der mittleren Kosten oder des Risikos bei der Klassifikation erlaubt. Je nach Anwendungsfall kann man die Kosten unterschiedlicher Fehlklassifikationen und Rückweisungen geeignet wählen. Nach Kapitel 4 ist das minimale Risiko durch

$$V(\delta_0) = \sum_{\kappa=1}^{k} p_\kappa \sum_{\lambda=0}^{k} r(\Omega_\lambda \mid \Omega_\kappa) \int_{R_{\underline{c}}} p(\underline{c} \mid \Omega_\kappa)\delta_0(\Omega_\lambda \mid \underline{c})d\underline{c} \tag{3.117}$$

definiert, wobei die in dieser Gleichung auftretenden Größen ebenfalls in Kapitel 4 erläutert werden. Sind die Merkmale $\underline{c}$ mit (3.5) berechnet worden, so ist das Risiko eine Funktion von $\underline{\Phi}$, und das Problem besteht darin, die Transformationsmatrix $\underline{\Phi}$ zu berechnen, die das Risiko V minimiert. Man hätte dann eine optimale lineare Transformation zur Merkmalgewinnung. Im Prinzip ist auch eine nichtlineare Transformation von der Form

$$\underline{c} = \varphi(\underline{f},\underline{a}) \qquad (3.118)$$

möglich, in der φ eine parametrische Familie von Funktionen und $\underline{a}$ ein Parametervektor ist. In diesem Falle ist $\underline{a}$ so zu bestimmen, daß V minimiert wird. Bedingungen für die Existenz optimaler Parameter $\underline{a}$ werden in [3.32] abgeleitet. Diese Bedingungen sind so allgemein, daß sie als nicht kritisch zu betrachten sind. Das Problem liegt jedoch in der tatsächlichen Berechnung des Parametervektors $\underline{a}$ bzw. der Transformationsmatrix $\underline{\Phi}$. Selbst zur Berechnung der linearen Transformation sind weitere einschränkende Annahmen zu treffen. Eines der bei der Lösung auftretenden Probleme besteht darin, daß man die bedingte Dichte $p(\underline{f} \mid \Omega_\kappa)$ der Muster kennen oder ermitteln muß und daß man die zugehörige Dichte $p(\underline{c} \mid \Omega_\kappa)$ berechnen muß, wenn $\underline{c} = \underline{\Phi}\underline{f}$ ist. Diese Diskussion sollte die mit einem allgemeinen theoretischen Ansatz verbundenen Probleme aufzeigen. Der erforderliche Rechenaufwand ist so groß, daß bisher nur wenige Beispiele gerechnet wurden [3.31,33].

Wenn die Komponenten des Merkmalvektors $\underline{c}$ normalverteilt sind, erhält man als Prüfgrößen u'_κ des Klassifikators, der die Fehlerwahrscheinlichkeit minimiert

$$u'_\kappa(\underline{c}) = (\underline{c} - \underline{\mu}_\kappa)_t \underline{K}_\kappa^{-1}(\underline{c} - \underline{\mu}_\kappa) + \gamma_\kappa \ . \qquad (3.119)$$

Dabei sind $\underline{\mu}_\kappa$ und $\underline{K}_\kappa$ die durch Klasse Ω_κ, $\kappa = 1,...,k$ bedingten Mittelwerte und Kovarianzmatrizen der Merkmale. Der Klassifikator entscheidet sich für die Klasse mit minimaler Prüfgröße u'_κ. Eine Vereinfachung ergibt sich, wenn man die klassenspezifische Konstante γ_κ vernachlässigt. Die Prüfgrößen dieses in Kapitel 4 als modifizierter Minimumabstandsklassifikator (MMA) bezeichneten Klassifikators sind

$$u_\kappa(\underline{c}) = (\underline{c} - \underline{\mu}_\kappa)_t \underline{K}_\kappa^{-1}(\underline{c} - \underline{\mu}_\kappa) \ . \qquad (3.120)$$

Sie lassen sich als Abstandsquadrate zwischen dem Merkmal $\underline{c}$ und bedingten Mittelwerten (oder Klassenzentren) $\underline{\mu}_\kappa$ auffassen. Natürlich läßt sich der MMA auch anwenden, wenn die Merkmale nicht normalverteilt sind, jedoch wird seine Leistung dann im allgemeinen entsprechend geringer sein. Unabhängig von der Verteilungsdichte der $\underline{c}$ gilt als Verallgemeinerung der Tschebyscheff'schen Ungleichung [3.34]

$$P(u_\kappa \geq \alpha) < n / \alpha \quad , \qquad (3.121)$$

wobei n die Zahl der Komponenten von $\underline{c}$ ist. Diese Abschätzung der Wahrscheinlichkeit, daß u_κ eine vorgegebene Schranke α überschreitet, läßt sich zur Abschätzung der Fehlerwahrscheinlichkeit des MMA heranziehen, und damit hat man ein Kriterium

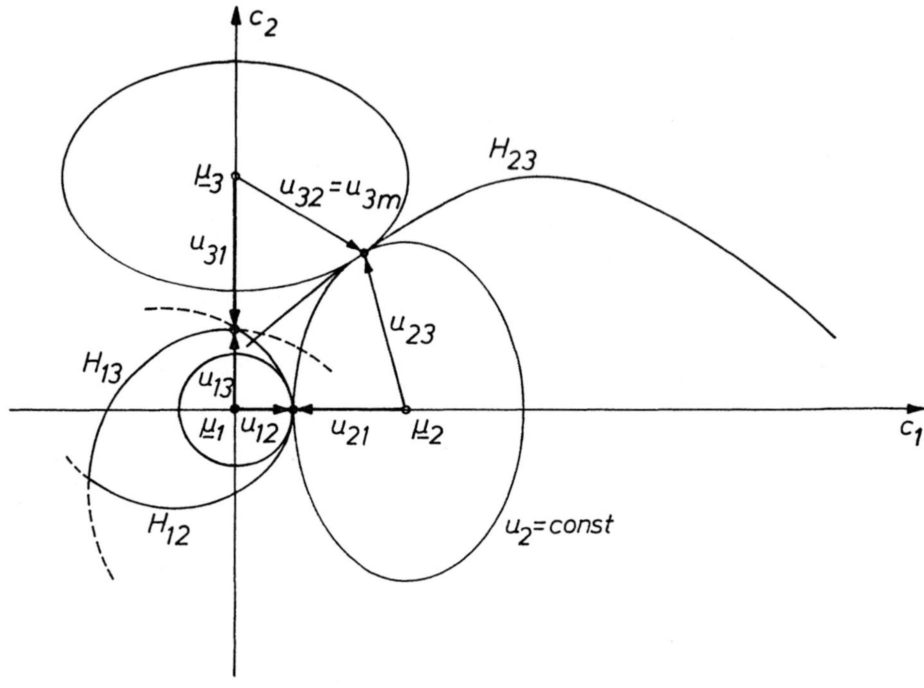

Bild 3.10   Klassengrenzen $H_{\kappa\lambda}$ eines Minimumabstandsklassifikators und Bedeutung der $u_{\kappa m}$ und $u_{\kappa\lambda}$ in (3.123) und (3.124). In diesem speziellen Fall ist $u_{21} = u_{23} = u_{2m}$, aber zum Beispiel $u_{12} < u_{13}$, also $u_{12} = u_{1m}$. Muster aus Ω_1, die innerhalb des Kreises mit Radius u_{1m} liegen, werden mit Sicherheit richtig klassifiziert.

zur Merkmalgewinnung. Im Merkmalsraum definiert α ein Hyperellipsoid mit dem 'Radius' α. Die durch den MMA bestimmte Grenze $H_{\kappa\lambda}$ zwischen zwei Klassen Ω_κ und Ω_λ ergibt sich aus der Gleichung

$$H_{\kappa\lambda} : (\underline{c} - \underline{\mu}_\kappa)_t \underline{K}_\kappa^{-1} (\underline{c} - \underline{\mu}_\kappa) = (\underline{c} - \underline{\mu}_\lambda)_t \underline{K}_\lambda^{-1} (\underline{c} - \underline{\mu}_\lambda) \quad . \tag{3.122}$$

Ein Beispiel für solche Klassengrenzen zeigt Bild 3.10. Man entnimmt dem Bild, daß ein Muster aus Ω_2 mit Sicherheit richtig klassifiziert wird, wenn es innerhalb der Ellipse, welche die Klassengrenze H_{12} zwischen Ω_1 und Ω_2 berührt, liegt. Auf dieser Ellipse ist u_2 = const. Definiert man allgemein eine Konstante $u_{\kappa\lambda}$ als kleinsten Abstand aller Punkte auf der Klassengrenze $H_{\kappa\lambda}$ vom Mittelwert $\underline{\mu}_\kappa$, so wird ein Muster aus Ω_κ mit Sicherheit richtig klassifiziert, wenn es innerhalb des Ellipsoids mit dem Radius

$$u_{\kappa m} = \min_{\lambda \neq \kappa} u_{\kappa\lambda} \tag{3.123}$$

liegt. Die Zahlen $u_{\kappa\lambda}$ erhält man aus

$$u_{\kappa\lambda} = \min_{\{\underline{c} \in H_{\kappa\lambda}\}} u_\kappa \quad ; \quad \lambda = 1,\ldots,k; \lambda \neq \kappa \quad . \tag{3.124}$$

Die Wahrscheinlichkeit $p_{f\kappa}$, daß man Muster aus der Klasse Ω_κ falsch klassifiziert, ist also sicher nicht größer als die Wahrscheinlichkeit, daß Muster außerhalb der Ellipse mit Radius $u_{\kappa m}$ liegen. Damit erhält man mit (3.121) als Abschätzung der bedingten Fehlerwahrscheinlichkeit des MMA [3.35].

$$p_{f\kappa} \leq P(u_\kappa > u_{\kappa m}) < n \,/\, u_{\kappa m} \quad , \qquad p_{f\kappa} < n \,/\, u_{\kappa m} \quad . \tag{3.125}$$

Ein geeignetes Kriterium zur Beurteilung der Güte von Merkmalen, die mit einem MMA klassifiziert werden, ist demnach

$$s_6 = \sum_{\kappa=1}^{k} p_\kappa \, n \,/\, u_{\kappa m} \quad . \tag{3.126}$$

Gesucht ist die Transformationsmatrix $\underline{\Phi}$, welche s_6 minimiert, und im folgenden wird gezeigt, wie $\underline{\Phi}$ zu berechnen ist.

Zunächst überzeugt man sich leicht, daß die Größen u_κ ($\underline{c}$) in (3.120) invariant gegenüber einer linearen Transformation der Merkmale $\underline{c}$ mit einer regulären Matrix sind. Ist $\underline{\Phi}$ eine Matrix, die s_6 minimiert, so erhält man Merkmale aus

$$\underline{c} = \underline{\Phi}\underline{f} \quad .$$

Ist $\underline{B}$ eine reguläre n^2 Matrix, so ergibt sich für Merkmale

$$\underline{c}' = \underline{B}\underline{c} = \underline{B}\underline{\Phi}\underline{f} = \underline{\tilde{\Phi}}\underline{f} \tag{3.127}$$

der gleiche Wert von u_κ und damit von s_6 wie für Merkmale $\underline{c}'$; das heißt, auch $\underline{\tilde{\Phi}}$ ist eine optimale Matrix. Wenn die n Zeilen von $\underline{\Phi}$ linear unabhängig sind, definiert man eine Matrix $\underline{B}^{-1}$, welche zum Beispiel die ersten n Spalten von $\underline{\Phi}$ enthält. Dann gilt

$$\begin{aligned}
\underline{\tilde{\Phi}} = \underline{B}\underline{\Phi} &= \underline{B}[\underline{B}^{-1}, \underline{\Phi}_{Rest}] \\
&= [\underline{I}_n, \underline{B} \cdot \underline{\Phi}_{Rest}] \\
&= \begin{bmatrix} 1 & 0 & \cdots & 0 & \varphi_{1,n+1} & \cdots & \varphi_{1M} \\ 0 & 1 & & & \varphi_{2,n+1} & \cdots & \varphi_{2M} \\ & & \cdots & & & & \\ 0 & & \cdots & 1 & \varphi_{n,n+1} & \cdots & \varphi_{nM} \end{bmatrix}
\end{aligned} \tag{3.128}$$

Zu einer Lösung $\underline{\Phi}$, die s_6 in (3.126) minimiert, läßt sich also eine äquivalente Matrix $\underline{\tilde{\Phi}}$ angeben, die ebenfalls s_6 minimiert, aber statt nM unbekannter Elemente nur n(M - n) unbekannte Elemente enthält. Statt der Matrix $\underline{\Phi}$ wird man also direkt $\underline{\tilde{\Phi}}$ bestimmen. In [3.31,36] wird diese Vorgehensweise ausführlicher und allgemeiner begründet.

Die Berechnung der Matrix $\underline{\tilde{\Phi}}$ kann im Prinzip mit den bekannten Optimierungsverfahren durchgeführt werden. Als Beispiel wird hier der Koordinatenabstieg verwendet. Dabei wird in einem Optimierungsschritt nur das Minimum von s_6 bezüglich eines Elementes φ_{ij} von $\underline{\tilde{\Phi}}$ (oder bezüglich einer Koordinate) bestimmt. Alle Elemente φ_{ij}, i = 1,...,n und j = n + 1,...,M werden in fester Reihenfolge so oft durchlaufen, bis das Kriterium s_6 sich nicht mehr verringert, also ein relatives Minimum gefunden wurde. Die Bestimmung des Minimums von s_6 bezüglich einer Koordinate erfolgt näherungsweise, indem man das betrachtete Element φ_{ij} versuchsweise vergrößert und verkleinert und die dadurch verursachte Änderung von s_6 untersucht. Der folgende Algorithmus zur Berechnung von $\underline{\tilde{\Phi}}$ wurde in [3.31] entwickelt.

Algorithmus zur Bestimmung von $\underline{\tilde{\Phi}}$ in (3.128) zur linearen Merkmalgewinnung gemäß $\underline{c} = \underline{\tilde{\Phi}}f$. Es ist dim $(\underline{c})$ = n und dim $(\underline{f})$ = M. Weiterhin sei $\underline{m}_\kappa = E_\kappa\{\underline{f}\}$ und $\underline{L}_\kappa = E_\kappa\{(\underline{f} - \underline{m})(\underline{f} - \underline{m})_t\}$.

1. Anfangswert $\underline{\tilde{\Phi}}^{(0)}$ von $\underline{\tilde{\Phi}}$ ist

$$\underline{\tilde{\Phi}}^{(0)} = [\underline{I}_n,\underline{0}] \tag{3.129}$$

2. Führe die folgenden Schritte für i = 1,2,...,n und j = n + 1, n + 2,...,M aus:

3. Der Iterationsschritt ist l = i + (j - n - 1)n - 1.

4. $\underline{c} = \underline{\tilde{\Phi}}^{(1)}\underline{f}$; $\underline{\mu}_\kappa = \underline{\tilde{\Phi}}^{(1)}\underline{m}_\kappa$; $\underline{K}_\kappa = \underline{\Phi}^{(1)}\underline{L}_\kappa\underline{\Phi}_t^{(1)}$

5. Berechne $u_{\kappa\lambda}$ gemäß (3.124), siehe dazu den unten angegebenen Algorithmus, $\kappa,\lambda = 1,...,k$.

6. Berechne $u_{\kappa m}$ gemäß (3.123).

7. Berechne $s_6 = s_6(\underline{\tilde{\Phi}}^{(1)})$ gemäß (3.126)

8. Ersetze φ_{ij} in $\underline{\tilde{\Phi}}^{(1)}$ durch φ_{ij} + mh mit m = $\pm$ 1 und h = const und bezeichne die so entstehende Matrix mit $\underline{\tilde{\Phi}}_m^{(1)}$.

9. Ist $s_6(\underline{\tilde{\Phi}}_0^{(1)}) \leq s_6(\underline{\tilde{\Phi}}_{\pm 1}^{(1)})$, so wähle im Schritt 1 die Matrix $\underline{\tilde{\Phi}}^{(1)}$.

10. Ist $s_6(\underline{\tilde{\Phi}}_1^{(1)}) < s_6(\underline{\tilde{\Phi}}_{-1}^{(1)})$, so berechne $s_6(\underline{\tilde{\Phi}}_m^{(1)})$ für m = 1,2,...,L und wähle im Schritt 1 die Matrix, die s_6 minimiert.

11. Ist $s_6(\underline{\tilde{\Phi}}_{-1}^{(1)}) \leq s_6(\underline{\tilde{\Phi}}_1^{(1)})$, so berechne $s_6(\underline{\tilde{\Phi}}_m^{(1)})$ für m = -1,-2,...,-L und wähle im Schritt 1 die Matrix, die s_6 minimiert.

Obiger Algorithmus durchläuft die Matrixelemente nur einmal, um die Rechenzeit zu begrenzen; im Prinzip sind mehrere Durchläufe möglich. Für die Konstanten h und L wurden in [3.31] empirisch die Werte h = 0,1 und L = 10 ermittelt. Ein

Problem ist noch die Berechnung der $u_{\kappa\lambda}$ in Nr.5 des Algorithmus. Diese ist mit der Methode der projizierten Gradienten möglich [3.37]. Das Verfahren wird zunächst informell an Bild 3.11 erläutert. Es wird ein Startpunkt $\underline{c}_0$ auf der Klassengrenze $H_{\kappa\lambda}$ bestimmt, den man zum Beispiel als Schnittpunkt der Verbindungsgeraden zwischen $\underline{\mu}_\kappa$ und $\underline{\mu}_\lambda$ mit $H_{\kappa\lambda}$ wählen kann. Dann wird ein Punkt $\underline{c}_0'$ ermittelt, der in der Hyperebene liegt, welche $H_{\kappa\lambda}$ in $\underline{c}_0$ berührt, und zwar wird $\underline{c}_0'$ nur auf der Geraden gesucht, die durch Projektion des Gradienten von $u_\kappa(\underline{c})$ auf diese Hyperebene definiert ist. Der so eingeschränkte Punkt $\underline{c}_0'$ muß $u_\kappa(\underline{c})$ in (3.120) minimieren, das heißt er liegt in Richtung der negativen Projektion des Gradienten. Schließlich wird ein Punkt $\underline{c}_1$ als Schnittpunkt der Verbindungsgeraden zwischen c_0' und $\underline{\mu}_\kappa$ mit $H_{\kappa\lambda}$ bestimmt. Dieser Punkt $\underline{c}_1$ liegt also auf der Klassengrenze $H_{\kappa\lambda}$ und es ist $u_\kappa(\underline{c}_1) \leq u_\kappa(\underline{c}_0)$. Da es Fälle geben kann, in denen ein solcher Schnittpunkt nicht existiert, wird die Rechnung sowohl für $\underline{\mu}_\kappa$, $u_\kappa(\underline{c})$ als auch $\underline{\mu}_\lambda$, $u_\lambda(\underline{c})$ ausgeführt, da wenigstens bei einem Rechengang eine Lösung $\underline{c}_1$ existiert. Gibt es in jedem Rechengang einen Schnittpunkt, so wird der gewählt, der den kleinsten Wert für u_κ liefert. Im Bild sind diese beiden Punkte mit c_1^1 und c_1^2 bezeichnet. Das Verfahren ist deshalb möglich, weil die Minimierung von $u_\kappa(\underline{c})$ und $u_\lambda(\underline{c})$ mit der gemeinsamen Nebenbedingung (3.122) die gleiche Lösung ergibt. Die erforderlichen Schritte zu Nr.5 des obigen Algorithmus sind die folgenden:

Algorithmus zur Bestimmung der $u_{\kappa\lambda}$ gemäß (3.124) nach der Methode der projizierten Gradienten.

5.1 Zur Bestimmung des Startpunktes $\underline{c}_0$ wird zunächst die Verbindungsgerade zwischen

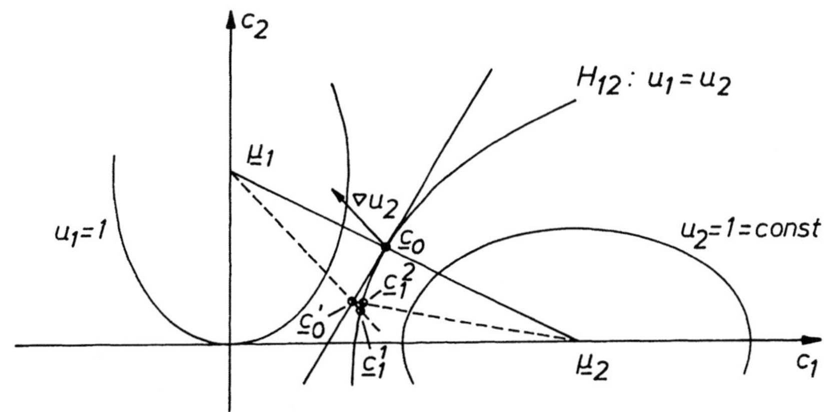

Bild 3.11   Zur Methode der projizierten Gradienten. Die Trennlinie H_{12} wurde hier nicht maßstäblich gezeichnet, da nur das Prinzip verdeutlicht werden soll

122

$\mathbf{\mu}_\kappa$ und $\mathbf{\mu}_\lambda$ angegeben. Sie hat die Gleichung

$$\mathbf{c}(\theta) = \mathbf{\mu}_\kappa + \theta(\mathbf{\mu}_\lambda - \mathbf{\mu}_\kappa) \qquad . \qquad (3.130)$$

Um den Schnittpunkt dieser Geraden mit der Klassengrenze $H_{\kappa\lambda}$ zu berechnen, setzt man (3.130) in (3.122) ein und löst die quadratische Gleichung

$$\theta^2 \mathbf{a}_t(\mathbf{K}_\kappa^{-1} - \mathbf{K}_\lambda^{-1})\mathbf{a} + 2\theta \mathbf{a}_t \mathbf{K}_\lambda^{-1}\mathbf{a} - \mathbf{a}_t \mathbf{K}_\lambda^{-1}\mathbf{a} = 0 \quad \text{mit} \quad \mathbf{a} = \mathbf{\mu}_\lambda - \mathbf{\mu}_\kappa \qquad (3.131)$$

nach θ auf. Die reelle Lösung θ_1 mit $0 < \theta_1 < 1$ ergibt mit (3.130) den Startpunkt

$$\mathbf{c}_0 = \mathbf{c}(\theta_1) = \mathbf{\mu}_\kappa + \theta_1(\mathbf{\mu}_\lambda - \mathbf{\mu}_\kappa). \qquad (3.132)$$

5.2 Der Gradient der zu minimierenden Funktion u_κ im Punkt $\mathbf{c}_0$ ist

$$\text{grad } u_\kappa(\mathbf{c}_0) = 2\mathbf{K}_\kappa^{-1}(\mathbf{c}_0 - \mathbf{\mu}_\kappa) \qquad . \qquad (3.133)$$

5.3 Die Projektion des Gradienten auf die Hyperebene, welche $H_{\kappa\lambda}$ in $\mathbf{c}_0$ berührt, erhält man aus

$$\mathbf{r} = \mathbf{P} \cdot \text{grad } u_\kappa(\mathbf{c}_0) \qquad . \qquad (3.134)$$

Dabei ist $\mathbf{P}$ die Projektionsmatrix

$$\mathbf{P} = \mathbf{I} - \mathbf{n}\mathbf{n}_t / (\mathbf{n}_t\mathbf{n}) \qquad , \qquad (3.135)$$

und $\mathbf{n}$ ist der Normalenvektor der Hyperebene

$$\mathbf{n} = 2\mathbf{K}_\kappa^{-1}(\mathbf{c}_0 - \mathbf{\mu}_\kappa) - 2\mathbf{K}_\lambda^{-1}(\mathbf{c}_0 - \mathbf{\mu}_\lambda) \qquad . \qquad (3.136)$$

5.4 Man bestimme nun das Minimum von $u_\kappa(\mathbf{c}_0 + \theta\mathbf{r})$, indem man die Gleichung

$$du_\kappa(\mathbf{c}_0 + \theta\mathbf{r}) / d\theta = 0 \qquad (3.137)$$

nach θ auflöst. Man erhält die Gleichung

$$\theta_0 = \mathbf{r}_t \mathbf{K}_\kappa^{-1}(\mathbf{c}_0 - \mathbf{\mu}_\kappa) / (\mathbf{r}_t \mathbf{K}_\kappa^{-1}\mathbf{r}) \qquad . \qquad (3.138)$$

5.5 Mit θ_0 ergibt sich der gesuchte Lösungspunkt $\mathbf{c}'$ zu

$$\mathbf{c}_0' = \mathbf{c}_0 + \theta_0\mathbf{r} \qquad . \qquad (3.139)$$

5.6 Nun wird der neue Punkt $\mathbf{c}_1$ auf der Klassengrenze $H_{\kappa\lambda}$ bestimmt. Man erhält ihn entsprechend dem Verfahren in Schritt 5.1, wenn man $\mathbf{\mu}_\lambda$ durch $\mathbf{c}_0'$ ersetzt.

5.7 Die Rechnungen ab Schritt 5.1 werden auch für $u_\lambda(\underline{c})$ durchgeführt.

5.8 Von den in beiden Rechnungsgängen gewonnenen Punkten $\underline{c}_1$ wird der ausgewählt, der $u_\kappa(\underline{c}_1)$ minimiert.

5.9 Die Schritte 5.1-8 werden wiederholt, bis sich $u_\kappa(\underline{c})$ kaum noch verändert. Der zugehörige Punkt auf der Klassengrenze $H_{\kappa\lambda}$ sei $\underline{c}^*$. Dann gilt in (3.124)

$$u_{\kappa\lambda} = u_\kappa(\underline{c}^*) \quad \text{und} \quad u_{\lambda\kappa} = u_\lambda(\underline{c}^*) \quad . \tag{3.140}$$

Es wurde bereits erwähnt, daß die Matrix $\tilde{\Phi}$ in (3.128) $n(M - n)$ unbekannte Elemente enthält. Um diese Zahl zu reduzieren, kann man statt des Musters $\underline{f}$ mit M Koeffizienten auch eine Approximation von f mit $M' < M$ Koeffizienten verwenden. Dafür bietet sich zum Beispiel die Karhunen-Loeve oder Hauptachsentransformation an, die im vorigen Abschnitt definiert wurde. Das hat den weiteren Vorteil, daß diese Koeffizienten näherungsweise normalverteilt und daher für den MMA besser geeignet sind als das ursprüngliche Muster $\underline{f}$. Zwar wurde hier explizit nur der MMA diskutiert. Es ist aber offensichtlich, daß die Schritte 8. bis 11. des Algorithmus auf jeden Klassifikator anwendbar sind. Die Abschätzung s_6 ist durch eine geeignete andere zu ersetzen, beispielsweise eine direkte Schätzung der Fehlerwahrscheinlichkeit wie in (3.149,150). Sicherlich ist der Rechenaufwand erheblich, aber das, was praktisch berechenbar ist, hängt vor allem vom Stand der Rechnertechnologie ab, die ständig verbessert wird.

3.3.4 Bemerkungen

Die Idee, Merkmale zu bestimmen, welche die Fehlerwahrscheinlichkeit minimieren, ist zunächst äußerst attraktiv. Der Algorithmus zur Bestimmung solcher Merkmale für den MMA gibt einen Eindruck von dem dafür erforderlichen Rechenaufwand und den daraus resultierenden praktischen Grenzen. Der Rechenaufwand für lineare Transformationen zur Merkmalgewinnung ist für die Fourier- und Walsh-Transformation in Abschnitt 3.2.2,3 am geringsten, da es schnelle Algorithmen dafür gibt und die Transformationsmatrix für alle Problemkreise dieselbe ist (bei festem M). Für die Hauptachsentransformation und ähnliche problemabhängige Verfahren in Abschnitt 3.3.2 gibt es keine schnellen Algorithmen und die Transformationsmatrix Φ muß für jeden Problemkreis neu berechnet werden; der Rechenaufwand vergrößert sich, bleibt aber unproblematisch, solange man einfache Muster klassifizieren will, bei denen die Zahl der Abtastwerte bei etwa M = 300 bis 600 liegt. Bei den optimalen Transformationen von Abschnitt 3.3.3 wird die Berechnung der Transformationsmatrix zu einem echten Problem aufgrund der Rechenzeit, obwohl man diese Berechnung für jedes

System nur einmal vorweg durchzuführen hat. Die Untersuchungen [3.31] zeigen aber, daß der Rechenaufwand für den MMA durchaus beherrschbar ist und daß die so gewonnenen Merkmale besser sind als die aus einer Hauptachsentransformation erhaltenen.

Ein experimenteller Vergleich von verschiedenen Transformationen kann durchgeführt werden, indem man für eine Stichprobe ω von Mustern verschiedene Verfahren der Merkmalgewinnung realisiert und mit Hilfe eines Klassifikators die erreichbare Fehlerwahrscheinlichkeit schätzt. Das Ergebnis eines solchen Vergleichs zeigt Bild 3.12a für eine Stichprobe mit etws 22.000 handgedruckten Ziffern der Klassen '0' bis '9'. Die Ziffern wurden in einem 16 x 12 Raster größennormiert dargestellt und zufällig in eine Lernstichprobe von etwa 10.000 und eine Teststichprobe von etwa 12.000 Mustern zerlegt. In Bild 3.12b ist das Ergebnis für eine Stichprobe mit etwa 15.000 isoliert gesprochenen Ziffern der Klassen 'null' bis 'neun' dargestellt. Die gesprochenen Ziffern waren als 14 x 20 Matrix in vorverarbeiteter Form gegeben, wobei die 14 Zeilen der Matrix Energieanteile je eines Terz-Bandfilters enthalten und die 20 Spalten eine Unterteilung der Dauer des Wortes in 20 gleichlange Zeitabschnitte ergeben [3.38]. Auch hier wurde eine Lernstichprobe mit etwa 10.000 und eine Teststichprobe mit etwa 5.000 Mustern gebildet. Das Klassifikationssystem wurde mit der Lernstichprobe dimensioniert, Fehlerraten mit der Teststichprobe ermittelt. Als Klassifikator wurde der in Abschnitt 4.1.6 beschriebene optimale Klassifikator für normalverteilte Merkmale verwendet. Mit FOU-2D bzw. WAL-2D werden Merkmale gemäß (3.19) bzw. (3.52) bezeichnet, die man aus der zweidimensionalen Fourier bzw. Walsh Transformation erhält. Aus den Koeffizientenmatrizen wurden die ersten n ausgewählt, die man erhält, wenn man $45°$ Geraden vom linken senkrechten zum oberen waagerechten Matrixrand legt, so daß die erste Gerade den Koeffizienten a_{11}, die zweite a_{21} und a_{12}, die dritte a_{31}, a_{22}, a_{13} usw. abgrenzt. Eine Merkmalsbewertung und -auswahl mit den Methoden von Abschnitt 3.4 wurde absichtlich nicht vorgenommen. Mit OR1 werden in Bild 3.12 Merkmale bezeichnet, die s_1 in (3.95) maximieren, d. h. es ist die bekannte Karhunen-Loeve (KL) Transformation, und mit DIN bzw. MMA werden Merkmale bezeichnet, die die mittlere Divergenz (3.161) maximieren [3.39] bzw. s_6 in (3.126) minimieren. Bei MMA und DIV Merkmalen wurde, wie in Abschnitt 3.3.3 erwähnt, eine KL Transformation vorgeschaltet, das heißt statt der Abtastwerte $\underline{f}$ wurden in (3.5) die ersten 70 Koeffizienten der KL Transformation genommen.

Sicherlich kann ein experimenteller Vergleich keine allgemeine Aussage über die Güte von Verfahren zur Merkmalgewinnung liefern, aber die Ergebnisse an den beiden umfangreichen Stichproben geben einen Eindruck von den Grenzen und relativen Vorteilen der beiden Verfahren.

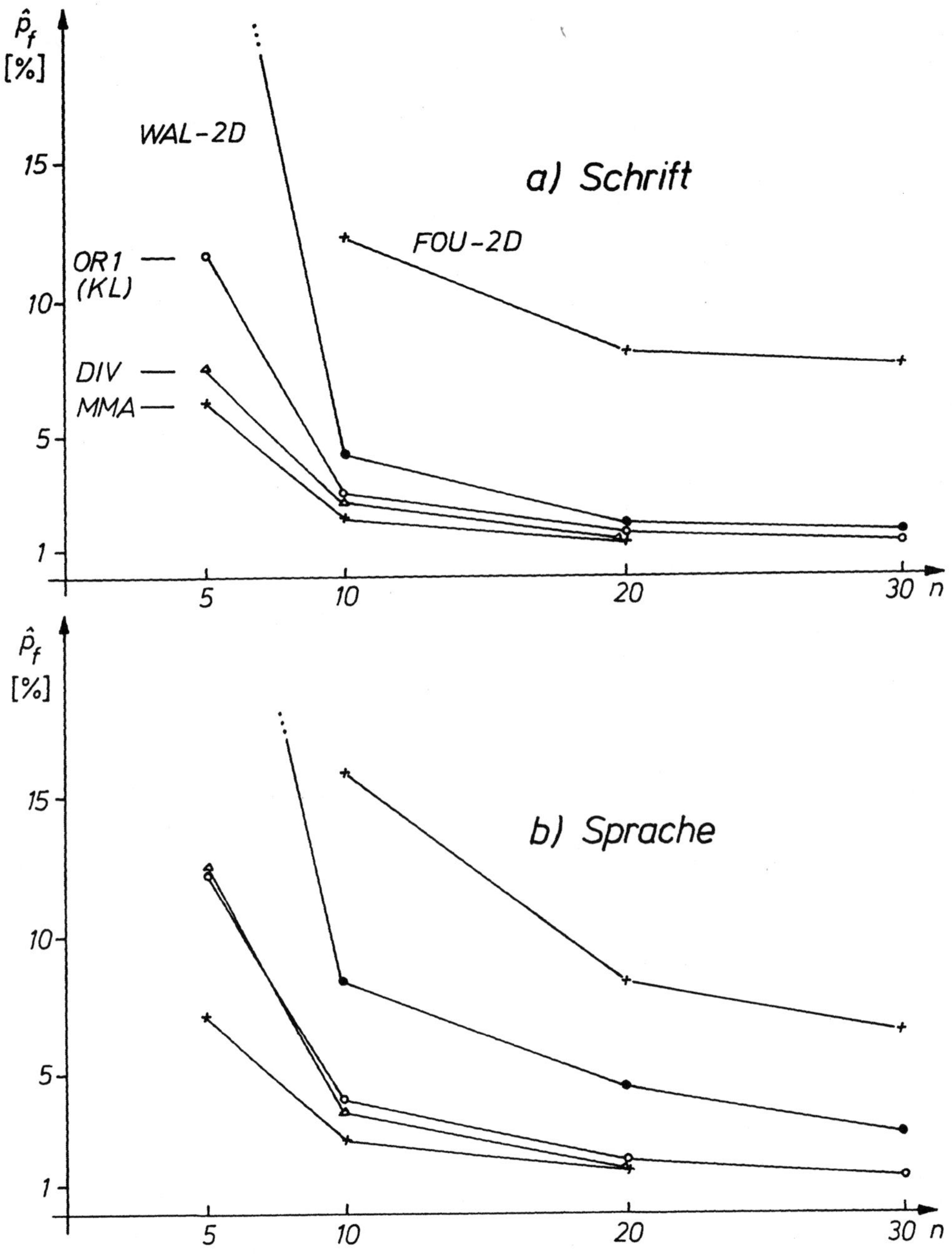

Bild 3.12   a)Klassifikation handgedruckter Ziffern mit einigen der im Text er-
läuterten Verfahren zur Merkmalgewinnung, wobei n die Zahl der Merkmale und p_f die
Fehlerrate ist. b)Klassifikation isoliert gesprochener Ziffern mit verschiedenen
Merkmalen. – Für die Überlassung der dabei verwendeten Daten wird Herrn Prof.
Schürmann, Forschungsinstitut der AEG-Telefunken in Ulm, sehr herzlich gedankt.

3.4 Merkmalbewertung und -auswahl

3.4.1 Anliegen und Probleme

Mit den heuristischen Verfahren des Abschnitts 3.2 ist es relativ leicht möglich, eine große Zahl n' von Merkmalen zu erzeugen. Der Aufwand für die Klassifikation steigt mit der Zahl dieser Merkmale an. Das ist intuitiv unmittelbar klar und geht auch aus den speziellen Klassifikationsverfahren von Kapitel 4 hervor. Außerdem verursacht auch die Gewinnung jedes einzelnen Merkmals einen gewissen Aufwand. Aus diesen Gründen wird man stets bestrebt sein, daß die Zahl n < n' der tatsächlich verwendeten Merkmale so klein wie möglich ist, damit der Gesamtaufwand für die Klassifikation in erträglichen Grenzen bleibt. Damit ergibt sich die Aufgabe, aus einer Menge mit n' vorgegebenen Merkmalen eine Untermenge mit n 'möglichst geeigneten' Merkmalen auszuwählen.

Eine 'beste' Untermenge hat die Eigenschaft, daß es keine andere Untermenge mit höchstens genau so vielen Merkmalen gibt, wobei die Merkmale dieser anderen Untermenge eine Klassifikation mit geringerer Fehlerwahrscheinlichkeit erlauben. Aus zwei Gründen, die in den folgenden beiden Absätzen erläutert werden, ist es im allgemeinen nicht möglich, diese beste Untermenge zu bestimmen. Daher muß man sich mit suboptimalen Ansätzen begnügen oder mit 'möglichst geeigneten' Merkmalen. Ein einwandfreies Kriterium zur Messung der Güte von Merkmalen ist die in einem bestimmten Klassifikationssystem erreichte Fehlerwahrscheinlichkeit, wie auch in Abschnitt 3.3.1 ausgeführt wurde. Um den Aufwand bei der Merkmalauswahl zu reduzieren, werden jedoch meistens Kriterien oder Gütemaße verwendet, die unabhängig vom Klassifikator berechnet werden können. Beispiele für solche Gütemaße folgen im nächsten Abschnitt. Damit wird die Bewertung der Merkmale als eigenes Problem, ohne Beachtung der sonstigen Moduln des Klassifikationssystems durchgeführt. Das vereinfacht das Problem, führt aber im allgemeinen dazu, daß die so bestimmten Merkmale nicht die für das Gesamtsystem besten sind.

Auch wenn man annimmt, daß geeignete Maße zur Beurteilung der Güte von Merkmalen bekannt sind, ist die Bestimmung einer geeigneten Untermenge ein schwieriges Problem. Wegen der in der Regel vorhandenen statistischen Abhängigkeiten zwischen den Merkmalen müßte man bei einer vollständigen Suchmethode alle Untermengen beurteilen, um die optimale zu finden. Zu einer vorgegebenen Menge mit n' Merkmalen gibt es genau $\binom{n'}{n}$ verschiedene Untermengen mit n' > n Merkmalen. Hat man beispielsweise n' = 300 Merkmale vorgegeben und will aus Aufwandsgründen nur n = 30 verwenden, so gibt es $\binom{300}{30} \approx 1,7 \cdot 10^{41}$ verschiedene Untermengen mit 30 Merkmalen. Abgesehen von einigen einfachen Spezialfällen mit sehr kleinen Werten für n' und n

wird es also schwierig sein, die optimale Untermenge zu bestimmen. Daher muß man
nach Festlegung eines Gütemaßes für Merkmale auch noch ein Auswahlverfahren festlegen, mit dem man eine möglichst geeignete Untermenge mit erträglichem Aufwand
finden kann.

Natürlich kann man statistische Abhängigkeiten zwischen Merkmalen zur Vereinfachung vernachlässigen und als beste Untermenge mit n Merkmalen die n am besten
bewerteten wählen; tatsächlich wird häufig so verfahren. Man kann aber Beispiele
dafür konstruieren, daß selbst bei klassenweise statistisch unabhängigen Merkmalen
dieses Verfahren nicht immer optimal ist. Bewertet man jedes der n' Merkmale einzeln für sich und wählt die n einzeln am besten bewerteten aus, so ist das nicht
notwendig die beste Untermenge mit n Merkmalen [3.40].

Aus der obigen Diskussion geht hervor, daß es im allgemeinen nicht möglich
ist, die beste Untermenge von Merkmalen zu bestimmen. Andererseits liefern erfahrungsgemäß auch einfache Auswahlverfahren bereits wesentlich bessere Ergebnisse
als eine Zufallsauswahl. Es wird noch erwähnt, daß oft auch die Verfahren von Abschnitt 3.3 als Merkmalauswahl bezeichnet werden, da eine Reduzierung der Zahl der
Variablen erreicht wird. Der Unterschied ist, daß dort neue Merkmale durch Linearkombination der vorhandenen gebildet werden, während hier die n besonders geeigneten
unverändert aus der Menge der vorgegebenen übernommen werden.

3.4.2 Gütemaße für Merkmale

Der erste Schritt zur Auswahl einer Untermenge von Merkmalen aus einer Menge
vorgegebener Merkmale ist, wie im vorigen Abschnitt erörtert, die Vorgabe eines
Maßes zur Bewertung der Güte von Merkmalen. Dieses Gütemaß sollte im Zusammenhang
mit der Fehlerwahrscheinlichkeit bei der Klassifikation stehen. Theoretisch besonders befriedigend sind natürlich solche Gütemaße, mit denen sich sehr enge obere
und untere Schranken der Fehlerwahrscheinlichkeit angeben lassen. Das Gütemaß sol1-
te aber auch numerisch noch mit vertretbarem Aufwand berechenbar sein, um für Zwecke
der Musterklassifikation praktisch interessant zu sein; besonders günstig sind dafür solche Gütemaße, für die sich bei bestimmten Verteilungsdichten der Merkmale
geschlossene Formeln angeben lassen. Diese beiden sich widersprechenden Forderungen
wurden in [3.41] in einer Vermutung zusammengefaßt, die sinngemäß besagt, daß eine
enge Abschätzung der Fehlerwahrscheinlichkeit (im Extremfall die Fehlerwahrscheinlichkeit selbst) numerisch nicht mehr auswertbar ist und eine auswertbare Abschätzung
nur sehr grob ist. Ein sinnvoller Kompromiß wird stets vom jeweiligen Problem und
der verfügbaren Rechenkapazität abhängen.

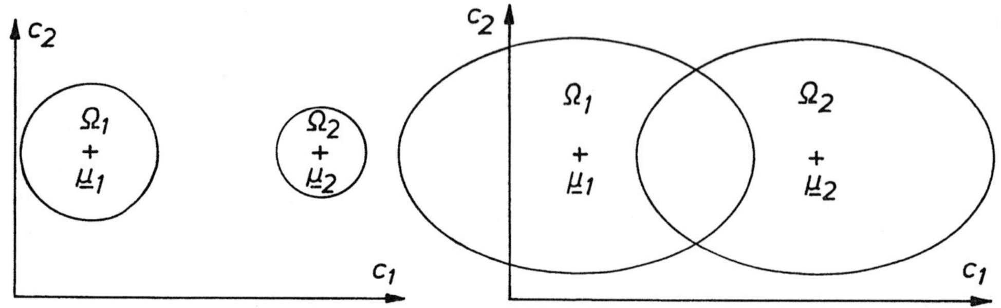

Bild 3.13 Beispiele für Bereiche, die von Merkmalen verschiedener Klassen ein-
genommen werden. Der Abstand der Mittelwerte $|\underline{\mu}_1 - \underline{\mu}_2|$ ist allein nicht ausreichend,
die Güte der Merkmale zu beurteilen

Zunächst geht aus Bild 3.13 hervor, daß die Güte von Merkmalen sicher mit dem
Abstand von Merkmalvektoren verschiedener Klassen zusammenhängt, daß aber der Abstand
der Mittelwerte allein nicht ausreicht, um vernünftige Aussagen zu bekommen. Praktisch alle Gütemaße für Merkmale beruhen auf geeigneten verallgemeinerten Abstandsmaßen. In Kapitel 4 wird gezeigt, daß der Klassifikator, der die Fehlerwahrschein-
lichkeit p_f minimiert, die a posteriori Wahrscheinlichkeiten $p(\Omega_\kappa \mid \underline{c})$, $\kappa = 1,\ldots,k$
der Klassen berechnet und sich für die Klasse mit maximaler a posteriori Wahrschein-
lichkeit entscheidet. Die Fehlerwahrscheinlichkeit dieses Klassifikators ist p_B.
In [3.41] wird der Vektor der a posteriori Wahrscheinlichkeiten verwendet, um den
sogenannten Bayes-Abstand mit

$$B = \int_{R_{\underline{c}}} \sum_{\kappa=1}^{k} p^2(\Omega_\kappa \mid \underline{c})p(\underline{c})d\underline{c} \tag{3.141}$$

zu definieren. Dabei ist

$$p(\underline{c}) = \sum_{\kappa=1}^{k} P_\kappa p(\underline{c} \mid \Omega_\kappa) \tag{3.142}$$

die Verteilungsdichte der Merkmalvektoren. Der Bayes-Abstand ist also der Erwartungswert des Betragsquadrates des Vektors

$$\underline{\pi} = (p(\Omega_1|\underline{c}),\ldots,p(\Omega_k|\underline{c}))_t \quad . \tag{3.143}$$

Ein großer Wert von B bedeutet, daß im Mittel eine sichere Klassifikation möglich
ist, daß also die Merkmale geeignet sind. Die kleinstmögliche Fehlerwahrscheinlich-

keit p_B erreicht der oben erwähnte Klassifikator, und es gilt die Abschätzung [3.41]

$$(1-B)/2 \leq 1 - \sqrt{B} \leq ((k - 1) / k)(1 - \sqrt{(kB - 1) / (k - 1)}) \leq p_B \leq 1 - B. \qquad (3.144)$$

Ist p_B klein, etwa $p_B \simeq 0,1$, so werden mit guter Näherung die drei unteren Schranken für p_B gleich, und es gilt die besonders einfache Abschätzung

$$(1 - B) / 2 \leq p_B \leq 1 - B \quad . \qquad (3.145)$$

Ein anderes Abstandsmaß ist die bedingte Entropie oder Equivokation

$$H = \int (- \sum_{\kappa=1}^{k} P_\kappa p(\Omega_\kappa \mid \underline{c}) \log p(\Omega_\kappa \mid \underline{c})) p(\underline{c}) dc \quad . \qquad (3.146)$$

Für diese erhält man die Abschätzung [3.41,42]

$$p_B \leq (1 - B) \leq H / 2 \quad . \qquad (3.147)$$

Die Maße in (3.141,146) haben den Vorteil, daß sie direkt den allgemeinen Fall von k Musterklassen erfassen. Aus (3.147) geht hervor, daß man mit dem Bayes-Abstand im allgemeinen eine bessere Abschätzung erhält als mit der Equivokation. In [3.42] wird sogar die Vermutung geäußert, daß man wahrscheinlich keine besseren Abschätzungen als die in (3.147) wird finden können.

Die obigen engen Abschätzungen haben den Nachteil, daß sie numerisch in geschlossener Form nicht auswertbar sind. Es ist im Prinzip möglich, den Bayes-Abstand B oder die Equivokation H mit einer Stichprobe von Mustern zu schätzen. Ein Schätzwert $\hat{B}$ für B ist zum Beispiel

$$\hat{B} = N^{-1} \sum_{j=1}^{N} (\sum_{\kappa=1}^{k} p^2(\Omega_\kappa \mid {}^\rho\underline{c})) \quad . \qquad (3.148)$$

Natürlich ist das wenig sinnvoll, da man auch in (3.148) die a posteriori Wahrscheinlichkeiten berechnen muß, und wenn man diese hat, kann man genauso gut den Merkmalvektor ${}^\rho\underline{c}$ aus der bekannten Stichprobe klassifizieren und direkt einen Schätzwert $\hat{p}_B$ der minimalen Fehlerwahrscheinlichkeit p_B gemäß

$$\hat{p}_B = \frac{\text{Zahl der mit dem opt. Klass. falsch klassif. Muster}}{\text{Gesamtzahl der klassifizierten Muster}} \qquad (3.149)$$

berechnen. In Kapitel 4 wird diskutiert, daß die Berechnung der a posteriori Wahrscheinlichkeiten wegen der dafür erforderlichen bedingten Dichten $p(\underline{c} \mid \Omega_\kappa)$ der Merkmalvektoren im allgemeinen nur näherungsweise möglich ist. Mit dem ebenfalls in Kapitel 4 behandelten Nächster-Nachbar (NN)-Klassifikator ist es möglich, nichtparametrische Schätzwerte der Fehlerwahrscheinlichkeit ohne Kenntnis der Dichten $p(\underline{c} \mid \Omega_\kappa)$ zu berechnen. Bezeichnet man die Fehlerwahrscheinlichkeit des NN-Klassifikators mit p_N, so ist ein Schätzwert $\hat{p}_N$ gegeben durch

$$\hat{p}_N = \frac{\text{Zahl der mit dem NN-Klassifikator falsch klassif. Muster}}{\text{Gesamtzahl der klassifizierten Muster}} \qquad (3.150)$$

Zudem ist bekannt, daß p_N höchstens doppelt so groß wie p_B ist, so daß man mit $\hat{p}_N$ auch eine Abschätzung für p_B erhält. Ein besserer Schätzwert ergibt sich, wenn man den mNN-Klassifikator verwendet. Entsprechend (3.149,150) lassen sich auch für irgendwelche anderen Klassifikatoren Fehlerwahrscheinlichkeiten schätzen. Diese Schätzwerte sind Gütemaße für Merkmale, deren Berechnung zwar aufwendig, aber mit einem modernen Großrechner ohne weiteres möglich ist. Es ist aber zu beachten, daß für Zwecke der Merkmalsauswahl noch eines der im nächsten Abschnitt erörterten suboptimalen Auswahlverfahren anzuschließen ist; dieses erfordert in der Regel die wiederholte Auswertung von (3.149 oder 150). Dadurch können die Gütemaße $\hat{p}_B$ oder $\hat{p}_N$ auch auf Großrechnern zu untragbaren Rechenzeiten führen, und daher ist es sinnvoll, nach einfacheren Gütemaßen zu suchen. Es wird noch erwähnt, daß sich bei großer a priori Wahrscheinlichkeit einer Klasse Beispiele konstruieren lassen, in denen die über alle Klassen gemittelte Fehlerwahrscheinlichkeit zur Auswahl trennscharfer Merkmale ungeeignet ist [3.43]. Man muß dann entweder andere Gütemaße verwenden oder die Auswahlverfahren 3 oder 4 in Abschnitt 3.4.3, da diese auf klassenbedingten Gütemaßen basieren.

Es gibt verschiedene Vorschläge für Gütemaße $G_{\kappa\lambda}$, die sich nur auf die Unterscheidung zweier Klassen Ω_κ und Ω_λ beziehen. Bezeichnet man mit $p_{B\kappa\lambda}$ die mit dem optimalen Klassifikator erreichbare (minimale) Fehlerwahrscheinlichkeit, so gibt es oft auch Abschätzungen von $p_{B\kappa\lambda}$ mit dem Gütemaß $G_{\kappa\lambda}$. In der Regel wird man aber $k > 2$ Klassen haben, so daß man $G_{\kappa\lambda}$ für diesen Fall verwenden muß. Eine Verallgemeinerung gibt der Mittelwert

$$G = 2 \, / \, (k(k-1)) \sum_{\kappa=2}^{k} \sum_{\lambda=1}^{\kappa-1} G_{\kappa\lambda} \quad . \qquad (3.151)$$

Eine Verallgemeinerung der Abschätzung der Fehlerwahrscheinlichkeit ist praktisch nur über die Gleichung

$$p_B \leq \sum_{\kappa=2}^{k} \sum_{\lambda=1}^{\kappa-1} p_{B\kappa\lambda} \qquad (3.152)$$

möglich [3.41,44]. Ist

$$p_{B\kappa\lambda} \leq \varphi(G_{\kappa\lambda}) \qquad (3.153)$$

eine Abschätzung der paarweisen Fehlerwahrscheinlichkeit, so ergibt (3.153) eingesetzt in (3.152) eine Abschätzung von p_B mit Hilfe von $G_{\kappa\lambda}$. Allerdings sind Abschätzungen von p_B auf dieser Basis relativ grob, da schon (3.152) recht grob ist, besonders für eine große Klassenzahl k. Dafür haben einige der Maße $G_{\kappa\lambda}$ den Vorteil, daß sie numerisch mit relativ geringem Aufwand berechenbar sind.

Einige Beispiele für Gütemaße sind:

1. Der Kolmogorow Abstand [3.45]

$$G_{\kappa\lambda}^K = \int |\, p(\Omega_\kappa \mid \underline{c}) - p(\Omega_\lambda \mid \underline{c})\, |\, p(\underline{c})d\underline{c} \quad . \tag{3.154}$$

2. Der Lissak, Fu Abstand (Verallgemeinerung von 1.)[3.46].

$$G_{\kappa\lambda}^L = \int |\, p(\Omega_\kappa \mid \underline{c}) - p(\Omega_\lambda \mid \underline{c})\, |^\beta p(\underline{c})d\underline{c} \tag{3.155}$$

3. Der Bhattacharyya Abstand [3.47]

$$G_{\kappa\lambda}^B = -\ln\left(\int (p(\underline{c} \mid \Omega_\kappa)p(\underline{c} \mid \Omega_\lambda))^{1/2}d\underline{c}\right) \quad . \tag{3.156}$$

4. Der Chernoff Abstand (Verallgemeinerung von 3.) [3.48]

$$G_{\kappa\lambda}^C = -\ln\left(\int p(\underline{c} \mid \Omega_\kappa)^\alpha p(\underline{c} \mid \Omega_\lambda)^{1-\alpha}d\underline{c}\right) \quad 0 \leq \alpha \leq 1 \tag{3.157}$$

5. Der Matusita Abstand [3.49]

$$G_{\kappa\lambda}^M = \left(\int (\sqrt{p(\underline{c} \mid \Omega_\kappa)} - \sqrt{p(\underline{c} \mid \Omega_\lambda)})^2 d\underline{c}\right)^{1/2} \tag{3.158}$$

6. Der Patrick, Fisher Abstand [3.50]

$$G_{\kappa\lambda}^P = \left(\int (p_\kappa p(\underline{c} \mid \Omega_\kappa) - p_\lambda p(\underline{c} \mid \Omega_\lambda))^2 d\underline{c}\right)^{1/2} \tag{3.159}$$

7. Der quadratische Abstand (Spezialfall von 6.) [3.50]

$$G_{\kappa\lambda}^Q = \int (p(\underline{c} \mid \Omega_\kappa) - p(\underline{c} \mid \Omega_\lambda))^2 d\underline{c} \tag{3.160}$$

8. Die Divergenz [3.45]

$$G_{\kappa\lambda}^D = \int (\ln p(\underline{c} \mid \Omega_\kappa) - \ln p(\underline{c} \mid \Omega_\lambda))(p(\underline{c} \mid \Omega_\kappa) - p(\underline{c} \mid \Omega_\lambda))d\underline{c} \tag{3.161}$$

9. Die Transinformation [3.51,52]

$$G^T = \sum_{\kappa=1}^{k} \int p_\kappa p(\underline{c} \mid \Omega_\kappa)\log(p(\underline{c} \mid \Omega_\kappa) / p(\underline{c}))d\underline{c} \tag{3.162}$$

Alle Integrale sind oben als bestimmte Integrale über den gesamten n-dimensionalen Merkmalsraum R_c zu verstehen. Obwohl die Liste der Gütemaße nicht vollständig ist [3.53], mag sie hier genügen. Den Maßen 1-8 ist gemeinsam, daß jeweils ein Paar von Klassen betrachtet wird. Die Maße $G_{\kappa\lambda}$ nehmen kleine Werte an für $p(\underline{c} \mid \Omega_\kappa) = p(\underline{c} \mid \Omega_\lambda)$ und $p_\kappa = p_\lambda$, und sie nehmen große Werte an, wenn $p(\underline{c} \mid \Omega_\kappa) = 0$ für $p(\underline{c} \mid \Omega_\lambda) \neq 0$. Diese Eigenschaft ist nützlich, da im ersten Falle die Merkmale zur Unterscheidung der Klassen ungeeignet sind, im zweiten Falle gestatten sie eine vollkommene Unterscheidung. Es handelt sich bei den $G_{\kappa\lambda}$ um Größen, die den 'Abstand' zwischen den bedingten Dichten $p(\underline{c} \mid \Omega_\kappa)$ und $p(\underline{c} \mid \Omega_\lambda)$ messen und je größer dieser Abstand, desto besser die Merkmale. Die Transinformation G^T ist ein Maß, daß sich auf k Klassen, nicht nur auf ein Paar, bezieht. Sie wurde hier erwähnt und nicht im Zusammenhang mit (3.146), da sich aus G^T eine ganze Klasse weiterer Abstandsmaße ergibt. Die Transinformation ist nämlich ein Maß dafür, welche Information die Beobachtung eines Merkmalvektors $\underline{c}$ über die Klasse Ω_κ liefert. Sind $\underline{c}$ und Ω_κ statistisch unabhängig, das heißt ist

$$p(\underline{c},\Omega_\kappa) = p(\underline{c})p(\Omega_\kappa) = p(\underline{c})p_\kappa \quad , \tag{3.163}$$

so enthält die Beobachtung von $\underline{c}$ offensichtlich keine Information über Ω_κ, und es ist $G^T = 0$. Der Maximalwert

$$G^T_{max} = - \sum_{\kappa=1}^{k} p_\kappa \log p_\kappa \tag{3.164}$$

wird angenommen, wenn $\underline{c}$ die Klasse eindeutig bestimmt. Der Informationsgewinn entspricht dann der Entropie (3.164) der Klassen. Man kann also G^T als Maß für den 'Abstand' der Dichten $p(\underline{c},\Omega_\kappa)$ und $p(\underline{c})p_\kappa$ auffassen. Andere Abstandsmaße für diese beiden Dichten erhält man, wenn man $p(\underline{c} \mid \Omega_\kappa)$ bzw. $p(\underline{c} \mid \Omega_\lambda)$ in den Maßen $G_{\kappa\lambda}$ von Nr. 1-8 durch $p(c \mid \Omega_\kappa)$ bzw. $p(\underline{c})p_\kappa$ ersetzt. Gütemaße dieser Art werden in [3.52] untersucht.

Die praktische Bedeutung obiger Gütemaße liegt, wie erwähnt, darin, daß sich für bestimmte Fälle geschlossene Lösungen der Integrale angeben lassen und daß für einige der Maße Abschätzungen der Fehlerwahrscheinlichkeit bekannt sind. Beispielsweise gilt für $G^L_{\kappa\lambda}$ die Abschätzung [3.42,46]

$$(1 - (G^L_{\kappa\lambda})^{1/\beta}) / 2 \leq P_{B\kappa\lambda} \leq (1 - G^L_{\kappa\lambda}) / 2 \tag{3.165}$$

und für $G^K_{\kappa\lambda}$ gilt exakt [3.42]

$$P_{B\kappa\lambda} = (1 - G^K_{\kappa\lambda}) / 2 \quad . \tag{3.166}$$

Dabei ist $p_{B\kappa\lambda}$ wie in (3.153) die bei der Unterscheidung von Ω_κ und Ω_λ minimal erreichbare Fehlerwahrscheinlichkeit. Weiterhin gilt, wie in Abschnitt 9.3 von [1.14] gezeigt wird,

$$p_{B\kappa\lambda} \leq (p_\kappa p_\lambda)^{1/2} \exp(- G_{\kappa\lambda}^B) \quad . \tag{3.167}$$

Diese Abschätzungen bestätigen die intuitive Einsicht, daß Merkmale mit großen Werten von $G_{\kappa\lambda}$ gut sind, da die obere Schranke der Fehlerwahrscheinlichkeit umso kleiner wird je größer $G_{\kappa\lambda}$ ist. Wenn man annimmt, daß die Merkmalvektoren klassenweise normalverteilt sind, daß also

$$p(\underline{c} \mid \Omega_\kappa) = (\mid 2\pi\underline{K}_\kappa \mid)^{-1/2} \exp(- (\underline{c} - \underline{\mu}_\kappa)_t \underline{K}_\kappa^{-1} (\underline{c} - \underline{\mu}_\kappa) / 2) \tag{3.168}$$

ist, so lassen sich beispielsweise für den Bhattacharyya Abstand und die Divergenz geschlossene Formeln angeben. Es gilt [1.14]

$$G_{\kappa\lambda}^B = (1 / 8)(\underline{\mu}_\kappa - \underline{\mu}_\lambda)_t ((\underline{K}_\kappa + \underline{K}_\lambda) / 2)^{-1} (\underline{\mu}_\kappa - \underline{\mu}_\lambda) +$$
$$+ (1 / 2)\ln(\mid (\underline{K}_\kappa + \underline{K}_\lambda) / 2 \mid \mid \underline{K}_\kappa \mid^{-1/2} \mid \underline{K}_\lambda \mid^{-1/2}) \quad , \tag{3.169}$$

$$G_{\kappa\lambda}^D = (1 / 2)(\underline{\mu}_\kappa - \underline{\mu}_\lambda)_t (\underline{K}_\kappa^{-1} + \underline{K}_\lambda^{-1})(\underline{\mu}_\kappa - \underline{\mu}_\lambda) +$$
$$+ (1 / 2)Sp(\underline{K}_\kappa^{-1}\underline{K}_\lambda + \underline{K}_\lambda^{-1}\underline{K}_\kappa - 2\underline{I}) \quad . \tag{3.170}$$

Ist $\underline{K}_\kappa = \underline{K}_\lambda = \underline{K}$, so erhält man

$$8G_{\kappa\lambda}^B = G_{\kappa\lambda}^D = (\underline{\mu}_\kappa - \underline{\mu}_\lambda)_t \underline{K}^{-1}(\underline{\mu}_\kappa - \underline{\mu}_\lambda) = G_{\kappa\lambda}^A \quad ; \tag{3.171}$$

diese Größe wird als Mahalanobis Abstand bezeichnet (man vergleiche mit (3.120)). Sie wird häufig als numerisch einfach berechenbare Größe verwendet, auch wenn $\underline{K}_\kappa \neq \underline{K}_\lambda$ ist. Man setzt dann für $\underline{K}$ in (3.171)

$$\underline{K} = (N_\kappa / N)\underline{K}_\kappa + (N_\lambda / N)\underline{K}_\lambda \qquad \text{oder auch} \tag{3.172}$$

$$\underline{K} = N^{-1} \sum_{j=1}^{N} {}^j\underline{c}\,{}^j\underline{c}_t - \underline{\mu}\underline{\mu}_t$$

$$\underline{\mu} = N^{-1} \sum_{j=1}^{N} {}^\rho\underline{c} \quad . \tag{3.173}$$

Ein besonders einfaches Maß ergibt sich, wenn man nur ein Merkmal c_ν betrachtet und $N_\kappa / N = N_\lambda / N = 1 / 2$ ist. In diesem Falle reduziert sich (3.171) mit (3.172) auf

$$G^A_{\kappa\lambda\nu} = 2(\mu_{\kappa\nu} - \mu_{\lambda\nu})^2 \,/\, (\sigma^2_{\kappa\nu} + \sigma^2_{\lambda\nu}) \qquad\qquad (3.174)$$

oder mit (3.173) auf

$$G^A_{\kappa\lambda\nu} = (\mu_{\kappa\nu} - \mu_{\lambda\nu})^2 \,/\, \sigma^2 \quad . \qquad\qquad (3.175)$$

Damit steht eine Reihe zunehmend spezialisierter Gütemaße zur Verfügung, von denen (3.174,175) am einfachsten zu berechnen sind. Allerdings wird damit jedes Merkmal für sich bewertet, ohne Berücksichtigung statistischer Abhängigkeiten zu anderen Merkmalen. Dazu kommt, daß nur Momente bis zur zweiten Ordnung in (3.174) berücksichtigt werden, das heißt, die Merkmale müssen zumindest näherungsweise normalverteilt sein. Mit (3.169-171) werden lineare statistische Abhängigkeiten zwischen den n Merkmalen des Merkmalvektors $\underline{c}$ erfaßt. Hierbei ist Voraussetzung, daß die Merkmalvektoren näherungsweise normalverteilt sind, damit diese drei Maße eine zuverlässige Bewertung ergeben. Wenn man allgemeine statistische Abhängigkeiten mit berücksichtigen will - oder, was dasselbe ist, Momente von höherer als zweiter Ordnung - so bleiben nur die allgemeinen, auf Verteilungsdichten beruhenden Gütemaße (3.154-162). Zu ihrer Berechnung sind im allgemeinen die n-dimensionalen Verteilungsdichten $p(\underline{c} \mid \Omega_\kappa)$ zu schätzen. Für praktisch interessante Werte von n, etwa n = 10 bis n = 100, und nicht normalverteilte Merkmalvektoren gibt es dafür im allgemeinen keine numerisch auswertbaren Verfahren. Das bedeutet, daß man entweder die tatsächliche Verteilungsdichte durch eine Normalverteilungsdichte approximiert oder jedes Merkmal für sich bewertet, also nur mit eindimensionalen Dichten arbeitet. Solche eindimensionalen Dichten kann man relativ einfach durch das Histogramm approximieren. Zur Bestimmung von Verteilungsdichten wird auch auf Kapitel 4 verwiesen.

Die Beschränkung auf einzelne Merkmale c_ν und die Schätzung der Verteilungsdichten mit dem Histogramm hat den weiteren Vorteil, daß sich die Integrale in (3.154-162) dann auf einfach auszuwertende Summen reduzieren. Als Beispiel wird hier nur die Transinformation G_T in (3.162) betrachtet. Das Merkmal c_ν möge jeweils einen von m möglichen diskreten Werten $c_{\nu j}$, j = 1,...,m annehmen. Wie in Abschnitt 2.1.3 erörtert wurde, läßt sich ein kontinuierlicher Wertebereich für c_ν stets in dieser Weise quantisieren. Damit geht (3.162) über in die diskrete Form

$$G^T = \sum_{\kappa=1}^{k} \sum_{j=1}^{m} p_\kappa p(c_{\nu j} \mid \Omega_\kappa) \log(p(c_{\nu j} \mid \Omega_\kappa) \,/\, p(c_{\nu j})) \quad . \qquad (3.176)$$

Wenn eine genügend große klassifizierte Stichprobe gegeben ist, bereitet die Schätzung von $p(c_{\nu j} \mid \Omega_\kappa)$ keine Probleme.

Die obige Diskussion zeigt, daß man unter Umständen nur die Güte einzelner Merkmale c_ν für sich beurteilen wird. Sind aber c_μ und c_ν zwei Merkmale und gilt für eine reelle nicht abnehmende Funktion g die Beziehung

$$P(c_\nu = g(c_\mu)) = 1, \tag{3.177}$$

dann kann man auf c_ν verzichten. In [3.54] wird nämlich gezeigt, daß es dann stets eine nur von c_μ abhängige Entscheidungsregel gibt, welche Muster mit gleicher Fehlerwahrscheinlichkeit wie eine von c_μ und c_ν abhängige Entscheidungsregel klassifiziert. Es ist also wichtig, nicht solche Merkmale zu verwenden, zwischen denen Abhängigkeiten bestehen. Mit dem Korrelationskoeffizienten

$$\rho_{\mu\nu} = \frac{E\{(c_\mu - E\{c_\mu\})(c_\nu - E\{c_\nu\})\}}{(E\{(c_\mu - E\{c_\mu\})^2\}E\{(c_\nu - E\{c_\nu\})^2\})^{1/2}} \tag{3.178}$$

lassen sich wenigstens lineare Abhängigkeiten der Form

$$c_\nu = ac_\mu + b \tag{3.179}$$

zwischen zwei Merkmalen bewerten. Es gilt $-1 \leq \rho_{\mu\nu} \leq 1$. Wenn man bereits eine Menge von j Merkmalen $c_{\mu(1)}, c_{\mu(2)}, \ldots, c_{\mu(j)}$ ausgewählt hat, so kann man die Korrelation eines weiteren Merkmals c_ν mit der Menge der schon vorhandenen definieren zu

$$\rho_{\mu(1),\ldots,\mu(j),\nu} = \tilde{\rho}_\nu = \max_{i\in\{1,\ldots,j\}} |\rho_{\mu(i),\nu}| \cdot \tag{3.180}$$

Diese Definition ist im Hinblick auf (3.177) sinnvoller als zum Beispiel die mittlere Korrelation. In [3.55] wird vorgeschlagen, die Korrelation $\tilde{\rho}_\nu$ bei der Beurteilung der Güte von c_ν mit zu berücksichtigen. Für sich alleine bewertet ergebe sich für das Merkmal c_ν die Güte G_ν, wobei die $G_{\kappa\lambda\nu}$ aus (3.154 - 162) oder (3.174,175) zum Beispiel mit (3.151) zu einem Maß zusammengefaßt werden. Da $0 \leq \tilde{\rho}_\nu \leq 1$ ist, wird G_ν mit

$$G'_\nu = (G_\nu - G_{min}) / (G_{max} - G_{min})$$
$$G_{max} = \max_\nu G_\nu \tag{3.181}$$

ebenfalls auf $0 \leq G'_\nu \leq 1$ normiert. Die Gesamtbewertung $\tilde{G}_\nu$ ist dann

$$\tilde{G}_\nu = (1 - \beta)G'_\nu + \beta(1 - \tilde{\rho}_\nu) \quad ,$$
$$0 \leq \beta \leq 1, \text{ nach [3.55] ist } \beta \approx 0{,}9 \quad . \tag{3.182}$$

Man kann auch $G'_\nu = 1 - \hat{p}_B$ oder $G'_\nu = 1 - \hat{p}_N$ aus (3.149,150) verwenden, also als Güte die Erkennungsrate nehmen, die sich bei alleiniger Verwendung des Merkmals c_ν ergibt.

3.4.3 Auswahlverfahren

Im Abschnitt 3.4.1 wurde dargelegt, daß zur exakten Bestimmung der besten Untermenge von n Merkmalen alle $\binom{n'}{n}$ Untermengen durch Schätzung der Fehlerrate zu bewerten sind und die mit der kleinsten auszuwählen ist [3.56]. Diese Methode scheidet im allgemeinen wegen des damit verbundenen Aufwandes aus. Bild 3.14a verdeutlicht die vollständige Suchmethode. Jeder Kantenzug von links nach rechts enthält die Bewertung einer Untermenge mit n = 3 Merkmalen, zum Beispiel der dick gezeichnete die der Menge (c_1, c_3, c_4). Entsprechend den $\binom{n'}{n}$ Untermengen gibt es $\binom{n'}{n}$ Kantenzüge. Das triviale Verfahren der zufälligen Auswahl von n aus n' Merkmalen scheidet wegen der im allgemeinen unbefriedigenden Qualität der so gefundenen Untermenge aus. Zwischen diesen beiden Extremen liegen die im folgenden diskutierten Auswahlverfahren. Um eine Häufung von Indizes zu vermeiden, wird die Güte eines einzelnen Merkmals mit G_ν bezeichnet, die Güte einer Untermenge mit j Merkmalen mit G^j. Die Erkennungsrate $1-\hat{p}_B$ oder $1-\hat{p}_N$, mit $\hat{p}_B$, $\hat{p}_N$ aus (3.149,150), eignet sich sowohl zur Bewertung der Güte G_ν eines einzelnen Merkmals c_ν als auch zur Bewertung der Güte G^j einer Untermenge von j Merkmalen. Die Maße (3.154-162) und (3.174) zusammen mit (3.151) eignen sich zur Bewertung einzelner Merkmale, die Maße (3.169 -171) für eine Untermenge von j Merkmalen. Mit (3.182) kann die Güte eines j-ten Merkmals c_j relativ zu einer schon vorhandenen Untermenge von (j-1) Merkmalen beurteilt werden. Es werden nun vier heuristische Auswahlverfahren angegeben [3.55, 57,58].

1. Bewertung jedes Merkmals für sich allein.

1.1 Man wähle eines der Maße G_ν zur Beurteilung der Güte eines einzelnen Merkmals c_ν aus Abschnitt 3.4.2.

1.2 Man berechne G_ν für alle n' vorgegebenen Merkmale c_ν, $\nu = 1,\ldots,n'$.

1.3 Man wähle die n Merkmale mit den größten Werten von G_ν aus.

Bild 3.14b verdeutlicht dieses Auswahlverfahren. Jeder Kantenzug enthält die Bewertung eines einzelnen Merkmals. Mit $\max_1$ wird das am besten bewertete bezeichnet, mit $\max_2$ das am zweitbesten bewertete, usw.

2. Auswahl des Merkmals, das relativ zu den schon vorhandenen am besten ist.

2.1 Man wähle eines der Maße G^j zur Beurteilung der Güte einer Untermenge von j Merkmalen aus Abschnitt 3.4.2, oder auch das Maß $\tilde{G}_\nu$ in (3.182).

2.2 Man berechne G^j bzw. $\tilde{G}_\nu$ für alle n' Merkmale allein (hier ist zunächst $\tilde{p}_\nu = 0$ in (3.182) bzw. j = 1).

2.3 Als erstes Merkmal wird das mit dem größten Wert von G^j bzw. $\tilde{G}_\nu$ gewählt.

2.4 Es seien bereits $(j - 1)$ Merkmale, $j \geq 2$, ausgewählt. Man berechne G^j bzw. $\tilde{G}_\nu$ für alle $(n' - j + 1)$ Teilmengen mit j Merkmalen, wobei jede Teilmenge die schon ausgewählten $(j - 1)$ Merkmale und ein weiteres enthält.

2.5 Als j-tes Merkmal wähle man das mit dem größten Wert von G^j bzw. $\tilde{G}_\nu$ aus.

2.6 Man wiederhole Schritt 2.4 und 2.5 bis n Merkmale ausgewählt sind.

Bild 3.14c1 zeigt dieses Auswahlverfahren. Jeder aus j Einzelkanten bestehende Kantenzug enthält die Bewertung einer Untermenge mit j Merkmalen. Der aus drei Einzelkanten bestehende, dick gezeichnete Kantenzug gehört zum Beispiel zur Untermenge (c_5, c_1, c_3). Er muß das einzeln am besten bewertete Merkmal enthalten - das ist hier c_5 - sowie die beiden am besten bewerteten und c_5 enthaltenden Merkmale - das sind hier c_5 und c_1. In Bild 3.14c2 wurde nach Auswahl des ersten Merkmals die Darstellung so umgeordnet, daß das ausgewählte Merkmal zuunterst liegt. Nach Auswahl des zweiten Merkmals wird wieder so umgeordnet, daß dieses zu zweitunterst liegt, usw.

3. Auswahl des Merkmals, das am meisten zu dem schwierigsten Klassenpaar beiträgt.

3.1-3.3 Wie 2.1-2.3, siehe oben.

3.4 Es seien bereits $(j - 1)$ Merkmale ausgewählt. Man bestimme $G^{j-1}_{\kappa\lambda}$ für alle Klassenpaare und die schon ausgewählten Merkmale. Man ermittle das Klassenpaar mit dem kleinsten Wert von $G^{j-1}_{\kappa\lambda}$ und betrachte in Schritt 3.5 nur dieses Paar.

3.5 Variante 1: Man berechne für das in Schritt 3.4 ermittelte Klassenpaar den Wert von $G^j_{\kappa\lambda}$ bzw. $\tilde{G}_{\kappa\lambda\nu}$ für alle $(n' - j + 1)$ Teilmengen mit j Merkmalen, wobei jede Teilmenge die schon ausgewählten $(j - 1)$ Merkmale enthält. Als j-tes Merkmal wähle man das mit dem größten Wert von $G^j_{\kappa\lambda}$ bzw. $\tilde{G}_{\kappa\lambda\nu}$.

Variante 2: Man berechne $G_{\kappa\lambda\nu}$ für das in Schritt 3.4 ermittelte Klassenpaar und für alle $(n' - j + 1)$ noch nicht ausgewählten Merkmale allein und wähle als j-tes Merkmal das mit dem größten Wert von $G_{\kappa\lambda\nu}$.

3.6 Man wiederhole Schritt 3.4 und 3.5 bis n Merkmale ausgewählt sind.

4. Elimination des Merkmals, das am wenigsten zum schwierigsten Klassenpaar beiträgt.

4.1 Man berechne $G_{\kappa\lambda\nu}$ für jedes Klassenpaar und für alle n' Merkmale allein.

4.2 Es seien bereits l Merkmale, $l = 0,1,\ldots,n' - n - 1$ eliminiert. Man berechne

$$G_{\kappa\lambda} = \sum_{\nu=1}^{n'-l} G_{\kappa\lambda\nu} \quad . \tag{3.183}$$

4.3 Man bestimme das Klassenpaar mit dem kleinsten Wert von $G_{\kappa\lambda}$ und eliminiere das Merkmal, das zu diesem $G_{\kappa\lambda}$ den kleinsten Einzelbeitrag $G_{\kappa\lambda\nu}$ liefert.

4.4 Man wiederhole Schritt 4.2 und 4.3 bis von den anfänglichen n' Merkmalen nur noch n übrig sind.

Die Auswahlverfahren 1 und 4 sind rechnerisch am einfachsten, da jedes Merkmal nur für sich alleine bewertet wird. Die Verfahren 2 und 3 berücksichtigen auch Beziehungen zu den schon ausgewählten Merkmalen. Im Verfahren 2 müssen insgesamt $n(n' - (n - 1) / 2)$ Untermengen mit einer von 1 bis n wachsenden Zahl von Merkmalen durchsucht werden. Für das Beispiel von Abschnitt 3.4.1 mit $n' = 300$, $n = 30$ bedeutet das statt $1{,}7 \cdot 10^{41}$ Untermengen 'nur' 8565. Allerdings wird man im allgemeinen mit keinem dieser Auswahlverfahren die im Sinne von Abschnitt 3.4.1 beste Untermenge finden. Abgesehen von der Zahl der zu durchsuchenden Untermengen hängt der erforderliche Aufwand auch vom verwendeten Gütekriterium ab, wie aus dem vorigen Abschnitt hervorgeht. Wählt man als Gütekriterium die mit dem NN-Klassifikator ermittelte Erkennungsrate $1 - \hat{p}_N$ und speichert die erforderlichen Abstandsquadrate

$$d_{n-1}({}^{j}\underline{c}, {}^{k}\underline{c}) = \sum_{\nu=1}^{n-1} ({}^{j}c_\nu - {}^{k}c_\nu)^2 \qquad (3.184)$$

in einer Abstandsmatrix, so läßt sich diese bei Hinzunahme eines weiteren n-ten Merkmals iterativ auffrischen gemäß

$$d_n({}^{j}\underline{c}, {}^{k}\underline{c}) = \sum_{\nu=1}^{n} ({}^{j}c_\nu - {}^{k}c_\nu)^2 = d_{n-1}({}^{j}\underline{c}, {}^{k}\underline{c}) + ({}^{j}c_n - {}^{k}c_n)^2 \quad . \qquad (3.185)$$

Damit wird der Aufwand für die wiederholte Berechnung von $\hat{p}_N$ mit unterschiedlicher Zahl von Merkmalen wesentlich reduziert, jedoch muß man die Abstandsmatrix speichern. Die Auswahlverfahren 3 und 4 eignen sich dann, wenn die über alle Klassen gemittelten Gütemaße nicht genügend aussagekräftig sind, weil sehr starke Unterschiede in den Werten $G_{\kappa\lambda}$ für einzelne Klassenpaare auftreten.

Weitere heuristische Auswahlverfahren erhält man durch Vergrößerung der Zahl der durchsuchten Untermengen. In Bild 3.14d wird nicht nur das beste einzeln bewertete, sondern auch das am zweitbesten bewertete in die weitere Suche mit einbezogen. In Bild 3.14e wird zunächst die beste Untermenge mit zwei Merkmalen durch vollständige Suche über alle $\binom{n'}{2}$ Untermengen bestimmt, dann die beste Untermenge mit vier Merkmalen, welche die zwei schon ausgewählten enthält, usw. Es wurde wieder eine Umordnung analog Bild 3.14c2 angenommen. Neben den obigen heuristischen Auswahlverfahren gibt es auch systematische auf der Basis der dynamischen Programmierung [3.59-62] und der 'branch and bound' (verzweige und begrenze) Methode [3.63-65] sowie Verfahren auf der Basis der Analyse von Häufungsgebieten [3.66] und nichtparametrischer statistischer Methoden [3.50,67,68]. Einige weitere Verfahren sind auch in Kapitel 2 von [1.19] genannt. Bei geeigneten Gütekriterien läßt sich mit der branch and bound Methode sogar die beste Untermenge finden. Daher wird dieses Verfahren als nächstes und zuletzt ein auf der dynamischen Programmierung beruhendes erläutert. Bei branch and bound wird, wie in Bild 3.14f angedeutet

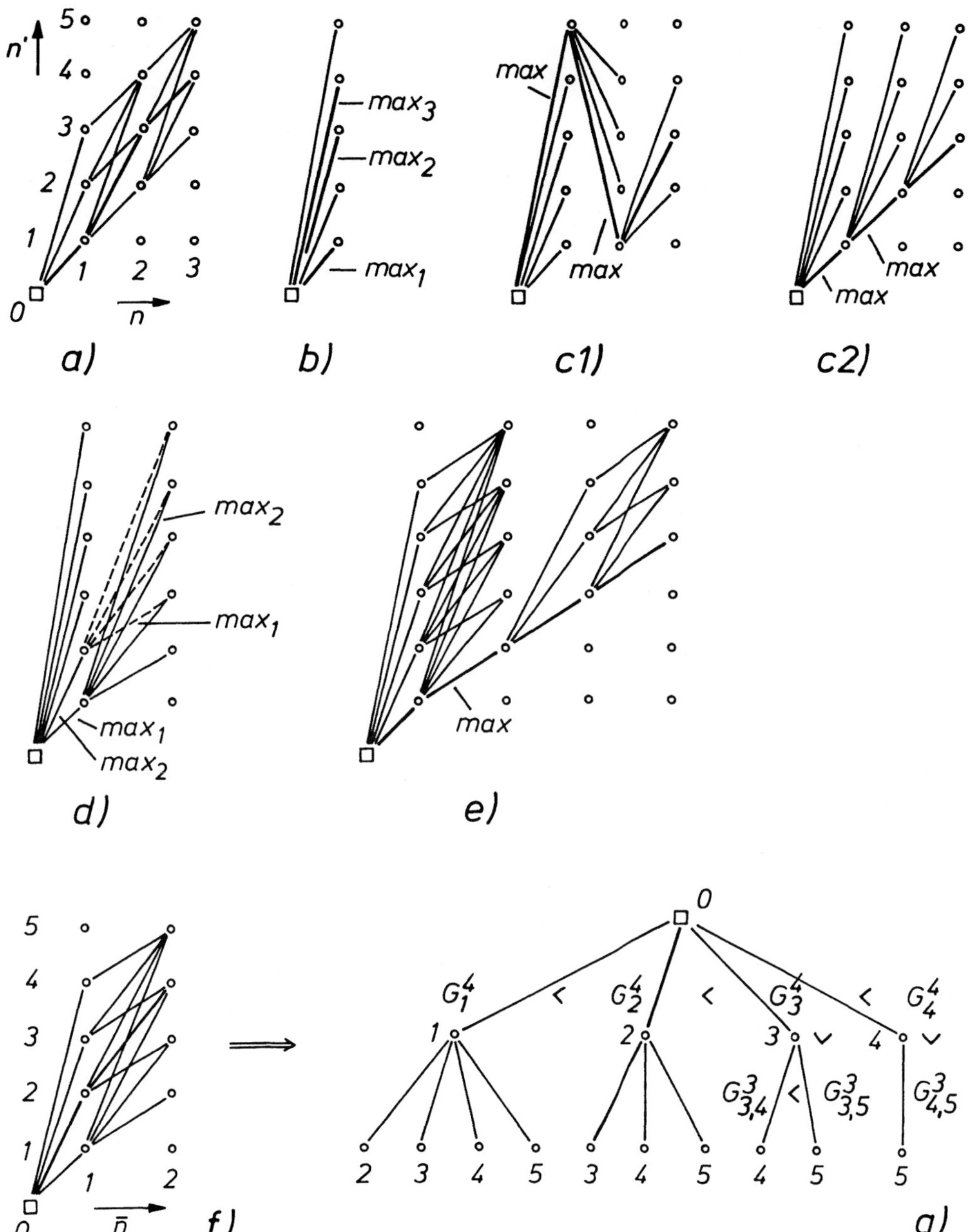

Bild 3.14   Zu Auswahlverfahren für Merkmale, Erläuterungen im Text

ist, diejenige Untermenge mit $\bar{n} = n' - n$ Merkmalen bestimmt, deren Komplement die beste Untermenge mit n Merkmalen liefert, das heißt es werden $\bar{n}$ Merkmale aussortiert. Alle $\binom{n'}{n} = \binom{n'}{n'-n} = \binom{n'}{\bar{n}}$ Untermengen sind für $n' = 5$, $\bar{n} = 2$ wieder durch Kantenzüge dargestellt. Der dick gezeichnete Kantenzug gehört zum Beispiel zur Untermenge (c_2, c_3), deren Komplement (c_1, c_4, c_5) ist. Das Netzwerk von Bild 3.14f ist in Bild 3.14g als Baum gezeichnet. Jeder Untermenge entspricht ein Kantenzug von der Wurzel zu den Blättern. Die Suche durch eine Baumstruktur ist einfacher als durch einen allgemeinen Graphen [1.27].

5. Branch and bound Suche zur Bestimmung der Untermenge $\bar{C}$ mit $\bar{n}$ Merkmalen, deren Komplement die beste Untermenge mit n Merkmalen ergibt.

5.1 Bezeichnung: $G^j_{\mu(1),\mu(2),\ldots}$ ist die Bewertung der Untermenge mit j Merkmalen, die man erhält, wenn man die Merkmale $c_{\mu(1)}, c_{\mu(2)}, \ldots$ aussortiert. Beispielsweise ist $G^3_{4,5}$ die Bewertung derjenigen Untermenge mit drei Merkmalen, die man erhält, wenn man aus der vorgegebenen Menge mit $n' = 5$ Merkmalen die Merkmale c_4 und c_5 aussortiert.

5.2 Annahme:

$$G^{n'-1}_{\mu(1)} \geq G^{n'-2}_{\mu(1),\mu(2)} \geq \cdots \geq G^{n'-\bar{n}}_{\mu(1),\ldots,\mu(\bar{n})} \tag{3.186}$$

Dieses gilt zum Beispiel für den Bhattacharyya Abstand und die Divergenz.

5.3 Ordne die Merkmale der ersten Ebene des Baumes so an, daß die Bewertungen von links nach rechts zunehmen. Die erste Ebene enthält n + 1 Merkmale (Knoten).

5.4 Beginne mit dem am weitesten rechts liegenden Knoten, berechne für alle seine $\bar{n}-1$ Nachfolger das Gütemaß, der Wert des letzten sei G. Die zu diesem Pfad gehörige Untermenge sei $\bar{C}$.

5.5 Nimm in der betrachteten Ebene den am weitesten rechts liegenden noch nicht betrachteten Knoten als aktuellen Knoten.

Wenn es in dieser Ebene keinen solchen Knoten mehr gibt, dann gehe zurück und suche die nächsthöhere Ebene im Baum mit mindestens einem Knoten, von dem noch nicht alle Nachfolger betrachtet wurden.

Wenn es eine solche Ebene gibt,

dann nimm den am weitesten rechts liegenden Knoten dieser Ebene als aktuellen Knoten, sonst ist der Algorithmus zu ENDE und der beste Wert des Gütemaßes ist G, die beste Untermenge das Komplement von $\bar{C}$.

5.6 Berechne den Wert des Gütemaßes im aktuellen Knoten, dieser Wert sei G'.

Wenn $G' \leq G$, dann kann wegen (3.186) die diesen Knoten bzw. dieses Merkmal enthaltende Untermenge nicht optimal sein; der Knoten scheidet mit allen Nachfolgern von der Betrachtung aus; gehe zurück zu 5.5.

5.7 Wenn $G' > G$ und der aktuelle Knoten kein Blatt ist, dann bestimme alle seine Nachfolger. Ordne die Nachfolger analog Schritt 5.3. Nimm den am weitesten rechts liegenden Knoten als neuen aktuellen Knoten, gehe nach Schritt 5.6.

5.8 Wenn G' > G und der betrachtete Knoten ein Blatt ist,
dann setze G = G', ersetze $\bar{C}$ durch die zu diesem Pfad gehörige Untermenge, gehe
nach Schritt 5.5. Dieser Algorithmus findet für jedes Gütemaß G, das (3.186) genügt,
die beste Untermenge, da er alle Untermengen bewertet. Der wesentliche Schritt ist
5.6, da in diesem aussichtlose Untermengen frühzeitig ausgeschieden werden. Dadurch
wird der Suchaufwand erheblich vermindert. Für kleinere Werte von n' und n, etwa
$n' \simeq 24$, $n \simeq 12$ können damit die besten Merkmale gefunden werden.

Auswahlverfahren nach der dynamischen Programmierung beruhen auf dem Optimali-
tätsprinzip, wonach eine optimale Strategie die Eigenschaft hat, daß unabhängig
vom Anfangszustand und den Anfangsentscheidungen die folgenden Entscheidungen wieder
eine optimale Strategie bilden; damit dieses gilt, müssen bestimmte Monotoniebe-
dingungen erfüllt sein [3.61,62]. Ein Auswahlalgorithmus ist der folgende:
6. Auswahl von n Merkmalen aus n' vorgegebenen mit der dynamischen Programmierung.
6.1 Man initialisiere n' Mengen $C_i^0 = \{c_i\}$, $i = 1,\ldots,n'$, das heißt jede Menge enthält anfänglich ein Merkmal, und man wähle ein Bewertungsmaß für Merkmale.
6.2 Für $j = 1,\ldots,n - 1$ führe man Schritt 6.3 aus.
6.3 Bilde für ein bestimmtes i alle Mengen $C_{i\nu}^j = \{C_i^{j-1}, c_\nu \mid c_\nu \notin C_i^{j-1}\}$ und wähle als
Menge C_i^j die am besten bewertete aus. Führe diesen Schritt für alle i von 1 bis n' aus.
6.4 Die n' Mengen C_i^{n-1} enthalten n Merkmale. Wähle als beste Menge mit n Merkmalen
die am besten bewertete Menge aus C_i^{n-1}.
Bei dieser Vorgehensweise sind $n'(n'(n - 1) - n(n - 1) / 2)$ Untermengen unterschiedlicher Größe zu durchsuchen. Mit $n' = 300$ und $n = 30$ ergibt das rund $2,5 \cdot 10^6$ Untermengen, so daß dieses Verfahren ebenfalls auf kleinere Merkmalszahlen beschränkt
ist.

3.5 Symbole

3.5.1 Festlegung von Symbolen

Wie in Abschnitt 3.1 erläutert, geht es darum, ein Muster ${}^\rho\underline{f}$ in eine Symbolkette ${}^\rho v$ zu transformieren, wobei gemäß (3.4)

$$ {}^\rho v = {}^\rho v_1 {}^\rho v_2 \ldots {}^\rho v_{n(\rho)} \quad , \quad {}^\rho v_j \in V_T $$

ist, das heißt alle Elemente oder Symbole der Kette ${}^\rho v$ sind aus einer vorgegebenen
Menge V_T von einfacheren Bestandteilen des Musters genommen. Die Menge V_T ist so
zu wählen, daß die Muster ${}^\rho\underline{f} \in \Omega$ mit ausreichender Genauigkeit darstellbar sind.

Wie bei dem Merkmalvektor $^\rho\underline{c}$ kommt es auch bei der Symbolkette $^\rho v$ weniger darauf
an, daß die Muster möglichst vollständig dargestellt werden, als vielmehr darauf,
daß die Klassen möglichst gut trennbar sind. Trotzdem wird praktisch ausschließlich
die Darstellbarkeit der Muster mit Symbolen aus V_T als Kriterium verwendet. Bisher
gibt es keine systematischen Ansätze zur Gewinnung und Bewertung von Symbolen, die
denen der Abschnitte 3.3 und 3.4 vergleichbar wären. Daher ist dieser Abschnitt
relativ kurz, obwohl der symbolischen Darstellung von Mustern in der Literatur
allgemein eine große Bedeutung zugesprochen wird. Die Festlegung der Menge V_T, die
auch als terminales Alphabet, Menge der Grundsymbole oder Menge der einfacheren
Bestandteile bezeichnet wird, erfolgt heuristisch. Für ein- und zweidimensionale
Muster gibt es dafür eine Reihe von Vorschlägen, von denen einige erläutert werden.
Die Gemeinsamkeiten sind in den folgenden sieben Punkten zusammengefaßt.

Bei relativ einfachen bildhaften Mustern geht man im allgemeinen von zwei Vorstellungen aus:
1. Die für die Klassifikation wesentliche Information ist in der Konturlinie oder
im Umriß des Objektes enthalten, so daß nur linienhafte Muster zu betrachten sind. -
Die Beispiele in Bild 3.15a zeigen, daß es verschiedenartige Muster gibt, für die
diese Annahme zutrifft.
2. Man versucht, eine kleine Menge V_T von Liniensegmenten zu finden, aus denen die
Linienmuster zusammengesetzt werden können. Wir bezeichnen diese Segmente auch als
Formelemente. - Bild 3.15 zeigt dafür einige Beispiele. Man zerlegt oder segmentiert
also das Muster in seine Formelemente oder Grundsymbole.
Offensichtlich ist die Menge von Liniensegmenten nicht eindeutig. Man kann zum Beispiel auf gekrümmte Liniensegmente ganz verzichten und Krümmungen mit kurzen geraden
Segmenten approximieren, wie es in Bild 2.6 geschieht. Neben der Darstellbarkeit
des Musters sind weitere wichtige Gesichtspunkte für die Wahl des terminalen Al-
phabets:
3. Die einfacheren Bestandteile eines Musters müssen extrahierbar sein, das heißt
es müssen Algorithmen bekannt sein, um in einem vorgegebenen Muster Elemente aus
V_T zu finden.
4. Die nachfolgende Verarbeitung sollte einfach werden, insbesondere sollte sich
ein einfacher Formalismus zur Beschreibung der Muster ergeben.
Beschreibungsformalismen werden zwar erst im Kapitel 5 behandelt, jedoch ist klar,
daß die Art der gewählten Grundsymbole Einfluß auf die Beschreibung und auch Einfluß auf die Algorithmen zur Ermittlung der Klassenzugehörigkeit einer Symbolkette
hat. Es ergeben sich also Abhängigkeiten von der Art

$$
\begin{array}{llll}
\text{Algorithmen} & \rightarrow & \text{terminale} & \rightarrow & \text{Formalismus} & \rightarrow & \text{Algorithmus} \\
\text{zur Extraktion} & \leftarrow & \text{Symbole} & \leftarrow & \text{zur Beschr.} & \leftarrow & \text{zur Klass.} \\
 & & (V_T) & & \text{(Grammatik)} & & \text{(Parser).} \qquad (3.187)
\end{array}
$$

Wegen dieser Abhängigkeiten ist bisher nur eine heuristische Wahl der Grundsymbole möglich. Wenn die Annahmen 1. und 2. unzweckmäßig erscheinen, so ist eine naheliegende Verallgemeinerung die folgende:

5. Statt einer Menge V_T von Liniensegmenten kann man auch Flächensegmente oder Volumensegmente als Formelemente wählen.

Das ändert nichts an den Gesichtspunkten 3. und 4. sowie an den in (3.187) dargestellten Abhängigkeiten. Außer der Charakterisierung der Form von Liniensegmenten kann zur Darstellung eines Musters auch die Angabe der relativen Lage erforderlich sein:

6. Wenn zur eindeutigen Darstellung eines Musters die Aufeinanderfolge von Formelementen nicht hinreichend ist, so werden besondere Grundsymbole zur Kennzeichnung der gegenseitigen Lage von Formelementen eingeführt.

Wenn zum Beispiel eine geschlossene Konturlinie, beginnend von einem bestimmten Startpunkt, mit Formelementen dargestellt wird, so reicht die Verkettung oder Aufeinanderfolge aus, und ein spezielles Symbol für diese eine Lagerelation ist unnötig. Dagegen gibt es beispielsweise in mathematischen Formeln wie (3.178) oder (3.183) außer der Aufeinanderfolge, also der Relation 'neben', auch noch andere Lagerelationen wie 'über' oder 'rechts oben'. Dazu können im allgemeinen weitere Relationen wie 'enthalten in', 'umgeben von', 'benachbart zu', 'links von', 'unter', 'links unter' usw. kommen.

7. Die Menge V_T der Grundsymbole oder das terminale Alphabet besteht aus der Menge der Formelemente vereinigt mit der Menge der Lagerelationen.

Bei eindimensionalen (wellenförmigen) Mustern sind zwei Fälle zu unterscheiden.
1. Das Muster ist relativ einfach, wie zum Beispiel ein EKG. Dann wendet man die oben für linienhafte Muster beschriebene Vorgehensweise an. - Bild 3.16a zeigt ein Beispiel.
2. Das Muster ist relativ komplex, wie zum Beispiel Sprache. Wegen der großen Variabilität der Muster und der Datenfülle ist es meistens unzweckmäßig, den Funktionsverlauf mit terminalen Symbolen nachzubilden. Dann ordnet man größeren, durch je eine bestimmte Eigenschaft gekennzeichneten Bereichen des Musters ein Grundsymbol zu. - Bild 3.16b zeigt auch dafür ein Beispiel. Diese Vorgehensweise ist im Prinzip natürlich auch auf Bilder übertragbar.

Bei zweidimensionalen (bildhaften) Mustern sind die meisten Grundsymbole dem Menschen auffällige Eigenschaften wie Linienende, Kreuzung, Krümmung, relatives Minimum, Wendepunkt, Unstetigkeit oder sonstige 'kritische Punkte' einer Linie [3.69]. Einige der in [2.18,3.70-77] verwendeten Grundsymbole oder einfacheren Bestandteile sind in Bild 3.17 dargestellt. Man sieht, daß in der Regel nicht ausschließlich kurze gerade Liniensegmente unterschiedlicher Orientierung vorkommen, da diese zu wenig Struktur enthalten und die Beschreibung und Klassifikation dann zu kompliziert würde.

Wenn bei wellenförmigen Mustern die oben als Fall 1 erwähnte Methode der
Darstellung des Funktionsverlaufs angewendet wird [3.78], so ergibt sich gegenüber
den Formelementen von Bild 3.17 keine wesentliche Änderung. Um dagegen größeren
Einheiten des Musters ein Grundsymbol zuzuordnen, sind Verfahren erforderlich, die
eine parametrische Darstellung des Musters und möglicherweise auch eine numerische
Klassifikation erfordern. In [3.80] wird zum Beispiel aus dem Sprachsignal eine
Funktion berechnet, die den zeitlichen Verlauf der Energie in einem bestimmten
Frequenzband angibt. Nicht das Sprachsignal, sondern die Energiefunktion wird mit
Grundsymnolen dargestellt, wobei in diesem Falle nur die vier Symbole 'relatives
Maximum bzw. Minimum' und 'ansteigender bzw. abfallender Funktionsteil' verwendet
werden. Man erreicht auf diese Weise zum einen eine Datenreduktion, da die Energie-
funktion sich wesentlich langsamer ändert als das Sprachsignal, zum anderen den
Übergang auf eine unmittelbar interpretierbare Funktion, da die Energie in einem
geeigneten Frequenzbereich Hinweise auf Spracheigenschaften wie stimmhaft, stimmlos, Pause oder Plosivlaut gibt.

3.5.2 Extraktion von Symbolen

Aus dem letzten Abschnitt wurde deutlich, daß zu den grundlegenden Operationen
bei der Extraktion von Grundsymbolen die Ermittlung gerader oder gekrümmter Linienelemente gehört. Dieses gilt sowohl für bildhafte als auch wellenförmige Muster,
und es gilt sowohl für die Darstellung des Musters selbst als auch einer aus dem
Muster berechneten anderen Größe, wie zum Beispiel der Energie eines Sprachsignals
in einem Frequenzband.

Bei einem wellenförmigen Muster gibt die Folge der Abtastwerte $[f_j]$ direkt
einen Kurvenverlauf an, mit dessen Approximation durch Formelemente unmittelbar
begonnen werden kann. Dagegen muß ein bildhaftes Muster im allgemeinen zunächst
in ein linienhaftes transformiert werden. Da in diesem Band nur die Klassifikation
relativ einfacher Muster behandelt wird, kann man meistens davon ausgehen, daß das
Muster zunächst durch eine Schwellwertoperation - siehe Abschnitt 2.2 - vom Hintergrund trennbar ist. Man hat dann eine Folge $[f_{jk}]$, in der Objektpunkte den Wert 1
und Hintergrundpunkte den Wert 0 haben. Die Konturlinie des Musters ist durch eine
Änderung der Funktionswerte von 0 auf 1 oder umgekehrt gekennzeichnet. Punkte auf
der Konturlinie lassen sich mit folgendem einfachen Algorihmus ermitteln [1.19,
S.59-62]:

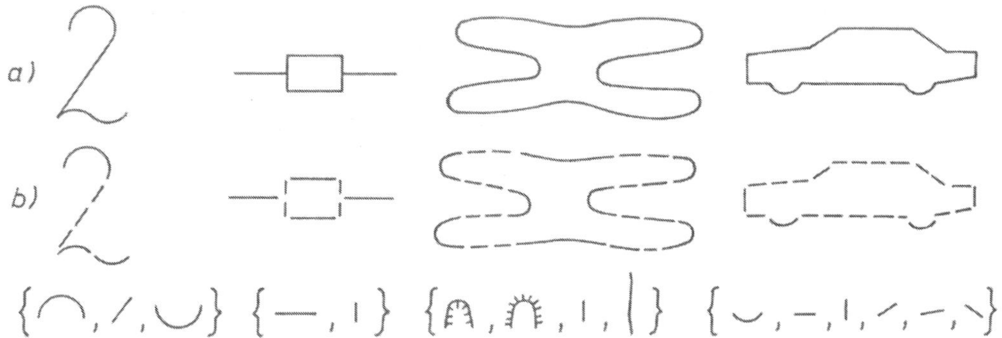

Bild 3.15   a)Einige Muster, deren Klassifikation aufgrund der Konturlinie möglich ist. b)Zerlegung in terminale Symbole (Grundsymbole) der in a)gezeigten Muster

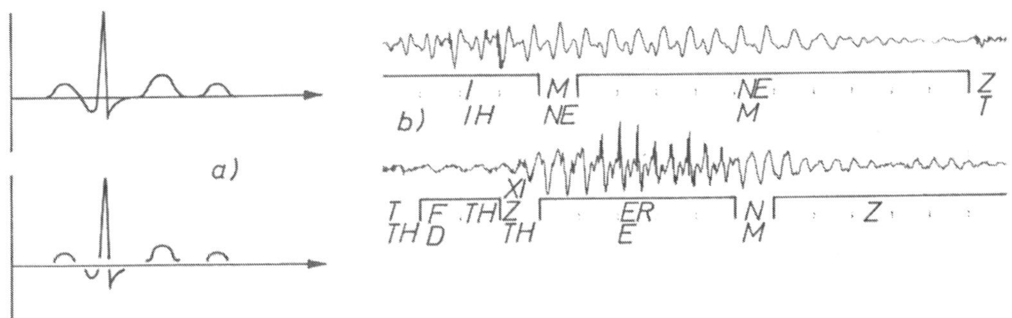

Bild 3.16   a) Ein eindimensionales Muster mit möglichen Grundsymbolen zur Darstellung des Funktionsverlaufs. b)Eine Darstellung der Worte 'im Test' und Ersetzung größerer Bereiche durch Grundsymbole

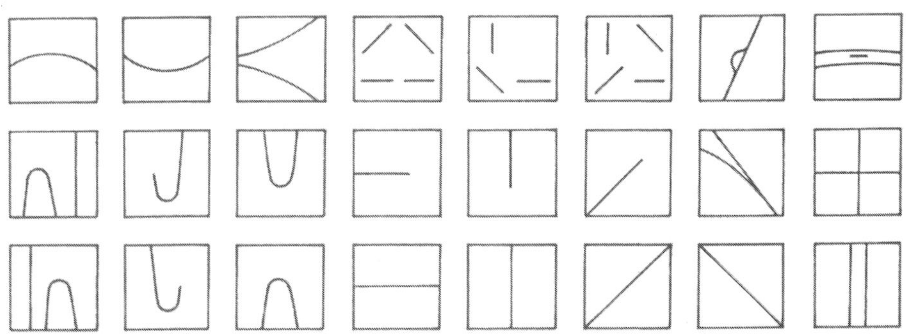

Bild 3.17   Beispiele für Grundsymbole von linienhaften Mustern

1. Gegeben ist eine binäre Folge [f_{jk}], in der das Objekt durch den Funktionswert 1 charakterisiert ist.Die Matrix der Werte f_{jk} wird zeilenweise durchsucht, bis der erste Punkt P mit dem Wert 1 gefunden wird. Dieses ist der erste Punkt auf der Konturlinie.

2. Man stelle sich vor, daß man auf den zuletzt erreichten Punkt zugegangen ist. Wenn er den Wert 1 hat, biege man nach links ab, sonst nach rechts. Jeder Punkt mit dem Wert 1, der dabei erreicht wird, liegt auf der Kontur.

3. Man wiederhole Schritt 2, bis das Objekt umfahren ist.

4. Das Ergebnis ist eine geordnete Liste von Konturpunkten, die dadurch entsteht, daß man das Objekt, beginnend bei P, so umläuft, daß das Objektinnere zur Rechten liegt.

Eine andere Vorgehensweise besteht darin, zunächst Konturpunkte zu finden und sie dann zu ordnen. Jeder Punkt f_{jk} mit dem Wert 1, der weniger als acht Nachbarpunkte mit dem Wert 1 hat, ist ein Konturpunkt.

Ausgangspunkt der weiteren Verarbeitung ist eine geordnete Menge

$$S = \{(x_j, y_j) \mid j = 1, 2, \ldots, N\} \tag{3.188}$$

von Wertepaaren. Bei einem eindimensionalen Muster $f(x)$ ist $x_j = j\Delta x$ der quantisierte Wert der unabhängigen Variablen, $y_j = f(x_j)$ der zugehörige Funktionswert. Die Ordnung ergibt sich nach ansteigenden Werten von x_j. Für ein zweidimensionales Muster sind x_j, y_j die Koordinaten eines auf der Konturlinie liegenden Punktes, und die Ordnung ergibt sich aus der Reihenfolge der Punkte bei einem Umlauf um die Konturlinie. Ein Beispiel zeigt Bild 3.18.

Vielfach wird eine gemäß (3.188) gegebene Kurve zunächst stückweise linear approximiert. Dafür ist es erforderlich, geeignete Geraden durch vorgegebene Punkte zu legen. Die Gleichung einer Geraden durch die beiden Punkte (x_j, y_j) und (x_k, y_k) ist

$$x(y_j - y_k) + y(x_k - x_j) = y_j(x_k - x_j) - x_j(y_k - y_j)$$
$$ax + by = c \quad , \quad a^2 + b^2 > 0 \quad . \tag{3.189}$$

Der Ordinatenabstand d_i eines Punktes (x_i, y_i) von der obigen Geraden ist definiert durch

$$d_i = x_i a / b + y_i - c / b \tag{3.190}$$

und der senkrechte Abstand s_i ist definiert durch

$$s_i = \mid ax_i + by_i - c \mid / \sqrt{a^2 + b^2} \quad . \tag{3.191}$$

Als Fehler der Approximation einer Punktmenge

$$S_i = \{(x_j, y_j) \mid j = 1, \ldots, N_i\} \subseteq S \tag{3.192}$$

kann der maximale Abstand

$$\varepsilon_a(d) = \max_{\{j \mid (x_j, y_j) \in S_i\}} \mid d_j \mid \tag{3.193}$$

$$\varepsilon_a(s) = \max_j s_j \tag{3.194}$$

oder der mittlere quadratische Abstand

$$\varepsilon_m(d) = N_i^{-1} \sum_{j=1}^{N_i} \mid d_j \mid \tag{3.195}$$

$$\varepsilon_m(s) = N_i^{-1} \sum_{j=1}^{N_i} s_j \tag{3.196}$$

gewählt werden.

Ein einfaches Verfahren, um eine Punktmenge S gemäß (3.188), die zu einem eindimensionalen Funktionsverlauf gehört, zu approximieren, ist das folgende [3.81,82]:
1. Die Punktmenge S soll stückweise linear approximiert werden, wobei der Fehler $\varepsilon_a(d)$ oder $\varepsilon_a(s)$ in jedem Stück einen Schwellwert θ nicht überschreitet.
2. Anfangs- und Endpunkt der ersten Geraden sind (x_1, y_1) und (x_N, y_N).
3. Wenn für alle Geraden der Fehler nicht größer ist als θ, dann ist die Approximation

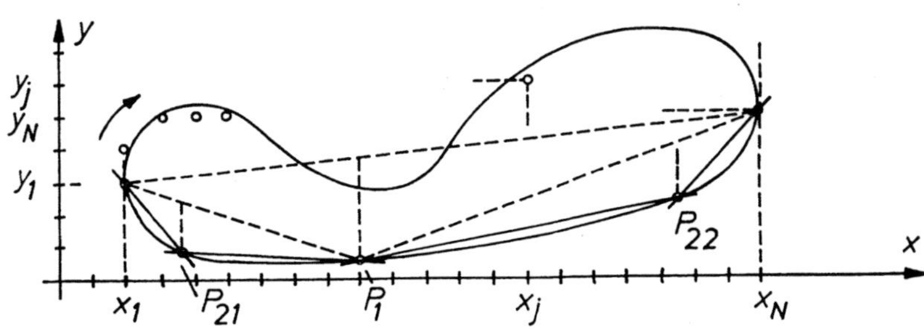

Bild 3.18   Darstellung der Kontur eines Objektes durch eine geordnete Punktmenge und stückweise lineare Approximation derselben. Wegen der Quantisierung liegen die Punkte im allgemeinen nicht genau auf der Konturlinie.

beendet, sonst fahre fort mit Schritt 4.

4. Für jede der bisher gefundenen Geraden mit zu großem Fehler führe Schritt 5 und 6 aus.

5. Ermittle den Punkt P mit größtem Abstand von der Geraden.

6. Ersetze diese alte Gerade durch zwei neue Geraden. Anfangs- und Endpunkt der ersten neuen Geraden sind der Anfangspunkt der alten Geraden und P, für die zweite neue Gerade sind dieses P und der Endpunkt der alten Geraden.

7. Gehe zurück nach Schritt 3.

Da für die (geschlossene) Konturlinie eines zweidimensionalen Musters $(x_1,y_1) \simeq (x_N,y_N)$ ist, läßt sich dieses Verfahren nicht ohne weiteres darauf anwenden. Jedoch ist dieses in einfachen Fällen durch folgende Modifikation möglich. Man wählt als Punkte (x_1,y_1) und (x_N,y_N) die Berührungspunkte der Kurve mit den am weitesten auseinanderliegenden Seiten des umschreibenden Rechtecks. Der obere und untere Zweig der Kurve werden nun mit dem obigen Algorithmus getrennt approximiert. In Bild 3.18 werden also sowohl der obere als auch der untere Zweig anfänglich von der Geraden durch (x_1,y_1) und (x_N,y_N) approximiert. Für den unteren Zweig ist P_1 der Punkt mit dem größten Ordinatenabstand d. Im nächsten Schritt wird der untere Zweig mit je einer Geraden durch (x_1,y_1) und P_1 sowie durch P_1 und (x_N,y_N) approximiert. Dieses Verfahren wird solange fortgesetzt, bis die verlangte Genauigkeit erreicht wird. Es ist möglich, daß einige Geradenstücke sehr kurz werden, jedoch läßt sich das, falls gewünscht, durch zusätzliche Bedingungen vermeiden.

Die in Bild 3.18 zwischen (x_1,y_1) und P_1 liegende Menge S_j von Punkten auf dem unteren Kurvenzweig wurde hier einfach mit einer Geraden durch (x_1,y_1) und P_1 approximiert. Eine bessere Approximation erhält man natürlich, wenn man eine Ausgleichsgerade für S_j berechnet. Der Rechenaufwand wird allerdings größer. Da bei einer geschlossenen Konturlinie sowohl fast horizontale ($a \simeq 0$) als auch fast vertikale ($b \simeq 0$) Geradenstücke möglich sind, empfiehlt sich die Anwendung des senkrechten Abstandes $\varepsilon_a(s)$ oder $\varepsilon_m(s)$ als Fehlermaß [1.27] oder die Einführung einer Fallunterscheidung [1.19]. Im ersteren Falle wird statt (3.189) die Hesse'sche Normalform der Geradengleichung verwendet, im zweiten Falle wird statt d_i in (3.190) der nicht normierte Abstand

$$d_i \cdot b = ax_i + by_i - c \tag{3.197}$$

als Fehlermaß definiert. Wie in Abschnitt 2.2.2 von [1.19] gezeigt wird, erhält man die Gerade, welche (3.197) minimiert, wie folgt. Zur Abkürzung setzen wir

$$\bar{u} = \sum_{i=1}^{N_j} u_i \tag{3.198}$$

und berechnen für die Punkte $(x_i,y_i) \in S_j$ die Größe

$$p = \bar{y}^2 - \bar{x}^2 - N_i(\overline{y^2} - \overline{x^2}) \quad . \tag{3.199}$$

Die Koeffizienten in (3.189) sind für $p \geq 0$

$$a = N_i \, \overline{xy} - \bar{x}\bar{y} \quad ,$$

$$b = \bar{x}^2 - N_i \, \overline{x^2} \quad ,$$

$$c = N_i^{-1}(a\bar{x} + b\bar{y}) \quad , \tag{3.200}$$

und für $p \leq 0$

$$a = \bar{y}^2 - N_i \, \overline{y^2} \quad ,$$

$$b = N_i \, \overline{xy} - \bar{x}\bar{y} \quad ,$$

$$c = N_i^{-1}(a\bar{x} + b\bar{y}) \quad . \tag{3.201}$$

Bei nahezu horizontalen oder vertikalen Geraden ergeben die beiden Ansätze merkliche Unterschiede in den Geradengleichungen. Das liegt daran, daß der nicht normierte Ordinatenabstand (3.197), der in (3.200) verwendet wird, bei fast vertikalen Geraden ein ungeeignetes Maß ist, während in (3.201) der entsprechend definierte nicht normierte Abszissenabstand verwendet wird.

Ein anderer Algorithmus zur stückweise linearen Approximation einer Kurve, der sich insbesondere bei komplizierteren Konturlinien empfiehlt, ist das 'zerlege - und - vereinige - Verfahren' [1.27,3.83]. Ausgangspunkt ist die Menge S in (3.188).
1. Man wähle eine anfängliche Zerlegung S_i^0, $i = 1,...,m_0$ von S in Teilmengen, eine parametrische Familie von Funktionen zur Approximation jeder Teilmenge S_i^0 - zum Beispiel die Familie der Geraden in (3.189), sowie ein Fehlermaß zur Bewertung der Approximationsgüte - zum Beispiel den Fehler (3.193) - und einen zulässigen Schwellwert θ für den Fehler.
2. Im ν-ten Schritt wird die Zerlegung von S mit S_i^ν, $i = 1,...,m_\nu$ bezeichnet, der Fehler bei der Approximation der Punkte aus S_i^ν mit ε_i^ν.
3. Suche ein S_i^ν, dessen Fehler $\varepsilon_i^\nu \geq \theta$ ist, zerlege dieses S_i^ν in $S_j^{\nu+1}$, $S_{j+1}^{\nu+1}$ und approximiere $S_j^{\nu+1}$ und $S_{j+1}^{\nu+1}$. (Damit wird gegenüber der Anfangszerlegung die Zahl der zu approximierenden Teilmengen erhöht). Wiederhole diesen Schritt, bis für alle Teilmengen der Fehler kleiner als θ wird.
4. Suche ein Paar S_i^ν, S_{i+1}^ν, nach dessen Vereinigung zu einer neuen Teilmenge der Fehler der Approximation kleiner als θ bleibt. Wiederhole diesen Schritt, bis keine weiteren Vereinigungen von Teilmengen mehr möglich sind.
5. Reduziere den Fehler bei fester Anzahl m vom Teilmengen.
   5.1 Für alle Paare S_i^ν, S_{i+1}^ν, $i = 1,...,m-1$ berechne den Fehler $s = \max \{\varepsilon_i^\nu, \varepsilon_{i+1}^\nu\}$

150

und   führe Schritt 5.2-5.4 aus.

5.2 Mache versuchsweise den letzten Punkt aus S_i^ν zum ersten Punkt aus S_{i+1}^ν. Berechne für die so modifizierten Teilmengen den Fehler s'.

5.3 Mache versuchsweise den ersten Punkt aus S_{i+1}^ν zum letzten Punkt aus S_i^ν. Berechne für die so modifizierten Teilmengen den Fehler s''.

5.4 Wähle die Teilmengen, die zu min {s,s',s''} führen.

5.5 Wiederhole obige Operation, bis keine Teilmengen mehr verändert werden.

Beginnend mit einer beliebigen Anfangszerlegung der zu approximierenden Punktmenge werden also zunächst alle Zerlegungen ausgeführt, die erforderlich sind, den vorgegebenen Fehler einzuhalten, dann alle Vereinigungen, die ohne Überschreitung der Fehlergrenze möglich sind, und schließlich werden die Grenzen zwischen Teilmengen so verschoben, daß der Fehler vermindert wird. Durch die Wahl unterschiedlicher parametrischer Familien von approximierenden Funktionen und anderer Fehlermaße sind zahlreiche Varianten möglich. Es sei noch angemerkt, daß die 'zerlege - und vereinige - Methode' auch bei der Analyse komplexer Muster zur Darstellung von Konturen, Ermittlung von Regionen und Erfassung von Textureigenschaften angewendet wird [1.27].

Das Ergebnis der stückweise linearen Approximation eines Musters f(x) oder der Kontur eines Musters f(x,y) ist eine Folge von Liniensegmenten oder Vektoren $V_i, i=1,\ldots,m$. Jedes Segment ist gekennzeichnet durch seinen Startpunkt und die Parameter a_i, b_i, c_i der Geradengleichung (3.189), oder durch den Startpunkt P_i, den Winkel α_i gegenüber der x-Achse und die Länge l_i. Diese Segmente können verwendet werden, um daraus Formelemente der in Bild 3.15 gezeigten Art aufzubauen, wie es zum Beispiel in [3.84] ausgeführt wird. Dort werden Formelemente wie quadratische Kurve (eine Folge etwa gleich langer, miteinander etwa gleich große Winkel einschließender Liniensegmente), Linie (ein oder mehrere fast kollineare Segmente), Unterbrechung (ein oder zwei sehr kurze Segmente), Ecke (zwei Linien unter bestimmtem Winkel mit oder ohne Unterbrechung) sowie Linienzug (zwei Linien mit kleinem eingeschlossenen Winkel) unterschieden und detaillierte Algorithmen zu ihrer Extraktion angegeben.

Zur Charakterisierung einer Kurve wird vielfach die lokale Krümmung K verwendet. Ist α der Winkel der Tangente an die Kurve mit der x-Achse und l die Bogenlänge, so ist die Krümmung definiert als

$$K = d\alpha \,/\, dl = \frac{d^2 f(x) \,/\, dx^2}{(1 + (df(x) \,/\, dx^2)^{3/2}} \tag{3.202}$$

und der Krümmungsradius ist die reziproke Krümmung. In einer quantisierten Kurve
wird die Krümmung näherungsweise dadurch bestimmt, daß man die Differentiale durch
Differenzen ersetzt [3.85-87]. Sind zum Beispiel zwei etwa gleichlange benachbarte
Liniensegmente mit den Winkeln α_1 und α_2 gegenüber der x-Achse gegeben, so ist die
Krümmung im Schnittpunkt der Segmente

$$K \simeq \alpha_2 - \alpha_1 \qquad , \qquad\qquad\qquad (3.203)$$

wobei $\Delta l = 1$ Längeneinheit gesetzt wurde.

3.6 Beispiele für Merkmale

In diesem Abschnitt werden einige Beispiele dafür angegeben, welche Merkmale
zur Klassifikation bestimmter Muster angewendet wurden. Während die vorigen Abschnitte nach Methoden zur Gewinnung von Merkmalen geordnet waren, wird hier nach
Anwendungsgebieten geordnet, jedoch muß die Behandlung äußerst kurz und informell
bleiben. Es sei betont, daß in keiner Weise Vollständigkeit angestrebt wird. Der
Begriff der 'Anwendung' einer Methode wird in der Literatur sehr unscharf gebraucht,
er reicht von der Anwendung in einem kommerziellen Gerät bis zur Demonstration der
Anwendbarkeit mit oft nicht repräsentativen Stichproben.

Schriftzeichen: Maschinell gedruckte und von Hand zusammenhängend geschriebene
oder einzeln gedruckte Schriftzeichen gehören nach wie vor zu den besonders häufig
verwendeten Beispielen für einfache Muster, bei denen nur eine Klassifikation erforderlich ist [3.88,89]. Für die Schriftzeichenerkennung gibt es zahlreiche Ein-
satzgebiete [1.30]. Praktisch alle der in diesem Kapitel genannten Verfahren zur
Merkmalgewinnung sind irgendwann auf Schriftzeichen angewendet worden. Daher beschränken wir uns hier auf eine kurze Diskussion der Merkmale, die in drei kommerziellen Lesegeräten eingesetzt werden. In [3.90] werden Formelemente wie Krümmungen, Linienenden, rechte Winkel und dergleichen als Merkmale verwendet und den
Komponenten eines binären Merkmalvektors zugeordnet. Die Extraktion erfolgt mit
Masken, die logische UND Funktionen über die zu den Formelementen gehörigen Rasterpunkte berechnen. Die Auswahl der Merkmale wurde entscheidend durch die Mit-
wirkung eines Experten beeinflußt, der beispielsweise spezielle Masken zur Unterscheidung leicht verwechselbarer Zeichen entwickelte. Ähnliche Merkmale werden
auch in [3.70] eingesetzt. Im Unterschied dazu sind in [2.49,3.91] die Abtastwerte
der Schriftzeichen direkt die Eingangsgrößen eines quadratischen Klassifikators.
Es wird lediglich eine sorgfältige Normierung der Zeichen vorgenommen, und unter

den Rasterpunkten f_j sowie deren quadratischen Termen $f_j f_k$ werden die wichtigsten
ausgewählt. Neben den dem Europäer besonders vertrauten römischen Schriftzeichen gibt
es natürlich verschiedene weitere Typen [3.92-95], zu deren Erkennung wegen ihrer
Verbreitung ebenfalls erhebliche Anstrengungen unternommen werden und die zum Teil
wegen ihrer Komplexität mit aufwendigeren Methoden bearbeitet werden müssen [3.77].
Weitere Einzelheiten zur Schriftzeichenerkennung sind in [3.96-98] enthalten. Ein
Problem ist immer noch die Erkennung uneingeschränkter oder zusammenhängender Schrift,
jedoch liegen einige Ansätze vor [3.99,100]. Die Segmentierung erfolgt auch hier
in Formelemente der oben genannten Art.

Schreibererkennung: Man unterscheidet die Verifikation und die Identifikation
von Schreibern. Bei der ersteren geht es darum, ob ein vorgegebener Text - vielfach
eine Unterschrift - von einem bestimmten Schreiber bekannter Identität stammt, der
den gleichen Text ebenfalls geschrieben hat, oder nicht, bei der letzteren soll
der Schreiber eines anonym übermittelten Textes festgestellt werden. Während man
bei der Verifikation einzelne Worte und Buchstaben vergleichen kann, ist das bei
der Identifikation unter Umständen nicht möglich. Merkmale kann man aus den Grauwerten des zweidimensionalen Musters, aus der beim Schreiben gemessenen Schreib-
geschwindigkeit und -beschleunigung sowie aus dem Verlauf des Schreibdruckes gewinnen [3.102,103]; letzteren kann man 'on line', das heißt während des Schreibens,
oder 'off line', das heißt aus einem geschriebenen Text über die Eindrucktiefe im
Papier messen. Beispielsweise werden in [3.103] linke, rechte, obere und untere
Randpunkte der Schrift ermittelt und daraus Parameter wie die Länge der Striche
in Zeilen - und Spaltenrichtung, die Schräglage und Krümmung. Von diesen Parametern
werden Histogramme berechnet, deren Beschreibungsparameter die eigentlichen Merkmale sind. Mit diesen Merkmalen ist man unabhängig vom jeweiligen Text.

Sprechererkennung: Wie bei der Schreibererkennung unterscheidet man Sprecher-
verifikation und -identifikation [3.104,105].Die Verifikation erfordert nur eine
binäre Entscheidung von der Art, ob die vom Sprecher angegebene Identität aufgrund
seiner Stimme bestätigt wird oder nicht. Die Identifikation ist ein Mehrklassenproblem, bei dem es um die Ermittlung der Identität eines anonymen Sprechers geht.
In beiden Fällen unterscheidet man textabhängige Verfahren, bei denen der gleiche
Text von der Referenzperson und von der Testperson gesprochen wird, sowie textunabhängige Verfahren, bei denen Art und Dauer der gesprochenen Referenz- und Test-
texte verschieden sind. Bei textabhängigen Verfahren wird vielfach eine nichtlineare
zeitliche Normierung von Test- und Referenztext vorgenommen und dann korrespon-
dierende akustische Ereignisse verglichen. Bei textunabhängigen Verfahren kann
man grundsätzlich ebenfalls nach korrespondierenden Lauten suchen, wie zum Beispiel
nach Vokalen oder nasalen Konsonanten, jedoch werden wegen der damit verbundenen
Probleme meistens globale über längere Zeit gemittelte Merkmale genommen. In der

Literatur wurde eine Vielzahl von Merkmalen und Verfahren untersucht [3.104-114].
Merkmale werden auf der Basis des Kurzzeit Spektrums oder der linearen Vorhersage
gewonnen. Kurzzeit Spektren werden analog mit Filterbänken oder digital mit der
DFT etwa alle 10 ms bestimmt. Als Merkmale werden über unterschiedliche Zeiten gemittelte Spektren, Intensität, Grundfrequenz und Formanten in ihrem zeitlichen Verlauf sowie die Hauptachsentransformation der Koeffizienten der linearen Vorhersage
verwendet. Letztere gestatten textunabhängige Sprechererkennung ohne Segmentierung
oder zeitliche Normierung.

Isolierte Worte: Die Klassifikation isoliert gesprochener Worte ist seit langem
ein Forschungsbereich [3.115,116], es gibt inzwischen zahlreiche Untersuchungen
darüber [2.50,3.115-123], und es gibt eine Reihe kommerzieller Geräte zur Erkennung
von etwa 30 bis 200 Worten. Ausgangspunkt für die Merkmalgewinnung ist entweder
die lineare Vorhersage, die diskrete Fourier Transformation oder eine Bank von analogen Bandpässen, die mit 6 bis 20 Filtern den Tonfrequenzbereich überdecken. Es
gibt Systeme, die ein Wort in eine feste Anzahl (zum Beispiel 16) Zeitsegmente zerlegen, was eine lineare zeitliche Normierung bewirkt, und je Zeitsegment eine bestimmte Zahl (zum Beispiel 32) von Merkmalen extrahieren. Es gibt andere Systeme,
die das Wort mit Segmenten fester Länge überdecken, so daß sich je nach Länge des
Wortes und Sprechgeschwindigkeit eine variable Zahl von Segmenten ergibt; anschließend wird eine nichtlineare zeitliche Normierung mit der dynamischen Programmierung
durchgeführt. Die Verwendung der Prädiktor Koeffizienten selbst als Merkmale ist
nicht so günstig wie die sogenannten partiellen Autokorrelationskoeffizienten, die
orthogonalisierte Prädiktor Koeffizienten sind, oder das Cepstrum gemäß (3.26).
Eine Alternative besteht darin, jedem Segment eine lautliche Markierung zuzuordnen,
also nicht mit Koeffizientenvektoren sondern Symbolketten weiterzuarbeiten. Dem
Vorteil wesentlich geringerer Datenrate steht als Nachteil eine erhöhte Fehlerrate
gegenüber. Es werden auch Merkmale verwendet, die auf Statistiken von Nulldurchgängen, Koeffizienten der Autokorrelationsfunktion oder spektralen Kenngrößen wie
Lage und zeitliche Änderung relativer Extremwerte im Spektrum basieren.

Laute: Bei der Erkennung kontinuierlicher Sprache, teilweise auch bei der Klassifikation isolierter Worte, wird die gesprochene Äußerung in lautliche Einheiten
zerlegt, zum Beispiel Vokal a, Plosivlaut p, Nasallaut m und dergleichen. Ausgangspunkt ist eine parametrische Darstellung der Sprache, die wie bei isolierten Worten
erwähnt, auf LPC, FFT, analogen Filterbänken oder Nulldurchgangsanalysen beruht.
Es wurden verschiedene Verfahren entwickelt, die sich vor allem in Art und Zahl der
verwendeten Laute, aber natürlich auch in der untersuchten Sprache und den angewendeten Verfahren unterscheiden [2.57,3.124-132]. Außer den oben erwähnten lautlichen Einheiten oder Phonen werden auch Halbsilben und Silben verwendet. Die Sprache
wird in Segmente von 20-30 ms Dauer zerlegt, die alle 10-15 ms bestimmt werden. Oft

werden zunächst übergeordnete Klassen wie 'stimmhaft frikativ, stimmhaft nicht frikativ, stimmlos, Pause' ermittelt. Dafür werden Merkmale wie Energie, Nulldurchgangsrate, erster Autokorrelations- und Prädiktionskoeffizient, Fehler der linearen
Vorhersage sowie Amplitude, Frequenz und Bandbreite des absoluten Maximums im
Spektrum verwendet. Daran schließt sich eine Verfeinerung der übergeordneten Klassen an. Für stimmhaft nicht frikative Laute sind Amplitude, Frequenz und Bandbreite
der ersten zwei bis vier Formanten wichtige Merkmale, dazu Energie im unteren Frequenzband und der erste Autokorrelationskoeffizient. Bei stimmlosen Lauten sind
Formanten nicht sinnvoll bestimmbar, statt dessen nimmt man die Energie in einigen
nicht überlappenden Frequenzbändern. Eine Alternative ist die ausschließliche Verwendung spektraler Prototypen oder Schablonen für die einzelnen Laute. Es ist bekannt, daß bei manchen Lauten, insbesondere bei Nasalen, die Verwendung nur eines
Segments schlechte Ergebnisse liefert. Die Berücksichtigung von Veränderungen einzelner Merkmale, wie zum Beispiel der Formantfrequenzen, an den Übergängen Konsonant-
Vokal und Vokal-Konsonant bringt hier bessere Ergebnisse.

EKG, EEG: Für die Auswertung von Elektrokardiogrammen (EKG) gibt es Programme
und spezielle Systeme, die im klinischen Einsatz sind [1.18,S.277-310,3.133-139].
Als Merkmale werden hier überwiegend solche verwendet, die unmittelbar anschaulich
interpretierbar sind. Dazu gehören zum Beispiel Anfang, Ende, Dauer und Amplitude
der relativen Extremwerte P,Q,R,S,T, Intervalle zwischen Extrema und Integrale über
Teilintervalle; es sind also überwiegend heuristisch gewonnene Kennzahlen. Bei
Elektroenzephalogrammen (EEG) spielt der autoregressive Ansatz eine wichtige Rolle,
aber auch FFT und Kennzahlen wie Amplitude und Dauer relativer Extremwerte [3.139
-144].

Andere Wellenformen: Außer Sprache, EKG und EEG sind als weitere eindimensionale (wellenförmige) Muster Geräusche, seismische Daten und sonstige bioelektrische
Signale zu nennen. Die mehrfach erwähnten Prinzipien, insbesondere FFT, LPC und
Nulldurchgangsanalyse werden auch hier angewendet [3.145-151]. Bei periodischen
Signalen, wie rotierenden Maschinen, kommt dazu die schon erläuterte Möglichkeit,
Störungen durch Mittelung zu reduzieren und die periodische Wiederholung bestimmter Merkmale zu prüfen. Ein allgemeines Ergebnis ist, daß sich viele Prozesse
mit der linearen Vorhersage modellieren lassen, unter Umständen nach einer Transformation der Daten [3.152].

Zellen: Die Klassifikation von Zellen hat die Teilgebiete Ermittlung relativer Häufigkeiten von Zelltypen im Blut [3.153-158], Karyotyping oder paarweise
geordnete Auflistung von Chromosomen [2.18,3.159-163] sowie Klassifikation von
Zellabstrichen bei der Krebsvorsorge [3.164,165]. Obwohl in diesen Fällen eine
reine Klassifikation gefordert ist, bilden die dafür erforderlichen Verfahren
einen Übergang zur Analyse komplexer Muster [1.27], da die Isolation der Einzel-

objekte erheblich schwieriger ist als zum Beispiel bei gedruckten Schrifzeichen.
Für Blutzellen unterscheidet man densitometrische Merkmale, wie Mittelwert und
Streuung der Intensität in einzelnen Farbkanälen jeweils für Zellkern und -plasma,
geometrische Merkmale, wie Fläche und Umfang der Zelle, des Plasmas und des Zell-
kerns, Farbmerkmale, wie Histogramme und aus densitometrischen Merkmalen abgeleitete Größen, sowie Texturmerkmale, wie sie standardmäßig bei der Texturanalyse
verwendet werden [1.27]. Einige kommerzielle Geräte sind verfügbar. Zur Klassifikation von Chromosomen wurden Formelemente der Konturlinie, Momente, Projektions-
profile und Armlängen herangezogen. Seit eine neue Färbetechnik entwickelt wurde,
wird auch die Bandstruktur der Chromosomen einbezogen. Die erzielten Ergebnisse
erlauben noch keinen wirtschaftlichen Einsatz automatischer Geräte, zumal die Fehlerrate noch deutlich über der manuellen Auswertung liegt. An der Klassifikation
von Zellabstrichen wird seit einiger Zeit intensiv gearbeitet. Die Klassifikation
erfolgt in der Regel in zwei Schritten. Zunächst werden einzelne Zellen eines Ab-
strichs verarbeitet, wobei ähnliche Merkmale wie die bei Blutzellen angegebenen
verwendet werden. Dabei wird entweder eine Entscheidung für eine von k Klassen getroffen - mindestens k = 3 für 'normal, ungewiß, verdächtig' - oder es wird der
Vektor der vom Klassifikator bestimmten a posteriori Wahrscheinlichkeiten weiterverarbeitet. Diese Vektoren, kombiniert von mehreren Zellen, bilden Merkmale der
Klassifikation im zweiten Schritt, in dem eine Entscheidung über den Zellabstrich
getroffen wird.

Fingerabdrücke: Für die automatische Identifikation von Fingerabdrücken wurden
verschiedene Vorschläge gemacht [2.36,3.75,76,166,167], bei denen Merkmale wie Wir-
bel, Kern- und Deltapunkte sowie Neigungswinkel der Linien verwendet werden. Es ist
damit möglich, recht gute Ergebnisse für eine Klassenzahl zu erzielen, die im Vergleich zu der bei echtem Einsatz erforderlichen verschwindend klein ist. Die eigentlichen Anwender setzen rechnergestützte Verfahren ein, bei denen die Umsetzung des
Bildes in eine symbolische Beschreibung manuell erfolgt und nur der Vergleich der
Beschreibung mit anderen gespeicherten vom Rechner vorgenommen wird [3.168].

Gesichter: Zur Klassifikation von Gesichtern werden Kennzahlen vorgeschlagen,
die in Fotos ausgemessen werden, aber auch solche, die aufgrund subjektiver Beurteilung qualitativ geschätzt werden [3.169,170]. Gemessene Kennzahlen sind zum
Beispiel die Abstände von der Nasen- zur Kinnspitze oder von der Nasenspitze zur
-wurzel, der Winkel zwischen den Linien von der Nasenspitze zum Mund und von der
Stirn zur Kinnspitze sowie der senkrechte Abstand der Nasenspitze von der Linie
zwischen Stirn und Kinnspitze. Qualitative Merkmale sind Angaben wie eng stehende
Augen, rundes Gesicht oder hochgezogene Mundwinkel.

Multispektrale Bildpunkte: Die Merkmale bei der reinen Klassifikation multispektraler Bildpunkte sind der Vektor der gemessenen Intensitäten in den einzelnen

Spektralkanälen, wobei unter Umständen die wichtigsten Kanäle vorher ausgewählt
werden oder eine Hauptachsentransformation vorgenommen wird [3.63,3.171-177]. Bessere
Ergebnisse erzielt man mit der Einbeziehung zeitlicher Veränderungen in den Spektralkanälen und insbesondere struktureller Information über Objekte, also durch
den Übergang zur Musteranalyse [3.178].

3.7 Zusammenfassung

Merkmale eines Musters sollten so gewählt werden, daß sie die für die Klassifikation wesentliche Information enthalten und Postulat 3 aus Abschnitt 1.3 genügen.
Merkmalsgewinnung ist ein Zwischenschritt oder ein Unterziel bei der Klassifikation von Mustern.

Man unterscheidet zwei Typen von Merkmalen, nämlich die durch reelle Zahlen
und die durch Symbole gekennzeichneten. Erstere werden in einem Merkmalvektor,
letztere in einer Symbolkette zusammengefaßt. Für die Gewinnung von Merkmalen gibt
es zwei grundlegende Ansätze. Der eine ist der heuristische, bei dem man versucht,
Merkmale aufgrund von Intuition, Phantasie und Erfahrung zu finden. Der andere ist
der analytische Ansatz, bei dem man nach Vorgabe eines Gütekriteriums die besten
Merkmale systematisch errechnet. Vielfach werden beide Ansätze kombiniert.

Ein naheliegender heuristischer Ansatz ist die Entwicklung der Abtastwerte
des Musters nach einer Orthogonalbasis und die Verwendung der Entwicklungskoeffizienten als Merkmale. Die diskrete Fourier Transformation ist eine häufig angewendete Entwicklung. Die Beträge der Koeffizienten sind translationsinvariant, und
ihre numerische Berechnung ist sehr effektiv möglich, da die Transformationsmatrix
faktorisierbar ist. Auch die Walsh Transformation ist eine orthogonale Entwicklung.
Zu ihrer Berechnung sind nur Additionen und Subtraktionen, aber keine Multiplikationen erforderlich. Eine Modifikation der Walsh Transformation ergibt die R-Transformation, deren Koeffizienten ebenfalls translationsinvariant sind. Eine andere
heuristische Methode, die besonders bei zeitabhängigen Mustern häufig angewendet
wird, ist die lineare Vorhersage. Der n-te Abtastwert des Musters wird dabei als
Linearkombination von m vorhergehenden Werten geschätzt und die Koeffizienten der
Schätzgleichung als Merkmale verwendet. Da eine Verteilungsdichte unter bestimmten
Voraussetzungen eindeutig durch ihre Momente bestimmt ist, werden auch die Momente
eines Grauwertbildes als Merkmale benutzt. Die Ermittlung von Merkmalen wie Linien-
kreuzungen oder konvexe Bögen in einem Muster kann mit Merkmalsfiltern erfolgen.
Es handelt sich hierbei um die Korrelation des zu suchenden Merkmals mit dem Muster.

Eine Vielzahl heuristischer Merkmale ergibt sich aus Kennzahlen eines Musters. Beispiele dafür sind die Schnittpunkte des Musters mit Testlinien, die Projektion des Musters auf geeignete Achsen, Formfaktoren, die Lage von relativen Extremwerten eines Musters oder von dessen Spektrum sowie die Energie in ausgewählten Frequenzbereichen.

Bei der analytischen Vorgehensweise wird die Klasse der zulässigen Transformationen in der Regel auf die linearen eingeschränkt und diejenige lineare Transformation bestimmt, welche ein vorgegebenes Gütekriterium optimiert. Ein wichtiger Ansatz sind auch hier die orthonormalen Entwicklungen, jedoch wird im Unterschied zur heuristischen Vorgehensweise das Basisvektorsystem so gewählt, daß das Gütekriterium optimiert wird. Beispiele für Gütekriterien sind der mittlere quadratische Abstand aller Merkmale von allen anderen, der mittlere quadratische Abstand aller Merkmale einer Klasse von denen einer anderen und der mittlere quadratische Abstand von Merkmalen innerhalb einer Klasse. In allen Fällen ergibt sich das Basisvektorsystem als Eigenvektoren einer geeigneten Kernmatrix. Das geeignetste Gütekriterium ist ohne Zweifel der mittlere Verlust (Risiko) bei der Klassifikation und als Spezialfall die Fehlerwahrscheinlichkeit. Für derartige Gütekriterien ist eine iterative Berechnung der optimalen Transformationsmatrix grundsätzlich möglich und wird für einen modifizierten Minimumabstandsklassifikator durchgeführt. Die Leistungsfähigkeit einiger Verfahren wird mit numerischen Daten demonstriert.

Mit heuristischen Verfahren ist es relativ einfach, sehr viel mehr Merkmale zu finden als man aus Aufwandsgründen tatsächlich verwenden kann. Daher sind Verfahren wichtig, um aus einer vorgegebenen Menge von Merkmalen eine möglichst gute Teilmenge auszuwählen; die beste Teilmenge ist im allgemeinen wegen des zu hohen Aufwandes nicht bestimmbar. Die Auswahl erfordert die Vorgabe von Maßen zur Bewertung der Güte von einzelnen Merkmalen oder auch von Teilmengen von Merkmalen. Gebräuchlich sind Abstandsmaße, informationstheoretische Maße sowie die Fehlerwahrscheinlichkeit bei der Klassifikation. In der Regel gilt, daß die numerische Berechnung eines Maßes umso aufwendiger wird je enger es mit der Fehlerwahrscheinlichkeit zusammenhängt. Nach Festlegung eines Bewertungsmaßes ist noch ein Auswahlverfahren für die Merkmale anzugeben. Das einfachste besteht darin, jedes Merkmal für sich zu bewerten und die einzelnen am besten bewerteten auszuwählen. Eine Verbesserung ergibt sich, wenn man jeweils das Merkmal auswählt, das relativ zu den schon vorhandenen am besten bewertet wird. Man kann auch die am schlechtesten bewerteten Merkmale eliminieren. In der Regel ergibt natürlich keines dieser Verfahren die beste Untermenge. Diese läßt sich unter bestimmten Voraussetzungen mit der 'branch and bound' Methode finden, die im Prinzip eine geschickt organisierte erschöpfende Suchmethode ist.

Die Verwendung von Symbolen als Merkmale beruht weitgehend auf heuristischen Gesichtspunkten. Bei bildhaften Mustern wird versucht, die Konturlinie des Objekts mit geraden und gekrümmten Liniensegmenten zu approximieren. Die Menge der erforderlichen Liniensegmente ergibt die Menge der terminalen Symbole oder Grundsymbole. Bei wellenförmigen Mustern wird entweder der Funktionsverlauf selbst durch Liniensegmente approximiert oder eine aus dem Muster berechnete Funktion, zum Teil wird auch größeren Bereichen des Musters ein Grundsymbol zugeordnet. Es kann zudem erforderlich sein, außer den Liniensegmenten auch die relative Lage dieser Segmente zueinander mit besonderen Grundsymbolen darzustellen. Eine grundlegende Operation bei der Extraktion von Symbolen ist demnach die stückweise Approximation einer Punktmenge durch eine geeignete Familie parametrischer Funktionen. Algorithmen dafür werden angegeben.

Das Kapitel wird abgeschlossen mit einigen Beispielen für Merkmale, die für bestimmte Klassifikationsaufgaben verwendet wurden.

4. Numerische Klassifikation

Die in den vorangehenden beiden Kapiteln erörterten Verarbeitungsmethoden er-
lauben es, ein aufgenommenes Muster $^{\rho}\underline{f}(\underline{x})$ in einen Merkmalvektor $^{\rho}\underline{c}$ zu transformieren. Die grundlegende Voraussetzung ist, daß die erhaltenen Merkmale Postulat 3
aus Abschnitt 1.3 genügen. Es bleibt nun noch die Aufgabe, den Merkmalvektor einer
Klasse Ω_κ zuzuordnen, also die in (1.6) angegebene Abbildung

$$^{\rho}\underline{c} \rightarrow \kappa \in \{1,\ldots,k\} \qquad \text{oder} \qquad ^{\rho}\underline{c} \rightarrow \kappa \in \{0,1,\ldots,k\}$$

festzulegen und damit eine Klassifikation durchzuführen. Da die Komponenten $^{\rho}c_\nu$
des Vektors $^{\rho}\underline{c}$ gemäß (3.2) reelle Zahlen sind, wird diese Abbildung als numerische
Klassifikation bezeichnet. Es wird sich zeigen, daß zu ihrer Durchführung zum Teil
umfangreiche numerische Rechnungen erforderlich sind. Die Klassifikation ist der
letzte der in Bild 1.5 angegebenen Verarbeitungsschritte, und damit ist die Klassifikationsaufgabe gelöst.

Da die Klassifikation von Merkmalvektoren eine klar definierte abgegrenzte
Aufgabe ist, gibt es dafür einige theoretisch wohl begründete Ansätze. In diesem
Kapitel werden die folgenden Punkte behandelt:
1. Statistische Klassifikatoren - Klassifikation wird als Problem der statistischen
Entscheidungstheorie unter Verwendung parametrischer Dichten aufgefaßt.
2. Verteilungsfreie Klassifikatoren - Klassifikation wird als Zerlegung des Merkmalsraumes mit geeigneten Trennflächen aufgefaßt.
3. Nichtparametrische Klassifikatoren - Klassifikation wird mit nichtparametrischen
statistischen Verfahren durchgeführt.
4. Andere Klassifikatortypen - einige weitere Ansätze insbesondere nichtlineare
Normierung und Kontextberücksichtigung.
5. Lernen (Training) - Anpassung des Klassifikators an die zu klassifizierenden
Muster durch Auswertung einer Stichprobe.
6. Dimensionierungsprobleme - Beziehungen zwischen Fehlerwahrscheinlichkeit des
Klassifikators, Umfang der Stichprobe und Zahl der Merkmale.

4.1 Statistische Klassifikatoren

4.1.1 Voraussetzungen

Über statistische Klassifikationsverfahren oder statistische Entscheidungstheorie gibt es eine umfangreiche Literatur [1.10,11,13,14,15,16,18-23,4.1], von der hier nur die Ergebnisse dargestellt werden, die grundlegend für die Klassifikation von Mustern sind [4.2]. Die wesentliche Voraussetzung bei der Anwendung statistischer (oder entscheidungstheoretischer) Verfahren besteht darin, daß Kenntnisse über die statistischen Eigenschaften der Muster aus einer Klasse Ω_κ gegeben sind. Es wird vorausgesetzt, daß eine n-dimensionale parametrische Familie $\tilde{p}(\underline{c} \mid \underline{a})$ von Verteilungsdichten bekannt ist und daß die klassenbedingten Verteilungsdichten $p(\underline{c} \mid \Omega_\kappa)$ der Merkmalvektoren Elemente dieser Familie sind, wobei $\underline{a}$ ein möglicherweise unbekannter Parametervektor ist. Damit gilt

$$p(\underline{c} \mid \Omega_\kappa) = p(\underline{c} \mid \underline{a}_\kappa) \in \tilde{p}(\underline{c} \mid \underline{a}) = \{p(\underline{c} \mid \underline{a}) \mid \underline{a} \in R_{\underline{a}}\} \tag{4.1}$$

Mit (4.1) wird zum Ausdruck gebracht, daß a priori Information über die Klassen in Form der parametrischen Familie $\tilde{p}$ vorhanden ist. Die Bestimmung der Dichte $p(\underline{c} \mid \Omega_\kappa)$ reduziert sich damit auf die Bestimmung der unbekannten Parameter $\underline{a}_\kappa$.

In einem bestimmten Problemkreis Ω treten Muster aus der Klasse Ω_κ mit einer bestimmten a priori Wahrscheinlichkeit p_κ auf, von der vorausgesetzt wird, daß sie ebenfalls bekannt ist. Aufgrund der Definition bedingter Dichten ergibt sich die Verbunddichte zu

$$p(\underline{c},\Omega_\kappa) = p_\kappa p(\underline{c} \mid \Omega_\kappa) = p(\underline{c})p(\Omega_\kappa \mid \underline{c}) \quad . \tag{4.2}$$

Beobachtete Muster lassen sich als Ergebnis eines Zufallsprozesses auffassen. Innerhalb des Problemkreises Ω wird zufällig eine Klasse ausgewählt, wobei die Klasse Ω_κ mit der Wahrscheinlichkeit p_κ gewählt wird. Nach Wahl von Ω_κ wird eine Beobachtung $^\rho\underline{c}$ - nämlich der Merkmalvektor eines Musters - der Zufallsvariablen $\underline{c}$ gemacht, wobei $\underline{c}$ die bedingte Dichte $p(\underline{c} \mid \Omega_\kappa)$ hat. Ergebnis des Zufallsprozesses ist also das Paar $(\kappa,^\rho\underline{c})$, das heißt eine Klassennummer und eine Beobachtung (Wert einer Zufallsvariablen).

Wenn Muster klassifiziert werden, können Fehlklassifikationen auftreten. Um den Einfluß von Fehlern bei der Beurteilung der Klassifikatorleistung zu erfassen, werden den Fehlern Kosten zugeordnet. Mit

$$r_{\lambda\kappa} = r(\Omega_\lambda \mid \Omega_\kappa) \quad , \qquad\qquad \begin{array}{l} \lambda = 0,1,\ldots,k \\ \kappa = 1,\ldots,k \end{array} \qquad\qquad (4.3)$$

werden die Kosten bezeichnet, die entstehen, wenn man ein Muster nach Ω_λ klassifiziert, obwohl es tatsächlich aus Ω_κ stammt. Es wird vorausgesetzt, daß die Kosten $r_{\lambda\kappa}$ bekannt sind und der Bedingung

$$0 \le r_{\kappa\kappa} < r_{0\kappa} < r_{\lambda\kappa} \quad , \qquad \lambda \neq \kappa \qquad\qquad (4.4)$$

genügen, das heißt Kosten sind nicht negativ und die Kosten einer richtigen Entscheidung sind geringer als die einer Rückweisung, und diese sind wiederum geringer als die Kosten einer Fehlklassifikation. Bei geeigneter Wahl der Kosten ergeben sich auch Beziehungen zur Fehlerwahrscheinlichkeit, wie später noch gezeigt wird.

Wenn die obigen Voraussetzungen erfüllt sind, kann man den optimalen Klassifikator angeben, der die mittleren Kosten minimiert, wie in Abschnitt 4.1.3 gezeigt wird. Ein wesentliches Problem ist natürlich die Ermittlung der geforderten Größen $p(\underline{c} \mid \Omega_\kappa)$, p_κ, $r_{\lambda\kappa}$. Auf die Bestimmung der statistischen Größen wird im nächsten Abschnitt eingegangen. Die Festlegung der Kosten ist Sache des Anwenders, einige Hinweise werden auch in Abschnitt 4.1.5 gegeben. Die Kritik an statistischen Klassifikatoren beruht vor allem darauf, daß die bedingten Dichten $p(\underline{c} \mid \Omega_\kappa)$ im allgemeinen unbekannt sind und nur unvollkommen approximiert werden können.

4.1.2 Bestimmung von Verteilungsdichten

Die Anwendung statistischer Klassifikationsverfahren setzt die Kenntnis der bedingten Verteilungsdichten $p(\underline{c} \mid \Omega_\kappa)$ der Klassen voraus. Da in der Regel bei konkreten Problemen die Dichten nicht gegeben sind, müssen sie mit Hilfe der Stichprobe geschätzt werden. Es wird hier nur der Fall betrachtet, daß die Stichprobe klassifiziert ist, also von jedem Muster $^p\underline{f}(\underline{x}){\in}\omega$ ist auch die richtige Klasse bekannt. Da eine Zerlegung

$$\omega = \{\omega_1, \omega_2,\ldots, \omega_k\} \quad , \qquad \omega_\kappa \subset \Omega_\kappa \qquad\qquad (4.5)$$

der Stichprobe ω in Teilmengen ω_κ gegeben ist, genügt es, die Ermittlung von $p(\underline{c} \mid \Omega_\kappa)$ mit Hilfe von Ω_κ zu betrachten. Zur Bestimmung der Dichten sind folgende Methoden gebräuchlich:
1. Vorgabe einer parametrischen Familie $\tilde{p}(\underline{c} \mid \underline{a})$ und Schätzung der Parameter.

2. Annahme klassenweiser statistischer Unabhängigkeit der Komponenten des Merkmalvektors.

3. Nichtparametrische Schätzung der Dichte.

Bei der Vorgabe einer parametrischen Familie ist zu beachten, daß hier nur
solche von Interesse sind, die auch für n-dimensionale Merkmalvektoren anwendbar
sind. Die wichtigste parametrische Familie ist die der n-dimensionalen Normalverteilungen

$$p(\underline{c} \mid \Omega_\kappa) = p(\underline{c} \mid \underline{\mu}_\kappa, \underline{K}_\kappa)$$

$$= \mid 2\pi\underline{K}_\kappa \mid^{-1/2} \exp(- (\underline{c} - \underline{\mu}_\kappa)_t \underline{K}_\kappa^{-1} (\underline{c} - \underline{\mu}_\kappa) / 2) \; . \tag{4.6}$$

Jede der Dichten ist vollständig bestimmt durch den bedingten Mittelwertvektor

$$\underline{\mu}_\kappa = E\{\underline{c} \mid \Omega_\kappa\} = \int_{R\underline{c}} \underline{c} p(\underline{c} \mid \Omega_\kappa) d\underline{c} \tag{4.7}$$

und die bedingte Kovarianzmatrix

$$\underline{K}_\kappa = E\{(\underline{c} - \underline{\mu}_\kappa)(\underline{c} - \underline{\mu}_\kappa)_t \mid \Omega_\kappa\} \; . \tag{4.8}$$

Man erhält maximum-likelihood-Schätzwerte dieser Größen aus [4.3]

$$\underline{\mu}_\kappa \approx \hat{\underline{\mu}}_\kappa = N_\kappa^{-1} \sum_{j=1}^{N_\kappa} {}^j\underline{c}_\kappa \quad , \quad {}^j\underline{c}_\kappa \in \omega_\kappa \quad , \tag{4.9}$$

$$\underline{K}_\kappa \approx \hat{\underline{K}}_\kappa = N_\kappa^{-1} \sum_{j=1}^{N_\kappa} ({}^j\underline{c}_\kappa - \hat{\underline{\mu}}_\kappa)({}^j\underline{c}_\kappa - \hat{\underline{\mu}}_\kappa)_t \; . \tag{4.10}$$

Im folgenden wird vielfach nicht zwischen den durch (4.7,8) definierten Größen und
ihren mit (4.9,10) berechneten Schätzwerten unterschieden. Die zuverlässige Schätzung der Kovarianzmatrix erfordert einen Stichprobenumfang von etwa N_κ = 1000 bis
10.000 Mustern je Klasse [4.4]. Wenn eine klassifizierte Stichprobe ω gemäß (4.5)
mit N_κ Elementen ${}^j\underline{c}_\kappa \in \omega_\kappa$, j = 1,...,$N_\kappa$,$\kappa$ = 1,...,k gegeben ist, bereitet die Berechnung der Schätzwerte kein Problem. Mit den ermittelten Schätzwerten wird so gerech-
net als seien sie die richtigen Werte.

Es gibt nur wenige andere n-dimensionale parametrische Familien von Dichten,
wie die t-Verteilung, die Dirichlet Verteilung und die Multinomiale Verteilung
[4.1]. Dazu kommen die in [4.5] angegebenen n-dimensionalen Erweiterungen von eindimensionalen Funktionen. Ist

$$p(c) = \alpha_1 f(c) \qquad\qquad (4.11)$$

eine eindimensionale Dichte mit der normierenden Konstante α_1, so ist

$$p(\underline{c}) = \alpha_n \mid \underline{W} \mid^{1/2} f([(\underline{c} - \underline{\mu})_t \underline{W}(\underline{c} - \underline{\mu})]^{1/2}) \qquad\qquad (4.12)$$

eine n-dimensionale Erweiterung. Beispiele sind in Abschnitt 3.1 von [1.19] angegeben. Die Matrix

$$\underline{W} = \beta \underline{K}^{-1} \qquad\qquad (4.13)$$

ist durch die Kovarianzmatrix gegeben. Die Konstanten α_n und β sind so zu wählen,
daß das Integral über $p(\underline{c})$ den Wert Eins hat. Da alle Dichten vom Typ (4.12) uni-
modal sind und eine quadratische Form wie in (4.6) enthalten, ergeben sie nur eine
kleine Verallgemeinerung der Normalverteilungen.

Wenn man klassenweise statistische Unabhängigkeit der Merkmale annimmt, gilt

$$p(\underline{c} \mid \Omega_\kappa) = \prod_{\nu=1}^{n} p(c_\nu \mid \Omega_\kappa) \qquad . \qquad\qquad (4.14)$$

Es genügt also, die n eindimensionalen Dichten der Merkmale c_ν zu schätzen. Neben
der oben für n-dimensionale Dichten geschilderten Vorgehensweise kommt dafür auch
die Schätzung der Dichte mit einem Histogramm in Frage. Die Speicherung der Dichte
erfordert dann die Speicherung der n Histogramme. Mit einem Histogramm können auch
multimodale Dichten geschätzt werden. Eine Verallgemeinerung zur Berücksichtigung
von Abhängigkeiten erster Ordnung enthält [4.6].

Auf nichtparametrische Schätzungen wird kurz in Abschnitt 4.3 eingegangen;
auch Histogramme sind nichtparametrische Schätzungen. Die Anwendung statistischer
Klassifikatoren ist also praktisch nur dann sinnvoll, wenn entweder die Merkmale
klassenweise angenähert normalverteilt oder statistisch unabhängig sind. Wie in Abschnitt 3.3.2 erwähnt, sind die Koeffizienten einer Karhunen-Loeve Entwicklung oft
näherungsweise normalverteilt. Wenn eine Klasse eine multimodale Dichte erfordert,
also mehrere Klassenzentren hat, besteht im Prinzip die Möglichkeit, diese Zentren
vorab zu ermitteln und jedes durch eine Normalverteilung zu approximieren. Die Verteilungsdichte einer Klasse wird dann durch die Summe mehrerer Normalverteilungen
approximiert.

4.1.3 Der optimale Klassifikator

Es wird nun vorausgesetzt, daß die Größen $p(\underline{c} \mid \Omega_\kappa), p_\kappa, r_{\lambda\kappa}$ gegeben sind. Gesucht ist eine Entscheidungsregel, mit der man beobachtete Merkmalvektoren $\underline{c}$ 'möglichst gut' klassifizieren kann. Da bei der Klassifikation jedes Musters bestimmte Kosten oder ein bestimmter Verlust entstehen, liegt es nahe, die mittleren Kosten als Kriterium zur Bewertung von Klassifikatoren zu verwenden. Die mittleren Kosten oder der Erwartungswert der Kosten werden auch als das Risiko bezeichnet. Die beste Entscheidungsregel ist die, bei deren Anwendung die geringsten mittleren Kosten entstehen, und der zugehörige Klassifikator wird als optimaler Klassifikator bezeichnet. Er wird ermittelt, indem man das Risiko als Funktion der Entscheidungsregel angibt und diese Funktion minimiert.

Die Entscheidungsregel wird mit $\delta(\Omega_\lambda \mid \underline{c})$ bezeichnet und gibt die Wahrscheinlichkeit an, mit der man sich für die Klasse Ω_λ entscheidet, wenn der Merkmalvektor $\underline{c}$ beobachtet wurde. Eine solche randomisierte Entscheidungsregel wird wegen ihrer größeren Allgemeinheit hier zunächst zugelassen. Allerdings wird sich zeigen, daß der optimale Klassifikator eine nicht randomisierte Regel verwendet. Diese ist ein Spezialfall der randomisierten Regel, bei dem für jeden Merkmalvektor mit der Wahrscheinlichkeit 1 eine Entscheidung für genau eine der möglichen Klassen erfolgt und alle anderen die Wahrscheinlichkeit 0 haben. In der Literatur wird vielfach der optimale Klassifikator bestimmt, wenn von vornherein nur eine nicht randomisierte Regel zugelassen wird. Es wird noch vorausgesetzt, daß

$$\sum_{\lambda=1}^{k} \delta(\Omega_\lambda \mid \underline{c}) = 1 \qquad \text{oder} \qquad \sum_{\lambda=0}^{k} \delta(\Omega_\lambda \mid \underline{c}) = 1 \tag{4.15}$$

ist, das heißt auch bei der randomisierten Regel erfolgt immer eine Entscheidung für eine der vorhandenen Klassen. Der wesentliche Unterschied zwischen nicht randomisierter und randomisierter Regel ist, daß bei mehrfacher Beobachtung des gleichen Merkmalvektors von ersterer auch stets für die gleiche Klasse entschieden wird, von letzterer dagegen nicht. Intuitiv scheint eine randomisierte Regel für die Mustererkennung wenig sinnvoll, jedoch ist zunächst offen, ob sich durch ihre Anwendung nicht ein geringeres Risiko ergibt.

Um das Risiko in Abhängigkeit von der verwendeten Entscheidungsregel zu berechnen, wird zunächst die Wahrscheinlichkeit $p(\Omega_\lambda, \underline{c} \mid \Omega_\kappa)$ berechnet, mit der ein Vektor $\underline{c}$ auftritt und nach Ω_λ klassifiziert wird, obwohl er aus Ω_κ stammt. Aufgrund der Definition bedingter Wahrscheinlichkeiten ist

$$p(\Omega_\lambda, \underline{c} \mid \Omega_\kappa) = \frac{p(\Omega_\lambda, \Omega_\kappa, c)}{p(\Omega_\kappa)} \frac{p(\Omega_\kappa, \underline{c})}{p(\Omega_\kappa, \underline{c})}$$

$$= p(\Omega_\lambda \mid \Omega_\kappa, \underline{c}) p(\underline{c} \mid \Omega_\kappa)$$

$$= \delta(\Omega_\lambda \mid \Omega_\kappa, \underline{c}) p(\underline{c} \mid \Omega_\kappa)$$

$$= \delta(\Omega_\lambda \mid \underline{c}) p(\underline{c} \mid \Omega_\kappa) \qquad . \tag{4.16}$$

Die letzte Zeile von (4.16) ergibt sich daraus, daß die Wahrscheinlichkeit der Entscheidung für Ω_λ, wenn $\underline{c}$ beobachtet wurde und aus Ω_κ stammt, natürlich von Ω_κ unabhängig sein muß, da die richtige Klasse nicht mit beobachtet werden kann. Mit (4.16) erhält man die Wahrscheinlichkeit, daß Muster aus Ω_κ nach Ω_λ eingeordnet werden zu

$$p(\Omega_\lambda \mid \Omega_\kappa) = \int_{R_{\underline{c}}} p(\Omega_\lambda, \underline{c} \mid \Omega_\kappa) d\underline{c} = \int p(\underline{c} \mid \Omega_\kappa) \delta(\Omega_\lambda \mid \underline{c}) d\underline{c} \qquad . \tag{4.17}$$

Wenn ein Muster aus Ω_κ nach Ω_λ klassifiziert wird, entstehen Kosten $r_{\lambda\kappa}$. Bei Anwendung der Entscheidungsregel δ tritt dieses Ereignis mit der durch (4.17) gegebenen Wahrscheinlichkeit $p(\Omega_\lambda \mid \Omega_\kappa)$ auf. Die durch Ω_κ bedingten mittleren Kosten oder der klassenbedingte mittlere Verlust ist dann aufgrund der Definition eines Erwartungswertes

$$V(\delta \mid \Omega_\kappa) = \sum_{\lambda=0}^{k} p(\Omega_\lambda \mid \Omega_\kappa) r_{\lambda\kappa}$$

$$= \sum_{\lambda} r_{\lambda\kappa} \int p(\underline{c} \mid \Omega_\kappa) \delta(\Omega_\lambda \mid \underline{c}) d\underline{c} \qquad . \tag{4.18}$$

Die mittleren Kosten oder das Risiko $V(\delta)$ bei der Klassifikation von Mustern aus dem Problemkreis Ω unter Verwendung der Entscheidungsregel δ erhält man durch Mittelung der bedingten Kosten über alle Klassen zu

$$V(\delta) = \sum_{\kappa=1}^{k} p_\kappa V(\delta \mid \Omega_\kappa)$$

$$= \sum_{\kappa=1}^{k} p_\kappa \sum_{\lambda=0}^{k} r_{\lambda\kappa} \int_{R_{\underline{c}}} p(\underline{c} \mid \Omega_\kappa) \delta(\Omega_\lambda \mid \underline{c}) d\underline{c} \qquad . \tag{4.19}$$

Die Summe in (4.18) erfolgt von 0 bis k, da dieses die von der Entscheidungsregel wählbaren Klassen sind, wenn man die Rückweisungsklasse Ω_0 als mögliche Entscheidung zuläßt. Die Summe in (4.19) erfolgt von 1 bis k, da nur diese k Klassen auftreten können. Die $(k + 1)$-te Rückweisungsklasse Ω_0 wurde ja in Abschnitt 1.2 nur eingeführt, um nicht sicher klassifizierbare Muster aus irgendeiner der k Klassen abweisen zu können.

Der optimale Klassifikator wendet eine Entscheidungsregel δ^* an, für die

$$V(\delta^*) = \min_{\{\delta\}} V(\delta) \tag{4.20}$$

gilt. Der beste Klassifikator ist also derjenige, der das Risiko bei der Klassifikation minimiert. Es wird darauf hingewiesen, daß die Bezeichnung 'optimaler Klassifikator' natürlich relativ zu dem gewählten Gütekriterium - hier dem Risiko - zu verstehen ist. Wenn man außer dem Risiko noch andere Größen berücksichtigt, wie beispielsweise den erforderlichen Rechenaufwand, den Speicherplatz oder die Rechengenauigkeit, dann kann durchaus ein anderer Klassifikator 'optimal' sein.

Es bleibt nun noch die Minimierung des Risikos $V(\delta)$, bzw. die Bestimmung der besten Entscheidungsregel δ^* gemäß (4.20). Dazu wird das Risiko in der Form

$$V(\delta) = \int_{R_{\underline{c}}} \sum_{\lambda=0}^{k} [\sum_{\kappa=1}^{k} r_{\lambda\kappa} p_{\kappa} p(\underline{c} \mid \Omega_{\kappa})] \delta(\Omega_{\lambda} \mid \underline{c}) d\underline{c} \tag{4.21}$$

geschrieben. Zur Abkürzung wird eine Prüfgröße

$$u_{\lambda}(\underline{c}) = \sum_{\kappa=1}^{k} r_{\lambda\kappa} p_{\kappa} p(\underline{c} \mid \Omega_{\kappa}) \quad , \quad \lambda = 0,1,\ldots,k \tag{4.22}$$

definiert. Die Minimierung des Risikos ergibt sich aus der Überlegung, daß der Wert des Integrals dann ein Minimum annimmt, wenn für jeden Wert $\underline{c} \in R_{\underline{c}}$ der Wert des Integranden minimiert wird. Für den Integranden in (4.21) gilt mit (4.15) die Abschätzung

$$I = \sum_{\lambda=0}^{k} u_{\lambda}(\underline{c}) \delta(\Omega_{\lambda} \mid \underline{c}) \geq \sum_{\lambda=0}^{k} u_{min} \delta(\Omega_{\lambda} \mid \underline{c}) = u_{min} \quad , \tag{4.23}$$

das heißt der Integrand kann als kleinsten Wert nur

$$\tag{4.24}$$
$$u_{min} = \min_{\lambda} u_{\lambda}(\underline{c})$$

annehmen. Offensichtlich läßt sich für jeden Wert $\underline{c} \in R_{\underline{c}}$ erreichen, daß der Integrand diesen kleinstmöglichen Wert annimmt und dadurch das Risiko minimiert wird - man muß nämlich nur die Entscheidungsregel geeignet wählen. Definiert man als optimale Entscheidungsregel

$$\delta^*(\Omega_\kappa \mid \underline{c}) = 1 \quad \text{wenn} \quad u_\kappa(\underline{c}) = \min_\lambda u_\lambda(\underline{c})$$

$$\delta^*(\Omega_\lambda \mid \underline{c}) = 0 \quad \text{für} \quad \lambda \neq \kappa, \lambda = 0,1,\dots,k \quad, \tag{4.25}$$

so nimmt der Integrand stets seinen minimalen Wert u_{min} an. Sollte es in (4.25) mehrere Minima geben, wird unter diesen ein beliebiges ausgewählt. Obwohl anfänglich eine randomisierte Entscheidungsregel zugelassen wurde, führt die Minimierung des Risikos auf eine nicht randomisierte Regel. Bei Beobachtung eines Merkmalvektors $\underline{c}$ wählt also der optimale Klassifikator mit der Wahrscheinlichkeit 1 eine bestimmte Klasse aus. Mit den Vektoren

$$\underline{p}(\underline{c}) = (p_1 p(\underline{c} \mid \Omega_1),\dots,p_k p(\underline{c} \mid \Omega_k))_t$$

$$\underline{r}_\lambda = (r_{\lambda 1},\dots,r_{\lambda k})_t, \quad \lambda = 0,1,\dots,k \tag{4.26}$$

lassen sich die Prüfgrößen in (4.22) auch kompakt als Skalarprodukt

$$u_\lambda(\underline{c}) = \underline{r}_{\lambda t}\,\underline{p}(\underline{c}) \quad, \quad \lambda = 0,1,\dots,k \tag{4.27}$$

angeben. Die Struktur des Klassifikators zeigt Bild 4.1. Dieses Ergebnis wird zusammengefaßt in

Satz 4.1: Der optimale Klassifikator, der das Risiko $V(\delta)$ in (4.21) bei der Klassifikation minimiert, berechnet die $(k + 1)$ Prüfgrößen $u_\lambda(\underline{c})$ gemäß (4.22). Er entscheidet sich stets für die Klasse Ω_κ, deren Prüfgröße u_κ den kleinsten Wert hat.

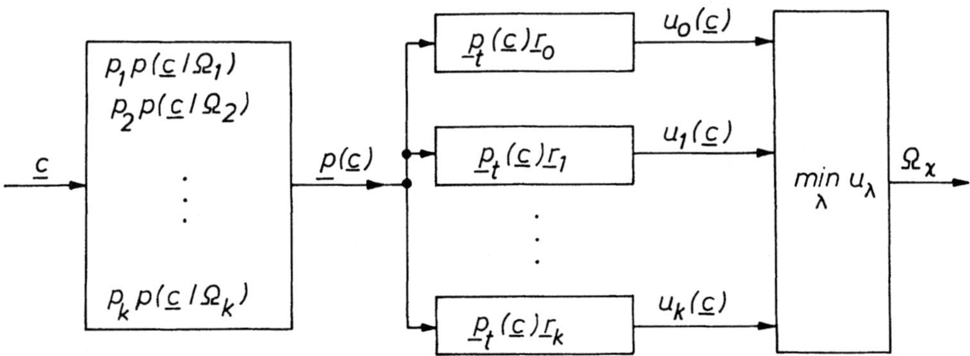

Bild 4.1 Die Struktur des optimalen Klassifikators, der das Risiko minimiert, gemäß (4.22,25).

4.1.4 Spezialisierungen

In diesem Abschnitt werden einige Klassifikatoren betrachtet, die sich aufgrund spezieller Kostenfunktionen ergeben.

Als erstes wird die Kostenfunktion

$$
\begin{aligned}
r_{\kappa\kappa} &= r_c \\
r_{0\kappa} &= r_z \qquad\qquad\qquad \kappa,\lambda = 1,\ldots,k \\
r_{\lambda\kappa} &= r_f \quad , \quad \lambda \neq \kappa
\end{aligned}
\tag{4.28}
$$

betrachtet. Es wird also angenommen, daß die Kosten der richtigen Klassifikation, bzw. der Rückweisung, bzw. der falschen Klassifikation jeweils gleich sind. Diese drei Möglichkeiten treten mit den Wahrscheinlichkeiten p_c, bzw. p_z, bzw. P_f auf. Aus der Definition des Risikos als mittlere Kosten ergibt sich

$$
V(\delta) = r_c p_c + r_z p_z + r_f p_f \quad .
\tag{4.29}
$$

Der optimale Klassifikator im Sinne von (4.20) berechnet wieder die $(k + 1)$ Prüfgrößen (4.22). Für die Kostenfunktion (4.28) ergeben sich die Prüfgrößen zu

$$
\begin{aligned}
u_0(\underline{c}) &= r_z \sum_{j=1}^{k} p_j p(\underline{c} \mid \Omega_j) \\
u_\lambda(\underline{c}) &= r_f \sum_{\substack{j=1 \\ j \neq \lambda}}^{k} p_j p(\underline{c} \mid \Omega_j) + r_c p_\lambda p(\underline{c} \mid \Omega_\lambda).
\end{aligned}
\tag{4.30}
$$

Eine Rückweisung erfolgt gemäß (4.25), wenn

$$
u_0(\underline{c}) < u_\lambda(\underline{c}) \quad , \qquad \lambda = 1,\ldots,k
$$

ist. Das ergibt die Bedingung

$$
r_z \sum_{j} p_j p(\underline{c} \mid \Omega_j) < r_f \sum_{j \neq \lambda} p_j p(\underline{c} \mid \Omega_j) + r_c p_\lambda p(\underline{c} \mid \Omega_\lambda)
$$

$$
r_z \sum_{j \neq \lambda} p_j p(\underline{c} \mid \Omega_j) + r_z p_\lambda p(\underline{c} \mid \Omega_\lambda) < r_f \sum_{j \neq \lambda} p_j p(\underline{c} \mid \Omega_j) + r_c p_\lambda p(\underline{c} \mid \Omega_\lambda)
$$

$$P_\lambda p(\underline{c} \mid \Omega_\lambda) < \frac{r_f - r_z}{r_z - r_c} \sum_{\substack{j=1 \\ j \neq \lambda}}^{k} P_j p(\underline{c} \mid \Omega_j) \quad . \tag{4.31}$$

Da man die Prüfgrößen $u_\lambda, \lambda \neq 0$ auch in der Form

$$u_\lambda(\underline{c}) = r_f \sum_{j=1}^{k} P_j p(\underline{c} \mid \Omega_j) + (r_c - r_f) P_\lambda p(\underline{c} \mid \Omega_\lambda)$$

angeben kann, ist die Bedingung (4.31) äquivalent der Bedingung

$$P_\lambda p(\underline{c} \mid \Omega_\lambda) < \frac{r_f - r_z}{r_f - r_c} \sum_{j=1}^{k} P_j p(\underline{c} \mid \Omega_j) = \alpha(\underline{c}), \tag{4.32}$$

die für $\lambda = 1,\ldots,k$ gelten muß. Die letzte Form ist für die Berechnung vorzuziehen, da die rechte Seite von (4.32) eine von λ unabhängige Größe $\alpha(\underline{c})$ ist, die rechte Seite von (4.31) dagegen nicht.

Ist (4.32) oder (4.31) nicht für $\lambda = 1,\ldots,k$ erfüllt, so erfolgt eine Entscheidung für eine Klasse Ω_κ aus den k Klassen $\Omega_\lambda, \lambda = 1,\ldots,k$. Für die Prüfgröße $u_\kappa(\underline{c})$ dieser Klasse Ω_κ gilt wegen (4.25)

$$u_\kappa(\underline{c}) < u_\lambda(\underline{c}), \quad \lambda = 1,\ldots,k, \lambda \neq \kappa$$

$$r_f \sum_{j=1}^{k} P_j p(\underline{c} \mid \Omega_j) + (r_c - r_f) P_\kappa p(\underline{c} \mid \Omega_\kappa) < r_f \sum_{j=1}^{k} P_j p(\underline{c} \mid \Omega_j)$$

$$+ (r_c - r_f) P_\lambda p(\underline{c} \mid \Omega_\lambda)$$

$$P_\kappa p(\underline{c} \mid \Omega_\kappa) > P_\lambda p(\underline{c} \mid \Omega_\lambda) \quad , \qquad \lambda = 1,\ldots,k, \lambda \neq \kappa \quad . \tag{4.33}$$

Offensichtlich braucht (4.32) nur für diesen Index κ geprüft zu werden.

Die allgemeine Entscheidungsregel (4.25) hat also für die Kostenfunktion (4.28) die spezielle Form

$$\delta^*(\Omega_\kappa \mid \underline{c}) = 1 \quad , \quad \text{wenn sowohl gemäß (4.33)}$$

$$P_\kappa p(\underline{c} \mid \Omega_\kappa) = \max_{\lambda \in \{1,\ldots,k\}} P_\lambda p(\underline{c} \mid \Omega_\lambda) \text{ als}$$

auch gemäß (4.32) $p_K p(\underline{c} \mid \Omega_K) \geq \alpha(\underline{c})$ gilt;

$$\delta^*(\Omega_0 \mid \underline{c}) = 1, \quad \text{wenn} \quad p_K p(\underline{c} \mid \Omega_K) < \alpha(\underline{c}) \,. \tag{4.34}$$

Es wird nun gezeigt, daß der Klassifikator, der gemäß (4.34) das Risiko minimiert, äquivalent einem Klassifikator ist, der bei fest vorgegebener Rückweisungswahrscheinlichkeit $p_z = p_{z0}$ die Fehlerwahrscheinlichkeit minimiert. Dafür wird zunächst die Rückweisungswahrscheinlichkeit p_z berechnet. Mit (4.17,32) gilt

$$
\begin{aligned}
p_z = p(\Omega_0) &= \sum_{\kappa=1}^{k} p_K p(\Omega_0 \mid \Omega_K) \\
&= \sum p_K \int_{R_{\underline{c}}} p(\underline{c} \mid \Omega_K) \delta(\Omega_0 \mid \underline{c}) d\underline{c} \\
&= \sum p_K \int_{\{\underline{c} \mid p_\lambda p(\underline{c} \mid \Omega_\lambda) < \alpha(\underline{c}),\quad \lambda = 1,\ldots,k\}} p(\underline{c} \mid \Omega_K) d\underline{c}
\end{aligned}
\tag{4.35}
$$

Das Integral ist über den Bereich des Merkmalsraumes $R_{\underline{c}}$ zu erstrecken, in dem Rückweisungen erfolgen. Für den optimalen Klassifikator ist dieser Bereich durch Bedingung (4.32) definiert. Durch Wahl der von den Kosten abhängigen Größe

$$\beta = (r_f - r_z) / (r_f - r_c) \,, \tag{4.36}$$

die in (4.32) und damit auch in (4.35) auftritt, läßt sich eine bestimmte Rückweisungswahrscheinlichkeit $p_z = p_{z0}$ einstellen. Der Zusammenhang zwischen p_z und β wird sich zwar nur näherungsweise numerisch bestimmen lassen, jedoch ist dieses für das grundsätzliche Ergebnis belanglos; dieses besagt, daß das Rückweisungskriterium (4.32) äquivalent der Einstellung einer bestimmten Rückweisungswahrscheinlichkeit ist. Dieses wird in Bild 4.2 für den eindimensionalen Fall und zwei Klassen verdeutlicht.

Zwischen den Wahrscheinlichkeiten p_z, p_c, p_f besteht die Beziehung

$$p_z + p_c + p_f = 1 \,, \tag{4.37}$$

so daß die Minimierung von p_f bei festem $p_z = p_{z0}$ der Maximierung von p_c entspricht. Die Wahrscheinlichkeit einer korrekten Entscheidung ergibt sich aus (4.17) unter Berücksichtigung der Rückweisungsbedingung zu

$$p_c = \sum_{\kappa=1}^{k} p_K p(\Omega_K \mid \Omega_K)$$

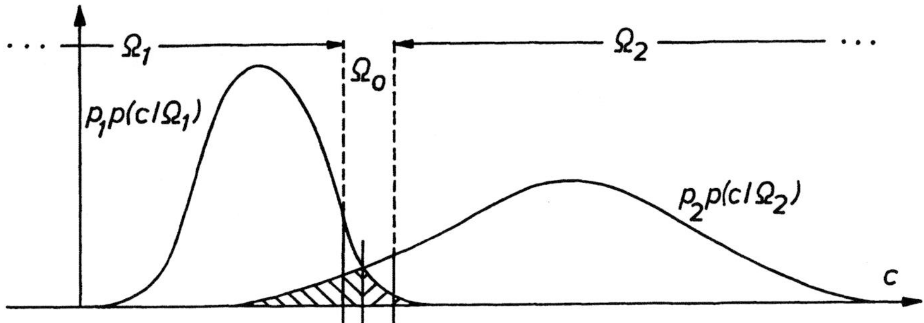

Bild 4.2 Zur Veranschaulichung von (4.34): Für $\beta = 0$ gibt es keine Zurückweisungen, dafür aber Fehlklassifikationen im schräg schraffierten Bereich; für $\beta = 0,74$ werden Muster im Bereich Ω_0 zurückgewiesen, die Zahl der Fehlklassifikationen sinkt auf Kosten der Rückweisungen

$$= \sum_{\kappa=1}^{k} p_\kappa \int_{\{\underline{c} \mid p_\lambda p(\underline{c} \mid \Omega_\lambda) \geq \alpha(\underline{c}) \text{ für ein } \lambda \in \{1,\ldots,k\}\}} p(\underline{c} \mid \Omega_\kappa) d\underline{c} \qquad . \qquad (4.38)$$

Die Entscheidungsregel δ ist so zu wählen, daß p_c maximiert wird, wenn man über den angegebenen Bereich des $R_{\underline{c}}$ integriert. Mit einer entsprechenden Argumentation, wie sie bei der Minimierung des Risikos (4.21) geführt wurde, erhält man

$$\delta^*(\Omega_\kappa \mid \underline{c}) = 1 \qquad \text{wenn } p_\kappa p(\underline{c} \mid \Omega_\kappa) = \max_\lambda p_\lambda p(\underline{c} \mid \Omega_\lambda)$$
$$\text{und } p_\kappa p(\underline{c} \mid \Omega_\kappa) \geq \alpha(\underline{c}) \qquad .$$

Dieses entspricht dem ersten Teil von (4.34). Damit ist gezeigt, daß bei einer Entscheidung gemäß (4.34) die Wahrscheinlichkeit p_c einer korrekten Entscheidung maximiert wird. Dieses Ergebnis wird zusammengefaßt in

Satz 4.2: Für die spezielle Kostenfunktion (4.28) ergibt die Minimierung des Risikos die Entscheidungsregel (4.34). Der damit arbeitende Klassifikator ist identisch mit dem Klassifikator, der bei fester Rückweisungswahrscheinlichkeit die Fehlerwahrscheinlichkeit minimiert.

Zur Festlegung der Kosten (4.28) braucht man also statt der $k(k + 1)$ Zahlen $r_{\lambda\kappa}$ in (4.3) nur die eine Zahl β in (4.36) bzw. p_z in (4.35) zu wählen. Im Unterschied zu den 'Kosten' $r_{\lambda\kappa}$ sind Rückweisungs- und Fehlerwahrscheinlichkeit unmittelbar anschauliche Größen.

In manchen Fällen ist eine Rückweisungsmöglichkeit unerwünscht. Wenn stets eine Entscheidung für genau eine der k Klassen Ω_κ getroffen werden soll, ist lediglich

Ω_0 auszuschließen. In (4.15) ist dieses bereits mit aufgeführt, in (4.21-25) darf λ nur die Werte von 1 bis k durchlaufen; dann gilt die optimale Entscheidungsregel (4.25) auch bei Ausschluß der Rückweisung, also bei erzwungener Entscheidung. Eine in diesem Fall häufig angewendete Wahl der Kosten ist die sogenannte (0,1)-Kostenfunktion

$$r_{\kappa\kappa} = 0$$
$$r_{\lambda\kappa} = 1 \quad \text{für} \quad \lambda \neq \kappa, \quad \kappa,\lambda = 1,\ldots,k \quad . \tag{4.39}$$

Das Risiko in (4.21,29) reduziert sich auf

$$V(\delta) = p_f \qquad . \tag{4.40}$$

Die Minimierung des Risikos entspricht hier also der Minimierung der Fehlerwahrscheinlichkeit. Für die Prüfgrößen $u_\lambda(\underline{c})$ in (4.22) erhält man

$$u_\lambda(\underline{c}) = \sum_{\substack{\kappa=1 \\ \kappa \neq \lambda}}^{k} p_\kappa p(\underline{c} \mid \Omega_\kappa) \quad , \quad \lambda = 1,\ldots,k \quad . \tag{4.41}$$

Die Entscheidungsregel (4.25) ist bei dieser speziellen Kostenfunktion äquivalent der Regel

$$\delta^*(\Omega_\kappa \mid \underline{c}) = 1, \quad \text{wenn} \quad p_\kappa p(\underline{c} \mid \Omega_\kappa) = \max_\lambda p_\lambda p(\underline{c} \mid \Omega_\lambda)$$
$$\delta^*(\Omega_\lambda \mid \underline{c}) = 0 \quad \text{für} \quad \lambda \neq \kappa , \quad \lambda = 1,\ldots,k \quad . \tag{4.42}$$

Ein Klassifikator, der die Entscheidungsregel (4.42) anwendet, wird auch als Bayes Klassifikator bezeichnet. Die von ihm erreichte Fehlerwahrscheinlichkeit wurde in Abschnitt 3.4 mit p_B bezeichnet und ist unten in (4.46) angegeben. Es gibt keinen Klassifikator, der eine geringere Fehlerwahrscheinlichkeit als p_B erreicht. Mit (4.2) gilt

$$p(\Omega_\lambda \mid \underline{c}) = p_\lambda p(\underline{c} \mid \Omega_\lambda) \, / \, p(\underline{c}) \qquad . \tag{4.43}$$

Da $p(\underline{c})$ unabhängig vom Index λ ist, nehmen die a posteriori Wahrscheinlichkeiten $p(\Omega_\lambda \mid \underline{c})$ für den gleichen Index ihr Maximum an wie die Ausdrücke $p_\lambda p(\underline{c} \mid \Omega_\lambda)$ in (4.42). Dieses Ergebnis wird zusammengefaßt in

<u>Satz 4.3</u>: Der Klassifikator, der bei erzwungener Entscheidung die Fehlerwahrscheinlichkeit minimiert, berechnet die k a posteriori Wahrscheinlichkeiten (4.43)

und entscheidet sich für die Klasse mit maximaler a posteriori Wahrscheinlichkeit; dieses ist äquivalent der Anwendung von (4.42).

Es wird noch darauf hingewiesen, daß sich auch die allgemeinen Prüfgrößen (4.22) oder (4.27) mit (4.43) umformen lassen, so daß bei der Bestimmung des Minimums (4.24) nur die a posteriori Wahrscheinlichkeiten verwendet werden. Man kann also wahlweise die Terme $p_\lambda p(\underline{c} \mid \Omega_\lambda)$ oder $p(\Omega_\lambda \mid \underline{c})$ nehmen, da der normierende Faktor $p(\underline{c})$ von λ unabhängig ist. Für die numerische Berechnung wird man in der Regel von $p_\lambda p(\underline{c} \mid \Omega_\lambda)$ ausgehen, da die a priori Wahrscheinlichkeiten p_λ und die bedingten Dichten $p(\underline{c} \mid \Omega_\lambda)$ als bekannt vorausgesetzt wurden bzw. unter geeigneten Annahmen mit einer klassifizierten Stichprobe geschätzt werden können.

4.1.5 Fehlerwahrscheinlichkeit und Kosten

Es wurden zwei Größen zur Beurteilung der Leistungsfähigkeit eines Klassifikators eingeführt, nämlich die Kosten für bestimmte Entscheidungen und die Wahrscheinlichkeit für das Treffen bestimmter Entscheidungen. Die Wahrscheinlichkeiten haben den Vorteil, daß sie unmittelbar anschaulich sind und auch durch Abzählen der verschiedenen Fälle leicht geschätzt werden können. Beispielsweise kann man bei einem automatischen EKG Auswertesystem abzählen, wie oft ein tatsächlich normales EKG irrtümlich als anormal und ein tatsächlich anormales EKG irrtümlich als normal eingestuft wurde - vorausgesetzt, es gibt eine übergeordnete Instanz, welche die richtige Diagnose kennt. Minimierung der Fehlerwahrscheinlichkeit bedeutet, daß man die Summe der mit den a priori Wahrscheinlichkeiten bewichteten beiden Fehlerarten minimiert. In diesem Beispiel wird man aber vermutlich den Fall, daß ein anormales EKG für normal gehalten wird, stärker bewichten wollen. Dieses ist durch Zuordnen von Kosten zu den einzelnen Entscheidungen möglich. Andererseits ist es schwierig, solche Kosten konkret anzugeben, und es müssen unrealistische Kostenzuordnungen vermieden werden. Werden nämlich im obigen Beispiel sehr hohe Kosten der Fehlklassifikation eines anormalen EKG zugeordnet, so wird es für den Klassifikator 'am billigsten', fast alle EKG als anormal einzustufen oder zurückzuweisen. Das aber entspricht nicht den Erwartungen an ein nützliches System. Es ist nicht zweckmäßig, die Kosten als Vielfache irgendeiner Währungseinheit aufzufassen. Sinnvoller ist es, sie als Gewichtsfaktoren aufzufassen, mit denen man die Häufigkeit bestimmter Entscheidungen erhöhen oder auch erniedrigen kann unter Inkaufnahme einer Erniedrigung oder Erhöhung der Häufigkeit anderer Entscheidungen. Die Häufigkeit der möglichen Entscheidungen ist durch (4.17) bestimmbar und hängt über δ und (4.25) von den gewählten Kosten ab. Allerdings wird im allgemeinen der Zusammenhang zwischen diesen

174

Häufigkeiten und den Kosten nur näherungsweise numerisch berechenbar sein, und dafür ist eine einfache Kostenfunktion wie (4.28) besonders geeignet.

Die obige Diskussion zeigt, daß anschaulich wichtige Größen zur Beurteilung
eines Klassifikators die Wahrscheinlichkeiten $p(\Omega_\lambda \mid \Omega_\kappa)$ sind. Aus (4.17,25) folgt

$$p(\Omega_\lambda \mid \Omega_\kappa) = \int p(\underline{c} \mid \Omega_\kappa)d\underline{c} \qquad , \qquad (4.44)$$
$$\{\underline{c} \mid u_\lambda(\underline{c}) = \min_j u_j(\underline{c})\}$$
$$\text{für } \lambda = 0,1,\ldots,k \quad \text{und} \quad \kappa = 1,\ldots,k \quad .$$

Dieses enthält alle im allgemeinen möglichen Entscheidungen, um ein Muster aus Ω_κ
zu klassifizieren. In dem speziellen Fall der (0,1)-Kostenfunktion ergibt sich aus
(4.17,42) für die Wahrscheinlichkeit der richtigen Klassifikation von Mustern aus Ω_κ

$$p(\Omega_\kappa \mid \Omega_\kappa) = \int p(\underline{c} \mid \Omega_\kappa)d\underline{c} \qquad .$$
$$\{\underline{c} \mid p_\kappa p(\underline{c} \mid \Omega_\kappa) = \max_j p_j p(\underline{c} \mid \Omega_j)\} \qquad (4.45)$$

Die Wahrscheinlichkeit, mit dem optimalen Klassifikator (4.42) Muster aus Ω falsch
zu klassifizieren, ist also

$$p_B = p_f = 1 - p_C$$
$$= 1 - \sum_{\kappa=1}^{k} p_\kappa \int p(\underline{c} \mid \Omega_\kappa)d\underline{c}$$
$$\{\underline{c} \mid p_\kappa p(\underline{c} \mid \Omega_\kappa) = \max_j p_j p(\underline{c} \mid \Omega_j)\}$$
$$= 1 - \int_{R_{\underline{c}}} \max_{\kappa \in \{1,\ldots,k\}} p_\kappa p(\underline{c} \mid \Omega_\kappa)d\underline{c} \qquad . \qquad (4.46)$$

Diese Beziehung veranschaulicht Bild 4.3. Wenn der optimale Klassifikator realisiert
wurde, läßt sich p_B gemäß (3.149) schätzen. Der Schätzwert $\hat{p}_B$ wird auch als Fehlerrate bezeichnet. Im allgemeinen lassen sich nach dieser Methode auch die Wahrscheinlichkeiten $p(\Omega_\lambda \mid \Omega_\kappa)$ in (4.44) schätzen. Es gilt

$$\hat{p}(\Omega_\lambda \mid \Omega_\kappa) = \frac{\text{Zahl der Muster aus } \Omega_\kappa, \text{ die } \Omega_\lambda \text{ zugeordnet wurden}}{\text{Zahl der Muster aus } \Omega_\kappa} , \qquad (4.47)$$

wobei natürlich der Klassifikator gemäß der verwendeten Entscheidungsregel zu realisieren ist. Aus (4.47) ergeben sich Schätzwerte für die Wahrscheinlichkeit der

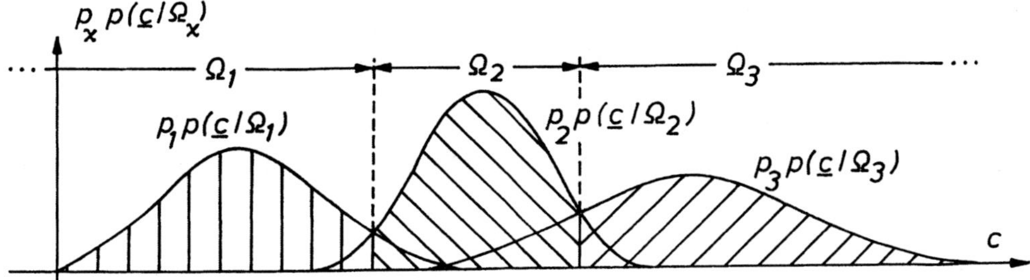

Bild 4.3   Muster in dem mit Ω_1 bezeichneten Bereich sind mit einer Wahrscheinlichkeit, die der senkrecht schraffierten Fläche entspricht, tatsächlich aus Ω_1; entsprechendes gilt für Ω_2 usw. Die Wahrscheinlichkeit p_c ein Muster richtig zu klassifizieren, entspricht also der Summe der schraffierten Flächen, und das ist gerade
das in (4.46) auftretende Integral

korrekten Klassifikation $\hat{p}_c$, der Rückweisung $\hat{p}_z$ und der Fehlklassifikation $\hat{p}_f$ für
Muster aus dem Problemkreis Ω zu

$$\hat{p}_c = \sum_{\kappa=1}^{k} p_\kappa \hat{p}(\Omega_\kappa \mid \Omega_\kappa) \qquad ,$$

$$\hat{p}_z = \sum_{\kappa=1}^{k} p_\kappa \hat{p}(\Omega_0 \mid \Omega_\kappa) \qquad ,$$

$$\hat{p}_f = \sum_{\kappa=1}^{k} p_\kappa \sum_{\substack{\lambda=1 \\ \lambda \neq \kappa}}^{k} \hat{p}(\Omega_\lambda \mid \Omega_\kappa) \qquad ,$$

$$1 = \hat{p}_c + \hat{p}_z + \hat{p}_f \qquad . \tag{4.48}$$

4.1.6 Klassenweise normalverteilte Merkmalvektoren

Wie bereits in Abschnitt 4.1.2 erwähnt, bilden die n-dimensionalen Normalver-
teilungsdichten die wichtigste parametrische Familie. Daher wird in diesem Abschnitt
etwas genauer der Fall klassenweise normalverteilter Merkmalvektoren betrachtet. Im
allgemeinen ergeben sich die Prüfgrößen durch Einsetzen von (4.6) in (4.22). Für die
(0,1)-Kostenfunktion erhält man eine weitere Vereinfachung. Als Prüfgrößen werden
die in (4.42) auftretenden Terme

$$u_\lambda(\underline{c}) = p_\lambda p(\underline{c} \mid \Omega_\lambda)$$
$$= p_\lambda \mid 2\pi\underline{K}_\lambda \mid^{-1/2} \exp(-(\underline{c} - \underline{\mu}_\lambda)_t \underline{K}_\lambda^{-1}(\underline{c} - \underline{\mu}_\lambda)/2) \tag{4.49}$$

verwendet. Die Lage des in (4.42) zu ermittelnden Maximum bezüglich λ ändert sich nicht, wenn eine monoton wachsende Funktion von $u_\lambda(\underline{c})$ genommen wird. In diesem Falle ist

$$u_\lambda'(\underline{c}) = 2 \ln u_\lambda(\underline{c}) \tag{4.50}$$

zweckmäßig. Damit erhält man

$$u_\lambda'(\underline{c}) = -(\underline{c} - \underline{\mu}_\lambda)_t \underline{K}_\lambda^{-1}(\underline{c} - \underline{\mu}_\lambda) + 2 \ln(p_\lambda \mid 2\pi\underline{K}_\lambda \mid^{-1/2})$$
$$= -\underline{c}_t \underline{K}_\lambda^{-1} \underline{c} + 2\underline{c}_t \underline{K}_\lambda^{-1} \underline{\mu}_\lambda + \gamma_\lambda$$
$$\gamma_\lambda = -\underline{\mu}_{\lambda t} \underline{K}_\lambda^{-1} \underline{\mu}_\lambda + 2 \ln(p_\lambda \mid 2\pi\underline{K}_\lambda \mid^{-1/2}) \quad . \tag{4.51}$$

Definiert man einen Vektor mit $(1 + n + n(n + 1)/2)$ Komponenten

$$\tilde{\underline{c}}_t = (1, c_1, c_2, \ldots, c_n, c_1 c_1, c_2 c_1, c_2 c_2, c_3 c_1, \ldots, c_n c_n) \quad , \tag{4.52}$$

einen Vektor mit n Komponenten

$$\underline{a}_\lambda = 2\underline{K}_\lambda^{-1} \underline{\mu}_\lambda \quad , \tag{4.53}$$

bezeichnet die Elemente der symmetrischen Matrix $\underline{K}_\lambda^{-1}$ mit $k_{\lambda ij}$, $i,j = 1, \ldots, n$ und definiert einen Vektor

$$\tilde{\underline{a}}_{\lambda t} = (\gamma_\lambda, a_{\lambda 1}, \ldots, a_{\lambda n}, -k_{\lambda 11}, -2k_{\lambda 21}, -k_{\lambda 22}, -2k_{\lambda 31}, \ldots, -k_{\lambda nn}) \quad , \tag{4.54}$$

so gilt

$$u_\lambda'(\underline{c}) = \tilde{\underline{a}}_{\lambda t} \tilde{\underline{c}} \quad , \quad \lambda = 1, \ldots, k \quad . \tag{4.55}$$

Die Anwendung von (4.42) auf normalverteilte Merkmalvektoren erfordert also die Berechnung von k Skalarprodukten. Der resultierende Klassifikator, dessen Struktur in Bild 4.4 angegeben ist, ist quadratisch bezüglich der Komponenten c_ν des Merkmalvektors. Der Vektor $\tilde{\underline{c}}$ ist für alle k Prüfgrößen gleich, die Vektoren $\tilde{\underline{a}}_\lambda$ werden

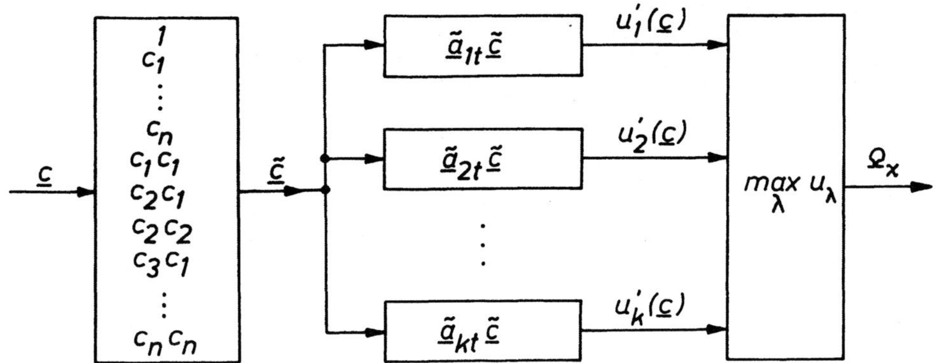

Bild 4.4   Die Struktur des Klassifikators, der für normalverteilte Merkmale die Fehlerwahrscheinlichkeit minimiert, gemäß (4.42,55)

in der Lern- oder Trainingsphase des Klassifikators berechnet, als Parameter gespeichert und dann nicht mehr oder nur selten verändert.

Gemäß (4.49) liegen Punkte mit gleichen Werten von u_λ auf Hyperellipsoiden des R_c. Wenn man nur zwei Komponenten c_ν, c_μ des Merkmalvektors betrachtet, ergeben sich Ellipsen, die man zur Veranschaulichung der Verhältnisse graphisch darstellen kann. Die Trennfläche zwischen zwei Klassen Ω_κ und Ω_λ ergibt sich aus der Gleichung

$$u_\lambda(\underline{c}) = u_\kappa(\underline{c}) \quad . \tag{4.56}$$

Ein Beispiel wurde bereits in Bild 3.10 gezeigt.

Sind die bedingten Kovarianzmatrizen Diagonalmatrizen

$$\underline{K}_\lambda = \mathrm{diag}(k_{\lambda 1}, k_{\lambda 2}, \ldots, k_{\lambda n}) \quad , \tag{4.57}$$

so erhält man für die Prüfgrößen aus (4.51)

$$u_\lambda'(\underline{c}) = - \sum_{\nu=1}^{n} (c_\nu - \mu_{\lambda\nu})^2 / k_{\lambda\nu} + 2 \ln p_\lambda - \sum_{\nu=1}^{n} \ln(2\pi k_{\lambda\nu}) \quad . \tag{4.58}$$

Im wesentlichen handelt es sich also um einen bewichteten Abstand des Merkmalvektors vom Klassenzentrum μ_λ. Da (4.58) numerisch wesentlich einfacher zu berechnen ist als (4.55), wird diese Form oft auch als suboptimaler Klassifikator verwendet. Vielfach wird sogar nur der Euklidische Abstand

178

$$u'_\lambda(\underline{c}) = - \sum_{\nu=1}^{n} (c_\nu - \mu_{\lambda\nu})^2 \qquad (4.59)$$

verwendet. Da man (4.59) auch in der Form

$$u'_\lambda(\underline{c}) = - \sum_{\nu=1}^{n} c_\nu^2 + \sum_{\nu=1}^{n} (2c_\nu\mu_{\lambda\nu} - \mu_{\lambda\nu}^2) \qquad (4.60)$$

schreiben kann, ist die Lage des Maximums der Prüfgrößen von $\sum_\nu c_\nu^2$ unabhängig, so daß sich eine weitere Vereinfachung der Berechnung auf Prüfgrößen, die linear bezüglich c_ν sind, ergibt. Wenn man bereits mit den einfacheren Formen (4.60) oder (4.58) zufriedenstellende Klassifikationsergebnisse erhält, besteht natürlich kein Grund, die aufwendiger zu berechnenden zu verwenden. Ein verbessertes Abstandsmaß, den sogenannten Mahalanobis Abstand, erhält man, wenn man in (4.51) die Größe γ_λ vernachlässigt. Der zugehörige Klassifikator wird als modifizierter Minimumabstandsklassifikator (MMA) bezeichnet.

Wenn alle bedingten Kovarianzmatrizen gleich sind, also

$$\underline{K}_\lambda = \underline{K} \qquad , \qquad (4.61)$$

erhält man in (4.51) Prüfgrößen, bei denen die Lage des Maximums unabhängig vom Term $\underline{c}_t\underline{K}^{-1}\underline{c}$ ist. Es genügen Prüfgrößen

$$u''_\lambda(\underline{c}) = 2\underline{c}_t\underline{K}^{-1}\,\underline{\mu}_\lambda + \gamma_\lambda \qquad , \qquad (4.62)$$

die linear in den Komponenten c_ν des Merkmalvektors sind.

Die Anwendung der Kostenfunktion (4.28) erfordert zur Auswertung des Rückweisungskriteriums (4.34) die Berechnung des Terms $\alpha(\underline{c})$ gemäß (4.32). Die Logarithmierung wie in (4.50) bringt hier keine Vorteile, vielmehr müssen tatsächlich die Exponentialfunktionen in (4.49) berechnet werden. Erfahrungsgemäß können dabei Größenordnungen von Zahlen auftreten, die außerhalb des üblichen Gleitkommabereichs eines Rechners liegen. Ein problemlos zu berechnendes heuristisches Rückweisungskriterium ist das folgende. Man berechne die k Prüfgrößen $u'_\lambda(\underline{c})$ gemäß (4.51) oder (4.55) und ermittle die größte und zweitgrößte

$$u_{\kappa 1} = \max_\lambda u_\lambda \quad \text{und} \quad u_{\kappa 2} = \max_{\lambda \neq \kappa 1} u_\lambda \quad . \qquad (4.63)$$

Das Muster wird zurückgewiesen, wenn

$$(u_{\kappa 1} - u_{\kappa 2}) \,/\, u_{\kappa 1} < \theta \qquad\qquad\qquad (4.64)$$

ist, und sonst der Klasse $\Omega_{\kappa 1}$ zugeordnet.

Die zentrale Annahme dieses Abschnittes, nämlich klassenweise normalverteilte Merkmalvektoren, wird im allgemeinen nur eine Approximation der realen Verhältnisse sein. Die Berechtigung dieser Annahme läßt sich auf zwei Arten überprüfen:
1. Man realisiert einen Klassifikator auf der Basis dieser Annahme und ermittelt experimentell, das heißt durch Klassifikation einer genügend großen Stichprobe, seine Leistungsfähigkeit, zum Beispiel mit (4.48) oder (3.149). Wenn die Leistung ausreicht, ist auch die Annahme normalverteilter Merkmale ausreichend genau.
2. Man testet alle eindimensionalen marginalen Dichten von $p(\underline{c} \mid \Omega_\kappa)$ auf Normalverteilung. Das kann zum Beispiel mit einem Kolmogorow-Smirnow Test erfolgen [4.7]. Wenn eine oder einige der Komponenten von $\underline{c}$ nicht normalverteilt sind, ist die Annahme normalverteilter Merkmale sicher unzutreffend. Wenn alle Komponenten von $\underline{c}$ normalverteilt sind, also alle eindimensionalen marginalen Dichten von $p(\underline{c} \mid \Omega_\kappa)$, dann ist das zwar ein Indiz für die Richtigkeit der Annahme, aber kein Beweis, da sich Gegenbeispiele konstruieren lassen [4.4].
Wenn die Untersuchungen nach Punkt 1 und/oder Punkt 2 negativ ausfielen, hat man drei Möglichkeiten:
1. Man versucht, eine andere parametrische Familie zu finden (dieses hat bisher keine praktische Bedeutung erlangt) oder die Anwendung von (4.14).
2. Man versucht, andere Merkmale zu finden, für die die Annahme der Normalverteilung besser zutrifft.
3. Man untersucht, ob ein anderer Klassifikator, wie die in den folgenden Abschnitten beschriebenen, bessere Ergebnisse liefert. Grundsätzlich kommt auch ein syntaktischer Klassifikator, zusammen mit symbolischen Merkmalen, in Frage.
Die hier aufgezeigten Möglichkeiten erfordern einen hohen experimentellen Aufwand. Das mag für den elegante geschlossene Lösungen suchenden Theoretiker unbefriedigend und für den schnelle Erfolge erwartenden Anwender unrealistisch erscheinen. Es gibt aber nicht einige wenige mit einer kleinen Stichprobe einfach zu schätzende Parameter, mit denen sich eine Aussage machen ließe, welche Merkmale und welcher Klassifikator der beste ist; bei der Komplexität des Problems ist das auch nicht zu erwarten. Sorgfältige und entsprechend aufwendige experimentelle Untersuchungen sind daher unerläßlich. - Natürlich wird man dabei bereits bekannte experimentelle Ergebnisse berücksichtigen und nicht erneut erarbeiten.

Die Realisierung eines Klassifikators gemäß (4.42,49) unter der Annahme normalverteilter Merkmale ist relativ einfach, vorausgesetzt es steht eine klassifizierte Stichprobe mit $N_\kappa > n$ Mustern je Klasse zur Verfügung. Auch wenn die Merkmale nur näherungsweise normalverteilt sind, gibt es erfahrungsgemäß verschiedene praktisch interessante Aufgaben, bei denen dieser Klassifikator gute Ergebnisse liefert [2.57, 3.26,4.8].

4.2 Verteilungsfreie Klassifikatoren

4.2.1 Annahmen

Wegen der im vorigen Abschnitt erwähnten Probleme bei der Ermittlung von bedingten Verteilungsdichten ist es sinnvoll, andere Ansätze für die Klassifikation von Mustern zu untersuchen. Ein solcher Ansatz besteht darin, k Trennfunktionen $d_\lambda(\underline{c})$ einzuführen, welche eine Klassifikation gemäß der Bedingung

$$\text{wenn} \quad d_\kappa(\underline{c}) = \max_\lambda d_\lambda(\underline{c}), \quad \text{dann entscheide} \quad \underline{c} \in \Omega_\kappa \qquad (4.65)$$

erlauben. Man kann diese als direkte Verallgemeinerung von (4.42) bzw. (4.43) auffassen, wo die $d_\lambda(\underline{c})$ den Termen $p_\lambda p(\underline{c} \mid \Omega_\lambda)$ bzw. $p(\Omega_\lambda \mid \underline{c})$ entsprechen. Analog zu (4.56) ist die Trennfläche zwischen zwei Klassen $\Omega_\kappa, \Omega_\lambda$ durch $d_\kappa(\underline{c}) = d_\lambda(\underline{c})$ gegeben. Das Problem besteht nun darin, geeignete Funktionen $d_\lambda(\underline{c})$ ohne Rückgriff auf bedingte Dichten zu bestimmen. Die wesentliche Annahme dabei ist, daß die Trennfunktionen $d_\lambda(\underline{c})$ Elemente einer vorgegebenen parametrischen Familie $\tilde{d}$ von Funktionen sind, das heißt es gilt

$$d_\lambda(\underline{c}) = d(\underline{c},\underline{a}_\lambda) \in \tilde{d}(\underline{c},\underline{a}) = \{d(\underline{c},\underline{a}) \mid \underline{a} \in R_{\underline{a}}\} . \qquad (4.66)$$

Dabei ist $\underline{a}$ ein Parametervektor und $R_{\underline{a}}$ der Parameterraum. Auf den ersten Blick scheint vielleicht (4.66) keinen Fortschritt gegenüber (4.1) zu bringen, jedoch ist nicht vorausgesetzt, daß die Funktionen $d(\underline{c},\underline{a})$ Verteilungsdichten sind. Die Parameter $\underline{a}_\lambda$ sind so zu wählen, daß (4.65) für möglichst viele Muster $\underline{c} \in \Omega$ zu einer richtigen Entscheidung führt. Für eine einfache mathematische Behandlung ist es zweckmäßig, die Familie $\tilde{d}$ auf Funktionen einzuschränken, die linear in den Parametern $\underline{a}$ sind. Diese spezielle Familie sei

$$\tilde{d}_1(\underline{c},\underline{a}) = \{\underline{a}_t \varphi(\underline{c}) \mid \underline{a} \in R_{\underline{a}}, \varphi_\nu(\underline{c}), \nu = 1,\dots,m \text{ linear unabhängige Funktionen}\}.$$
$$(4.67)$$

Mit dieser zweiten Annahme wird die Menge der Funktionen zwar eingeschränkt, jedoch läßt sich im Prinzip eine Funktion, die stetig ist und n-te Ableitungen besitzt, durch eine Taylorreihe, also eine Funktion aus (4.67), approximieren. Das einfachste Beispiel einer Familie $\tilde{d}_1$ sind die in c_ν linearen Funktionen oder Hyperebenen, bei denen

$$\varphi(\underline{c}) = (1,c_1,c_2,\ldots,c_n)_t \qquad (4.68)$$

und $\underline{a}$ ein $(n + 1)$-dimensionaler Vektor ist. Eine Verallgemeinerung ergeben die quadratischen Funktionen

$$\varphi(\underline{c}) = (1,c_1,c_2,\ldots,c_n,c_1c_1,c_2c_1,\ldots,c_nc_n) \quad , \qquad (4.69)$$

bei denen $\underline{a}$ ein $(1 + n + n(n + 1) / 2)$-dimensionaler Vektor ist. Grundsätzlich ist es möglich, für $\varphi(\underline{c})$ Polynome beliebiger Ordnung zu verwenden. Da ein Polynom p-ter Ordnung in n Variablen $c_\nu, \nu = 1,\ldots,n$ aber $\binom{n+p}{p}$ Koeffizienten hat, beschränkt man sich praktisch meistens auf die Ordnung $p = 2$.

Der Ansatz (4.65) zusammen mit (4.67,69) ergibt einen Klassifikator, der in seiner Struktur mit Bild 4.4 identisch ist. Die Methode zur Bestimmung der Parameter, nämlich $\tilde{\underline{a}}$ in (4.55) und $\underline{a}$ in (4.67), ist jedoch verschieden, so daß die resultierenden Klassifikatoren ebenfalls verschieden sind.

Außer dem Polynomansatz kann man für $\varphi(\underline{c})$ auch stückweise lineare Funktionen verwenden. Die in Abschnitt 4.2.3 als 'direkte' Lösung bezeichnete Vorgehensweise ist dann jedoch nicht möglich. Man muß iterative Lern- oder Trainingsalgorithmen verwenden, und daher wird auf stückweise lineare Klassifikatoren kurz in Abschnitt 4.5.4 eingegangen.

4.2.2 Optimierungsaufgabe

Gemäß (4.65-67) haben die Trennfunktionen $d_\lambda(\underline{c})$ die spezielle Form

$$d_\lambda(\underline{c}) = \underline{a}_{\lambda t}\varphi(\underline{c}) \qquad \lambda = 1,\ldots,k \quad , \qquad (4.70)$$

wobei die Funktionen $\varphi_\nu(\underline{c})$ des Vektors

$$\varphi(\underline{c}) = (\varphi_1(\underline{c}),\ldots,\varphi_m(\underline{c}))_t \qquad (4.71)$$

bekannte, linear unabhängige Funktionen sind. Wie erwähnt, sind die Parametervektoren $\underline{a}_\lambda$ so zu bestimmen, daß (4.65) für möglichst viele Muster $\underline{c} \in \Omega$ zu einer richtigen Entscheidung führt. Im Abschnitt 4.1 wurde die Bestimmung der Entscheidungsregel $\delta(\Omega_\lambda \mid \underline{c})$ auf die Optimierungsaufgabe (4.20) zurückgeführt; analog wird auch hier die Bestimmung der Parameter $\underline{a}_\lambda$ auf eine Optimierungsaufgabe zurückgeführt. Die Verwendung des Risikos (4.21) ist hier nicht möglich, da dieses Kenntnisse über bedingte Dichten erfordert. Statt dessen wird der Ansatz verwendet, mit Hilfe der Trennfunktionen $d_\lambda(\underline{c})$ eine vorgegebene ideale Trennfunktion $\delta_\lambda(\underline{c})$ möglichst gut zu approximieren. Eine mögliche Wahl der idealen Trennfunktion ist in Analogie zu (4.42)

$$\delta_\kappa(\underline{c}) = 1 \quad \text{wenn} \quad \underline{c} \in \Omega_\kappa, \quad \delta_\lambda(\underline{c}) = 0 \quad \text{für} \quad \lambda \neq \kappa \quad . \tag{4.72}$$

Wenn (4.72) gilt und die Funktionen d_λ eine fehlerfreie Approximation von δ_λ sind, werden offensichtlich alle Muster aus dem Problemkreis Ω richtig klassifiziert. Im allgemeinen wird jedoch $d_\lambda \neq \delta_\lambda$ sein, so daß Fehlklassifikationen möglich sind. Als Kriterium für die Güte der Approximation von δ_λ durch d_λ wird der mittlere quadratische Fehler

$$\varepsilon = E\left\{ \sum_{\lambda=1}^{k} (\delta_\lambda(\underline{c}) - d_\lambda(\underline{c}))^2 \right\} \tag{4.73}$$

gewählt. Gesucht werden Parameter $\underline{a}_\lambda$, so daß ε minimiert wird.

Um die Parameter konkret zu berechnen, ist es zweckmäßig, den Fehler ε noch etwas kompakter anzugeben. Die k Trennfunktionen d_λ werden in dem Vektor

$$\underline{d}(\underline{c}) = (d_1(\underline{c}),\ldots,d_k(\underline{c}))_t \tag{4.74}$$

zusammengefaßt, ebenso die k idealen Trennfunktionen δ_λ in dem Vektor

$$\underline{\delta}(\underline{c}) = (\delta_1(\underline{c}),\ldots,\delta_k(\underline{c}))_t \quad . \tag{4.75}$$

Gemäß (4.72) ist $\underline{\delta}(\underline{c})$ also ein Vektor, bei dem für ein Muster $\underline{c} \in \Omega_\kappa$ sämtliche Komponenten den Wert Null haben mit Ausnahme der κ-ten Komponente, die den Wert Eins hat. Mit einer Parametermatrix

$$\underline{A} = (\underline{a}_1,\ldots,\underline{a}_k) \tag{4.76}$$

gilt schließlich

$$\underline{d}(\underline{c}) = \underline{A}_t \varphi(\underline{c}) \quad , \tag{4.77}$$

$$\varepsilon(\underline{A}) = E\{(\underline{\delta}(\underline{c}) - \underline{A}_t \underline{\varphi}(\underline{c}))^2\} \qquad . \tag{4.78}$$

Die gesuchte optimale Parametermatrix $\underline{A}^*$ ist definiert durch

$$\varepsilon(\underline{A}^*) = \min_{\underline{A}} \varepsilon(\underline{A}) \tag{4.79}$$

Die Beziehungen (4.20) und (4.79) stellen unterschiedliche Ansätze zur Lösung der gleichen Aufgabe - nämlich Klassifikation von Mustern - dar. Die konkrete Berechnung der Matrix $\underline{A}^*$ wird im nächsten Abschnitt untersucht.

Statt des quadratischen Abstandes zwischen d_λ und δ_λ in (4.73) kann im Prinzip irgendein anderer - zum Beispiel $| d_\lambda - \delta_\lambda |$ - verwendet werden. Ebenso ist es möglich, andere ideale Trennfunktionen als die in (4.72) zu wählen - zum Beispiel $\delta_\kappa = 1$ wenn $\underline{c} \in \Omega_\kappa$ und $\delta_\lambda = -1$ für $\lambda \neq \kappa$. Schließlich gibt es verschiedene Möglichkeiten zur Wahl der Funktionen $\varphi_\nu(\underline{c})$ - zwei Beispiele sind in (4.68,69) angegeben - und zur Berechnung der Parameter $\underline{a}_\lambda$. Daher gibt es in der Literatur eine Vielzahl unterschiedlicher Algorithmen zur Klassifikation, von denen einige in Abschnitt 3.4 von [1.19] erörtert werden. Wir beschränken uns hier auf den obigen Ansatz wegen seiner mathematischen Einfachheit, seiner noch zu erörternden Beziehung zu statistischen Klassifikatoren und seiner praktischen Bedeutung [2.49]; er wird in [1.22] als Quadratmittelklassifikator bezeichnet.

4.2.3 Berechnung der Trennfunktionen

Wie aus der obigen Diskussion hervorgeht reduziert sich bei dem gewählten Ansatz die Berechnung der Trennfunktionen auf die Berechnung der unbekannten Parameter. Dafür werden im folgenden mehrere Vorgehensweisen genannt und eine genauer erörtert. Zuvor wird aber noch kurz auf die allgemeine Trennfunktion, ohne Spezialisierung auf (4.67), eingegangen.

1. Regressionsanalyse: Mit (4.74,75), aber ohne die spezielle Form (4.67), ist der Fehler

$$\varepsilon = E\{(\underline{\delta}(\underline{c}) - \underline{d}(\underline{c}))^2\} \tag{4.80}$$

bezüglich $\underline{d}(\underline{c})$ zu minimieren. Die Lösung gibt

Satz 4.4: Die Funktion $\underline{d}^*(\underline{c})$, die (4.80) minimiert, ist der bedingte Erwartungs-

184

wert von $\underline{\delta}$, wenn $\underline{c}$ beobachtet wurde, also

$$\underline{d}^*(\underline{c}) = E\{\underline{\delta} \mid \underline{c}\} \quad . \tag{4.81}$$

<u>Beweis:</u> Dieser Satz ist ein grundlegendes Ergebnis aus der Theorie der Schätzungen und zum Beispiel in [4.9,10] bewiesen.

Der bedingte Erwartungswert in (4.81) ist definitionsgemäß

$$\begin{aligned}
\underline{d}^* &= E\{\underline{\delta} \mid \underline{c}\} \\
&= \sum_{\lambda=1}^{k} p(\Omega_\lambda \mid \underline{c})\underline{\delta}(\underline{c}) \\
&= (p(\Omega_1 \mid \underline{c}),\ldots,p(\Omega_k \mid \underline{c}))_t \quad .
\end{aligned} \tag{4.82}$$

Die letzte Zeile ergibt sich aus der speziellen Wahl von $\underline{\delta}$ gemäß (4.72,75). Die beste Trennfunktion $\underline{d}^*(\underline{c})$, die für die gewählte ideale Trennfunktion $\underline{\delta}(\underline{c})$ in (4.72) den mittleren quadratischen Fehler minimiert, ist also der Vektor der a posteriori Wahrscheinlichkeiten (4.82). Ein Vergleich von (4.42,43) und (4.65,82) ergibt, daß dieser Klassifikator mit dem optimalen Bayes Klassifikator identisch ist. Dieses Ergebnis wird zusammengefaßt in

<u>Satz 4.5:</u> Der Bayes Klassifikator (4.42), der die Fehlerwahrscheinlichkeit minimiert, und der verteilungsfreie Klassifikator (4.65), der bei uneingeschränkter Trennfunktion die mittlere quadratische Abweichung von der idealen Trennfunktion (4.72) minimiert, sind identisch.

Der obige Satz liefert eine theoretische Begründung dafür, daß der gewählte Ansatz gegenüber anderen möglichen vorgezogen wird. Die Funktion $\underline{d}^*(\underline{c})$ in (4.81) wird als Regressionsfunktion bezeichnet. Die einfache geschlossene Form von (4.81) darf nicht darüber hinwegtäuschen, daß die Berechnung von $\underline{d}^*$ im allgemeinen keineswegs einfach ist. Aus (4.82) und (4.43) geht hervor, daß dafür vollständige statistische Information, insbesondere die bedingten Dichten $p(\underline{c} \mid \Omega_\kappa)$, erforderlich ist. Wenn man jedoch die zulässigen Funktionen $\underline{d}(\underline{c})$ wie in (4.67) einschränkt, ergeben sich numerisch auswertbare Gleichungen für die Berechnung der Trennfunktionen, wie im folgenden gezeigt wird. Bei den so eingeschränkten Trennfunktionen ist, wie erwähnt, nur noch die Parametermatrix $\underline{A}$ zu berechnen. Dafür eignen sich folgende Verfahren.

2. Direkte Lösung: Gesucht ist die Matrix $\underline{A}^*$, welche den Fehler (4.78)

$$\varepsilon = E\{(\underline{\delta}(c) - \underline{A}_t\varphi(\underline{c}))^2\}$$

minimiert. Als direkte Lösung bezeichnen wir hier die Auswertung der bekannten Bedingung, daß dann die partiellen Ableitungen von ε nach den Elementen a_{ij} von $\underline{A}$ verschwinden müssen. Das Ergebnis ist

Satz 4.6: Die optimale Parametermatrix $\underline{A}^*$, die (4.78) minimiert, erhält man aus

$$\underline{A}^* = [E\{\varphi(\underline{c})\varphi_t(\underline{c})\}]^{-1} E\{\varphi(\underline{c})\underline{\delta}_t(\underline{c})\} \quad . \tag{4.83}$$

Dabei ist die Existenz der inversen Matrix von $E\{\varphi\varphi_t\}$ vorausgesetzt.

Beweis: Notwendige Bedingung für ein relatives Extremum ist

$$\partial\varepsilon / \partial\underline{A} = [\partial\varepsilon / \partial a_{ij}] = \underline{0} \tag{4.84}$$

$$\partial\varepsilon / \partial a_{ij} = E\{\partial(\underline{\delta} - \underline{A}_t\varphi)^2 / \partial a_{ij}\} \quad ,$$

$$= E\{2(\delta_j - \sum_\nu a_{\nu j}\varphi_j)(- \varphi_i)\} \quad ,$$

$$\partial\varepsilon / \partial\underline{A} = 2E\{\varphi\varphi_t\underline{A} - \varphi\underline{\delta}_t\} = \underline{0} \quad . \tag{4.85}$$

Die Einzelheiten der obigen Ableitung erhält man einfach, wenn man den Fehler ε mit Hilfe der Elemente a_{ij} und Komponenten δ_μ, φ_ν ausdrückt. Ein Vergleich von (4.85) mit dem Beweis von Satz 3.1 in Abschnitt 3.2.1 zeigt, daß auch hier eine Orthogonalitätsbedingung vorliegt.

Die Berechnung von $\underline{A}^*$ in (4.83) ist mit einer klassifizierten Stichprobe möglich. Bekanntlich gilt für den Erwartungswert einer Funktion $g(x)$

$$E\{g(x)\} = \int g(x)p(x)dx \simeq N^{-1} \sum_{j=1}^{N} g(x_j) \quad , \tag{4.86}$$

so daß sich die Erwartungswerte in (4.83) schätzen lassen mit

$$E\{\varphi(\underline{c})\varphi_t(\underline{c})\} \simeq N^{-1} \sum_{j=1}^{N} \varphi(^j\underline{c})\varphi_t(^j\underline{c}) \quad ,$$

$$E\{\varphi(\underline{c})\underline{\delta}_t(\underline{c})\} \simeq N^{-1} \sum_{j=1}^{N} \varphi(^j\underline{c})\underline{\delta}_t(^j\underline{c}) \quad . \tag{4.87}$$

Es wird daran erinnert, daß für alle $^j\underline{c}\in\omega$ der Wert von $\underline{\delta}(^j\underline{c})$ bekannt ist, wenn ω

eine klassifizierte Stichprobe ist. Wenn der Vektor φ m Komponenten hat und k Klassen zu unterscheiden sind, ist $\underline{A}^*$ eine m · k Matrix, zu deren Berechnung die Inversion einer m · m Matrix erforderlich ist. Für einen Merkmalvektor mit n Komponenten c_ν und ein vollständiges Polynom p-ten Grades in c_ν ist

$$m = \binom{n+p}{p} \quad .\tag{4.88}$$

Daraus ergibt sich, daß die Inversion von $E\{\underline{\varphi}\underline{\varphi}_t\}$ schon für p = 2 ab etwa n = 50 bis 60, entsprechend m = 1326 bis 1891, ein echtes Problem wird. Dazu kommt ein weiteres Problem. Wegen den in der Regel zwischen Merkmalen auftretenden linearen Abhängigkeiten ist es bei Wahl der φ_ν gemäß (4.68,69) möglich, daß die Matrix $E\{\underline{\varphi}\underline{\varphi}_t\}$ nicht regulär ist. Aus diesen Gründen ist es zweckmäßig, die Berechnung von $\underline{A}$ anders vorzunehmen.

Zur numerischen Berechnung der Parametermatrix $\underline{A}$ werden zunächst die Matrizen

$$\underline{\Phi} = E\{(\underline{\varphi}_t,\underline{\delta}_t)_t(\underline{\varphi}_t,\underline{\delta}_t)\}$$

$$= \left[\begin{array}{c:c} E\{\underline{\varphi}\underline{\varphi}_t\} & E\{\underline{\varphi}\underline{\delta}_t\} \\ \hdashline E\{\underline{\delta}\underline{\varphi}_t\} & E\{\underline{\delta}\underline{\delta}_t\} \end{array}\right]\tag{4.89}$$

$$\underline{\Psi} = \left[\begin{array}{cc} [E\{\underline{\varphi}\underline{\varphi}_t\}]^{-1} & \underline{0} \\ -E\{\underline{\delta}\underline{\varphi}_t\}[E\{\underline{\varphi}\underline{\varphi}_t\}]^{-1} & \underline{I} \end{array}\right]\tag{4.90}$$

eingeführt. Dann gilt mit (4.83)

$$\underline{\Psi}\underline{\Phi} = \left[\begin{array}{cc} \underline{I} & \underline{A}^* \\ \underline{0} & \underline{K}_\varepsilon \end{array}\right] = \underline{X} \quad .\tag{4.91}$$

Dabei ist $\underline{K}_\varepsilon$ die Kovarianzmatrix des Fehlervektors

$$\underline{\varepsilon} = \underline{\delta} - \underline{A}_t \varphi \qquad , \qquad (4.92)$$

die definiert ist mit

$$
\begin{aligned}
\underline{K}_\varepsilon &= E\{(\underline{\delta} - \underline{A}_t\varphi)(\underline{\delta} - \underline{A}_t\varphi)_t\} \\
&= E\{\underline{\delta}(\underline{\delta} - \underline{A}_t\varphi)_t - \underline{A}_t\varphi(\underline{\delta} - \underline{A}_t\varphi)_t\} \\
&= E\{\underline{\delta}(\underline{\delta} - \underline{A}_t\varphi)_t\} - \underline{A}_t E\{\varphi(\underline{\delta} - \underline{A}_t\varphi)_t\} \\
&= E\{\underline{\delta}(\underline{\delta} - \underline{A}_t\varphi)_t\}
\end{aligned}
\qquad (4.93)
$$

Die letzte Zeile der obigen Gleichung folgt aus (4.85).Es ist bekannt [1.22,4.11], daß man die symmetrische Matrix $\underline{\Phi}$ schrittweise mit dem Gauss-Jordan Algorithmus in $\underline{x}$ umformen kann, ohne $\underline{\Psi}$ explizit zu berechnen. Die Matrix $\underline{x}$ enthält dann die gesuchte Parametermatrix $\underline{A}^*$. Der Rechenvorgang läßt sich zudem so steuern, daß lineare Abhängigkeiten beseitigt und die Abnahme des Fehlers ε möglichst groß ist.

Die Umformung von $\underline{\Phi}$ in $\underline{x}$ erfolgt durch sukzessive Normierung der ersten m Spalten von $\underline{\Phi}$. Die j-te Spalte heißt normiert, wenn sie eine Eins in der j-ten Komponente enthält und sonst Nullen. Zur Normierung sind nur sogenannte elementare Matrixumformungen erforderlich, nämlich Multiplikation einer Zeile mit einer Konstanten und Addition des Vielfachen einer Zeile zu einer anderen Zeile. Ein wesentlicher Vorteil der schrittweisen Umformung besteht darin, daß nach jeder Normierung einer weiteren Spalte (nach jedem 'Schritt') eine Matrix $\underline{x}'$ entsteht von der Form

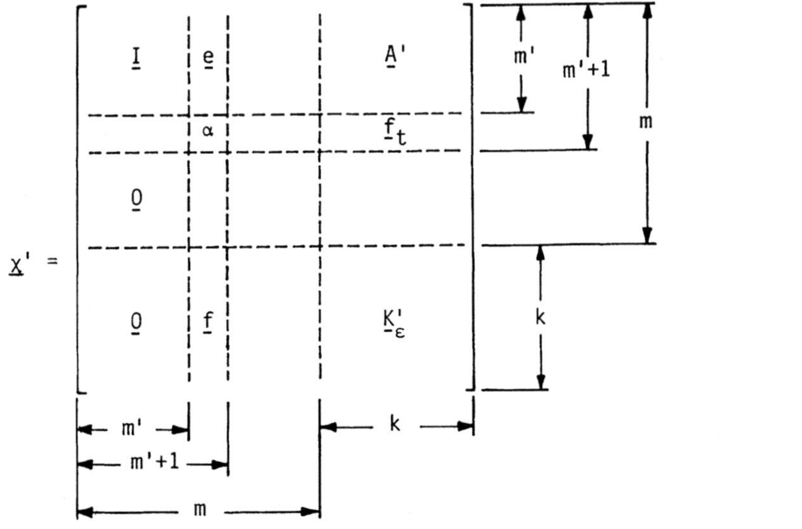

$$(4.94)$$

Wenn von den m linken Spalten erst m' normiert sind, ist die m' x k Matrix $\underline{A}'$ ein Zwischenergebnis, um eine Trennfunktion $\underline{d}'$ mit Hilfe der m' Komponenten von φ zu berechnen und $\underline{K}'_\varepsilon$ ist die Kovarianzmatrix des dabei entstehenden Fehlervektors. Man kann also die Rechnung nach einer beliebigen Zahl von Schritten abbrechen und auf diese Weise statt der m Komponenten von φ m' < m zur Berechnung der Trennfunktion verwenden. Die Darstellung in (4.94) bedeutet natürlich nicht, daß die Normierung der Spalten in der durch die Komponenten von φ vorgegebenen Reihenfolge ausgeführt werden muß. Tatsächlich kann in jedem Schritt irgendeine der noch nicht normierten Spalten ausgewählt werden. In jedem Falle hat die Normierung einer weiteren (m'+1)-ten Spalte folgende Auswirkungen:

1. Die resultierende Matrix $\underline{x}''$ hat (m'+1) normierte Spalten.
2. Die Matrix $\underline{A}'$ wächst um eine weitere Zeile und ergibt $\underline{A}''$.
3. Die Elemente der Matrix $\underline{K}'_\varepsilon$ werden verändert in $\underline{K}''_\varepsilon$.

Für die Auswahl der zu normierenden Spalte gibt es folgende Kriterien:

1. Beurteilung der linearen Abhängigkeit.
2. Größte Verminderung des Fehlers ε.

Der Kürze halber geben wir nur die Gleichungen zur Berechnung der neuen Matrix $\underline{A}''$ und der veränderten Fehlermatrix $\underline{K}''_\varepsilon$ sowie zur Auswertung der beiden Kriterien an; die Einzelheiten sind in der erwähnten Literatur enthalten. Es gilt

$$\underline{A}'' = \begin{bmatrix} \underline{A}' \\ \underline{0}_t \end{bmatrix} + \begin{bmatrix} -\underline{e} \\ 1 \end{bmatrix} \underline{f}_t / \alpha \qquad , \tag{4.95}$$

$$\underline{K}''_\varepsilon = \underline{K}'_\varepsilon - \underline{f}\underline{f}_t / \alpha \qquad . \tag{4.96}$$

Die Gleichungen (4.95) ermöglichen die schrittweise Normierung von Spalten der Matrix $\underline{\Phi}$, bzw. einer weiteren (m'+1)-ten Spalte von $\underline{x}'$. Zur Auswahl der nächsten zu normierenden Spalte wird zunächst die lineare Abhängigkeit verwendet. Eine weitere Komponente φ_μ ist dann nutzlos, wenn sie linear von den schon verwendeten $\varphi_1,\ldots,\varphi_{m'}$ abhängt, wie auch aus (3.177) in Abschnitt 3.4.2 hervorgeht. Es läßt sich zeigen, daß das Hauptdiagonalelement α in (4.94) bei linearer Abhängigkeit verschwindet. Als nächste zu normierende Spalte wird also die mit dem größten Wert von α genommen. Ein anderes Auswahlkriterium ist die Verminderung des Fehlers ε, die sich durch Hinzunahme einer weiteren Komponente ergibt. Die Verminderung des Fehlers ist

$$\Delta\varepsilon = \underline{f}_t \underline{f} / \alpha \quad . \tag{4.97}$$

Als nächste zu normierende Spalte wird im zweiten Falle die mit dem größten Wert von $\Delta\varepsilon$ genommen. Das zweite Auswahlkriterium erfordert zwar zusätzlichen Rechenaufwand, ergibt aber die schnellste Abnahme des Approximationsfehlers ε.

Die numerische Berechnung der durch (4.79) definierten optimalen Matrix $\underline{A}^*$ kann also unmittelbar mit (4.83) oder schrittweise mit (4.95-97) erfolgen. Ein an einem Beispiel durchgeführter Vergleich ergab, daß hinsichtlich der Fehlerrate zwischen diesem Klassifikator und dem statistischen Klassifikator für normalverteilte Merkmale praktisch kein Unterschied besteht [4.12].

3. Iterative Lösung: Die in (4.79) geforderte Minimierung von (4.78) ist grundsätzlich auch iterativ mit dem Ansatz

$$\underline{A}_{N+1} = \underline{A}_N - \beta_N \underline{R}_N \tag{4.98}$$

möglich, wobei $\underline{A}_0$ eine beliebige Anfangsmatrix, $\underline{R}_N$ die 'Richtung' im N-ten Iterationsschritt und β_N ein Faktor ist. Als Richtungen kommen der Gradient $\partial\varepsilon / \partial\underline{A}$ in (4.84) oder auch ein zyklisches Durchlaufen aller Koordinaten, in diesem Falle aller Elemente von $\underline{A}$, in Frage. Der Faktor β_N ist so zu wählen, daß das Verfahren konvergiert [4.13,14].

4. Stochastische Approximation: Beim iterativen Ansatz (4.98) muß der in (4.78) bzw. in (4.85) auftretende Erwartungswert geschätzt werden. Das ist möglich, wenn eine klassifizierte Stichprobe bekannt ist. Wenn aber Muster laufend beobachtet werden und bei jeder neuen Beobachtung ein verbesserter Wert für $\underline{A}$ berechnet werden soll, eignet sich (4.98) nicht. Das Problem kann prinzipiell mit der stochastischen Approximation gelöst werden [1.17,4.15,16]. Zu minimieren sei im allgemeinen eine Funktion

$$g(\underline{A}) = E\{S(\underline{A},\underline{c})\} \quad , \tag{4.99}$$

wobei S von den Parametern $\underline{A}$ und der Zufallsvariablen $\underline{c}$ abhängt; ein Spezialfall ist (4.78). Ausgehend von einem beliebigen Startwert $\underline{A}_0$ wird bei Beobachtung des N-ten Wertes $^N\underline{c}$ der Zufallsvariablen $\underline{c}$ ein verbesserter Wert

$$\underline{A}_{N+1} = \underline{A}_N - \beta_N \nabla_{\underline{A}} S(\underline{A}_N, {}^N\underline{c}) \tag{4.100}$$

berechnet. Obwohl die zu minimierende Funktion $g(\underline{A})$ einen Erwartungswert enthält, ist dessen Kenntnis in (4.100) nicht erforderlich. Bedingungen für die Konvergenz der stochastischen Approximation (4.100) sind in der erwähnten Literatur angegeben.

5. Rekursive Berechnung: Bezeichnet man in (4.86) den mit N Stichprobenelementen geschätzten Erwartungswert mit $E\{g\}_N$, so gilt

$$E\{g(x)\} \simeq N^{-1} \sum_{i=1}^{N} g(x_i) = E\{g\}_N$$

$$E\{g\}_N = N^{-1} \left(\sum_{i=1}^{N-1} g(x_i) + g(x_N) \right)$$

$$= ((N-1)/N)E\{g\}_{N-1} + N^{-1} g(x_N) \quad . \tag{4.101}$$

Der Schätzwert $E\{g\}_N$ kann also mit dem vorherigen Schätzwert $E\{g\}_{N-1}$ der neuen Beobachtung x_N berechnet werden. Eine verallgemeinerte Form ist

$$E\{g\}_N = (1-\beta_N)E\{g\}_{N-1} + \beta_N g(x_N) \quad , \tag{4.102}$$

wobei in (4.101) $\beta_N = N^{-1}$ ist. Entsprechendes gilt auch für (4.87). Setzt man in (4.83)

$$\underline{A}_N = [E\{\underline{\varphi}\underline{\varphi}_t\}_N]^{-1} E\{\underline{\varphi}\underline{\delta}_t\}_N \tag{4.103}$$

und führt die mit N Stichprobenwerten berechneten Erwartungswerte entsprechend (4.101) auf die mit (N-1) Werten berechneten zurück, ergibt sich eine Beziehung zwischen $\underline{A}_N$ und $\underline{A}_{N-1}$. Die Rechnung ergibt

$$\underline{A}_N = \underline{A}_{N-1} + \beta_N [E\{\underline{\varphi}\underline{\varphi}_t\}_N]^{-1} \, \underline{\varphi}(^N\underline{c})(\underline{\delta}_t(^N\underline{c}) - \underline{\varphi}_t(^N\underline{c})\underline{A}_{N-1}) \ . \tag{4.104}$$

Der Bezug zwischen (4.100) und (4.104) ist offensichtlich, da in diesem Falle

$$-\nabla_A S = \underline{\varphi}(\underline{\delta}_t - \underline{\varphi}_t\underline{A}) \tag{4.105}$$

ist. Eine Verallgemeinerung ist die zusätzliche Matrix $[E\{\underline{\varphi}\underline{\varphi}_t\}_N]^{-1}$ in (4.104). Approximiert man diese durch die Einheitsmatrix, sind (4.100) und (4.104) identisch.

Gleichungen zur Parameterberechnung wie in (4.100) oder in (4.104) spielen bei Lernalgorithmen eine große Rolle, da sie die laufende Verbesserung des Klassifikators aufgrund neuer Beobachtungen ermöglichen. Darauf wird im Abschnitt 4.5 zurückgekommen.

4.2.4 Rückweisungskriterium

Es gibt verschiedene heuristische Ansätze, ein Muster als nicht genügend zuverlässig klassifizierbar zurückzuweisen, die in Bild 4.5 für den Fall zweier Klassen veranschaulicht sind. Bild 4.5a zeigt die Aufteilung der (d_1,d_2)-Ebene für (4.65) ohne Rückweisung. Gemäß (4.75) werden k Trennfunktionen d_λ berechnet - im Bild ist $k = 2$ - und das Muster der Klasse mit maximalem d_λ zugeordnet. Die Aufteilung der (d_1,d_2)-Ebene in die Klassenbereiche Ω_1 und Ω_2 erfolgt durch die Gerade $d_1 = d_2$. Die ideale Trennfunktion für Muster aus Ω_1 ist nach (4.72,75) durch die Konstante $\underline{\delta}_1 = (1,0)_t$ gegeben und für Muster aus Ω_2 durch $\underline{\delta}_2 = (0,1)_t$.

Ein erstes Rückweisungskriterium ergibt sich aus (4.34) und (4.82). Dividiert man nämlich (4.34) durch $p(\underline{c})$, so folgt als optimale Rückweisungsregel

$$\text{wenn}\quad p(\Omega_\kappa \mid \underline{c}) < \beta, \quad \text{dann}\quad \underline{c} \in \Omega_0 \quad . \tag{4.106}$$

Analog wird (4.65) verallgemeinert zu

$$\text{ermittle Index } \kappa \text{ mit } d_\kappa(\underline{c}) = \max_\lambda d_\lambda(\underline{c}),$$
$$\text{wenn } d_\kappa > \theta, \text{ dann } \underline{c} \in \Omega_\kappa, \text{ sonst } \underline{c} \in \Omega_0 \quad . \tag{4.107}$$

Die Aufteilung der (d_1,d_2)-Ebene zeigt Bild 4.5b.

Das zweite Rückweisungskriterium wird analog (4.64) eingeführt, indem man festlegt

$$\text{ermittle Index } \kappa 1 \text{ mit } d_{\kappa 1}(\underline{c}) = \max_\lambda d_\lambda(\underline{c})$$
$$\text{und}\quad \text{Index } \kappa 2 \text{ mit } d_{\kappa 2}(\underline{c}) = \max_{\lambda \neq \kappa 1} d_\lambda(\underline{c}) \quad ,$$
$$\text{wenn } d_{\kappa 1} - d_{\kappa 2} > \theta, \text{ dann } \underline{c} \in \Omega_{\kappa 1}, \text{ sonst } \underline{c} \in \Omega_0 \quad . \tag{4.108}$$

Bild 4.5c zeigt die Aufteilung der Ebene.

Das letzte Rückweisungskriterium schließlich wird aus der Forderung (4.78) abgeleitet, die ideale Trennfunktion möglichst gut zu approximieren. Dieser Gesichtspunkt spielt bei (4.107,108) keine Rolle. Wir bezeichnen mit $\underline{\delta}_\kappa$ einen Vektor, dessen κ-te Komponente Eins ist, während alle anderen Null sind. Die Klassifikation erfolgt nach der Vorschrift

$$\text{ermittle den Index } \kappa \text{ mit } d_\kappa(c) = \max_\lambda d_\lambda(c) \quad ,$$

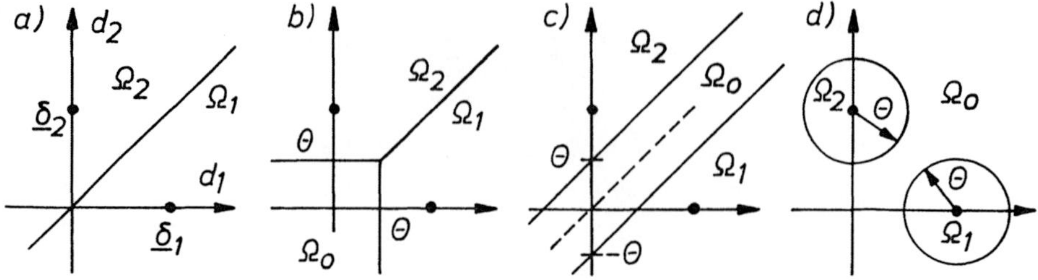

Bild 4.5   Verschiedene Rückweisungskriterien in der (d_1,d_2)-Ebene

berechne $\varepsilon(c) = (\underline{\delta}_\kappa - \underline{d}(\underline{c}))^2$,

wenn $\varepsilon(\underline{c}) < \Theta^2$, dann $\underline{c}\in\Omega_\kappa$, sonst $\underline{c}\in\Omega_0$.   (4.109)

Es muß also der Abstand zwischen der Trennfunktion $\underline{d}$ in (4.77) und der durch die Entscheidung (4.65) ausgewählten idealen Trennfunktion $\underline{\delta}_\kappa$ kleiner als ein Schwellwert Θ bleiben. Natürlich sind die in (4.107-109) einheitlich mit Θ bezeichneten Schwellwerte im allgemeinen verschieden. Die Aufteilung der (d_1,d_2)-Ebene zeigt Bild 4.5d.

4.3 Nichtparametrische Klassifikatoren

4.3.1 Nichtparametrische Schätzung von Verteilungsdichten

In Abschnitt 4.1 wurde mit (4.1) vorausgesetzt, daß bestimmte statistische Vorkenntnisse in Form einer parametrischen Familie von Verteilungsdichten gegeben sind. Mit Hilfe nichtparametrischer statistischer Verfahren ist es möglich, Verteilungsdichten zu schätzen, ohne solche Vorkenntnisse zu verlangen. Der Preis dafür ist meistens, wie sich noch zeigen wird, daß die gesamte Stichprobe ω gespeichert werden muß. Bei den Klassifikatoren von Abschnitt 4.1 und 4.2 genügte die Speicherung der Parametervektoren, deren Größe insbesondere unabhängig vom Umfang der Stichprobe ist. Die praktische Bedeutung dieser nichtparametrischen Schätzungen ist daher gering, so daß nur kurz auf sie eingegangen wird. Als Beispiele für nichtparametrische Schätzungen werden die direkte Schätzung und die Parzen Schätzung behandelt.

Die direkte Schätzung beruht darauf, daß man einen Schätzwert $\hat{p}(\underline{c} \mid \Omega_\kappa)$ für die Verteilungsdichte im Punkt $\underline{c}$ erhält aus

$$\hat{p}(\underline{c} \mid \Omega_\kappa) = P_\kappa / V \qquad (4.110)$$

wobei V ein bestimmtes Volumen des R_n ist und $\underline{c}$ enthält, und P_κ ist die Wahrscheinlichkeit, daß Merkmalvektoren aus Ω_κ im Volumen V liegen. Ist eine Stichprobe von Mustern aus Ω_κ vom Umfang N_κ gegeben und liegen m_κ Muster in V, so ist ein Schätzwert für P_κ

$$\hat{P}_\kappa = m_\kappa / N_\kappa \qquad . \qquad (4.111)$$

Als Schätzwert der bedingten Dichte wird nun

$$\hat{p}(\underline{c} \mid \Omega_\kappa) = \hat{P}_\kappa / V = m_\kappa / (N_\kappa V) \qquad (4.112)$$

verwendet. Bei der Schätzung mit Histogrammen ist $V = $ const, das heißt man teilt den interessierenden Bereich des Merkmalsraumes in gleichgroße n-dimensionale Intervalle und bestimmt dann die Zahl m_κ der Muster je Intervall. Wenn man die Intervalle fest vorgibt, brauchen nur die Intervallgrenzen und die dafür ermittelten Werte $\hat{P}_\kappa / V$ gespeichert zu werden; die Speicherung der Stichprobe ist nicht erforderlich. In [4.17] wird ein Beispiel für die Konstruktion n-dimensionaler Histogramme gegeben. Die Wahl der Intervalle ist dabei ein Problem, das nicht befriedigend gelöst ist. Es kann insbesondere passieren, daß sich bei Intervallen, die im Verhältnis zum Stichprobenumfang zu klein sind, öfters der Schätzwert Null ergibt. Das läßt sich vermeiden, wenn man $m_\kappa = $ const setzt und V variabel läßt. Ein Schätzwert der Dichte im Punkte $\underline{c}$ wird dadurch bestimmt, daß man die $(m_\kappa + 1)$ nächsten Nachbarn von $\underline{c}$ sucht. Der am weitesten entfernte dieser Nachbarn habe von $\underline{c}$ den Abstand r. Man kann sich nun vorstellen, daß in einer Hyperkugel mit Mittelpunkt $\underline{c}$ und Radius r $m_\kappa + 1$ Stichprobenelemente liegen, von denen das am weitesten entfernte auf der Kugeloberfläche liegt. Ein Schätzwert für die Dichte im Punkt $\underline{c}$ ist dann durch (4.112) gegeben, wobei für V das Volumen der Hyperkugel

$$V = 2r^n \pi^{n/2} / (n\Gamma(n / 2)) \qquad (4.113)$$

eingesetzt wird. Unter den Voraussetzungen

$$\lim_{N_\kappa \to \infty} m_\kappa(N_\kappa) = \infty \; , \; \lim_{N_\kappa \to \infty} m_\kappa(N_\kappa) / N_\kappa = 0 \qquad (4.114)$$

konvergiert der Schätzwert [4.18]. Gemäß (4.114) muß m_κ vom Stichprobenumfang abhängen, eine geeignete Wahl ist

$$m_\kappa = \sqrt{N_\kappa} \quad .\tag{4.115}$$

Bei dieser Schätzung ist eine vorherige feste Aufteilung des Merkmalsraumes nicht möglich, es muß also die gesamte Stichprobe gespeichert werden.

Eine andere Möglichkeit zur Schätzung einer Verteilungsdichte beruht darauf, daß man für jede Stichprobe

$$\omega_\kappa = \{{}^1\underline{c}_\kappa, {}^2\underline{c}_\kappa, \ldots, {}^{N_\kappa}\underline{c}_\kappa\}\tag{4.116}$$

unmittelbar eine 'empirische Dichte'

$$\hat{p}_E(\underline{c} \mid \Omega_\kappa) = N_\kappa^{-1} \sum_{j=1}^{N_\kappa} \delta(\underline{c} - {}^j\underline{c}_\kappa)\tag{4.117}$$

angeben kann. Praktisch ist diese Form wenig nützlich, da für (fast) alle neu beobachteten Muster $\hat{p}_E = 0$ wird; es liegt aber die Vermutung nahe, daß man besser geeignete Schätzwerte erhält, wenn man die δ-Funktion durch Fenster- oder Potentialfunktionen ersetzt, die auch in einer gewissen Umgebung von ${}^j\underline{c}_\kappa$ von Null verschiedene Werte annehmen (Parzen Schätzung). Es sei

$$g_0(\underline{x}) = g_0((\underline{c} - {}^j\underline{c}) / h_N)\tag{4.118}$$

eine Fensterfunktion, deren Breite durch den Parameter h_N bestimmt wird und den Bedingungen

$$g_0(\underline{x}) \geq 0 \quad \text{und} \quad \int_{-\infty}^{\infty} g_0(\underline{x})d\underline{x} = 1 \quad ,$$

$$\lim_{|\underline{x}| \to \infty} g_0(\underline{x}) \prod_{\nu=1}^{n} x_\nu = 0 \quad \text{und} \quad \sup g_0(\underline{x}) < \infty \quad ,$$

$$\lim_{N \to \infty} h_N^n = 0 \quad \text{und} \quad \lim_{N \to \infty} N h_N^n = \infty\tag{4.119}$$

genügt. Der Schätzwert

$$\hat{p}(\underline{c} \mid \Omega_\kappa) = N_\kappa^{-1} \sum_{j=1}^{N_\kappa} g_0((\underline{c} - {}^j\underline{c}_\kappa) / h_N)\tag{4.120}$$

konvergiert im quadratischen Mittel gegen die Dichte $p(\underline{c} \mid \Omega_K)$, wenn diese an der Stelle $\underline{c}$ stetig ist [Sect. 4.3 in 1.13,4.19,20]. Mögliche Fensterfunktionen sind zum Beispiel das Rechteckfenster und die Gaußsche Glockenkurve. Auch bei dieser Schätzung muß die gesamte Stichprobe gespeichert werden.

Eine weitere Möglichkeit zur Schätzung von Dichten ist die Approximation durch eine Reihenentwicklung [4.21]. Die entsprechenden Ausdrücke werden jedoch für n-dimensionale Dichten äußerst unhandlich.

4.3.2 Nächster Nachbar Klassifikator

Der nächste Nachbar (NN) Klassifikator beruht darauf, ein Muster der Klasse zuzuordnen, zu der auch der nächste Nachbar im Merkmalsraum bzw. die Mehrzahl seiner m nächsten Nachbarn gehören. Dieser zunächst rein intuitiv naheliegende Ansatz läßt sich auch als Schätzung der a posteriori Wahrscheinlichkeiten $p(\Omega_K \mid \underline{c})$ auffassen und damit auf Satz 4.3 zurückführen. Ersetzt man in (4.43) die bedingte Dichte durch den Schätzwert (4.112), die a priori Wahrscheinlichkeit durch den Schätzwert

$$\hat{p}_K = N_K / N \tag{4.121}$$

und die Dichte $p(\underline{c})$ analog zu (4.112) durch den Schätzwert

$$\hat{p}(\underline{c}) = m / (NV) \quad , \tag{4.122}$$

wobei N der Umfang der Stichprobe ω und m die Zahl der Muster im Volumen V ist, so ist ein Schätzwert der a posteriori Wahrscheinlichkeit

$$\hat{p}(\Omega_K \mid \underline{c}) = \hat{p}_K \hat{p}(\underline{c} \mid \Omega_K) / \hat{p}(\underline{c})$$
$$= m_K / m \quad . \tag{4.123}$$

Um zuverlässige Schätzungen zu erhalten, müssen m_K und m genügend groß sein. Es läßt sich aber zeigen, daß schon der nächste Nachbar, also nur ein Stichprobenelement, eine recht zuverlässige Klassifikation erlaubt.

Zur Durchführung der NN Klassifikation wird eine beliebige Metrik $d(\underline{c}, {}^j\underline{c})$ gewählt, mit der der Abstand eines neuen Musters $\underline{c}$ von einem Stichprobenelement ${}^j\underline{c}$ gemessen wird. Eine Klasse von Metriken sind beispielsweise

$$d^{(r)}(\underline{c}, {}^{j}\underline{c}) = (\sum_{\nu=1}^{n} \mid c_\nu - {}^{j}c_\nu \mid {}^{r})^{1/r}, \quad r = 1,2,\ldots \quad (4.124)$$

Bekannte Spezialfälle sind für $r = 1$ die Cityblock Metrik, für $r = 2$ der Euklidische Abstand und für $r = \infty$ die Maximumnorm. Die NN Klassifikation arbeitet nach der Vorschrift

$$\text{wenn} \quad d(\underline{c}, {}^{\rho}\underline{c}) = \min_{j} d(\underline{c}, {}^{j}\underline{c}) \quad \text{und} \quad {}^{\rho}\underline{c} \in \omega_\kappa \quad ,$$

$$\text{dann} \quad \text{entscheide} \quad \underline{c} \in \Omega_\kappa \quad . \quad (4.125)$$

Ein Beispiel ist in Bild 4.6 gezeigt. Die Fehlerwahrscheinlichkeit bei dieser Vorgehensweise wird abgeschätzt mit

Satz 4.7: Mit p_B wird die Fehlerwahrscheinlichkeit des optimalen Bayes Klassifikators (4.42) bezeichnet, mit p_f die der NN-Regel (4.125). Unter sehr allgemeinen Voraussetzungen gilt für jede Metrik und nahezu beliebige bedingte Verteilungsdichten für $N \to \infty$ und k Klassen die Abschätzung

$$p_B \leq p_f \leq p_B(2 - p_B k / (k - 1)) \quad . \quad (4.126)$$

Die obigen Grenzen sind so eng wie möglich.

Beweis: Man findet Beweise dieses Satzes in [Sect. 4.6 von 1.13,4.22].

Ist die Fehlerwahrscheinlichkeit klein, also $p_B \ll 1$, so geht (4.126) näherungsweise über in

$$p_B \leq p_f \leq 2p_B \quad . \quad (4.127)$$

Wenn man statt des einen nächsten Nachbarn die gesamte Stichprobe vom Umfang $N \to \infty$ zur Klassifikation heranzieht, kann man also die Fehlerwahrscheinlichkeit bestenfalls noch halbieren. Es ist wichtig, daß (4.126) nur für sehr großen Stichprobenumfang gilt. Praktisch kann man die NN Regel (4.125) natürlich nur für endliches N auswerten. Es ist zu vermuten, daß auch für kleine Stichproben die Fehlerrate der NN Regel einen Anhaltspunkt für die mit irgendeinem Klassifikator erreichbare gibt [4.23]. Während mit den Klassifikatoren von Abschnitt 4.1 und 4.2 nur relativ einfache Trennflächen realisiert wurden, ergeben sich bei der NN-Regel im allgemeinen komplizierte nichtlineare Flächen, wie Bild 4.6 verdeutlicht. Verwendet man in (4.125) den Euklidischen Abstand, so gilt

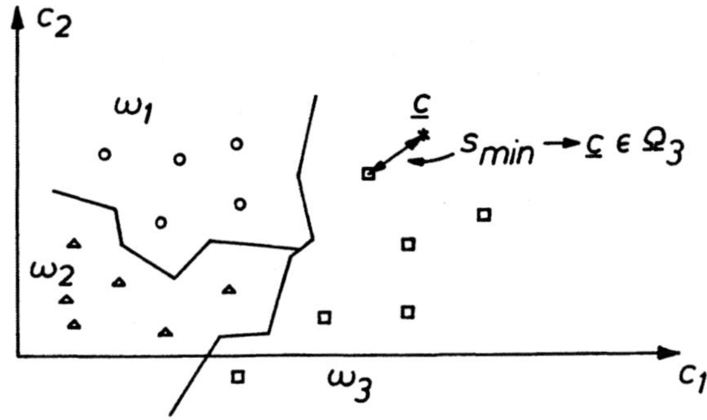

Bild 4.6   Zerlegung des Merkmalsraumes in Klassenbereiche durch die NN-Regel

$$d(\underline{c},{}^j\underline{c}) = ((\underline{c} - {}^j\underline{c})_t(\underline{c} - {}^j\underline{c}))^{1/2} \qquad . \tag{4.128}$$

Die Lage des Minimums von d bezüglich j ändert sich nicht, wenn in (4.125) statt d eine monoton zunehmende Funktion verwendet wird. Man kann also auch

$$d^2(\underline{c},{}^j\underline{c}) = \underline{c}_t\underline{c} - 2\underline{c}_t{}^j\underline{c} + {}^j\underline{c}_t{}^j\underline{c} \tag{4.129}$$

berechnen. Definiert man Vektoren

$$\tilde{\underline{c}}_t = (- 0.5, c_1, c_2, \ldots, c_n)$$
$${}^j\tilde{\underline{c}}_t = ({}^j\underline{c}_t{}^j\underline{c}, {}^jc_1, {}^jc_2, \ldots, {}^jc_n) \quad , \quad {}^j\underline{c} \in \omega \;, \tag{4.130}$$

so kann man auch das Maximum von

$$\mu_j = {}^j\tilde{\underline{c}}_t\tilde{\underline{c}} \qquad , \qquad j = 1,\ldots,N \tag{4.131}$$

bezüglich j ermitteln und das neue Muster der Klasse zuordnen, die das Muster aus ω mit maximalem Wert von μ_j hat.

Eine naheliegende Verbesserung der NN Regel besteht darin, statt nur des nächsten Nachbarn die m nächsten Nachbarn zu bestimmen. Diese mNN Regel arbeitet nach der Vorschrift

bestimme die m nächsten Nachbarn eines neuen Musters $\underline{c}$; ordne $\underline{c}$ der Klasse zu, der die meisten der m Nachbarn angehören. $\hspace{4cm}$ (4.132)

Es läßt sich zeigen, daß für sehr große m und N die Fehlerwahrscheinlichkeit der mNN Regel gegen die des Bayes Klassifikators strebt. Praktisch werden oft Werte m = 3 bis m = 7 verwendet. Mit der mNN Regel lassen sich also bessere Ergebnisse erzielen als mit der NN Regel; auch dieses Ergebnis gilt im allgemeinen nur im Grenzfalle $N \to \infty$.

Auch die Einführung von Rückweisungen ist bei der mNN Regel möglich. Dafür gibt es die zwei Vorschriften

bestimme die m nächsten Nachbarn eines neuen Musters $\underline{c}$; wenn alle m Nachbarn aus Ω_κ sind, dann klassifiziere $\underline{c}$ nach Ω_κ, sonst weise $\underline{c}$ zurück, $\hspace{1cm}$ (4.133)

bestimme die m nächsten Nachbarn eines neuen Musters $\underline{c}$; wenn mindestens m' der m Nachbarn aus Ω_κ sind, dann klassifiziere $\underline{c}$ nach Ω_κ, sonst weise $\underline{c}$ zurück.
$\hspace{13cm}$ (4.134)

Für das Zweiklassenproblem lassen sich auch hier Abschätzungen der Fehlerwahrscheinlichkeiten angeben [4.24]. Bei ungeraden Werten von m und k = 2 Klassen ist es nicht sinnvoll, m' $\leq$ (m + 1) / 2 zu wählen, da es dann keine Rückweisungen geben kann.

Bei Anwendung der Regeln (4.125,132-134) muß man die gesamte Stichprobe speichern und durchsuchen. Um den damit verbundenen Aufwand zu reduzieren, wurden verschiedene Vorschläge zur Verdichtung der Stichprobe gemacht, das heißt zur Eliminierung 'unwichtiger' Muster [4.25-27]. Jedes Muster aus einer klassifizierten Stichprobe ω wird mit der NN Regel richtig klassifiziert. Wenn man nun Muster aus ω entfernen kann und immer noch alle Muster mit der verdichteten Stichprobe richtig klassifiziert werden, so ist diese bezüglich der Klassifikation äquivalent zu ω. Ein darauf basierender Algorithmus wurde in [4.25] angegeben.
1. Algorithmus für die verdichtete NN Regel.
1.1 Initialisiere zwei Speicherbereiche SPEICHER und REST zur Aufnahme von Mustern; beide sind anfänglich leer.
1.2 Das erste Muster aus ω wird nach SPEICHER gebracht.
1.3 Für i = 1,...,N mit N als Stichprobenumfang: Klassifiziere mit der NN Regel das i-te Muster aus ω nur unter Verwendung von Mustern aus SPEICHER; wenn das i-te Muster richtig klassifiziert wurde, dann bringe es nach REST, sonst nach SPEICHER.
1.4 Für i = 1,...,N_R mit N_R als Anzahl der Muster in REST: Klassifiziere das i-te Muster aus REST nur unter Verwendung von Mustern aus SPEICHER; wenn das i-te Muster nicht richtig klassifiziert wurde, entferne es aus REST und bringe es nach SPEICHER.
1.5 Wenn REST leer ist oder wenn kein Muster in Schritt 1.4 mehr von REST nach SPEICHER gebracht wurde, dann ENDE, sonst wiederhole Schritt 1.4. - Am Ende enthält SPEICHER eine verdichtete Stichprobe, mit der ebenfalls alle Muster aus ω richtig klassifiziert werden.

Ein Nachteil dieses Algorithmus ist, daß ein einmal in SPEICHER befindliches Muster nie mehr daraus entfernt wird. Im allgemeinen wird daher SPEICHER keine minimale Stichprobe enthalten, das heißt, es ist möglich, daß man auch mit weniger als den in SPEICHER befindlichen Mustern die gesamte Stichprobe ω richtig klassifizieren kann. Daher wird in [4.26] folgender erweiterter Algorithmus vorgeschlagen.

2. Algorithmus für die reduzierte NN Regel.

2.1 Erzeuge aus ω eine Anfangsstichprobe ω_0 mit Algorithmus 1; ω_0 enthalte S Muster.

2.2 Für $i = 1,\ldots,S$: Klassifiziere alle Muster aus ω nur unter Verwendung von Mustern aus $\omega_0 - \{{}^i\underline{c}\}$; wenn alle Muster aus ω richtig klassifiziert werden, dann setze $\omega_0 = \omega_0 - \{{}^i\underline{c}\}$, sonst setze $\omega_0 = \omega_0$. - Die reduzierte Untermenge ist in ω_0 enthalten; alle Muster aus ω werden mit ω_0 richtig klassifiziert, aber am Ende enthält ω_0 im allgemeinen weniger Muster als das anfängliche ω_0 = SPEICHER.

Auch zu dem zweiten Algorithmus sind Verbesserungen denkbar. Aus Bild 4.6 geht hervor, daß es reichen würde, die Muster zu speichern, welche die Trennfläche zwischen den Klassen bestimmen. Ein entsprechender Algorithmus wird in [4.27] vorgeschlagen. Dabei werden nur zwei Klassen Ω_1, Ω_2, repräsentiert durch zwei Stichproben ω_1, ω_2, angenommen; die Stichprobenumfänge seien N_1, N_2. Wie in Abschnitt 4.5.1 dargelegt wird, läßt sich ein Mehrklassenproblem stets auf mehrere Zweiklassenprobleme zurückführen.

3. Algorithmus zur Bestimmung von Mustern auf der Klassengrenze zwischen ω_1, ω_2.

3.1 Für alle Paare $({}^i\underline{c}_1, {}^j\underline{c}_2)$, ${}^i\underline{c}_1 \in \omega_1$, ${}^j\underline{c}_2 \in \omega_2$, $i = 1,\ldots,N_1$, $j = 1,\ldots,N_2$: Berechne $\underline{m}_{ij} = ({}^i\underline{c}_1 + {}^j\underline{c}_2) / 2$. Wenn es keinen Punkt ${}^p\underline{c}_1 \in \omega_1$ gibt, der näher an $\underline{m}_{ij}$ liegt als ${}^i\underline{c}_1$, und wenn es keinen Punkt ${}^p\underline{c}_2 \in \omega_2$ gibt, der näher an $\underline{m}_{ij}$ liegt als ${}^j\underline{c}_2$, dann übernimm das Paar $\{{}^i\underline{c}_1, {}^j\underline{c}_2\}$ nach SPEICHER.

Am Ende von Schritt 3.1 enthält SPEICHER Paare von Mustern, die die Klassengrenze bestimmen. Auf die Muster in SPEICHER kann noch Algorithmus 1 angewendet werden. Allerdings ist Algorithmus 3 auf relativ kleine Stichproben beschränkt, da für jedes der $N_1 N_2$ Paare $\{{}^i\underline{c}_1, {}^j\underline{c}_2\}$ der Abstand aller $N_1 + N_2$ Muster nach $\underline{m}_{ij}$ zu berechnen ist. Für $N_1 \simeq N_2$ wächst also der Aufwand etwa mit N_1^3.

Eine Verbesserung der NN Regel wird durch eine Editierung der Stichprobe ω erreicht. Dafür gibt es verschiedene Ansätze, die beispielsweise in [4.28] zusammengefaßt sind. Dort wird ein Algorithmus vorgeschlagen, der relativ homogene Häufungsgebiete in der Stichprobe ω herausbildet.

4. Algorithmus zur Editierung einer Stichprobe.

4.1 Bilde eine zufällige Zerlegung der Stichprobe ω in L Teilmengen $\omega_1,\ldots,\omega_L, L \geq 3$.

4.2 Klassifiziere Muster aus ω_i mit der NN Regel unter Verwendung von Mustern aus ω_j, $j = (i + 1) \bmod L$, $i = 1,\ldots,L$.

4.3 Eliminiere alle Muster, die in Schritt 4.2 falsch klassifiziert wurden.

4.4 Bilde aus den verbleibenden Mustern eine neue Stichprobe ω.

200

4.5 Wenn es in den letzten I Iterationen von Schritt 4.3 keine Eliminationen mehr
gab, dann ist ω die editierte Stichprobe, sonst gehe zurück nach Schritt 4.1.
Eine mathematische Analyse verschiedener Editierungsalgorithmen enthält [4.28]. Der
Effekt dieser Editierung ist, daß klar abgegrenzte Gebiete entstehen und Muster nahe
den Klassengrenzen eliminiert werden.

Zwar gelten alle Sätze über die NN- und mNN Regel nur für einen Stichprobenumfang $N \to \infty$, jedoch wendet man diese natürlich nur für endliche, oft sogar recht
kleine, Stichproben an. Die Erwartung ist, daß Ergebnisse, die man für $N < \infty$ erhält,
zumindest in ihrer Tendenz auch für $N \to \infty$ gelten. Die NN- oder mNN Regel ist leicht
realisierbar, der Rechenaufwand für kleinere Stichproben gering, insbesondere wenn
die Suche nach den nächsten Nachbarn geeignet organisiert wird [4.29], so daß dieser Ansatz beispielsweise für eine schnelle Voruntersuchung interessant ist. Es ist
wichtig, für die Abstandsberechnung in (4.124) nur vergleichbare Merkmale zu verwenden, also solche mit gleicher Dimension.

4.3.3 Toleranzgebiete

Wenn eine Zufallsvariable die bekannte Verteilungsdichte $p(\underline{x})$ hat, läßt sich
für jedes Volumenelement B_j die Wahrscheinlichkeit P_j dafür ausrechnen, daß Werte
der Zufallsvariablen in B_j beobachtet werden. Das Volumenelement B_j wird auch als
Block bezeichnet, die Wahrscheinlichkeit P_j als Überdeckung. Ebenso läßt sich die
Wahrscheinlichkeit P_m berechnen, daß Werte in irgendwelchen m Blöcken B_j, $j = 1,\dots,m$
beobachtet werden. Wenn eine Stichprobe ω von Werten der Zufallsvariablen beobachtet
wurde, aber $p(\underline{x})$ unbekannt ist, so ist die Wahrscheinlichkeit P_m selbst eine Zufallsvariable. Es läßt sich zeigen, daß für sehr allgemeine Konstruktionsvorschriften
für die Blöcke B_j die Verteilungsfunktion von P_m, also die Funktion $P(P_m \geq \beta)$, unabhängig von $p(\underline{x})$ ist. Man bezeichnet m Blöcke B_j, $j = 1,\dots,m$ mit der Eigenschaft

$$P(P_m \geq \beta) = \delta \tag{4.135}$$

als 100β % Toleranzgebiet auf dem Signifikanzniveau δ; das heißt ein Toleranzgebiet
enthält mit der Wahrscheinlichkeit δ mindestens 100β % aller beobachteten Stichprobenelemente.

Es wird nun zunächst eine Konstruktionsvorschrift für die Blöcke B_j angegeben.
1. Algorithmus zur Konstruktion von $m + 1 \leq N + 1$ Blöcken für eine Stichprobe ω mit
N Elementen $^i\underline{c}$.

1.1 Man wähle m Ordnungsfunktionen $\varphi_\nu(\underline{c})$, $\nu = 1,\ldots,m$, von denen einige oder alle gleich sein dürfen. Die Zufallsvariable $\Psi_\nu = \varphi_\nu(\underline{c})$ habe eine stetige Verteilung.

1.2 Man bestimme $\underline{c}^1 \in \omega$ mit der Eigenschaft

$$\varphi_1(\underline{c}^1) = \max_{{}^i\underline{c} \in \omega} \varphi_1({}^i\underline{c})$$

und definiere den ersten Block zu

$$B_1 = \{\underline{c} \mid \varphi_1(\underline{c}) \geq \varphi_1(\underline{c}^1)\} \quad . \tag{4.136}$$

1.3 Im ν-ten Schritt, $\nu = 2,\ldots,m$ bestimme man $\underline{c}^\nu \in \omega - \{\underline{c}^1, \underline{c}^2, \ldots, \underline{c}^{\nu-1}\}$ mit der Eigenschaft

$$\varphi_\nu(\underline{c}^\nu) = \max_{{}^i\underline{c} \in \omega - \{\underline{c}^1,\ldots,\underline{c}^{\nu-1}\}} \varphi_\nu({}^i\underline{c})$$

und definiere den ν-ten Block zu

$$B_\nu = \{\underline{c} \mid \varphi_i(\underline{c}) < \varphi_i(\underline{c}^i),\ i = 1,\ldots,\nu - 1;\ \varphi_\nu(\underline{c}) \geq \varphi_\nu(\underline{c}^\nu)\} \quad . \tag{4.137}$$

1.4 Der $(m + 1)$-te Block wird definiert mit

$$B_{m+1} = \{\underline{c} \mid \varphi_i(\underline{c}) < \varphi_i({}^i\underline{c}),\ i = 1,\ldots,m\} \quad . \tag{4.138}$$

Für die so konstruierten Blöcke gilt

<u>Satz 4.8:</u> Die Summe P_m der Überdeckungen P_j von irgendwelchen m Blöcken B_j, $j = 1,\ldots,m$, die mit Algorithmus 1 konstruiert wurden, ist eine Zufallsvariable mit einer Beta-Verteilung. Es gilt also

$$P(P_m \geq \beta) = 1 - \int_0^\beta \frac{N!}{(m - 1)!(N - m)!} x^{m-1}(1-x)^{N-m} dx$$
$$= \delta \tag{4.139}$$

Dabei ist N der Umfang einer Stichprobe ω, die eine n-dimensionale stetige Verteilung habe.

<u>Beweis:</u> Ein Beweis dieses Satzes sowie eine ausführliche Erörterung der Toleranzgebiete ist beispielsweise in Chap. 8.7 von [3.34] enthalten.

Tabellierte Werte von (4.139) sind zum Beispiel in [4.30] angegeben. Danach
kann man beispielsweise Werte für β,δ und m vorgeben und in der Tabelle den erforderlichen Stichprobenumfang ermitteln. Eine vereinfachte näherungsweise Lösung erhält man aus den Momenten der Beta-Verteilung. Es gilt

$$E\{P_m\} = m / (N + 1)$$
$$\sigma^2_{P_m} = m(N - m + 1) / ((N + 1)^2(N + 2)) \quad . \tag{4.140}$$

Die mittlere Überdeckung von m Blöcken einer Stichprobe vom Umfang N läßt sich also
sehr leicht berechnen. Satz 4.8 stellt sicher, daß diese Ergebnisse unabhängig von
der Verteilung der Stichprobe sind, vorausgesetzt ist nur eine stetige Verteilung.

Toleranzgebiete lassen sich grundsätzlich zur Konstruktion von Klassenbereichen
heranziehen. Es ist mit Algorithmus 1 sehr einfach, ein Toleranzgebiet zu konstru-
ieren, das mit der Wahrscheinlichkeit δ mindestens 100β % der Muster aus einer Klasse
Ω_1 enthält. Ein besonderes Problem ist es aber, daß dieses Gebiet möglichst wenig
Muster aus anderen Klassen enthalten sollte. Algorithmus 1 arbeitet nur mit einer
Stichprobe ω und nicht mit mehreren $\omega_1,\ldots,\omega_k$ gleichzeitig. Er ist also in dieser
Form nicht zur Konstruktion von Klassengebieten geeignet. Entsprechend modifizierte
Algorithmen sind zum Beispiel in [4.31-33] angegeben worden, und hier wird kurz der
in [4.32] entwickelte erörtert. Er ist für k = 2 Klassen anwendbar, von denen Stichproben ω_1,ω_2 mit dem Umfang N_1,N_2 bereitstehen. Im folgenden wird nur die Konstruktion des Gebietes G_1 angegeben, das mit Mustern aus ω_1 gebildet wird; eine entsprechende Konstruktion ist für ω_2 durchzuführen. Bild 4.7 zeigt ein einfaches Beispiel.
Der wesentliche Punkt ist, daß das Gebiet G_1 nur einen kleinen Prozentsatz von Mustern aus ω_1 enthält und im Bereich großer Konzentration von Mustern aus ω_2 liegt.
2. Algorithmus zur Konstruktion eines Klassengebietes G_1.
2.1 Durch Analyse von ω_2 bestimme man die Häufungsgebiete $H_1,H_2,\ldots,H_l$ der Klasse
ω_2. Die Gebiete seien so geordnet, daß H_{i-1} 'dichter' als H_i ist.
2.2 Man berechne die Mittelwerte $\mu_1,\ldots,\mu_l$ der Gebiete $H_1,\ldots,H_l$. Falls möglich und
erforderlich berechne man auch die Kovarianzmatrizen $\underline{K}_1,\ldots,\underline{K}_l$.
2.3 Man wähle die bei der Klassifikation von Mustern aus ω_1 zu erreichende Fehlerwahrscheinlichkeit p_{f1} und bestimme gemäß (4.140) die Zahl m_1, welche die größte
ganze Zahl ist, die nicht größer als $p_{f1}(N_1 + 1)$ ist. Man setze $m_1' = \min\{m_1,l\}$.
2.4 Man wähle m_1' Ordnungsfunktionen $\varphi_\nu(\underline{c},\underline{a}_\nu)$, $\nu = 1,\ldots,m_1'$, die noch von Parametern
$\underline{a}_\nu$ abhängen. Mögliche Ordnungsfunktionen sind

$$\varphi_\nu(\underline{c},\underline{a}_\nu) = (\underline{c} - \underline{\mu}_\nu)_t(\underline{c} - \underline{\mu}_\nu) \quad ,$$
$$\varphi_\nu(\underline{c},\underline{a}_\nu) = (\underline{c} - \underline{\mu}_\nu)_t\underline{K}_\nu^{-1}(\underline{c} - \underline{\mu}_\nu). \tag{4.141}$$

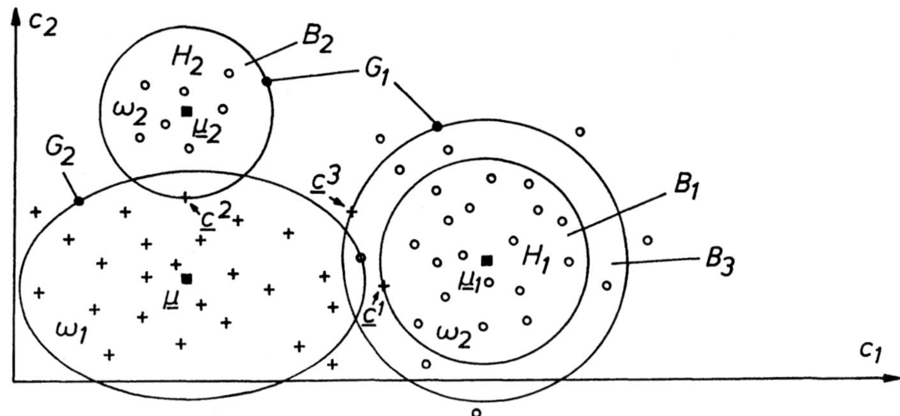

Bild 4.7   Zur Konstruktion von Klassenbereichen mit Hilfe von Toleranzgebieten, wobei $m_1' = 3$ und $m_2' = 1$ angenommen wurde

2.5 Man bestimme m_1' Blöcke B_i, $i = 1,\ldots,m_1'$ mit Schritt 1.2-1.4. Von Algorithmus 1, jedoch ersetze man dort max, $\geq$, $<$ jeweils durch min, $<$, $\geq$ sowie m durch m_1' und ω durch ω_1. Auch bei dieser Konstruktion gilt Satz 4.8.

2.6 Wenn $m_1' = m_1$, dann ist das gesuchte Toleranzgebiet

$$G_1 = \bigcup_{i=1}^{m_1} B_i \tag{4.142}$$

und die Konstruktion ist zu ENDE, sonst fahre man fort mit Schritt 2.7.

2.7 Die noch fehlenden Blöcke $B_{m_1'+1},\ldots,B_{m_1}$ werden wie folgt konstruiert. Es sei ν_i die Zahl der Elemente aus ω_2 im Block B_i. B_{i1} sei der Block mit der größten Zahl ν_{i1} von Elementen aus ω_2. Mit der Funktion φ_{i1}, die zur Konstruktion von B_{i1} verwendet wurde, wird der Block $B_{m_1'+1}$ konstruiert. Analog wird der Block B_{i2} mit der zweitgrößten Zahl ν_{i2} von Elementen aus ω_2 bestimmt und der Block $B_{m_1'+2}$ mit φ_{i2} konstruiert. Es wird entsprechend fortgefahren, bis m_1 Blöcke konstruiert sind. Das Gebiet G_1 ergibt sich wieder aus (4.142).

In einem weiteren Durchlauf durch Algorithmus 2 wird mit Mustern aus ω_2 ein Gebiet G_2 konstruiert. Muster werden klassifiziert nach der Vorschrift

$$\text{wenn } \underline{c} \in \bar{G}_1 \cap G_2, \quad \text{dann } \underline{c} \in \Omega_1 \quad ,$$

$$\text{wenn } \underline{c} \in \bar{G}_2 \cap G_1, \quad \text{dann } \underline{c} \in \Omega_2 \quad ,$$

$$\text{wenn } \underline{c} \in G_1 \cap G_2 \cup \bar{G}_1 \cap \bar{G}_2, \quad \text{dann } \underline{c} \in \Omega_0 \quad . \tag{4.143}$$

Nach Konstruktion sind mit dieser Vorschrift die Fehlerraten höchstens p_{f1}, p_{f2}, und es ist zu erwarten, daß auch die Rückweisungsrate gering ist. Das Gebiet G_1 (und analog G_2) ist für bekannte Ordnungsfunktionen durch m_1 Ungleichungen definiert, zu deren Auswertung die Speicherung der m_1 Zahlen $\varphi_i(\underline{c}^i, \underline{a}_i)$, $i = 1, \ldots, m_1$ genügt. Bei diesem nichtparametrischen Verfahren ist die Speicherung der Stichprobe also nicht erforderlich.

4.4 Andere Klassifikatortypen

4.4.1 Sequentielle Klassifikatoren

Die in den vorigen Abschnitten beschriebenen Klassifikatoren verwenden stets eine feste Anzahl n von Merkmalen. Bei der Wahl von n muß ein Kompromiß zwischen Aufwand und Klassifikatorleistung geschlossen werden. Wenn man Muster zu klassifizieren hat, die nahe am Klassenzentrum (weit von der Klassengrenze) liegen, wird man vermutlich mit kleineren Werten von n auskommen als bei anderen. Ein sequentieller Klassifikator beginnt die Klassifikation mit wenigen Merkmalen, im Grenzfall n = 1, prüft dann, ob damit eine Klassifikation genügend zuverlässig möglich ist, und nimmt weitere Merkmale dazu, falls eine Klassifikation noch nicht möglich ist. Dieses Prinzip ist grundsätzlich bei statistischen, verteilungsfreien und nichtparametrischen Klassifikatoren anwendbar. Es ist zu erwarten, daß bei richtiger Anwendung im Mittel weniger Merkmale erforderlich sind. Allerdings erfordert sequentielle Klassifikation auch zusätzlich Maßnahmen, so daß im Einzelfall zu prüfen ist, ob dieses insgesamt lohnend ist.

Zu sequentiellen Methoden gibt es eine umfangreiche Literatur [1.9, 1.19, Ab. 3.1.3, 4.34, 35], jedoch ist die Bedeutung dieses Ansatzes für die Musterklassifikation gering geblieben. Die Vorgehensweise ist die folgende:
1. Prinzip der sequentiellen Klassifikation.
1.1 Man klassifiziere ein vorgelegtes Muster mit n_0 Merkmalen, wobei anfangs eine hohe Rückweisungsschwelle eingestellt wird.
1.2 Wenn das Muster zurückgewiesen wurde, klassifiziere man mit $n_0 = n_0 + \Delta n$, $\Delta n \geq 1$, ganzzahlig, Merkmalen, wobei die Rückweisungsschwelle erniedrigt wurde.
1.3 Man wiederhole Schritt 1.2 bis entweder das Muster in eine der k Klassen eingeordnet ist oder die Zahl n_0 eine vorgegebene Größe n_{max} erreicht.

Der sogenannte sequentielle Wahrscheinlichkeitstest [4.34] ist ein Spezialfall, bei dem $n_0 = \Delta n = 1$, $k = 2$, $n_{max} \to \infty$, feste Rückweisungsschranken und ein statistischer Klassifikator mit $p_1 = p_2$ verwendet werden. Trotzdem bleibt das Problem, daß man die Folge der bedingten Dichten der 1-,2-,...,n_{max}-dimensionalen Merkmalvektoren bestimmen und speichern muß. Eine wesentliche Voraussetzung für die sinnvolle Anwendung sequentieller Verfahren ist offenbar, daß die mit n_0 Merkmalen berechneten Prüfgrößen - zum Beispiel u_λ in (4.22,55) oder d_λ in (4.70) - für eine iterative Berechnung der Prüfgrößen mit $n_0 + \Delta n$ Merkmalen herangezogen werden können. Das ist in den meisten Fällen möglich, trotzdem ist der Gesamtaufwand für die Realisierung eines Skalarproduktes wie in (4.55,70) meistens geringer als der mit der sequentiellen Klassifikation verbundene. Bei den in Abschnitt 4.4.4 erörterten abstandsmessenden Klassifikatoren ist dagegen eine sequentielle Vorgehensweise ohne wesentlichen zusätzlichen Aufwand möglich und wird im Prinzip wie folgt durchgeführt:
2. Sequentielle Klassifikation bei den abstandsmessenden Klassifikatoren von Abschnitt 4.4.4.
2.1 Berechne den Abstand zwischen Testmuster und Referenzmuster für 1 Werte - zum Beispiel den Abstand D_λ in (4.151,157 oder 163).
2.2 Wenn der Abstand kleiner als ein Schwellwert ist, dann wiederhole die Berechnung von Schritt 2.1 mit 1 + 1 Werten unter Beachtung von (4.161), sonst scheidet dieses Referenzmuster aus.
2.3 Wiederhole die Schritte 2.1 bis 2.2 für alle Referenzmuster.
2.4 Wenn alle Referenzmuster ausgeschieden wurden, dann weise das Testmuster zurück, sonst ordne es der Klasse des Referenzmusters zu, das zum Testmuster den kleinsten Abstand hat.

4.4.2 Entscheidungsbäume und hierarchische Klassifikation

Aus den Bildern 4.1 und 4.3 geht hervor, daß die Klassifikation in einer Stufe durchgeführt wird. Die Sätze 4.1 bis 4.3 zeigen, daß diese Vorgehensweise auch in bestimmtem Sinne optimal ist. Trotzdem kann es praktisch zweckmäßig sein, eine Klassifikation in mehreren Stufen vorzunehmen. Dafür gibt es die in Bild 4.8 gezeigten, prinzipiell ähnlichen Ansätze. In Bild 4.8a wird ein binärer Entscheidungsbaum aufgebaut, bei dem in jedem Knoten ein Merkmal mit einem Schwellwert verglichen wird [4.36-4.41]. Der Entscheidungsbaum braucht im allgemeinen nicht binär zu sein [4.42]. In Bild 4.8b werden in einer ersten Stufe die Klassen $\Omega_1,...,\Omega_k$ unterschieden, in der zweiten Stufe wird diese Klasseneinteilung weiter verfeinert in $\Omega_{11},...,\Omega_{kk(k)}$ [2.49,57]. Es sind auch mehr als zwei Stufen denkbar, und die Art der verwendeten Merkmale wird im allgemeinen von vorhergehenden Entscheidungen abhängen.

Eine Verfeinerung der Klassen wird entweder heuristisch festgelegt oder über Hierarchien von Häufungsgebieten, worauf in Abschnitt 4.5.6 kurz eingegangen wird.

Aus Bild 4.9a geht hervor, daß ein binärer Entscheidungsbaum von der Art in Bild 4.8a immer dann aufgebaut werden kann, wenn der Merkmalsraum durch ein rechtwinkliges Gitter in Teilbereiche zerlegt wird, aus Bild 4.9b geht hervor, daß ein derartiger Baum möglicherweise effektiver (mit weniger logischen Abtragen) darstellbar ist, und Bild 4.9c zeigt schließlich, daß auch beliebige rechteckige Gebiete auf Entscheidungsbäume zurückgeführt werden können. Die gestrichelten Linien deuten an, daß jede rechteckige Aufteilung trivialerweise zu einem rechtwinkligen Gitter erweitert werden kann, so daß Bäume wie in Bild 4.9c stets in binäre Bäume übergeführt werden können. Die Verwendung von Parallelen zu den Koordinatenachsen für die Aufteilung des Merkmalsraumes hat gegenüber anderen - wie in Bild 3.10 oder 4.7 - den Vorteil, daß nur einfache Schwellwertoperationen mit den Merkmalen erforderlich sind. Entscheidungsbäume lassen sich in der Weise verallgemeinern, daß in den Knoten beliebige logische Entscheidungen getroffen werden, zum Beispiel von der Art 'ist im linken oberen Bildviertel ein waagerechter Strich vorhanden'.

In der zitierten Literatur sind mehrere Vorschläge enthalten, wie für eine gegebene klassifizierte Stichprobe ω eine Zerlegung des Merkmalsraumes gemäß Bild 4.9a oder c zu konstruieren ist. Darüberhinaus gibt es Algorithmen, um zu einem Baum wie in Bild 4.9a einen optimalen äquivalenten Baum zu konstruieren, beispielsweise einen Baum mit minimaler Anzahl von Knoten, in denen logische Entscheidungen zu treffen sind. Zusätzlich zu der rein intuitiv-heuristischen Erfindung eines Entscheidungsbaumes sind dieses Ansätze zu einer systematischen Konstruktion. Wir beschränken uns hier auf die Angabe eines Algorithmus [4.33], der die Konstruktion rechteckiger Gebiete wie in Bild 4.9c erlaubt; er wird dort als Grundlage eines nichtparametrischen Klassifikators eingeführt. Das j-te Intervall auf der Koordinatenachse c_ν wird mit

$$I_{j\nu} = [a_{j\nu}, b_{j\nu}] \qquad (4.144)$$

bezeichnet. Die n Intervalle $I_{j\nu}$, $\nu = 1,\ldots,n$ definieren einen Hyperquader

$$E_j = I_{j1} \times I_{j2} \times \ldots \times I_{jn}, \qquad (4.145)$$

der als j-tes Ereignis bezeichnet wird. Die Verschmelzung zweier Ereignisse E_j, $j = 1,2$ ergibt ein Ereignis E , das definiert ist mit

$$E = M(E_1, E_2) \qquad (4.146)$$

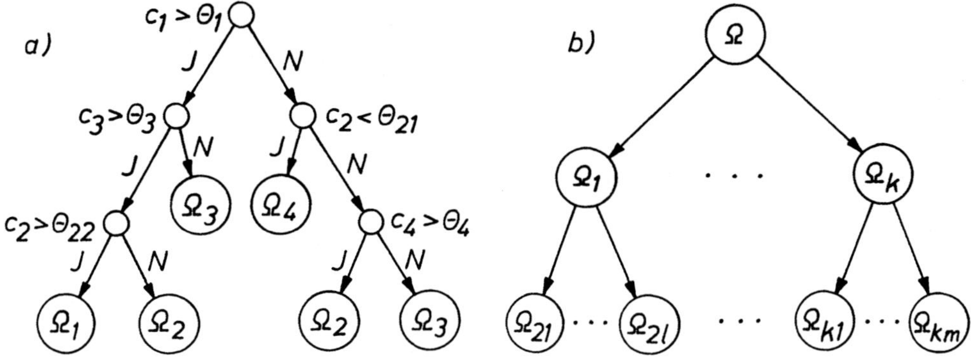

Bild 4.8 Zwei Beispiele für Entscheidungsbäume

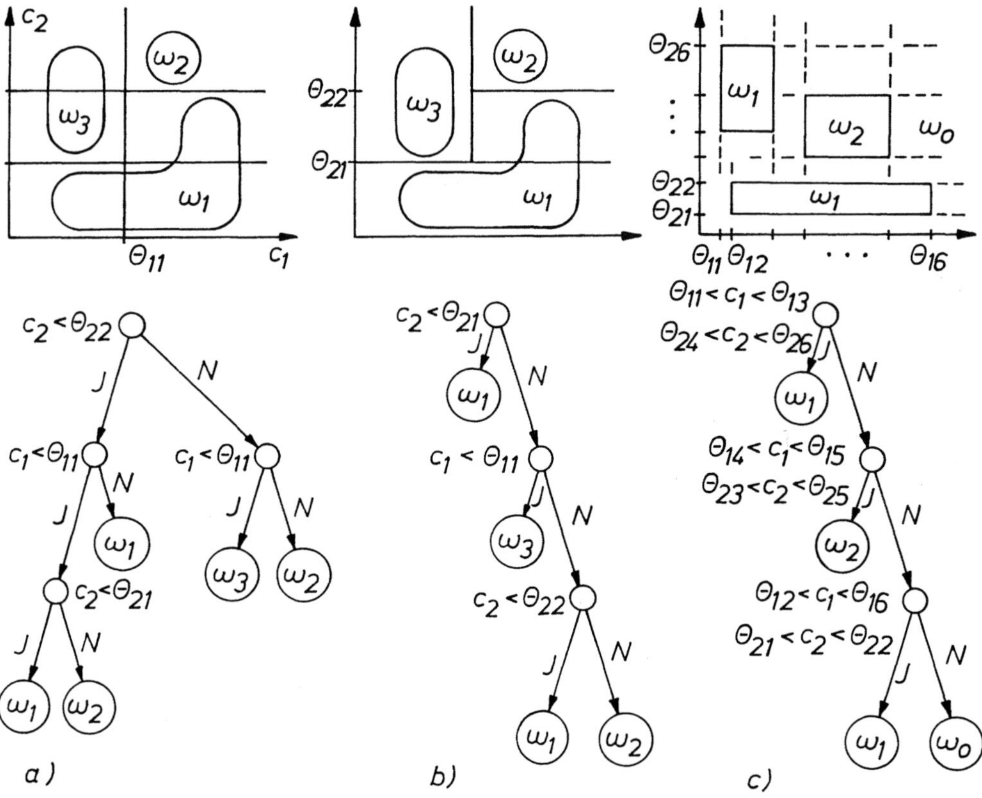

Bild 4.9 Bestimmte Aufteilungen des Merkmalsraumes führen zu einfachen Entscheidungsbäumen

$$E = I_1 \times I_2 \times \ldots \times I_n$$

$$I_\nu = [\min(a_{1\nu}, a_{2\nu}), \max(b_{1\nu}, b_{2\nu})] \qquad (4.147)$$

Die Verschmelzung zweier Hyperquader E_1 und E_2 ist also der kleinste Hyperquader, der E_1 und E_2 enthält. Als Abstand eines Musters ${}^p\underline{c}$ von einem Ereignis E wird definiert

$$d({}^p\underline{c}, E) = \sum_{\nu=1}^{n} \psi({}^p c_\nu, E)$$

$$\psi({}^p c_\nu, E) = \begin{cases} 1 & \text{wenn } {}^p c_\nu \notin I_\nu \\ 0 & \text{sonst} \end{cases} \qquad . \qquad (4.148)$$

Eine Stichprobe ω enthalte N Muster und bestehe aus k Teilmengen $\omega_\kappa \subset \Omega_\kappa$ mit je N_κ Mustern. Die Stichprobe wird zerlegt in ω_1 und $\omega_0 = \omega - \omega_1$, wobei ω_0 nun $N_0 = N - N_1$ Muster enthält. Der folgende Algorithmus konstruiert Ereignisse, die alle Muster aus ω_1 und keine aus ω_0 enthalten.

1. Algorithmus zur Konstruktion rechteckiger Gebiete, die ω_1 enthalten.

1.1 Das erste Ereignis ist $E_1 = {}^1\underline{c}_1$, ${}^1\underline{c}_1 \in \omega_1$, setze j = 1.

1.2 Für alle Muster ${}^p\underline{c}_1 \in \omega_1$ prüfe:

 1.2.1 Wenn ${}^p\underline{c}_1 \notin E_j$, dann prüfe:

   Wenn $d({}^k\underline{c}_0, M(E_j, {}^p\underline{c}_1)) \geq \Theta_1$ für

   alle ${}^k\underline{c}_0 \in \omega_0$, dann ersetze $E_j: = M(E_j, {}^p\underline{c}_1)$,

   sonst bringe ${}^p\underline{c}_1$ in Menge ω_r.

1.3 Wenn $\omega_r = \emptyset$, dann ENDE, sonst ersetze

 $j: = j + 1$, $\omega_1: = \omega_r$, $\omega_r: = \emptyset$, $E_j: = {}^1\underline{c}_1$, ${}^1\underline{c}_1 \in \omega_1$ und wiederhole 1.2.

In Schritt 1.3 wurde zur Vereinfachung angenommen, daß Muster in ω_r erneut fortlaufend mit 1 beginnend indiziert werden. Das Prinzip des Algorithmus besteht darin, ein Ereignis so lange zu erweitern, wie ein Mindestabstand Θ_1 zu Mustern aus ω_0 nicht unterschritten wird. Ein Muster, dessen Vereinigung mit einem Ereignis zu einer Unterschreitung des Abstandes führen würde, wird einem anderen Ereignis zugeordnet. Der Algorithmus ist k-mal für die Klassen $\omega_\kappa, \omega_0 = \omega - \omega_\kappa$, $\kappa = 1, \ldots, k$ auszuführen. Die Klassifikation erfolgt nach der Regel

bestimme $d(\underline{c}, E_{\kappa j})$ für alle Klassen und alle Ereignisse einer Klasse
wenn $d(\underline{c}, E_{\kappa j}) \leq \Theta_2$ für ein Ereignis genau einer Klasse Ω_κ,
dann entscheide $\underline{c} \in \Omega_\kappa$, sonst $\underline{c} \in \Omega_0$. $\qquad (4.149)$

Man sollte $\Theta_1 > \Theta_2$ wählen, der Fall $\Theta_2 = 0$ entspricht der Forderung, daß ein Muster in dem Hyperquader enthalten sein muß.

4.4:3 Klassifikator für nominale Merkmale

In der Literatur wird vielfach eine Unterscheidung zwischen ordinalen und nominalen Merkmalen getroffen, die etwa den hier verwendeten Begriffen numerisch und nichtnumerisch entsprechen. Bei einem nominalen Merkmal - zum Beispiel dem Merkmal Farbe mit den Werten rot, grün, blau - läßt sich keine sinnvolle Ordnung nach der Größe oder dem Wert der Merkmale angeben - wie es zum Beispiel bei dem Merkmal Fortmantfrequenz mit Werten f_1 = 900 Hz, f_2 = 2000 Hz, f_3 = 2700 Hz möglich ist. Daher ist auch bei nominalen Merkmalen die Angabe von Metriken oder Abständen und die Verwendung von darauf beruhenden Klassifikatoren nicht möglich. In Abschnitt 3.1 wurde darauf verwiesen, daß sich in solchen Fällen die Interpretation der Merkmale als Symbolkette und die Verwendung syntaktischer Klassifikatoren anbieten. Es gibt jedoch auch andere Ansätze, von denen hier beispielhaft einer vorgestellt wird [4.43].

Ein grundsätzlicher Begriff bei der Klassifikation von Mustern mit nominalen Merkmalen ist das überdeckende Ereignis oder die überdeckende Symbolkette, was an einem einfachen Beispiel erläutert wird. Es wird angenommen, daß ein Muster nur mit den zwei Merkmalen Form und Farbe mit Werten Rechteck und Dreieck für die Form und rot, grün und blau für die Farbe dargestellt wird. Das spezielle Symbol β stehe für einen beliebigen Wert irgendeines Merkmals. Die Kette (Rechteck, β) überdeckt jede der Symbolketten (Rechteck, rot), (Rechteck, blau) und (Rechteck, grün). Im folgenden wird ein Algorithmus angegeben, mit dem zu einer Stichprobe von Mustern mit nominalen Merkmalen eine als Definitionsmenge bezeichnete Menge von überdeckenden Ketten konstruiert wird. Die Definitionsmenge ist Grundlage der Klassifikation, die nach der Regel erfolgt

ordne ein Muster der Klasse zu, deren Definitionsmenge eine Kette enthält, welche die Symbolkette des Musters überdeckt. (4.150)

Wenn also k Klassen vorliegen, sind k Definitionsmengen zu konstruieren.

Zur Angabe des Algorithmus bezeichnen wir den Wert des ν-ten Merkmals im j-ten Muster mit $^j c_\nu$. Das ν-te Merkmal c_ν nimmt Werte aus einer Menge S_ν an, wobei einige oder alle Mengen S_ν, ν = 1,...,n gleich sein dürfen. Die Kette $(c_1, c_2, ..., c_n)$ überdeckt die Symbolkette $(^j c_1, ^j c_2, ..., ^j c_n)$ eines Musters wenn entweder $c_\nu = {}^j c_\nu$ oder $c_\nu = \beta$, ν = 1,...,n gilt. Die Stichprobe ω sei wie in Abschnitt 4.4.2 in ω_1 und ω_0 zerlegt.
1. Algorithmus zur Konstruktion einer Definitionsmenge für Muster aus $\Omega_1 \supset \omega_1$.
1.1 Definiere die Verschmelzung zweier Symbolketten $(^1 c_1, ^1 c_2, ..., ^1 c_n)$ und

$$(^2c_1, ^2c_2, \ldots, ^2c_n) \text{ mit}$$

$$(c_1, c_2, \ldots, c_n)_{12} = (^1c_1, ^1c_2, \ldots, ^1c_n) \cup (^2c_1, ^2c_2, \ldots ^2c_n)$$
$$c_\nu = \beta, \text{ wenn } ^1c_\nu \neq ^2c_\nu$$
$$c_\nu = {}^1c_\nu, \text{ wenn } ^1c_\nu = {}^2c_\nu \quad .$$

1.2 Bilde die Verschmelzung aller Paare von Symbolketten aus ω_1.

    1.2.1 Wenn das Ergebnis der Verschmelzung eines Paares aus ω_1 keine Kette aus ω_0 überdeckt, dann ordne dieses Ergebnis einer Menge ω_d zu.

1.3 Bringe nach ω_d auch alle Symbolketten, bei denen das Ergebnis der Verschmelzung mit irgendeiner Symbolkette nicht nach ω_d gebracht wurde.

1.4 Wenn $\omega_d \neq \omega_1$, dann ersetze $\omega_1 := \omega_d$, $\omega_d := \emptyset$, gehe nach 1.2, sonst ENDE.

Am Ende enthält $\omega_1 = \omega_d$ eine Definitionsmenge für ω_1. Die Verschmelzung von Ketten wird gemäß Schritt 1.4 so lange wiederholt, bis keine neuen überdeckenden Ketten mehr gebildet werden; dann ist $\omega_1 = \omega_d$. Die Klassifikation erfolgt gemäß (4.150).

4.4.4 Abstandsmessende Klassifikatoren

Die Verwendung eines geeigneten Abstandsmaßes zwischen einem Prototypen oder Referenzmuster und einem neu beobachteten Muster oder Testmuster ist ein intuitiv nahe liegender Ansatz bei der Klassifikation. Derartige Klassifikatoren wurden bereits in Abschnitt 4.1.6 als Spezialfälle der statistischen Klassifikatoren erwähnt. Auch die NN Regel in Abschnitt 4.3.2 beruht auf dem Vergleich von Abständen, allerdings werden dort die Muster der ganzen Stichprobe als Prototypen verwendet. Auch die in Abschnitt 3.2.7 erörterten Merkmalsfilter, die dort als spezielle lineare Systeme eingeführt wurden, lassen sich als abstandsmessender Klassifikator auffassen. Ist nämlich $[f_{\lambda jk}]$ das Referenzmuster der Klasse Ω_λ und $[f_{jk}]$ ein Testmuster, so ist der mittlere quadratische Fehler

$$D_\lambda = \sum_{j=0}^{M-1} \sum_{k=0}^{M-1} (f_{\lambda jk} - f_{jk})^2 \tag{4.151}$$

ein mögliches Abstandsmaß. Wenn k Klassen vorliegen, entscheidet man sich für die mit dem kleinsten Fehler oder dem kleinsten Abstand zum Testmuster. Nun ist aber die Lage des Minimums von

$$D_\lambda = \sum \sum f_{\lambda jk}^2 + \sum \sum f_{jk}^2 - 2 \sum \sum f_{\lambda jk}\, f_{jk} \qquad\qquad (4.152)$$

unabhängig von $\sum \sum f_{jk}^2$, und wenn alle Referenzmuster $\underline{f}_\lambda$ auf den Wert $\sum \sum f_{\lambda jk}^2 = 1$ normiert sind, ist diese Lage auch unabhängig von $\sum \sum f_{\lambda jk}^2$. Der Abstand D_λ ist also dann klein, wenn der Term $\sum \sum f_{\lambda jk}\, f_{jk}$ groß ist. Das entspricht - bis auf eine Umindizierung und die Verwendung fester Indizes $\hat{j} = \hat{k} = 0$ - der Beziehung (3.91). Man bezeichnet

$$R_{\lambda jk} = \sum_{\mu=0}^{M-1} \sum_{\nu=0}^{M-1} f_{\lambda j+\mu, k+\nu}\, f_{\mu\nu} \qquad\qquad (4.153)$$

als Kreuzkorrelation zwischen $\underline{f}_\lambda$ und $\underline{f}$. Die obigen Ausführungen zeigen, daß ein kleiner Abstand (4.151) einer großen Korrelation (4.153) für $j = k = 0$ entspricht.

Es ist eine naheliegende Verallgemeinerung im Bedarfsfalle statt eines Referenzmusters je Klasse mehrere zu verwenden. Ebenso ist es für das Prinzip der abstandsmessenden Klassifikatoren belanglos, ob man die Abtastwerte vergleicht oder irgendwelche daraus abgeleitete Größen, wie etwa die Fourierkoeffizienten oder sonstige Merkmale; dieses soll durch die Bezeichnungen $\underline{f}_\lambda$ und $\underline{f}$ nicht ausgeschlossen werden. Schließlich gibt es außer (4.151) noch andere Abstandsmaße wie (4.124), von denen insbesondere noch

$$D_\lambda = \sum \sum | f_{\lambda jk} - f_{jk} | \qquad\qquad (4.154)$$

praktisch interessant ist.

Ein Problem besteht darin, daß Verzerrungen von $\underline{f}$ sich auf die Abstandsberechnung in vollem Umfang auswirken. Bild 4.10 zeigt dafür ein Beispiel. Vom subjektiven Eindruck her sieht das Testmuster dem Referenzmuster 1 'recht ähnlich', aber nicht dem Referenzmuster 2. Trotzdem liefert (4.154) für beide den gleichen Abstand, nämlich 130. Eine lineare Normierung der Länge des Testmusters gemäß Abschnitt 2.4.2 ergibt $D_1 = 105$ und $D_2 = 333$. Tatsächlich ist dadurch der Abstand zur Referenz 1 deutlich kleiner geworden als zur Referenz 2, so daß eine Klassifikation möglich ist. Trotzdem ist die lineare Normierung hier unbefriedigend. Eine genauere Betrachtung des Testmusters zeigt nämlich, daß dieses gegenüber dem Referenzmuster 1 nichtlinear verzerrt wurde. Derartige nichtlineare Verzerrungen treten beispielsweise in gesprochenen Worten auf, da verschiedene Laute von verschiedenen Sprechern in unterschiedlicher Weise gedehnt werden können. Zum Beispiel kann in dem Wort 'Bote' der Vokal 'o' in einem relativ großen Bereich in seiner Länge schwanken, der Plosivlaut 't' dagegen nur in einem wesentlich kleineren. Bei der Normierung müssen daher unterschiedliche Zeitabschnitte in unterschiedlicher Form abgebildet werden. Das Prinzip dafür zeigt Bild 4.11; es beruht darauf, daß Normierung (oder nichtlineare Abbildung) und Klassifikation (oder Abstandsberechnung) kombiniert werden.

Zur Definition der Eigenschaften der gesuchten nichtlinearen Abbildung werden in Bild 4.11 zwei eindimensionale Folgen $[f_{\lambda j}]$, $j = 0,1,\ldots,M_\lambda - 1$ und $[f_k]$, $k = 0,1,\ldots,M - 1$ als Referenz- und Testmuster verwendet. Die Abbildung wird durch eine diskrete Verzerrungsfunktion

$$k = w(j) \quad \text{mit} \quad 0 = w(0), \quad M - 1 = w(M_\lambda - 1) \tag{4.155}$$

in der (j,k)-Ebene definiert. Die M_W Wertepaare $(j,k = w(j))$ denke man sich in der Reihenfolge, in der sie beim Durchlaufen der Kurve von links unten nach rechts oben auftreten, nach einem Index 1 geordnet. Die Punkte auf der Kurve, die die Abbildung definiert, sind dann durch die Indizes $(j(1), k(1))$, $1 = 1,\ldots, M_W$ gegeben. Jede Kurve $k = w(j)$ definiert also auch einen Pfad in der (j,k)-Ebene. Als Abstand der Muster kann man

$$D_\lambda = \sum_{1=1}^{M_W} | f_{\lambda j(1)} - f_{k(1)} | \tag{4.156}$$

wählen oder mit irgendeinem geeigneten Abstandsmaß $d(f_{\lambda j}, f_k)$ ein Maß

$$D_\lambda = \sum_{1=1}^{M_W} d(f_{\lambda j(1)}, f_{k(1)}) \quad . \tag{4.157}$$

Die beste Verzerrungsfunktion w^* ist diejenige, welche D_λ minimiert

$$D_\lambda^* = D_\lambda(w^*) = \min_W D_\lambda \quad . \tag{4.158}$$

Zum Beispiel ergibt die Verzerrungsfunktion in Bild 4.11 einen Wert $D_1^* = 41$, das heißt durch die nichtlineare Abbildung wird der Abstand zwischen Test- und Referenzmuster gegenüber der linearen Normierung deutlich verringert. Aus (4.158,157) geht hervor, daß die nichtlineare Abbildung $k = w^*(j)$ bezüglich eines Referenzmusters $\underline{f}_\lambda$ definiert wird; in diesem Sinne sind Normierung und Klassifizierung kombiniert, was bei der linearen Normierung nicht erforderlich ist.

Es bleibt nun noch die tatsächliche Berechnung von w^*. Praktisch wird es ausreichen, die Menge der zulässigen Funktionen $w(j)$ auf einen Teilbereich der (j,k)-Ebene zu beschränken. Zum Beispiel wird in der Sprachverarbeitung oft die Anforde-

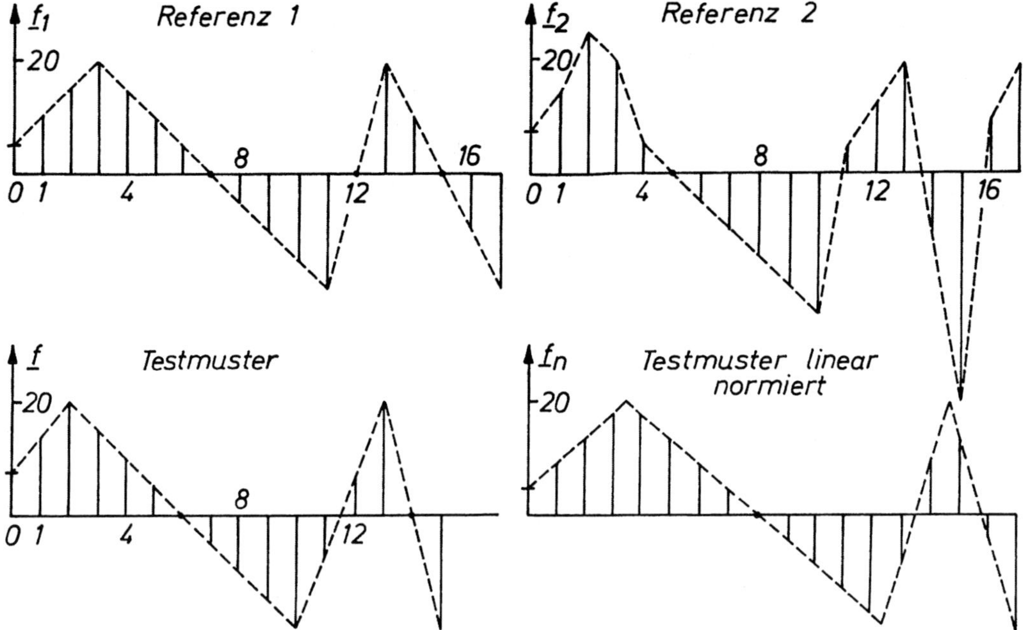

Bild 4.10   Das Testmuster hat zu beiden Referenzmustern den gleichen Abstand (4.154).
Durch eine lineare Normierung der Dauer erniedrigt sich der Abstand zwischen Test-
und Referenzmuster 1 von 130 auf 105.

rung gestellt [2.70,4.44], daß

$$w(j + 1) - w(j) = \begin{cases} 0,1,2 & \text{wenn} \quad w(j) \neq w(j - 1) \\ 1,2 & \text{wenn} \quad w(j) = w(j - 1) \end{cases} . \tag{4.159}$$

Damit wird die Steigung von $w(j)$ beschränkt und insbesondere ein senkrechter Anstieg
ausgeschlossen. Eine andere Möglichkeit besteht darin, die Indexpaare $(j(1),k(1))$
zu beschränken auf

$$(j(1), k(1)) = \begin{cases} (j(1 - 1), k(1 - 1) + 1) \\ (j(1 - 1) + 1, k(1 - 1) + 1) \\ (j(1 - 1) + 1, k(1 - 1)) \end{cases} . \tag{4.160}$$

Die Vorgänger eines Punktes $(j(1), k(1))$ können also links neben, senkrecht unter
oder unter 45° nach links unten liegen. Die Berechnung von w^* erfolgt mit der dynamischen Programmierung [3.61,62], bei der eine vollständige Suche über alle zulässigen Funktionen $k = w(j)$ ausgeführt wird. Der für 1 Wertepaare $f_{\lambda j}, f_k$ berechnete
Abstand D_λ^1 $1 \leq 1 \leq M_W$ in (4.157) bleibt unverändert, wenn ein $(1 + 1)$-tes Werte-
paar hinzukommt, so daß für den mit $1 + 1$ Wertepaaren berechneten Abstand D_λ^{1+1} gilt

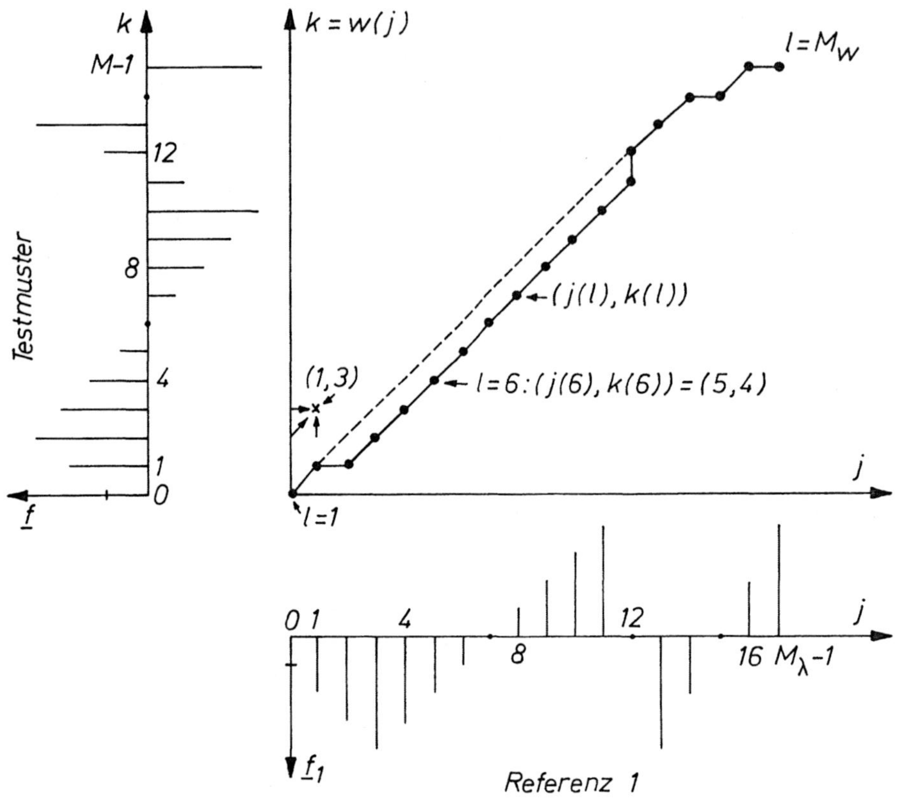

Bild 4.11   Durch eine nichtlineare Normierung der Dauer erniedrigt sich der Abstand
zwischen Test- und Referenzmuster 1 von 130 auf 41.

$$D_\lambda^{l+1} = D_\lambda^{l} + d(f_{\lambda j(l+1)}, f_{k(l+1)}) \quad .$$
$$(4.161)$$

Hat man also zu irgendeinem Punkt (j(l),k(l)) der (j,k)-Ebene einen optimalen Pfad
gefunden - das heißt einen Pfad, auf dem der Abstand minimiert wird - so muß
jeder andere optimale Pfad zu einem Punkt (j(l + 1),k(l + 1)), der auch (j(l),k(l))
enthalten soll, den optimalen Pfad nach (j(l),k(l)) enthalten. Daraus folgt, daß
man bei der Suche der besten Funktion w* nicht alle möglichen Pfade, die zu einem
Punkt führen, speichern muß, sondern nur den jeweils besten. Der dynamischen Programmierung liegt die Anwendung dieses Prinzips zugrunde, die zu einer ganz wesentlichen Reduktion des Speicher- und Rechenaufwandes führt.

Als Beispiel wird die Berechnung von w* unter Berücksichtigung von (4.160) angegeben. Mit den Bezeichnungen von Bild 4.11 erfolgt die Berechnung spaltenweise,
das heißt für festes j werden alle Abstände zu Punkten (j,k), k = 1,...,M berechnet
und dann j um 1 erhöht. Mit D*(j,k) wird der minimale Abstand bezeichnet, wenn man

die Werte 0,1,...,j von $\underline{f}_\lambda$ mit den Werten 0,1...,k von $\underline{f}$ vergleicht. Es ist wichtig, daß $D^*(j,k)$ der minimale Abstand ist, den man mit der optimalen Funktion w^* erreicht. In der ersten Spalte ($j = 0$) ist jeder Punkt ($j = 0,k$) nur auf einem Weg erreichbar, also jeder Abstand bereits minimal. In der zweiten Spalte kann zum Beispiel der Punkt ($j = 1$, $k = 3$) in einem Schritt wegen (4.160) von den drei Vorgängern ($j = 1$, $k = 2$), ($j = 0$, $k = 2$), ($j = 0$, $k = 3$) erreicht werden. Es gilt also im allgemeinen für den minimalen Abstand $D^*(j,k)$ die rekursive Beziehung

$$D^*(j,k) = d(f_{\lambda j},f_k) + \min\{D^*(j,k - 1),$$
$$D^*(j - 1,k - 1),\ D^*(j - 1,k)\}. \tag{4.162}$$

Diese Gleichung wird für die gesamte (j,k)-Ebene ausgewertet bis man mit $D^*(M_\lambda - 1, M - 1)$ den gesuchten minimalen Abstand zwischen $\underline{f}_\lambda$ und $\underline{f}$ erhält. Wenn der Punkt (j,k) von mehr oder anderen als den oben genannten drei Vorgängern erreichbar ist, ändert sich in (4.162) lediglich die Menge der Abstände, über die das Minimum gesucht wird. Wenn man nach Erreichen von $j = M_\lambda - 1$ und $k = M - 1$ den optimalen Pfad angeben will, muß bei jeder Auswertung von (4.162) nicht nur $D^*(j,k)$ gespeichert werden, sondern auch die Indizes des auf dem optimalen Pfad nach (j,k) liegenden Vorgängers. Eine Beschränkung des Bereiches der (j,k)-Ebene, in der der optimale Pfad oder w^* liegen darf, erhält man, indem in jeder Spalte der Index k nicht von 0 bis M - 1, sondern nur über einen geeignet gewählten Bereich variiert wird. Zusammengefaßt ergibt sich also folgender Algorithmus.

1. Algorithmus zur Berechnung der besten Verzerrungsfunktion $k = w^*(j)$ oder des optimalen Pfades in der (j,k)-Ebene, auf dem (4.157) unter Beachtung von (4.160) minimiert wird.

1.1 Für $j = 0,...,M_\lambda - 1$ (d. h. für alle Spalten):

    1.2 Wenn der Suchbereich in der (j,k)-Ebene eingeschränkt ist, dann bestimme untere Grenze $K_u(j)$ und obere Grenze $K_o(j)$ des Index k, sonst setze $K_u(j) = 0$, $K_o(j) = M - 1$.

    1.3 Für $k = K_u(j),...,K_o(j)$ (d. h. für alle Punkte einer Spalte):

        1.4 Berechne $D^*(j,k) = d(f_{\lambda j},f_k) + \min\{D^*(j,k - 1), D^*(j - 1,k - 1), D^*(j - 1,k)\}$, setze $D^*(j,k) = 0$ für $j < 0$ oder $k < 0$ (Randbereich der (j,k)-Ebene). Wenn auch der optimale Pfad rekonstruiert werden soll, dann speichere Indizes des Vorgängers auf dem optimalen Pfad.

    END

END

1.5 Der minimale Abstand ist $D^*(M_\lambda - 1, M - 1)$, der optimale Pfad kann bei Bedarf von $j = M_\lambda - 1$, $k = M - 1$ aus über die gespeicherten Indizes der Vorgänger rekonstruiert werden.

Klassifikatoren, die auf einer nichtlinearen Normierung mit Hilfe der dynamischen Programmierung beruhen, haben insbesondere im Bereich der Spracherkennung
eine große Bedeutung erlangt [2.70,4.45-4.47]. In diesem Zusammenhang sind auch
andere Abstandsmaße als (4.151,154) entwickelt worden. Ebenso gibt es Modifikationen
von D_λ in (4.157), zum Beispiel

$$D_\lambda = \sum_{l=1}^{M_W} d(f_{\lambda j(l)}, f_{k(l)}) \alpha(l) \, / \, N(\alpha) \qquad ,$$

$$\alpha(l) = j(l) - j(l-1) + k(l) - k(l-1) \, ,$$

$$N(\alpha) = \sum_{l=1}^{M_W} \alpha(l) \qquad ,$$

$$N(\alpha) = M + M_\lambda \ \text{für angegebenes } \alpha(l) \qquad . \tag{4.163}$$

Dabei ist $\alpha(l)$ eine Gewichtung der Abstände $d(f_{\lambda j(l)}, f_{k(l)})$ und $N(\alpha)$ eine Normierung
des Abstandes D_λ. Zwar wurden hier nur eindimensionale Folgen $[f_j]$ betrachtet, jedoch
lassen sich mit der dynamischen Programmierung auch zweidimensionale Folgen $[f_{jk}]$
behandeln [4.48]. Schließlich ist zu erwähnen, daß es sich bei $d(f_{\lambda j(l)}, f_{k(l)})$ in
(4.157) im Prinzip um irgendein Abstandsmaß handeln darf, also zum Beispiel auch
um einen geeignet definierten Abstand zwischen zwei Symbolen. Dieses wird in Abschnitt
5.1 kurz diskutiert.

4.4.5 Berücksichtigung von Kontext

Die beiden Beispiele in Bild 4.12 zeigen, daß das gleiche Schriftzeichen je
nach Kontext, das heißt je nach den benachbarten Zeichen, unterschiedlich beurteilt
werden kann. Ein Klassifikator, der jeweils nur ein Zeichen angeboten bekommt und
dieses unabhängig von allen anderen klassifiziert, wird in unsicheren Fällen dieses
Zeichen entweder zurückweisen oder falsch klassifizieren. Es ist aber offensichtlich,
daß in vielen Fällen durch die Verwendung von Kontext auch unsichere Zeichen noch
richtig klassifizierbar sind. Zwar wurde in Abschnitt 1.2 Klassifikation von einfachen Mustern als von anderen Mustern unabhängig zu lösende Aufgabe definiert und
in Abschnitt 1.4 das Thema des Buches auf die Klassifikationsaufgabe eingeschränkt;
aber die Berücksichtigung von Kontext ist eine so naheliegende Erweiterung und bringt
nach den veröffentlichten Ergebnissen einen so wichtigen Beitrag, daß zumindest eine
kurze Erörterung hier angemessen ist. Dabei wird auf fünf Einzelpunkte eingegangen
und stets die Vorstellung zugrunde gelegt, daß eine Folge

$$\underline{F} = ({}^{1}\underline{f}, {}^{2}\underline{f}, \ldots, {}^{N}\underline{f}) \qquad\qquad (4.164)$$

von Einzelmustern ${}^{\rho}\underline{f}$ beobachtet wird. Der Folge von Mustern wird eine Folge von Klassennamen

$$\underline{\Omega} = ({}^{1}\Omega, {}^{2}\Omega, \ldots, {}^{N}\Omega) \quad \text{mit} \quad {}^{i}\Omega \in \{\Omega_1, \Omega_2, \ldots, \Omega_k\} \qquad (4.165)$$

zugeordnet. Gesucht ist die 'richtige' Folge $\underline{\Omega}$ unter Berücksichtigung aller N getroffenen Entscheidungen. Beispiele für Folgen $\underline{F}$ sind eine Folge von Buchstaben eines geschriebenen Wortes, von Lauten eines gesprochenen Wortes oder von Bildpunkten eines Multispektralbildes. Eine Übersicht zur Kontextberücksichtigung enthält auch [4.49].

1. Statistischer Ansatz: Es ist naheliegend, den Bayes Klassifikator mit der Entscheidungsregel (4.42) zu verallgemeinern und auf das obige Problem anzuwenden. Aus den Mustern der Folge $\underline{F}$ werden n-dimensionale Merkmalvektoren ${}^{j}\underline{c}$ extrahiert und zu einem Vektor

$$\underline{c} = ({}^{1}\underline{c}_t, {}^{2}\underline{c}_t, \ldots, {}^{N}\underline{c}_t)_t \qquad\qquad (4.166)$$

zusammengesetzt. Die a priori Wahrscheinlichkeit dafür, daß $\underline{\Omega}$ eine bestimmte Folge von Werten (Klassen) annimmt, wird mit $p(\underline{\Omega})$ bezeichnet. In direkter Verallgemeinerung von (4.42,43) ist die a posteriori Wahrscheinlichkeit von $\underline{\Omega}$ aufgrund von $\underline{c}$

$$p(\underline{\Omega} \mid \underline{c}) = p(\underline{\Omega})p(\underline{c} \mid \underline{\Omega}) / p(\underline{c}) \; . \qquad\qquad (4.167)$$

Die Klassifikation erfolgt gemäß Satz 4.3 in Abschnitt 4.1.4. Statt der Bestimmung des Maximums von $p(\underline{\Omega} \mid \underline{c})$ genügt auch die Bestimmung des Maximums von $p(\underline{\Omega})p(\underline{c} \mid \underline{\Omega})$ bezüglich der möglichen Werte von $\underline{\Omega}$. Auch die Anwendung des in Abschnitt 4.1.3 ge-

Bild 4.12   Der Einfluß von Kontext auf die Zeichenerkennung

troffenen allgemeineren Ansatzes ist im Prinzip möglich. Es ist offensichtlich, daß
die Anwendung von (4.167) in dieser Form in der Regel am Aufwand scheitern wird,
da ja die Werte von $p(\underline{\Omega})$ und die Dichten $p(\underline{C} \mid \underline{\Omega})$ für alle möglichen Werte von $\underline{\Omega}$
bestimmt und gespeichert werden müssen. Mit den Bezeichnungen von (4.165) sind die-
ses k^N Werte und k^N Dichten von nN-dimensionalen Vektoren.

Zur Anwendung von (4.167) sind vereinfachende Annahmen erforderlich. Eine mögliche besteht darin, statistische Unabhängigkeit der Merkmalvektoren anzunehmen.
Dann ist

$$p(\underline{C} \mid \underline{\Omega}) = \prod_{\rho=1}^{N} p(^{\rho}\underline{c} \mid {}^{\rho}\Omega = \Omega_{\kappa}) \quad . \tag{4.168}$$

Die Annahme statistischer Unabhängigkeit der Werte von $^{1}\Omega,\ldots,{}^{N}\Omega$ würde dagegen den
Verzicht auf Kontextberücksichtigung bedeuten und ist daher nicht möglich. Es gilt
hier

$$p(\underline{\Omega}) = p(^{1}\Omega,{}^{2}\Omega,\ldots,{}^{N}\Omega)$$
$$= p(^{1}\Omega)p_{u}(^{2}\Omega \mid {}^{1}\Omega)p_{u}(^{3}\Omega \mid {}^{1}\Omega,{}^{2}\Omega)\ldots p_{u}(^{N}\Omega \mid {}^{1}\Omega\ldots{}^{N-1}\Omega) \quad . \tag{4.169}$$

Eine vereinfachende Annahme kann nun darin bestehen, daß man nur Abhängigkeiten zum
direkten Nachfolger berücksichtigt. Dann ist

$$p(\underline{\Omega}) = p(^{1}\Omega)p_{u}(^{2}\Omega \mid {}^{1}\Omega)p_{u}(^{3}\Omega \mid {}^{2}\Omega)\ldots p_{u}(^{N}\Omega \mid {}^{N-1}\Omega) \quad . \tag{4.170}$$

Statt k^N Werten sind nur k^2 Werte $p_{u}(\Omega_{\kappa} \mid \Omega_{\lambda}),\kappa,\lambda = 1,\ldots,k$ und die k Werte $p(\Omega_{\kappa})$
zu speichern. Mit $p_{u}(\Omega_{\kappa} \mid \Omega_{\lambda})$ wird die Wahrscheinlichkeit bezeichnet, daß ein Muster
aus Ω_{κ} auftritt, wenn direkt vorher eines aus Ω_{λ} aufgetreten ist. Diese Übergangswahrscheinlichkeiten lassen sich durch Auszählen von Paaren schätzen; sie sind nicht
mit den bedingten Fehlerwahrscheinlichkeiten $p(\Omega_{\lambda} \mid \Omega_{\kappa})$ in (4.17) zu verwechseln.
Weitere Einzelheiten zu diesem Ansatz sind in [4.50-52] enthalten.

2. Viterbi Algorithmus: Es handelt sich hierbei um einen Algorithmus, der mit
Hilfe der dynamischen Programmierung die Folge $\underline{\Omega}$ mit maximaler a posteriori Wahrscheinlichkeit bestimmt [4.53-55]. Im Prinzip ist das auch das Anliegen in (4.167)
und Satz 4.3. Die N Merkmalvektoren $^{\rho}\underline{c}$ und die k je Vektor möglichen Klassen Ω_{κ}
sind in Bild 4.13 als Knoten eines Netzwerkes gezeigt. Der zum Vektor $^{\rho}\underline{c}$ und zur
Klasse Ω_{κ} gehörige Knoten entspricht dem Ereignis, daß der Vektor $^{\rho}\underline{c}$ beobachtet
wird, wenn das Muster aus Ω_{κ} ist; ihm wird das Gewicht $\ln p(^{\rho}\underline{c} \mid \Omega_{\kappa})$ zugeordnet. Die

den Knoten zugeordneten Gewichte sind also abhängig von den Beobachtungen. Jede Kante zwischen zwei Knoten, von denen der eine zu $^{\rho}\underline{c}$ und Ω_κ, der andere zu $^{\rho-1}\underline{c}$ und Ω_λ gehört, entspricht dem Ereignis, daß auf ein Muster aus Ω_λ eines aus Ω_κ folgt; der Kante wird das Gewicht $\ln p_u(\Omega_\kappa \mid \Omega_\lambda)$ zugeordnet, das unabhängig von den beobachteten Merkmalvektoren ist. Wenn man annimmt, daß die Folge $\underline{F}$ in (4.164) links und rechts durch ein spezielles Symbol $\#$ begrenzt ist, lassen sich auch den Anfangs- und Endkanten Übergangswahrscheinlichkeiten und damit Gewichte zuordnen. Jede Folge $\underline{\Omega}$ von Klassen, die einer Folge $\underline{F}$ mit Merkmalvektoren $\underline{C}$ zugeordnet wird, entspricht einem Pfad durch das Netzwerk in Bild 4.13 vom Anfangs- zum Endknoten. Das Gewicht dieses Pfades ist die Summe der Kanten- und Knotengewichte. Der beste Pfad durch das Netz (und damit auch die beste Zuordnung $\underline{\Omega}$ von Klassen zum Vektor $\underline{C}$) ist der mit größtem Gewicht. Setzt man $p_u(\Omega_\kappa \mid \#) = p(\Omega_\kappa)$ und $p_u(\# \mid \Omega_\kappa) = 1 / k$, so entspricht in diesem Fall der Pfad maximalen Gewichts der Folge $\underline{\Omega}$ mit der größten a posteriori Wahrscheinlichkeit in (4.167). Das ergibt sich unmittelbar, wenn man (4.168, 170) in (4.167) einsetzt und statt $p(\underline{\Omega} \mid \underline{C})$ die bezüglich der Lage des Maximums äquivalente Größe $\ln p(\underline{\Omega} \mid \underline{C})$ betrachtet.

Der Pfad maximalen Gewichtes wird mit der dynamischen Programmierung ermittelt. Die Vorgehensweise ist ähnlich wie in Abschnitt 4.4.4.

1. Algorithmus zur Bestimmung des Pfades mit maximalem Gewicht durch das Netzwerk in Bild 4.13.

1.1 Für $\rho = 1,\ldots,N$ (also für alle Spalten):

    1.2 Für $\lambda = 1,\ldots,k$ (also für alle Knoten einer Spalte):

        1.3 Berechne $G_{\lambda\rho} = \ln p(^{\rho}\underline{c} \mid \Omega_\lambda) + \max\limits_{j \in \{1,\ldots,k\}} \{G_{j,\rho-1} + \ln p_u(\Omega_\lambda \mid \Omega_j)\}$

        Setze für $\rho = 1$ $\max\limits_{j}\{G_{j,\rho-1} + \ln p_u(\Omega_\lambda \mid \Omega_j)\} = \ln p_u(\Omega_\lambda \mid \#)$ oder $\ln p(\Omega_\lambda)$.

        Speichere Indizes des Vorgängerknotens, der zum Maximum von $G_{\lambda\rho}$ führt.

1.4 In der letzten Spalte ($\rho = N$) liegen k Gewichte $G_{\lambda N}, \lambda = 1,\ldots,k$ vor. Man bestimme das größte dieser Gewichte $G_{\kappa N} = \max\limits_{\lambda} G_{\lambda N}$; es gehört zu dem Pfad mit maximalem Gewicht.

1.5 Man ermittle den Pfad maximalen Gewichtes, indem man vom Knoten (κ,N) aus die Zeiger zurück zum Startknoten verfolgt. Die Folge dieser Knoten gibt die Folge $\underline{\Omega}$. Man kann die Übergangswahrscheinlichkeiten $p_u(\# \mid \Omega_\lambda)$ berücksichtigen, indem man in Schritt 1.4 $G_{\lambda N}$ ersetzt durch $G_{\lambda N} + \ln p_u(\# \mid \Omega_\lambda)$.

Der Viterbi Algorithmus wird sowohl in der Spracherkennung als auch bei der Korrektur von Zeichenketten eingesetzt. Das Prinzip ist stets das in Algorithmus 1 angegebene, jedoch werden natürlich im Einzelfalle entsprechende Modifikationen vorgenommen.

3. Wörterbuch: Unter einem Wörterbuch ist hier allgemein die Menge $\tilde{\underline{\Omega}}$ der zulässigen oder gültigen Folgen $\underline{\Omega}$ zu verstehen, wobei die Länge N der Folge $\underline{\Omega}$ fest

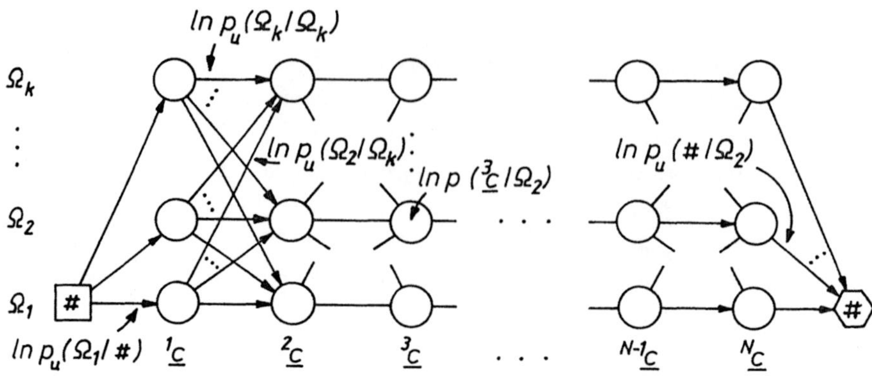

Bild 4.13   Mit dem Viterbi-Algorithmus wird der Pfad mit dem größten Gewicht durch das Netzwerk gefunden

oder in bestimmten Grenzen variabel sein kann. Sind zum Beispiel die beobachteten Muster ${}^{\rho}f$ Abtastwerte von Schriftzeichen, so ist ${}^{\rho}\Omega$ die Bedeutung oder Klasse von ${}^{\rho}\underline{f}$, die den zugehörigen Buchstaben angibt, $\underline{\Omega}$ ist eine Folge von Buchstaben oder ein Wort und $\underline{\tilde{\Omega}}$ demnach die Menge der zulässigen Worte. Ein Wörterbuch kann als zusätzliche oder auch als alleinige Maßnahme zur Kontextberücksichtigung dienen. Wenn man mit dem Viterbi Algorithmus die Folge $\underline{\Omega}$ mit größter a posteriori Wahrscheinlichkeit bestimmt hat, wird $\underline{\Omega}$ nur dann akzeptiert, wenn es im Wörterbuch enthalten ist. Um die Robustheit gegenüber einzelnen Fehlklassifikationen von Mustern ${}^{\rho}\underline{f}$ zu erhöhen, werden oft die m Folgen $\underline{\Omega}_i$, $i = 1,...,m$ mit größter a posteriori Wahrscheinlichkeit bestimmt. Dieses kann beispielsweise wie in Punkt 1 (statistischer Ansatz) beschrieben wurde, geschehen oder indem man einfach alle kombinatorisch möglichen Folgen bildet, die sich aus einer bestimmten Anzahl alternativer Klassifikationen jedes Musters ${}^{\rho}\underline{f}$ ergeben. Man vergleicht die Folgen $\underline{\Omega}_i$ der Reihe nach mit dem Wörterbuch. Ist die mit höchster a posteriori Wahrscheinlichkeit ein gültiges Wort, wird sie als das richtige Wort betrachtet und sonst die mit zweithöchster a posteriori Wahrscheinlichkeit untersucht, usw.. Ein rascher Zugriff zum Wörterbuch ist über eine Hash-Codierung möglich [4.56].

4. n-Gramme: Statt vollständige Worte der Länge N in einem Wörterbuch zu speichern, kann man auch zulässige Folgen von zwei, drei,... oder n Buchstaben (oder Klassen), die als n-Gramme bezeichnet werden, speichern und unter Umständen auch ihre Auftrittswahrscheinlichkeiten. Die Übergangswahrscheinlichkeiten $p_u(\Omega_\kappa \mid \Omega_\lambda)$ sind Digramm Wahrscheinlichkeiten für das Paar $(\Omega_\lambda, \Omega_\kappa)$. Eine weitere Spezialisierung besteht noch darin, diese n-Gramme abhängig von der Position im Wort zu ermitteln.

Wegen Einzelheiten der Anwendung der n-Gramme zur Kontextberücksichtigung wird auf die Literatur verwiesen [4.57]. Ein Vorteil der n-Gramme besteht darin, daß sie unabhängig vom Umfang des Lexikons sind, vorausgesetzt sie wurden mit einer repräsentativen Stichprobe bestimmt.

5. Relaxation: Kontext wird in Relaxationsverfahren dadurch berücksichtigt, daß man die Wahrscheinlichkeiten möglicher alternativer Bedeutungen eines Musters iterativ in Abhängigkeit von den Bedeutungen benachbarter Muster verändert [Sect. 7.5.2 von 1.19,4.58-60]. Um bei der bisherigen Notation zu bleiben, nehmen wir an, daß zum Muster $^j\underline{f}$ die möglichen Klassen oder Bedeutungen $\Omega^j \subset \{\Omega_1,\ldots,\Omega_k\}$ gehören. Diese können zum Beispiel diejenigen Klassen sein, deren a posteriori Wahrscheinlichkeit über einer vorgegebenen Schwelle liegt. Damit läßt sich jeder Klasse oder Bedeutung $\Omega_\kappa \in \Omega^j$ die Wahrscheinlichkeit $p(\Omega_\kappa \mid {}^j\underline{f})$ zuordnen, mit der Ω_κ bei Beobachtung von $^j\underline{f}$ auftritt. Für jedes Paar von Mustern $^i\underline{f}, {}^j\underline{f}$ wird es eine Menge $\Omega^{ij} \subset \Omega^i \times \Omega^j$ von kompatiblen Bedeutungen geben; eine Bedeutung $(\Omega_\kappa,\Omega_\lambda) \in \Omega^{ij}$ ist kompatibel mit $^i\underline{f}, {}^j\underline{f}$, wenn in der Nachbarschaft eines Musters $^i\underline{f}$ mit der Bedeutung Ω_κ ein anderes Muster $^j\underline{f}$ die Bedeutung Ω_λ haben kann. Die oben erwähnten Digramme geben solche kompatiblen Bedeutungen für zwei aufeinander folgende Zeichen einer Sprache an. Weiterhin wird angenommen, daß die Kompatibilität von Klasse Ω_κ für $^i\underline{f}$ mit der Klasse Ω_λ für $^j\underline{f}$ durch einen Kompatibilitätskoeffizienten $r_{ij}(\kappa,\lambda)$, der Werte zwischen -1 und +1 annimmt, bewertet werden kann. Dabei soll ein Wert nahe bei -1 anzeigen, daß die Klassen $(\Omega_\kappa,\Omega_\lambda)$ sehr selten für $^i\underline{f}, {}^j\underline{f}$ auftreten, ein Wert nahe bei +1 soll anzeigen, daß diese Klassen sehr häufig für $^i\underline{f}, {}^j\underline{f}$ auftreten, und ein Wert um 0 bedeutet, daß Ω_κ und Ω_λ relativ unabhängig sind.

Nach diesen anfänglichen Zuordnungen, die ähnlich auch beim statistischen Ansatz in Punkt 1 erforderlich sind, werden die Wahrscheinlichkeiten $p(\Omega_\kappa \mid {}^j\underline{f})$ iterativ verändert, wobei im folgenden m den Iterationsschritt bezeichnet. Zunächst wird der Koeffizient

$$\beta_{im}(\Omega_\kappa) = \sum_j \alpha_{ij} \sum_\lambda r_{ij}(\kappa,\lambda) p_m(\Omega_\lambda \mid {}^j\underline{f}) \tag{4.171}$$

definiert, wobei die α_{ij} Gewichtsfaktoren sind, deren Summe über j auf Eins normiert sei. Dieser Koeffizient hat nur dann einen relativ großen positiven Wert, wenn es für ein Muster $^i\underline{f}$ mit der Bedeutung Ω_κ andere Muster $^j\underline{f}$ gibt, deren Bedeutung(en) Ω_λ eine hohe Wahrscheinlichkeit haben und stark kompatibel mit Ω_κ sind (d. h. $r_{ij}(\kappa,\lambda) \approx 1$). Dieses wird als Indiz dafür genommen, daß Ω_κ zu $^i\underline{f}$ 'paßt', und daher wird die Wahrscheinlichkeit $p_m(\Omega_\kappa \mid {}^i\underline{f})$ erhöht gemäß

$$p_{m+1}(\Omega_\kappa \mid {}^i\underline{f}) = p_m(\Omega_\kappa \mid {}^i\underline{f})(1 + \beta_{im}(\Omega_\kappa)) \, / \, [\sum_\kappa p_m(\Omega_\kappa \mid {}^i\underline{f})(1 + \beta_{im}(\Omega_\kappa))]. \tag{4.172}$$

Stark negative Werte von $\beta_{im}(\Omega_\kappa)$ lassen sich analog interpretieren und führen zu einer Erniedrigung von $p_m(\Omega_\kappa \mid {}^i\underline{f})$, während Werte $\beta_{im}(\Omega_\kappa) \approx 0$ keine Veränderung bewirken. Die Iteration wird einige Male für alle Klassen eines Musters und alle Muster ausgeführt. Der Idealfall ist der, daß von den möglichen Klassen $\Omega^j \subset \{\Omega_1, ...,\Omega_K\}$ des Musters ${}^j\underline{f}$ genau eine eine a posteriori Wahrscheinlichkeit nahe Eins erhält und dieses für alle Muster zutrifft. Erfahrungen mit Relaxationsverfahren bei verschiedenartigen Aufgaben haben gezeigt, daß meistens schon wenige Iterationen für stabile Ergebnisse genügen. Ein Beispiel für ihre Anwendung liegt bei der Nachverarbeitung von Bildpunkten eines Multispektralbildes, die zuvor unabhängig voneinander mit einem der üblichen Verfahren klassifiziert wurden [4.60].

4.5 Lernende Klassifikatoren

4.5.1 Anliegen

Die Klassifikatoren der vorigen Abschnitte wurden einmal fest dimensioniert - zum Beispiel durch Berechnung von $\tilde{\underline{a}}_\lambda$ in (4.54) oder von $\underline{A}^*$ in (4.83) - und dann nicht mehr verändert. Im Sinne von Abschnitt 1.4 und Bild 1.5 entspricht das dem Fall, daß die Lern- oder Trainingsphase des Klassifikationssystems einmal vorweg durchgeführt wird und das System dann unveränderlich ist. Obwohl der Sprachgebrauch nicht ganz einheitlich ist, wird in der Regel ein solches unveränderliches System nicht als lernendes System bezeichnet. Als lernendes System wird hier eines bezeichnet, das in der Lage ist, seine Reaktionsweise aufgrund der Aufnahme und Verarbeitung äußerer Information zu verändern, und zwar zielgerichtet in Richtung auf eine optimale Reaktionsweise. Speziell für einen Klassifikator bedeutet es, daß er durch Verarbeitung angebotener Muster seine Klassifikationsleistung optimiert, wobei einige mögliche Optimierungskriterien in den vorangehenden Abschnitten diskutiert wurden. Durch Zu- oder Abschalten der in Bild 1.5 unter der gestrichelten Linie liegenden Komponenten läßt sich also der Klassifikator in einen lernenden oder nicht lernenden umschalten.

Es darf nicht übersehen werden, daß die Lernfähigkeit eines Klassifikators beim derzeitigen Stand der Technik nur einen kleinen Teilbereich des gesamten Klassifikationssystems betrifft, nämlich die Veränderung von gespeicherten Parametern wie zum Beispiel $\underline{a}_\lambda$ oder $\underline{A}^*$ oder allgemeiner die Veränderung der Klassenbereiche. In den Lernprozeß nicht einbezogen sind die Struktur (linear, quadratisch, usw.) und der Typ (statistisch, nächster Nachbar, usw.) des Klassifikators und auch nicht die Vorverarbeitung und Merkmalgewinnung. Die Festlegung und gegebenenfalls die Veränderung diesbezüglicher Größen ist nach wie vor Sache des Entwicklers.

Die Veränderung der Klassenbereiche, also der Teilbereiche des Merkmalsraums R_c, die den einzelnen Klassen zugeordnet sind, erfolgt durch Verarbeitung einer Stichprobe ω von Mustern. Dabei sind folgende zwei Fälle zu unterscheiden:
1. Von jedem Muster $^\rho\underline{f}\in\omega$ ist die richtige Klasse bekannt, bzw. die Stichprobe ω ist zerlegt in k Teilmengen ω_κ gemäß (4.5). – In diesem Fall zerfällt auch das Lernen in k unabhängige Einzelprobleme, je eines für jede der k Klassen. Es ist intuitiv klar und wird auch durch die entsprechenden theoretischen Ergebnisse bestätigt, daß dieses Problem relativ einfach ist. Man bezeichnet einen Lernprozeß, der mit klassifizierten Mustern ausgeführt wird, auch als 'überwachten' Lernprozeß. Beim überwachten Lernen sind wiederum zwei Fälle zu unterscheiden:
1.1 Die Bestimmung der Klassenbereiche erfolgt mit klassifizierten Mustern einmal vorweg (Lernphase), danach werden Muster ohne Veränderung des Klassifikators klassifiziert (Klassifikationsphase). Ein wiederholter Wechsel zwischen Lern- und Klassifikationsphase ist dem System nicht möglich. – Wie erwähnt, wird ein derartiger Klassifikator hier nicht als lernender Klassifikator bezeichnet, sondern als fest dimensionierter. Beispiele dafür wurden in den Abschnitten 4.1-4.4 behandelt.
1.2 Die Klassenbereiche können mit klassifizierten Mustern laufend verändert werden, bzw. das System kann wiederholt zwischen Lern- und Klassifikationsphase wechseln. – Ein solcher Klassifikator wird hier als überwacht lernender Klassifikator bezeichnet. Beispiele dafür werden in den Abschnitten 4.5.2-4.5.5 behandelt.
2. Die richtige Klasse eines Musters $^\rho\underline{f}\in\omega$ ist nicht bekannt, bzw. die Stichprobe ω ist nicht gemäß (4.5) in Teilmengen ω_κ zerlegt. – Das Lernen muß hier im Prinzip gemeinsam für alle k Klassen durchgeführt werden. Dieses Problem ist im Vergleich zu Fall 1 wesentlich komplizierter. Man bezeichnet Lernen mit nicht klassifizierten Mustern als 'unüberwachtes' Lernen. Auch hier sind zwei Fälle zu unterscheiden:
2.1 Mit nicht klassifizierten Mustern sind die Klassenbereiche einmal vorweg zu bestimmen, danach bleibt der Klassifikator unverändert. – Auch dieser Fall wird in der Literatur als unüberwachtes Lernen bezeichnet, dazu kommen Verfahren zur Analyse von Häufungsgebieten (cluster analysis). Beispiele dafür werden in den Abschnitten 4.5.6,7 behandelt.
2.2 Die Klassenbereiche sollen mit nicht klassifizierten Mustern laufend verändert werden. – Die zugehörigen Verfahren werden als unüberwachtes Lernen bezeichnet. Beispiele dafür enthalten die Abschnitte 4.5.7,8.
Die oben genannten Fälle 1.2,2.1 und 2.2 sind sowohl aus theoretischer als auch praktischer Sicht äußerst interessant und wichtig. Es liegen dafür auch zahlreiche Ergebnisse vor. Trotzdem ist der Fall 1.1 nach wie vor ein unverzichtbarer Schritt bei der Entwicklung von Klassifikationssystemen. Die erforderlichen klassifizierten

Muster werden dabei über die Klassifikation einer Stichprobe durch den Entwickler gewonnen.

Manche Lernalgorithmen, insbesondere in Abschnitt 4.5.4, werden nur für $k = 2$ Klassen formuliert. Dieses bedeutet jedoch keinen Verlust an Allgemeinheit, da sich die Klassifikation von $k > 2$ Klassen stets auf mehrere Zweiklassenprobleme zurückführen läßt. Dafür sind folgende drei Vorgehensweisen üblich:
1. Es wird jeweils eine Klasse von allen anderen unterschieden. Ist $\omega = \{\omega_1, \ldots, \omega_k\}$ die Stichprobe von $k > 2$ Klassen, werden k Klassifikatoren zur Unterscheidung von ω_κ und $\omega - \omega_\kappa$, $\kappa = 1, \ldots, k$ realisiert.
2. Es wird jeweils eine Klasse von den restlich noch verbleibenden unterschieden, das heißt $(k - 1)$ Klassifikatoren zur Unterscheidung von ω_1 und $\{\omega_2, \omega_3, \ldots \omega_k\}$; ω_2 und $\{\omega_3, \omega_4, \ldots, \omega_k\}, \ldots, \omega_{k-1}$ und ω_k realisiert.
3. Es werden alle $\binom{k}{2}$ Paare von Klassen unterschieden, das heißt $k(k - 1) / 2$ Klassifikatoren für ω_κ und ω_λ, $\kappa = 2, \ldots, k$, $\lambda = 1, \ldots, \kappa - 1$ realisiert.

4.5.2 Separierbare Stichproben

Zu Beginn wird kurz der einfachste Fall des überwachten Lernens betrachtet, nämlich die Trennung von k Stichproben $\omega_1, \omega_2, \ldots, \omega_k$, von denen zudem bekannt sei, daß die Stichprobe $\omega = \omega_1 \cup \omega_2 \cup \ldots \cup \omega_k$ separierbar ist. Darunter wird verstanden, daß es k Trennfunktionen

$$d_\lambda(\underline{c}) = \underline{a}_{\lambda t}\, \varphi(\underline{c}) = \sum_{j=1}^{m} a_{\lambda j}\, \varphi_j(\underline{c}) \quad , \quad \varphi_1(\underline{c}) \equiv 1$$

gemäß (4.70) gibt, so daß gemäß (4.65)

$$d_\kappa(\underline{c}) > d_\lambda(\underline{c}) \text{ für } \underline{c} \in \omega_\kappa \text{ und } \lambda = 1, \ldots, k, \lambda \neq \kappa \ .$$

Separierbarkeit der Stichprobe ω bedeutet also, daß alle Muster aus ω richtig klassifiziert werden. Die Funktionen φ_j seien dabei bekannt, die Parameter $\underline{a}_\lambda$ dagegen nicht; sie sind durch überwachtes Lernen zu ermitteln. Im speziellen Fall der linearen Funktionen gemäß (4.68) wird die Stichprobe als linear separierbar bezeichnet.

Ein Lernalgorithmus, der als Fehlerkorrekturmethode bezeichnet wird, ergibt sich aus folgender Vorstellung. Man beginne mit k beliebigen Startwerten $\underline{a}_{\lambda 0}$,

$\lambda = 1,\ldots,k$ für die Parameter. Man prüfe für jeden Merkmalvektor $\underline{c}\in\omega$, ob er richtig klassifiziert wird. Ist das der Fall, werden die Parameter nicht geändert; ist das nicht der Fall, ändere man die Parameter so, daß für $\underline{c}\in\omega_\kappa$ der Wert von $d_\kappa(\underline{c})$ vergrößert wird, der von $d_\lambda(\underline{c})$ verkleinert wird. Im allgemeinen ist damit nicht sichergestellt, daß danach der Vektor $\underline{c}$ schon richtig klassifiziert wird. Daher muß er genügend häufig angeboten werden. Durch die Veränderung der Parameter für einen Vektor $\underline{c}$ können sich die Ergebnisse für andere Merkmalvektoren wieder verschlechtern. Daher sind nach jeder Korrektur auch alle bereits richtig klassifizierten Vektoren erneut zu überprüfen. Es läßt sich zeigen, daß ein derartiger Lernalgorithmus tatsächlich konvergiert. Dieses Prinzip ist Grundlage verschiedener Algorithmen, die ausführlich in [4.61] erörtert sind. Eine mögliche Version ist die folgende:

1. Man wähle k beliebige Startvektoren $\underline{a}_{\lambda 0}$, $\lambda = 1,\ldots,k$ (zum Beispiel $\underline{a}_{\lambda 0} = \underline{0}$).
2. Man wähle eine Folge $\beta_\nu > 0$ von reellen Zahlen (zum Beispiel $\beta_\nu = 1$).
3. Man wähle eine sogenannte Trainingsfolge, das ist eine Folge von Merkmalvektoren aus ω, in der jeder Merkmalvektor aus ω unendlich oft auftritt (zum Beispiel die zyklische Trainingsfolge $\omega,\omega,\omega,\ldots$).
4. Im ν-ten Iterationsschritt, $\nu \geq 1$, nimmt man das ν-te Muster $^\nu\underline{c}$ aus der Trainingsfolge; es sei $^\nu\underline{c}\in\omega_\kappa$. Man setze $d_{\lambda\nu}(^j\underline{c}) = \underline{a}_{\lambda\nu}t\varphi(^j\underline{c})$.

$$\text{Wenn } d_{\kappa,\nu-1}(^\nu\underline{c}) = \max_\lambda d_{\lambda,\nu-1}(^\nu\underline{c}) \quad ,$$

$$\text{dann} \qquad \underline{a}_{\lambda\nu} = \underline{a}_{\lambda,\nu-1} \quad , \quad \lambda = 1,\ldots,k \ .$$

Wenn $d_{\kappa,\nu-1}(^\nu\underline{c}) \leq d_{\lambda,\nu-1}(^\nu\underline{c})$ für mindestens ein $\lambda \neq \kappa$,

$$\text{dann} \quad \begin{cases} \underline{a}_{\kappa\nu} = \underline{a}_{\kappa,\nu-1} + \beta_\nu\, \varphi(^\nu\underline{c}) \\ \underline{a}_{\lambda\nu} = \underline{a}_{\lambda,\nu-1} - \beta_\nu\, \varphi(^\nu\underline{c}) \ . \end{cases} \qquad\qquad (4.173)$$

5. Man wiederhole Schritt 4 für $\nu = 1,2,3,\ldots$ solange, bis alle Muster aus ω richtig klassifiziert werden.

Für diesen Algorithmus (Fehlerkorrekturmethode) gilt

Satz 4.9: Unter den genannten Voraussetzungen konvergieren die Parameter $\underline{a}_\lambda$ gegen feste Werte, das heißt es gibt einen endlichen Index $\nu = \nu 0$, ab dem keiner der Parameter $\underline{a}_{\lambda\nu}$ mehr verändert wird. Aufgrund des Algorithmus, insbesondere (4.173), werden dann alle Muster aus ω richtig klassifiziert.

Beweis: Verschiedene Beweise dieses Satzes sowohl für $k = 2$ als auch $k > 2$ sind in [4.61] angegeben. Unmittelbar klar ist, daß wegen (4.173) und $\beta_\nu > 0$ nach einer erforderlichen Korrektur

$$d_{\kappa\nu}(^\nu\underline{c}) = \underline{a}_{\kappa\nu}t\varphi(^\nu\underline{c}) > d_{\kappa,\nu-1}(^\nu\underline{c}) = \underline{a}_{\kappa,\nu-1,}t\varphi(^\nu\underline{c}) \ ,$$

226

$$d_{\lambda\nu}(^{\nu}\underline{c}) < d_{\lambda,\nu-1}(^{\nu}\underline{c})$$

ist, d. h. die Korrektur geht in die richtige Richtung.

Die Voraussetzung einer separierbaren Stichprobe ist im allgemeinen nicht realistisch und praktisch wenig interessant. Die Vorgehensweise wurde hier jedoch kurz dargelegt, da sie einen anschaulich einleuchtenden Ansatz enthält, der auch Grundlage anderer Verfahren ist. Eine weitere Begründung dieses Ansatzes wird in Abschnitt 4.5.4 gegeben. Zudem enthält (4.173) bereits einen wichtigen weiteren Gessichtspunkt. Im ν-ten Schritt erfolgt die Berechnung eines verbesserten Parametervektors gemäß

$$\underline{a}_\nu = g(\underline{a}_{\nu-1}, {}^{\nu}\underline{c}), \tag{4.174}$$

das heißt es ist dafür nur der vorherige Parametervektor und ein neu beobachtetes Muster erforderlich. Wegen der zyklischen Trainingsfolge muß hier allerdings die Stichprobe gespeichert werden. Jeder praktisch interessante Lernalgorithmus muß Parameter gemäß (4.174) berechnen. Zwar sind allgemeinere Berechnungsverfahren denkbar, wie zum Beispiel

$$\underline{a}_\nu = g_\nu(\underline{a}_{\nu-1}, {}^{1}\underline{c}, {}^{2}\underline{c}, \ldots, {}^{\nu-1}\underline{c}, {}^{\nu}\underline{c}) \quad . \tag{4.175}$$

Hier werden auch noch alle vorangehenden Muster verwendet, und die Funktion g_ν ändert sich von Schritt zu Schritt. Der damit verbundene Realisierungsaufwand ist jedoch in konkreten Systemen in der Regel nicht tragbar. Damit ergibt sich sofort die Frage, unter welchen Voraussetzungen eine Berechnung gemäß (4.174) überhaupt möglich ist; darauf wird in den Abschnitten 4.5.5,7 zurückgekommen. Eine andere Möglichkeit, die oben angewendet wurde, besteht darin, von vornherein nur Abhängigkeiten wie in (4.174) zuzulassen.

Ein anderes wichtiges Problem im Zusammenhang mit Lernalgorithmen ist die Frage, wie viele Muster die Stichprobe ω enthalten sollte. Die mit der endlichen Stichprobe ω bestimmten Parameter $\underline{a}_\lambda$ sollen ja auch die richtige Klassifikation möglichst vieler Muster aus dem Problemkreis Ω erlauben. Zusätzlich zu der Aussage von Postulat 1 in Abschnitt 1.3 gibt es dazu ein Ergebnis, das einen quantitativen Anhaltspunkt gibt. Es stellt für den Spezialfall $k = 2$ Klassen einen Zusammenhang zwischen der Zahl N der Muster aus ω und der Zahl m der Parameter des Klassifikators her. Für zwei Klassen genügt offensichtlich eine Trennfunktion

$$d(\underline{c}) = \sum_{j=1}^{m} a_j \varphi_j(\underline{c}) \quad . \tag{4.176}$$

Gegeben seien N Merkmalvektoren oder Punkte $^{\rho}\underline{c}\in\omega$ im n-dimensionalen Merkmalsraum. Es soll keine Teilmenge mit $(m + 1)$ oder mehr Punkten $^{\rho}\underline{c}$ geben, die auf einer Fläche $d(\underline{c})$ liegen. Gesucht ist nun die Zahl $D(N,m)$ der Möglichkeiten, die N Punkte mit Flächen $d(\underline{c})$, die von m Parametern abhängen, in zwei Klassen zu zerlegen. In [4.61] wird gezeigt, daß

$$D(N,m) = 2 \sum_{j=0}^{m} \binom{N - 1}{j} \qquad \text{für } N > m \quad ,$$

$$D(N,m) = 2^N \qquad\qquad\qquad \text{für } N \leq m \qquad\qquad (4.177)$$

gilt. Die Zahl der überhaupt möglichen Zuordnungen von N Punkten zu zwei Klassen ist 2^N, die aber mit einem gegebenen Klassifikator der Form (4.176) im allgemeinen nicht alle realisiert werden können. Die Aussage von (4.177) ist, daß die Zahl der realisierbaren Klassenzuordnungen nur von der Zahl m der Parameter, aber nicht von den Funktionen φ_j abhängt - allerdings werden im allgemeinen bei gleichem Wert von m mit anderen Funktionen auch andere Klassenzuordnungen realisierbar sein.

Von den überhaupt möglichen Klassenzuordnungen für N Muster werde eine zufällig ausgewählt. Die Wahrscheinlichkeit P_{Nm}, daß man irgendeine der 2^N möglichen Zuordnungen mit einem Klassifikator mit m Parametern auch realisieren kann, ist

$$P_{Nm} = D(N,m) \, / \, 2^N \qquad\qquad\qquad ,$$

$$P_{Nm} = 2^{1-N} \sum_{j=0}^{m} \binom{N - 1}{j} \qquad \text{für } N > m \quad ,$$

$$P_{Nm} = 1 \qquad\qquad\qquad\qquad \text{für } N \leq m \quad . \qquad\qquad (4.178)$$

Setzt man $N = 1(m + 1)$, $1 = 1,2,\ldots$, so gilt

$$\lim_{m \to \infty} P_{1(m + 1),m} = \begin{cases} 1 & \text{für } 1 < 2 \\ 0{,}5 & \text{für } 1 = 2 \\ 0 & \text{für } 1 > 2 \quad . \end{cases} \qquad\qquad (4.179)$$

Für große Werte von m (etwa ab $m \geq 30$) nähert sich also der Verlauf von P_{Nm} einer Sprungfunktion. Die Zahl

$$N_c = 2(m + 1) \qquad\qquad\qquad\qquad\qquad\qquad (4.180)$$

wird auch als Kapazität des Klassifikators bezeichnet. Trainiert man für $k = 2$ Klassen einen Klassifikator mit m Parametern unter Verwendung von $N < N_c$ Mustern, so kann man fast sicher sein, daß die gesuchte Klassenzuordnung realisierbar ist

228

bzw. daß die Stichprobe separierbar ist. Wird $N > N_c$, so kann man fast sicher sein,
daß die Stichprobe nicht separierbar ist. Eine realistische Aussage über die Eigenschaften eines Klassifikators ist also im allgemeinen nur zu erwarten, wenn er mit
$N > N_c$ Mustern trainiert wurde. Der Vorteil dieser Aussage ist, daß sie völlig unabhängig von speziellen Funktionen φ_j in (4.176) oder von Annahmen über Verteilungsdichten der Merkmale ist. Diese Allgemeinheit ist allerdings auch eine Schwäche,
da keinerlei Bezug auf spezielle Eigenschaften eines Problemkreises genommen wird.
Beispielsweise genügt bei der speziellen Struktur der Muster in Bild 3.13 links
bereits je ein Muster aus Ω_1 und Ω_2, um einen linearen Klassifikator so zu trainie-
ren, daß alle Muster richtig klassifiziert werden. Die Forderung $N > N_c$ ist daher
nur als ein Anhaltspunkt zu betrachten, der durch weitere Überlegungen zu ergänzen
ist.

4.5.3 Nicht separierbare Stichproben

Ein Lernalgorithmus, der nur für separierbare Stichproben konvergiert, ist in
seiner Anwendbarkeit zu beschränkt. Es ist vorteilhaft, wenn ein Lernalgorithmus
Parameter liefert, mit denen möglichst viele Muster aus dem Problemkreis Ω richtig
klassifiziert werden, wie es ähnlich auch in Abschnitt 4.2.1 gefordert wurde. Tatsächlich kann man den Ansatz von Abschnitt 4.2 direkt übernehmen und muß nur zusätzlich fordern, daß die Berechnung der Parameter gemäß (4.174) erfolgt, während (4.83)
und (4.87) die Form $\underline{A}^* = g(\omega)$ ergibt. Die grundsätzliche Möglichkeit der iterativen
Berechnung von $\underline{A}^*$ wurde bereits in Abschnitt 4.2.3 mit (4.98,100,104.) aufgezeigt,
so daß hier nur noch der Bezug zu (4.174) herzustellen ist.

Das Prinzip, einen für nicht separierbare Stichproben lernenden Klassifikator
zu entwerfen, besteht also darin, ein Gütekriterium vorzugeben, das iterativ optimiert wird. Ein mögliches Kriterium ist der Fehler $\varepsilon(\underline{A})$ in (4.78). Die Anwendung
von (4.98) führt nicht auf eine Berechnungsvorschrift gemäß (4.174), dagegen ist
dieses mit der stochastischen Approximation (4.100) möglich. Wir betrachten zunächst den Fall für $k = 2$ Klassen, da der Fall $k > 2$ Klassen darauf zurückführbar
ist; zudem ist auch hier eine Verallgemeinerung gemäß (4.74) von Abschnitt 4.2.2
möglich, wie unten noch kurz gezeigt wird. Für $k = 2$ Klassen ist also der Parametervektor $\underline{a}$ gesucht, der

$$\varepsilon(\underline{a}) = E\{(\delta(\underline{c}) - \underline{a}_t\varphi(\underline{c}))^2\}$$

$$= E\{S(\underline{a},\underline{c})\} \tag{4.181}$$

minimiert. In [1.17,4.62] wird die Minimierung derartiger Funktionen mit der stochastischen Approximation untersucht. Unter den Voraussetzungen

$$1. \quad \beta_N > 0, \; \sum_{N=1}^{\infty} \beta_N = \infty, \; \sum_{N=1}^{\infty} \beta_N^2 < \infty \quad ,$$

$$2. \quad \inf_{\varepsilon < |\underline{a} - \underline{a}^*| < 1/\varepsilon} (\underline{a} - \underline{a}^*)_t \nabla E\{S\} > 0, \forall \varepsilon > 0 \quad ,$$

$$3. \quad E\{\nabla S_t \nabla S\} \leq h(1 + (\underline{a} - \underline{a}^*)_t (\underline{a} - \underline{a}^*)), h > 0 \quad . \tag{4.182}$$

konvergiert die Folge

$$\underline{a}_{N+1} = \underline{a}_N - \beta_N \nabla_{\underline{a}} S(\underline{a}_N, {}^N\underline{c}) \quad , \quad N = 1,2,\dots \tag{4.183}$$

gegen $\underline{a}^*$, wobei $\underline{a}_0$ beliebig ist. Wählt man S gemäß (4.181), so ist

$$\nabla_{\underline{a}} S = \partial(\delta(\underline{c}) - \underline{a}_t \varphi(\underline{c}))^2 / \partial \underline{a}$$
$$= 2(\delta(\underline{c}) - \underline{a}_t \varphi(\underline{c}))(-\varphi(\underline{c}))$$
$$\underline{a}_{N+1} = \underline{a}_N + \beta_N(\delta({}^N\underline{c}) - \underline{a}_{Nt}\varphi({}^N\underline{c}))\varphi({}^N\underline{c}) \quad ; \tag{4.184}$$

denn wenn β_N die erste Voraussetzung in (4.182) erfüllt, dann auch $2\beta_N$. Eine Folge β_N, die dieser Voraussetzung genügt, ist

$$\beta_N = 1 / N \quad . \tag{4.185}$$

Eine solche Folge bewirkt, daß für große Werte von N neue Beobachtungen immer weniger Gewicht erhalten. Wenn eine rasche Anpassung an neue Situationen erwünscht ist, so kann dieses durch die heuristische Festlegung

$$\beta_N = \beta = \text{const}, \quad 0 < \beta \leq 1 \tag{4.186}$$

erfolgen. Die Konvergenz ist dann experimentell zu überprüfen. Als zu approximierende Trennfunktion $\delta(\underline{c})$ wird im Zweiklassenfall häufig

$$\delta(\underline{c}) = \left\{ \begin{array}{cc} 1 & , \; \underline{c} \in \omega_1 \\ -1 & , \; \underline{c} \in \omega_2 \end{array} \right. \tag{4.187}$$

gewählt. Im Unterschied zu Abschnitt 4.5.2 muß für die Auswertung von (4.184) die Stichprobe nicht gespeichert werden.

Hat man $k > 2$ Klassen, so ergeben sich mehrere Trennfunktionen und Parametervektoren $\underline{a}_\lambda$, die in (4.76) zur Matrix $\underline{A}$ zusammengefaßt wurden. Ein möglicher Ansatz - außer der unabhängigen Lösung mehrerer Zweiklassenprobleme wie in Abschnitt 4.5.1 erläutert - ist dann (4.100), eine Verallgemeinerung ist

$$\underline{A}_{N+1} = \underline{A}_N - \underline{B}_N \nabla_{\underline{A}} S(\underline{A}_N, {}^N\underline{c}) \quad , \tag{4.188}$$

wobei $\underline{B}_N$ eine Koeffizientenmatrix ist. Ein Beispiel für eine derartige Matrix enthält (4.104). In [1.17] wird auch die Verallgemeinerung von (4.183) durch

$$\begin{aligned}
\underline{a}_{N+1} &= \underline{a}_N - \underline{B}_N \nabla S \\
\underline{B}_N &= \text{diag}(\beta_{N1}, \beta_{N2}, \ldots, \beta_{Nm})
\end{aligned} \tag{4.189}$$

betrachtet und eine geeignete Matrix $\underline{B}$ aus der Minimierung eines Gütekriteriums für das Iterationsverfahren abgeleitet. Die Ableitung der entsprechenden Ergebnisse würde hier aber zu weit führen.

Die obigen Anmerkungen zeigen, daß es außer den grundlegenden Ansätzen (4.100, 104,184) zur laufenden Verbesserung der Parameter noch zahlreiche Modifikationen gibt [1.17,1.19,4.63]. Dazu kommt, daß für die Funktion $S(\underline{a},\underline{c})$ in (4.183) natürlich noch andere in Frage kommen als nur der quadratische Fehler (4.181). Eine geringfügige Modifikation von S in (4.181) ist zum Beispiel

$$S(\underline{a},\underline{c}) = |\, \delta(\underline{c}) - \underline{a}_t \varphi(\underline{c}) \,| \quad , \tag{4.190}$$

die zudem wegen Satz 4.5 in Abschnitt 4.2.3 kaum vorzuziehen ist. Eine interessantere Modifikation ergibt sich dagegen, wenn man $\delta(\underline{c})$ in (4.181) nicht wie in (4.72) wählt, sondern dafür die Trennfläche des optimalen Klassifikators verwendet. Aus (4.22,25) ergibt sich für $k = 2$ Klassen, daß die optimale Trennfläche zwischen den beiden Klassen definiert ist durch

$$\begin{aligned}
\delta(\underline{c}) &= u_2 - u_1 \\
&= p_1(r_{21} - r_{11}) p(\underline{c} \mid \Omega_1) + p_2(r_{22} - r_{12}) p(\underline{c} \mid \Omega_2) \quad ,
\end{aligned} \tag{4.191}$$

wobei der Bereich des Merkmalsraumes mit $\delta(\underline{c}) > 0$ zu Ω_1 gehört. Verwendet man als Gütekriterium nicht (4.181) sondern

$$\varepsilon_1(\underline{a}) = \int (\delta(\underline{c}) - \underline{a}_t \varphi(\underline{c}))^2 d\underline{c} \qquad (4.192)$$

und setzt orthonormale Funktionen $\varphi_\nu(\underline{c})$ voraus, so erhält man nach einigen Umformungen die Iterationsvorschrift

$$\underline{a}_{N+1} = \begin{cases} \underline{a}_N - \beta_N(\underline{a}_N - (r_{21} - r_{11})\varphi(^N\underline{c})) \,, & ^N\underline{c} \in \omega_1 \\ \underline{a}_N - \beta_N(\underline{a}_N - (r_{22} - r_{12})\varphi(^N\underline{c})) \,, & ^N\underline{c} \in \omega_2 \end{cases} \,. \qquad (4.193)$$

Mit der (0,1)-Kostenfunktion (4.39) ergibt sich

$$\underline{a}_{N+1} = \begin{cases} \underline{a}_N - \beta_N(\underline{a}_N - \varphi(^N\underline{c})) & , & ^N\underline{c} \in \omega_1 \\ \underline{a}_N - \beta_N(\underline{a}_N + \varphi(^N\underline{c})) & , & ^N\underline{c} \in \omega_2 \end{cases} \,. \qquad (4.194)$$

Diese Gleichung ist bis auf den immer kleiner werdenden Term $-\beta_N \underline{a}_N$ identisch mit (4.173). Ein weiteres Gütekriterium ist

$$\varepsilon_2(\underline{a}) = \int (\delta(\underline{c}) / p(\underline{c}) - \underline{a}_t \varphi(\underline{c}))^2 p(\underline{c}) d\underline{c}$$
$$p(\underline{c}) = p_1 p(\underline{c} \mid \Omega_1) + p_2 p(\underline{c} \mid \Omega_2) \qquad . \qquad (4.195)$$

Dieses ist (4.181) äquivalent, da auch jede Trennfläche $\delta(\underline{c}) / g(\underline{c})$ mit $g(\underline{c}) > 0$ optimal ist, wenn $\delta(\underline{c})$ optimal ist. In diesem Falle erhält man

$$\underline{a}_{N+1} = \begin{cases} \underline{a}_N + \beta_N(1 - \underline{a}_{Nt}\varphi(^N\underline{c}))\varphi(^N\underline{c}) & , & ^N\underline{c} \in \omega_1 \\ \underline{a}_N + \beta_N(-1 - \underline{a}_{Nt}\varphi(^N\underline{c}))\varphi(^N\underline{c}) & , & ^N\underline{c} \in \omega_2 \end{cases} \,. \qquad (4.196)$$

Diese Gleichung ist identisch mit (4.184), wenn man dort $\delta(\underline{c})$ wie in (4.187) wählt.

Die obigen Beispiele zeigen, daß durchaus Beziehungen zu den optimalen Klassifikatoren von Abschnitt 4.1 bestehen. Sie zeigen auch, daß das gleiche Ziel - nämlich Approximation von δ in (4.191) - mit verschiedenen Gleichungen - hier (4.194) und (4.196) - erreicht werden kann, je nachdem was man unter einer 'guten Approximation' versteht. Es sei noch angemerkt, daß mit Absicht in Abschnitt 4.5.2 der Iterationsschritt mit ν und hier mit N indiziert wurde. Im vorigen Abschnitt mußte die Stichprobe ω vom Umfang N im allgemeinen mehrfach durchlaufen werden, hier dagegen wird jedes Muster nur einmal in (4.183,188) verwendet.

4.5.4 Stückweise lineare Trennfunktionen

Ein vollständiges Polynom zweiten Grades von n = 100 Variablen hat über 5000 Koeffizienten, die in einem Lernvorgang zu ermitteln, dann zu speichern und bei der Klassifikation auszuwerten sind. Wenn es gelingt, die dadurch realisierte Trennfunktion durch zum Beispiel 10 Hyperebenen zu ersetzen, so braucht man dafür nur etwa 1/5 der Parameter, kann also rund 4000 Parameter einsparen. Zudem geht aus Bild 4.6 hervor, daß man mit stückweise linearen Funktionen Trennflächen realisieren kann, deren Approximation mit einem Polynom recht aufwendig würde. Daher werden stückweise lineare Funktionen schon seit langem vorgeschlagen [4.61,64] und sind nach wie vor von Interesse [4.65,66].

Als Beispiel wird hier für k = 2 Klassen ein Lernalgorithmus vorgestellt, der (4.173) als Spezialfall enthält und für das in Bild 4.14a gezeigte 'Komitee' von linearen Klassifikatoren arbeitet [4.65]. Die Unterscheidung von zwei Klassen mit einem linearen Klassifikator erfolgt mit einer Trennfunktion

$$d(\underline{c}) = \sum_{j=1}^{n} a_j c_j + a_0 = \underline{a}_t \underline{\tilde{c}} \; ,$$

$$\underline{a} = (a_0, a_1, \ldots, a_n)_t \quad ,$$

$$\underline{\tilde{c}} = (1, c_1, \ldots, c_n)_t \quad . \tag{4.197}$$

Mit $\theta(x)$ wird die Schwellwert- oder Sprungfunktion

$$\theta(x) = \begin{cases} 1 & \text{für} \quad x > 0 \\ -1 & \text{für} \quad x \leq 0 \end{cases} \tag{4.198}$$

bezeichnet. Das Komitee in Bild 4.14 enthält l lineare Klassifikatoren mit Trennfunktionen $d_1(\underline{c}), \ldots, d_l(\underline{c})$ und Parametervektoren $\underline{a}_1, \ldots, \underline{a}_l$. Die Entscheidung des j-ten Klassifikators erfolgt gemäß

$$\theta(d_j) = \theta(\underline{a}_{jt}\underline{\tilde{c}}) = \begin{cases} 1 & \to \; \underline{c} \in \Omega_1 \\ -1 & \to \; \underline{c} \in \Omega_2 \end{cases} , \quad j = 1, \ldots, l \tag{4.199}$$

Die Einzelentscheidungen werden in einem weiteren linearen Klassifikator zusammengefaßt; dieser hat die Trennfunktion

$$d_0(\underline{c}) = \sum_{j=1}^{l} a_{0j} \theta(d_j(\underline{c})) + a_{00} = \underline{a}_{0t} \underline{\tilde{\theta}}(d(\underline{c})) \tag{4.200}$$

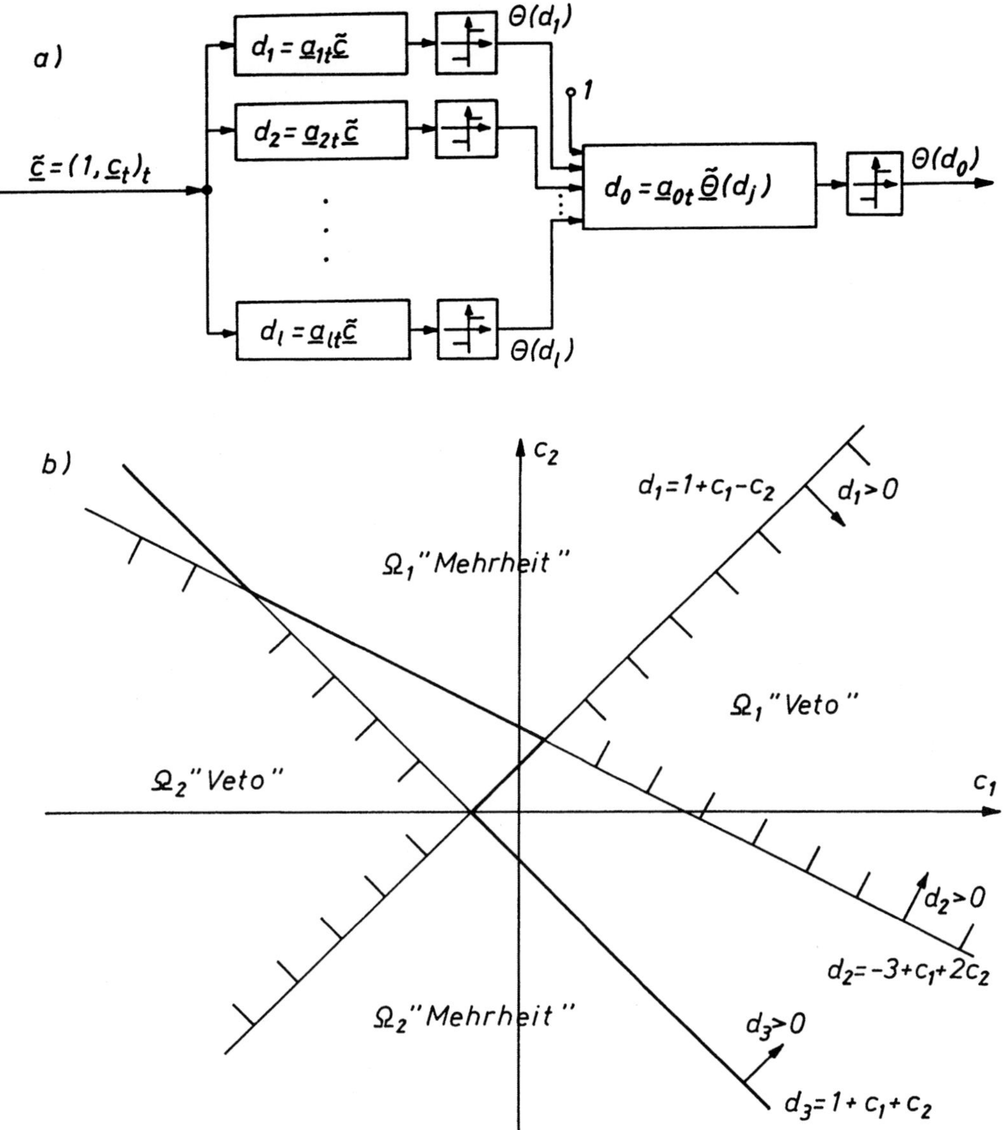

Bild 4.14a) Ein Komitee von linearen Klassifikatoren gemäß (4.197-201). b)Ein schematisiertes Beispiel für die vom Komitee realisierte stückweise lineare Trennfunktion. Die Bereiche für Ω_1, Ω_2 bei Veto-Entscheidung liegen im schraffierten Bereich, bei Mehrheits-Entscheidung ist die Grenze zwischen Ω_1, Ω_2 durch die dicke Linie gegeben

234

Die endgültige Entscheidung des Komitees erfolgt gemäß

$$\theta(d_0) = \{ \begin{matrix} 1 \to \underline{c} \in \Omega_1 \\ -1 \to \underline{c} \in \Omega_2 \end{matrix} \quad . \tag{4.201}$$

Der für dieses Komitee unten angegebene Lernalgorithmus setzt voraus, daß die Parameter l und $\underline{a}_0 = (a_{00}, a_{01}, \ldots, a_{0l})$ vorab bekannt sind und nur $\underline{a}_1, \ldots, \underline{a}_l$ zu bestimmen sind. Auf die Wahl von l wird später noch eingegangen. Zwei übliche Ansätze für $\underline{a}_0$ sind

$$\underline{a}_0 = (0,1,1,\ldots,1) \qquad \text{'Mehrheit'} \quad ,$$
$$\underline{a}_0 = (-l + 1,1,1,\ldots,1) \quad \text{'Veto'} \qquad . \tag{4.202}$$

Im ersten Fall erfolgt eine Entscheidung für Ω_1, wenn die Mehrheit der l linearen Klassifikatoren für Ω_1 entscheidet, im zweiten Falle, wenn alle für Ω_1 entscheiden. Ein Beispiel zeigt Bild 4.14b.

Wie erwähnt, läßt sich der Lernalgorithmus als Verallgemeinerung von (4.173) auffassen. Hat man nur zwei Klassen und eine Trennfunktion d wie in (4.197), so erfolgt eine Entscheidung für Ω_1 bzw. Ω_2, wenn $d > 0$ bzw. $d \leq 0$ ist. Schritt 4 des Algorithmus von Abschnitt 4.5.2 lautet dann:
4'. Im ν-ten Iterationsschritt nimmt man das ν-te Muster $^\nu\underline{c}$ aus der Trainingsfolge und berechnet

$$d_{\nu-1}(^\nu\underline{c}) = \underline{a}_{\nu-1,t}\, ^\nu\underline{\tilde{c}} \quad .$$

Wenn $d_{\nu-1}(^\nu\underline{c}) > 0$ und $^\nu\underline{c} \in \omega_1$ oder

$\quad d_{\nu-1}(^\nu\underline{c}) \leq 0$ und $^\nu\underline{c} \in \omega_2$,

dann setze $\underline{a}_\nu = a_{\nu-1}$.

Wenn $d_{\nu-1}(^\nu\underline{c}) < 0$ und $^\nu\underline{c} \in \omega_1$,

dann setze $\underline{a}_\nu = \underline{a}_{\nu-1} + \beta_\nu\, ^\nu\underline{\tilde{c}}$.

Wenn $d_{\nu-1}(^\nu\underline{c}) > 0$ und $^\nu\underline{c} \in \omega_2$,

dann setze $\underline{a}_\nu = \underline{a}_{\nu-1} - \beta_\nu\, ^\nu\underline{\tilde{c}}$. $\tag{4.203}$

Eine direkte Übertragung von (4.203) auf das Komitee ist die folgende:
4". Berechne im ν-ten Iterationsschritt

$$d_{\nu-1,0}(^\nu\underline{c}) = \sum_{j=1}^{l} a_{0j}\theta(d_{\nu-1,j}) + a_{00} \quad .$$

Wenn $d_{\nu-1,0}(^\nu\underline{c}) > 0$ und $^\nu\underline{c}\in\omega_1$ oder

$\qquad d_{\nu-1,0}(^\nu\underline{c}) \leqq 0$ und $^\nu\underline{c}\in\omega_2$,

dann setze $\underline{a}_{\nu j} = \underline{a}_{\nu-1,j}$, $j = 1,\ldots,1$.

Wenn $d_{\nu-1,0}(^\nu\underline{c}) \leqq 0$ und $^\nu\underline{c}\in\omega_1$,

dann: Ermittle $J_1 = \{j \mid d_{\nu-1,j}(^\nu\underline{c}) \leqq 0,\ j\in\{1,\ldots,1\}\}$,

$\qquad$ setze $\underline{a}_{\nu j} = \underline{a}_{\nu-1,j} + \beta_\nu\,^\nu\tilde{\underline{c}}$, $\forall j\in J_1$.

Wenn $d_{\nu-1,0}(^\nu\underline{c}) > 0$ und $^\nu\underline{c}\in\omega_2$,

dann: Ermittle $J_2 = \{j \mid d_{\nu-1,j}(^\nu\underline{c}) > 0,\ j\in\{1,\ldots,1\}\}$,

$\qquad$ setze $\underline{a}_{\nu j} = \underline{a}_{\nu-1,j} - \beta_\nu\,^\nu\tilde{\underline{c}}$, $\forall j\in J_2$ $\hfill (4.204)$

Das Prinzip von Schritt 4" besteht also einfach darin, die Parameter all der linearen Funktionen d_j, die zu einem falschen Klassifikationsergebnis beitragen, gemäß der Fehlerkorrekturmethode zu ändern.

Es folgt nun eine etwas kompaktere Darstellung von (4.204), mit der auch ein Bezug zu (4.100,183) möglich ist. Die 1 Parametervektoren $\underline{a}_1,\ldots,\underline{a}_1$ der 1 linearen Klassifikatoren werden im Vektor

$$\underline{\alpha} = (\underline{a}_{1t},\underline{a}_{2t},\ldots,\underline{a}_{1t})_t \hfill (4.205)$$

zusammengefaßt. Ebenso wird durch 1-fache Wiederholung des Vektors $\tilde{\underline{c}}$ ein Vektor

$$\underline{\gamma} = (\tilde{\underline{c}}_t,\tilde{\underline{c}}_t,\ldots,\tilde{\underline{c}}_t)_t \hfill (4.206)$$

gebildet. Schließlich wird eine Funktion $t_j(\underline{\alpha},\underline{\gamma})$ definiert mit

$$t_j(\underline{\alpha},\underline{\gamma}) = \begin{cases} 1 & \text{wenn } \underline{a}_{jt}\tilde{\underline{c}} = d_j > 0 \text{ und } d_0(\underline{c}) > 0 \\ & \text{oder } \underline{a}_{jt}\tilde{\underline{c}} = d_j \leqq 0 \text{ und } d_0(\underline{c}) \leqq 0 \\ 0 & \text{sonst} \end{cases} \hfill (4.207)$$

Damit wird die $1(n+1)1(n+1)$ Matrix

$$\underline{T}(\underline{\alpha},\underline{\gamma}) = \begin{bmatrix} t_1\underline{I} & & \\ & t_2\underline{I} & \underline{0} \\ \underline{0} & & t_1\underline{I} \end{bmatrix} \hfill (4.208)$$

definiert, in der $\underline{I}$ eine $(n + 1)(n + 1)$ Einheitsmatrix ist. Damit gilt

$$\text{wenn } d^0 = \underline{a}_t \underline{I} \gamma \gtrless 0, \quad \text{dann } \quad d_0(\underline{c}) \gtrless 0 \quad . \tag{4.209}$$

Das ergibt sich unmittelbar aus (4.200) und (4.207,208), da

$$d^0 = \underline{a}_t \underline{I} \gamma = \sum_{j=1}^{1} t_j \underline{a}_{jt} \tilde{\underline{c}} \quad . \tag{4.210}$$

Die Funktionen d_0 und d^0 sind also äquivalent. Mit

$$\tilde{\underline{I}}(\underline{a}, \gamma) = \begin{cases} \underline{I}(\alpha, \gamma) & \text{für} & \underline{c} \in \omega_1 \\ -\tilde{\underline{I}}(\underline{a}, \gamma) & \text{für} & \underline{c} \in \omega_2 \end{cases} \tag{4.211}$$

und

$$\tilde{d}^0 = \underline{a}_t \tilde{\underline{I}} \gamma \tag{4.212}$$

gilt schließlich für eine mit einem geeigneten Vektor $\underline{a}^*$ separierbare Stichprobe

$$\tilde{d}^0(\underline{a}^*, \underline{\gamma}) > 0 \qquad \text{für alle} \quad \underline{c} \in \omega \quad . \tag{4.213}$$

Wenn man als Kriterium für die Güte eines Parametervektors $\underline{a}$

$$E\{S(\underline{a}, \gamma)\} = E\{(\mid \tilde{d}^0 \mid -\tilde{d}^0) / 2\} \tag{4.214}$$

wählt, so ist $S = 0$ für $\tilde{d}^0 > 0$, das heißt richtige Klassifikation, und $S = \mid \tilde{d}^0 \mid$ für $\tilde{d}^0 < 0$. Mit (4.183) ist

$$\begin{aligned} \underline{a}_{N+1} &= \underline{a}_N - \beta_N \underline{\nabla}_{\underline{a}} S(\underline{a}, \gamma) \\ &= \begin{cases} \underline{a}_N & \text{für} \quad \tilde{d}^0 > 0 \\ \underline{a}_N + \beta_N \tilde{\underline{I}}(\underline{a}_N, {}^N\gamma)^N\gamma & , \quad \text{für} \quad \tilde{d}^0 < 0 \quad . \end{cases} \end{aligned} \tag{4.215}$$

Ein Vergleich zeigt, daß (4.215) genau Schritt 4" oben entspricht. Für $1 = 1$ geht (4.215) in Schritt 4' über. Damit ist auch gezeigt, daß sich der in Abschnitt 4.5.2 heuristisch eingeführte Lernalgorithmus auch aus der Minimierung eines geeigneten Funktionals ableiten läßt.

Die erforderliche Zahl l von linearen Klassifikatoren kann zum Beispiel wie folgt ermittelt werden. Man beginne mit einem beliebigen Wert, beispielsweise l = 1. Für den jeweiligen Wert von l führe man den obigen Lernalgorithmus aus, bis entweder die Stichprobe richtig klassifiziert wird oder eine vorgegebene Zahl von Iterationen ausgeführt wurde. Im letzteren Falle erhöhe man l um eins und wiederhole dieses bis entweder die Stichprobe richtig klassifiziert wird oder ein vorgegebener Höchstwert von l erreicht ist.

4.5.5 Statistische Verfahren

Die obigen Lernalgorithmen beziehen sich auf die verteilungsfreien Klassifikatoren des Abschnitts 4.2. Auch die Parameter der statistischen Klassifikatoren des Abschnitts 4.1 lassen sich durch Lernprozesse ermitteln. Im Grunde geht es dabei um die Schätzung statistischer Parameter, und daher ist es zweckmäßig, an einige wichtige Ergebnisse aus diesem Bereich zu erinnern.

Schätzwerte von Parametern lassen sich mit unterschiedlichen Ansätzen berechnen. Die beiden wichtigsten im Zusammenhang mit Lernalgorithmen sind der maximum likelihood Schätzwert (MLS) und der Bayes Schätzwert (BS). In beiden Fällen wird vorausgesetzt, daß die Elemente ${}^{\rho}\underline{c}_{\kappa}$ der Stichprobe ω_{κ} statistisch unabhängig sind. Ist $p(\underline{c} \mid \underline{a}_{\kappa})$ die von den Parametern $\underline{a}_{\kappa}$ abhängige klassenbedingte Verteilungsdichte der Merkmalvektoren, so ist

$$p(\omega_{\kappa} \mid \underline{a}_{\kappa}) = \prod_{\rho=1}^{N_{\kappa}} p({}^{\rho}\underline{c} \mid \underline{a}_{\kappa}) \qquad (4.216)$$

die Verteilungsdichte der Stichprobe. Faßt man nun $p(\omega_{\kappa} \mid \underline{a}_{\kappa})$ als Funktion von $\underline{a}_{\kappa}$ auf, so ist der MLS $\hat{\underline{a}}_{\kappa}$ für $\underline{a}_{\kappa}$ definiert durch

$$p(\omega_{\kappa} \mid \hat{\underline{a}}_{\kappa}) = \max_{\underline{a}_{\kappa}} p(\omega_{\kappa} \mid \underline{a}_{\kappa}) \quad . \qquad (4.217)$$

Für den Wert $\hat{\underline{a}}_{\kappa}$ wird also die Beobachtung von ω_{κ} am wahrscheinlichsten, so daß $\hat{\underline{a}}_{\kappa}$ ein sinnvoller Schätzwert ist. Die Berechnung von $\hat{\underline{a}}_{\kappa}$ erfolgt zweckmäßigerweise über die Logarithmierung von (4.217)

$$l(\underline{a}_K) = \ln p(\omega_K \mid \underline{a}_K) = \sum_{\rho=1}^{N_K} \ln p(^{\rho}\underline{c} \mid \underline{a}_K), \tag{4.218}$$

sowie Nullsetzen der Ableitung von $l(\underline{a}_K)$

$$\partial l(\underline{a}_K) / \partial \underline{a}_K = \sum_{\rho=1}^{N_K} \partial \ln p(^{\rho}\underline{c} \mid \underline{a}_K) / \partial \underline{a}_K = \underline{0}. \tag{4.219}$$

Im Unterschied zum MLS geht man beim BS von der Vorstellung aus, daß der unbekannte Parameter $\underline{a}_K$ eine Zufallsvariable mit einer bekannten a priori Verteilungsdichte $p(\underline{a}_K)$ ist. Wenn man ω_K beobachtet hat, wird Information über $\underline{a}_K$ gewonnen, und die a priori Dichte geht in eine a posteriori Dichte $p(\underline{a}_K \mid \omega_K)$ über, die mit (4.2) aus

$$p(\underline{a}_K \mid \omega_K) = p(\underline{a}_K)p(\omega_K \mid \underline{a}_K) / p(\omega_K)$$

$$= p(\underline{a}_K)p(\omega_K \mid \underline{a}_K) / \int_{R_{\underline{a}}} p(\underline{a}_K)p(\omega_K \mid \underline{a}_K)d\underline{a}_K \tag{4.220}$$

zu berechnen ist. Der BS $\hat{\underline{a}}_K'$ von $\underline{a}_K$ ist definiert durch

$$p(\hat{\underline{a}}_K' \mid \omega_K) = \max_{\underline{a}_K} p(\underline{a}_K \mid \omega_K) \quad , \tag{4.221}$$

er ist also der Wert, für den die a posteriori Dichte ihr Maximum annimmt. Für symmetrische, unimodale Dichten ist dieses der Mittelwert. Zur Konvergenz dieser Schätzwerte wird auf [4.3] verwiesen. Es sei aber angemerkt, daß der MLS für große Werte N_K erwartungstreu ist und daß die Folge der a posteriori Dichten für den BS unter recht allgemeinen Bedingungen gegen eine δ-Funktion strebt, die an der Stelle des richtigen Parameterwertes liegt; dafür ist es vor allem wichtig, daß der richtige Parameterwert durch $p(\underline{a}_K)$ nicht ausgeschlossen wird.

Aus (4.217,221) geht hervor, daß MLS und BS im allgemeinen verschieden sind. Natürlich sind beide im Sinne des getroffenen Ansatzes 'richtige' Schätzwerte. Beide sind auch bei sehr zuverlässigen Schätzungen sehr ähnlich, da wegen (4.220) für sehr große Werte von $p(\omega_K \mid \underline{a}_K)$ auch $p(\underline{a}_K \mid \omega_K)$ sehr groß wird. Im Zusammenhang mit Lernalgorithmen hat allerdings der BS die größere Verbreitung. Trotzdem soll auch kurz auf den MLS eingegangen werden.

Die wichtigste Aufgabe bei der Anwendung des MLS ist zunächst die Lösung von (4.219). Für einige Dichten sind solche Lösungen bekannt. Bereits in Abschnitt 4.1.2 wurden mit (4.9,10) MLS für Mittelwert $\underline{\mu}_\kappa$ und Kovarianzmatrix $\underline{K}_\kappa$ einer Normalverteilungsdichte angegeben. Diese haben die Form $\underline{a}_\kappa = g(\omega_\kappa)$, sind also nicht direkt für die laufende Verbesserung der Schätzwerte durch Beobachtung neuer Muster geeignet. Es ist allerdings kein Problem, mit der in (4.101) angegebenen Methode die MLS auf die Form (4.174) zu bringen. Zum Beispiel gilt für die mit ν Mustern $^\rho\underline{c}_\kappa \in \omega_\kappa$, $\rho = 1,\ldots,\nu$ berechneten MLS von $\underline{\mu}_\kappa$ und $\underline{K}_\kappa$ die rekursive Beziehung

$$\hat{\underline{\mu}}_{\kappa\nu} = ((\nu - 1) / \nu)\hat{\underline{\mu}}_{\kappa,\nu-1} + {}^\nu\underline{c}_\kappa / \nu$$

$$\hat{\underline{K}}_{\kappa\nu} = ((\nu - 1) / \nu)\hat{\underline{K}}_{\kappa,\nu-1} + ((\nu - 1) / \nu^2)({}^\nu\underline{c}_\kappa - \hat{\underline{\mu}}_{\kappa,\nu-1})({}^\nu\underline{c}_\kappa - \hat{\underline{\mu}}_{\kappa,\nu-1})_t$$

$$= ((\nu - 1) / \nu)\hat{\underline{K}}_{\kappa,\nu-1} + (\nu - 1)^{-1}({}^\nu\underline{c}_\kappa - \hat{\underline{\mu}}_{\kappa\nu})({}^\nu\underline{c}_\kappa - \hat{\underline{\mu}}_{\kappa\nu})_t \qquad (4.222)$$

Die Initialisierung erfolgt mit $\hat{\underline{\mu}}_{\kappa 0} = \underline{0}$, $\hat{\underline{K}}_{\kappa 0} = \underline{0}$. Damit ist eine laufende Verbesserung der Schätzwerte möglich. Allerdings braucht man zur Klassifikation in (4.49) nicht $\hat{\underline{K}}_{\kappa\nu}$ sondern $\hat{\underline{K}}_{\kappa\nu}^{-1}$. Eine rekursive Berechnung von $\hat{\underline{K}}_{\kappa\nu}^{-1}$ ist ebenfalls möglich. Sind nämlich $\underline{A}$ und $\underline{B}$ reguläre Matrizen, $\underline{x}$ ein Spaltenvektor, a eine reelle Zahl, $\underline{B}^{-1}$ die Inverse von $\underline{B}$ und gilt

$$\underline{A} = \underline{B} + a\underline{x}\underline{x}_t \quad , \qquad (4.223)$$

dann ergibt sich die Inverse $\underline{A}^{-1}$ aus

$$\underline{A}^{-1} = \underline{B}^{-1} - a(1 + a\underline{x}_t\underline{B}^{-1}\underline{x})^{-1}\underline{B}^{-1}\underline{x}\underline{x}_t\underline{B}^{-1} \quad . \qquad (4.224)$$

Da (4.222) die Form von (4.223) hat, läßt sich $\hat{\underline{K}}_{\kappa\nu}^{-1}$ durch $\hat{\underline{K}}_{\kappa,\nu-1}^{-1}$ ausdrücken. Einsetzen ergibt

$$\hat{\underline{K}}_{\kappa\nu}^{-1} = \frac{\nu}{\nu-1} \hat{\underline{K}}_{\kappa,\nu-1}^{-1} - \frac{\underline{y}\underline{y}_t}{(\nu-1)(1 + ({}^\nu\underline{c}_\kappa - \hat{\underline{\mu}}_{\kappa\nu})_t\underline{y} / (\nu-1))}$$

$$\underline{y} = \hat{\underline{K}}_{\kappa,\nu-1}^{-1}({}^\nu\underline{c} - \hat{\underline{\mu}}_{\kappa\nu}) \qquad . \qquad (4.225)$$

Damit ist an einem Beispiel die rekursive Berechnung von MLS gezeigt.

Bei der Verwendung von BS ist zunächst die a posteriori Dichte in (4.220) zu berechnen, wobei hier gleich die rekursive Form

$$p(\underline{a}_\kappa \mid \omega_\kappa) = p(\underline{a}_\kappa \mid {}^1\underline{c}_\kappa, {}^2\underline{c}_\kappa, \ldots, {}^{N_\kappa}\underline{c}_\kappa)$$

$$= \frac{p({}^{N_\kappa}\underline{c}_\kappa \mid \underline{a}_\kappa)p(\underline{a}_\kappa \mid {}^1\underline{c}_\kappa, \ldots, {}^{N_\kappa-1}\underline{c}_\kappa)}{\int_{R_{\underline{a}}} p({}^{N_\kappa}\underline{c}_\kappa \mid \underline{a}_\kappa)p(\underline{a}_\kappa \mid {}^1\underline{c}_\kappa, \ldots, {}^{N_\kappa-1}\underline{c}_\kappa)d\underline{a}_\kappa} \qquad (4.226)$$

verwendet wird. Dabei treten im allgemeinen zwei Probleme auf. Zum einen werden zur Berechnung eines verbesserten Schätzwertes alle vorher beobachteten Muster gebraucht, zum anderen kann $p(\underline{a}_\kappa \mid {}^1\underline{c}_\kappa, \ldots, {}^{N_\kappa-1}\underline{c}_\kappa)$ eine andere Funktion sein als $p(\underline{a}_\kappa \mid {}^1\underline{c}_\kappa, {}^{N_\kappa}\underline{c}_\kappa)$, das heißt es tritt die allgemeine Form (4.175) auf. Es gibt aber Spezialfälle, in denen die allgemeine Schätzgleichung (4.226) sich auf die einfache Form (4.174) reduziert. Die Voraussetzungen dafür sind, daß es eine einfache hinreichende Statistik $\underline{s}$ zur Schätzung von $\underline{a}_\kappa$ gibt und daß es eine sogenannte selbstreproduzierende Dichte $p(\underline{a}_\kappa)$ gibt; beide Begriffe werden noch näher erläutert.

Es sei
$$\underline{s}(\omega_\kappa) = (s_1(\omega_\kappa), \ldots, s_1(\omega_\kappa))_t \qquad (4.227)$$

eine Statistik, also eine Funktion von ω_κ. Definitionsgemäß wird $\underline{s}$ als hinreichende Statistik bezeichnet, wenn

$$p(\omega_\kappa \mid \underline{a}_\kappa, \underline{s}) = p(\omega_\kappa \mid \underline{s}) \qquad (4.228)$$

ist. Eine kurze Rechnung zeigt, daß dann auch

$$p(\underline{a}_\kappa \mid \underline{s}, \omega_\kappa) = p(\underline{a}_\kappa \mid \underline{s}) \qquad (4.229)$$

gilt. Die wichtigste Aussage enthält

<u>Satz 4.10</u>: Eine notwendige und hinreichende Bedingung dafür, daß $\underline{s}(\omega_\kappa)$ eine hinreichende Statistik für $\underline{a}_\kappa$ ist, besteht darin, daß sich die Dichte $p(\omega_\kappa \mid \underline{a}_\kappa)$ faktorisieren läßt in

$$p(\omega_\kappa \mid \underline{a}_\kappa) = g(\underline{s}(\omega_\kappa), \underline{a}_\kappa)h(\omega_\kappa) \quad . \qquad (4.230)$$

<u>Beweis:</u> Man findet einen Beweis zum Beispiel in Sect. 3.6 von [1.13], sowie weitere Ergebnisse über hinreichende Statistiken in [4.67,68].

Setzt man (4.230) in (4.226) ein, ergibt sich

$$p(\underline{a}_K \mid \omega_K) = \frac{p(^{N_K}\underline{c}_K \mid \underline{a}_K)g(\underline{s},\underline{a}_K)h(\omega_K')}{\int_{R_{\underline{a}}} p(^{N_K}\underline{c}_K \mid \underline{a}_K)g(\underline{s},\underline{a}_K)h(\omega_K')d\underline{a}_K}$$

$$= \frac{p(^{N_K}\underline{c}_K \mid \underline{a}_K)g(\underline{s},\underline{a}_K)}{\int_{R_{\underline{a}}} p(^{N_K}\underline{c}_K \mid \underline{a}_K)g(\underline{s},\underline{a}_K)d\underline{a}_K} \quad . \tag{4.231}$$

Die vorher beobachtete Stichprobe $\omega_K' = \{^\rho\underline{c}_K \mid \rho = 1,\ldots,N_K-1\}$ wird also in (4.231) nicht mehr gebraucht, sondern nur die hinreichende Statistik $\underline{s}$, deren Dimension 1 unabhängig vom Stichprobenumfang N_K ist. Es ist bekannt, daß es eine hinreichende Statistik für die n-dimensionale Normalverteilungsdichte gibt und daß es schon für die bewichtete Summe zweier eindimensionaler Normalverteilungen keine hinreichende Statistik gibt [4.68].

Eine a priori Dichte $p(\underline{a}_K)$ wird als selbstreproduzierend bezeichnet, wenn

$$p(\underline{a}_K \mid {}^1\underline{c}_K) = \frac{p(^1\underline{c}_K \mid \underline{a}_K)p(\underline{a}_K)}{\int p(^1\underline{c}_K \mid \underline{a}_K)p(\underline{a}_K)d\underline{a}_K} \tag{4.232}$$

eine Funktion aus der gleichen parametrischen Familie wie $p(\underline{a}_K)$ ist. Nach Beobachtung des ersten Musters ist (4.232) die a posteriori Dichte von $\underline{a}_K$ gemäß (4.226). Damit ist auch für $N_K > 1$ die Dichte $p(\underline{a}_K \mid \omega_K)$ eine Funktion aus der gleichen parametrischen Familie wie $p(\underline{a}_K)$, und das Integral im Nenner von (4.226) muß nur einmal berechnet werden.

Die rekursive Berechnung von BS der Parameter $\underline{\mu}_K,\underline{K}_K$ einer Normalverteilungsdichte ist in der Literatur ausführlich dargestellt [4.69,1.19]. Hier werden nur die wichtigsten Ergebnisse der zum Teil längeren Rechnungen angegeben. Zunächst ist bekannt, daß die Schätzwerte für $\underline{\mu}_K$ normalverteilt und daß der Schätzwert für $\underline{L}_K = \underline{K}_K^{-1}$ Wishart-verteilt ist. Es ist daher naheliegend, als a priori Dichte

$$p(\underline{a}_K) = p(\underline{\mu}_K,\underline{L}_K) = N(\underline{\mu}_0,\underline{\emptyset}_0)W(\alpha_0,\underline{K}_0) \tag{4.233}$$

anzunehmen. Dabei ist $N(\underline{\mu}_0,\underline{\emptyset}_0)$ eine Normalverteilung mit dem Mittelwert $\underline{\mu}_0$ und der Kovarianzmatrix $\underline{\emptyset}_0$, $W(\alpha_0,\underline{K}_0)$ ist eine Wishart-Verteilung mit Parametern α_0 und $\underline{K}_0$. Die Größen $\underline{\mu}_0$ und $\underline{K}_0$ enthalten a priori Information oder Annahmen über $\underline{\mu}$ und $\underline{K}$. Die Matrix $\underline{\emptyset}_0$ ist ein Maß für die Konzentration von $\underline{\mu}$ um $\underline{\mu}_0$, der Parameter α_0 ein Maß für die Konzentration von $\underline{L}_K$ um $\underline{K}_0^{-1}$. Zur Vereinfachung wird

$$\underline{\emptyset}_0 = \beta_0^{-1}\underline{K}_\kappa = (\beta_0\underline{L}_\kappa)^{-1} \tag{4.234}$$

gesetzt. Auch die Dichte $p(\underline{a}_\kappa)$ in (4.233) ist selbstreproduzierend. Man erhält als Schätzwerte nach Beobachtung von ν Mustern $^\rho\underline{c}_\kappa \in \omega_\kappa$

$$\hat{\underline{\mu}}_{\kappa\nu} = ((\beta_0 + \nu - 1)\hat{\underline{\mu}}_{\kappa,\nu-1} + {}^\nu\underline{c}_\kappa) / (\beta_0 + \nu)$$

$$\hat{\underline{K}}_{\kappa\nu} = \frac{\alpha_0 + \nu - 1}{\alpha_0 + \nu} \hat{\underline{K}}_{\kappa,\nu-1} + \frac{\beta_0 + \nu - 1}{(\alpha_0 + \nu)(\beta_0 + \nu)} ({}^\nu\underline{c}_\kappa - \hat{\underline{\mu}}_{\kappa,\nu-1}) ({}^\nu\underline{c}_\kappa - \hat{\underline{\mu}}_{\kappa,\nu-1})_t$$

$$\tag{4.235}$$

Dabei ist $\hat{\underline{\mu}}_{\kappa 0} = \underline{\mu}_0$ und $\hat{\underline{K}}_{\kappa 0} = \underline{K}_0$. Die rekursive Berechnung von $\hat{\underline{K}}_{\kappa\nu}^{-1}$ ist mit (4.224) ebenfalls möglich.

Ein Vergleich der MLS (4.222) mit den BS (4.235) zeigt, daß beide sich nur in der Verwendung von Anfangswerten für die Schätzung unterscheiden. Setzt man $\alpha_0 = \beta_0 = 0$, $\hat{\underline{\mu}}_{\kappa 0} = \underline{0}$, $\hat{\underline{K}}_{\kappa 0} = \underline{0}$, geht (4.235) in (4.222) über. Das Lernen von Parametern statistischer Klassifikatoren durch laufende Verbesserung der Parameter mit neu beobachteten Mustern gemäß (4.174) ist also problemlos, wenn die Klassenzugehörigkeit der Muster bekannt ist (überwachtes Lernen) und wenn die Merkmale klassenweise normalverteilt sind. Wie schon in Abschnitt 4.5.3 erwähnt, kann es zweckmäßig sein, mit festen Gewichten gemäß (4.186) zu arbeiten. Zum Beispiel würde man dann den Schätzwert für $\underline{\mu}_\kappa$ in (4.222) ersetzen durch

$$\hat{\underline{\mu}}_{\kappa\nu} = (1 - \beta)\hat{\underline{\mu}}_{\kappa,\nu-1} + \beta\,{}^\nu\underline{c}_\kappa, \quad 0 < \beta \leq 1 . \tag{4.236}$$

Natürlich ist das kein MLS, und die Konvergenz ist experimentell zu sichern durch geeignete Wahl von β.

In Abschnitt 4.1.2 wurde erwähnt, daß mit den Schätzwerten (4.9,10) für $\underline{\mu}_\kappa, \underline{K}_\kappa$ so gerechnet wird, als seien es die richtigen Werte. Eine genauere Analyse ergibt, daß die Verwendung von Schätzwerten Einfluß auf die Struktur des Klassifikators haben kann [1.19]. Bei großen Stichproben ist dieser Effekt jedoch vernachlässigbar.

4.5.6 Analyse von Häufungsgebieten

Bisher wurde vorausgesetzt, daß die Klassenzugehörigkeit der Muster in der Stichprobe ω bekannt ist. Sowohl theoretisch als auch praktisch ist die Frage äußerst interessant, wie man mit einer nicht klassifizierten Stichprobe Klassenbereiche ermitteln kann. Beispielsweise werden zur Entwicklung von Beleg- und Handschriftlesern Stichproben mit 10^4 - 10^6 Mustern verarbeitet, so daß die Gewinnung einer klassifizierten Stichprobe erhebliche Arbeit verursacht. Von der Klassifikation von Elektrokardiogrammen (EKG) ist bekannt, daß es Grenzfälle gibt, in denen verschiedene Kardiologen das gleiche EKG unterschiedlich beurteilen; die 'richtige' Klasse ist also nicht immer zweifelsfrei festzustellen. Eine Haftpflichtversicherung, die bestimmte Daten ihrer Versicherten - wie Alter, Beruf, Wohnsitz - kennt und damit einige möglichst homogene Tarifklassen bilden möchte, muß die Zahl der Klassen oder den Begriff Homogenität festlegen, da hier, anders als bei den Beleglesern, Klassen nicht schon vorher gegeben sind. In diesem Abschnitt werden Methoden zum unüberwachten Lernen vorgestellt, bei denen die Ermittlung von Klassen in einer Stichprobe im Vordergrund steht, aber nicht das Training eines Klassifikators; dieses ließe sich mit der zerlegten Stichprobe nachträglich überwacht ausführen. Zu diesem Gebiet der Analyse von Häufungsgebieten (cluster analysis) gibt es eine umfangreiche Literatur [1.15-19,4.70-73]. Die Grundlage aller Verfahren ist Postulat 6 von Abschnitt 1.3.

Einen ersten Eindruck von der Struktur einer unklassifizierten Stichprobe erhält man, wenn man die M-dimensionalen Muster $\underline{f}$ oder die n-dimensionalen Merkmalvektoren $\underline{c}$ in eine Ebene abbildet, das heißt auf n'=2-dimensionale Vektoren reduziert. Ähnliche Muster, die vermutlich in eine Klasse gehören, sind in einer grafischen Darstellung als benachbarte Punkte erkennbar. Die Klasseneinteilung erfolgt also interaktiv. Die Abbildung muß die im R_n vorhandenen Abstände möglichst gut im R_2 wiedergeben. Die lineare Abbildung (3.5), wobei die Matrix $\underline{\emptyset}$ mit Satz 3.6 und dem Kern $\underline{Q}^{(1)}$ in (3.102) berechnet wird, ist eine einfache Methode. Bessere Ergebnisse werden in der Regel von strukturerhaltenden nichtlinearen Abbildungen erwartet [4.14,4.74], jedoch zeigt ein Vergleich an verschiedenen Beispielen, daß die einfache lineare Abbildung oft ausreicht [4.75].

Ein Ansatz zur automatischen Ermittlung von Klassen ergibt sich aus der Minimierung einer geeigneten Kostenfunktion. Mit $S(\underline{c},\underline{a}_\kappa)$ werden die 'Kosten' bezeichnet, die sich bei Einordnung des Merkmalvektors $\underline{c}$ in die Klasse Ω_κ ergeben, wobei die Information über Ω_κ im Parametervektor $\underline{a}_\kappa$ enthalten sei. Beispiele sind

$$S(\underline{c},\underline{a}_\kappa) = (\underline{c} - \underline{\mu}_\kappa)^2 \quad , \quad \underline{a}_\kappa = \underline{\mu}_\kappa$$

$$S(\underline{c},\underline{a}_\kappa) = (\underline{c} - \underline{\mu}_\kappa)_t \underline{K}_\kappa^{-1}(\underline{c} - \underline{\mu}_\kappa) \quad , \quad \underline{a}_\kappa = (\underline{\mu}_\kappa, \underline{K}_\kappa)$$

$$S(\underline{c},\underline{a}_\kappa) = | \underline{K}_\kappa |^{1/n}(\underline{c} - \underline{\mu}_\kappa)_t \underline{K}_\kappa^{-1}(\underline{c} - \underline{\mu}_\kappa) \quad . \tag{4.237}$$

In der ersten Gleichung lassen sich die Parameter $\underline{a}_\kappa = \underline{\mu}_\kappa$ als Klassenzentren oder Prototypen auffassen. Die mittleren Kosten bei der Klassifikation sind

$$V = \sum_{\kappa=1}^{k} P_\kappa \int_{\Omega_\kappa} S(\underline{c},\underline{a}_\kappa)p(\underline{c} \mid \Omega_\kappa)d\underline{c} \quad . \tag{4.238}$$

Mit der Mischungsverteilungsdichte

$$p(\underline{c}) = \sum_{\kappa=1}^{k} P_\kappa p(\underline{c} \mid \Omega_\kappa) \tag{4.239}$$

und der Voraussetzung, daß sich die bedingten Dichten $p(\underline{c} \mid \Omega_\kappa)$ nicht überlappen, gilt auch

$$V = \sum_{\kappa=1}^{k} \int_{\Omega_\kappa} S(\underline{c},\underline{a}_\kappa)p(\underline{c})d\underline{c} \quad . \tag{4.240}$$

Gesucht sind Parameter $\underline{a}_\kappa^*$ und Klassenbereiche Ω_κ^*, so daß die mittleren Kosten V in (4.240) minimiert werden, also

$$V(\underline{a}_\kappa^*,\Omega_\kappa^*) = \min_{\underline{a}_\kappa,\Omega_\kappa} V(\underline{a}_\kappa,\Omega_\kappa) \tag{4.241}$$

Die Zahl k der Klassen wird als bekannt vorausgesetzt. In (4.241) sind also sowohl die Klassenbereiche als auch die Parameter zu verändern. Mit der charakteristischen Funktion

$$\delta(\underline{c},\underline{a}_\kappa) = \begin{cases} 1 & \text{wenn } \underline{c} \in \Omega_\kappa \\ 0 & \text{sonst} \end{cases} \tag{4.242}$$

ergibt sich

$$V = \int_{R_{\underline{c}}} \sum_{\kappa=1}^{k} \delta(\underline{c},\underline{a}_\kappa)S(\underline{c},\underline{a}_\kappa)p(\underline{c})d\underline{c} \quad . \tag{4.243}$$

Ähnlich wie in Abschnitt 4.1.3 wird V minimiert, wenn man jeden Merkmalvektor $\underline{c}$ der Klasse mit minimalem $S(\underline{c},\underline{a}_\kappa)$ zuordnet, also die charakteristische Funktion durch

$$\delta(\underline{c},\underline{a}_\kappa) = 1 \quad , \quad \text{wenn} \quad S(\underline{c},\underline{a}_\kappa) = \min_\lambda S(\underline{c},\underline{a}_\lambda) \tag{4.244}$$

definiert. Da V ein Erwartungswert ist, liegt es nahe (4.244) und (4.183) in der Iterationsvorschrift

$$\underline{a}_{\kappa,N+1} = \underline{a}_{\kappa N} - \beta_N \nabla_{\underline{a}_\kappa} S(^N\underline{c}, \underline{a}_{\kappa N}) \qquad ,$$

$$\text{wenn } S(^N\underline{c}, \underline{a}_{\kappa N}) = \min_\lambda S(^N\underline{c}, \underline{a}_{\lambda N}),$$

$$\underline{a}_{\lambda,N+1} = \underline{a}_{\lambda N} \quad \text{für } \lambda = 1,\ldots,k, \lambda \neq \kappa \qquad\qquad (4.245)$$

zu kombinieren. Das läuft darauf hinaus, daß man zunächst für feste Parameterwerte
die beste Klassenzuordnung sucht - hier also ein neues Muster gemäß (4.244) klassifiziert - und dann für feste Klassenzuordnung die besten Parameter bestimmt -
hier also die Parameter iterativ mit (4.183) verbessert. Beispielsweise erhält man
für die erste der Funktionen S in (4.237)

$$\underline{a}_{\kappa,N+1} = \underline{a}_{\kappa N} + \beta_N (^N\underline{c} - \underline{a}_{\kappa N})$$

$$\text{wenn } (^N\underline{c} - \underline{a}_{\kappa N})^2 = \min_\lambda (^N\underline{c} - \underline{a}_{\lambda N})^2$$

$$\underline{a}_{\lambda,N+1} = \underline{a}_{\lambda N} \quad \text{für alle } \lambda \neq \kappa \qquad\qquad (4.246)$$

Abgesehen von unterschiedlichen Kostenfunktionen S sind weitere Modifikationen
der obigen Vorgehensweise denkbar. Wenn eine Stichprobe ω mit N Mustern gegeben ist,
kann man zunächst die Stichprobe mit (4.244) klassifizieren und dann die Parameter
$\underline{a}_\kappa$ neu berechnen; die Schritte Klassifikation und Parameterberechnung werden wiederholt bis Klassenbereiche und Parameter konstant bleiben. Außerdem ist es möglich,
die Zahl k der Klassen durch heuristische Kriterien zu beeinflussen. Beispiele für
derartige Algorithmen sind ISODATA (Iterative Self-Organizing Data Analysis Technique A) und andere [4.76,77]. Ihr Prinzip ist folgendes:
1. Bestimme anfängliche Zahl k von Klassen und Startwerte $\underline{a}_{\kappa 0}$, $\kappa = 1,\ldots,k$ sowie
Kostenfunktion S.
2. Klassifiziere die Stichprobe gemäß (4.244).
3. Berechne neue Parameter.
4. Wenn eine der Klassen zu inhomogen ist, zerlege sie in zwei neue Klassen.
5. Wenn eine der Klassen zu wenig Muster enthält, eliminiere sie.
6. Wenn zwei Klassen zu dicht benachbart sind, vereinige sie.
7. Wenn die in Schritt 3. berechneten neuen Parameter mit den alten übereinstimmen,
dann ENDE, sonst beginne erneut bei Schritt 2.
Das von einem Algorithmus dieses Typs gelieferte Ergebnis hängt von der gewählten
Kostenfunktion S, dem Kriterium für Inhomogenität, der Mindestzahl der Muster je
Klasse und dem Mindestabstand zweier Klassen ab. Bei Verzicht auf die Schritte 4-6
wird die Stichprobe in die anfänglich gewählte Zahl von Klassen zerlegt. Eine Verallgemeinerung der charakteristischen Funktion (4.242) erhält man, wenn δ Werte
zwischen Null und Eins annehmen darf. Das bedeutet, daß man $\underline{c}$ nicht genau einer

Klasse zuordnet, sondern mit der durch δ gegebenen Sicherheit mehreren Klassen. Die
darauf beruhenden Algorithmen werden als 'fuzzy' ISODATA Algorithmen bezeichnet
[4.78], und es läßt sich zeigen, daß diese konvergieren [4.79], während ein entsprechender Beweis für den obigen Algorithmus 1 bisher nicht gefunden wurde.

Weitere Ansätze zur Zerlegung einer Stichprobe ergeben sich aus der Bestimmung
der relativen Extrema der Mischungsverteilungsdichte [4.80,81] und aus graphentheoretischen Verfahren [4.82,83]. Da bei gut separierten Klassen jede bedingte Dichte
mindestens ein Maximum in der Mischungsdichte verursachen sollte, liegt es nahe,
jedes Maximum als Zentrum einer Klasse aufzufassen. Bei den graphentheoretischen
Verfahren werden die Muster $^j\underline{c} \in \omega$ den Knoten eines Graphen zugeordnet und die Verbindungen zwischen je zwei Mustern $^j\underline{c}, ^k\underline{c}$ den Kanten. Jede Kante erhält ein Gewicht
s_{jk}, das zum Beispiel dem Euklidischen Abstand entspricht. Ein spezielles graphen-
theoretisches Verfahren ist die sogenannte 'single-linkage'-Methode, bei der alle
Kanten mit einem Gewicht $s_{jk} > \Theta$ entfernt werden. Je nach Wahl von Θ zerfällt dadurch der Graph in mehrere nicht zusammenhängende Teilgraphen, die als Klassen in-
terpretiert werden.

Um einen günstigen Kompromiß zwischen der Zahl der Klassen und der Homogenität
der Muster in einer Klasse zu finden, eignen sich hierarchische Zerlegungen, die
ähnlich wie in Bild 4.8b eine Folge zunehmend verfeinerter Zerlegungen liefern.
Unter einer Hierarchie H von Zerlegungen wird eine Folge von (m + 1) Zerlegungen
$A^0, A^1, \ldots, A^m$ der Stichprobe ω verstanden, wobei

$$A^0 = \{\{^1\underline{c}\}, \{^2\underline{c}\}, \ldots, \{^N\underline{c}\}\}$$
$$A^m = \{\omega\} \tag{4.247}$$

ist. Die Zerlegung A^0 enthält N Klassen mit je einem Muster, die Homogenität jeder
Klasse ist maximal; dagegen enthält A^m nur eine Klasse mit N Mustern, die Homogenität dieser Klasse ist minimal. Weiterhin sei $A^{\nu-1}$ eine feinere Zerlegung als A^ν,
$\nu = 1, \ldots, m$, das heißt, daß die Klassen aus A^ν immer durch Vereinigung von zwei oder
mehr Klassen aus $A^{\nu-1}$ entstehen. Die zu einer Zerlegung A^ν gehörigen Klassen seien
disjunkt. Die Hierarchie H besteht also aus Teilmengen $\omega_1, \omega_2, \ldots, \omega_l$ von ω mit den
oben angegebenen Eigenschaften. Ein Maß h zur Bewertung einer Hierarchie H ist eine
für alle Teilmengen $\omega_\lambda, \lambda = 1, \ldots, l$ definierte Funktion, die den Bedingungen

$$h(\omega_\lambda) \geq 0 \quad ,$$
$$\text{wenn } \omega_\kappa \subset \omega_\lambda, \text{ dann } h(\omega_\kappa) < h(\omega_\lambda) \tag{4.248}$$

genügt. Beispiele für solche Funktionen sind

$$h(\omega_\lambda) = \max_{j_{\underline{c}}, k_{\underline{c}} \in \omega_\lambda} s_{jk} \quad ,$$

$$h(\omega_\lambda) = \sum_{j,k} s_{jk} \quad ,$$

$$h(\omega_\lambda) = \sum_j (j_{\underline{c}} - \underline{\mu})^2 \quad , \tag{4.249}$$

wobei s_{jk} ein Abstandsmaß für zwei Muster $j_{\underline{c}}, k_{\underline{c}}$, zum Beispiel gemäß (4.124), ist. Damit läßt sich eine Hierarchie anschaulich als Dendrogramm wie in Bild 4.15 darstellen.

Hierarchien lassen sich im wesentlichen auf zwei Arten konstruieren. Bei den agglomerativen oder 'bottom-up' Verfahren beginnt man mit A^0, also der feinsten Zerlegung und faßt schrittweise Klassen zu übergeordneten Klassen zusammen, bis man bei A^m endet. Die divisiven oder 'top-down' Verfahren beginnen mit A^m und zerlegen solange Klassen in homogenere Unterklassen, bis A^0 erreicht ist. Da die letzteren Verfahren mehr Rechenaufwand verursachen, wird hier nur das Prinzip der bottom-up Konstruktion erläutert.

2. Bottom-up Konstruktion einer Hierarchie.

2.1 Man wähle ein Maß $h(\omega_\kappa)$ gemäß (4.248).

2.2 Man setze $A^0 = \{\omega_1, \omega_2, \ldots, \omega_N\}$ mit $\omega_j = \{j_{\underline{c}}\}$.

2.3 Im ν-ten Schritt bestimme man die zwei ähnlichsten Klassen $\omega_\kappa, \omega_\lambda \in A^{\nu-1}$ und setze $\omega_{\kappa\lambda} = \{\omega_\kappa \cup \omega_\lambda\}$.

2.4 Die neue Zerlegung A^ν enthält alle Klassen von $A^{\nu-1}$, außer ω_κ und ω_λ, aber zuzüglich $\omega_{\kappa\lambda}$.

2.5 Die Schritte 2.3, 2.4 führe man für $\nu = 1, \ldots, m$ aus, wobei $A^m = \{\omega\}$ ist.

Damit die gefundene Hierarchie die Struktur der Stichprobe gut wiedergibt, sollte bei der Bildung neuer Klassen der Zuwachs an Inhomogenität möglichst klein sein. Durch unterschiedliche Wahl von h ergeben sich unterschiedliche Algorithmen. Übliche Maße $h(\omega_{\sigma\tau})$ zur Bewertung der Inhomogenität zweier Klassen $\omega_\sigma, \omega_\tau$ sind

$$h(\omega_{\sigma\tau}) = \min_{j_{\underline{c}} \in \omega_\sigma, \, k_{\underline{c}} \in \omega_\tau} s_{jk} \qquad \text{(single linkage)}$$

$$h(\omega_{\sigma\tau}) = \max_{j_{\underline{c}} \in \omega_\sigma, \, k_{\underline{c}} \in \omega_\tau} s_{jk} \qquad \text{(complete linkage)}$$

$$h(\omega_{\sigma\tau}) = (N_\sigma N_\tau)^{-1} \sum_{j_{\underline{c}} \in \omega_\sigma} \sum_{k_{\underline{c}} \in \omega_\tau} s_{jk} \qquad \text{(average linkage)}$$

$$h(\omega_{\sigma\tau}) = (\underline{\mu}_\sigma - \underline{\mu}_\tau)^2 \tag{4.250}$$

Während die ersten drei Maße h (4.248) genügen, ist das beim letzten nicht der Fall.

248

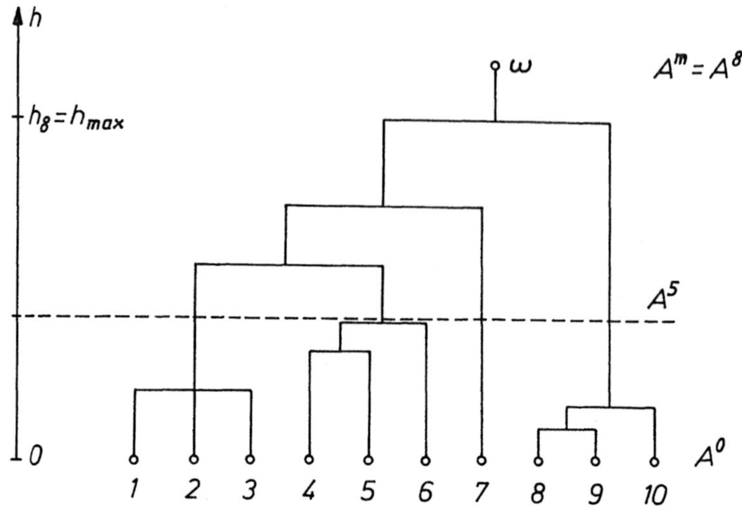

Bild 4.15   Die Veranschaulichung einer Hierarchie von Zerlegungen durch ein Dendrogramm

In Schritt 2.3 des obigen Algorithmus setzt man

$$h_\nu = h(\omega_{\kappa\lambda}) = \min_{\sigma,\tau} h(\omega_{\sigma\tau}) \quad , \tag{4.251}$$

das heißt es werden die Klassen $\omega_\kappa, \omega_\lambda$ vereinigt, die den kleinsten Wert von h ergeben. Es kann sein, daß es mehrere Klassen $\omega_{\lambda i}$, $i = 1,\ldots,k_\nu$ gibt, die von einer Klasse ω_κ den gleichen kleinsten Abstand haben. Um eine eindeutige Hierarchie zu erhalten, vereinigt man alle k_ν Klassen $\omega_{\lambda i}$ mit ω_κ. Die so gewonnene Hierarchie läßt sich in einem Dendrogramm grafisch darstellen, wofür Bild 4.15 ein Beispiel ist. Ein möglicher Kompromiß zwischen ·Homogenität der Klassen und Zahl der Klassen· ist durch die gestrichelte Linie angedeutet. Eine ausführliche Diskussion von Hierarchien im Zusammenhang mit Ultrametriken enthält [4.72].

4.5.7 Die Identifikation von Mischungsverteilungen

Wenn nur eine unklassifizierte Stichprobe ω gegeben ist und die Parameter eines statistischen Klassifikators bestimmt werden sollen, lassen sich die Schätzverfahren der Abschnitte 4.1.2 und 4.5.5 nicht anwenden. Der Grund ist, daß man nicht die bedingten Dichten $p(\underline{c} \mid \Omega_\kappa)$ unabhängig voneinander schätzen kann, sondern nur die in (4.239) eingeführte Mischungsverteilungsdichte

$$p(\underline{c}) = \sum_{\kappa=1}^{k} p_\kappa p(\underline{c} \mid \Omega_\kappa) = \sum_{\kappa=1}^{k} p_\kappa p(\underline{c} \mid \underline{a}_\kappa) \quad ,$$

welche die unbekannten Parameter

$$\underline{B} = \{k, \{p_\kappa, \underline{a}_\kappa \mid \kappa = 1,\ldots,k\}\} \tag{4.252}$$

enthält, so daß man zur Verdeutlichung auch $p(\underline{c}) = p(\underline{c} \mid \underline{B})$ schreibt. Damit ein Klassifikator unüberwacht lernen kann, sind zwei Fragen zu klären:
1. Unter welchen Voraussetzungen lassen sich Schätzwerte $\hat{\underline{B}}$ für $\underline{B}$ berechnen?
2. Wie ist $\hat{\underline{B}}$ konkret zu berechnen?
Diese Fragen sind geklärt, wie im folgenden dargelegt wird. Dabei werden grundsätzlich Verteilungsfunktionen $P(\underline{c})$ und nicht Dichten $p(\underline{c})$ betrachtet.

Entsprechend (4.1) wird vorausgesetzt, daß die bedingten Verteilungen $P(\underline{c} \mid \Omega_\kappa)$ der Merkmalvektoren Elemente einer bekannten parametrischen Familie $\tilde{P}(\underline{c} \mid \underline{a})$ sind, das heißt $P(\underline{c} \mid \Omega_\kappa) = P(\underline{c} \mid \underline{a}_\kappa)$ ist bis auf den Parametervektor $\underline{a}_\kappa$ bekannt. Es gebe eine m-dimensionale Verteilung, die sogenannte mischende Verteilung,

$$P' = \{p_\kappa(\underline{a}_\kappa) \mid \kappa = 1,\ldots,k\} \quad , \tag{4.253}$$

die $k < \infty$ Punkten $\underline{a}_\kappa$ eine Wahrscheinlichkeit $p_\kappa > 0$ zuordnet, wobei die Nebenbedingung

$$\sum_{\kappa=1}^{k} p_\kappa = 1 \quad , \quad 1 \leq k < \infty \tag{4.254}$$

gilt. Durch die Abbildung

$$Q(P') = \sum_{\kappa=1}^{k} p_\kappa P(\underline{c} \mid \underline{a}_\kappa) = P(\underline{c}), \quad P(\underline{c} \mid \underline{a}_\kappa) \in \tilde{P}(\underline{c} \mid \underline{a}) \tag{4.255}$$

wird die n-dimensionale Mischungsverteilung $P(\underline{c})$ definiert. Ist $\tilde{P}'$ die Menge der mischenden Verteilungen P' gemäß (4.253,254), so ist

$$\tilde{P}(\underline{c}) = Q(\tilde{P}') = \{Q(P') \mid P' \in \tilde{P}'\} \tag{4.256}$$

die Menge der (endlichen) Mischungsverteilungen. Diese Menge heißt identifizierbar, wenn sich für jedes $P(\underline{c}) \in \tilde{P}(\underline{c})$ die Parameter $\underline{B}$ in (4.252) eindeutig bestimmen lassen, das heißt, wenn

$$P_1' \neq P_2' \Leftrightarrow Q(P_1') = P_1(\underline{c}) \neq P_2(\underline{c}) = Q(P_2') \quad . \tag{4.257}$$

Die parametrische Familie $\tilde{P}(\underline{c} \mid \underline{a})$ heißt identifizierbar, wenn die zugehörige Menge $\tilde{P}(\underline{c})$ von Mischungsverteilungen identifizierbar ist. Für die Identifizierbarkeit gilt

<u>Satz 4.11</u>: Eine notwendige und hinreichende Bedingung, daß die Menge $\tilde{P}(\underline{c})$ der Mischungsverteilungen, die von der parametrischen Familie $\tilde{P}(\underline{c} \mid \underline{a})$ erzeugt wird, identifizierbar ist, besteht darin, daß $\tilde{P}(\underline{c} \mid \underline{a})$ eine linear unabhängige Menge von Funktionen ist.

<u>Beweis</u>: Die Bedingung ist notwendig, weil bei linear abhängigen Funktionen die gleiche Mischungsverteilung mit verschiedenen Parametern dargestellt werden könnte. Sie ist hinreichend, weil zwei verschiedene Darstellungen der gleichen Mischungsverteilung der Eigenschaft der eindeutigen Darstellung durch eine Basis widersprechen würden. Einzelheiten des Beweises sind in [4.84,85] enthalten.

Eine eindeutige Schätzung der Parameter $\underline{B}$ in (4.252) ist also nur möglich, wenn Satz 4.11 erfüllt ist. Es ist bekannt [4.84,85], daß zum Beispiel die Familie der n-dimensionalen Normalverteilungen identifizierbar ist. Wenn man klassenweise normalverteilte Merkmale vorliegen hat, ist es also im Prinzip möglich, einen unüberwacht lernenden statistischen Klassifikator zu realisieren. Allerdings muß dafür noch eine Vorschrift zur Berechnung eines Schätzwertes angegeben werden. Auch hier werden MLS gemäß (4.217) oder BS gemäß (4.221) angewendet, wobei allerdings die Klassenzahl k als bekannt angenommen wird.

Die Berechnung von MLS für unüberwachtes Lernen beruht auf (4.219) [1.13, 4.86]. Da k als bekannt vorausgesetzt wurde, ist

$$l(p_\kappa, \underline{a}_\kappa) = \sum_{j=1}^{N} \log\left[\sum_{\kappa=1}^{k} p_\kappa p(^j\underline{c} \mid \underline{a}_\kappa)\right] \tag{4.258}$$

bezüglich p_κ und $\underline{a}_\kappa$ zu maximieren mit der Nebenbedingung (4.254). Mit einem Lagrange Multiplikator t ist die modifizierte Funktion

$$l^* = \sum_{j=1}^{N} \ln\left[\sum_{\kappa=1}^{k} p_\kappa p(\underline{c} \mid \underline{a}_\kappa)\right] - t\left(\sum_{\kappa=1}^{k} p_\kappa - 1\right) \tag{4.259}$$

zu untersuchen.

Als Beispiel betrachten wir den MLS für die a priori Wahrscheinlichkeiten p_λ, $\lambda = 1,\ldots,k$. Sie ergeben sich als Lösungen der Gleichung

$$\partial l^* / \partial p_\lambda = 0$$
$$= (\sum_{j=1}^{N} p(^j\underline{c} \mid \underline{a}_\lambda)) \,/\, (\sum_{\kappa=1}^{k} p_\kappa p(^j\underline{c} \mid \underline{a}_\kappa)) - t \quad . \tag{4.260}$$

Multipliziert man mit p_λ und summiert über λ, ergibt sich

$$\sum_{\lambda=1}^{k} p_\lambda \partial l^* / \partial p_\lambda = 0 = N - t \quad . \tag{4.261}$$

Damit ist zunächst der Wert des Lagrange Multiplikators bestimmt. Mit den in (4.43) definierten a posteriori Wahrscheinlichkeiten $p(\Omega_\lambda \mid {}^j\underline{c})$ erhält man aus $p_\lambda \partial l^* / \partial p_\lambda = 0$ die Beziehung

$$\sum_{j=1}^{N} p(\Omega_\lambda \mid {}^j\underline{c}) - Np_\lambda = 0 \qquad\qquad ,$$
$$\hat{p}_\lambda = N^{-1} \sum_{j=1}^{N} \hat{p}(\Omega_\lambda \mid {}^j\underline{c}) \qquad\qquad ,$$
$$= N^{-1} \sum_{j=1}^{N} \hat{p}_\lambda p(\underline{c} \mid \underline{a}_\lambda) \,/\, (\sum_{\kappa=1}^{k} \hat{p}_\kappa p(\underline{c} \mid \underline{a}_\kappa)) \quad . \tag{4.262}$$

Für die Parameter $\underline{a}_\lambda$ erhält man

$$\partial l^* / \partial a_{\lambda\nu} = 0$$
$$= \sum_{j=1}^{N} \frac{p_\lambda}{\sum_{\kappa=1}^{k} p_\kappa p(\underline{c} \mid \underline{a}_\kappa)} \; \frac{\partial p(^j\underline{c} \mid \underline{a}_\lambda)}{\partial a_{\lambda\nu}}$$
$$= \sum_{j=1}^{N} p(\Omega_\lambda \mid {}^j\underline{c}) \partial(\ln p(^j\underline{c} \mid \underline{a}_\lambda)) / \partial a_{\lambda\nu} \quad . \tag{4.263}$$

Ist $p(^j\underline{c} \mid \underline{a}_\lambda)$ eine Normalverteilungsdichte mit den Parametern $\underline{\mu}_\lambda, \underline{K}_\lambda$, ergibt sich aus (4.263)

$$\hat{\underline{\mu}}_\lambda = (N\hat{p}_\lambda)^{-1} \sum_{j=1}^{N} \hat{p}(\Omega_\lambda \mid {}^j\underline{c})\,{}^j\underline{c}$$

$$\hat{\underline{K}}_\lambda = (N\hat{p}_\lambda)^{-1} \sum_{j=1}^{N} \hat{p}(\Omega_\lambda \mid {}^j\underline{c})({}^j\underline{c} - \hat{\underline{\mu}}_\lambda)({}^j\underline{c} - \hat{\underline{\mu}}_\lambda)_t \quad . \tag{4.264}$$

Die längere Zwischenrechnung ist beispielsweise in [4.86] angegeben.

Die Gleichungen (4.262,264) enthalten die MLS für $p_\lambda, \underline{\mu}_\lambda, \underline{K}_\lambda$, $\lambda = 1,\ldots,k$, wenn normalverteilte Merkmale vorliegen. Man sieht, daß im Unterschied zu (4.9,10) die Schätzwerte nicht unabhängig voneinander berechnet werden können. Vielmehr ergibt sich durch die a posteriori Wahrscheinlichkeiten ein System gekoppelter transzendenter Gleichungen, dessen Lösung nicht in geschlossener Form möglich ist. Man sieht aber auch, daß die Gleichungen entkoppelt werden, wenn für eine Klasse die a posteriori Wahrscheinlichkeit Eins und für alle anderen Null wird. Die gekoppelten Gleichungen für unüberwachtes Lernen gehen dann in die entkoppelten für überwachtes Lernen über. Die Lösung des allgemeinen Gleichungssystems ist nur in Fällen mit wenigen Parametern möglich und damit praktisch wenig bedeutend. Wenn man allerdings voraussetzt, daß die Klassen gut separiert sind, verursacht die bedingte Dichte jeder Klasse ein relatives Extremum in der Mischung (4.239), und für diesen Fall ist eine einfachere Schätzung möglich [4.87].

Die Berechnung von BS für unüberwachtes Lernen beruht auf (4.221). Analog zu (4.226) ist die a posteriori Dichte für $\underline{B}$

$$p(\underline{B} \mid \omega) = \frac{p(^N\underline{c} \mid \underline{B})p(\underline{B} \mid {}^1\underline{c},\ldots,{}^{N-1}\underline{c})}{\int_{R_{\underline{B}}} p(^N\underline{c} \mid \underline{B})p(\underline{B} \mid {}^1\underline{c},\ldots,{}^{N-1}\underline{c})d\underline{B}} \tag{4.265}$$

zu berechnen und der BS $\hat{\underline{B}}'$ gemäß (4.221) zu bestimmen. Das Problem ist hier, daß es keine hinreichende Statistik für $\underline{B}$ und keine selbstreproduzierenden Dichten $p(\underline{B})$ gibt; die daraus resultierenden Schwierigkeiten wurden in Abschnitt 4.5.5 erörtert. Numerische Lösungen für $\hat{\underline{B}}'$ wurden durch Diskretisierung des Parameter- und des Merkmalsraumes in einfachen Fällen berechnet [4.88,89].

4.5.8 Entscheidungsüberwachtes Lernen

Die Ergebnisse des vorigen Abschnitts zum unüberwachten Lernen statistischer Klassifikatoren machen deutlich, daß vereinfachende näherungsweise Lösungen sowohl für die MLS in (4.262,264) als auch die BS in (4.265) erforderlich sind. Der verbreitetste Ansatz dafür sind verschiedene Formen des entscheidungsüberwachten Lernens. Im wesentlichen wird der unüberwachte Lernprozeß auf einen überwachten reduziert, indem man wie im Abschnitt 4.5.6 in (4.245) zuerst ein neu beobachtetes Muster klassifiziert und dann die Parameter der zugehörigen Klasse verbessert.

Folgende drei Ansätze sind möglich [4.70]:

1. Iterative Lösung der Gleichungen für den MLS: Es werden beliebige Startwerte für die Parameter $p_\lambda, \underline{\mu}_\lambda, \underline{K}_\lambda$, $\lambda = 1,\ldots,k$ vorgegeben. Für ein neu beobachtetes Muster $^j\underline{c}$ werden gemäß (4.43) unter Verwendung der vorhandenen Schätzwerte für die Parameter Schätzwerte für die a posteriori Wahrscheinlichkeiten berechnet. Diese werden benutzt, um verbesserte Schätzwerte für die Parameter mit (4.262,264) zu berechnen. Mögliche Varianten sind, daß man das Muster mit den vorhandenen Schätzwerten gemäß (4.42) klassifiziert und für die gefundene Klasse die Parameter mit (4.222,225) verbessert oder daß man zunächst die ganze Stichprobe klassifiziert. Über das Konvergenzverhalten dieser Vorgehensweisen ist bisher nichts bekannt.

2. Feste Entscheidungsüberwachung zur Berechnung der BS: Ein neu beobachtetes Muster wird gemäß (4.42) klassifiziert. Statt mit (4.265) werden danach die Parameter der ermittelten Klasse mit (4.235) verbessert. Da eine nicht randomisierte Entscheidung vom System getroffen und der Lernprozeß dadurch überwacht wird, bezeichnet man diese Vorgehensweise als (feste) Entscheidungsüberwachung [4.90]. Über die Konvergenz ist bisher nichts bekannt.

3. Randomisierte Entscheidungsüberwachung zur Berechnung der BS: Mit den vorhandenen Schätzwerten für die Parameter werden Schätzwerte $\hat{p}(\Omega_\lambda \mid {}^j\underline{c})$, $\lambda = 1,\ldots,k$ für die a posteriori Wahrscheinlichkeiten gemäß (4.43) berechnet. Das beobachtete Muster $^j\underline{c}$ wird der Klasse Ω_κ mit der Wahrscheinlichkeit $\hat{p}(\Omega_\kappa \mid {}^j\underline{c})$ zugeordnet. Die Parameter dieser Klasse werden mit (4.235) verbessert. Es gibt Konvergenzbeweise unter verschiedenen Bedingungen [4.91-93]. Die Situation ist hier also ähnlich wie bei ISODATA und fuzzy ISODATA Algorithmen.

In jedem Falle ist eine wesentliche Verbesserung des Konvergenzverhaltens zu erwarten, wenn man nicht mit beliebigen Startwerten für die Parameter beginnt, sondern mit einigermaßen zuverlässigen Schätzungen, die zum Beispiel mit einer kleinen klassifizierten Stichprobe gemäß (4.9,10) berechnet wurden.

4.5.9 Bemerkungen

In diesem Kapitel wurden in den verschiedenen Abschnitten übergeordnete Ansätze zum Lernen bzw. zur automatischen Ermittlung von Klassenbereichen vorgestellt. Wegen der Fülle des veröffentlichten Materials konnten hier zu jedem übergeordneten Ansatz beispielhaft jeweils nur wenige spezielle Algorithmen und Gleichungen angegeben werden. Es stellt sich die Frage, welche Lernverfahren vorzuziehen sind. Eine

254

gewisse Auswahl ergibt sich aus der Problemstellung, zum Beispiel für überwachtes Lernen Verfahren der Abschnitte 4.5.2-4.5.5, für unüberwachtes Lernen Verfahren der Abschnitte 4.5.6-4.5.8. Trotzdem bleibt noch eine Vielzahl möglicher spezieller Lernalgorithmen. Auswahlkriterien können hier das Konvergenzverhalten und der Rechenaufwand sein. Leider ist das Konvergenzverhalten praktisch aller Verfahren bisher nur mangelhaft bekannt, und da das Konvergenzverhalten bei iterativen Algorithmen den Rechenaufwand bestimmt, ist auch dieser kaum vorherzusagen. Im Unterschied zu einem Konvergenzbeweis, der für $N \to \infty$ geführt wird, ist es für die praktische Anwendung eines Algorithmus entscheidend, ob man bei einem realistischen Problem eine akzeptable Klassifikatorleistung mit vertretbarem Rechenaufwand und einer begrenzten Stichprobe erzielen kann; die konkreten Anforderungen werden von Fall zu Fall unterschiedlich liegen.

Konvergenzbeweise sind für einige Algorithmen möglich und wurden jeweils erwähnt. Etwas übertrieben, aber durch die Übertreibung verdeutlichend, kann man sagen, daß ein Konvergenzbeweis für die praktische Anwendung eines Lernalgorithmus nicht unbedingt notwendig oder hinreichend ist. Er braucht nicht notwendig zu sein, weil es zum Beispiel in kommerziellen Geräten zur Einzelworterkennung rein heuristische Trainingsalgorithmen gibt, die offenbar erfahrungsgemäß die gewünschte Leistung erbringen. Er braucht nicht hinreichend zu sein, weil die zu einem Konvergenzbeweis erforderlichen Voraussetzungen - zum Beispiel $N \to \infty$, statistisch unabhängige Stichprobenelemente, bekannte parametrische Familie von Verteilungsdichten, bekannte Familie von Trennfunktionen, usw. - in einem praktischen Problem stets nur approximierbar sind. Wie sich die näherungsweise Einhaltung von Voraussetzungen auswirkt, ist theoretisch nicht überschaubar. Es gibt zu den meisten Lernalgorithmen veröffentlichte experimentelle Ergebnisse, die jedoch für relativ wenige unbekannte Parameter (etwa 2-20) gewonnen wurden; danach konvergiert jeder der angegebenen Algorithmen. Wenn man aber die in Klassifikationsaufgaben übliche Zahl unbekannter Parameter verwendet (etwa 200-20.000), treten erhebliche Probleme auf [4.94]. Daher ist eine sorgfältige experimentelle Überprüfung eines Lernalgorithmus unter den Bedingungen der jeweiligen Aufgabenstellung unerläßlich.

4.6 Dimensionierungsprobleme

Wenn der Umfang N der gegebenen Stichprobe ω sehr groß wird, lassen sich alle interessierenden Größen - zum Beispiel Mittelwerte und Kovarianzmatrizen in (4.9,10), Fehlerwahrscheinlichkeiten in (3.149,150,4.47,48), Parametermatrix $\underline{A}^*$ in (4.83), usw. - beliebig genau schätzen. Praktisch ist der Stichprobenumfang stets endlich, und wegen des Aufwandes, der mit der Sammlung einer Stichprobe verbunden ist, wird man bestrebt sein, keine unnötig große Stichprobe zu verwenden. Die Wichtigkeit einer angemessenen Stichprobe wurde in Abschnitt 1.3 mit Postulat 1 unterstrichen. Dort wurden auch einige qualitative Aussagen gemacht. Hier werden Ansätze und Ergebnisse diskutiert, die zu quantitativen Aussagen führen. Erfahrungsgemäß ist es auch nicht so, daß man die Fehlerrate eines Klassifikationssystems durch Hinzunahme weiterer Merkmale beliebig senken kann, vielmehr kann ab einer bestimmten Zahl von Merkmalen die Fehlerrate sogar wieder zunehmen [4.95,96]. Theoretische Untersuchungen zeigen, daß dieses im wesentlichen mit Schätzfehlern bei endlichem Stichprobenumfang zusammenhängt. Diese Probleme sind bei der Dimensionierung eines Klassifikators mit einer endlichen Stichprobe zu beachten. Es ergeben sich folgende Fragen:

1. Im allgemeinen braucht man den Zusammenhang zwischen Typ des Klassifikators, statistischen Eigenschaften der Stichprobe, Umfang N der Stichprobe, Zahl n der Merkmale, Schätzwert $\hat{p}_f$ der Fehlerwahrscheinlichkeit und tatsächlicher Fehlerwahrscheinlichkeit p_f. Ein Ergebnis dazu enthält der nächste Absatz.

2. Wenn eine Stichprobe vom Umfang N gegeben ist, erhebt sich die Frage, wie sie am besten zur Schätzung der unbekannten Größen auszunutzen ist. Aussagen dazu enthält der übernächste Absatz.

3. Wenn man die Fehlerwahrscheinlichkeit mit bestimmter Zuverlässigkeit schätzen will, muß man einen bestimmten Mindestumfang der Stichprobe haben. Dieses wird im vorletzten Absatz untersucht.

4. Auch die zuverlässige Schätzung statistischer Parameter erfordert genügend viele Stichprobenelemente. Darauf wird im letzten Absatz eingegangen.

Der in Punkt 1 erwähnte allgemeine Zusammenhang zwischen verschiedenen Einflußgrößen hat erhebliche Aufmerksamkeit gefunden. Je nach Voraussetzungen ergeben sich 'optimistische' und 'pessimistische' Ergebnisse [4.95]. Eine ausführliche Tabelle enthält [4.97], wo für k = 2 Klassen eine Beziehung zwischen dem erforderlichen Stichprobenumfang N_κ je Klasse ($\kappa = 1,2$), der Zahl der Merkmale n, dem Mahalanobisabstand der Klassen (3.171) und der Zuverlässigkeit der geschätzten Fehlerwahrscheinlichkeit hergestellt wird. Nach dem Training des Klassifikators mit N_κ Mustern je Klasse ergibt sich aus der Klassifikation einer unabhängigen Stichprobe ein Schätzwert $\hat{p}_f$, dessen Erwartungswert $E\{\hat{p}_f\}$ berechnet werden kann. Mit einer sehr großen Stichprobe, $N_\kappa \to \infty$, erhält man einen Schätzwert p_∞, der bei optimaler Klassifikation mit p_B identisch ist. Das Verhältnis $\beta = E\{\hat{p}_f\} / p_\infty$ wird als Maß für die Zuverlässigkeit der Schätzung verwendet.

Bild 4.16 zeigt die Abhängigkeit zwischen N_κ, $\kappa = 1,2$ und n für den Mahalanobis Abstand 5,5, da dieser große Wert zu einer kleinen Fehlerwahrscheinlichkeit (etwa 0,3 %) gehört, deren zuverlässige Schätzung wiederum eine große Stichprobe erfordert.

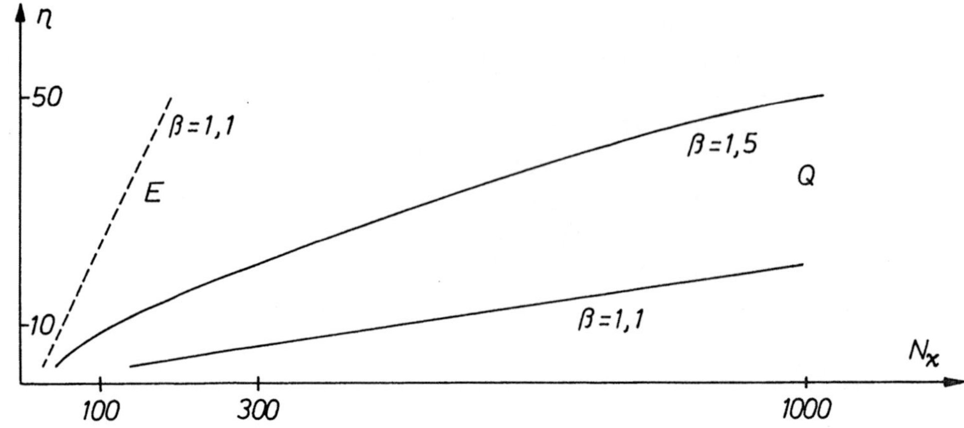

Bild 4.16   Zusammenhang zwischen erforderlichem Stichprcbenumfang N_κ, $\kappa = 1,2$ und sinnvoller Merkmalszahl n; Erläuterungen im Text

Die Kurven wurden für den quadratischen Klassifikator (Q) in (4.51) und den Euklidischen Abstandsklassifikator (E) in (4.59) angegeben und gelten genau für normal-
verteilte Merkmale mit $\underline{K}_\kappa = \underline{I}$ (Klassifikatoren E,Q), bzw. $\underline{K}_\kappa = \underline{K}_\lambda$ (Klassifikator Q);
allerdings gelten sie näherungsweise auch für andere Verteilungen. Zum Beispiel ent-
nimmt man Bild 4.16, daß bei n = 20 Merkmalen im Klassifikator Q mindestens N_κ = 1000
Muster zu verwenden sind, um β = 1,1 zu erreichen, während für β = 1,5 bereits etwa
N_κ = 300 Muster genügen. Hat man nur N_κ = 100 Muster zur Verfügung, verwendet Klassifikator E und möchte β = 1,1 erreichen, hat es keinen Sinn, mehr als etwa n = 25
Merkmale zu nehmen. Dieses letzte Ergebnis stimmt im wesentlichen mit [4.98] über-
ein. Dort werden zwei Klassen mit normalverteilten Merkmalen und gleicher Kovarianzmatrix angenommen. Um Fehlerraten zuverlässig zu schätzen, sollte das Verhältnis
N_κ / n ≈ 3 - 4 sein.

In der Regel muß eine gegebene Stichprobe zur Schätzung der Parameter und der
Fehlerwahrscheinlichkeit herangezogen werden. Dafür gibt es drei übliche Methoden.
1. Die Dimensionierung des Klassifikators (Lernphase) erfolgt mit der gesamten Stichprobe, anschließend wird mit der gleichen Stichprobe die Fehlerwahrscheinlichkeit
geschätzt. Abgesehen von wirklich repräsentativen Stichproben sind die so ermittelten Schätzwerte 'optimistisch', das heißt der Schätzwert $\hat{p}_f$ ist zu klein [4.98].
2. Von der Stichprobe mit N Mustern werden (N - 1) zum Training genommen, und dann
wird das eine ausgelassene Muster klassifiziert, das Ergebnis notiert. Dieses wird
für alle N Muster wiederholt. Der Schätzwert ergibt sich analog aus (3.149) und ist
besonders zuverlässig [4.99]. Die Methode ist recht aufwendig, da N verschiedene

Klassifikatoren zu berechnen sind. Da sich aber nur jeweils ein Muster ändert, kann
die Berechnung rekursiv mit (4.222,225,104) erfolgen.
3. Als Kompromiß zwischen 1. und 2. wird die Stichprobe mit N_κ Mustern je Klasse
ω_κ, $\kappa = 1,\ldots,k$ in L disjunkte Blöcke mit je N_κ / L Mustern, $\kappa = 1,\ldots,k$ zerlegt,
wobei N_κ / L zweckmäßigerweise ganzzahlig sein sollte [3.44,4.100]. Der Klassifika-
tor wird mit (L - 1) Blöcken trainiert und mit einem Block zu je N_κ / L Mustern ge-
testet. Statt N Klassifikatoren sind nur L zu realisieren. Ein Spezialfall ist L = 2,
das heißt die Stichprobe wird in je eine gleich große Lern- und Teststichprobe zerlegt. Die für L = 2 gewonnenen Schätzwerte sind 'pessimistisch', das heißt $\hat{p}_f$ ist
zu groß.
Eine Übersicht über die umfangreiche Literatur gibt [4.101].

Schätzwerte der Fehlerwahrscheinlichkeit wurden in (4.47,48) angegeben. Wenn
man den Einfluß der Merkmalszahl und des Stichprobenumfangs auf die Schätzung der
Parameter außer acht läßt, kann man Konfidenzintervalle des Schätzwertes $\hat{p}_f$ angeben.
In der Stichprobe vom Umfang N werden N_f Muster falsch klassifiziert. Mit (3.149)
gilt

$$\hat{p}_f = N_f / N \quad .$$

Das Ereignis der Fehlklassifikation eines Musters tritt entweder auf oder nicht,
so daß N_f binomialverteilt ist [4.102]. Die Wahrscheinlichkeit für das Auftreten
von N_f Ereignissen, wenn die Auftrittswahrscheinlichkeit eines Ereignisses p_f ist,
erhält man aus

$$p(N_f) = \binom{N}{N_f} p_f^N (1 - p_f)^{N-N_f} \quad . \tag{4.266}$$

Die Konfidenzintervalle dieser Dichte lassen sich numerisch recht einfach berechnen
und sind in Bild 4.17a-c für einige Fälle dargestellt. Wenn man zum Beispiel den
Schätzwert $\hat{p}_f = 0{,}05$ berechnet, so liegt bei N = 300 Mustern der richtige Wert von
p_f mit der Wahrscheinlichkeit $\delta = 0{,}95$ etwa zwischen 0,03 und 0,08 und bei N = 1000
etwa zwischen 0,04 und 0,06.

Bei der Dimensionierung eines Klassifikators sind häufig statistische Parameter
wie Mittelwert, Streuung und Korrelationskoeffizient je Klasse zu schätzen. Die Konfidenzintervalle dieser Parameter geben Aufschluß über den Stichprobenumfang, der
zu ihrer zuverlässigen Schätzung erforderlich ist [4.7,3.23]. Als Maß der Zuverlässigkeit gilt die Größe eines Intervalls, in dem mit einer bestimmten Wahrscheinlichkeit der richtige Parameterwert liegt. Um einen Mittelwert oder eine Varianz mit
der Signifikanz $\delta = 0{,}95$ auf etwa $\pm$ 10 % genau zu schätzen, sind etwa 1000 Muster
je Klasse erforderlich. Korrelationskoeffizienten sind am schwierigsten zu schätzen,
daher genügt es, diese zu betrachten. In Bild 4.17d sind Konfidenzintervalle des

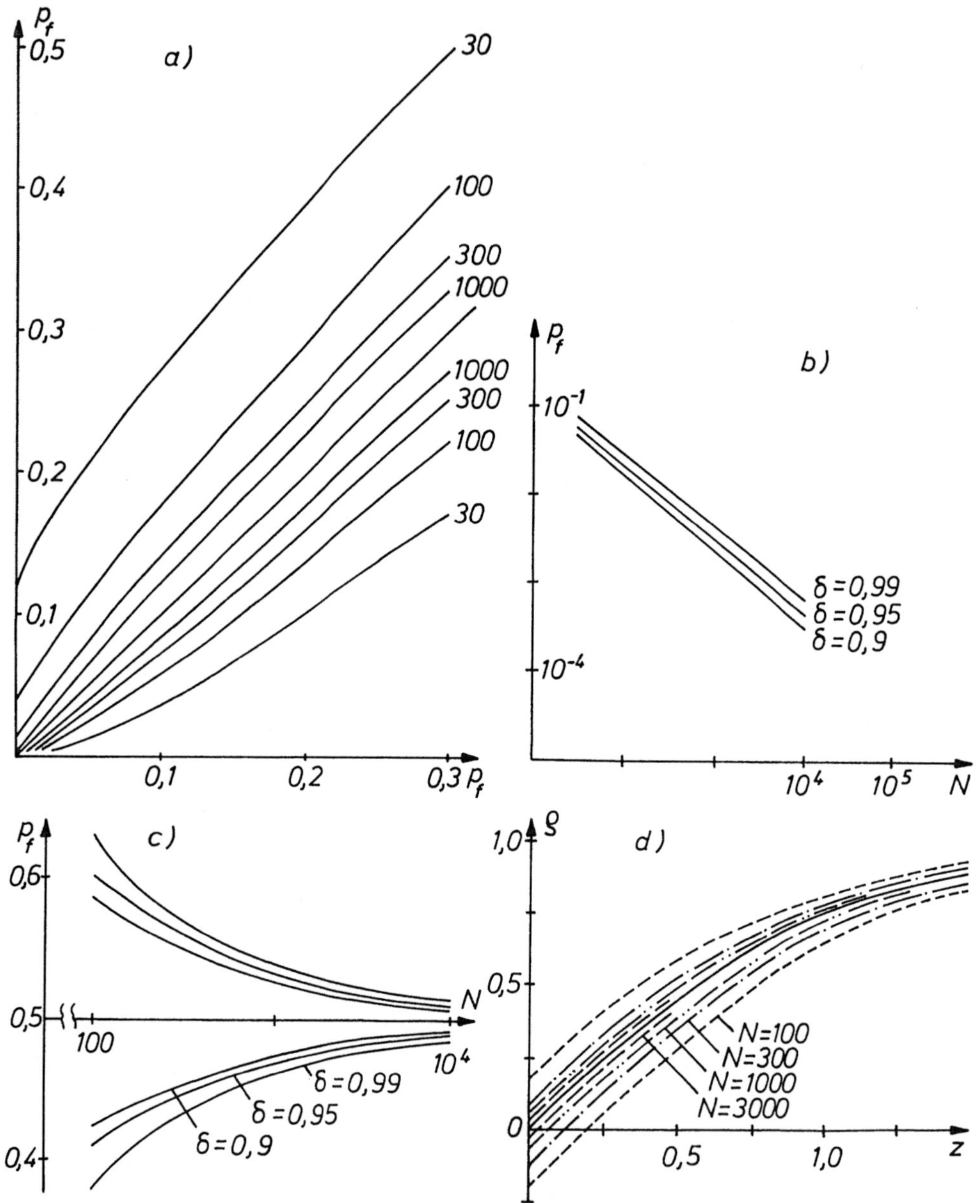

Bild 4.17   Einige Konfidenzintervalle. a)Konfidenzintervalle der Binomialverteilung auf dem Signifikanzniveau δ = 0,95. b)Konfidenzintervalle für den Schätzwert $\hat{p}_f$ = 0. c)Konfidenzintervalle für den Schätzwert $\hat{p}_f$ = 0,5. d)Konfidenzintervalle des Korrelationskoeffizienten für δ = 0,95, aufgetragen über z = 0,5 log((1+ρ) / (1-ρ))

Korrelationskoeffizienten ρ über der näherungsweise normalverteilten transformierten Variablen $z = 0{,}5 \log((1 + \rho) / (1 - \rho))$ aufgetragen. Man sieht, daß mit 1000 Mustern der richtige Wert $|\rho| \leq 0{,}06$ ist, wenn der Schätzwert $\rho' = 0$ ist.

4.7 Zusammenfassung

Bei der numerischen Klassifikation eines Musters wird der extrahierte Merkmalvektor einer von k ganzen Zahlen, die den Klassen entsprechen, zugeordnet; wenn auch eine Rückweisung vorgesehen ist, sind es (k + 1) Zahlen.

Die statistischen oder entscheidungstheoretischen Verfahren zur Klassifikation setzen voraus, daß die bedingten Verteilungsdichten der Merkmalvektoren bis auf Parameter bekannt sind, daß Aussagen über die Kosten von Fehlklassifikationen möglich sind und daß auch die a priori Wahrscheinlichkeiten der Klassen bekannt sind. Übliche Annahmen sind klassenweise normalverteilte oder statistisch unabhängige Merkmale. Für irgendeine Entscheidungsregel, mit der Merkmalvektoren klassifiziert werden, lassen sich dann die mittleren Kosten oder das Risiko berechnen, die bei der Klassifikation entstehen. Der optimale Klassifikator wendet die Entscheidungsregel an, welche das Risiko minimiert. Diese Entscheidungsregel läßt sich in allgemeiner Form angeben, Spezialisierungen erhält man für bestimmte Kostenzuordnungen und Verteilungsdichten. Das Hauptproblem bei der Anwendung statistischer Klassifikatoren ist die Ermittlung der erforderlichen statistischen Größen.

Bei den verteilungsfreien Klassifikatoren wird versucht, Trennfunktionen zu bestimmen, welche die Klassenbereiche definieren, ohne dabei auf statistische Information, insbesondere bedingte Dichten, zurückzugreifen. Zu diesem Zweck wird eine ideale Trennfunktion, die alle Muster richtig klassifiziert, vorgegeben. Diese wird approximiert durch eine bewichtete Summe linear unabhängiger Funktionen des Merkmalvektors. Die Gewichtskoeffizienten werden in einer Parametermatrix zusammengefaßt und so bestimmt, daß der mittlere quadratische Approximationsfehler minimiert wird. Als linear unabhängige Funktionen kommen im Prinzip Polynome beliebigen Grades in Frage, jedoch beschränkt man sich aus Aufwandsgründen meistens auf den Grad eins oder zwei. Die Berechnung der Parametermatrix kann entweder durch Nullsetzen der partiellen Ableitungen oder mit Iterationsverfahren erfolgen. Bei der Klassifikation sind verschiedene Rückweisungskriterien möglich, zum Beispiel kann man fordern, daß der Abstand zwischen der idealen und der approximierenden Trennfunktion unter einem Schwellwert liegen muß.

Mit Methoden der nichtparametrischen Statistik läßt es sich im Prinzip vermeiden, daß die bedingte Verteilungsdichte der Merkmalvektoren bis auf Parameter bekannt sein muß. Eine Möglichkeit besteht darin, daß man nichtparametrische Schätzwerte der Verteilungsdichte berechnet, wobei allerdings die gesamte Stichprobe zu speichern ist. Besondere Bedeutung hat wegen ihrer leichten Realisierbarkeit die Nächster Nachbar (NN)-Regel erlangt. Dabei wird ein neues Muster der Klasse zugeordnet, die auch sein nächster Nachbar in der Stichprobe hat. Die Fehlerwahrscheinlichkeit dieses Klassifikators ist höchstens doppelt so groß wie die des optimalen Klassifikators. Da man auch für die NN-Regel die gesamte Stichprobe speichern muß, wurden Algorithmen entwickelt, um die Stichprobe möglichst zu reduzieren. Einen weiteren nichtparametrischen Ansatz zur Klassifikation erlauben die Toleranzgebiete, die sich unabhängig von der Verteilung der Stichprobe konstruieren lassen.

Es folgen einige weitere Klassifikatortypen. Ein sequentieller Klassifikator versucht eine Klassifikation zuerst mit wenigen Merkmalen und nimmt weitere dazu, wenn eine genügend zuverlässige Klassifikation noch nicht möglich ist. In einem Entscheidungsbaum wird in jedem Knoten eine logische Entscheidung getroffen, zum Beispiel ein Merkmal mit einem Schwellwert verglichen. Die Blätter des Baumes enthalten Klassenbezeichnungen. Ein Klassifikator für nominale Merkmale läßt sich durch geeignet definierte überdeckende Ereignisse konstruieren. Erhebliche Bedeutung haben abstandsmessende Klassifikatoren gewonnen, die gleichzeitig eine nichtlineare Normierung durchführen. Mit Hilfe der dynamischen Programmierung wird dabei die nichtlineare Verzerrung so bestimmt, daß der Abstand zwischen Test- und Referenzmuster minimiert wird. Als letztes wird auf einige Ansätze zur Berücksichtigung von Kontext eingegangen.

Mit geeigneten Lernalgorithmen ist es möglich, die Leistung eines Klassifikators durch Beobachtung und Verarbeitung neuer Muster laufend zu verbessern, indem die Parameter neu berechnet werden. Wenn die Stichprobe bzw. die neu beobachteten Muster klassifiziert sind, liegt ein überwachter Lernprozeß vor, und dann kann jede Klasse unabhängig von den anderen behandelt werden. Bei den verteilungsfreien Klassifikatoren läuft der Lernprozeß im wesentlichen auf eine iterative Optimierung des gewählten Gütekriteriums hinaus, bei den statistischen Klassifikatoren werden maximum likelihood oder Bayes Schätzwerte der Parameter iterativ berechnet. Wenn die Stichprobe bzw. die neu beobachteten Muster nicht klassifiziert sind, liegt ein unüberwachter Lernprozeß vor, der wesentlich schwieriger zu behandeln ist als ein überwachter. Die Zerlegung einer nicht klassifizierten Stichprobe erfolgt mit Verfahren der Analyse von Häufungsgebieten, bei denen es im Prinzip darum geht, diejenige Klassenzuordnung und Parameter zu finden, die ein vorgegebenes Gütekriterium minimieren. Dazu gibt es zahlreiche heuristische Modifikationen. Auch mit nicht klassifizierten Mustern ist die Schätzung der Parameter in bedingten Dichten möglich, wenn die parametrische Familie identifizierbar ist. Zur Reduzierung des Rechenauf-

wandes wendet man oft entscheidungsüberwachte Lernalgorithmen an, bei denen ein
Muster oder die ganze Stichprobe zunächst klassifiziert werden und dann die Para-
meter verbessert werden. Dieser Prozeß wird iteriert, bis Klasseneinteilung und
Parameter stabil bleiben.

Das Kapitel wird mit einigen quantitativen Angaben zum erforderlichen Stichprobenumfang und zur Ausnützung einer Stichprobe abgeschlossen. Als ein grober Richt-
wert kann angesehen werden, daß zur einigermaßen zuverlässigen Schätzung von Parametern und Fehlerwahrscheinlichkeiten etwa 1000-3000 Muster je Klasse verwendet
werden sollten.

5. Nichtnumerische (syntaktische) Klassifikation

In Abschnitt 3.1 wurde dargelegt, daß ein Muster ${}^\rho\underline{f}$ in eine Kette ${}^\rho v$ von Symbolen zerlegt werden kann, wobei die Methoden der Kapitel 2 und 3, insbesondere Abschnitt 3.5, anzuwenden sind. Im Unterschied zu den Merkmalvektoren in (3.1,2) ist es bei den Symbolketten in (3.3,4) oft nicht sinnvoll und nicht möglich, Abstandsmaße oder Metriken zu definieren, mit denen man die Ähnlichkeit zweier Symbolketten bewerten kann. Daher sind die Klassifikatoren des Kapitel 4 oft nicht anwendbar, und es sind geeignete andere Verfahren zu entwickeln. Das zentrale Hilfsmittel zur Verarbeitung von Symbolketten sind formale Grammatiken sowie die Automaten, welche Sätze aus einer bestimmten Sprache erkennen. Entsprechend der in Abschnitt 1.4 abgegrenzten Thematik des Buches beschränken wir uns auf diejenigen Punkte, die für die Klassifikation von Mustern wesentlich sind. Dagegen wird auf Fragen, die in den Bereich der Analyse komplexer Muster gehören, wie zum Beispiel ATN Grammatiken für die Spracherkennung oder Graphgrammatiken für die Bildanalyse, hier nicht eingegangen.

Es werden folgende Bereiche erörtert:
1. Prinzipien - einige einführende Vorbemerkungen.
2. Grammatiken - endliche Formalismen zur Definition einer möglicherweise unendlichen Menge von Symbolketten.
3. Parser - Algorithmen zur Zergliederung von Symbolketten gemäß den Regeln einer Grammatik.
4. Lernen - Ansätze zur automatischen Konstruktion von Grammatiken.

5.1 Prinzipien

Zunächst soll die obige Aussage, daß Abstandsmaße oft für Symbolketten nicht sinnvoll sind, etwas genauer betrachtet werden. In der Tat gibt es durchaus Beispiele für die Verwendung von Abständen zwischen Symbolketten, zum Beispiel in der Spracherkennung in Algorithmen zur Suche nach Worten [1.27]. Im Prinzip wird dafür ein abstandsmessender Klassifikator gemäß Abschnitt 4.4.4 verwendet, wobei in (4.157) für $d(f_{\lambda j(1)}, f_{k(1)})$ lediglich ein geeignetes Abstandsmaß $d(v_{\lambda j(1)}, v_{k(1)})$ zwischen zwei Symbolen $v_{\lambda j(1)}$ und $v_{k(1)}$ zu verwenden ist. Ein einfaches Abstandsmaß für Symbole ist eines, das den Wert Null hat, wenn die Symbole gleich sind, und den Wert Eins, wenn sie verschieden sind, wobei auch das leere Symbol zulässig ist. Der sogenannte Levenshtein Abstand zweier Symbolketten ist dann einfach die kleinste

Zahl von Vertauschungen, Einfügungen und Auslassungen von Symbolen, die erforderlich sind, um eine Kette in die andere zu überführen. Dieser Abstand läßt sich mit dem Algorithmus in Abschnitt 4.4.4 bestimmen. Auf diese Weise lassen sich Abstände zwischen Symbolketten - aber auch zwischen allgemeinen Strukturen, wie zum Beispiel Graphen - definieren, so daß die Verfahren der numerischen Klassifikation direkt übertragbar sind. Wenn dieses der Fall ist, besteht natürlich kein Grund, nach anderen Verfahren Ausschau zu halten. Andere Abstandsmaße für Symbolketten wurden zum Beispiel in [5.1] vorgeschlagen.

Ein einfaches Beispiel zeigt, daß der Levenshtein Abstand mitunter nicht das dem Problem entsprechende Abstandsmaß ist. Gegeben sei eine Menge $\{a,b,c,d\}$ von Symbolen, sowie zwei Mengen

$$L' = \{a\,b\,c,\ a\,a\,b\,b\,c\,c,\ldots,\ a^N\,b^N\,c^N\}$$
$$L'' = \{a\,b\,c\,d,\ a\,a\,b\,b\,c\,c\,d\,d,\ldots,\ a^N\,b^N\,c^N\,d^N\} \tag{5.1}$$

von Symbolketten. Es kann durchaus sinnvoll sein, alle Ketten der Form $a^n b^n c^n$, $n = 1,\ldots,N$, als ähnlich oder aus einer Klasse stammend zu betrachten, ebenso alle Ketten der Form $a^n b^n c^n d^n$, $n = 1,\ldots,N$, aber alle Ketten $a^n b^n c^n$ unähnlich zu $a^n b^n c^n d^n$. Bezeichnet man den Levenshtein Abstand mit D_L^*, so gilt aber

$$D_L^*(a\,a\,b\,b\,c\,c,\ a\,a\,b\,b\,c\,c\,d\,d) = 2 < D_L^*(a\,a\,b\,b\,c\,c,\ a\,a\,a\,b\,b\,b\,c\,c\,c) =$$
$$= 3 = D_L^*(a\,a\,b\,b\,c\,c,\ a\,b\,c)\quad, \tag{5.2}$$

das heißt im Sinne des Levenshtein Abstandes ist die Kette $a\,a\,b\,b\,c\,c \in L'$ der Kette $a\,a\,b\,b\,c\,c\,d\,d \in L''$ am ähnlichsten. Offensichtlich sind Abstandsmaße der Form (4.157) zur Erfassung dieser Art von Ähnlichkeiten ungeeignet. Wenn die Ketten aus L',L'' zu Mustern aus je einer Klasse Ω_κ, $\kappa = 1,2$, gehören, sind auch die Klassifikatoren von Abschnitt 4.4.4 ungeeignet. Das Gemeinsame der Ketten aus L' besteht darin, daß sie mit einer bestimmten Anzahl von a beginnen, gefolgt von gleichviel b, gefolgt von gleichviel c.

Es ist äußerst unzweckmäßig, die Mengen L',L'' zu speichern, und eine neue Symbolkette mit allen gespeicherten zu vergleichen. Statt dessen braucht man einen kompakten Formalismus, um alle Elemente aus L', bzw. im allgemeinen alle Symbolketten aus einer bestimmten Klasse, zu erzeugen sowie einen Algorithmus, um für ein neues Muster zu entscheiden, ob seine Symbolkette aus der betreffenden Klasse ist oder nicht. Ein leistungsfähiger Formalismus zur Erzeugung von Symbolketten mit bestimmten gemeinsamen Eigenschaften sind die formalen Grammatiken [5.2]. Algorithmen zur Entscheidung, ob eine gegebene Kette mit einer gegebenen Grammatik erzeugt werden kann und gegebenenfalls wie, sind als Parser bekannt [5.3]. Der Ansatz zur Klassifikation von Mustern durch Verwendung von Grammatiken und Parsern wird auch als syntaktische, linguistische oder strukturelle Methode bezeichnet. Sie ist durch folgende Punkte gekennzeichnet:

1. Es gibt eine endliche Menge von Symbolen, die in terminale und nichtterminale zerlegt ist. Die terminalen Symbole oder Grundsymbole sind die in Abschnitt 3.1 und 3.5 behandelten Merkmale oder Formelemente und Lagerelationen.

2. Durch Verknüpfung von Symbolen lassen sich Konfigurationen aufbauen. Die einfachste Konfiguration ist die Symbolkette, in der Symbole lediglich aneinandergereiht sind. Die allgemeinste ist der Graph, in dem Symbole beliebig vernetzt sind.

3. Eine Konfiguration heißt terminal, wenn sie nur terminale Symbole enthält, und sonst heißt sie nichtterminal.

4. Es gibt eine nichtterminale Startkonfiguration.

5. Mit einer endlichen Menge von Regeln oder Produktionen können nichtterminale Teilkonfigurationen geändert werden.

6. Jede Regel besteht aus einer linken Seite oder Bedingung, die eine nichtterminale Teilkonfiguration ist, und einer rechten Seite oder Folge, die eine terminale oder nichtterminale Teilkonfiguration ist. Wenn in einer gegebenen Konfiguration eine Teilkonfiguration auftritt, die gleich der linken Seite einer Regel ist, so darf sie durch die rechte Seite dieser Regel ersetzt werden. Regeln können zudem zusätzliche Information enthalten, zum Beispiel Angaben über die Wahrscheinlichkeit ihrer Anwendung oder Bedingungen für ihre Anwendbarkeit.

7. Das 4-Tupel aus Menge der terminalen Symbole, Menge der nichtterminalen Symbole, Startkonfiguration und Menge der Regeln heißt Grammatik. Wenn der Typ der Konfigurationen nicht selbstverständlich ist, wird er durch einen Zusatz angegeben, wie Kettengrammatik oder Graphgrammatik.

8. Durch wiederholte Anwendung von Regeln können aus der Startkonfiguration andere Konfigurationen abgeleitet werden. Der Prozeß der Ableitung bricht ab, wenn eine terminale Konfiguration erreicht wird.

9. Die Menge der aus der Startkonfiguration ableitbaren terminalen Konfigurationen heißt die von der Grammatik erzeugte Sprache. Zum Zweck der Klassifikation ist die Grammatik also so zu wählen, daß die erzeugte Sprache alle Konfigurationen enthält, die zu Mustern einer Klasse gehören. Dabei können auch mögliche Störungen in den aus dem Muster extrahierten Konfigurationen berücksichtigt werden.

10. Die Umkehrung der Erzeugung einer Konfiguration aus der Startkonfiguration ist die Zergliederung oder das 'Parsen'. Dabei wird festgestellt, ob und gegebenenfalls mit welchen Regeln eine vorgegebene Konfiguration aus der Startkonfiguration erzeugt werden kann. Auch dabei können Störungen in den Konfigurationen berücksichtigt werden.

11. Die Zergliederung kann zum einen von unten nach oben oder 'bottom-up' erfolgen. Man beginnt mit der gegebenen terminalen Konfiguration und versucht, diese durch umgekehrte Anwendung von Regeln auf die Startkonfiguration zu reduzieren. Voraussetzung dafür ist, daß vorher das Muster in eine Konfiguration terminaler Symbole transformiert wird.

12. Die Zergliederung kann zum anderen von oben nach unten oder 'top-down' erfolgen.
Man beginnt mit der Startkonfiguration und versucht, die vorgegebene terminale Konfiguration daraus durch Anwendung der Regeln zu erzeugen. Da die Startkonfiguration
nichtterminal ist, werden mit den Regeln die terminalen Symbole der gegebenen terminalen Konfiguration erst im Verlauf der Zergliederung erzeugt. Daher muß das Muster nicht vorher in terminale Symbole transformiert werden. Vielmehr kann man die
von den Regeln erzeugten terminalen Symbole als Hypothesen über Symbole auffassen,
nach denen dann im Muster gesucht wird. Auch die Vorverarbeitung und Merkamlgewin-
nung erfolgt hier unter der Kontrolle der Grammatik und des Parsers.

Nichtnumerische oder syntaktische Klassifikation erfordert also die Festlegung
geeigneter Symbole, die Entwicklung von angemessenen Regeln für einen Problemkreis
und die Angabe eines Parsers. Zur Wahl der terminalen Symbole wird auf Abschnitt
3.5.1, insbesondere auf (3.187), und auf die Bilder 3.15-17 verwiesen. Die Regeln
der Grammatik werden meistens vom Entwickler des Systems festgelegt, allerdings
gibt es auch Ansätze zur automatischen Konstruktion von Grammatiken, wie in Abschnitt
5.4 gezeigt wird. Zum Parsen wird auf Standardalgorithmen aus der Literatur zurück-
gegriffen und erforderlichenfalls noch die Korrektur von Störungen mit einbezogen.
Auch die nichtnumerischen oder syntaktischen Methoden in der Mustererkennung sind
in der Literatur ausführlich behandelt worden [1.19,5.4-6].

5.2 Grammatiken

5.2.1 Konfigurationen

Die Bilder 5.1 und 5.2 zeigen einige Beispiele für Muster und ihre mögliche
Darstellung durch Konfigurationen von Symbolen. Der (eindimensionale) Funktionsverlauf erfordert nur die Aneinanderreihung terminaler Symbole, so daß eine Symbolkette
ausreicht. Jedes Symbol hat einen linken und einen rechten Nachbarn (mit Ausnahme
des ersten und letzten). Zur Charakterisierung einer Menge von Symbolketten wird
eine Kettengrammatik verwendet; wegen seiner weiten Verbreitung wird dieser Typ
auch meistens einfach als Grammatik bezeichnet. Die zulässigen Konfigurationen bei
(Ketten-) Grammatiken sind also Ketten oder eindimensionale Folgen von Symbolen.
Das einfache Objekt (Quadrat) in Bild 5.1 verdeutlicht, daß für das gleiche Problem
durchaus unterschiedliche Konfigurationen und damit Grammatiken in Frage kommen.
Wenn man das Objekt durch seinen Umriß darstellt, ergibt sich eine Symbolkette, und
wenn man das Objekt durch seine Fläche darstellt, ergibt sich ein Symbolfeld. In

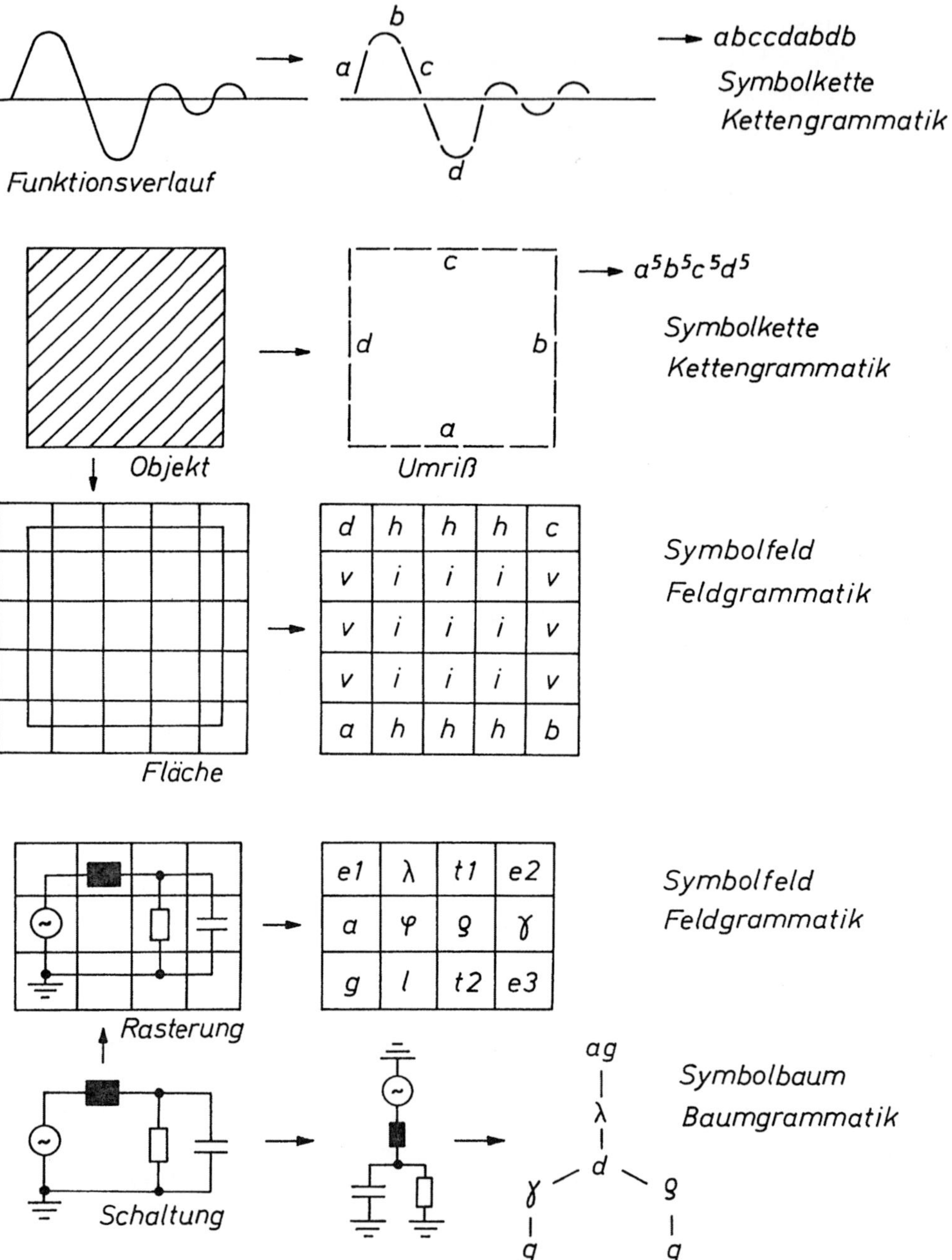

Bild 5.1 Einige Beispiele für Muster und mögliche Symbolkonfigurationen zu ihrer Darstellung

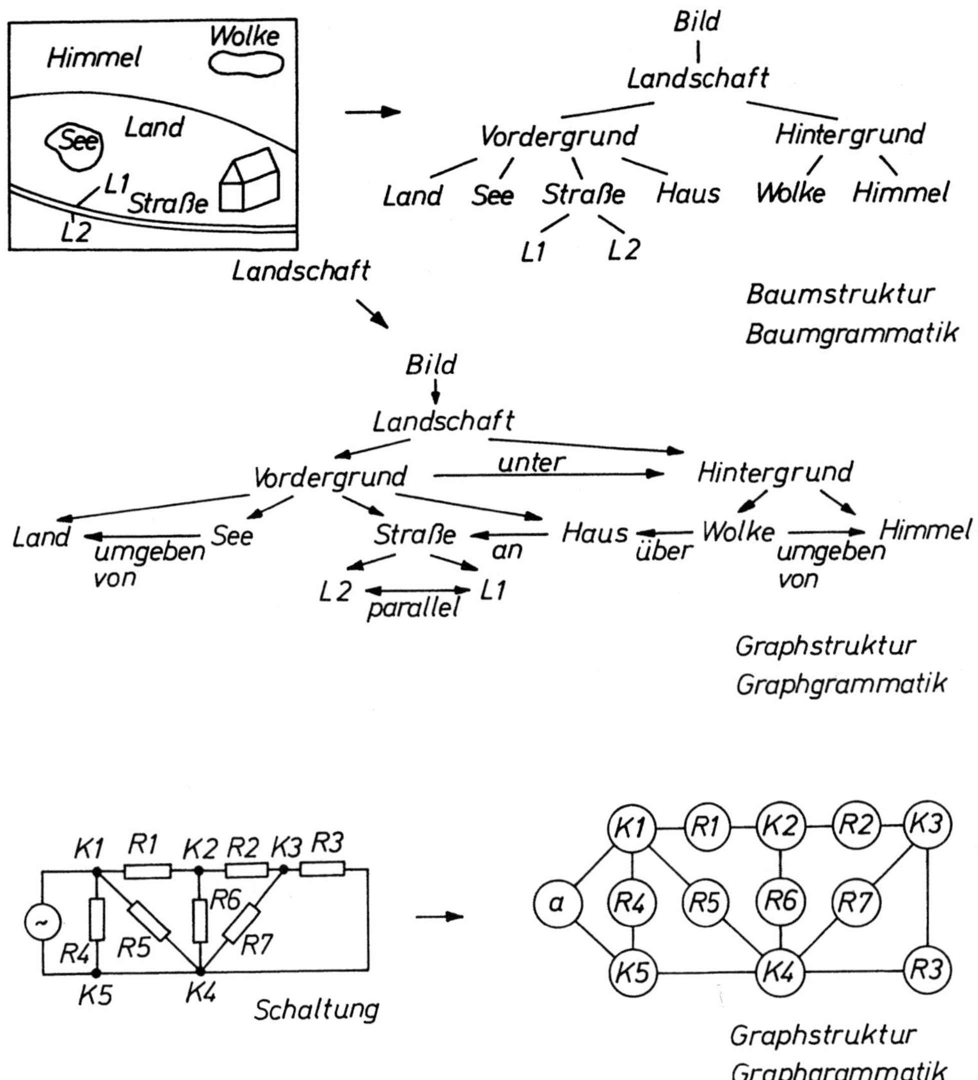

Bild 5.2   Mit Baum- und Graphgrammatiken lassen sich auch komplexe Muster darstellen

diesem hat bei Verwendung einer 4-Nachbarschaft jedes Symbol vier Nachbarn, bei Verwendung einer 8-Nachbarschaft acht Nachbarn (mit Ausnahme von Symbolen im Randbereich). Die zulässigen Konfigurationen sind hier also zweidimensionale Felder von Symbolen, und eine Menge derartiger Symbolfelder wird durch eine Feldgrammatik charakterisiert. Zwar lassen sich auch zwei- und mehrdimensionale Zusammenhänge linearisieren und durch Symbolketten darstellen, jedoch ist zu erwarten, daß die unmittelbare Erfassung zweidimensionaler Zusammenhänge in der Symbolkonfiguration zu einfacheren und übersichtlicheren Verhältnissen führt.

Die Schaltung in Bild 5.1 kann wahlweise durch Konfigurationen dargestellt werden, in denen die Symbole entweder als Feld oder als Baum angeordnet sind. Während ein Symbol in einem Feld nur vier bzw. acht Nachbarn hat, können es in einem Baum beliebig viele sein. Die Symbole sind in den Knoten des Baumes angeordnet. Die zulässigen Konfigurationen sind also Symbolbäume, und eine Menge von ihnen wird durch eine Baumgrammatik charakterisiert.

Aus Bild 5.2 geht hervor, daß Baum- und Graphgrammatiken auch für die Analyse komplexer Muster geeignet sind. Insbesondere lassen sich hierarchische Beziehungen zwischen Objekten und Objektteilen in Baumgrammatiken leicht erfassen, sowie Lagerelationen in Graphgrammatiken. Dieser Punkt wird hier lediglich erwähnt, aber nicht weiter ausgeführt.

5.2.2 Kettengrammatiken

Eine Kettengrammatik G, die im folgenden auch kurz als Grammatik bezeichnet wird, ist ein Quadrupel

$$G = (V_N, V_T, S, R) \quad . \tag{5.3}$$

Es besteht aus der endlichen Menge

$$V_N = \{S, t_1, t_2, \ldots, t_n\} \tag{5.4}$$

der nichtterminalen Symbole oder Zwischensymbole, der endlichen Menge

$$V_T = \{s_1, s_2, \ldots, s_m\} \tag{5.5}$$

der terminalen Symbole, Grundsymbole oder einfacheren Bestandteile, dem Startsymbol $S \in V_N$ und der endlichen Menge

$$R = \{r_1, r_2, \ldots, r_l\} \tag{5.6}$$

von Regeln oder Produktionen. Jede Regel hat im allgemeinen die Form

$$r_i: \beta_i \rightarrow \gamma_i \quad , \quad i = 1, \ldots, l$$
$$\beta_i \in (V_N \cup V_T)^* V_N (V_N \cup V_T)^*, \quad \gamma_i \in (V_N \cup V_T)^* \; . \tag{5.7}$$

In (5.7) wird mit M^* die Iteration irgendeiner Menge M bezeichnet. Ist N die Menge der nichtnegativen ganzen Zahlen und x das Cartesische Produkt zweier Mengen, so ist

$$M^* = \bigcup_{\nu \in N} M^\nu \quad , \quad M^\nu = M^{\nu-1} \times M \quad , \quad M^0 = \{\lambda\} \; . \tag{5.8}$$

Mit M^+ wird $M^* - \{\lambda\}$ bezeichnet, wobei mit λ die leere Symbolkette oder die Kette der Länge 0 gemeint ist. Im allgemeinen wird die Länge einer Kette $\beta \in (V_N \cup V_T)^*$ mit $|\beta|$ bezeichnet und ist die Zahl der Symbole in der Kette.

Um Trivialfälle auszuschließen, wird vorausgesetzt, daß die Mengen V_N, V_T, R nicht leer sind. Die Mengen V_N und V_T seien disjunkt. In Beispielen werden hier auch Grundsymbole mit kleinen Buchstaben a,b,c,... bezeichnet, Zwischensymbole mit großen Buchstaben A,B,C,... . Durch (5.7) ist sichergestellt, daß die linke Seite β_j jeder Regel stets mindestens ein Zwischensymbol enthält. Die Kette β_j hat also die Form $\beta_j = \beta_k \beta_l \beta_m$ mit $\beta_k \in (V_N \cup V_T)^*$, $\beta_l \in V_N$, $\beta_m \in (V_N \cup V_T)^*$.

Die Kette $\beta_{\nu+1} \in (V_N \cup V_T)^*$ heißt direkt ableitbar aus $\beta_\nu \in (V_N \cup V_T)^*$, wenn es Teilketten $\beta_i, \beta_j, \beta_k, \gamma_j$ gibt, so daß gilt

$$\beta_{\nu+1} = \beta_i \gamma_j \beta_k \quad , \quad \beta_\nu = \beta_i \beta_j \beta_k \quad , \quad \beta_j \rightarrow \gamma_j \in R \quad . \tag{5.9}$$

Dafür wird abgekürzt geschrieben

$$\beta_\nu \rightarrow \beta_{\nu+1} \quad . \tag{5.10}$$

Eine Kette β_ν heißt ableitbar aus β_μ, wenn es Ketten β_i, $i = 1, \ldots, n$ gibt, so daß

$$\beta_\mu = \beta_1 \rightarrow \beta_2 \rightarrow \ldots \rightarrow \beta_n = \beta_\nu \tag{5.11}$$

gilt. Dieses wird abgekürzt mit

$$\beta_\mu \overset{*}{\rightarrow} \beta_\nu \quad . \tag{5.12}$$

Die Sprache L(G), die von der Grammatik G erzeugt wird, ist definiert durch

$$L(G) = \{v \mid S \overset{*}{\to} v \text{ und } v \in V_T^*\} \quad , \tag{5.13}$$

das heißt sie ist die Menge der terminalen Symbolketten, die aus S unter Anwendung von Produktionen aus R ableitbar sind. Eine terminale Symbolkette $v \in L(G)$ wird auch als Satz aus der Sprache L bezeichnet. Vielfach gibt es in einer Kette β_v mehrere Teilketten, die linke Seite einer Regel sind. Es ist dann üblich, zuerst die am weitesten links stehende zu ersetzen. Eine Ableitung einer terminalen Kette v, die dieser Einschränkung genügt, wird auch als Linksabteilung (left-most derivation) bezeichnet.

Wenn man zum Beispiel wie in Bild 5.1 horizontale untere Linienelemente mit dem Grundsymbol a bezeichnet, vertikale rechte mit b usw., so ist die Menge der Quadrate, deren Seitenlänge ein ganzzahliges Vielfaches einer gegebenen Längeneinheit ist, durch die Sprache

$$L_1 = \{a^n b^n c^n d^n \mid n = 1,2,\ldots\} \tag{5.14}$$

definiert. Eine Grammatik G_1, die L_1 erzeugt, ist

$$G_1 = (V_N, V_T, S, R) \qquad , ,$$
$$V_N = \{S, B, D, E\} \ , \quad V_T = \{a, b, c, d\} \qquad , ,$$
$$R = \{r_1, \ldots, r_9\}$$

$$
\begin{array}{ll}
r_1: S \to a\,B\,D\,E & r_2: S \to a\,b\,c\,d \ , \\
r_3: B \to a\,B\,D\,E & r_4: B \to a\,b\,c \ , \\
r_5: b\,D \to b\,b\,c & r_6: c\,D \to D\,c \ , \\
r_7: E\,D \to D\,E & r_8: c\,E \to c\,d\,d \ , \\
r_9: d\,E \to d\,d &
\end{array}
\tag{5.15}
$$

Die Kette $a^3 b^3 c^3 d^3$ läßt sich aus S zum Beispiel mit den Regeln 1,2,4,6,7,5,6,6,5,8,9 oder 1,2,4,7,6,6,8,9,5,6,5 ableiten, dagegen führt die Anwendung der Regeln 1,2,4, 6,5,8 zu einer Blockierung, das heißt die Ableitung bricht ab, ohne daß eine terminale Kette erzeugt wird.

Spezielle Typen von Grammatiken erhält man, wenn die Regeln in (5.7) eingeschränkt werden [5.7]. Eine Grammatik heißt kontextsensitiv, wenn

$$\mid \beta_i \mid \ \le \ \mid \gamma_i \mid \ \text{ für alle } r_i \in R \tag{5.16}$$

oder wenn alle Regeln die Form

$$\beta_i t_j \beta_k \to \beta_i u \beta_k$$

$$\beta_i, \beta_k \in (V_N \cup V_T)^* \quad , \quad t_j \in V_N, \quad u \in V_T^+ \tag{5.17}$$

haben. Die Bedingungen (5.16) und (5.17) sind äquivalent. Die Grammatik G_1 in (5.15) ist also kontextsensitiv. Eine Grammatik heißt kontextfrei, wenn alle Regeln in (5.7) die spezielle Form

$$r_i: t_i \rightarrow \gamma_i \quad , \quad t_i \in V_N \ , \ \gamma_i \in (V_N \cup V_T)^+ \tag{5.18}$$

haben. Wenn nur Regeln der Form

$$\begin{aligned}
r_i&: t_i \rightarrow t_j s_j \\
r_i&: t_i \rightarrow s_j t_j \quad , \quad t_i t_j \in V_N \ , \ s_j \in V_T \\
r_k&: t_k \rightarrow s_k \quad \ \ , \quad t_k \in V_N \ \ , \ s_k \in V_T
\end{aligned} \tag{5.19}$$

auftreten, heißt die Grammatik regulär. Die kontextsensitiven, kontextfreien, bzw. regulären Grammatiken erzeugen kontextsensitive, kontextfreie, bzw. reguläre Sprachen. Zum Beispiel ist die Sprache L_1 in (5.14) kontextsensitiv, die Sprache

$$L_2 = \{a^n b^n \mid n = 1,2\ldots\} \tag{5.20}$$

ist kontextfrei, und die Sprache

$$L_3 = \{a^n b \mid n = 1,2,\ldots\} \tag{5.21}$$

ist regulär. Die Grammatiken mit Produktionen vom Typ (5.7), (5.16,17), (5.18), bzw. (5.19) werden auch als Typ 0, Typ 1, Typ 2, bzw. Typ 3 Grammatiken bezeichnet.

Praktisch und theoretisch wichtig ist die Frage, für welche Typen von Sprachen sich entscheiden läßt, ob eine vorgelegte Symbolkette ein Element der Sprache ist oder nicht. Es gilt

<u>Satz 5.1</u>: Es ist nicht entscheidbar, ob eine terminale Symbolkette (ein Satz) $v \in V_T^*$ ein Element einer Sprache ist, die von einer Typ 0 Grammatik erzeugt wird. Für Sprachen, die von einer Typ 1, Typ 2, bzw. Typ 3 Grammatik erzeugt werden, ist diese Frage entscheidbar, das heißt es gibt einen Algorithmus, der als Eingabe die Grammatik G vom Typ 1,2 oder 3 und den Satz v hat und dessen Ausgabe T ist, wenn $v \in L(G)$, und F, wenn $v \notin L(G)$ (Entscheidbarkeit des Satzproblems).

<u>Beweis</u>: Man findet Beweise zum Beispiel in [5.2,7]. Für kontextsensitive Sprachen ist beispielsweise die Beweisidee, daß man die endliche Menge der Symbolketten aus L(G) aufzählt, deren Länge nicht größer als $\mid v \mid$ ist. In dieser Aufzählung muß auch v enthalten sein, wenn $v \in L(G)$ ist. Es ist dafür wichtig, daß wegen (5.16) die Länge einer Symbolkette im Laufe des Ableitungsprozesses nicht abnehmen kann, während

das bei den uneingeschränkten Produktionen (5.7) der Fall sein kann. Im obigen Satz
wird unter einem Algorithmus eine endliche Folge eindeutiger Anweisungen zur Berechnung einer Beziehung zwischen Eingangs- und Ausgangsvariablen verstanden; für alle
Eingangsgrößen darf die Ausführung dieser Anweisungen nur eine endliche Zeit und
endlich viele Schritte erfordern.

Für die Mustererkennung sind nur Grammatiken interessant, bei denen das Satz-
problem entscheidbar ist, da nur dann in endlicher Zeit eine Aussage möglich ist,
ob ein Muster, charakterisiert durch eine terminale Symbolkette $v \in V_T^+$, zu einer bestimmten Klasse gehört oder nicht. Sehr häufig werden kontextfreie und reguläre
Sprachen in der Mustererkennung angewendet, da bei diesen die Entscheidung besonders einfach ist.

5.2.3 Programmierte Grammatiken

Das Auffinden einer Grammatik zu einer gegebenen Menge von Symbolketten ist
unter Umständen schwierig. Die Grammatik (5.15) ist zwar noch recht einfach, hat
dafür aber die erwähnten Probleme mit Blockierungen und mehrfachen Ableitungen.
Auch wenn es eine Grammatik gibt, die diese Probleme vermeidet [Sect.3.2 von 5.4],
oder wenn sich die Sprache abwandeln läßt [Abschn.4.1.3 von 1.19], ist oft nicht
ohne weiteres klar, wie man andere geeignete Grammatiken findet. In manchen Fällen
führen programmierte Grammatiken hier zu einfacheren und unmittelbar durchsichtigen
Formulierungen [5.8].

Die Regeln r_i, $i = 1,\ldots,1$ in (5.6) wurden mit Indizes eindeutig gekennzeichnet. Mit

$$M = \{i \mid i = 1,\ldots,1\} \tag{5.22}$$

werde die Menge der Indizes der Regeln bezeichnet. Eine Regel oder Produktion einer
programmierten Grammatik hat die Form

$$r_j: \beta_j \to \gamma_j, E, N \quad \text{mit} \quad E, N \subseteq M. \tag{5.23}$$

Im übrigen ist die programmierte Grammatik wie in (5.3) definiert. Der Term $\beta_j \to \gamma_j$
ist der Kern der Regel in einer programmierten Grammatik. Der Kern hat im allgemeinen
die Form (5.7), Spezialfälle sind (5.16-19). Sind β_{v+1}, β_v Symbolketten wie in (5.9)
und die Indizes $j, n \in M$, so heißt das Paar (β_{v+1}, n) direkt ableitbar aus (β_v, j), abgekürzt

$$(\beta_v, j) \to (\beta_{v+1}, n) \quad , \tag{5.24}$$

wenn es eine Produktion der Form (5.23) gibt, deren Index mit dem β_ν zugeordneten Index j übereinstimmt, so daß

$$\text{entweder: } \beta_\nu = \beta_i \beta_j \beta_k \quad \text{und} \quad \beta_{\nu+1} = \beta_i \gamma_j \beta_k \quad \text{und} \quad n \in E \ ,$$
$$\text{oder} \quad : \beta_\nu \neq \beta_i \beta_j \beta_k \quad \text{und} \quad \beta_{\nu+1} = \beta_\nu \quad \text{und} \quad n \in N \ . \qquad (5.25)$$

Die Ableitung eines Paares (β_ν, j) darf also nur mit der Regel r_j erfolgen. Wenn r_j anwendbar ist, wird die Teilkette β_j in β_ν durch γ_j ersetzt und alle Paare $(\beta_{\nu+1}, n)$, für alle $n \in E$, gebildet. Wenn r_j nicht anwendbar ist, bleibt $\beta_{\nu+1} = \beta_\nu$, und es werden alle Paare $(\beta_{\nu+1}, n)$, für alle $n \in N$ gebildet. Der Begriff der Ableitung eines Paares (β_ν, n) aus (β_μ, m) wird mit (5.24) analog zu (5.11) definiert. Die von der programmierten Grammatik G erzeugte Sprache ist analog zu (5.13) definiert mit

$$L(G) = \{ v \mid (S,j) \overset{*}{\rightarrow} (v, \emptyset) \text{ und } v \in V_T^*; \ j \in M \} \qquad . \qquad (5.26)$$

Es ist bekannt, daß die von programmierten Grammatiken mit kontextfreiem Kern erzeugten Sprachen echt in den kontextsensitiven Sprachen enthalten sind und eine echte Obermenge der kontextfreien Sprachen sind.

Die Sprache L_1 in (5.14) wird durch eine programmierte Grammatik mit den Regeln

$j \in M$	$r_j \in R$	E	N
1	$S \rightarrow A\,B\,C\,D$	$\{2,6\}$	$\emptyset$
2	$A \rightarrow a\,A$	$\{3\}$	$\emptyset$
3	$B \rightarrow b\,B$	$\{4\}$	$\emptyset$
4	$C \rightarrow c\,C$	$\{5\}$	$\emptyset$
5	$D \rightarrow d\,D$	$\{2,6\}$	$\emptyset$
6	$A \rightarrow a$	$\{7\}$	$\emptyset$
7	$B \rightarrow b$	$\{8\}$	$\emptyset$
8	$C \rightarrow c$	$\{9\}$	$\emptyset$
9	$D \rightarrow d$	$\emptyset$	$\emptyset$

$$(5.27)$$

erzeugt. Das Prinzip, nach dem diese Regeln die Sprache $a^n b^n c^n d^n$ erzeugen, ist unmittelbar einsichtig.

5.2.4 Stochastische Grammatiken

Die stochastischen Grammatiken sind eine wichtige Verallgemeinerung der Kettengrammatiken von Abschnitt 5.2.2, weil sie es erlauben, jedem Satz $v \in V_T^*$ eine Wahrscheinlichkeit zuzuordnen, mit der er von der Grammatik erzeugt wird. Damit ist es möglich, eine Beziehung zu den statistischen Ansätzen von Abschnitt 4.1 herzustellen. Werden nämlich Muster $^\rho \underline{f}$ bzw. Symbolketten $^\rho v$ aus der Klasse Ω_κ durch die Grammatik G_κ erzeugt, läßt sich $p(\Omega_\kappa \mid {}^\rho v)$ bzw. $p(G_\kappa \mid {}^\rho v)$ gemäß (4.43) berechnen und Satz 4.3 anwenden.

Eine stochastische Grammatik ist wie in (5.3) definiert, jedoch werden die Produktionen (5.7) zu stochastischen Produktionen

$$r_{ij}: \beta_i \rightarrow \gamma_{ij} \quad , \quad p_{ij} \quad , \quad j = 1,\ldots,l_i, \; i = 1,\ldots,L \tag{5.28}$$

verallgemeinert. In (5.28) ist bereits durch die Schreibweise angedeutet, daß es $l_i \geq 1$ Alternativen geben kann, die linke Seite β_i zu ersetzen. Mit p_{ij} wird die Wahrscheinlichkeit bezeichnet, daß β_i durch γ_{ij} ersetzt wird. Grundsätzlich wird hier vorausgesetzt, daß

$$\sum_{j=1}^{l_i} p_{ij} = 1 \quad , \quad 0 < p_{ij} \leq 1 \tag{5.29}$$

ist. Die Kette $^\rho v$ lasse sich mit der Folge von Regeln $r_{i(1)j(1)}, \; r_{i(2)j(2)}, \ldots,$ $r_{i(m_\rho)j(m_\rho)}$ ableiten. Wenn die Anwendung einer Regel unabhängig von der Anwendung anderer Regeln ist und wenn es nur eine Folge von Regeln zur (Links)-Ableitung von $^\rho v$ gibt, ist die Wahrscheinlichkeit, daß $^\rho v$ von G erzeugt wird

$$p(^\rho v \mid G) = \prod_{\mu=1}^{m_\rho} p_{i(\mu)j(\mu)} \quad . \tag{5.30}$$

Wenn es mehrere Folgen von Regeln zur (Links)-Ableitung von $^\rho v$ aus S gibt, ist in (5.30) zusätzlich die Summe über alle diese Folgen zu bilden. Die von einer stochastischen Grammatik erzeugte Sprache ist

$$L(G) = \{(v, p(v \mid G)) \mid S \overset{*}{\rightarrow} v \text{ und } v \in V_T^*\} \quad . \tag{5.31}$$

Zwei Sprachen sind nur dann gleich, wenn sowohl die Sätze als auch die diesen zugeordneten Wahrscheinlichkeiten gleich sind. Die stochastische Grammatik heißt konsistent, wenn

$$\sum_{v \in L(G)} p(v \mid G) = 1 \quad . \tag{5.32}$$

Bedingungen für konsistente reguläre und kontextfreie Grammatiken sind zum Beispiel in [5.4,5] angegeben.

Die stochastische Grammatik

$$G_4 = (V_N, V_T, S, R)$$

$$V_N = \{S, A, B, C, D, E\} \qquad\qquad V_T = \{a, b\}$$

$r_{11}:\ S \rightarrow A\ E\ ,\ p_{11} = 1$

$r_{21}:\ A \rightarrow a\ C\ ,\ p_{21} = \alpha \qquad\qquad r_{22}:\ A \rightarrow a\ B\ C\ ,\ p_{22} = 1 - \alpha$

$r_{31}:\ B \rightarrow a\ B\ C\ ,\ p_{31} = \beta \qquad\qquad r_{32}:\ B \rightarrow a\ C\ \ \ ,\ p_{32} = 1 - \beta$

$r_{41}:\ a\ C\ C \rightarrow a\ X\ Z\ ,\ p_{41} = 1$

$r_{51}:\ Z\ C \rightarrow C\ Z \qquad\quad ,\ p_{51}\ \ = 1$

$r_{61}:\ Z\ E \rightarrow Y\ E\ D \qquad ,\ p_{61}\ \ = 1$

$r_{71}:\ X\ Y\ E \rightarrow X\ b\ D \quad ,\ p_{71}\ \ = 1$

$r_{81}:\ C\ Y \rightarrow Y\ C \qquad\quad ,\ p_{81}\ \ = 1$

$r_{91}:\ X\ Y\ C \rightarrow X\ X\ Z \quad ,\ p_{91}\ \ = 1$

$r_{10,1}:\ X\ X\ b \rightarrow X\ b\ b\ ,\ p_{10,1} = 1$

$r_{11,1}:\ a\ X\ b \rightarrow a\ b\ b\ ,\ p_{11,1} = 1$

$r_{12,1}:\ b\ D \rightarrow b\ a \qquad ,\ p_{12,1} = 1$

$r_{13,1}:\ a\ D \rightarrow a\ a \qquad ,\ p_{13,1} = 1$

$r_{14,1}:\ a\ C\ E \rightarrow a\ b\ a\ ,\ p_{14,1} = 1 \qquad\qquad\qquad\qquad\qquad (5.33)$

genügt (5.28) und erzeugt die kontextsensitive stochastische Sprache

$$L_4(G) = \{(a^n b^n a^n;\ p(v \mid G) = \alpha,\ \text{wenn}\ n = 1,\ \text{sonst}$$

$$p(v \mid G) = (1 - \alpha)\beta^{n-2}(1 - \beta)) \mid n = 1,2,\ldots\}\ , \qquad (5.34)$$

die (5.32) erfüllt und daher konsistent ist. Die Sprache L_4 ist zwar einfacher als L_1 in (5.14), trotzdem ist G_1 kürzer als G_4, aber dafür gibt es in G_4 keine Blockierungen.

Auch mit Hilfe der 'vagen Mengen' (fuzzy sets) ist es möglich, einem Satz v ein Maß für seine Zugehörigkeit zur Sprache L(G) zuzuordnen [5.9]. Dabei werden den Regeln in (5.28) nicht Wahrscheinlichkeiten sondern 'Möglichkeiten' zugeordnet, das Produkt in (5.30) wird durch die Operation min $\{p_{i(\mu)j(\mu)}\}$ ersetzt, und bei mehreren Ableitungsmöglichkeiten wird die Summe über diese durch die Operation max $\{$Ableitungsmöglichkeiten$\}$ ersetzt.

5.2.5 Attributierte Grammatiken

Die Sprache L_1 in (5.14) und die Grammatik G_1 in (5.15) zur Beschreibung von Quadraten sind ein recht komplizierter Formalismus zur Darstellung eines einfachen Sachverhalts. Eine andere Möglichkeit ist die Sprache

$$L_5 = \{a(1)b(1)c(1)d(1) \mid 0 < 1 < 1_{max}\} , \tag{5.35}$$

wobei $a(1)$ und $c(1)$ horizontale Linien der Länge 1 und $b(1)$ und $d(1)$ vertikale Linien der Länge 1 sind. Außerdem müssen jeweils die Paare (a,b), (b,c), (c,d), (d,a) einen gemeinsamen Endpunkt haben. Die Sätze der Sprache L_5 sind nicht nur durch ihre terminalen Symbole sondern auch durch die Werte eines jedem Symbol zugeordneten Parameters gekennzeichnet. In Abschnitt 3.5.2 wurde jedes Liniensegment, das als Ergebnis einer stückweise linearen Approximation gefunden wurde, durch Parameter wie Startpunkt, Neigungswinkel und Länge gekennzeichnet. Im allgemeinen wird jedes Symbol $u_i \in V_N \cup V_T$ in (5.4,5) durch einen Parametervektor

$$q_i = (q_{i1}, \dots, q_{in(i)})_t \quad , \quad i = 1, \dots, m \tag{5.36}$$

ergänzt, dessen Zahl $n(i)$ von Komponenten zudem für jedes Symbol verschieden sein kann. Wenn $s_j(\underline{q}_j)$, $j = 1, \dots, m$ und $t_k(\underline{q}_k)$, $k = 1, \dots, n$ terminale und nichtterminale Symbole mit Parametern sind, kann die Notation von Abschnitt 5.2.2 beibehalten werden.

Der Vorteil bei der Verwendung von Parametern besteht im obigen Beispiel darin, daß die Komplexität der erforderlichen Sprache reduziert wird. Andererseits muß auch der Extremfall vermieden werden, daß die Sprache trivial und damit bedeutungslos wird. Bezeichnet man nämlich ein gerades Linienelement mit g, seine Parameter Anfangspunkt, Winkel gegen die x-Achse und Länge mit $\underline{q}$, so gehört zu jedem Muster, das durch eine Menge von N geraden Linienelementen darstellbar ist, die Symbolkette

$$w(q) = g(\underline{q}(1))g(\underline{q}(2))\dots g(\underline{q}(N)) \quad . \tag{5.37}$$

Die Folge der Symbole in dieser Kette ist zur Unterscheidung von Mustern mit N Symbolen ohne Bedeutung, vielmehr steckt die gesamte Information in den Parametern. Läßt man g fort, geht die 'Symbolkette' w in einen Merkmalvektor $\underline{c}$ über. Die Kunst besteht darin, einen geeigneten Kompromiß zwischen der in den Symbolen enthaltenen Information und der in den Parametern enthaltenen zu finden. Der Merkmalvektor $\underline{c}$ und die parameterfreie Symbolkette v sind dabei die Extremfälle. Eine geeignet gewählte Symbolkette w(q) mit Parametern erfordert zu ihrer Verarbeitung numerische und nichtnumerische Methoden. Ein weiterer Vorteil ist also, daß man statistische und syntaktische Methoden kombinieren kann. Die Regeln von Grammatiken, in denen Symbole mit Parametern auftreten, müssen neben den Vorschriften zur Transformation von Symbolen gemäß (5.7) auch Vorschriften zur Behandlung der Parameter enthalten. Entsprechende Grammatiken wurden unter der Bezeichnung attributierte bzw. semantische Grammatiken in [5.10-12] vorgeschlagen. Das Prinzip der Verwendung von Parametern ist aber schon in [5.13] enthalten. Da durch die Verwendung von Parametern die sprachliche Komplexität eingeschränkt wird, werden nur Produktionen vom Typ (5.18,19) betrachtet. Zu jeder Regel der Form

$$t_i \rightarrow \gamma_i \text{ mit } \gamma_i = u_{i1} \cdots u_{in(i)}; \quad t_i \in V_N, \quad u_{ij} \in V_N \cup V_T \tag{5.38}$$

kommt eine Anweisung entweder von der Form

$$\underline{q}_i = f_i(\underline{q}_{i1}, \underline{q}_{i2}, \ldots, \underline{q}_{in(i)}) \quad i = 1, \ldots, n \tag{5.39}$$

oder von der Form

$$\underline{q}_{ij} = f_{ij}(\underline{q}_i) \quad i = 1, \ldots, n; \quad j = 1, \ldots, n(i) \tag{5.40}$$

Mit f_i und f_{ij} wird dabei irgendein Operator bezeichnet, der aus einem oder mehreren Parametern einen neuen Parameter bestimmt, und $\underline{q}_i$ ist der zu t_i gehörige Parametervektor, q_{ij} der zu u_{ij} gehörige. Die Form (5.39) ist zweckmäßig, wenn ein Parser bottom-up arbeitet, die Form (5.40) ist vorteilhaft, wenn er top-down arbeitet.

Bild 5.3 zeigt als Beispiel drei Klassen von Chromosomen, $\Omega_1, \Omega_2, \Omega_3$, die sich durch das Verhältnis der linken und rechten Armlängen unterscheiden. Wenn man als Grundsymbole kurze Linienelemente wie in Bild 3.15 verwendet, ist eine Unterscheidung mit rein syntaktischen Methoden möglich [2.18]. Wenn man Merkmale wie Momente

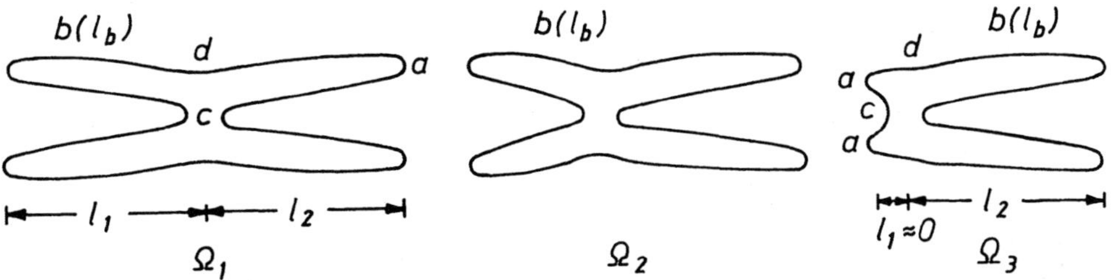

Bild 5.3   Drei Klassen von Chromosomen, die durch unterschiedliche Verhältnisse der Armlängen gekennzeichnet sind

oder ähnliche verwendet, werden rein numerische Klassifikationsverfahren angewendet [3.159-163]. Durch Symbole mit Parametern ist eine gemischte Vorgehensweise möglich [5.10]. Als einziges Grundsymbol erhält b den einen Parameter Länge l_b zugeordnet. Eine attributierte Grammatik ist

$$G_6 = (V_N, V_T, S, R)$$

$$V_T = \{a,b,c,d\} \qquad V_N = \{S,P,Q,A,B\}$$

Symbole mit Parametern:

$$b(l_b),\ A(l_A),\ Q(l_Q),\ P(l_p),\ S(l_1, l_2)$$

$$R = \{r_1, \ldots, r_6\}$$

$$
\begin{aligned}
&r_1:\ S \rightarrow P^1 P^2 && l_1 = l_{p1},\ l_2 = l_{p2} \\
&r_2:\ S \rightarrow P\,Q && l_1 = l_p,\ l_2 = l_q \\
&r_3:\ S \rightarrow Q\,P && l_1 = l_Q,\ l_2 = l_p \\
&r_4:\ P \rightarrow d\,A^1\,c\,A^2 && l_p = (l_{A1} + l_{A2})\,/\,2 \\
&r_5:\ Q \rightarrow d\,a\,c\,a && l_Q = 0 \\
&r_6:\ A \rightarrow b^1\,a\,b^2 && l_A = (l_{b1} + l_{b2})\,/\,2
\end{aligned}
$$

$$\text{(5.41)}$$

Die rechts oben stehenden Indizes dienen nur der Unterscheidung gleicher Symbole. Die erzeugte Sprache, das heißt die Menge der terminalen Symbolketten, ist

$$
\begin{aligned}
L_6 = \{&d\,b\,a\,b\,c\,b\,a\,b\,d\,b\,a\,b\,c\,b\,a\,b,\quad d\,b\,a\,b\,c\,b\,a\,b\,d\,a\,c\,a, \\
&d\,a\,c\,a\,d\,b\,a\,b\,c\,b\,a\,b\}\quad , \\
= \{&{}^1v,\ {}^2v,\ {}^3v\}
\end{aligned}
$$

$$\text{(5.42)}$$

Die Kette ${}^1v$ kann von Chromosomen aller drei Klassen stammen, die Ketten ${}^2v$ und ${}^3v$ nur von Chromosomen der Klasse Ω_3, wobei in ${}^2v$ und ${}^3v$ die Lage um 180° gedreht ist. Da ${}^1v$ alle drei Klassen enthält, sind zur Klassifikation die Parameter l_1, l_2 entscheidend wichtig. Auch ein Chromosom aus Klasse Ω_3 kann zu einer Symbolkette ${}^1v$ führen, da in dem linken Armpaar ein sehr kurzes Stück $b(l_b)$ mit $l_b \simeq 0$ auftreten kann, so daß statt der Symbole d a c a d ... nun d b a b c b a b d ... auftreten.

Eine naheliegende Verallgemeinerung der attributierten Grammatik besteht darin, die Produktionen (5.38) zu stochastischen Produktionen gemäß (5.28) zu erweitern.

5.2.6 Ergänzungen

Nichtnumerische oder syntaktische Methoden wurden bereits sehr früh in der
Mustererkennung vorgeschlagen [5.14,15], wobei zunächst die oben diskutierten Ketten-
grammatiken im Vordergrund standen. Diese bilden auch nach wie vor einen wichtigen
Bestandteil, insbesondere bei der Klassifikation relativ einfacher Muster. Daneben
gibt es, wie schon in Abschnitt 5.1 und Bild 5.2 gezeigt wurde, zahlreiche Ansätze,
die einfache Symbolkonfiguration der Ketten durch allgemeinere Konfigurationen wie
Bäume, Felder und Graphen zu erweitern. Der wesentliche Unterschied liegt dabei in
der Verallgemeinerung der Produktionen (5.7), wofür im folgenden einige Beispiele
angegeben werden. Es wird jedoch darauf verzichtet, einen vollständigen Formalismus
zu entwickeln.

Die Produktionen einer Baumgrammatik haben im allgemeinen die Form

$$r_i: B_i \rightarrow B_j, \tag{5.43}$$

wobei B_i, B_j Bäume sind, deren Knoten terminale oder nichtterminale Symbole enthalten. In der Mustererkennung werden meistens expansive Baumgrammatiken benutzt, die
Produktionen von der Form

$$r_i: t_j \rightarrow \begin{array}{c} s_k \\ t_{k1}\ t_{k2} \cdots t_{kn} \end{array} \qquad t_j, t_{ki} \in V_N, s_k \in V_T$$

$$r_i: t_j \rightarrow s_k \tag{5.44}$$

haben. Dadurch ist es möglich, daß ein Symbol mit einer beliebigen Zahl anderer
Symbole verknüpft ist, nicht nur mit dem linken und rechten Nachbarn. Baumgrammatiken wurden zum Beispiel für die Klassifikation von Fingerabdrücken [3.76], die
Auswertung von Bildern aus dem Bereich Erdfernerkundung [5.16] und die Unterscheidung von Texturen [5.17,18] entwickelt.

Eine Feldgrammatik hat Regeln von der Form

$$r_i: F_i \rightarrow F_j \quad , \tag{5.45}$$

wobei F_i, F_j zweidimensionale Felder von terminalen oder nichtterminalen Symbolen
sind. Wenn in einem zweidimensionalen Feld ein Teilfeld F_i durch ein Teilfeld F_j
ersetzt wird, das größer ist als F_i, so wird das umgebende Feld verzerrt. Um die
daraus resultierenden Probleme zu vermeiden, werden vielfach isotone oder isometri-
sche Feldgrammatiken betrachtet, in denen F_i und F_j stets die gleiche Größe haben
[1.27,5.19]. Um zu erreichen, daß ein Symbolfeld auch bei Verwendung einer isotonen
Grammatik anwachsen kann, wird ein besonderes Symbol - (blank) eingeführt, das

nicht zu $V_T \cup V_N$ gehört. Regeln einer Feldgrammatik haben die Form

$$\begin{bmatrix} \alpha_{11} & \alpha_{12} & \cdots & \alpha_{1n} \\ \alpha_{21} & & & \cdot \\ \vdots & & & \cdot \\ \alpha_{m1} & \alpha_{m2} & \cdots & \alpha_{mn} \end{bmatrix} \longrightarrow \begin{bmatrix} \beta_{11} & \beta_{12} & \cdots & \beta_{1n} \\ \beta_{21} & & & \cdot \\ \vdots & & & \cdot \\ \beta_{m1} & \beta_{m2} & \cdots & \beta_{mn} \end{bmatrix} \qquad \alpha_{ij}, \beta_{ij} \in V_N \cup V_T \cup \{-\},$$

wenn $\alpha_{ij} \neq -$, dann $\beta_{ij} \neq -$,

wenn $\alpha_{ij} \in V_T$, dann $\beta_{ij} = \alpha_{ij}$.

$$(5.46)$$

Die Produktionen arbeiten auf ein Feld, das anfangs nur das Startsymbol S umgeben von blanks - enthält. Da blanks - durch Symbole aus $V_N \cup V_T$ ersetzt werden dürfen (aber nicht umgekehrt), kann der durch terminale oder nichtterminale Symbole ausgefüllte Bereich des Feldes trotz der isotonen Regeln wachsen.

Die allgemeinste Form einer Grammatik ist die Graphgrammatik mit Regeln

$$r_i: G_i \rightarrow G_j, E_i \quad , \qquad\qquad (5.47)$$

wobei G_i, G_j Graphen sind, und E_i ist eine Einbettungsvorschrift, mit der G_j in die vorhandene Symbolkonfiguration eingefügt wird. Auf eine formale Darstellung wird hier verzichtet, da diese Grammatiken für die Klassifikation einfacher Muster bisher keine Rolle spielen. Ausführliche Darstellungen sind zum Beispiel in [5.20,21] enthalten. In [5.22] werden Plex Sprachen eingeführt, und Beispiele für Baum-, Feld- und Graphgrammatiken sind in [1.27] angegeben.

5.2.7 Lagerelationen

Zur expliziten Berücksichtigung von Lagerelationen in Kettengrammatiken gibt es im wesentlichen zwei Vorschläge [5.13, 5.23]. Beiden ist gemeinsam, daß die Lagerelationen in bezug zu einem oder mehreren ausgezeichneten Linien oder Punkten, den sogenannten Referenzlinien oder Referenzpunkten, jedes einfacheren Bestandteils angegeben werden. Der Unterschied besteht darin, daß im einen Fall eine Lagerelation noch durch Parameter spezifiziert werden kann, im anderen nicht. Ein Beispiel für eine Lagerelation mit Parametern ist 'die untere Referenzlinie von Symbol s_1 liegt 5 Einheiten über der oberen von s_2 und die rechte Referenzlinie von s_1 liegt 3 Einheiten links von der rechten von s_2'. Ein Beispiel für eine Lagerelation ohne Parameter ist 'der untere Referenzpunkt von s_1 fällt mit dem oberen von s_2 zusammen';

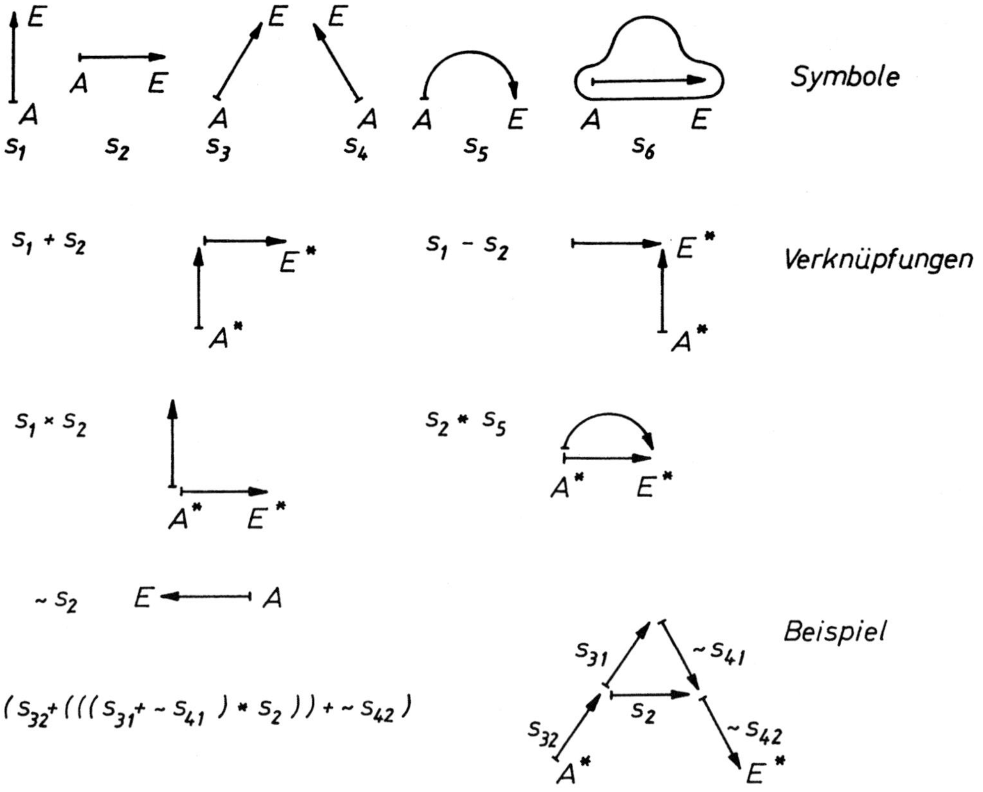

Bild 5.4   Eine Möglichkeit zur Festlegung der relativen Lage von Symbolen

es ist hier also nur eine Verknüpfung von Referenzpunkten zulässig. Wir beschränken uns auf eine Diskussion der in [5.23] angegebenen Lagerelationen ohne Parameter.

Jedem Grundsymbol werden zwei Referenzpunkte, nämlich ein Anfangspunkt A und ein Endpunkt E, zugeordnet. Die relative Lage wird durch vier Verknüpfungsoperationen {+, -, ×, *} festgelegt, deren Bedeutung aus Bild 5.4 hervorgeht. Das Ergebnis der Verknüpfung zweier Grundsymbole ist eine Symbolkette, der ebenfalls ein Anfangspunkt A^* und ein Endpunkt E^* zugeordnet wird, so daß auch Operationen wie $s_1 + s_2 + s_3$ usw. definiert sind. Mit der Operation ~ werden Anfangs- und Endpunkt vertauscht. Zwar ist eine Verknüpfung grundsätzlich nur an den Referenzpunkten möglich, jedoch läßt sich bei Bedarf durch spezielle 'leere' oder 'unsichtbare' Symbole auch eine beliebige Verschiebung der Referenzpunkte 'sichtbarer' Symbole erreichen. Wie aus Bild 5.4 hervorgeht, können mit diesem Formalismus in einer Symbolkette auch mehrdimensionale Zusammenhänge erfaßt werden. Die in Abschnitt 5.2.5 erörterte Ergänzung der Symbole um Parameter ist bei diesen Verknüpfungen ohne weiteres möglich; es ist

nur zu beachten, daß die Operation * undefiniert ist, wenn Anfangs- und Endpunkte
der verknüpften Symbole nicht zusammenpassen. Mit s_6 in Bild 5.4 wird angedeutet,
daß die Referenzpunkte innerhalb eines Symbols im Prinzip beliebig definiert werden
können und daß die Symbole selbst natürlich keineswegs nur Linienelemente sein
müssen.

5.2.8 Grammatiken für die Mustererkennung

In diesem Abschnitt werden einige Beispiele für Grammatiken bzw. syntaktische
Regeln angegeben, die für bestimmte Problemkreise vorgeschlagen wurden. Wegen der
Vielzahl der Vorschläge kann hier nur eine kleine Auswahl herausgegriffen werden,
um einen Eindruck für die Vorgehensweise zu geben.

Bereits sehr früh wurde die Anwendung syntaktischer Methoden für die Klassifikation von Chromosomen untersucht [2.18], und seitdem gehört diese zu den immer
wieder behandelten Themen [1.19,5.4,5]. In (5.41) wurde eine attributierte Grammatik zur Klassifikation von Chromosomen angegeben, weitere Beispiele sind in der erwähnten Literatur enthalten. Da durch neue Färbetechniken seit längerer Zeit auch
die Bandstruktur der Chromosomen sichtbar gemacht werden kann und ein wichtiges
Hilfsmittel bei der Klassifikation geworden ist, haben die nur auf Umrißlinien wie
in Bild 3.15 basierenden Grammatiken an Bedeutung verloren, so daß hier nicht weiter
darauf eingegangen wird.

Zur Auswertung von Elektrokardiogrammen (EKG) und Elektroenzephalogrammen (EEG)
wurden syntaktische Verfahren in [5.24-26] entwickelt. Zwar verwendet das IBM EKG
Auswerteprogramm [5.25] nicht ausdrücklich eine Grammatik im oben definierten Sinne,
jedoch ist die Klassifikation einzelner Befunde durchaus den nichtnumerischen Ansätzen zuzurechnen. Von einem Patienten werden fünf Blöcke zu je drei gleichzeitig
registrierten EKG-Ableitungen aufgenommen, wobei die Ableitungen (I,II,III), (aVR,
aVL,aVF), (V1,V2,V3), (V4,V5,V6) sowie die orthogonalen Ableitungen nach Frank verwendet werden. Ein schematisiertes EKG ist in Bild 5.5 gezeigt. Die Ableitungen
werden zur Reduzierung von Störungen vorverarbeitet und dann vermessen. Dabei werden
Größen wie Länge des QRS-Komplexes, Beginn und Ende der P bzw. T Welle, Amplituden
und zeitlicher Anstieg von Wellen ermittelt. Diese Größen bilden die Grundlage der
nachfolgenden Auswertung, die aus einer Rhythmusanalyse und einer Kurvenanalyse
besteht. In beiden Fällen werden je etwa 30 Einzelaussagen unterschieden, von denen
jeweils eine als Beispiel angegeben wird:

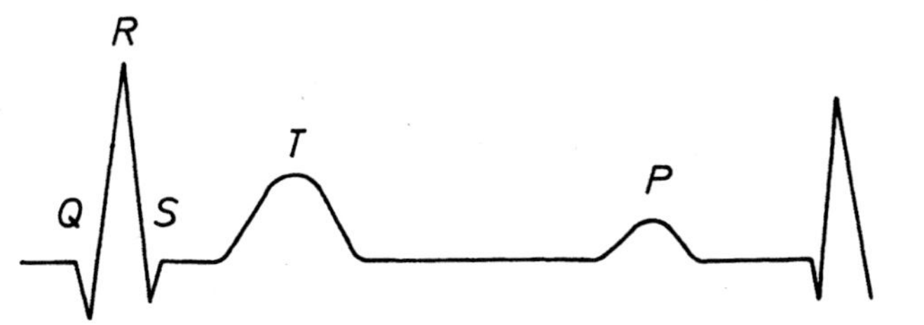

Bild 5.5   Funktionsverlauf eines EKG in schematisierter Form

Wenn jedem QRS Komplex eine normale P Welle vorausgeht und keine zusätzlichen
P Wellen auftreten und alle P Wellen etwa gleich großes PQ Intervall haben
und die Herzfrequenz zwischen 60 und 100 Schlägen je Minute liegt,
dann liegt normaler Sinusrhythmus vor.   (5.48)
Wenn die P Breite nicht über 135 ms liegt
und
1. in Ableitung II die P Amplitude über 0,3 mV bei Herzfrequenz unter 90 oder
über 0,33 mV bei Herzfrequenz über 90
oder
2. in Ableitung III oder aVF die P Amplitude über 0,3 mV liegt oder
3. in Ableitung V1 oder V2 die P Amplitude über 0,35 mV liegt,
dann liegt Vergrößerung des rechten Vorhofs vor.   (5.49)
Die obige Formulierung mit Bedingung (wenn...) und Schlußfolgerung (dann...) ließe
sich ohne weiteres als kontextfreie Produktion gemäß (5.18) schreiben, indem der
Schlußfolgerung ein nichtterminales Symbol, den einzelnen Abfragen der Bedingung je
ein terminales zugeordnet wird. Dieses Beispiel zeigt deutlich einen wichtigen Vorteil des nichtnumerischen Ansatzes. Die obigen Regeln sind nämlich für den menschlichen Experten unmittelbar verständlich und erlauben ihm, die Aussagen des automatischen Systems nachzuvollziehen und mit seiner Beurteilung zu vergleichen. Wenn
dagegen ein EKG in einen n-dimensionalen Merkmalvektor (mit $n \approx 100$) transformiert
und dieser mit einem linearen oder quadratischen Klassifikator klassifiziert wird,
ist ein Nachvollziehen der Entscheidung nicht möglich.

Ein ähnlicher Ansatz wurde in [5.26] für die Auswertung von EEG entwickelt, wobei
die Vorgehensweise eines menschlichen Experten nachgebildet und durch kontextfreie
Regeln formal dargestellt wird. Das EEG wird in sogenannte Epochen von 1s Dauer
segmentiert, die Epochen werden mit einem linearen Klassifikator unter Verwendung
von 17 Merkmalen in eine von sieben Klassen klassifiziert, wobei jede Klasse einem
Grundsymbol entspricht. In Bild 5.6 sind diese Klassen durch ihre mittleren Spektren
charakterisiert. Die Menge der terminalen Symbole ist also

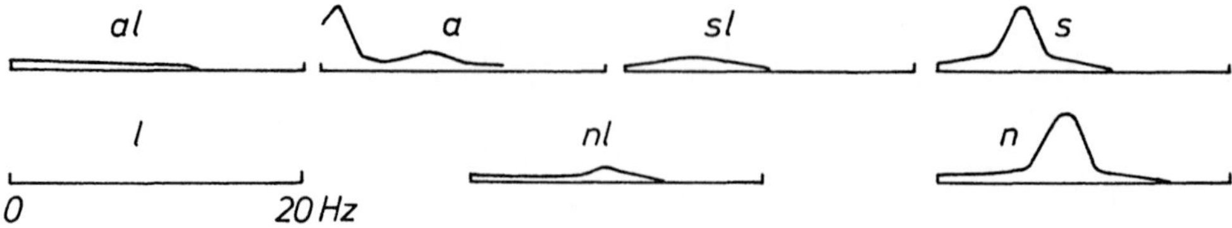

Bild 5.6   Mittlere Spektren der Grundsymbole für die EEG Auswertung

$$V_T = \{al,a,sl,s,l,nl,n\} \quad . \tag{5.50}$$

Die Regeln der Grammatik werden aus den folgenden zehn Schritten entwickelt:
1. Eliminiere langsame Epochen, die in Artefakte eingebettet sind.

$$\text{Artef} \to \{a,al,\text{Artef}\}\{s,sl\}\{a,al,\text{Artef}\} \tag{5.51}$$

Die Notation in (5.51) bedeutet, daß ein Artefakt (Artef) aus drei aufeinanderfolgenden Komponenten oder Symbolen besteht, von denen jede in geschweiften Klammern steht. Enthält eine geschweifte Klammer mehrere Symbole, so können diese alternativ auftreten.
2. Ersetze al durch 1 (diese Regel wird hier direkt übernommen, obwohl damit ein terminales Symbol durch ein anderes ersetzt wird).

$$1 \to al \quad . \tag{5.52}$$

3. Verschmelze benachbarte identische Grundsymbole und segmentiere dadurch das EEG in Regionen.

$$
\begin{aligned}
\text{Artef} &\to \{\text{Artef},a\}\{\text{Artef},a\} \\
\text{Namp} &\to \{n,\text{Namp}\}\{n,\text{Namp}\} \\
\text{Nlamp} &\to \{nl,\text{Nlamp}\}\{nl,\text{Nlamp}\} \\
\text{Lamp} &\to \{1,\text{Lamp}\}\{1,\text{Lamp}\} \\
\text{Sllow} &\to \{sl,\text{Sllow}\}\{sl,\text{Sllow}\} \\
\text{Slow} &\to \{s,\text{Slow}\}\{s,\text{Slow}\}
\end{aligned}
\tag{5.53}
$$

4. Verschmelze Artefakte mit nächster signifikanter Region (6 Regeln, davon 3 als Beispiele)

$$
\begin{aligned}
\text{Namp} &\to \{a,\text{Artef}\}\text{Namp} \\
\text{Namp} &\to \text{Namp}\{a,\text{Artef}\} \\
\text{Lamp} &\to \{\text{Lamp},1\}\{a,\text{Artef}\}
\end{aligned}
\tag{5.54}
$$

5. Eliminiere isolierte Symbole, die in größeren Regionen gefunden werden (3 Regeln, davon 2 als Beispiele)

$$Namp \rightarrow Namp\{nl,l\}\{Namp,n\}$$
$$Lamp \rightarrow Lamp\{nl,n\}\{Lamp,l\} \tag{5.55}$$

6. Suche nach Schläfrigkeit (langsame Epochen gemischt mit Epochen niedriger Amplitude). Die Sicherheit nimmt zu, wenn mehr disjunkte langsame Epochen gefunden werden - das kommt in höheren Zahlen bei Schl zum Ausdruck.

$$Schl0 \rightarrow \{Lamp,Nlamp,nl,l\}\{Artef,a,\lambda\}\{Sllow,Slow,s,sl\}$$
$$Schl1 \rightarrow \{Schl0,Sllow,Slow,s,sl\}\{Schl0\}$$
$$Schl2 \rightarrow Schl1\ Schl0 \tag{5.56}$$

7. Suche nach Anormalitäten (langsame Epochen gemischt mit Epochen höherer Amplitude). Die Sicherheit nimmt zu, wenn mehr disjunkte langsame Epochen gefunden werden - das kommt in höheren Zahlen bei Anorm zum Ausdruck (7 Regeln, davon 3 als Beispiele)

$$Anorm0s \rightarrow \{Namp,Ab,n\}\{Slow,Sllow,s,sl\}$$
$$Anorm0 \rightarrow \{Slow,Sllow,s,sl\}\{Namp,Ab,n\}$$
$$Anorm1s \rightarrow \{Anorm0,Anorm0s\}Anorm0s \tag{5.57}$$

8. Zu- und Abnahme der Amplitude (6 Regeln, davon 2 als Beispiele)

$$Zu \rightarrow Lamp\ Namp$$
$$Zu \rightarrow Nlamp\ Namp$$
$$Ab \rightarrow Nlamp\ Lamp$$
$$Ab \rightarrow Namp\{Schl0,Schl1,Nlamp,Lamp\} \tag{5.58}$$

9. Der Rest gehört zu irregulären Regionen.

$$Irreg \rightarrow \{n,nl,Irreg,Artef,a\}\{n,nl,a,l,Irreg,Artef\} \quad . \tag{5.59}$$

10. Alles außer Anormalität und Schläfrigkeit Schl1, Schl2 ist normal.

$$Norm \rightarrow \{Namp,Nlamp,Lamp,Nll,Nnl,Artef,n,nl,a,l\}$$
$$Norm \rightarrow \{\ Schl0,Irreg,Zu,Ab\}$$
$$Norm \rightarrow Norm\ Norm \tag{5.60}$$

Auch in diesem Beispiel bietet die nichtnumerische oder syntaktische Methode den Vorteil, daß man die sukzessive Zusammenfassung von EEG Epochen in einem übersichtlichen formalen System darstellen kann.

Zur akustisch-phonetischen Transkription und zur Worterkennung gibt es mehrere
Beispiele für den Einsatz syntaktischer Methoden [2.57,3.79,80,5.27-5.30]. Ein typi-
scher Ansatz besteht darin, Sprache in gleich lange Intervalle (frames) fester Länge
von zum Beispiel 10 ms zu segmentieren, diese durch einen Merkmalvektor - zum Beispiel basierend auf den linearen Vorhersagekoeffizienten (3.60) - zu repräsentieren,
und den Merkmalvektor in eine von k Lautklassen zu klassifizieren; oft werden für
jeden frame auch mehrere alternative Klassen bestimmt. Die Zusammenfassung der klassifizierten 'frames' zu größeren lautlichen Segmenten erfolgt dann durch eine Menge
von Regeln. Der erste Verarbeitungsschritt in [2.57] besteht in der Bildung von Seg-
mentteilen (Segmpart), die definiert sind durch

$$
\begin{aligned}
&\text{Segmpart } x_i \rightarrow \text{Simframe } x_i \mid \text{Segmpart } x_i \text{ Frame Simframe } x_i \\
&\text{Simframe } x_i \rightarrow x_i \mid x_i x_i \qquad i = 1,\ldots,8 \\
&\qquad x_1 \rightarrow I \mid IH \qquad x_5 \rightarrow E \mid ER \mid EH \\
&\qquad x_2 \rightarrow V \mid F \qquad x_6 \rightarrow A \mid AR \\
&\qquad x_3 \rightarrow Y \mid YH \qquad x_7 \rightarrow N \mid NE \\
&\qquad x_4 \rightarrow U \mid UH \qquad x_8 \rightarrow Z \mid S \\
&\qquad \text{Frame} \rightarrow \lambda \mid I \mid IH \mid V \mid F \mid Y \mid YH \mid U \mid UH \mid E \mid ER \mid EH \mid A \mid AR \mid N \mid NE \mid Z \mid S
\end{aligned}
$$

$$(5.61)$$

Dabei wird stets nur der am besten bewertete Laut in einem frame berücksichtigt,
und die Laute (terminalen Symbole) sind I,IH,V,F,... . Ein Segmentteil besteht also
aus ein oder mehreren ähnlichen Lauten, wobei einzelne andere Laute eingestreut sein
dürfen. Damit wird eine Glättung der Lautfolge erreicht. Anschließend werden die
Segmentteile weiter zu Segmenten zusammengefaßt.

Für die Erkennung von Schriftzeichen wurden mehrere syntaktische Ansätze entwickelt [3.77,99,5.31,32]. Dabei gibt es Verfahren, welche syntaktische Regeln zur
Erkennung einzelner Schriftzeichen einsetzen, welche statistische (numerische) und
syntaktische (nichtnumerische) Verfahren kombinieren und welche die Erkennung des
Einzelzeichens mit numerischen Verfahren durchführen und die Analyse von Zeichen-
gruppen mit nichtnumerischen. Letztere Vorgehensweise wurde beispielsweise in [5.32]
zur Auswertung mathematischer Ausdrücke wie

$$y = (by + dx) + 2x + 2^X \tag{5.62}$$

$$y = \int_{-\infty}^{\infty} e^{-x^2}\, dx \tag{5.63}$$

angewendet. Die Bedeutung des Einzelzeichens zusammen mit den Koordinaten des umschreibenden Rechtecks werden von einem Zeichenerkennungsprogramm geliefert. Die Bedeutung einer Zeichenfolge ist jedoch kontextabhängig. So haben 2x und 2^X wegen der
unterschiedlichen Position des x eine unterschiedliche Bedeutung, und das dx in
(5.62) hat eine ganz andere Bedeutung als das dx in (5.63), da vor letzterem ein
Integralzeichen steht. Aufgabe der syntaktischen Analyse ist die Berücksichtigung

derartiger Kontextabhängigkeiten; es ist gleichzeitig ein Beispiel dafür, daß die einfache Verkettung von Symbolen nicht mehr ausreichend ist. Um zum Beispiel die Zeichen

$$\frac{a + b}{c + d}$$

zu analysieren, das heißt hier in (a + b) / (c + d) zu transformieren, werden zunächst Bedeutung und Koordinaten der Einzelzeichen bestimmt und dann eine Regel von der Form

$$t_i \rightarrow t_j s_j t_k, \quad \emptyset_j, \emptyset_k \tag{5.64}$$

angewendet. Die Notation in (5.64) bedeutet, daß die Regel nur anzuwenden ist, wenn die Bedingungen $\emptyset_j, \emptyset_k$ erfüllt sind. Es gilt

$$t_j \rightarrow \text{Ausdruck}$$
$$t_k \rightarrow \text{Ausdruck}$$
$$s_j \rightarrow \text{horizontale Linie}$$
$$\emptyset_j : t_j \text{ ist über } s_j, \text{ die x-Ausdehnung von } t_j \text{ wird durch die von } s_j \text{ begrenzt}$$
$$\emptyset_k : s_j \text{ ist über } t_k, \text{ die x-Ausdehnung von } t_k \text{ wird durch die von } s_j \text{ begrenzt} \tag{5.65}$$

Als letztes Beispiel wird kurz auf den in [3.75,76] entwickelten syntaktischen Ansatz zur Vorklassifikation von Fingerabdrücken eingegangen. Unter Vorklassifikation wird die Einordnung eines Abdrucks in eine von sieben Unterklassen verstanden, jedoch nicht die Zuordnung eines Abdrucks zu genau einer oder einigen wenigen Personen. Ein Abdruck wird, wie Bild 5.7 zeigt, in 4^4 Abtastfenster zerlegt, jedem Abtastfenster wird in der Vorverarbeitung der Code der vorherrschenden Richtung der Fingerrillen zugeordnet, und jeder Block aus 4 Abtastfenstern ergibt ein terminales Symbol. Die sieben Klassen werden durch sieben kontextfreie Ketten-Grammatiken G_i, i = 1,...,7 charakterisiert. Im Prinzip ist natürlich eine Grammatik einfacheren Typs möglich, da alle Sätze, wie aus Bild 5.7 hervorgeht, 64 Grundsymbole lang sind und es nur endlich viele solcher Sätze gibt. Die kontextfreie Form erlaubt jedoch eine einfachere Darstellung. Die Grammatik hat entsprechend der regelmäßigen Bildaufteilung nur Produktionen der Form

$$r_i: t_i \rightarrow \beta_1\beta_2\beta_3\beta_4 \qquad \beta_i \in V_N \cup V_T \quad, \quad i = 1,...,4$$
$$r_j: t_j \rightarrow \beta_1 \qquad\qquad t_i, t_j \in V_N, \qquad \beta_1 \neq t_j \quad. \tag{5.66}$$

Die Startproduktionen der sieben Grammatiken sind

$$S_1 \rightarrow t_1 t_2 t_3 t_4 \qquad\qquad\qquad ,$$
$$S_2 \rightarrow t_1 t_2 u_3 t_4 \qquad u_3 \in V_N \quad,$$
$$S_3 \rightarrow t_1 t_2 t_3 u_4 \qquad u_4 \in V_N \quad,$$

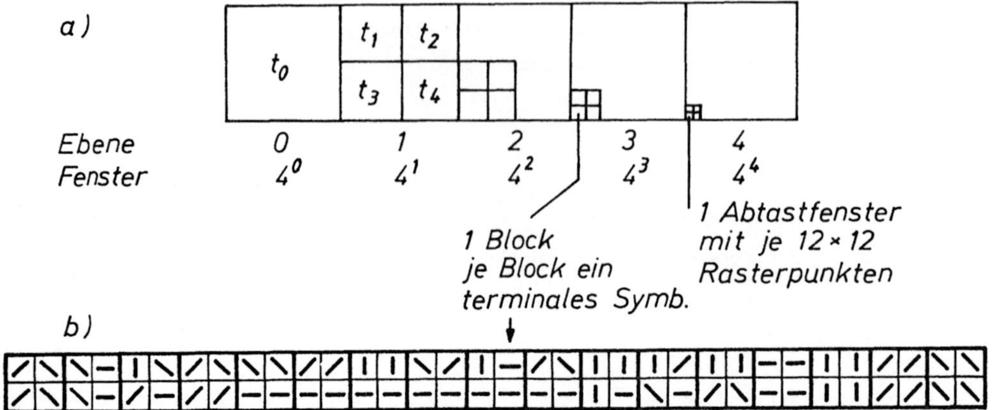

Bild 5.7   a)Aufteilung des Musters in Blöcke. b)Beispiele für Grundsymbole, die
den Blöcken zugeordnet werden. Abgesehen von den letzten vier Symbolen sind alle
Rotationen um je 90° zulässig.

$$S_4 \rightarrow t_1 t_2 v_3 v_4 \qquad v_3, v_4 \in V_N \; ,$$
$$S_5 \rightarrow t_1 t_2 w_3 w_4 \qquad w_3, w_4 \in V_N \; ,$$
$$S_6 \rightarrow x_1 x_2 x_3 x_4 \qquad x_1 - x_4 \in V_N \; ,$$
$$S_7 \rightarrow y_1 y_2 y_3 y_4 \qquad y_1 - y_4 \in V_N \; . \tag{5.67}$$

Für jeden Abdruck wird festgestellt, ob die ihn repräsentierende Symbolkette ein
Satz aus G_1 oder G_2 oder ... oder G_7 ist und damit eine Klassifikation durchgeführt.
Man entnimmt (5.67) zum Beispiel, daß Sätze aus G_1 und G_2 sich nur in einem Bildviertel unterscheiden können, während Sätze aus G_1 und G_6 in allen Bildvierteln
verschieden sind. Eine Erweiterung auf stochastische Grammatiken ist möglich, ebenso
die Verwendung von Baumgrammatiken. Weitere Beispiele für die Anwendung syntaktischer Methoden findet man in [5.4-6,5.33].

5.3 Klassifikation von Symbolketten

5.3.1 Vorbemerkung

Im Abschnitt 5.3 wird die Klassifikation von Symbolketten aus regulären und kontextfreien Sprachen erörtert. Die Möglichkeit, daß eine vorgelegte Symbolkette aufgrund eines geeigneten Abstandsmaßes zu einer Referenzkette klassifiziert wird, soll hier ausdrücklich ausgeschlossen werden, da dieses, wie schon in Abschnitt 5.1 erwähnt, ein Spezialfall der abstandsmessenden Klassifikatoren von Abschnitt 4.4.4 ist. Im einfachsten Falle erfordert die Klassifikation einer Symbolkette $v \in V_T^*$ eine Entscheidung, ob $v \in L(G)$ ist oder nicht. Wenn mehrere Klassen wie in (5.67) durch mehrere Grammatiken dargestellt werden, sind auch mehrere derartige Entscheidungen erforderlich, jedoch läßt sich auch hier der Mehrklassenfall auf mehrere Zweiklassenfälle zurückführen. Daher wird hier stets nur eine Grammatik G und die Entscheidung über $v \in L(G)$ oder nicht betrachtet; dieses wird auch als Erkennung von v bezeichnet.

Die allgemeinere Aufgabe ist die Zergliederung oder das 'Parsing' und besteht darin, zu einer gegebenen Symbolkette v die Folge (oder alle möglichen Folgen) von Produktionen zu bestimmen, mit denen v aus S abgeleitet werden kann. Dabei beschränkt man sich, wie in Abschnitt 5.2.2 erwähnt, auf die Links- bzw. die Rechtsableitung; wenn in einer Symbolkette mehrere Alternativen zur Ersetzung von Symbolen bestehen, wird das am weitesten links bzw. rechts stehende zuerst ersetzt. Die syntaktische Struktur einer terminalen Kette v läßt sich in einem Syntaxbaum darstellen, dessen Wurzel das Startsymbol S ist und dessen Blätter die terminalen Symbole aus v sind. Bild 5.8 zeigt den Syntaxbaum für $v = d\,b\,a\,b\,c\,b\,a\,b\,d\,b\,a\,b\,c\,b\,a\,b \in L\,(G_6)$ in (5.41). Die Linksableitung ist $S \rightarrow P\,P \rightarrow d\,A\,c\,A\,P \rightarrow d\,b\,a\,b\,c\,A\,P \rightarrow d\,b\,a\,b\,c\,b\,a\,b\,P \rightarrow d\;b\,a\,b\,c\,b\,a\,b\,d\,A\,c\,A \rightarrow d\,b\,a\,b\,c\,b\,a\,b\,d\,b\,a\,b\,c\,A \rightarrow v$, die Rechtsableitung ist $S \rightarrow P\,P \rightarrow P\,d\,A\,c\,A \rightarrow P\,d\,A\,c\,b\,a\,b \rightarrow P\,d\,b\,a\,b\,c\,b\,a\,b \rightarrow d\,A\,c\,A\,d\,b\,a\,b\,c\,b\,a\,b \rightarrow d\,A\,c\,b\,a\,b\,d\,b\,a\,b\,c\,b\,a\,b \rightarrow v$. Sowohl bei der top-down als auch bei der bottom-up Zergliederung wird nach irgendeiner Zahl von Ersetzungsschritten eine Kette $\alpha = \beta_1 \cdots \beta_m \in (V_N \cup V_T)^*$ erreicht. Im allgemeinen wird es auch mehrere Möglichkeiten geben, ein Symbol β_i oder eine Symbolkette $\beta_i \beta_{i+1} \cdots \beta_{i+\mu}$ in α zu ersetzen, und es ist nur aufgrund von α nicht entscheidbar, welche die richtige ist; vielmehr wird dieses erst nach weiteren Ersetzungsschritten klar (allerdings ist dieses im

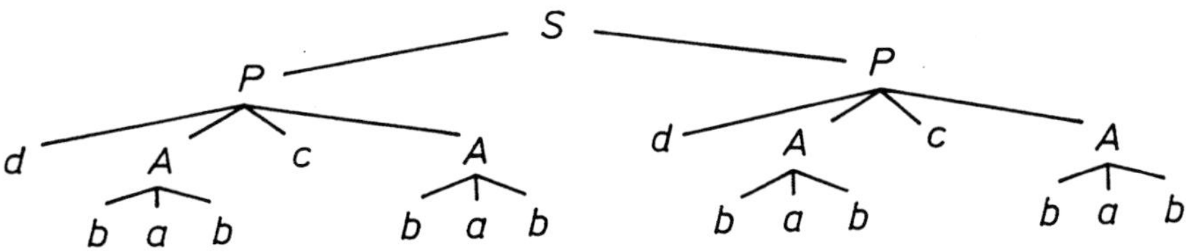

Bild 5.8   Syntaxbaum einer Kette $v \in L(G_6)$ in (5.41)

obigen Beispiel $v \in L(G_6)$ nicht der Fall). Erkennungs- und Parsingalgorithmen müssen daher die verschiedenen Alternativen verfolgen, um die richtige (oder die richtigen) zu finden. Aus diesem Grunde steigt der erforderliche Rechenaufwand im allgemeinen nicht linear mit der Zahl n der Symbole in v an, sondern zum Beispiel für kontextfreie Grammatiken mit n^3. Allerdings gibt es Spezialfälle von Grammatiken, bei denen dieser Aufwand nur mit n^2 oder gar nur mit n ansteigt [5.3].

5.3.2 Reguläre Sprache

Die am stärksten eingeschränkten Regeln sind die einer regulären Grammatik (5.19), die eine reguläre Sprache erzeugt. Die Sätze aus einer regulären Sprache werden von einem endlichen Automaten A erkannt [5.34]. Ein endlicher nichtdeterministischer Automat ist ein Quintupel

$$
\begin{aligned}
A &= (Q,X,\delta,q_0,F) \\
Q &= \{q_0,q_1,\ldots,q_n\}: \text{ endliche Menge der Zustände} \\
X &= \{x_1,x_2,\ldots,x_m\}: \text{ endliche Menge der Eingabegrößen} \\
\delta &= Q \times X \rightarrow 2^Q \quad : \text{ Zustandsübergänge} \\
q_0 &\in Q \qquad\qquad\quad : \text{ Anfangszustand} \\
F &\subset Q \qquad\qquad\quad : \text{ Menge der akzeptierenden Zustände.}
\end{aligned}
\tag{5.68}
$$

Der Automat befindet sich anfänglich im Zustand q_0, seine Eingabe ist eine Symbolkette $v = v_1 v_2 \ldots v_\nu$, $v_j \in X$, $j = 1,\ldots,\nu$. Das erste Eingabesymbol v_1 bewirkt einen Zustandsübergang

$$
Q_1 = \delta(q_0,v_1) \subset Q
\tag{5.69}
$$

in eine Menge Q_1 von möglichen Folgezuständen. Das i-te Symbol v_i, $i = 2,\ldots,\nu$ bewirkt einen Zustandsübergang in die Menge

$$
Q_i = \bigcup_{q_j \in Q_{i-1}} \delta(q_j,v_i) \subset Q \quad .
\tag{5.70}
$$

Die Kette v wird von A angenommen, wenn das letzte Symbol v_ν den Automaten in eine Zustandsmenge Q_ν überführt, die wenigstens einen Zustand $q \in F$ enthält. Ein wichtiger Spezialfall ist der endliche deterministische Automat, der wie in (5.68) definiert ist, außer daß

$$
\delta: Q \times X \rightarrow Q
\tag{5.71}
$$

ist, das heißt ein Eingabesymbol bewirkt den Übergang in genau einen neuen Zustand.

Bei Eingabe der Kette v gilt also für das i-te Symbol v_i

$$Q_i = \delta(Q_{i-1}, v_i) \in Q \qquad i = 1, \ldots, \nu; \qquad Q_0 = q_0 \in Q \quad . \tag{5.72}$$

Die Symbolkette v wird angenommen, wenn nach Eingabe von v_ν ein Zustand $Q_\nu \in F$ erreicht wird. Mit (5.72) läßt sich der durch Eingabe von v erreichte Zustand Q_ν angeben zu

$$\begin{aligned}
Q_\nu &= \delta(Q_{\nu-1}, v_\nu) \\
&= \delta(\delta(Q_{\nu-2}, v_{\nu-1}), v_\nu) \\
&= \delta(\delta(\ldots \delta(\delta(q_0, v_1), v_2) \ldots v_{\nu-1}), v_\nu) \\
&= \delta(q_0, v) \tag{5.73}
\end{aligned}$$

Ein endlicher nichtdeterministischer Automat $A = (Q, X, \delta, q_0, F)$ akzeptiert die Sprache

$$\begin{aligned}
L(A) = \{v \mid\; &v \in X^+,\; A \text{ startet in } q_0 \text{ und} \\
&\text{endet nach Eingabe von } v \text{ in einer Zustandsmenge } Q_\nu, \text{ die wenigstens} \\
&\text{einen Zustand } q \in F \text{ enthält}\}. \tag{5.74}
\end{aligned}$$

Ein endlicher deterministischer Automat $A' = (Q', X', \delta', q_0', F')$ akzeptiert die Sprache

$$L(A') = \{v \mid v \in X'^+,\; \delta'(q_0', v) \in F'\}. \tag{5.75}$$

Zu jedem nichtdeterministischen Automaten A läßt sich ein äquivalenter deterministischer Automat A' angeben, so daß

$$L(A) = L(A') \tag{5.76}$$

ist. Wenn der Automat A wie in (5.68) definiert wird, erhält man A' aus der Vorschrift

$$\begin{aligned}
Q' &= 2^Q \\
X' &= X \\
\delta'(q', a) &= \{p \mid p \in Q, \quad p = \delta(q, a) \text{ für} \\
&\qquad\qquad \text{irgendein } q \text{ in Untermenge } q'\}, \text{ sonst } \delta'(q', a) = \emptyset. \\
q_0' &= \{q_0\} \\
F' &= \{q' \mid q' \in Q',\; q' \text{ enthält wenigstens} \\
&\qquad\qquad \text{einen Zustand aus } F\} \tag{5.77}
\end{aligned}$$

Ein Beispiel folgt unten. Für endliche Automaten und reguläre Sprachen gilt

<u>Satz 5.2:</u> Zu jedem endlichen Automaten A gemäß (5.68) gibt es eine reguläre Grammatik G mit Regeln gemäß (5.19), so daß $L(A) = L(G)$ ist und umgekehrt.

<u>Beweis:</u> Man findet Beweise dieses Satzes zum Beispiel in [5.2,34]. Die Vorgehensweise besteht darin, zu einer Grammatik G den Automaten A mit $L(G) = L(A)$

zu konstruieren und umgekehrt. Da für die Mustererkennung in der Regel davon auszu-
gehen ist, daß eine Grammatik gegeben ist und ein Algorithmus zur Erkennung von
Ketten $v \in L(G)$ gesucht ist, wird hier nur der erste Teil des Beweises angegeben.
Die gegebene Grammatik sei

$$G = (V_N, V_T, S, R)$$

und enthalte nur Regeln der Form

$$
\begin{aligned}
r_i &: t_i \rightarrow s_j t_j && t_i, t_j \in V_N, s_j \in V_T \\
r_i &: t_k \rightarrow s_k && t_k \in V_N, s_k \in V_T \quad .
\end{aligned}
$$
(5.78)

Den $L(G)$ erkennenden Automaten

$$A = (Q, X, \delta, q_0, F)$$

erhält man durch die Vorschriften

1. Setze $Q = V_N \cup \{t_{n+1}\}$ mit V_N gemäß (5.4).
2. Setze $X = V_T$.
3. Wenn $t_i \rightarrow s_j t_j \in R$,   dann setze $\delta(q_i, s_j) = q_j$;
   wenn $t_k \rightarrow s_k \in R$,   dann setze $\delta(t_k, s_k) = t_{n+1}$.
4. Setze $q_0 = S$.
5. Setze $F = \{t_{n+1}\}$.
(5.79)

Die Zustandsfolge von A bei Eingabe von v entspricht der Folge nichtterminaler Symbole bei der Ableitung von v. Eine Kette v wird dann nicht von A angenommen, wenn
v nicht in G ableitbar ist. Damit ist der eine Teil des Beweises gezeigt.

Die Klassifikation einer Symbolkette v aus einer regulären Sprache in eine der
zwei Klassen

$$
\begin{aligned}
\Omega_1 &: v \in L(G) \\
\Omega_0 &: v \notin L(G)
\end{aligned}
$$
(5.80)

wird also wie folgt durchgeführt:

1. Man ermittle die Grammatik G der regulären Sprache, falls G nicht gegeben ist.
2. Man bestimme den Automaten A mit $L(G) = L(A)$ gemäß (5.79) und entscheide über
$v \in L(A)$ gemäß (5.74).
3. Man bestimme, falls erforderlich oder gewünscht, den äquivalenten deterministischen Automaten A' gemäß (5.77)
4. Wenn gemäß (5.75) $\delta'(q_0', v) \in F'$, dann ist $v \in L(G)$ und damit $v \in \Omega_1$, sonst ist $v \notin L(G)$
und damit $v \in \Omega_0$.

Ein einfaches Beispiel verdeutlicht die einzelnen Schritte. Gegeben sei die reguläre Sprache

$$L_7 = \{ab^m ab^n \mid m = 2,3,\ldots; \; n = 1,2,\ldots\} \, , \tag{5.81}$$

und es seien Sätze $v \in L_7$ zu erkennen. Eine reguläre Grammatik, die L_7 erzeugt, ist

$$
\begin{aligned}
&G_7 = (V_N, V_T, S, R) \\
&V_N = \{S,A,B,C,D\}, \quad V_T = \{a,b\} \\
&R = \{r_1,\ldots,r_7\}
\end{aligned}
$$

$$
\begin{array}{ll}
r_1\colon & S \to aA \qquad\qquad r_5\colon \; C \to aD \\
r_2\colon & A \to bB \qquad\qquad r_6\colon \; D \to bD \\
r_3\colon & B \to bB \qquad\qquad r_7\colon \; D \to b \\
r_4\colon & B \to bC
\end{array}
\tag{5.82}
$$

Der Automat A, der $L_7(G_7)$ annimmt, ergibt sich aus (5.79) zu

$$
\begin{aligned}
&Q = \{S,A,B,C,D,T\} \quad \text{mit} \quad t_{n+1} = T \\
&X = V_T = \{a,b\} \\
&\delta:
\end{aligned}
$$

	S	A	B	C	D	T
a	A			D		
b		B	B,C	D,T		

$$
\begin{aligned}
&q_0 = S \\
&F = \{T\}
\end{aligned}
\tag{5.83}
$$

Man sieht, daß A nichtdeterministisch ist, da im Zustand B bei Eingabe von b der Folgezustand B oder C sein kann. Die Folgezustände sind oben in einer Tabelle angegeben, deren linke Spalte die möglichen Eingaben aus X enthält und deren obere Zeile die möglichen Zustände aus Q enthält; die jeweiligen Folgezustände entnimmt man der Tabelle. Diese ist nicht vollständig ausgefüllt, das heißt es gibt Situationen, wo der Folgezustand undefiniert ist. Wenn zum Beispiel im Zustand A die Eingabe a erfolgt, gibt es keinen nächsten Zustand in der Tabelle. Das bedeutet, daß der Automat blockiert wird, da $v \notin L(A)$. Der in (5.83) angegebene Automat ist in Bild 5.9a durch sein Zustandsübergangsdiagramm dargestellt. Die Knoten entsprechen den Zuständen, die markierten Kanten den Zustandsübergängen als Folge einer Eingabe. Zum Beispiel sind die möglichen Zustandsfolgen bei Eingabe von $v = a\, b^2\, a\, b^3$: $(S,A,B,C,D,$ $D,D,T)$, (S,A,B,C,D,D,D,D) und $(S,A,B,B,\emptyset)$, so daß v gemäß (5.74) angenommen wird, da die Zustandsmenge $Q_v = \{T,D,\emptyset\}$, in der A endet, $T \in F$ enthält.

Zu A wird nun der äquivalente deterministische Automat mit (5.77) bestimmt. Es ist nicht zweckmäßig, mit der Angabe der Menge Q' zu beginnen, da diese alle $2^6 = 64$ Teilmengen von Q enthalten würde, von denen gar nicht alle gebraucht werden. Statt dessen wird zunächst die Abbildung δ' konstruiert, die in der Tabelle angegeben ist.

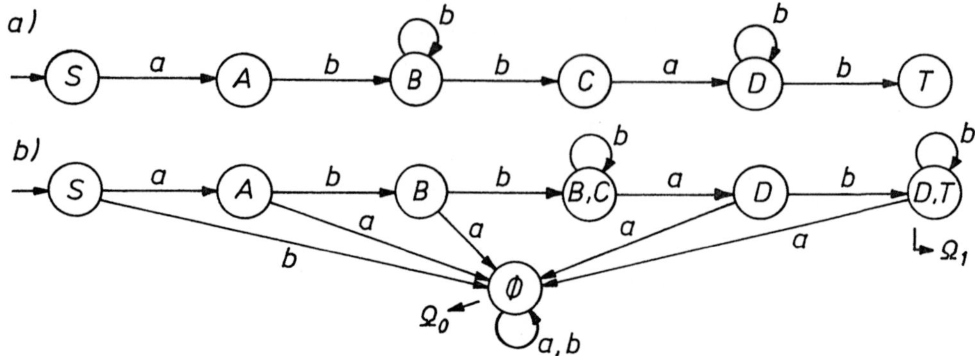

Bild 5.9 a)Zustandsdiagramm eines endlichen nichtdeterministischen Automaten, b)der äquivalente deterministische Automat

δ':	$\emptyset$	S	A	B	C	D	T	(B,C)	(D,T)	
a	$\emptyset$	A	$\emptyset$	$\emptyset$	D	$\emptyset$	$\emptyset$	D	$\emptyset$	
b	$\emptyset$	$\emptyset$	B	(B,C)	$\emptyset$	(D,T)	$\emptyset$	(B,C)	(D,T)	(5.84)

Zum Beispiel ist $\delta'(B,b) = (B,C)$, da $B = \delta(B,b)$ und $C = \delta(B,b)$, und es ist $\delta'((B,C),a)$ = D, da $\emptyset = \delta(B,a)$ und $D = \delta(C,a)$ gemäß (5.83) ist. Natürlich ließe sich die Tabelle vollständig ausfüllen, jedoch werden weitere Zustände nicht angenommen. Sogar die Zustände C und T in (5.84) sind überflüssig, da sie auch nie erreicht werden. Der Zustand $\emptyset$ wird eingeführt, da $\emptyset \in 2^Q$ ein möglicher und auch erforderlicher Folgezustand ist. Die Tabelle in (5.84) ist nun vollständig ausgefüllt, der Automat ist deterministisch, da es zu jedem Zustand genau einen Folgezustand gibt. Der deterministische Automat A' ist also gegeben durch

$$A' = (Q',X',\delta',q_0',F')\qquad,$$
$$Q' = \{\emptyset,S,A,B,D,(B,C),(D,T)\}\;,$$
$$X' = X = \{a,b\}\qquad,$$
$$\delta' : \text{gemäß (5.84)}\qquad,$$
$$q_0' = q_0 = S\qquad,$$
$$F' = \{(D,T)\}\qquad.\qquad\qquad(5.85)$$

Sein Zustandsdiagramm ist in Bild 5.9b angegeben. Wenn der Automat A' nach Eingabe einer Kette v in (D,T) hält, dann ist $v \in L(G_7)$, wenn er in $\emptyset$ hält, dann ist $v \notin L(G_7)$. Ein derartiger Automat hat für jede Eingabe ein eindeutiges Verhalten und zeigt die Klassen Ω_1,Ω_0 aus (5.80) durch zwei unterschiedliche Zustände an. Es wird noch erwähnt, daß sich im allgemeinen die Zustandsmenge Q' von A' minimieren läßt [5.2].

Je ein endlicher Automat wurde zum Beispiel in [3.71] zur Definition jeder Zeichenklasse eines Schriftzeichenlesers verwendet und in [5.36] wird eine Verallgemeinerung der endlichen Automaten gegeben. Die endlichen Automaten in Bild 5.9 sind den Entscheidungsbäumen in Bild 4.8,9 insofern ähnlich, als beide das Vorhandensein bestimmter Merkmale prüfen.

5.3.3 Kontextfreie Sprache

Sätze aus kontextfreien Sprachen, die von Grammatiken mit Regeln gemäß (5.18) erzeugt werden, werden von Kellerautomaten erkannt, die eine Verallgemeinerung der endlichen Automaten sind. Kellerautomaten werden jedoch in der Mustererkennung in der Regel nicht angewendet, und daher werden hier zwei Algorithmen zur Zergliederung einer Symbolkette v angegeben, die eine effiziente Lösung des Problems liefern. Die Verwendung von Algorithmen, die das Verhalten eines Kellerautomaten simulieren, ist natürlich auch möglich und zum Beispiel in Sect. 4.1 von [5.3] beschrieben.

Der erste Algorithmus ('Early Parser', [5.36]) arbeitet top-down und erzeugt eine Folge von Zustandsmengen bis entweder ein akzeptierender Zustand erreicht ist oder eine Zustandsmenge leer bleibt. Die Zustandsmenge Q_i wird erzeugt, wenn das Symbol v_i in der Kette v untersucht wird. Die Menge Q_i enthält Zustände q_{ij}, die das Format

$$q_{ij} = \text{(eine Regel } r_i \in R \text{, zusätzlich mit einem Punkt in } r_i \text{ versehen / eine Vorhersagekette für k Symbole / ein Zeiger auf eine Zustandsmenge)} \quad (5.86)$$

haben. Von der rechten Seite der Regel r_i wird der gerade untersuchte Teil der Kette v abgeleitet, und der Punkt in r_i hat auf seiner linken Seite den bereits akzeptierten Teil der rechten Seite von r_i. Die Vorhersagekette ist ein syntaktisch möglicher Nachfolger der Regel, wobei hier stets k = 1 angenommen wird. Der Zeiger schließlich gibt die Position in v an, wo der Algorithmus mit der Untersuchung dieser Regel begann.

1. Algorithmus zur Zergliederung einer Symbolkette $v = v_1 v_2 \ldots v_n$ aus einer kontextfreien Sprache mit einer Grammatik G gemäß (5.3,18).

1.1 Initialisiere die Zergliederung, indem

    a) (k+1) Symbole \$ rechts von v ergänzt werden mit $\$ \notin (V_N \cup V_T)$,

    b) der Zustand $q_{01} = (\emptyset \rightarrow .S\$/\$/0$ in die Menge Q_0 gebracht wird, wobei $\emptyset$ ein neues nichtterminales Symbol ist.

1.2 WHILE Zustandsmenge Q_{i+1} enthält für irgendein i = λ nicht den einen Zustand $q_{\lambda+1,1} = (\emptyset \rightarrow S\$./\$/0)$ oder Q_{i+1} ist nicht leer nach Verarbeitung von Q_i DO:

1.2.1 Bearbeite der Reihe nach die Zustandsmengen Q_i; bearbeite der Reihe nach die Zustände $q_{ij} \in Q_i$ und führe eine der folgenden Operationen aus:

a) Wenn q_{ij} ein nichtterminales Symbol t_k rechts vom Punkt hat, dann wende die Vorhersage auf q_{ij} an (dadurch werden weitere Zustände zu Q_i hinzugefügt, auf die die Vorhersage auch anwendbar sein kann)

    Vorhersage:

    Für jede Regel r_ν, die t_k als linke Seite hat, füge einen weiteren Zustand zu Q_i hinzu; dieser neue Zustand enthält r_ν.

    Setze den Punkt an den Anfang der rechten Seite von r_ν.

    Die Vorhersagekette ist das Symbol rechts von t_k

    Setze den Zeiger gleich i.

    Unterdrücke Zyklen, die durch Generierung schon in Q_i vorhandener Zustände entstehen könnten.

b) Wenn in q_{ij} ein terminales Symbol oder das Symbol \$ rechts vom Punkt steht, dann wende den Vergleich auf q_{ij} an (dadurch können neue Zustände in eine neue Menge Q_{i+1} gebracht werden; es kann zu END WHILE führen, je nach Inhalt von Q_{i+1} und erfolgt spätestens für i = n).

    Vergleich:

    Vergleiche das Symbol rechts vom Punkt in q_{ij} mit v_{i+1} in v. Wenn sie gleich sind, füge zu Q_{i+1} einen neuen Zustand hinzu, der gleich q_{ij} ist, außer daß der Punkt eine Stelle nach rechts gerückt ist.

c) Wenn der Zustand q_{ij} den Punkt am Ende der Regel hat, dann wende die Vervollständigung auf q_{ij} an (damit werden Q_i weitere Zustände hinzugefügt, auf die die Vervollständigung auch anwendbar sein kann).

    Vervollständigung:

    Vergleiche die Vorhersagekette von q_{ij} mit v_{i+1} in v. Wenn sie gleich sind, gehe zurück nach $Q_{p(i,j)}$, wobei $p(i,j)$ der Zeiger in q_{ij} ist.

    Zu Q_i werden alle Zustände $q_{p(i,j)k}$ von $Q_{p(i,j)}$ hinzugefügt, wobei die linke Seite der Produktion in q_{ij} rechts vom Punkt in $q_{p(i,j)k}$ steht und der Punkt eine Stelle nach rechts verschoben wird.

END WHILE

Wenn es für ein i = λ eine Menge $Q_{\lambda+1}$ gibt, die nur den einen Zustand $\emptyset \rightarrow S\$./\$/0$ enthält, dann ist $v \in L(G)$, sonst ist $v \notin L(G)$.

ENDE

Der obige Algorithmus ist in Bild 5.10 an einem Beispiel verdeutlicht. Die kontextfreie Grammatik sei

$$G_8 = (V_N, V_T, S, R) \quad ,$$
$$V_N = \{S, T\} \quad , \qquad V_T = \{a, b, +, *\} \quad ,$$
$$R = \{r_1, \ldots, r_5\} \quad ,$$

$$r_1: S \rightarrow S+T \quad , \qquad r_4: T \rightarrow a \quad ,$$
$$r_2: S \rightarrow T \quad , \qquad r_5: T \rightarrow b \quad ,$$
$$r_3: S \rightarrow S*T \quad , \tag{5.87}$$

Für die Symbolkette

$$v = a + a * b \in L(G) \tag{5.88}$$

zeigt Bild 5.10 alle durch den Algorithmus 1 erzeugten Zustandsmengen und Zustände. Eine andere Version des Algorithmus wird zum Beispiel in Sect.4.2 von [5.3] angegeben. In [5.36] wird angemerkt, daß für bestimmte Grammatiken - zum Beispiel solche mit Regeln der Form $S \rightarrow ABS$ - die Zustände zu modifizieren sind. Eine andere einfache Möglichkeit besteht auch darin, ohne Vorhersagekette, also mit $k = 0$, zu arbeiten.

Der zweite Algorithmus (Cocke-Younger-Kasami Parser [5.37]) arbeitet bottom-up und setzt eine kontextfreie Grammatik in Chomsky Normalform voraus. Das bedeutet, daß nur Regeln der Form

$$r_i: t_i \rightarrow t_j t_k \qquad t_i, t_j, t_k \in V_N$$
$$r_i: t_i \rightarrow s_j \qquad s_j \in V_T \tag{5.89}$$

erlaubt sind. Zu jeder kontextfreien Grammatik G läßt sich eine Grammatik G' in Chomsky Normalform angeben, welche die gleiche Sprache erzeugt. Enthält G Regeln der Form (5.89), werden sie direkt nach G' übernommen. Regeln der Form

$$t_i \rightarrow \beta_1 \beta_2 \ldots \beta_n \qquad \beta_i \in V_T \cup V_N, \; i = 1, \ldots, n \tag{5.90}$$

werden auf diese Form gebracht, indem man neue nichtterminale Symbole α_i, α_{jn}, $i = 1, \ldots, n$, $j = 2, 3, \ldots, n-1$ einführt und (5.90) ersetzt durch

$$t_i \rightarrow \alpha_1 \alpha_{2n}$$
$$\alpha_{2n} \rightarrow \alpha_2 \alpha_{3n}$$
$$\vdots$$
$$\alpha_{n-1,n} \rightarrow \alpha_{n-1} \alpha_n$$
$$\alpha_i = \beta_i \quad \text{wenn} \quad \beta_i \in V_N$$

wenn $\beta_i \in V_T$, wird eine neue Regel
$$\alpha_i \rightarrow \beta_i \quad \text{eingefügt} . \tag{5.91}$$

Zum Beispiel hat die Grammatik G_8 in (5.87) die Chomsky Normalform

$$G_8' = (V_N', V_T, S, R') \quad ,$$
$$V_N' = \{S, T, A, B, C, D\} \quad ,$$
$$R' = \{r_1', \ldots, r_{10}'\} \quad ,$$

298

Q_0: Initialisiere $\emptyset\rightarrow.S\$/\$/0$ $v=a+a*b\$\$$

Vorhersage: $(S\rightarrow.S+T/\$/0)$, $(S\rightarrow.S*T/\$/0)$, $(S\rightarrow.T/\$/0)$

   $(S\rightarrow.S+T/+/0)$, $(S\rightarrow.S*T/+/0)$, $(S\rightarrow.T/+/0)$, $(S\rightarrow.S*T/*/0)$, $(S\rightarrow.S+T/*/0)$,
     $(S\rightarrow.T/*/0)$, $(T\rightarrow.a/\$/0)$, $(T\rightarrow.b/\$/0)$

   $(T\rightarrow.a/+/0)$, $(T\rightarrow.b/+/0)$, $(T\rightarrow.a/*/0)$, $(T\rightarrow.b/*/0)$

Vergleich:

Q_1: $(T\rightarrow a./\$/0)$, $(T\rightarrow a./+/0)$, $(T\rightarrow a./*/0)$

Vervollständigung: $(S\rightarrow T./*/0)$, $(S\rightarrow T./+/0)$, $(S\rightarrow T./\$/0)$

   $(\emptyset\rightarrow S.\$/\$/0)$, $(S\rightarrow S.+T/\$/0)$, $(S\rightarrow S.*T/\$/0)$, $(S\rightarrow S.+T/+/0)$, $(S\rightarrow S.*T/+/0)$,
     $(S\rightarrow S.*T/*/0)$, $(S\rightarrow S.+T/*/0)$

Vergleich:

Q_2: $(S\rightarrow S+.T/\$/0)$, $(S\rightarrow S+.T/+/0)$, $(S\rightarrow S+.T/*/0)$

Vorhersage: $(T\rightarrow.a/\$/2)$, $(T\rightarrow.b/\$/2)$, $(T\rightarrow.a/+/2)$, $(T\rightarrow.b/+/2)$, $(T\rightarrow.a/*/2)$, $(T\rightarrow.b/*/2)$

Vergleich:

Q_3: $(T\rightarrow a./\$/2)$, $(T\rightarrow a./+/2)$, $(T\rightarrow a./*/2)$

Vervollständigung: $(S\rightarrow S+T./\$/0)$, $(S\rightarrow S+T./+/0)$, $(S\rightarrow S+T./*/0)$

   $(S\rightarrow S.*T/*/0)$, $(S\rightarrow S.+T/*/0)$, $(S\rightarrow S.+T/+/0)$, $(S\rightarrow S.*T/+/0)$, $(S\rightarrow S.+T/\$/0)$,
     $(S\rightarrow S.*T/\$/0)$, $(\emptyset\rightarrow S.\$/\$/0)$

Vergleich:

Q_4: $(S\rightarrow S*.T/*/0)$, $(S\rightarrow S*.T/+/0)$, $(S\rightarrow S*.T/\$/0)$

Vorhersage: $(T\rightarrow.a/*/4)$, $(T\rightarrow.b/*/4)$, $(T\rightarrow.a/+/4)$, $(T\rightarrow.b/+/4)$, $(T\rightarrow.a/\$/4)$, $(T\rightarrow.b/\$/4)$

Vergleich:

Q_5: $(T\rightarrow b./*/4)$, $(T\rightarrow b./+/4)$, $(T\rightarrow b./\$/4)$

Vervollständigung: $(S\rightarrow S*T./*/0)$, $(S\rightarrow S*T./+/0)$, $(S\rightarrow S*T./\$/0)$

   $(S\rightarrow S.+T/\$/0)$, $(S\rightarrow S.*T/\$/0)$, $(S\rightarrow S.+T/+/0)$, $(S\rightarrow S.*T/+/0)$, $(S\rightarrow S.*T/*/0)$
     $(S\rightarrow S.+T/*/0)$, $(\emptyset\rightarrow S.\$/\$/0)$

Vergleich:

$Q_6 = Q_{\lambda+1}$: $(\emptyset\rightarrow S\$./\$/0)$ $\longrightarrow$ $v \in L\ (G)$

Bild 5.10   Zustände, die bei der Erkennung von v in (5.88) durch den Algorithmus 1
erzeugt werden

$$r_1': S \rightarrow SA \quad , \quad r_6': S \rightarrow SC \quad ,$$
$$r_2': A \rightarrow BT \quad , \quad r_7': C \rightarrow DT \quad ,$$
$$r_3': B \rightarrow + \quad , \quad r_8': D \rightarrow * \quad ,$$
$$r_4': S \rightarrow a \quad , \quad r_9': T \rightarrow a \quad ,$$
$$r_5': S \rightarrow b \quad , \quad r_{10}': T \rightarrow b \quad . \tag{5.92}$$

Die Kette v in (5.88) läßt sich damit über S $\rightarrow$ SC $\rightarrow$ SAC $\rightarrow$ SBTC $\rightarrow$ SBTDT $\rightarrow$ a+a*b ableiten.

Das Prinzip des folgenden Algorithmus besteht darin, in v$\in$L(G) zunächst alle terminalen Symbole durch nichtterminale zu ersetzen und dann jeweils zwei benachbarte nichtterminale durch ein nichtterminales; das entspricht genau den Produktionen (5.89).

2. Algorithmus zur Zergliederung einer Symbolkette $v = v_1...v_n$ aus einer kontextfreien Sprache mit einer Grammatik G' in Chomsky Normalform gemäß (5.89).

2.1 Für j = 1 berechne Zustandsmenge Q_{i1}, i = 1,...,n. Es ist $t_k \in V_N$ in Q_{i1}, wenn $t_k \rightarrow v_i$ eine Produktion in R' ist (j ist die Länge der betrachteten Teilkette; zuerst werden also Teilketten der Länge 1, nämlich einzelne terminale Symbole, ersetzt).

2.2 Für j = 2,...,n berechne:

(Es werden nun Teilketten der Länge j ersetzt)

    Für i = 1,...,n-j+1 berechne Q_{ij}:

    (Innerhalb v kann eine Teilkette der Länge j die Anfangspositionen i = 1,...,n-j+1 haben)

        Für k = 1,...,j-1 berechne:

        (Jede Teilkette der Länge j wird in zwei Abschnitte zerlegt, wobei der linke die Länge k hat; wegen der Chomsky Normalform haben alle noch in Frage kommenden Produktionen die Form $A \rightarrow BC, A,B,C \in V_N$, das heißt Ersetzung basiert auf Zerlegung in zwei Abschnitte).

        Wenn $A \rightarrow BC$ eine Produktion in R' und $B \in Q_{ik}$ und $C \in Q_{i+k,j-k}$ ist, dann ist A in Q_{ij}, sonst ist $\emptyset$ in Q_{ij}.

2.3 Wenn $S \in Q_{1n}$, dann ist v$\in$L(G), sonst v$\notin$L(G).

ENDE

Das Ergebnis des Algorithmus läßt sich übersichtlich in einer Tabelle anordnen, wie es Bild 5.11 für G_8' in (5.92) und v in (5.88) zeigt. Da hier $S \in Q_{15}$ gilt, ist v$\in$L(G').

Zur Erkennung einer Kette der Länge n brauchen beide Algorithmen eine Zeit, die proportional n^3 ist und eine Speicherkapazität, die proportional n^2 ist; allerdings braucht Algorithmus 1 nur eine Zeit proportional n^2, wenn die Grammatik eindeutig ist, so daß dieser Algorithmus im allgemeinen vorzuziehen ist. Es ist in beiden Fällen möglich, die Algorithmen so zu erweitern, daß auch die Folge der Produktionen oder der Syntaxbaum mit konstruiert wird. Für spezielle kontextfreie

$j=5$	S				
4	$\emptyset$	$\emptyset$			
3	S	$\emptyset$	S		
2	$\emptyset$	A	$\emptyset$	C	
$j=1$	S,T	B	S,T	D	S,T
v	a	$+$	a	$*$	b
$i=$	1	2	3	4	5

Bild 5.11   Tabelle der Zustände, die von Algorithmus 2 bei der Erkennung von v in (5.88) erzeugt werden

Grammatiken, wie Präzedenz-, LL(k)- und LR(k)-Grammatiken gibt es entsprechend spezialisierte Algorithmen, die zum Beispiel in Chap.5 von [5.3] beschrieben sind. Die Erkennung von Sätzen aus kontextsensitiven Sprachen ist wesentlich aufwendiger [5.38], und ihre Bedeutung in der Mustererkennung ist bisher gering [5.39]. Für spezielle Anwendungen wurden in der Mustererkennung verschiedene spezielle Algorithmen zur Erkennung bzw. Zergliederung einer Symbolkette entwickelt [2.18,5.26,40]. Dabei kann es möglich sein, daß wegen der einfachen Form der Grammatik auch einfachere Algorithmen als die oben angegebenen ausreichen. Als ein Beispiel dafür ist in Bild 5.12 die Erkennung eines EEG-Abschnitts mit der in [5.26] entwickelten Vorgehensweise gezeigt. Das Prinzip besteht einfach darin, die jeweils in Frage kommende Regel aus (5.51-60) in umgekehrter Form anzuwenden - eine Verfolgung verschiedener Möglichkeiten oder Korrektur von dabei getroffenen Fehlentscheidungen ist nicht vorgesehen und auch nicht erforderlich. Schließlich wird noch erwähnt, daß die Zergliederung

		Norm						
	Norm					zu		
	Irreg			Ab			Namp	
Irreg		Irreg	Namp	Nlamp	Lamp	Namp		Namp
n nl	a l	n nl	n	n nl	nl l	l n	n nl	n n

Bild 5.12   Beispiel für die Erkennung eines EEG-Abschnitts mit dem in [5.26] entwickelten Verfahren

von Sätzen aus kontextfreien Sprachen auch mit Baumsuchverfahren möglich ist [1.27, 5.41].

5.3.4 Behandlung von Fehlern

Die in den vorigen Abschnitten behandelten Algorithmen erkennen einen Satz $v \in L(G)$ nur dann, wenn alle Symbole v_i in v korrekt sind. Für eine Anwendung in der Mustererkennung bedeutet das, daß alle terminalen Symbole im Verlauf der Vorverarbeitung und Merkmalgewinnung richtig ermittelt werden müssen. Erfahrungsgemäß lassen sich Fehler dabei jedoch nie ganz ausschließen. Bereits ein einziger Fehler kann aus einer Kette $v \in L(G)$ eine Kette $v \notin L(G)$ machen, die zurückgewiesen wird, obwohl sie der richtigen Kette v 'sehr ähnlich' ist. Da sich Fehler bei der Ermittlung der terminalen Symbole nicht völlig ausschließen lassen, wurden Verfahren entwickelt, um auch fehlerhafte Symbolketten zu klassifizieren. Dafür gibt es im wesentlichen zwei Ansätze:
1. Die möglichen und zu tolerierenden Fehler werden in die Definition einer Sprache L' mit einbezogen, das heißt L wird durch L' ersetzt und L' enthält sowohl die Symbolketten, die bei richtiger Ermittlung aller terminalen Symbole möglich sind, als auch diejenigen, welche aufgrund bestimmter Fehler entstehen. Die Erkennungsalgorithmen bleiben dabei unverändert.
2. Die Sprache L wird nur für Symbolketten mit fehlerfreien Grundsymbolen konstruiert. Die Erkennungsalgorithmen des vorigen Abschnitts werden so modifiziert, daß auch gewisse Fehler in den Grundsymbolen toleriert werden. Dabei wird zu einer Kette $v' \notin L(G)$ die 'am besten passende' Kette $v \in L(G)$ sowie ein Maß der Übereinstimmung für die Ketten v' und v konstruiert.

Die Grundlage der Berücksichtigung von Fehlern ist stets eine Untersuchung der Fehlermöglichkeiten bei der Ermittlung der Grundsymbole. Grundsätzlich sind folgende drei Typen von Fehlern zu unterscheiden:
1. Die Substitution eines Symbols $a \in V_T$ durch ein anderes Symbol $b \in V_T$, $a \neq b$. Das Ergebnis tritt mit der Wahrscheinlichkeit $p_s(b \mid a)$ auf. Damit wird die Kette v transformiert in

$$v = uaw \xrightarrow[s]{T} ubw \quad , \quad P_s(b \mid a) \quad , \quad u,w \in V_T^* \ . \tag{5.93}$$

2. Die Einfügung eines Symbols $b \in V_T$ in die Kette $v \in V_T^+$. Das Symbol b wird mit der Wahrscheinlichkeit $p_E(b \mid a)$ vor dem Symbol a eingefügt und mit $P_E(b)$ am Ende von v. Damit wird

302

$$v = uaw \underset{T_E}{\to} ubaw, \quad P_E(b \mid a)$$

$$\underset{T_E}{\to} vb \quad , \quad P_E(b) \tag{5.94}$$

3. Die Auslassung eines Symbols a, das in v auftritt. Dieses Ereignis tritt mit der Wahrscheinlichkeit $P_A(a)$ auf. Es ergibt sich die Transformation

$$v = uaw \underset{T_A}{\to} uw \; , \quad P_A(a) \quad . \tag{5.95}$$

Der Fehler T_S kann entstehen, wenn ein Muster richtig segmentiert wird, aber das in dem Segment vorkommende Grundsymbol falsch klassifiziert wird. Die Fehler T_E und T_A können durch Segmentierungsfehler verursacht werden. Ist p(a) die Wahrscheinlichkeit, ein vorhandenes Symbol a richtig zu erkennen, so sind die oben eingeführten Wahrscheinlichkeiten konsistent, wenn

$$\sum_{\substack{b \neq a \\ b \in V_T}} P_S(b \mid a) + \sum_{b \in V_T} P_E(b \mid a) + P_A(a) + p(a) = 1 \tag{5.96}$$

gilt. Wenn eine Kette v' vorliegt, die durch beliebig viele Fehlertransformationen T_S, T_E, T_A aus v hervorgeht, und wenn eine endliche Menge ω möglicher Symbolketten v gegeben ist (Referenzmuster, Prototypen), dann kann mit Hilfe des Viterbi Algorithmus die Kette $v \in \omega$ bestimmt werden, die am wahrscheinlichsten durch Fehler in v' überführt wurde [1.27,4.54]. Ein entsprechender Algorithmus arbeitet ähnlich wie in Abschnitt 4.4.4, jedoch werden die Abstände zwischen Symbolen durch Übergangswahrscheinlichkeiten ersetzt. Die Verwendung der obigen Fehlermöglichkeiten zur Erweiterung der Sprache wurde in [5.42] untersucht, die Einbeziehung von T_S-Fehlern in einen modifizierten Cocke-Younger-Kasami Algorithmus in [5.43] und die Berücksichtigung aller drei Fehlerarten in einem modifizierten Early Algorithmus in [5.44]. In den letzten beiden Fällen geht es darum, zu einer gegebenen Grammatik G und einer gegebenen gestörten Kette $v' \notin L(G)$ die Kette $v \in L(G)$ zu finden, die am wahrscheinlichsten in v' transformiert wurde. Im folgenden wird die Erweiterung der Sprache um T_S-Fehler diskutiert und die Berücksichtigung von T_S-Fehlern bei der Erkennung; die Berücksichtigung aller drei Fehlerarten im modifizierten Early Algorithmus wird jedoch nicht erörtert, da die Rechenzeiten dafür erheblich sind und die erwähnte Berechnung von Abständen zu Prototypen eine echte Alternative bietet.

Die Aufgabe bei der Erweiterung der Sprache um T_S-Fehler besteht darin, zu einer gegebenen Grammatik G eine erweiterte Grammatik G_S zu konstruieren, so daß

$$L(G_S) = L(G) \cup \{v' \mid v' \text{ entsteht aus } v \in L(G) \text{ durch Substitution von genau einem}$$
$$\text{Symbol aus } v\} \tag{5.97}$$

ist. Die Grammatiken seien

$$G = (V_N, V_T, S, R)$$
$$G_S = (V_{NS}, V_T, S', R_S) \qquad\qquad (5.98)$$

und G habe Regeln oder Produktionen der Form

$$t_i \rightarrow \gamma_{i1} \mid \gamma_{i2} \mid \cdots \mid \gamma_{il(i)} \qquad l(i) \geq 1 \quad , \quad t_i \in V_N, \; \gamma_{ij} \in (V_N \cup V_T)^+. \qquad (5.99)$$

Die Grammatik G_S wird mit einem Operator δ konstruiert, der auf die linke und rechte Seite jeder Regel aus R angewendet wird.

1. $\delta(t_i) = t_{iS}$, mit t_{iS} als neuem Zwischensymbol; $V_{NS} = V_N \cup \{t_{iS}\}$,

2. $\delta(\gamma_{i1} \mid \cdots \mid \gamma_{il(i)}) = \delta(\gamma_{i1}) \mid \cdots \mid \delta(\gamma_{il(i)})$,

3. $\delta(\beta_i \beta_j) = \delta(\beta_i)\beta_j \mid \beta_i \delta(\beta_j)$; $\beta_i, \beta_j \in (V_N \cup V_T)^*$,

4. $\delta(s_i) = \{s_j \mid s_j \in V_T - s_i \; , \; s_i \in V_T\}$,

5. Mit 1. - 4. ergeben sich neue Produktionen, die zusammen mit denen aus R die neue Menge R_S ergeben.

6. Das neue Startsymbol ist S', und es wird eine neue Regel $S' \rightarrow S \mid S_S$ hinzugefügt. Die von G_S erzeugte Sprache genügt (5.97). Es kann in v' stets nur ein Symbol aus v geändert sein, da durch Schritt 3 der obigen Konstruktion nur an genau einer Stelle der Operator δ angewendet wird. Die eigentliche Substitution wird mit Schritt 4 vorgenommen. Dabei wird es in konkreten Anwendungen (hoffentlich!) nicht so sein, daß ein Symbol $s_i \in V_T$ durch irgendeines substituiert werden kann, sondern nur durch einige wenige, die mit s_i leicht verwechselbar sind. Die Sprache kann grundsätzlich auch um T_E- und T_A-Fehler erweitert werden, indem Schritt 4 ergänzt wird um

4! $\quad \beta(s_i) = s_j s_i \mid s_i s_j \quad , \quad s_j \in V_T$
$\quad\;\; \alpha(s_i) = \lambda \qquad\qquad\qquad .$

Schließlich ist es auch möglich, die Sprache so zu erweitern, daß mehr als ein T_S, T_E oder T_A-Fehler berücksichtigt wird.

Die Erweiterung einer Sprache wird am Beispiel der Grammatik

$$G_2 = (V_N, V_T, S, R)$$
$$V_N = \{S\} \qquad V_T = \{a, b\}$$
$$R: \quad S \rightarrow aSb \mid ab \qquad\qquad (5.100)$$

erläutert, welche die Sprache L_2 in (5.20) erzeugt. Die Anwendung der obigen Konstruktionsvorschrift ergibt

$$S_S \to \delta(aSb) \mid \delta(ab)$$
$$= bSb \mid aS_Sb \mid aSa \mid bb \mid aa$$
$$V_{NS} = \{S, S_S, S'\}$$
$$G_{2\delta} = \{V_{N\delta}, V_T, S', R_\delta\}$$
$$r_1: \quad S' \to S \mid S_S$$
$$r_2: \quad S \to aSb \mid ab$$
$$r_3: \quad S_S \to bSb \mid aS_Sb \mid aSa \mid bb \mid aa \tag{5.101}$$

Es entstehen hier also zwei neue Regeln mit jeweils mehreren Alternativen. Mit den Schritten $S \to aSb \to aaSbb \to a^3Sb^3 \to a^4b^4$ wird eine Kette $v \in L(G_2)$ generiert. Die durch Substitution eines Symbols entstehende Kette $v' = a^4bbab$ ist nicht in $L(G_2)$ aber in $L(G_{2\delta})$, da $S' \to S_S \to aS_Sb \to aaSab \to a^3Sbab \to a^4bbab = v'$.

Wenn mehrere Klassen Ω_κ, charakterisiert durch mehrere Grammatiken G_κ, zu unterscheiden sind, führt die Erweiterung der Sprache durch Konstruktion von Grammatiken $G_{S\kappa}$ im allgemeinen dazu, daß

$$L(G_{S\kappa}) \cap L(G_{S\lambda}) \neq \emptyset \quad \text{für} \quad \kappa \neq \lambda \tag{5.102}$$

ist, daß heißt eine beobachtete gestörte Kette v' kann mehreren Klassen angehören. Eine Möglichkeit besteht darin, solche Ketten zurückzuweisen; eine andere Möglichkeit ist, wie in Abschnitt 5.2.4 erwähnt, die Berechnung der a posteriori Wahrscheinlichkeiten

$$p(G_{S\kappa} \mid v') = \frac{p(v' \mid G_{S\kappa})p(G_{S\kappa})}{\sum_\lambda p(v' \mid G_{S\lambda})p(G_{S\lambda})} \quad \kappa = 1, \ldots, k \tag{5.103}$$

und die Anwendung von Satz 4.3, gemäß welchem v' der Grammatik (Klasse) mit maximaler a posteriori Wahrscheinlichkeit zugeordnet wird. Um dieses zu tun, genügt es, $p(v' \mid G_{S\kappa})p(G_{S\kappa})$ zu berechnen. Das ist für stochastische Grammatiken prinzipiell mit (5.30) möglich, setzt aber die Kenntnis der Folge von Produktionen zur Ableitung von v' voraus. Diese Folge ist aber wiederum mit den Parsern von Abschnitt 5.3.2,3 zu bestimmen, so daß die Auswertung von (5.103) grundsätzlich möglich ist. Dieses gilt sowohl für reguläre [5.28] als auch kontextfreie Sprachen [5.44].

Eine weitere Möglichkeit zur Fehlerberücksichtigung besteht in der Verwendung der Substitutionswahrscheinlichkeiten $P_S(b \mid a)$ in (5.93). Gegeben seien zwei Ketten gleicher Länge

$$v = v_1 v_2 \ldots v_n \qquad v_i \in V_T \quad ,$$
$$v' = v_1' v_2' \ldots v_n' \qquad v_i' \in V_T \quad , \tag{5.104}$$

wobei v die ungestörte Kette, v' die gestörte ist, die aus v durch Substitution beliebiger Symbole von v entsteht. Es gelte

$$\sum_{s_i \in V_T} p_S(s_i \mid s_j) = 1 \qquad , \forall s_j \in V_T \qquad . \tag{5.105}$$

Dabei ist $p(s_i \mid s_i) = p(s_i)$ wieder die Wahrscheinlichkeit, das Symbol $s_i \in V_T$ richtig zu bestimmen. Sind die einzelnen Substitutionen voneinander unabhängig, ist die Wahrscheinlichkeit v' zu beobachten, wenn tatsächlich v vorliegt, gegeben durch

$$p(v' \mid v) = p(v_1' \mid v_1) p(v_2' \mid v_2) \ldots p(v_n' \mid v_n) \qquad . \tag{5.106}$$

Zu einer gegebenen kontextfreien Grammatik G in Chomsky Normalform läßt sich für gegebenes v' die Kette $v \in L(G)$ mit maximalem Wert $p(v' \mid v)$ mit folgendem Algorithmus bestimmen (modifizierter Cocke-Younger-Kasami Algorithmus):

1. Setze j = 1 und berechne $Q_{i1}, i = 1, \ldots, n$, mit
$Q_{i1} = \{(t_\nu, q) \mid q = \min\{q_1, q_2, \ldots, q_{n(\nu)}\}, q_\mu = -\log_B p_S(v_i' \mid s_\mu)$, für jedes
$t_\nu \to s_\mu \in R, n(\nu)$ ist Zahl der Produktionen mit t_ν als linker Seite}
2. Für $j = 2, \ldots, n$ berechne:
   Für $i = 1, \ldots, n - j + 1$ berechne Q_{ij}:
   Für $k = 1, \ldots, j - 1$ berechne:
   Wenn $A \to BC$ eine Produktion in R' ist und (B, q_1) in Q_{ik} und (C, q_2) in
   $Q_{i+k, j-k}$, dann ist $(A, q_1 + q_2)$ in Q_{ij}, sonst ist $\emptyset$ in Q_{ij}.
   Wenn in Q_{ij} schon ein (A, q') enthalten ist mit $q' > q_1 + q_2$, dann ersetze
   (A, q') durch $(A, q_1 + q_2)$, sonst wenn $q' \leq q_1 + q_2$, ersetze $(A, q_1 + q_2)$ durch
   $A(q')$.
3. Wenn (S, q) in Q_{1n} ist, dann kann man v' durch T_S-Fehler aus einem $v \in L(G)$ erhalten und B^{-q} ist die maximale Wahrscheinlichkeit $p(v' \mid v)$, sonst gibt es keinen Satz v der Länge n, der durch T_S-Fehler in v' transformiert werden könnte (B ist die Basis des Logarithmus in Schritt 1).
Der Algorithmus ist eine offensichtliche Modifikation von Algorithmus 2 in Abschnitt 5.3.3, so daß auf ein Beispiel hier verzichtet werden kann.

5.4. Die automatische Konstruktion von Grammatiken

5.4.1 Allgemeine Vorgehensweise

Eine Grammatik definiert eine Klasse von Mustern mit ähnlichen Eigenschaften, und analog definieren die Entscheidungsregeln (4.25, 65) Klassen von Mustern. In Abschnitt 4.5 wurden Ansätze diskutiert, um die in den Entscheidungsregeln enthaltenen Parameter automatisch aus einer Stichprobe von Mustern zu berechnen; analog geht es in diesem Abschnitt darum, zu einer Stichprobe von Mustern, die durch ihre Symbolketten repräsentiert werden, eine Grammatik automatisch zu konstruieren bzw. zu lernen. Allerdings wird hier nur ein ganz kurzer Überblick über die Ansätze gegeben. Dieses Problem wird auch als Problem der Inferenz von Grammatiken ("grammatical inference") bezeichnet [5.45, 46]. Wie in Abschnitt 4.5.1 läßt sich prinzipiell überwachtes und unüberwachtes Lernen unterscheiden, jedoch gibt es bisher nur Algorithmen für den überwachten Fall. Vorhandene Ansätze zur syntaktischen Analyse von Häufungsgebieten [5.47] beruhen auf geeigneten Abstandsmaßen zwischen Symbolketten und sind nach der hier getroffenen Einteilung eher den abstandsmessenden Klassifikatoren von Abschnitt 4.4.4 und den Verfahren von Abschnitt 4.5.6 zuzuordnen. Wir betrachten hier nur das einfachste Problem aus Abschnitt 4.5.1, nämlich Fall 1.1, bei dem zu einer Stichprobe von klassifizierten Mustern die k zu den Klassen gehörigen Grammatiken zu konstruieren sind.

Zu einer Klasse Ω_κ von Mustern $^\rho\underline{f}_\kappa$ existiere ein Algorithmus, um Muster $^\rho\underline{f}_\kappa$ in Symbolketten $^\rho v_\kappa$ zu transformieren, und es existiere eine Grammatik G'_κ mit der Eigenschaft

$$L(G'_\kappa) = \{^\rho v_\kappa \mid \rho = 1,2,\ldots; \ ^\rho v_\kappa \in \Omega_\kappa\}, \tag{5.107}$$

das heißt $L(G'_\kappa)$ enthalte alle Symbolketten, die zu Mustern aus Ω_κ gehören, und keine anderen. Die Grammatik G_κ ist nicht bekannt, jedoch sei es möglich, eine Stichprobe

$$\omega_\kappa = \{^\rho v_\kappa \mid \rho = 1,2,\ldots,N_\kappa\} \subset L(G'_\kappa) \tag{5.108}$$

zu beobachten. Zusätzlich kann bekannt sein, daß G'_κ eine Grammatik bestimmten Typs ist. Die Aufgabe besteht in der Entwicklung eines Algorithmus, der eine Grammatik G_κ konstruiert, so daß die Sprachen $L(G'_\kappa)$ und $L(G_\kappa)$ "möglichst gut übereinstimmen"; dieser Begriff wird noch zu präzisieren sein. Wenn k Klassen vorliegen, ist die obige Aufgabe k mal zu lösen. Im Prinzip hat man also ein Problem, das der Approximation der Verteilungsdichte einer Grundgesamtheit mit Hilfe einer endlichen Stichprobe entspricht. Allerdings ist der dort gebräuchliche mittlere quadratische Abstand zweier Funktionen für zwei Sprachen nicht anwendbar.

Als Kriterium zur Konstruktion von G_κ wird in der Regel verwendet, daß die Stichprobe mit der Grammatik kompatibel ist, das heißt

$$\omega_\kappa \subseteq L(G_\kappa) \quad . \tag{5.109}$$

Es kann sein, daß außer ω_κ noch eine Stichprobe ω_κ^- von Mustern bekannt ist, die nicht zu Ω_κ gehören. Dann verlangt man von der konstruierten Grammatik G_κ, daß

$$\omega_\kappa \subseteq L(G_\kappa) \quad \text{und} \quad \omega_\kappa^- \subseteq V_T^* - L(G_\kappa) = \overline{L}(G_\kappa) \tag{5.110}$$

ist. Sind zum Beispiel k Klassen, repräsentiert durch die Stichproben $\omega_1, \omega_2, \ldots \omega_k$ zu unterscheiden, so kann man

$$\omega_\kappa \quad \text{und} \quad \omega_\kappa^- = \omega_2 U \ldots U \omega_{\kappa-1} U \omega_{\kappa+1} \ldots U \omega_\kappa$$

als Stichproben in (5.110) wählen. Eine Grammatik G_κ, die (5.110) genügt, erzeugt dann mindestens alle Sätze aus ω_κ, aber keinen aus $\omega_\lambda, \lambda=1,\ldots k, \lambda \neq \kappa$. Man bezeichnet ω_κ auch als positive Stichprobe, ω_κ^- als negative. Im allgemeinen wird es viele Grammatiken geben, die (5.109) bzw. (5.110) genügen, so daß weitere Kriterien erforderlich sind, um unter den mit ω kompatiblen Grammatiken die "beste" auszuwählen.

Übliche Auswahlkriterien beruhen zum Beispiel auf der Bewertung der Komplexität einer Grammatik und auf einer sinnvollen Generalisierung der Stichprobe mit heuristischen Annahmen. Damit ist gemeint, daß $L(G_\kappa)$ auch Muster enthalten sollte, die zwar nicht in ω_κ auftreten, aber vermutlich auftreten könnten, wenn weitere Muster beobachtet würden. Ist zum Beispiel

$$\omega_\kappa = \{ab, aabb, a^3b^3, a^5b^5, a^6b^6, a^7b^7, a^{10}b^{10}, a^{15}b^{15}\} \tag{5.111}$$

eine beobachtete Stichprobe, so ist L_2 in (5.20) eine mögliche Generalisierung, aber auch

$$L' = \{a^n b^n \mid n = 1, \ldots, 20\} \quad . \tag{5.112}$$

Natürlich ist es stets trivialerweise möglich, eine Grammatik $G_{\kappa min}$ zu konstruieren mit

$$L(G_{\kappa min}) = \omega_\kappa \quad , \tag{5.113}$$

die zwar (5.109) und (5.110) genügt, aber in der Regel wenig interessant sein wird.
Auch die Grammatik $G_{\kappa max}$ mit

$$L(G_{\kappa max}) = V_T^* \tag{5.114}$$

erfüllt (5.109), aber nicht (5.110) für $\omega_\kappa^- \neq \emptyset$. Die Kunst besteht darin, eine Grammatik G_κ zu konstruieren, die einen sinnvollen Kompromiß zwischen $G_{\kappa min}$ und $G_{\kappa max}$ ergibt. Das Problem dabei ist, daß es für eine Symbolkette in der Regel keinen intuitiv einleuchtenden Nachbarschaftsbegriff gibt. Ist zum Beispiel eine Kette $v = a^4 b^4$ gegeben, so können benachbarte und damit gemäß Postulat 6 von Abschnitt 1.3 ähnliche Ketten $u' = a^5 b^3$ und $u'' = a^3 b^5$ sein, aber auch $w' = a^3 b^3$ und $w'' = a^5 b^5$ usw. - was ist "richtig"? Dagegen gibt es für Merkmalvektoren $\underline{c}$ intuitiv einleuchtende Nachbarschaftsbegriffe, nämlich zum Beispiel die Hyperkugel mit Radius r und Mittelpunkt $\underline{c}$. Dieser Umstand macht die Generalisierung einer Stichprobe von Symbolketten stets problematisch. Der in (5.107 - 114) mitgeführte Klassenindex κ wird im folgenden zur Vereinfachung fortgelassen. Verschiedene Ergebnisse zur Lösbarkeit der obigen Probleme sind in [1.19, 5.48] zusammengestellt. Es gilt folgender Satz:

<u>Satz 5.3:</u> Wenn G' eine beliebige Grammatik ist, so ist es mit einer vollständigen Stichprobe $\omega = L(G')$, $\omega^- = V_T^* - L(G')$ möglich, eine Grammatik G mit $L(G') = L(G)$ zu finden. Ist eine Grammatik G' aus der Klasse Γ von Grammatiken, die alle endlichen und irgendeine unendliche Sprache erzeugt, so ist es mit einer Stichprobe $\omega = L(G')$ nicht möglich, eine Grammatik G mit $L(G') = L(G)$ zu konstruieren.

Wegen des Beweises wird auf [5.48] verwiesen. Der Wert dieses Satzes liegt in der Bestätigung der intuitiven Vermutung, daß mit einer endlichen Stichprobe keine Grammatik gefunden werden kann, die genau die zugrunde liegende unendliche Sprache erzeugt. Man wird sich stets mit Approximationen zum Beispiel im Sinne von (5.109) oder (5.110), also mit der Kompatibilität, begnügen müssen. Eine nützliche, aber praktisch nicht prüfbare Anforderung an eine (endliche) Stichprobe ist die "strukturelle Vollständigkeit"; sie ist gegeben, wenn zur Erzeugung der Sätze aus der Stichprobe alle Regeln der Grammatik wenigstens einmal gebraucht werden.

Zur Konstruktion von Grammatiken gibt es zwei Gruppen von Ansätzen:
1. Die enumerativen Verfahren.
2. Die konstruktiven Verfahren.
Das Prinzip der ersteren ist folgendes:
1. Enumerative Verfahren zur Konstruktion einer Grammatik G.
1.1. Lege die Klasse Γ von Grammatiken, der die konstruierte Grammatik G angehören soll, fest und bestimme eine Klassengrammatik (Metagrammatik) $\tilde{G}$ mit $L(\tilde{G}) = \{G \mid G \in \Gamma\}$. Natürlich wird vorausgesetzt, daß eine Stichprobe ω gegeben ist.
1.2. Lege Kriterien fest, denen die konstruierte Grammatik genügen soll - zum Bei-

spiel (5.109) oder auch (5.110).

1.3 Zähle der Reihe nach Grammatiken $G_i \in L(\tilde{G})$ auf. Wenn G_i dem gewählten Kriterium genügt, dann ist die konstruierte Grammatik $G = G_i$ und ENDE, sonst untersuche G_{i+1} .

Es ist zu beachten, daß es sich bei der Klasse Γ von Grammatiken auch um stochastische Grammatiken oder um solche handeln kann, in denen allgemeinere Konfigurationen als Symbolketten auftreten. Wenn stochastische Grammatiken verwendet werden, sind Kriterien möglich, die die wahrscheinlichste Grammatik G auswählen. In der Regel wird versucht, die erforderliche Rechenzeit durch heuristische Maßnahmen zu reduzieren. Das Prinzip der konstruktiven Verfahren ist folgendes:

2. Konstruktive Verfahren zur Konstruktion einer Grammatik:

2.1. Ermittle zur gegebenen Stichprobe ω eine minimale Grammatik G_{min} mit $L(G_{min})$ = ω .

2.2. Fasse die Produktionen aus G_{min} mit geeigneten Heuristiken zusammen, um eine Generalisierung der Grammatik zu erreichen.

Der Vorteil konstruktiver Verfahren liegt vor allem darin, daß sie weniger Rechenzeit beanspruchen und daß man intuitive Vorstellungen von einer "guten" Grammatik in die Heuristiken zur Zusammenfassung von Regeln einbringen kann. Beispiele für enumerative Verfahren sind in [1.19, 5.45, 49] enthalten, jedoch wird wegen der erforderlichen großen Rechenzeiten hier nicht weiter darauf eingegangen. Auch verschiedene konstruktive Verfahren wurden entwickelt [1.19, 5.50 - 52], von denen eines als Beispiel im nächsten Abschnitt vorgestellt wird. Schließlich gibt es auch Ansätze zur Konstruktion von Baum- und Graphgrammatiken [5.53, 54].

5.4.2 Ein konstruktives Verfahren für endliche Automaten

Als Beispiel für ein konstruktives Verfahren wird hier eines zur Ermittlung eines endlichen Automaten angegeben [5.51]. Jede endliche Stichprobe läßt sich mit einer regulären Grammatik modellieren, die wiederum gemäß Satz 5.2 in Abschnitt 5.3.2 durch einen endlichen Automaten erkannt wird. Die Konstruktion des Automaten beruht auf der Konstruktion der m-Teile der gegebenen (positiven) Stichprobe ω, wobei m ein Parameter ist, mit dem man den Umfang der Sprache beeinflussen kann. Das m-Teil einer Symbolkette v bezüglich ω ist die Menge

$$h(v,\omega,m) = \{w \mid vw \in \omega, \ |w| \leq m\} \qquad (5.115)$$

Damit wird ein endlicher nichtdeterministischer Automat $A(\omega,m)$ konstruiert, indem man den m-Teilen Zustände zuordnet. Bei Bedarf kann zu diesem ein äquivalenter deterministischer Automat gemäß (5.77) konstruiert werden. Es gilt

$$
\begin{aligned}
&A(\omega,m) = (Q,X,\delta,q_0,F) &,&\\
&Q = \{q \mid q = h(v,\omega,m), v \in V_T^*\} &,&\\
&X = V_T \quad , \ V_T \text{ erhält man aus } \omega &,&\\
&\delta(q = h(v,\omega,m),a) = \{q' \mid q' \in Q, q' = h(va,\omega,m)\} &,&\\
&q_0 = h(\lambda,\omega,m) \quad , \ \lambda \text{ ist das leere Symbol} &,&\\
&F = \{q \mid q \in Q, q \text{ enthält } \lambda\} &.& \quad (5.116)
\end{aligned}
$$

Ist m^* die Länge der längsten Symbolkette aus ω, so gilt für die Automaten $A(\omega,m)$, $m = 0,1,\ldots,m^*,m^*+1,\ldots,$

$$
\begin{aligned}
&L(A(\omega,m)) = \omega \quad \text{für} \quad m \geq m^* \quad ,\\
&\omega = L(A(\omega,m^*)) \subseteq L(A(\omega,m^*-1)) \subseteq \ldots \subseteq L(A(\omega,1)) \subseteq L(A(\omega,0)) = V_T^* . \quad (5.117)
\end{aligned}
$$

Die von den Automaten erkannten Sprachen sind also für jedes m mit ω kompatibel, und der Grad der Generalisierung wird mit m festgelegt.

Ein einfaches Beispiel verdeutlicht die Eigenschaften der Automaten $A(\omega,m)$. Zugrunde liegen sollen die reguläre Grammatik G_9' und die Sprache L_9

$$
\begin{aligned}
&G_9' = (V_N,V_T,S,R) &,&\\
&V_N = \{S,B\} \qquad V_T = \{a,b\} &,&\\
&R \ = \{r_1,\ldots,r_4\} &,&\\
&r_1 : S \rightarrow aS \qquad r_3: B \rightarrow aB \ , &&\\
&r_2 : S \rightarrow bB \qquad r_4: B \rightarrow a \ , && \quad (5.118)
\end{aligned}
$$

$$
L_9 = L(G_9') = \{a^m b a^n \mid m = 0,1,2,\ldots,n = 1,2,\ldots\} . \quad (5.119)
$$

Der zugehörige endliche Automat ist in Bild 5.13a dargestellt. Weder G_9' noch L_9 seien bekannt, sondern nur eine Stichprobe

$$
\omega = \{ba,aba,baa,aaba,abaa,baaa,aabaa,aaaba,abaaa\} \subset L_9 . \quad (5.120)
$$

Es sei angemerkt, daß bereits der eine Satz $abaa \in \omega$ eine strukturell vollständige Stichprobe ist. Strukturelle Vollständigkeit einer Stichprobe ist also sicherlich erforderlich, aber in keiner Weise hinreichend. Man entnimmt ω unmittelbar $X = \{a,b\}$. Zur Bestimmung der Zustände braucht man die m-Teile $h(v,\omega,m)$, die für $m = 1,2,3$ aus der Tabelle hervorgehen:

$$h(v,\omega,m)$$

v	$m = 1$	$m = 2$	$m = 3$
λ	$\emptyset = q_e$	$ba = q_1$	$ba,aba,baa = q_1$
a	$\emptyset = q_e$	$ba = q_1$	$ba,aba,baa = q_1$
b	$a = q_1$	$a,aa = q_2$	$a,aa,aaa = q_2$
aa	$\emptyset = q_e$	$ba = q_1$	$ba,baa,aba = q_1$
ab	$a = q_1$	$a,aa = q_2$	$a,aa,aaa = q_2$
ba	$\lambda,a = q_2$	$\lambda,a,aa = q_3$	$\lambda,a,aa = q_3$
bb	$\emptyset = q_e$	$\emptyset = q_e$	$\emptyset = q_e$
aaa	$\emptyset = q_e$	$ba = q_1$	$ba = q_4$
aab	$a = q_1$	$a,aa = q_2$	$a,aa = q_5$
aba	$\lambda,a = q_2$	$\lambda,a,aa = q_3$	$\lambda,a,aa = q_3$
baa	$\lambda,a = q_2$	$\lambda,a = q_4$	$\lambda,a = q_6$
$aaaa$	$\emptyset = q_e$	$\emptyset = q_e$	$\emptyset = q_e$
$aaab$	$a = q_1$	$a = q_5$	$a = q_7$
$aaba$	$\lambda,a = q_2$	$\lambda,a = q_4$	$\lambda,a = q_6$
$abaa$	$\lambda,a = q_2$	$\lambda,a = q_4$	$\lambda,a = q_6$
$baaa$	$\lambda = q_3$	$\lambda = q_6$	$\lambda = q_8$
$aaaab$	$\emptyset = q_e$	$\emptyset = q_e$	$\emptyset = q_e$
$aaaba$	$\lambda = q_3$	$\lambda = q_6$	$\lambda = q_8$
$aabaa$	$\lambda = q_3$	$\lambda = q_6$	$\lambda = q_8$
$abaaa$	$\lambda = q_3$	$\lambda = q_6$	$\lambda = q_8$
$baaaa$	$\emptyset = q_e$	$\emptyset = q_e$	$\emptyset = q_e$

Die Zustandsübergänge δ konstruiert man mit (5.116):

m	$x \in X$	q_e	q_1	q_2	q_3	q_4	q_5	q_6	q_7	q_8
1	a	q_e	q_2,q_3	q_2,q_3	q_e					
	b	q_1,q_e	q_e	q_e	q_e					
2	a	q_e	q_1,q_e	q_3,q_4	q_4	q_6	q_6	q_e		
	b	q_e	q_2,q_5	q_e	q_e	q_e	q_e	q_e		
3	a	q_e	q_1,q_4	q_3	q_6	q_e	q_6	q_8	q_8	q_e
	b	q_e	q_2,q_5	q_e	q_e	q_7	q_e	q_e	q_e	q_e

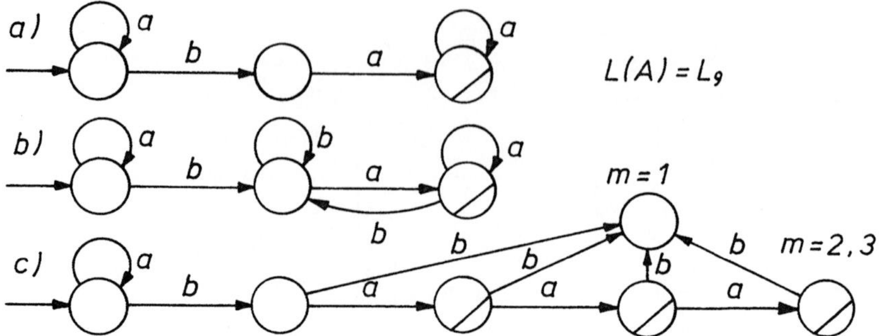

Bild 5.13 a) Der zur gegebenen Sprache gehörige endliche Automat; b,c) die für
m = 1,2,3 aus ω in (5.120) kontruierten Automaten.

Damit erhält man die Automaten

$$A(\omega,1) = (Q,X,\delta,q_0,F)$$
$$Q = \{q_e,q_1,q_2,q_3\}$$
$$q_0 = q_e$$
$$F = \{q_2,q_3\}$$
δ gemäß obiger Tabelle für m = 1 ,   (5.121)

$$A(\omega,2) = (Q,X,\delta,q_0,F)$$
$$Q = \{q_e,q_1,\ldots,q_6\}$$
$$q_0 = q_1$$
$$F = \{q_3,q_4,q_6\}$$
δ gemäß obiger Tabelle für m = 2 ,   (5.122)

$$A(\omega,3) = (Q,X,\delta,q_0,F)$$
$$Q = \{q_e,q_1,\ldots,q_8\}$$
$$q_0 = q_1$$
$$F = \{q_3,q_6,q_8\}$$
δ gemäß obiger Tabelle für m = 3 .   (5.123)

Den Zustandsdiagrammen dieser nichtdeterministischen Automaten entnimmt man

$$L(A(\omega,1)) = \{(a^j(b^k a^l)^* \mid j = 0,1,\ldots,k,l = 1,2,\ldots\} \;,$$
$$L(A(\omega,2)) = \{a^m b a^n \mid m = 0,1,2,\ldots,n = 1,2,3\} \;,$$
$$L(A(\omega,3)) = L(A(\omega,2)) \;.$$
                                                            (5.124)

$$\omega \subset L(A(\omega,3)) \subset L(A(\omega,2)) \subset L_9 \subset L(A(\omega,1)) \subset V_T^* \;.$$
                                                            (5.125)

Die Zustandsdiagramme von endlichen deterministischen Automaten, welche die Sprachen $L(A(\omega,m))$, $m = 1,2,3$ erkennen, sind in Bild 5.13b,c angegeben. Keiner der Automaten erkennt genau die Sprache L_9, aber das war wegen Satz 5.3 auch nicht zu erwarten, und offensichtlich kann jede der Sprachen in (5.124) zur Beobachtung der Stichprobe ω in (5.120) führen.

5.5 Zusammenfassung

Nichtnumerische oder syntaktische Klassifikationsverfahren werden angewendet, wenn die Merkmale Symbole und nicht reelle Zahlen sind; der Ansatz dafür beruht auf der Erkennung eines Satzes aus einer geeigneten formalen Sprache.

Zur Erfassung bestimmter Arten von Ähnlichkeiten zwischen Symbolketten ist die Verwendung von Abstandsmaßen - zum Beispiel der Levenshtein Abstand zwischen zwei Ketten - nicht geeignet, und damit sind auch die im vorigen Kapitel besprochenen abstandsmessenden Klassifikatoren ungeeignet. Ein geeignetes Hilfsmittel bieten in manchen Fällen die formalen Grammatiken, mit denen eine Klasse von Objekten durch Anwendung von Produktionen oder Regeln erzeugt werden kann. Der umgekehrte Prozeß besteht darin, zu entscheiden, ob ein Objekt mit den Regeln einer gegebenen Grammatik erzeugt werden kann oder nicht.

Eine Grammatik besteht aus einer endlichen Menge nichtterminaler Symbole oder Zwischensymbole, einer endlichen Menge terminaler Symbole, Grundsymbole oder einfacherer Bestandteile, einem nichtterminalen Startsymbol und einer endlichen Menge von Regeln. Jede Regel besteht aus einer linken Seite, die mindestens ein nichtterminales Symbol enthält, und einer rechten Seite, die im Prinzip aus beliebigen terminalen und nichtterminalen Symbolen besteht. Beginnend mit dem Startsymbol werden Symbolketten durch Anwendung der Regeln solange umgeschrieben, bis eine Folge terminaler Symbole, die als Satz bezeichnet wird, entsteht. Die Menge der mit einer Grammatik bildbaren Sätze ist die von ihr erzeugte Sprache. Zur Anwendung für die Klassifikation von Mustern ist für jede Klasse eine Grammatik zu konstruieren, deren Sätze den Mustern aus der Klasse entsprechen, und es sind geeignete Merkmale zu wählen, die Grundsymbole oder terminale Symbole sind. Erweiterungen der oben beschriebenen Grammatiken sind die programmierten Grammatiken, bei denen die Reihenfolge der Anwendung von Produktionen vorgeschrieben wird, stochastische Grammatiken, bei denen die Anwendung von Regeln mit einer bestimmten Wahrscheinlichkeit erfolgt, und attributierte Grammatiken, bei denen die Symbole durch Parameter ergänzt werden. Lagerelationen zwischen Symbolen werden mit speziellen Grundsymbolen erfaßt. Für die Mustererkennung ist besonders hervorzuheben, daß sich die intuitive und auf Erfahrung beruhende menschliche Vorgehensweise bei der Klassifikation oft unmittelbar in Form von Produktionen formal erfassen läßt.

Um Muster mit dem syntaktischen Ansatz zu klassifizieren, muß entschieden werden, ob eine Symbolkette ein Satz aus der von einer Grammatik erzeugten Sprache ist oder nicht. Die Symbolkette enthält dabei die aus dem Muster extrahierten Merkmale, und die Grammatik erzeugt Symbolketten, die zu Mustern aus einer Klasse gehören. Eine solche Entscheidung ist für bestimmte Typen von Grammatiken und Sprachen möglich, und zwar insbesondere für die regulären und kontextfreien Sprachen. Die Sätze aus regulären Sprachen lassen sich mit endlichen Automaten erkennen, die aus kontextfreien Sprachen werden zweckmäßigerweise mit entsprechenden Parser Algorithmen erkannt. Ein besonderes Problem ist, daß im Rahmen der Vorverarbeitung und Merkmalgewinnung Grundsymbole falsch erkannt werden können. Diese Fehlermöglichkeiten lassen sich bei der Konstruktion der Sprache oder der Parser Algorithmen berücksichtigen.

In der Regel wird eine Grammatik vom Entwickler eines Systems konstruiert. Es gibt allerdings auch Ansätze, um eine Grammatik bestimmten Typs aufgrund einer gegebenen Stichprobe automatisch zu konstruieren. Als Beispiel wird ein Verfahren zur Konstruktion eines endlichen Automaten, zu dem eine reguläre Grammatik gehört, angegeben. Durch Wahl eines Parameters kann man dabei den Sprachumfang beeinflussen.

6. Ein Klassifikationssystem

Zum Abschluß des Buches wird ein Beispiel für ein realisiertes Klassifikationssystem kurz skizziert. Es handelt sich um den in [2.49] beschriebenen Postanschrif-
tenleser. Dieser wird gewählt, da es sich hier um eine echte Anwendung handelt, bei
der ein vollständiges System entwickelt wurde und damit umfangreiche Tests im üblichen Betrieb ausgeführt wurden. Der Inhalt des Buches orientierte sich an Methoden,
das Beispiel zeigt unter weitgehendem Verzicht auf Einzelheiten, wie eine geeignete
Auswahl von Methoden zu einem konkreten System zusammengefügt werden kann.

Die Aufgabe des Postanschriftenlesers ist es, die letzte Zeile des maschinen
geschriebenen Anschriftfeldes eines Briefes, welches den aus Postleitzahl und Ortsnamen bestehenden Bestimmungsort enthält, automatisch zu lesen und als Codeaufdruck
auf dem Brief festzuhalten. Dieser ist die Grundlage für eine automatische Sortierung
der Briefe. Dabei sind folgende Teilprobleme zu lösen:
1. Vereinzelung der Briefe, Prüfung auf Normeinhaltung.
2. Transport.
3. Lesen der Anschrift (eigentliches Mustererkennungsproblem).
4. Codeaufdruck.
5. Sortieren der Briefe.
6. Behandlung von maschinell unlesbaren Anschriften.

Die obige Aufstellung zeigt, daß im allgemeinen außer der eigentlichen Muster-
erkennungsaufgabe auch noch andere Aufgaben zu berücksichtigen und zu lösen sind, um
zu einer Problemlösung zu gelangen. Hier wird allerdings nur Punkt 3, das Lesen der
Anschrift, weiter erörtert. Diese Aufgabe wird in folgende Teile zerlegt:
3.1. Abtastung und Vorverarbeitung.
3.2. Klassifikation von Einzelzeichen.
3.3. Kontextabhängige Nachverarbeitung.
Eine Merkmalgewinnung im Sinne von Kapitel 3 ist in diesem System nicht vorgesehen,
vielmehr werden die Rasterpunkte der vorverarbeiteten Schriftzeichen direkt klassifiziert. Zulässig sind maschinell geschriebene Schriftzeichen von beliebigem Typ,
mit einer Höhe zwischen 1,6 und 6 mm und mit beliebigen Zeichenabständen; es können
große und kleine Buchstaben sowie Ziffern gelesen werden.

Die Vorverarbeitung umfaßt folgende Verarbeitungsschritte:
3.1.1. Abtastung - diese erfolgt mit 512 x 1024 Punkten zu 1 bit in einer 60 mm hohen
Zone und erfaßt alle weiter zu verarbeitenden Zeichen.
3.1.2. Unterdrückung von Unterstreichungen.

3.1.3. Korrektur schräger Linien.

3.1.4. Segmentierung in einzelne Schriftzeichen.

3.1.5. Zentrierung auf den Schwerpunkt (s. auch Abschnitt 2.4.3)

3.1.6. Normierung von Größe und Strichdicke der Zeichen (s. auch Abschnitt 2.4.2,5).
Das Ergebnis sind normierte Einzelzeichen, die mit 16 x 16 Rasterpunkten dargestellt
werden.

Jedes Einzelzeichen wird zunächst für sich klassifiziert. Gewählt wurde ein
verteilungsfreier Klassifikator, dessen Prinzip aus Abschnitt 4.2. hervorgeht. Die
Klassifikation erlaubt zunächst mehrere Alternativen und wird wie folgt ausgeführt:

3.2.1. Klassifiziere das Einzelzeichen mit einem Klassifikator, der $k = 32$ große
Buchstaben (GB) unterscheiden kann.

3.2.2. Klassifiziere das Einzelzeichen mit einem Klassifikator, der $k = 32$ kleine
Buchstaben (KB) unterscheiden kann.

3.2.3. Klassifiziere das Einzelzeichen mit einem Klassifikator, der $k = 16$ Ziffern
und Sonderzeichen (Z) unterscheiden kann.

3.2.4. Für jeden der obigen Schritte ermittle ein Maß für die Unzuverlässigkeit der
Klassifikation und bis zu drei Klassen $\Omega_{\kappa 1}$, $\Omega_{\kappa 2}$, $\Omega_{\kappa 3}$, zu denen das Zeichen am wahrscheinlichsten gehört, oder weise es zurück (s. dazu Schritt 3.2.5 unten).
Das Ergebnis der Einzelzeichenklassifikation sind also bis zu drei Klassen oder die
Rückweisung für jede der Gruppen GB, KB und Z. Natürlich gehört das Zeichen entweder
zu GB oder zu KB oder zu Z, jedoch wird dieses erst in der kontextabhängigen Nachverarbeitung entschieden. Im Prinzip handelt es sich also um eine zweistufige Klassifikation (s. auch Abschnitt 4.4.2), bei der aber die oberste Stufe in Bild 4.8b zuletzt festgelegt wird. Die Schritte 3.2.1-3 werden tatsächlich in drei parallelen
Kanälen gleichzeitig ausgeführt. In jedem Schritt wird ein Maß für die Unzuverlässigkeit bestimmt, das $\varepsilon(\underline{c})$ in (4.109) von Abschnitt 4.2.4. entspricht. Mit Hilfe von
$\varepsilon(\underline{c})$ wird die Zahl der auszugebenden Alternativen für die Klassen bestimmt:

3.2.5 Wenn $\varepsilon(\underline{c}) < \Theta_1$, dann gib nur die beste Klasse $\Omega_{\kappa 1}$ aus; wenn $\Theta_1 \leq \varepsilon(\underline{c}) \leq \Theta_2$,
dann gib die besten zwei Klassen $\Omega_{\kappa 1}$, $\Omega_{\kappa 2}$ aus; wenn $\Theta_2 \leq \varepsilon(\underline{c}) \leq \Theta_3$, dann gib die
besten drei Klassen $\Omega_{\kappa 1}$, $\Omega_{\kappa 2}$, $\Omega_{\kappa 3}$ aus; wenn $\varepsilon(\underline{c}) > \Theta_3$, dann weise das Zeichen zurück.
Die Schwellwerte Θ_ν werden so gewählt, daß einerseits die richtige Klasse mit mög-
lichst hoher Wahrscheinlichkeit unter den ausgegebenen Alternativen ist und andererseits im Mittel möglichst wenig Alternativen ausgegeben werden. Der Klassifikator
verwendet ein Polynom zweiten Grades in den Rasterpunkten, wobei aber nur die wichtigsten Terme des Polynoms genommen werden (s. auch (4.97) in Abschnitt 4.2.3), und
zwar je 1024 Terme für GB und KB sowie 512 Terme für Z.

In der kontextabhängigen Nachverarbeitung werden die mit drei Kanälen und bis
zu drei Alternativen klassifizierten Einzelzeichen weiterverarbeitet:

3.3.1. Feldbildung - es sind die Einzelzeichen zu finden, die zu einem Wort gehören.
Eine Wortgrenze kann durch ein Sonderzeichen, wie zum Beispiel (,), - , / gebildet

werden, oder durch einen Zwischenraum. Erstere liefert das Einzelzeichen-Klassi-
fikationssystem, letztere die Vorverarbeitung bei der Segmentierung.

3.3.2. Worttyperkennung - es wird entschieden, ob GB, KB oder Z vorliegt. Im Prinzip wird mit einem statistischen Klassifikator (s. auch Abschnitt 4.1.4) zunächst
zwischen Zahlwort und alphabetischem Wort unterschieden, bei einem alphabetischen
Wort dann noch zwischen GB und KB. Der Merkmalvektor besteht hier je Zeichen aus
den drei Unzuverlässigkeitsmaßen ε_{GB}, ε_{KB}, ε_Z.

3.3.3. Worterkennung - Finden des richtigen Wortes. Dabei wird mit Hilfe von Kon-
textinformation die Zahl der Alternativen je Einzelzeichen auf eine reduziert (s.
auch Abschnitt 4.4.5).

Die Worterkennung ist selbst ein recht komplexes Problem, das noch etwas genauer betrachtet wird. Auf dieser Stufe liegen m Einzelzeichen vor, die in Schritt
3.3.1 zu einem Wort gruppiert wurden. Für jedes Einzelzeichen u_i,i=1,...,m gibt es
bis zu drei Klassen:

3.3.3.1. Bilde alle l kombinatorisch möglichen Worte U_j, die aus m Zeichen bestehen, wenn alle Alternativen der Zeichen berücksichtig werden.

3.3.3.2. Bestimme die Wahrscheinlichkeit $p(U_j)$, daß U_j richtig ist, unter der Annahme, daß die Einzelzeichen u_i in U_j voneinander unabhängig sind. Bilde die ge-
ordnete Menge $U = \{U_j | j=1,...l\}$ mit $p(U_1) \geq p(U_2) \geq ... \geq p(U_l)$.

3.3.3.3. Bestimme das "passende" Wort U* mit

a) $U* \in \Omega = \{\Omega_1,\Omega_2,...,\Omega_k\}$, wobei Ω_K eine mögliche Anschrift in der Bundesrepublik
   ist (k ≈ 16 000, es muß also ein Wörterbuch gültiger Bestimmungsorte gespei-
   chert werden),

b) U* sollte aus U sein und innerhalb U hohe Wahrscheinlichkeit haben (wegen
   Fehlern bei der Klassifikation der Einzelzeichen oder Fehlern bei der Segmentierung der Einzelzeichen kann es sein, daß
   $U* \in \Omega$, aber $U* \notin U$ ist).

Schritt 3.3.3.3 wird in zwei Stufen ausgeführt:

Stufe 1: Es wird angenommen, daß die Einzelzeichen richtig klassifiziert wurden,
das heißt, es gibt ein $U* \in U$. Die Ortsnamen werden in eine linke und eine rechte
Hälfte zerlegt und im Wörterbuch Ω mit einem doppelten Hashcode codiert, um einen
schnellen Zugriff zu erhalten. Die Worte $U_j \in U$ werden sukzessive mit Worten $\Omega_K \in \Omega$
verglichen; das erste Wort aus U, das auch in Ω ist, wird als tatsächlicher Ort U*
angesehen. Wenn es kein $U_j \in \Omega$ gibt, dann wird Stufe 2 aktiviert.

Stufe 2: Es wird angenommen, daß einige Einzelzeichen falsch sind, und zwar entweder wegen Substitution oder wegen Einfügung oder wegen Auslassung von Zeichen;
dementsprechend werden drei Fälle betrachtet. Allerdings wird stets vorausgesetzt,
daß wenigstens eine Hälfte des Ortsnamens fehlerfrei klassifiziert wurde, so daß
entweder die linke oder die rechte Hälfte für einen richtigen Zugriff in die Hash
Tabelle genutzt werden kann.

Fall 1: Es wird angenommen, daß richtig segmentiert wurde, also die Zahl m der
Einzelzeichen richtig ist. Einige Fehler in der Worthälfte, die nicht für den
Hashzugriff verwendet wird, werden toleriert, wobei der Schwellwert abhängig von
der Wortlänge m ist..
Fall 2: Es wird angenommen, daß eine Einfügung erfolgte, also der Ort $\Omega_K \in \Omega$ tatsächlich nur m-1 Zeichen enthält. Die $U_j \in U$ werden einmal linksbündig, einmal
rechtsbündig mit $\Omega_K \in \Omega$ verglichen. Die Zahl der tolerierten Fehler hängt von m ab.
Fall 3: Es wird angenommen, daß eine Auslassung erfolgte, also der Ort $\Omega_K \in \Omega$ tatsächlich m+1 Zeichen enthält. Die Vorgehensweise ist analog Fall 2.

Das realisierte System kann 17 Briefe/s mit seiner Leseelektronik verarbeiten.
Die veröffentlichten Testergebnisse besagen, daß etwa 1,3 % Segmentierungsfehler
und bei erzwungener Entscheidung (keine Rückweisung) etwa 1,4 % Klasifikationsfeh-
ler für Einzelzeichen auftreten. Für Worte beträgt die Fehlerrate 1 %, die Rückweisungsrate ebenfalls 1 %. Neben dem Ortsnamen steht auch noch die Postleitzahl zur
Verfügung. Durch Vergleich beider läßt sich die Fehlerrate für Worte fast auf Null
senken bei einer Rückweisungsrate von etwa 2 %. Dieses kurze Beispiel zeigt, daß
die Mustererkennung Methoden bereitstellt, mit denen auch anspruchsvolle Aufgaben
erfolgreich, das heißt mit akzeptabler Fehler- und Rückweisungsrate, gelöst werden
können, und es zeigt weiter, daß bei dem heutigen Stand der Elektronik Realisierungen möglich sind, die eine akzeptable Verarbeitungsgeschwindigkeit ergeben.

Literatur

Das Literaturverzeichnis ist nach Kapiteln geordnet. Für einige häufig zitierte
Zeitschriften und Tagungen wurden folgende Abkürzungen verwendet:

CACM Communications of the Association for Computing Machinery
CGIP Computer Graphics and Image Processing
IC   Information and Control
ICPR International Conference on Pattern Recognition
IJCPR International Joint Conference on Pattern Recognition
IEEE Transactions on

    AC   Automatic Control
    ASSP Acoustics, Speech, and Signal Processing
    AU   Audio and Electroacoustics
    C   Computers
    COM   Communications
    EC   Electronic Computers
    GE   Geoscience Electronics
    IT   Information Theory
    PAMI Pattern Analysis and Machine Intelligence
    SMC   Systems, Man, and Cybernetics
    SSC   Systems Science and Cybernetics
JACM Journal of the Association for Computing Machinery
SP   Signal Processing

Kapitel 1

1.1   E.L.J. Leuwenberg, H.F.J. Buffart: Formal Theories of Visual Perception.
J. Wiley, New York 1978
1.2   D. Jameson, L.M. Hurvich: Visual Psychophysics, Handbook of Sensory Physiology Vol. VII/4. Springer, Berlin, Heidelberg, New York 1977
1.3   J.L. Flanagan: Speech Analysis, Synthesis and Perception. Springer, New York 1978
1.4   W.D. Keidel, W.D. Neff (ed.): Auditory System, Handbook of Sensory Physiology Vol. V/1-3. Springer, Berlin, Heidelberg, New York 1974, 1975, 1976
1.5   H. Niemann: Mustererkennung - Einführung und Übersicht. Informatik Spektrum 2 (1979) 12-24
1.6.   L. Kanal: Patterns in Pattern Recognition 1968-1974. IEEE Trans. IT-20 (1974) 697-722
1.7   G. Sebestyen: Decision Making Processes in Pattern Recognition. MacMillan, New York 1962
1.8   A.G. Arkadew, E.M. Braverman: Teaching Computers to Recognize Patterns. Academic Press, London 1967
1.9   K.S. Fu: Sequential Methods in Pattern Recognition and Machine Learning. Academic Press, New York 1968

1.10 K.S. Fu, J.M. Mendel (ed.): Adaptive, Learning, and Pattern Recognition Systems. Academic Press, New York 1970
1.11 G. Meyer-Brötz, J. Schürmann: Methoden der automatischen Zeichenerkennung. R. Oldenbourg, München 1970
1.12 W.S. Meisel: Computer Oriented Approaches to Pattern Recognition. Academic Press, New York 1972
1.13 R.O. Duda, P.E. Hart: Pattern Classification and Scene Analysis. J. Wiley, New York 1972
1.14 K. Fukunaga: Introduction to Statistical Pattern Recognition. Academic Press, New York 1972
1.15 E.A. Patrick: Fundamentals on Pattern Recognition. Prentice Hall, Englewood Cliffs 1972
1.16 C.H. Chen: Statistical Pattern Recognition. Hayden, New York 1973
1.17 Y.Z. Tsypkin: Foundations of the Theory of Learning Systems. Academic Press, New York 1973
1.18 T.Y. Young, T.W. Calvert: Classification, Estimation, and Pattern Recognition. Elsevier, New York 1973
1.19 H. Niemann: Methoden der Mustererkennung. Akademische Verlagsgesellschaft, Frankfurt 1974
1.20 J.T. Tou, R.C. Gonzales: Pattern Recognition Principles. Addison-Wesley, New York 1974
1.21 K.S. Fu (ed.): Digital Pattern Recognition. Springer, Berlin, Heidelberg, New York 1976
1.22 J. Schürmann: Polynomklassifikatoren für die Zeichenerkennung. R. Oldenbourg, München 1977
1.23 K.S. Fu, A.B. Whinston (ed.): Pattern Recognition Theory and Application. Nordhoff, Leyden 1977
1.24 A.R. Hanson, E.M. Riseman: Computer Vision Systems. Academic Press, New York 1978
1.25 W.A. Lea (ed.): Trends in Speech Recognition. Prentice Hall, Englewood Cliffs 1980
1.26 H. Kazmierczak (ed.): Erfassung und maschinelle Verarbeitung von Bilddaten. Springer, Wien, New York 1980
1.27 H. Niemann: Pattern Analysis. Springer, Berlin, Heidelberg, New York 1981
1.28 D.R. Reddy: Speech Recognition by Machine, a Review. Proc. IEEE 64 (1976) 501-531
1.29 H. Niemann: Digital Image Analysis. In P. Stucki (ed.): Advances in Digital Image Processing. Plenum Publ. Corp., New York 1979, 77-122
1.30 H. Niemann: Mustererkennung - Anwendungen. Informatik Spektrum 3 (1980) 19-30

Kapitel 2

2.1 A. Rosenfeld, A.C. Kak: Digital Picture Processing. Academic Press, New York 1976, Chap. 4
2.2 D. Middleton: An Introduction to Statistical Communication Theory. McGraw Hill, New York 1960, Sect. 4.2
2.3 G. Winkler: Stochastische Systeme, Analyse und Synthese. Akademische Verlagsgesellschaft, Wiesbaden 1977, Abschn. 3.1.4
2.4 N.S. Jayant: Digital Coding of Speech Waveforms, PCM, DPCM, and DM Quantizers. Proc. IEEE 62 (1974) 611-632
2.5 J. Max: Quantizing for Minimum Distortion. IRE Trans. IT-6 (1960) 7-12
2.6 R.C. Gonzales, P. Wintz: Digital Image Processing. Addison-Wesley, Reading, Mass. 1977, Sect. 6.3.3.
2.7 D.C. Van Voorhis: An Extended Run-Length Encoder and Decoder for Compression of Black/White Images. IEEE Trans. IT-22 (1976) 190-199
2.8 H. Freeman: On the Encoding of Arbitrary Geometric Configurations. IEEE Trans. EC-10 (1961) 260-268

2.9   H. Freeman: Computer Processing of Line Drawing Images. Comput. Surveys 6
      (1974) 57-97
2.10 T.H. Morrin: Chain-Link Compression of Arbitrary Black-White Images. CGIP-5
      (1976) 172-189
2.11 N.S. Jayant (ed.): Waveform Quantization and Coding. IEEE Press, New York
      1976
2.12 J. McWilliams, N. Sloane: The Theory of Error Correcting Codes. North Hol-
      land, Amsterdam 1978
2.13 J.S. Weszka: A Survey of Threshold Selection Techniques. CGIP-7 (1978)
      259-265
2.14 N. Otsu: Discriminant and Least Squares Threshold Selection. Proc. 4.IJCPR,
      Kyoto, Japan 1978 pp. 592-596
2.15 T. Pun: A New Method for Grey-Level Picture Thresholding Using the Entropy
      of the Histogram. SP-2 (1980) 223-237
2.16 J. Schürmann: Bildvorverarbeitung für die automatische Zeichenerkennung.
      Wissensch. Berichte AEG/Telefunken 47, Heft 3/4 (1974) 90-99-
2.17 G.J. Agin: Computer Vision Systems for Industrial Inspection and Assembly.
      Computer 13 No. 5 (1980) 11-20
2.18 R.S. Ledley: High-Speed Automatic Analysis of Biomedical Pictures. Science
      146 (1964) 216-223
2.19 M. Ingram, K. Preston: Automatic Analysis of Blood Cells. Scient. American
      223 (1970) 72-82
2.20 H.M. Kubitschek: Digitalisierung und Vorverarbeitung von Stromlaufplänen.
      Studienarbeit, Lehrstuhl für Informatik 5 (Mustererkennung). Univ. Erlangen
      1979
2.21 R. Ohlander, K. Price, D.R. Reddy: Picture Segmentation Using a Recursive
      Region Splitting Method. CGIP-8 (1978) 313-333
2.22 J.S. Weszka, R.N. Nagel, A. Rosenfeld: A Threshold Selection Technique. IEEE
      Trans. C-23 (1974) 1322-1326
2.23 T.H. Morrin: A Black-White Representation of a Gray-Scale Picture. IEEE Trans.
      C-23 (1974) 184-186
2.24 A.Papoulis: Systems and Transforms with Application in Optics. McGraw Hill,
      New York 1968
2.25 E.A. Guillemin: Theory of Linear Physical Systems. J. Wiley, New York 1963
2.26 A.V. Oppenheim, R.W. Schafer: Digital Signal Processing. Prentice Hall,
      Englewood Cliffs 1975, Chap. 1
2.27 W.K. Pratt: Digital Image Processing. J. Wiley, New York 1978, Part 3
2.28 H. Niemann: Fourier Transformation zweidimensionaler Signale. VDI-Zeitschrift
      115 (1973) 134-138 und 291-297
2.29 W.T. Cochran, et. al.: What is the Fast Fourier Transform? Proc. IEEE 55
      (1967) 1664-1674
2.30 G.D. Bergland: A Guided Tour of the Fast Fourier Transform. IEEE Spectrum 6,
      No. 7 (1969) 41-52
2.31 M.C. Pease: An Adaption of the Fast Fourier Transform to Parallel Processing.
      JACM-15 (1968) 252-268
2.32 G.C. Temes, S.K. Mitra: Modern Filter Theory and Design. J. Wiley, New York
      1973
2.33 A. Lacroix: Digitale Filter. R. Oldenbourg München 1980
2.34 H.W. Schüßler: Digitale Systeme zur Signalverarbeitung. Springer Verlag,
      Berlin 1973
2.35 H.C. Andrews, B.R. Hunt: Digital Image Restoration. Prentice Hall, Englewood
      Cliffs N.J. 1977
2.36 T.C.M. Rao: Feature Extraction for Fingerprint Recognition. PR-8 (1976) 181-
      192
2.37 S.J. Mason, J.K. Clemens: Character Recognition in an Experimental Reading
      Machine for the Blind. In P.A.Kolers, M. Eden (ed.): Recognizing Patterns.
      The MIT Press, Cambridge, Mass. 1968, S. 155-167
2.38 R.W. Ehrich: A Symmetrical Hysteresis Smoothing Algorithm that Preserves
      Principal Features. CGIP-8 (1978) 121-126
2.39 S.I. Hanaki, T. Temma, H. Yoshida: An On-Line Character Recognition Aimed
      at a Substitution for a Billing Machine Keyboard. PR-8 (1976) 63-71

2.40 G.F. Groner: Real-Time Recognition of Handprinted Text. RAND Memorandum RM-5016-ARPA. The RAND Corp., Santa Monica, Calif. 1966

2.41 J. Sklansky, P.J. Nahin: A Parallel Mechanism for Describing Silhouettes. IEEE Trans. C-21 (1972) 1233-1239

2.42 M.J. Eccles, M.P.C. McQueen, D. Rosen: Analysis of the Digitized Boundaries of Planar Objects. PR-9 (1977) 31-41

2.43 R.P. Borda, J.D. Frost: Error Reduction in Small Sample Averaging Through the Use of the Median Rather than the Mean. Electroenceph. clin. Neurophysiol. 25 (1968) 391-392

2.44 L.R. Rabiner, M.S. Sambur, C.E. Schmidt: Applications of a Nonlinear Smoothing Algorithm to Speech Processing. IEEE Trans. ASSP-23 (1975) 552-557

2.45 T.S. Huang, G.J. Yang, G.Y. Tang: A Fast Two-Dimensional Median Filtering Algorithm. IEEE Trans. ASSP-27 (1979) 13-18

2.46 H.P. Kramer, J.B. Bruckner: Iterations of a Nonlinear Transformation for Enhancement of Digital Pictures. PR-7 (1975) 53-58

2.47 A. Herp: Interaktive automatisierte Präzisionsvermessung von Stereo-Röntgenbildern zur Lokalisierungdiagnostik von Hüftendoprothesen. Dissertation, Technische Fakultät der Universität Erlangen, 1980

2.48 A. Herp, H. Niemann, K.J. Probst: Interactive Evaluation of Stereo X-Ray Images from Hip Joint Prostheses. In: E.S. Gelsema, L.N. Kanal (ed.): Pattern Recognition in Practice. North Holland, Amsterdam, 1980, 245-258

2.49 J. Schürmann: A Multifont Word Recognition System for Postal Address Reading. IEEE Trans. C-27 (1978) 721-732

2.50 T.B. Martin: One Way to Talk to Computers. IEEE Spectrum 14, No. 5 (1977) 35-39

2.51 A. Güdesen: Quantitative Analysis of Preprocessing Techniques for the Recognition of Handprinted Characters. PR-8 (1976) 219-227

2.52 K. Paton: Conic Sections in Chromosome Analysis. PR-2 (1970) 39-51

2.53 J. Szabo: Einführung in die technische Mechanik. Springer, Berlin, Heidelberg, New York 8. Aufl. 1975, 102-107

2.54 F.L. Alt: Digital Pattern Recognition by Moments. In G.L. Fischer, et. al. (ed.): Optical Character Recognition. Spartan Books, Washington 1962, 153-179

2.55 R.N. Nagel, A. Rosenfeld: Computer Detection of Freehand Forgeries. IEEE Trans. C-26 (1977) 895-905

2.56 R.W. Schafer, L.R. Rabiner: Parametric Representation of Speech. In: D.R. Reddy (ed.): Speech Recognition. Academic Press, New York 1975, 99-150

2.57 P. Regel: A Module for Acoustic-Phonetic Transcription of Fluently Spoken German Speech. IEEE Trans. ASSP-30 (1982) 440-450

2.58 H.F. Silverman, N.R. Dixon: A Parametrically Controlled Spectral Analysis System for Speech. IEEE Trans. ASSP-22 (1974) 362-381

2.59 T. Agui, H. Nagahashi: A Description Method of Handprinted Chinese Characters. IEEE Trans. PAMI-1 (1979) 20-24

2.60 E. Triendl: Skeletonization of Noisy Handdrawn Symbols Using Parallel Operations. PR-2 (1970) 215-226

2.61 B. Rieger: Skelettierungsverfahren für die automatische Schreibererkennung. In J.P. Foith (ed.) Angewandte Szenenanalyse, Informatik Fachberichte 20. Springer, Berlin, Heidelberg, New York 1979, 168-179

2.62 T. Kreifelts: Skelettierung und Linienverfolgung in rasterdigitalisierten Linienstrukturen. In H.H. Nagel (ed.): Digitale Bildverarbeitung, Informatik Fachberichte 8. Springer, Berlin, Heidelberg, New York 1977, 223-231

2.63 A. Rosenfeld: A Characterization of Parallel Thinning Algorithms. IC-29 (1975) 286-291

2.64 R. Stefanelli, A. Rosenfeld: Some Parallel Thinning Algorithms for Digital Pictures. JACM-18 (1971) 225-264

2.65 E.S. Deutsch: Thinning Algorihms on Rectangular, Hexagonal, and Triangular Arrays. CACM-15 (1972) 827-837

2.66 I.S.N. Murthy, K.J. Udupa: A Search Algorihm for Skeletonization of Thick Patterns. CGIP-3 (1974) 247-259

2.67 L.J. Gerstman: Classification of Self-Normalized Vowels. IEEE Trans. AU-16 (1968) 78-80

2.68   H. Wakita: Estimation of Vocal-Tract Shapes from Acoustical Analysis of the
       Speech Wave; the State of the Art. IEEE Trans. ASSP-27 (1979) 281-285
2.69   H. Wakita: Normalization of Vowels by Vocal-Tract Length and its Application
       to Vowel Identification. IEEE Trans. ASSP-25 (1977) 183-192
2.70   F. Itakura: Minimum Prediction Residual Principle Applied to Speech Recog-
       nition. IEEE Trans. ASSP-23 (1975) 67-72
2.71   A. Rosenfeld: Connectivity in Digital Pictures. JACM-17 (1970) 146-160
2.72   A. Rosenfeld: Picture Languages. Academic Press, New York 1979, Chap. 2
2.73   A. Rosenfeld, J. Pfaltz: Sequential Operations in Digital Picture Processing.
       JACM-13 (1966) 471-494

Kapitel 3

3.1   A. Albert: Regression and the Moore-Penrose Pseudoinverse. Academic Press,
       New York 1972, 15-23
3.2   F.R. Gantmacher: Matrizenrechnung Teil I. VEB Deutscher Verlag der Wissen-
       schaften, Berlin 1958, 242-245
3.3   S. Braun: Signal Analysis for Rotating Machinery Vibrations. PR-7 (1975)
       81-86
3.4   H.J. Nussbaumer: Fast Fourier Transform and Convolution Algorithms. Springer
       Series in Information Sciences Vol. 2. Springer, Berlin, Heidelberg, New York
       1981
3.5   D. Casasent: New Optical Transforms for Pattern Recognition. Proc. IEEE 65
       (1977) 77-84
3.6   G.H. Granlund: Fourier Preprocessing for Hand Print Character Recognition.
       IEEE Trans. C-21 (1972) 195-201
3.7   C.T. Zahn, R.Z. Roskies: Fourier Descriptors for Plane Closed Curves. IEEE
       Trans. C-21 (1972) 269-281
3.8   N. Ahmed, K. Rao: Orthogonal Transforms for Digital Signal Processing. Sprin-
       ger, Berlin, Heidelberg, New York 1975
3.9   H.F. Harmuth: Transmission of Information by Orthogonal Functions. Springer,
       Berlin, 1970
3.10   H. Reitboeck, T.P. Brody: A Transformation with Invariance Under Cyclic Per-
       mutation for Applications in Pattern Recognition. IC-15 (1969) 130-154
3.11   F. Itakura, S. Saito: A Statistical Method for Estimation of Speech Spectral
       Densities and Formant Frequencies. El. and Comm. in Japan Vol. 53-A, No. 1
       (1970) 36-43
3.12   J. Makhoul: Linear Prediction, a Tutorial Review. Proc. IEEE 63 (1975) 561-
       580
3.13   J.D. Markel, A.H. Gray: Linear Prediction of Speech. Communications and Cy-
       bernetics Vol. 12. Springer, Berlin 1976
3.14   L.C. Wood, S. Treitel: Seismic Signal Processing. Proc. IEEE 63 (1975) 649-
       661
3.15   T. Bohlin: Comparison of two Methods of Modeling Stationary EEG Signals. IBM
       Journ. of Res. Development 17 (1973) 194-205
3.16   K. Deguchi, I. Morishita: Texture Characterization and Texture Based Image
       Partitioning Using Two-Dimensional Linear Estimation Techniques. IEEE Trans.
       C-27 (1978) 739-745
3.17   E. Parzen: Some Recent Advances in Time Series Modeling. IEEE Trans. AC-19
       (1974) 723-730
3.18   M.K. Hu: Visual Pattern Recognition by Moment Invariants. IEEE Trans. IT-8
       (1962) 179-187
3.19   S.A. Dudani, K.J. Breeding, R.B. McGhee: Aircraft Identification by Moment
       Invariants. IEEE Trans. C-26 (1977) 39-46
3.20   R.Y. Wong, E.L. Hall: Scene Matching With Invariant Moments. IEEE Trans.
       C-26 (1977) 39-46
3.21   F.A. Sadjadi, E.L. Hall: Three-Dimensional Moment Invariants. IEEE Trans.
       PAMI-2 (1980) 127-136

3.22 A. Arcese, P.H. Mengert, E.W. Trombini: Image Detection Through Bipolar Correlation. IEEE Trans. IT-16 (1970) 534-541

3.23 H. Niemann: Mustererkennung mit orthonormalen Reihenentwicklungen. Nachrichtentechn. Zeitschrift 23 (1970) 308-313

3.24 H.J. Wilkins: Householders Method for Symmetric Matrices. Numerische Mathematik 4 (1962/63) 354-376

3.25 S. Watanabe: Karhunen-Loeve Expansion and Factor Analysis. Transactions 4th Prague Conf. on Inf. Theory 1965, 635-660

3.26 H. Niemann: An Improved Series Expansion for Pattern Recognition. Nachrichtentechn. Zeitschrift 24 (1971) 473-477

3.27 K. Ozeki: A Coordinate-Free Theory of Eigenvalue Analysis Related to the Method of Prinicipal Components. Information and Control 42 (1979) 38-59

3.28 J. Kittler: Mathematical Methods of Feature Selection in Pattern Recognition. Int. Journal Man-Machine Studies 7 (1975) 609-637

3.29 R.A. Hummel: Feature Detection Using Basis Functions. CGIP-9 (1979) 40-55

3.30 C.W. Therrien: Eigenvalue Properties of Projection Operators and Their Application to the Subspace Method of Feature Selection. IEEE Trans. C-24 (1975) 944-948

3.31 D. Jäpel: Klassifikatorbezogene Merkmalsauswahl. Arbeitsberichte des Inst. für Math. Masch. und Datenverarb., Univ. Erlangen-Nürnberg, Bd. 13, Nr. 4, 1980

3.32 R.J.P. de Figueiredo: Optimal Linear and Nonlinear Feature Extraction Based on the Minimization of the Increased Risk of Misclassification. Rice University, ICSA-Report Nr. 275-025-014

3.33 R.J.P. de Figueiredo: An Algorithm for Extraction of More Than One Optimal Linear Feature from Several Gaussian Pattern Classes. Proc. 3. Int. Joint Conf. on Pattern Rec., Coronado, Calif. 1976, S. 793-797

3.34 S. Wilks: Mathematical Statistics. J. Wiley, New York 1962, 92

3.35 P.J. van Otterloo, I.T. Young: A Distribution - Free Geometric Upper Bound for the Probability of Error of a Minimum Distance Classifier. PR-10 (1978) 281-286

3.36 H.P. Decell, J.A. Quirein: An Iterative Approach to the Feature Selection Problem. Proc. Machine Processing of Remotely Sensed Data, West Lafayette, USA, Oct. 1973, 3 B1-3B12

3.37 R. Horst: Nichtlineare Optimierung. Hanser Verlag München, Wien 1979, Abschnitt 3.4.1

3.38 D. Becker: Vergleich eines linearen und eines nichtlinearen Klassifikators bei der Worterkennung. Wissensch. Berichte AEG-Telefunken 47 (1974) 77-84

3.39 K.H. Reinhardt: Algorithmen zur Merkmalsauswahl mit Implementierung eines Verfahrens. Diplomarbeit, Lehrstuhl für Informatik 5 (Mustererkennung), Univ. Erlangen-Nürnberg, 1979

3.40 T.M. Cover: The Best Two Independent Measurements are not the Two Best. IEEE Trans. SMC-4 (1974) 116-117

3.41 P.A. Devijver: On a new Class of Bounds on Bayes Risk in Multihypothesis Pattern Recognition. IEEE Trans. C-23 (1974) 70-80

3.42 C.H. Chen: On a Class of Computationally Efficient Feature Selection Criteria. PR-7 (1975) 87-94

3.43 M. Ben-Bassat: On the Sensitivity of the Probability of Error Rule for Feature Selection. IEEE Trans. PAMI-2 (1980) 57-60

3.44 H. Niemann, G. Winkler: Eine Theorie zur quantitativen Beschreibung und Erkennung von Mustern. Nachrichtentechn. Zeitschrift 22 (1969) 94-100

3.45 I. Vajda: Note on Discrimination Information and Variation. IEEE Trans. IT-16 (1970) 771-773

3.46 T. Lissack, K.S. Fu: Error Estimation in Pattern Recognition via L^{α} - Distance Between Posterior Density Functions. IEEE Trans. IT-22 (1976) 34-45

3.47 T. Kailath: The Divergence and Bhattacharyya Distance Measures in Signal Selection. IEEE Trans. COM-15 (1967) 52-60

3.48 H. Chernoff: A Measure of Asymptotic Efficiency for Tests of a Hypothesis Based on the Sum of Observations. Ann. Math. Statistics 23 (1952) 493-507

3.49   K. Matusita: A Distance and Related Statistics in Multivariate Analysis. In P.R. Krishnaiah (ed.): Multivariate Analysis, New York, Academic Press 1966, 178-200

3.50   E.A. Patrick, F.P. Fisher: Nonparametric Feature Selection. IEEE Trans. IT-15 (1969) 577-584

3.51   P.M. Lewis: The Characteristic Selection Problem in Recognition Systems. IEEE Trans. IT-8 (1962) 171-178

3.52   T.R. Vilmansen: Feature Evaluation with Measures of Probabilistic Dependence. IEEE Trans. C-22 (1973) 381-388

3.53   M. Ben-Bassat: f-Entropies, Probability of Error, and Feature Selection. IC-39 (1978) 227-242

3.54   R.P. Heydorn: Redundancy in Feature Extraction. IEEE Trans. C-20 (1971) 1051-1054

3.55   A.N. Mucciardi, E.E. Gose: A Comparison of Seven Techniques for Choosing Subsets of Pattern Recognition Properties. IEEE Trans. C-20 (1971) 1023-1031

3.56   T.M. Cover, J.M. Van Campenhout: On the Possible Orderings in the Measurement Selection Problem. IEEE Trans. SMC-7 (1977) 657-661

3.57   R. Bakis, et al.: An Experimental Study of Machine Recognition of Handprinted Numerals. IEEE Trans. SSC-4 (1968) 119-132

3.58   A.W. Whitney: A Direct Method of Nonparametric Measurement Selection. IEEE Trans. C-20 (1971) 1100-1103

3.59   C.Y. Chang: Dynamic Programming as Applied to Feature Subset Selection in a Pattern Recognition System. IEEE Trans. SMC-3 (1973) 167-171

3.60   R.S. Cheung, B.A. Eisenstein: Feature Selection Via Dynamic Programming for Text-Independent Speaker Identification. IEEE Trans. ASSP-26 (1978) 397-403

3.61   R. Bellman, R. Kalaba: Dynamic Programming and Modern Control Theory. Academic Press, New York 1965

3.62   Schneeweiß: Dynamisches Programmieren. Physica Verlag, Würzburg, Wien 1974

3.63   P. Narendra, K. Fukunaga: A Branch and Bound Algorithm for Feature Subset Selection. IEEE Trans. C-26 (1977) 917-922

3.64   A.A. Korbut, J.J. Finkelstein: Diskrete Optimierung. Akademie Verlag, Berlin 1971, Kap. 10

3.65   E. Lawler, D. Wood: Branch and Bound Methods: A Survey. Operations Res. 14 (1966) 699-719

3.66   A.K. Jain, A. Dubes: Feature Definition in Pattern Recognition With Small Sample Size. PR-10 (1978) 85-97

3.67   M. Ichino: Nonparametric Feature Selection Method Based on Local Interclass Structure. IEEE Trans. SMC-10 (1981) 289-296

3.68   J.M. Garnett, S.S. Yau: Nonparametric Estimation of the Bayes Error Rate of Feature Extractors Using Ordered Nearest Neighbor Sets. IEEE Trans. C-26 (1977) 46-54

3.69   H. Freeman: Shape Description Via the Use of Critical Points. PR-10 (1978) 159-166

3.70   I. Sheinberg: The Input 2 Document Reader (A New Optical Character Recognition System) PR-2 (1970) 161-173

3.71   K. Mori, H. Genchi, S. Watanabe, S. Katsuragi: Microprogram Controlled Pattern Processing in a Handwritten Mail Reader-Sorter. PR-2 (1970) 175-185

3.72   C.B. Shelman: The Application of List Processing. PR-4 (1972) 201-210

3.73   R.S. Ledley: Analysis of Cells. IEEE Trans. C-21 (1972) 740-752

3.74   H. Blum, R.N. Nagel: Shape Discrimination Using Weighted Symmetric Axis Features. PR-10 (1978) 167-180

3.75   B. Moayer, K.S. Fu: A Syntactic Approach to Fingerprint Pattern Recognition. PR-7 (1975) 1-23

3.76   B. Moayer, K.S. Fu: A Tree System Approach for Fingerprint Pattern Recognition. IEEE Trans. C-25 (1976) 262-274

3.77   W.W. Stallings: Recognition of Printed Chines Characters by Automatic Pattern Analysis. CGIP-1 (1972) 47-65

3.78   G. Stockman: Defining and Extracting Waveform Primitives for Linguistic Analysis. Proc. 4.ICPR, Kyoto, Japan 1978, 696-700

3.79 R. De Mori: A Descriptive Technique for Automatic Speech Recognition. IEEE
      Trans. AU-21 (1972) 89-100
3.80 S. Rivoira, P. Torasso: An Isolated Word Recognizer Based on Grammar Con-
      trolled Classification Processes. PR-10 (1978) 73-84
3.81 U. Ramer: An Iterative Procedure for the Polygonal Approximation of Plane
      Curves. CGIP-1 (1972) 244-256
3.82 H. Bley: Vorverarbeitung und Segmentierung von Stromlaufplänen unter Ver-
      wendung von Bildgraphen. Dissertation, Lehrstuhl für Informatik 5 (Muster-
      erkennung), Universität Erlangen-Nürnberg, Juli 1982
3.83 T. Pavlidis, S.L. Horowitz: Segmentation of Plane Curves. IEEE Trans. C-23
      (1974) 860-870
3.84 T. Pavlidis, F. Ali: A Hierarchical Syntactic Shape Analyzer. IEEE Trans.
      PAMI-1 (1979) 2-9
3.85 A. Rosenfeld, E. Johnston: Angle Detection on Digital Curves. IEEE Trans.
      C-22 (1973) 875-878
3.86 A. Rosenfeld, J.S. Weszka: An Improved Method of Angle Detection on Digital
      Curves. IEEE Trans. C-24 (1975) 940-941
3.87 J.R. Bennett, J.S. Mac Donald: On the Measurement of Curvature in a Quanti-
      zed Environment. IEEE Trans. C-24 (1975) 803-820
3.88 C.Y. Suen: Feature Extraction in Automatic Recognition of Handprinted Cha-
      racters. In: M. Kunt, F. De Coulon (eds.): EUSIPCO-80, Signal Processing,
      Theories and Applications. North-Holland, Amsterdam 1980, 491-501
3.89 Pattern Recognition Vol. 2, No. 3 (1970): Special Issue on Optical Character
      Recognition.
3.90 R.D. Andrews, A.J. Atrubin, K.C. Hu: The IBM 1975 Optical Page Reader, Part
      III, Recognition Logic Design. IBM J. Research and Dev. 12 (1968) 364-371
3.91 J. Schürmann: Über systematisch konstruierte nichtlineare Klassifikatoren
      für die Handblockschrift-Erkennung. Elektron. Rechenanlagen 13 (1971) 250-
      260
3.92 K. Mori, H. Nakano: Computer Aided Design of Dot Matrices for Kanji Charac-
      ters. Proc. 4.ICPR, Kyoto, Japan 1978, 829-831
3.93 I.K. Sethi, B. Chatterjee: Machine Recognition of Constrained Hand Printed
      Devanagari. PR-9 (1977) 69-75
3.94 K. Mori, I. Masuda: Advances in Recognition of Chinese Characters. Proc.
      5.ICPR, Miami, Florida 1980, 692-702
3.95 W. Stallings: Approaches to Chinese Character Recognition. PR-8 (1976) 87-
      98
3.96 J.R. Ullmann: Picture Analysis in Character Recognition. In A. Rosenfeld
      (ed.): Digital Picture Analysis, Topics in Applied Physics Vol. 11. Sprin-
      ger, Berlin, Heidelberg, New York 1976, 295-343
3.97 C.Y. Suen, M. Berthod, S. Mori: Advances in Recognition of Handprinted Cha-
      racters. Proc. 4.ICPR, Kyoto, Japan 1978, 30-44
3.98 J. Schürmann: Reading Machines. Proc. 6.ICPR, München, Germany 1982, 1031-1044
3.99 B. Duerr, W. Haettich, H. Tropf, G. Winkler: A Combination of Statistical
      and Syntactical Pattern Recognition Applied to Classification of Uncon-
      strained Handwritten Numerals. PR-12 (1980) 189-199
3.100 K. Badie, M. Shimura: Machine Recognition of Roman Cursive Script. Proc.
      6.ICPR, München, Germany 1982, 28-30
3.101 N. Lindgren: Machine Recognition of Human Language, Part III, Cursive Script
      Recognition. IEEE Spectrum 2, No. 5 (1965) 104-116
3.102 W.F. Nemcek, W.C. Lin: Experimental Investigation of Automatic Signature
      Verification. IEEE Trans. SMC-4 (1974) 121-126
3.103 V. Klement, R.D. Naske: Forensische Schreibererkennung mit Merkmalen aus
      einem regionalen Texturmodell. In B. Radig (ed.): Modelle und Strukturen,
      Informatik Fachberichte 49, Springer, Berlin, Heidelberg, New York 1981,
      357-363
3.104 A.E. Rosenberg: Automatic Speaker Verification, a Review. Proc. IEEE 64
      (1976) 475-487
3.105 B.S. Atal: Automatic Recognition of Speakers From Their Voices. Proc. IEEE
      64 (1976) 460-474

3.106   S.K. Das, W.S. Mohn: A Scheme for Speech Processing in Automatic Speaker
        Verification. IEEE Trans. AU-19 (1971) 32-43
3.107   R.C. Lummis: Speaker Verification by Computer Using Speech Intensity for
        Temporal Registration. IEEE Trans. AU-21 (1973) 80-89
3.108   M.R. Sambur: Selection of Acoustic Features for Speaker Identification.
        IEEE Trans. ASSP-23 (1975) 176-182
3.109   M.R. Sambur: Speaker Recognition Using Orthogonal Linear Prediction. IEEE
        Trans. ASSP-24 (1976) 283-289
3.110   H. Ney, M.H. Kuhn: Cluster Analysis for Telephone Line Speaker Recognition.
        In M. Kunt, F. de Coulon (eds.): Signal Processing, Theories and Applica-
        tions. North Holland, Amsterdam 1980, 609-613
3.111   R.E. Bogner: On Talker Verification via Orthogonal Parameters. IEEE Trans.
        ASSP-29 (1981) 1-12
3.112   S. Furui: Cepstral Analysis Techniques for Automatic Speaker Verification.
        IEEE Trans. ASSP-29 (1981) 254-270
3.113   S. Furui: Comparison of Speaker Recognition Methods Using Statistical Fea-
        tures and Dynamic Features. IEEE Trans. ASSP-29 (1981) 342-356
3.114   E. Bunge: Automatische forensische Sprechererkennung. In E. Triendl (ed.):
        Bildverarbeitung und Mustererkennung, Informatik Fachberichte 17. Springer,
        Berlin, Heidelberg, New York 1978, 55-61
3.115   K.H. Davis, R. Biddulph, S. Balashek: Automatic Recognition of Spoken Di-
        gits. J. Acoust. Soc. Am. 24 (1952) 637-642
3.116   N. Lindgren: Machine Recognition of Human Language, Part I and II. IEEE
        Spectrum 2 (1965) No. 3, 114-136 and No. 4, 44-59
3.117   T.B. Martin: Practical Applications of Voice Input to Machines. Proc. IEEE
        64 (1976) 487-495
3.118   L.R. Rabiner, M.R. Sambur: Some Preliminary Experiments in the Recognition
        of Connected Digits. IEEE Trans. ASSP-24 (1976) 170-182
3.119   A. Ichikawa, Y. Nakano, K. Nakata: Evaluation of Various Parameter Sets in
        Spoken Digit Recognition. IEEE Trans. AU-21 (1973) 202-209
3.120   G.M. White, R.B. Neely: Speech Recognition Experiments With Linear Predic-
        tion, Bandpass Filtering, and Dynamic Programming. IEEE Trans. ASSP-24
        (1976) 183-188
3.121   L.R. Rabiner, S.E. Levinson, A.E. Rosenberg, J.G. Wilpon: Speaker-Indepen-
        dent Recognition of Isolated Words Using Clustering Techniques. IEEE Trans.
        ASSP-27 (1979) 336-349
3.122   J. Schürmann, D. Becker: Spracherkennung mit Quadratmittel-Polynomklassi-
        fikatoren. El. Rechenanlagen 20 (1978) 15-23 und 65-71
3.123   S. Furui: A Training Procedure for Isolated Word Recognition Systems. IEEE
        Trans. ASSP-28 (1980) 129-136
3.124   R. Schwartz, J. Makhoul: Where the Phonemes are: Dealing With Ambiguity in
        Acoustic-Phonetic Recognition. IEEE Trans. ASSP-23 (1975) 50-53
3.125   C.J. Weinstein, S.S. McCandless, L.F. Mondshein, V.W. Zue: A System for
        Acoustic-Phonetic Analysis of Continuous Speech. IEEE Trans. ASSP-23 (1975)
        54-67
3.126   O. Fujimura: Syllable as a Unit of Speech Recognition. IEEE Trans. ASSP-23
        (1975) 82-87
3.127   B.S. Atal, L.R. Rabiner: A Pattern Recognition Approach to Voiced-Unvoiced-
        Silence Classification with Applications to Speech Recognition. IEEE Trans.
        ASSP-24 (1976) 201-212
3.128   N.R. Dixon, H.F. Silverman: The 1976 Modular Acoustic Processor (MAP). IEEE
        Trans. ASSP-25 (1977) 367-379
3.129   K. Tanaka: A Dynamic Processing Approach to Phoneme Recognition (Part I) -
        Feature Extraction. IEEE Trans. ASSP-27 (1979) 596-608
3.130   R. De Mori, R. Gubrynowicz, P. Laface: Inference of a Knowledge Source for
        the Recognition of Nasals in Continuous Speech. IEEE Trans. ASSP-27 (1979)
        538-549
3.131   G. Ruske, T. Schotola: An Approach to Speech Recognition Using Syllabic
        Decision Units. Proc. Int. Conf. Acoustics, Speech, and Signal Proc. Tulsa,
        Oklahoma 1978, 722-725

3.132   K. Tanaka: A Parametric Representation and a Clustering Method for Phoneme
        Recognition - Application to Stops in a CV Environment. IEEE Trans. ASSP-
        29 (1981) 1117-1127
3.133   E. Drazen: Automated Electrocardiography in the United States. A.D. Little
        Inc., Cambridge, Mass. 1976
3.134   Proc. 1. Annual Symp. Comp. Application in Medical Care, Washington 1977,
        309-353 (IEEE No. 77CH 1270-8 C)
3.135   K. Brodda, U. Wellner, W. Mutschler: A New Method for Detection of P Waves
        in Electrocardiograms. SP-1 (1979) 15-25
3.136   IBM-EKG Auswerteprogramm, IBM Deutschland GmbH 1977 (IBM Form GH 12 1292-0)
3.137   J.H. Van Bemmel, J.L. Willems: Trends in Computer Processed Electrocardio-
        grams. North Holland, Amsterdam 1977
3.138   R. McFee, G.M. Baule: Research in Electrocardiography and Magnetocardio-
        graphy. Proc. IEEE 60 (1972) 290-321
3.139   J. Cox, F.M. Noelle, R.M. Arthur: Digital Analysis of the Electroencepha-
        logram, the Blood Pressure Wave, and the Electrocardiogram. Proc. IEEE 60
        (1972) 1137-1164
3.140   C.D. Binnie, G.F. Smith, B.G. Batchelor: Pattern Recognition in Electroen-
        cephalography. In B.G. Batchelor (ed.): Pattern Recognition, New York,
        Plenum Press 1978, 399-426
3.141   M. Matejcek, G.K. Schenk (eds.): Quantitative Analysis of the EEG. Proc. 2.
        Symp. of the Study Group for EEG Methodology, Jongny sur Vevey. AEG-Tele-
        funken EDP Division, Konstanz 1975
3.142   P. Ungan, E. Basar: Comparison of Wiener Filtering and Selective Averaging
        of Evoked Potentials.Electroenceph. clin. Neurophysiol. 40 (1976) 516-520
3.143   A.S. Gevins: Pattern Recognition of Human Brain Electrical Potentials.
        IEEE Trans. PAMI-2 (1980) 383-404
3.144   A.C. Sanderson, J. Segen, E. Richey: Hierarchical Modeling of EEG Signals.
        IEEE Trans. PAMI-2 (1980) 405-415
3.145   D.A. Linkens: Empirical Rules for the Selection of Parameters for Auto-
        Regressive Spectral Analysis of Biomedical Rhythms. SP-1 (1979) 243-258
3.146   D. Tjostheim, O. Sandvin: Multivariate Autoregressive Feature Extraction
        and the Recognition of Multichannel Waveforms. IEEE Trans. PAMI-1 (1979)
        80-86
3.147   F. Quante, W. Schwerdtmann, E. Zeh: System zur automatischen Herzschall-
        analyse - Realisierung und Anwendung. Mitteilungen aus dem Inst. für In-
        formationsverarbeitung in Technik und Biologie, Karlsruhe 1978, 20-26
3.148   D.W. Thomas, B.R. Wilkins: The Analysis of Vehicle Sounds for Recognition.
        PR-4 (1973) 379-389
3.149   D. Barschdorff, Th. Dressler: Diagnostic System With Distributed Processing
        for Monitoring of Rotating Machines. Proc. Symposium Techn. Diagnostics,
        London 1981, 161-168
3.150   D. Barschdorff, W. Hensele, B. Stühlen: Geräuschanalyse zur Schadenfrüher-
        kennung an stationären Turbomaschinen als Problem der Mustererkennung.
        Technisches Messen atm (1977) 181-189
3.151   R.L. Kashyap: Optimal Feature Selection and Decision Rules in Classifica-
        tion Problems With Time Series. IEEE Trans. IT-24 (1978) 281-288
3.152   R.L. Kashyap, A.R. Rao: Dynamic Stochastic Models From Empirical Data.
        Academic Press, New York 1978
3.153   K. Preston: Digital Picture Analysis in Cytology. In A. Rosenfeld (ed.):
        Digital Picture Analysis, Topics in Applied Physics Vol. 11. Springer,
        Berlin, Heidelberg, New York 1976, 209-294
3.154   W. Abmayr: Automatische Zellbildanalyse. In E. Triendl (ed.): Bildverarbei-
        tung und Mustererkennung, Informatik Fachberichte 17. Springer, Berlin,
        Heidelberg, New York 1978, 299-310
3.155   G.H. Landeweerd, E.S. Gelsema: The Use of Nuclear Texture Parameters in the
        Automatic Analysis of Leukocytes. PR-10 (1878) 57-61
3.156   Y. Suto, Y. Hayashi: Design and Evaluation of a Receptor. PR-11 (1979) 277-
        288
3.157   P.E. Norgren, A.V. Kulkarni, M.D. Graham: Leukocyte Image Analysis in the
        diff3 System. PR-13 (1981) 299-314

3.158   J.K. Mui, K.S. Fu: Automated Classification of Nucleated Blood Cells Using a Binary Tree Classifier. IEEE Trans. PAMI-2 (1980) 429-443
3.159   C.J. Hilditch: A System of Automatic Chromosome Analysis. In A. Grasselli (ed.): Automatic Interpretation and Classification of Images. Academic Press, New York 1969, 363-389
3.160   M. Onoe, M. Takagi, K. Yukimatsu: Chromosome Analysis by Minicomputer. CGIP-2 (1973) 402-416
3.161   M. Aiello, C. Lami, U. Montanari: Optimal Matching of Wheat Chromosomes. CGIP-3 (1974) 225-235
3.162   J. Piper, E. Granum, D. Rutovitz, H. Ruttledge: Automation of Chromosome Analysis. SP-2 (1980) 203-221
3.163   L. Vanderheydt, A. Oosterlink, J. van Daele, H. Van Den Berghe: Design of a Graph-Representation and a Fuzzy-Classifier for Human Chromosomes. PR-12 (1980) 201-210
3.164   R. Ott, J. Schürmann: Automated Classification of Cytological Specimens Based on Features Extracted From Nuclei Images. PR-13 (1981) 83-87
3.165   K.R. Castleman, B.S. White: Optimizing Cervical Specimen Classifiers. IEEE Trans. PAMI-2 (1980) 451-457
3.166   C.V.K. Rao, K. Balck: Finding the Core Point in a Fingerprint. IEEE Trans. C-27 (1978) 77-81
3.167   K. Rao, K. Balck: Type Classification of Fingerprints - a Syntactic Approach. IEEE Trans. PAMI-2 (1980) 223-231
3.168   G. Wiesel: Das Informationssystem der Polizei (INPOL). Hauptvorträge der 7. GI-Jahrestagung 1977, 47-85
3.169   L.D. Harmon, F.W. Hunt: Automatic Recognition of Human Face Profiles. CGIP-6 (1977) 135-156
3.170   L.D. Harmon, S.C. Kuo, P.F. Ramig, U. Randkivi: Identification of Human Face Profiles by Computer. PR-10 (1978) 301-312
3.171   G. Nagy: Digital Image Processing Activities in Remote Sensing of Earth Resources. Proc. IEEE 60 (1972) 1177-1200
3.172   R.M. Haralick: Automatic Remote Sensor Image Processing. In A. Rosenfeld (ed.): Digital Picture Analysis, Topics in Applied Physics Vol. 11. Springer, Berlin, Heidelberg, New York 1976, 5-63
3.173   Special Issue on Machine Processing of Remotely Sensed Data. IEEE Trans. GE-15, No. 3 (1977)
3.174   P. Haberäcker: Untersuchungen zur Klassifizierung multispektraler Bilddaten aus der Erdfernerkundung. Dissertation, Techn. Universität Berlin 1978
3.175   P.N. Misra, S.G. Wheeler: Crop Classification With LANDSAT Multispectral Scanner Data. PR-10 (1978) 1-13
3.176   D.L. Landgrebe: The Development of a Spectral-Spatial Classifier for Earth Observational Data. PR-12 (1980) 165-175
3.177   P.H. Swain, S.B. Vardeman, J.C. Tilton: Contextual Classification of Multispectral Image Data. PR-13 (1981) 429-441
3.178   M. Nagao, T. Matsuyama: A Structural Analysis of Complex Aerial Photographs. Plenum Press, New York 1980

Kapitel 4

4.1   J.O. Berger: Statistical Decision Theory, Foundations, Concepts, and Methods. Springer, New York, Heidelberg, Berlin 1980
4.2   C.K. Chow: An Optimum Character Recognition System Using Decision Functions. IEEE Trans. EC-6 (1957) 247-254
4.3   T.W. Anderson: Introduction to Multivariate Statistical Analysis. J. Wiley, New York 1958, Chap. 3
4.4   H. Niemann: Begründung und Anwendung einer Theorie zur quantitativen Beschreibung und Erkennung von Mustern. Dissertation Techn. Universität Hannover 1969
4.5   D.B. Cooper: Multivariate Extension of Onedimensional Probability Distributions. IEEE Trans. EC-12 (1963) 572-573

4.6   D. Kazakos, T. Cotsidas: A Decision Theory Approach to the Approximation of Discrete Probability Densities. IEEE Trans. PAMI-2 (1980) 61-67

4.7   E. Kreyszig: Statistische Methoden und ihre Anwendungen. Vandenhoeck u. Ruprecht, Göttingen 1967, Kapitel 15

4.8   R.B. Crane, W.A. Malila, W. Richardson: Suitability of the Normal Density Assumption for Processing Multispectral Scanner Data. IEEE Trans. GE-10 (1972) 158-165

4.9   C.R. Rao: Linear Statistical Inference and its Applications. J. Wiley, New York 1973, Sect. 4g.1

4.10   A. Papoulis: Probability, Random Variables, and Stochastic Processes. Intern. Student Ed., McGraw Hill Kogakusha, Tokyo 1965, Sect. 7.4

4.11   H. Schwarz, H. Rutishauser, E. Stiefel: Numerik symmetrischer Matrizen, B.G. Teubner, Stuttgart 1968

4.12   J. Schürmann, P. Krause: Vergleich zweier quadratischer Klassifikatoren am gleichen Datenmaterial. El. Rechenanlagen 16 (1974) 132-142

4.13   J. Todd: Survey of Numerical Analysis. McGraw Hill, New York 1962

4.14   H. Niemann, J. Weiss: A Fast-Converging Algorithm for Nonlinear Mapping of Highdimensional Data to a Plane. IEEE Trans. C-28 (1979) 142-147

4.15   M.T. Wasan: Stochastic Approximation. Cambridge University Press 1969

4.16   A.E. Albert, L.A. Gardner: Stochastic Approximation and Nonlinear Regression. MIT Press Res. Monograph 42, Cambridge 1966

4.17   G. Sebestyen, J. Edie: An Algorithm for Nonparametric Pattern Recognition. IEEE Trans. EC-15 (1966) 908-915

4.18   D.O. Loftsgaarden, G.P. Quesenbury: A Nonparametric Estimate of a Multivariable Density Function. Ann. Math. Stat. 36 (1965) 1049-1051

4.19   E. Parzen: On Estimation of a Probability Density and Mode. Ann. Math. Stat. 33 (1962) 1065-1076

4.20   V.K. Murthy: Estimation of Probability Density. Ann. Math. Stat. 36 (1965) 1027-1031

4.21   R.L. Kashyap, C.C. Blaydon: Estimation of Probability Density and Distribution Functions. IEEE Trans. IT-14 (1968) 549-556

4.22   T.M. Cover, P.E. Hart: Nearest Neighbour Pattern Classification. IEEE Trans. IT-13 (1967) 21-27

4.23   T.M. Cover: Learning in Pattern Recognition. In S. Watanabe (ed.): Methodologies of Pattern Recognition. Academic Press, New York 1969, 111-132

4.24   M.E. Hellman: The Nearest Neighbour Classification Rule With a Reject Option IEEE Trans. SSC-6 (1970) 179-185

4.25   P.E. Hart: The Condensed Nearest Neighbour Rule. IEEE Trans. IT-14 (1968) 515-516

4.26   G.W. Gates: The Reduced Nearest Neighbour Rule. IEEE Trans. IT-18 (1972) 431-433

4.27   I. Tomek: Two Modifications of CNN. IEEE Trans. SMC-6 (1976) 769-772

4.28   P.A. Devijver, J. Kittler: On the Edited Nearest Neighbour Rule. Proc. 5. ICPR, Miami, Florida 1980, 72-80

4.29   K. Fukunaga, P.M. Narendra: A Branch and Bound Algorithm for Computing k-Nearest Neighbours. IEEE Trans. C-24 (1975) 750-753

4.30   R.B. Murphy: Nonparametric Tolerance Limits. Ann. Math. Stat. 17 (1948) 377-408

4.31   C.P. Quesenberry, M.P. Gessaman: Nonparametric Discrimination Using Tolerance Regions. Ann. Math. Stat. 39 (1968) 664-673

4.32   M.W. Anderson, R.D. Benning: A Distribution Free Discrimination Procedure Based on Clustering. IEEE Trans. IT-16 (1970) 541-548

4.33   M. Ichino: A Nonparametric Multiclass Pattern Classifier. IEEE Trans. SMC-9 (1979) 345-352

4.34   A. Wald: Sequential Analysis. J. Wiley, New York 1957

4.35   Y.T. Chien, K.S. Fu: A Modified Sequential Recognition Machine Using Time-Varying Stopping Boundaries. IEEE Trans. IT-12 (1966) 206-214

4.36   E.G. Henrichon, K.S. Fu: A Nonparametric Partitioning Procedure for Pattern Classification. IEEE Trans. C-18 (1969) 614-624

4.37 W.S. Meisel, D.A. Michalopoulos: A Partitioning Algorithm With Application
      in Pattern Classification and the Optimization of Decision Trees. IEEE Trans.
      C-23 (1973) 93-108
4.38 H.J. Payne, W.S. Meisel: An Algorithm for Constructing Optimal Binary Deci-
      sion Trees. IEEE Trans. C-28 (1977) 905-916
4.39 R.L.P. Chang, T. Pavlidis: Fuzzy Decision Tree Algorithms. IEEE Trans. SMC-7
      (1977) 28-34
4.40 D.H. Ballard, J. Sklansky: A Ladder Structured Decision Tree for Recognizing
      Tumors in Chest Radiographs. IEEE Trans. C-25 (1976) 503-513
4.41 W.A. Armstrong, J. Gecsei: Adaptation Algorithms for Binary Tree Networks.
      IEEE Trans. SMC-9 (1979) 276-285
4.42 A.V. Kulkarni, L.N. Kanal: An Optimization Approach to Hierarchical
      Classifier Design. Proc. 3. IJCPR, Coronado, Calif. 1976, 459-466
4.43 J. C. Stoffel: A Classifier Design Technique for Discrete Variable Pattern
      Recognition Problems. IEEE Trans. C-23 (1974) 428 - 441
4.44 L.R. Rabiner, A.E. Rosenberg, S.E. Levinson: Considerations in Dynamic Time
      Warping Algorithms for Discrete Word Recognition. IEEE Trans. ASSP-26 (1978)
      575-586
4.45 H. Sakoe, S. Chiba: Dynamic Programming Algorithm Optimization for Spoken
      Word Recognition. IEEE Trans. ASSP-26 (1978) 43-49
4.46 L.R. Rabiner, G.E. Schmidt: Application of Dynamic Time Warping to Connected
      Digit Recognition. IEEE Trans. ASSP-28 (1980) 377-388
4.47 C. Myers, L.R. Rabiner, A.E. Rosenberg: Performance Tradeoffs in Dynamic
      Time Warping Algorithms for Isolated Word Recognition. IEEE Trans. ASSP-28
      (1980) 623-635
4.48 R.K. Moore: A Dynamic Programming Algorithm for the Distance Between Two
      Finite Areas. IEEE Trans. PAMI-1 (1979) 86-88
4.49 G.T. Toussaint: The Use of Context in Pattern Recognition. PR-10 (1978)
      189-204
4.50 K. Abend: Compound Decision Procedures for Unknown Distributions and for
      Dependent States of Nature. In L.N. Kanal (ed.): Pattern Recognition.
      Thompson, Washington D.C. 1968, 204-249
4.51 A.B.S. Hussain: Compound Sequential Probability Ratio Test for the Classi-
      fication of Statistically Dependent Patterns. IEEE Trans. C-23 (1974) 398-410
4.52 J. Raviv: Decision Making in Markov Chains Applied to the Problem of Pattern
      Recognition. IEEE Trans. IT-13 (1967) 536-551
4.53 G.D. Forney: The Viterbi Algorithm. Proc. IEEE 61 (1973) 268-278
4.54 L.R. Bahl, F. Jelinek: Decoding for Channels With Insertions, Deletions,
      and Substitutions With Applications to Speech Recognition. IEEE Trans.
      IT-21 (1975) 404-411
4.55 D.L. Neuhoff: The Viterbi Algorithm as an Aid in Text Recognition. IEEE
      Trans. IT-21 (1975) 222-226
4.56 W. Doster: Contextual Postprocessing System for Cooperation With a Multiple-
      Choice Character-Recognition System. IEEE Trans. C-26 (1977) 1090-1101
4.57 E.M. Riseman, A.R. Hanson: A Contextual Postprocessing System for Error
      Correction Using Binary n-Grams. IEEE Trans. C-23 (1974) 480-493
4.58 A. Rosenfeld, R.A. Hummel, S.W. Zucker: Scene Labeling by Relaxation
      Operations. IEEE Trans. SMC-6 (1976) 420-433
4.59 H. Yamamoto: A Method of Deriving Compatibility Coefficients for Relaxation
      Operators. CGIP-10 (1979) 256-271
4.60 J.O. Eklundh, H. Yamamoto, A. Rosenfeld: A Relaxation Method for Multi-
      spectral Pixel Classification. IEEE Trans. PAMI-2 (1980) 72-75
4.61 N.J. Nilsson: Learning Machines. Mc Graw Hill, New York 1965
4.62 E.G. Gladyshev: On Stochastic Approximation. Automatika e Telemekanika 10
      No. 2 (1965) 275-278
4.63 J.M. Mendel, K.S. Fu (eds.): Adaptive, Learning, and Pattern Recognition
      Systems. Academic Press, New York 1970
4.64 R.O. Duda, H. Fossum: Pattern Classification by Iteratively Determined
      Linear and Piecewise Linear Discriminant Functions. IEEE Trans. EC-15
      (1966) 220-232

4.65   R. Takiyama: A General Method for Training the Committee Machine. PR-10 (1978) 255-259

4.66   R. Takiyama: A Two-Level Committee Machine: A Representation and a Learning Procedure for General Piecewise Linear Discriminant Functions. PR-13 (1981) 269-274

4.67   D.A.S. Frazer: Nonparametric Methods in Statistics. J. Wiley, New York 1957

4.68   E.B. Dynkin: Necessary and Sufficient Statistics for a Class of Probability Distributions. Selected Transl. in Math. Statistics and Probability 1 (1961) 17-40

4.69   D.G. Keehn: A Note on Learning for Gaussian Properties. IEEE Trans. IT-11 (1965) 126-132

4.70   H. Niemann: Unüberwachtes Lernen. In E. Triendl (ed.): Bildverarbeitung und Mustererkennung, Informatik Fachberichte 17. Springer, Berlin, Heidelberg, New York 1978, 3-20

4.71   R.C. Tryon, D.E. Bailey: Cluster Analysis. Mc Graw Hill, New York 1970

4.72   H.H. Bock: Automatische Klassifikation. Vandenhoeck und Rupprecht, Göttingen 1974

4.73   M.R. Anderberg: Cluster Analysis for Applications. Academic Press, New York 1973

4.74   J.W. Sammon: A Nonlinear Mapping for Data Structure Analysis. IEEE Trans. C-18 (1969) 401-409

4.75   H. Niemann: Linear and Nonlinear Mapping of Patterns. PR-12 (1980) 83-87

4.76   G.H. Ball, J.D. Hall: A Clustering Technique for Summarizing Multivariate Data. Behavioral Sci. 12 (1967) 153-155

4.77   F.R. Fromm, R.A. Northouse: CLASS, a Nonparametric Clustering Algorithm. PR-8 (1976) 107-114

4.78   J.C. Dunn: A Fuzzy Relative of the ISODATA Process and its Use in Detecting Compact Well-Separated Clusters. J. Cybern. 3 No. 3 (1974) 32-57

4.79   J.C. Bezdek: A Convergence Theorem for the Fuzzy ISODATA Clustering Algorithms. IEEE Trans. PAMI-2 (1980) 1-8

4.80   W.L.G. Koontz, K. Fukunaga: A Nonparametric Valley-Seeking Technique for Cluster Analysis. IEEE Trans. C-21 (1972) 171-178

4.81   R. Mizoguchi, M. Shimura: Nonparametric Learning Without a Teacher Based on Mode Estimation. IEEE Trans. C-25 (1976) 1109-1117

4.82   C.T. Zahn: Graph-Theoretical Methods for Detecting and Describing Gestalt Clusters. IEEE Trans. C-20 (1971) 68-86

4.83   W.L.G. Koontz, P.M. Narendra, K. Fukunaga: A Graph-Theoretic Approach to Nonparametric Cluster Analysis. IEEE Trans. C-25 (1976) 936-944

4.84   S.J. Yakowitz, J. Spragins: On the Identifiability of Finite Mixtures. Ann. Math. Stat. 39 (1968) 209-214

4.85   S.J. Yakowitz: Unsupervised Learning and the Identification of Finite Mixtures. IEEE Trans. IT-16 (1970) 330-338

4.86   J.H. Wolfe: NORMIX, Computational Methods for Estimating the Parameters of Multivariate Normal Mixtures of Distributions. Res. Memo. SRM68-2, US Naval Personnel Research Activity, San Diego, Calif. 1967

4.87   J.G. Postaire, C.P.A. Vasseur: An Approximate Solution to Normal Mixture Identification With Application to Unsupervised Pattern Classification. IEEE Trans. PAMI-3 (1981) 163-179

4.88   E.A. Patrick, J.C. Hancock: Nonsupervised Sequential Classification and Recognition of Patterns. IEEE Trans. IT-12 (1966) 362-372

4.89   E.A. Patrick, J.P. Costello: On Unsupervised Estimation Algorithms. IEEE Trans. IT-16 (1970) 556-569

4.90   H.J. Scudder: Adaptive Communication Receivers. IEEE Trans. IT-11 (1965) 167-174

4.91   A.K. Agrawala: Learning With a Probabilistic Teacher. IEEE Trans. IT-16 (1970) 373-379

4.92   T. Imai, M. Shimura: Learning With Probabilistic Labeling. PR-8 (1976) 225-241

4.93   C.B. Chittineni: Learning With Imperfectly Labeled Patterns. PR-12 (1980) 281-291

4.94   H. Niemann, G. Sagerer: An Experimental Study of Some Algorithms for Un-
       supervised Learning. IEEE Trans. PAMI-4 (1982) 400-405
4.95   L. Kanal, S. Chandrasekaran: On Dimensionality and Sample Size in Statisti-
       cal Pattern Classification. PR-3 (1971) 225-234
4.96   J.M. Van Campenhout: On the Peaking of the Hughes Mean Recognition
       Accuracy; the Resolution of an Apparent Paradox. IEEE Trans. SMC-8 (1978)
       390-395
4.97   S. Raudys, V. Pikelis:On Dimensionality, Sample Size,Classification Error
       and Complexity of Classification Algorithm in Pattern Recognition. TEEE
       Trans. PAMI-2 (1980) 242-252
4.98   D.H. Foley: Considerations of Sample and Feature Size. IEEE Trans. IT-18
       (1972) 618-626
4.99   P.A. Lachenbruch, M.R. Mickey: Estimation of Error Rates in Discriminant
       Analysis. Technometrics 10 (1968) 715-725
4.100 G.T. Toussaint, R.W. Donaldson: Algorithms for Recognizing Contour-Traced
       Handprinted Characters. IEEE Trans. C-19 (1970) 541-546
4.101 G.T. Toussaint: Bibliography on Estimation of Misclassification. IEEE Trans.
       IT-20 (1974) 472-479
4.102 W.H. Highleyman: The Design and Analysis of Pattern Recognition Experiments.
       Bell System Techn. Journal (1962) 723-744

Kapitel 5

5.1   N.V. Findler, J.Van Leuwen: A Family of Similarity Measures Between Two
       Strings. IEEE Trans. PAMI-1 (1979) 116-118
5.2   J.E. Hopcroft, J.D. Ullman: Formal Languages and Their Relation to Auto-
       mata. Addison-Wesley, Reading, Mass. 1969
5.3   A.V. Aho, J.D. Ullman: The Theory of Parsing, Translation, and Compiling,
       Vol. 1: Parsing. Prentice Hall, Englewood Cliffs, N.J. 1972
5.4   K.S. Fu: Syntactic Methods in Pattern Recognition. Academic Press, New York
       1974
5.5   R.C. Gonzalez, M.G. Thomason: Syntactic Pattern Recognition, an Introduction.
       Addison-Wesley, Reading, Mass. 1978
5.6   K.S. Fu (ed.): Syntactic Pattern Recognition, Applications. Springer, Berlin,
       Heidelberg, New York 1977
5.7   N. Chomsky: On Certain Formal Properties of Grammars. IC-2 (1959) 137-167
5.8   D.J. Rosenkrantz: Programmed Grammars and Classes of Formal Languages.
       JACM 16 (1969) 107-131
5.9   M.G. Thomason: Finite Fuzzy Automata, Regular Fuzzy Languages, and Pattern
       Recognition. PR-5 (1973) 383-390
5.10   W.H. Tsai, K.S. Fu: Attributed Grammar - a Tool for Combining Syntactic and
       Statistical Approaches to Pattern Recognition. IEEE Trans. SMC-10 (1980)
       873-885
5.11   G.Y. Tang, T.S. Huang: A Syntactic-Semantic Approach to Image Understanding
       and Creation. IEEE Trans. PAMI-1 (1979) 135-144
5.12   H. Bunke: Attributed Programmed Graph Grammars and Their Application to
       Schematic Diagram Interpretation. IEEE Trans. PAMI-4 (1982) 574-582
5.13   D.A. Inselberg: SAP - A Model for the Syntactic Analysis of Pictures. PhD
       Thesis, Washington Univ., St. Louis, Miss. 1968
5.14   R. Narasimhan: A Linguistic Approach to Pattern Recognition. Dig. Computer
       Lab. Rep. 21, Univ. of Illinois, Urbana 1962
5.15   R. Narasimhan: Syntax-Directed Interpretation of Classes of Pictures. CACM-9
       (1966) 166-173
5.16   K.S. Fu: Tree Languages and Syntactic Pattern Recognition. In C.H. Chen
       (ed.): Pattern Recognition and Artificial Intelligence. Academic Press,
       New York 1976, 257-291
5.17   S.Y. Lu, K.S. Fu: Stochastic Tree Grammar Inference for Texture Synthesis
       and Discrimination. CGIP-9 (1979) 234-245

5.18   L. Carlucci: A Formal System for Texture Languages. PR-4 (1972) 53-72
5.19   C.R. Cook, P.S. Wang: A Chomsky Hierarchy of Isotonic Array Grammars and Languages. CGIP-8 (1978) 144-152
5.20   M. Nagl: Formal Languages of Labelled Graphs. Computing 16 (1976) 113-137
5.21   T. Pavlidis: Linear and Context Free Graph Grammars. JACM-19 (1972) 11-22
5.22   J. Feder: Plex Languages. Information Sciences 3 (1971) 225-241
5.23   A.C. Shaw: A Formal Picture Description Scheme as a Basis for Picture Processing Systems. IC-14 (1969) 9-52
5.24   J.E. Albus: Electrocardiogram Interpretation Using a Stochastic Finite State Model. In [5.6] ,51-64
5.25   IBM-EKG-Auswerteprogramm (Version 2), Anleitung für Ärzte, Programm Nr. 5748-H11. IBM Deutschland GmbH 1977 (IBM Form GH 12-1293-0)
5.26   D.A. Giese, J.R. Bourne, J.W. Ward: Syntactic Analysis of the Electroencephalogram. IEEE Trans. SMC-9 (1979) 429-435
5.27   R.L. Kashyap, M.C. Mittal: Recognition of Spoken Words and Phrases in Multitalker Environment Using Syntactic Methods. IEEE Trans. C-27 (1978) 442-452
5.28   R.L. Kashyap: Syntactic Decision Rules for Recognition of Spoken Words and Phrases Using a Stochastic Automaton. IEEE Trans. PAMI-1 (1979) 154-163
5.29   R. De Mori, P. Laface, V.A. Makhonine, M. Mezzalama: A Syntactic Procedure for the Recognition of Glottal Pulses in Continuous Speech. PR-9 (1977) 181-189
5.30   R. De Mori: Syntactic Recognition of Speech Patterns. In [5.6], 65-94
5.31   R.M. Sinka, H.N. Mahabala: Machine Recognition of Devanagari Script. IEEE Trans. SMC-9 (1979) 435-441
5.32   R.H. Anderson: Syntax-Directed Recognition of Hand-Printed Two Dimensional Mathematics. PhD Thesis, Div. of Engineering and Appl.Physics. Harvard Univ., Cambridge Mass. 1968
5.33   K.S. Fu: Syntactic Pattern Recognition and Applications. Prentice Hall, Englewood Cliffs, N.J. 1982
5.34   M.O. Rabin, O. Scott: Finite Automata and Their Decision Problems. IBM Journ. Research and Development 3 (1959) 114-125
5.35   J. Mylopoulos: On the Recognition of Topological Invariants by 4-Way Finite Automata. CGIP-1 (1972) 308-316
5.36   J. Early: An Efficient Context-Free Parsing Algorithm. CACM-13 (1970) 94-102
5.37   D.H. Younger: Recognition and Parsing of Context-Free Languages in Time n^3. IC-10 (1967) 189-208
5.38   J. Loeckx: The Parsing for General Phrase Structure Grammars. IC-16 (1970) 443-464
5.39   J. Rothstein, C. Weiman: Parallel and Sequential Specification of a Context Sensitive Language for Straight Lines on a Grid. CGIP-5 (1976) 106-124
5.40   A.C. Shaw: Parsing of Graph-Representable Pictures. JACM-17 (1970) 453-481
5.41   G.C. Stockman, L.N. Kanal, M.C. Kyle: An Experimental Waveform Parsing System. Proc. 2 IJCPR, Copenhagen, Denmark 1974, 450-459
5.42   M.G. Thomason, R.C. Gonzalez: Syntactic Recognition of Imperfectly Specified Patterns. IEEE Trans. C-24 (1975) 93-95
5.43   L.W. Fung, K.S. Fu: Stochastic Syntactic Decoding for Pattern Recognition. IEEE Trans. C-24 (1975) 662-667
5.44   S.Y. Lu, K.S. Fu: Stochastic Error-Correcting Syntax Analysis for Recognition of Noisy Patterns. IEEE Trans. C-26 (1977) 1268-1276
5.45   J.J. Horning: A Study of Grammatical Inference. Dep. of Comp. Science, Stanford Univ.,Calif. 1969, Memo AI-98, Tech. Rep. CS 139
5.46   K.S. Fu, T.L. Booth: Grammatical Inference, Introduction and Survey Part I and II. IEEE Trans. SMC-5 (1975) S. 95-111 und 409-423
5.47   S.Y. Lu, K.S. Fu: A Sentence-to-Sentence Clustering Procedure for Pattern Analysis. IEEE Trans. SMC-8 (1978) 381-389
5.48   E.M. Gold: Language Identification in the Limit. IC-10 (1967) 447-474
5.49   F.J. Maryanski, T.L. Booth: Inference of Finite-State Probabilistic Grammars. IEEE Trans. C-26 (1977) 521-536

5.50 T.G. Evans: Grammatical Inference Techniques in Pattern Analysis. In
      J.T.Tou (ed.): Software Engineering Vol. 2 (COINS II), Academic Press, New
      York 1971
5.51 A.W. Biermann, J.A. Feldman: On the Synthesis of Finite-State Acceptors.
      Dep. of Computer Science, Stanford Univ., Calif. 1970 AIM-114
5.52 S. Crespi-Reghizzi: The Mechanical Acquisition of Precedence Grammars.
      Ph D Thesis, Univ. of Calif., Los Angeles 1970
5.53 J.M. Brayer, K.S. Fu: A Note on the k-Tail Method of Tree Grammar Inference.
      IEEE Trans. SMC-7 (1977) 293-300
5.54 B. Bartsch: Inferenz und Analyse spezieller Graphgrammatiken für die syntak-
      tische Mustererkennung, Dissertation, Lehrstuhl für Informatik 5 (Muster-
      erkennung), Univ. Erlangen 1980